Udo Weinbörner

Lieber tot als Sklave

Die letzte Fahrt des Amrumer Kapitäns Hark Nickelsen

Historischer Roman

wellhöfer VERLAG

Für
Anne und Jan
von Herzen
Mit Dank an Jens Quedens
für jede Unterstützung
In Gedenken an
meinen Freund,
den Dichter
Michael Starcke

Wellhöfer Verlag

Ulrich Wellhöfer
Weinbergstraße 26
68259 Mannheim
Tel. 0621/7188167

info@wellhoefer-verlag.de
www.wellhoefer-verlag.de

Titelgestaltung: Uwe Schnieders, Fa. Pixelhall, Mühlhausen
Satz: Wellhöfer Verlag, Mannheim

Der Roman ist auf der Basis der biografischen Daten und historischen Fakten des Lebens von Hark Nickelsen entstanden; er bleibt jedoch eie fiktionale Erzählung. So sehr sich der Autor um historische Genauigkeit bemüht hat, sind Ähnlichkeiten mit wirklichen Personen oder tatsächlichen Ereignissen nicht beabsichtigt und somit rein zufällig.

ISBN 978-3-95428-221-0

Inhalt

ERSTES BUCH

AMRUM IM NOVEMBER 1769

Wie Hark Nickelsen schwer erkrankt ist und letzte Angelegenheiten ordnen will

Leewer duad üs slaaw

Lieber tot als Sklave – Friesischer Wahlspruch, der 1848 auf dem friesischen Volksfest in Bredstedt von dem Amrumer Knudt Jungbohn Clement geprägt wurde und auf die ältere Fassung *eala frya fresena* zurückzuführen ist, die frei übersetzt bedeutet: Wehrt euch, ihr freien Friesen!

Im Mittelalter war der Name der Friesen synonym für den Begriff der Freiheit, weil es nur hier keine Feudalherrschaft gab, eine Adelsschicht nicht existierte und die Leute freie Bürger und Bauern waren, die sich jahrhundertelang erfolgreich gegen Knechtschaft und Unterdrückung wehrten.

1. Schrecken der Vergangenheit

Seit zwei Tagen tobte das Meer und ließ den Dreimaster *Santa Esmiralda* auf den weißen Wellenkronen tanzen und in immer neue Schreckenstäler hinabstürzen. Alle Luken waren geschlossen, die Segel gerefft. Ein jeder, der über zwei Hände verfügte, kämpfte gegen eindringendes Wasser oder packte an, die Ladung zu sichern. Der zur Mannschaft gehörige Kalfatermeister, für das Abdichten der hölzernen Schiffsteile verantwortlich, tauchte sogar im Schiffsbauch in Wasseransammlungen ab, um drohende Wassereinbrüche vor allem im Bugbereich mit Werg so gut es ging zu verhindern. Die *Santa Esmiralda* führte nur noch das Focksegel[1] und lief schon seit Tagen nur noch vor dem Wind. Immer höher türmten sich die Wellen. Einen Schiffsjungen hatte es aus den Rahen[2] am Vormarssegel[3] geweht. Sie hatten längst nicht mehr genug einsatzfähige Seeleute für die Arbeit der Mastgasten[4] an den Segeln. Den Dritten Steuermann hatte es über Bord gespült, und Hark Nickelsen, der an Bord des Schiffes der mächtigen Niederländischen Ostindien-Kompanie unter dem Niederländern und Dänen gleichermaßen geläufigeren Namen Hendrik Cornelissen angeheuert hatte, kam nun die zweifelhafte Ehre zuteil, den Mann ersetzen und dem Rudergänger zur Seite springen zu dürfen. Hart hatte er an Bord geschuftet und jede Gelegenheit genutzt, Navigation und Schiffsführung zu erlernen. Verflucht noch mal, ja, er wollte, musste Steuermann und Kapitän werden! Aber seine Beförderung hatte er sich wirklich anders vorgestellt.

Zusammen mit dem Zweiten Steuermann, einem Spanier, stand er fest verzurrt und kämpfte bis zur Erschöpfung, um die sich inzwischen häufig widersprechenden Befehle seines übermüdeten und ratlosen Kapitäns van Riebeck und des Ersten Offiziers

1 Vorsegel, bei voll getakelten Segelschiffen das untere Rahsegel

2 am Schiffsmast waagerecht angebrachtes Rundholz, an dem ein trapezförmiges Segel befestigt wird

3 Ein Marssegel ist ein an der Marsstenge befestigtes Segel, das Vormarssegel befindet sich vorn am Fockmast.

4 Seeleute, die in den Masten für die Arbeit an den Segeln zuständig sind

van Santen auszuführen. Die nackte Angst saß ihm im Genick und längst hatte er sich in die Hosen gepisst. Ihr ursprünglicher Kurs: Kap der guten Hoffnung! Welch eine bittere Ironie für jemanden, dem alles Hoffen abhandengekommen war! Er schuftete wie noch nie in seinem Leben und hatte immer wieder das Gefühl, keine Luft zu bekommen, wenn ihn eine Windböe voll traf. Er flennte wie ein Schlosshund, schrie wütend und heulte auf, wenn er den Muskelschmerz nicht mehr aushielt.

Immer höher türmten sich die Wellenberge auf und schleuderten sie in immer grausigere Tiefen. Kaum war eine Sturzsee von Backbord über das Achterdeck gegangen, hob die Dünung von unten her den Achtersteven. Der Sturm peitschte die Gischt über das Deck. Die Planken ächzten und stöhnten. Die Wellen folgten einander, größer und höher, in langen gebirgsartigen Ketten mit furchtbaren Tälern. Wenn einmal auf einem Wellenkamm einen Moment lang der Blick über die Reling in die Weite gelang, nahm man nichts als die dichten Wolken wahr, die mit rasender Geschwindigkeit vom Sturm über die Meeresfläche dahingejagt wurden. Und dann auf den nächsten Wellenberg zu, der das Schiff zu zerschmettern drohte. Fernando, der Zweite Steuermann, ein Spanier, begann zu schreien, als ihm mit unglaublicher Gewalt das Ruder aus den Händen gerissen wurde. Nickelsen spürte, wie sich die Seile, mit denen er gesichert worden war, immer straffer spannten und jetzt in die Haut von Armen und Beinen schnitten. Das Schiff begann zu schlingern, geriet in eine gefährliche Seitenlage. Kapitän und Erster Offizier schrien, trieben die Männer am Ruder wieder auf die Beine und stemmten sich gemeinsam mit ihnen gegen den sicheren Untergang. Geteerte Kleider, hart und glänzend wie Haifischhaut, schützten sie. Beim Ansturm besonders starker Sturzwellen machte Nickelsen den Rücken krumm, damit er nicht umgeworfen werden konnte. Die Gesichter brannten allen und das Seewasser tropfte den Männern von ihren Barthaaren. Doch weiter und weiter führten sie mit blauen Händen und verkrampften Fingern unter äußerster Muskelanstrengung die Griffe aus, die getan werden mussten.

Keine Zeit, keine Kraft mehr, einen klaren Gedanken zu fassen. Mit einem flüchtigen Blick über die rechte Schulter sah Nickelsen riesige Wassermassen über das Deck auf sich zustürzen. Wassermassen von unvorstellbarer Größe und mit einer Kraft, die alles zertrümmern zu wollen schienen. Fernando bemerkte die Panik in dem Gesicht seines jungen Gegenübers. »Schrei! Schrei, so laut du kannst! Lass sie raus, diese gottverdammte Angst! Aber lass nicht los! Lass nicht los!« Dann erstickte seine Stimme in den tosenden Elementen. Nickelsen schrie aus Leibeskräften und warf seinen Körper in das Ruder, dass er meinte, die Muskeln müssten reißen. Das Schreien half wirklich! Einen Moment vergaß er die Angst. Die Wasserberge krachten auf das Schiff und flossen wieder weg, während die *Santa Esmiralda* den nächsten Wellenberg hinaufstampfte. Das konnte, durfte nicht sein Ende sein! Die nächste Welle raubte ihm erneut die Sicht. Inzwischen schrie er anhaltend, wie toll geworden, ließ aber nicht los.

Als die Wassermassen verebbten, blickte er in die verzerrte Fratze seines Kapitäns, der nicht mehr von dieser Welt zu sein schien. Der schlug um sich, schrie und drohte, sich von seinem Gürtel loszuschneiden, was sein sicheres Ende bedeutet hätte. Jetzt erkannte Nickelsen die Ursache dieser verzweifelten Reaktion. Die Stelle, wo der Erste Offizier van Santen gestanden hatte, war leer. Auch van Santen hatte es irgendwo über die Reling gespült. Nur noch Fernandos Kommandos und sein Faustschlag ins Gesicht seines Kapitäns retteten die Situation im Moment. Ein Faustschlag, der in jeder anderen Situation ein Todesurteil wegen Meuterei nach sich gezogen hätte … Und jetzt? Wen kümmerte es im Moment, sie wollten überleben und ihr Kampf ging weiter! Nickelsen schrie den Himmel an.

Wann genau das Unwetter abgezogen war, wussten sie nicht zu sagen. Sie machten einfach weiter und weiter und dachten an nichts mehr. Überrascht stellten sie fest, dass es aufgehört hatte zu regnen und dass die Wellenberge kleiner geworden waren. Fernando und Nickelsen sanken kraftlos hinter dem Ruder auf die Planken. Wie lange sie dort so gelegen hatten? Das Zeitgefühl war ihnen abhandengekommen. Stimmen drangen irgendwann wie aus einer unendlichen Ferne bis zu ihnen auf das Achterdeck. Dann tauchten einzelne Gesichter der Mannschaft auf. Gemeinsam schaffte man den Kapitän in seine Kajüte. Er war noch nicht ganz bei Sinnen, schien sich einiges gebrochen zu haben. Der Schiffsarzt versorgte ihn. Irgendein Instinkt warnte Nickelsen, dass die Gefahr noch nicht vorüber sei. Schließlich fuhr er seit seinem zwölften Lebensjahr zur See. Er suchte in der Kapitänskajüte nach den Seekarten. Der Kapitän van Riebeck befahl von seinem Lager aus, alle verbliebenen Segel zu setzen und Kurs auf die Küste zu nehmen.

Doch in Nickelsen kam ein schrecklicher Verdacht auf. Fernando ist ein erfahrener Seemann, dachte er sich, als er die Kapitänskajüte verließ. Ein Seemann, der hier nicht seine erste Äquatortaufe bekommt. Wenn Fernando sich dem Kapitän gegenüber nicht den Luxus einer eigenen Meinung leistet, will ich an seinen zähen Überlebenswillen appellieren. Zugleich fühlte er sich besser bei dem Gedanken, seine Befürchtungen mit jemandem teilen und von ihm gegenprüfen lassen zu können. Er ließ die Seekarte unter seinem nassen Hemd verschwinden und passte die nächste Gelegenheit ab, um mit Fernando allein in dem Gang vor den Kajüten auf dem Achterdeck zusammenzutreffen. Nickelsen deutete auf den Landstrich, der ihm Sorgen bereitete. Es war der Teil der afrikanischen Küste, wo die Wüste Namib verzeichnet war. Er machte nicht viele Worte, da sein Spanisch und Englisch nicht das Beste war, und schloss knapp: »Die Portugiesen gaben dieser Küste den Namen *Das Tor zur Hölle*, weil sie hier so viele Schiffe und Menschen verloren haben. Gerät ein Schiff in den Sog der Skelettküste, ist es mitsamt Mannschaft unrettbar verloren. Kann einer, der dort Schiffbruch erleidet, trotz Strömung und Klippen das Land erreichen und sich retten, findet er nichts als eine Wüste vor. Eine Wüste, aus der es kein Entrinnen gibt. Weder zu Wasser noch zu Land. Es ist die Hölle, glaube mir, Fernando! Und wenn wir nicht aufpassen, segeln wir mit voller Fahrt genau dorthin.«

»Portugiesen, sagst du, sind dort gestrandet? Kein Wunder! Eben keine Spanier ...« Fernando, jetzt zum Ersten Offizier und Stellvertreter des Kapitäns aufgestiegen, gelang sogar ein überlegenes Lächeln.

»Verstehst du denn nicht? Wenn wir der Küste zu nah kommen und eben nicht im Norden oder Süden von der namibischen Wüste segeln, ist das unser Ende«, beharrte Hark Nickelsen.

»Du bist überreizt. Der Sturm, die letzten Tage und das alles. Ich übernehme die nächste Wache. Du legst dich erst mal aufs Ohr und beruhigst dich ein wenig.« Fernando tätschelte ihn am Arm. Nickelsen stöhnte auf, denn ausgerechnet dort befand sich eine offene Wunde von den Stricken, mit denen er gesichert und festgebunden worden war. »Entschuldige. Aber das sollte sich mal der Schiffsarzt ansehen. Du wirst gebraucht, mein Junge.«

Nickelsen zog erneut die Karte hervor und deutete auf die Inselgruppe Sao Tomé und Principe nahe dem Äquator: »Ungefähr hier sind wir auf die Dreimastbark *Hollandia* gestoßen und haben das letzte Mal verlässlich unsere Position bestimmt. Danach sind wir noch einige Wochen südwärts getrieben, ungefähr bis hier – wie lange haben wir dann den Sturm durchgestanden? Fünf Tage, sieben Tage, zwei Wochen? Wir sind weiter nach Süden gerast. Was ist, wenn wir tatsächlich über einen Monat irgendwo weit, sehr weit südwärts vorgedrungen sind? Bist du sicher, dass dies ausgeschlossen ist, Fernando?«

»Sag ich doch, unsere letzte Positionsbestimmung war viel zu weit im Norden. Wir können gar nicht in dieser Zeit auf die Skelettküste stoßen. Vier, fünf Wochen schätzt du? Das halte ich für übertrieben. Bei diesem Wellengang haben wir zudem nicht solche Fahrt gemacht. Wasser geschluckt hat unser Kahn, mehr nicht. Der Kapitän weiß, was er tut, und ganz sicher laufen wir das Kongodelta oder etwas weiter südlich Luanda an, wo wir unsere Wunden lecken können.«

»Was, wenn ich doch recht habe? Wir müssen ...«

»Nicht solche Töne! Vergiss nicht, dass ich der Ranghöhere bin und dass du mir geradezu eine Befehlsverweigerung nahelegst. Was, stellst du dir vor, soll ich tun? Auf einen bloßen Verdacht eine Meuterei einfädeln?« Fernando stapfte davon und rief über die Schulter noch: »Ich schlage in deinem Interesse vor, wir vergessen das Gespräch mal besser.«

Hark Nickelsen nahm Haltung an und antwortete ganz förmlich: »Aye Sir, ich habe verstanden.« Tatsächlich zweifelte er jetzt ein wenig an sich selbst, aber sein Instinkt warnte ihn dennoch weiter. Er suchte seine Sachen zusammen, zog sich etwas halbwegs Trockenes an und ließ sich, wie befohlen, seine Wunden vom Schiffsarzt versorgen. Dann hockte er jedoch erneut unter dem Aufgang zum Achterdeck auf einer Seekiste und starrte Löcher in die Seekarte. Es stimmte, er war tatsächlich übermüdet, und es wäre ein Leichtes, dass ihm seine Fantasien und seine Gefühle einen Streich spielten. Andererseits erinnerte er sich nun sogar daran, einen Bericht von einem solchen Schiffbruch gelesen zu haben. Ja, er wusste es jetzt ganz genau. Der Bericht handelte von einem Christoff Frike, der 1681 als 17-Jähriger für die Ostindien-Kompanie auf der *Ternate* nach Batavia unterwegs gewesen war. 42 Überlebende und 300 Tote ... Daran erinnerte sich Nickelsen genau. Dabei hatte jener Christoff Frike noch Glück gehabt, denn sie waren südlich von der Skelettküste aufgelaufen. Die Unglücksursache war im Wesentlichen ein Navigationsfehler gewesen. Das Schiff war einfach zu früh die afrikanische Küste angegangen. Wie leicht konnte man das falsche Kap für das Kap der Guten Hoffnung halten. Nickelsen fasste den Entschluss: Obwohl ihm nicht wohl dabei war, er würde notfalls gegen den Befehl des Kapitäns versuchen, das Schiff zu retten und die Mannschaft hinter sich zu bringen.

An Deck hatten der Bootsmann und der Erste Steuermann das vorläufige Kommando über das Schiff übernommen und führten den Befehl von Riebeck aus, die verbliebenen Segel setzen zu lassen. Tatsächlich hatte einiges Schaden genommen. Nickelsen machte eine stille Bestandsaufnahme: Vorbramsegel[5] und Vor-

5 Bramsegel: drittes Rahsegel, von unten gezählt. Es gibt Vorbramsegel, Großbramsegel, Kreuzbramsegel; außerdem doppelte Bramsegel. Ober- und Unterbramsegel sind das 3.

marssegel[6] oberhalb der Fock[7] waren schadhaft, flatterten an einigen Stellen bedenklich und waren nur noch zum Teil zu gebrauchen. Am Hauptmast[8] jedoch versahen Großmarssegel und Großsegel wenigstens noch ihre Dienste. Großbramsegel und beide Kreuzsegel erwiesen sich als ebenso beschädigt und unbrauchbar wie das hintere große Besansegel. Das Holz der Masten stöhnte und ächzte in seiner Verankerung. Niemand wusste im Moment so genau zu sagen, welche Belastung das Schiff im Fall des Falles noch aushalten könnte. Die Lenzpumpen schafften das Wasser aus den untersten Laderäumen und funktionierten noch verlässlich. Die Mannschaft ging eifrig zu Werke und hoffte, bald einen sicheren Hafen anlaufen zu können. Langsam gewann ihr bauchiger Dreimaster an Fahrt. Himmel und Meer gaben sich friedlich, als ob es nie einen Sturm und die Toten gegeben hätte.

Fernando als Erster Steuermann ließ vom Rudergänger einen scharfen Ostsüdostkurs anlegen. Er bot Nickelsen sogleich die Wette, dass sie binnen 24 Stunden das Kongodelta erreichen würden. Sie stritten ein wenig, denn Nickelsen meinte, die Sache sei für Wetten und Scherzen viel zu ernst. Worauf er sich den Vor-

---

und 4. Segel von unten. Ist das Marssegel geteilt, so sind Ober- und Unterbramsegel das 5. und 4. Segel von unten.

6 Fockmast: bei Segelschiffen mit mehreren Masten vorderster Mast, Aufteilung: Vor-Untermast, Vor-Marsstenge und Vor-Bramstenge; Segel: Fock, Voruntermarssegel, Vorobermarssegel, Vorunterbramsegel, Voroberbramsegel; Fock: Vorsegel, bei voll getakelten Segelschiffen unteres Rahsegel, bei Segelbooten vor dem Mast gesetztes Stagsegel

7 Auf Dreimastseglern gab es einen Fock-, Groß- und Kreuz-/Besanmast (von vorn nach hinten). Groß- oder auch Hauptmast genannt, ragte nicht selten 66 Meter in die Höhe. Jeder Mast besteht zudem aus drei übereinandergesetzten Teilen, mit denen die erforderliche Höhe erreicht wird. Das sind bei jedem Mast von unten nach oben der Untermast, die Marsstenge und die Bramstenge. Die Segel, die sie halten, tragen entsprechende Namen: Untersegel, Marssegel und Bramsegel. Der Bugspriet ist eine fest mit dem Rumpf eines Segelschiffes verbundene, über die Galionsfigur hinausragende starke mastähnliche Spiere, die das Vorstag zum Abstützen des Fockmastes trägt. Dort befinden sich vor dem Fockmast dann noch ein oder mehrere Vorsegel. Der Bugspriet ragt meist zentral in spitzem Winkel gegenüber der Horizontalen in Längsschiffsrichtung über den Bug hinaus und misst als kleineres Bauteil allein über 23 Meter.

8 Die Großsegel befinden sich am Großmast (Hauptmast), die Kreuzsegel und Besansegel am hinteren Kreuzmast (Besanmast).

wurf einhandelte, das Küken solle sich nicht schlauer glauben als der Hahn oder die Henne. Der Bootsmann trat hinzu und fragte, worum es gehe. Fernando erklärte nur lachend, dass der junge Mann Angst vor der Skelettküste habe, aber angesichts eines klaren Himmels heute Nacht die Sterne sehen könne und sich dann davon überzeugen lassen müsse, dass all seine Sorgen und Befürchtungen Hirngespinste seien. Niemand wollte sich, nachdem man diesen Sturm überlebt hatte, die gute Laune und die Hoffnung verderben lassen. Scherzend und lästernd stapfte der Bootsmann davon, um die Reparaturen an Bord zu beaufsichtigen.

Nickelsen blieb hartnäckig und meinte nur: »Wenn ich schon wetten darf, will ich dem Himmel möglichst nahe sein.« Er bekam die Erlaubnis, zum Mastkorb aufzusteigen. Zusammen mit den Mastgasten enterte er die Rahen des Hauptmastes, um dort auf Befehl des Bootsmannes das noch einsatzfähige Großmarssegel schießen zu lassen. Während Schiffsjungen und Matrosen Hand anlegten, das Segel beizuholen, und die ersten kräftigeren Windstöße das große weiße Tuch erfassten, kletterte er bereits weiter, hockte oben im Großmast im Korb mit einem Fernrohr und suchte den Horizont ab. Doch entdeckte er keinen Landstrich von Afrika oder eine Insel, sondern in der Ferne eine riesige Nebelbank, auf die sie direkt zuhielten. Er schrie seine Beobachtung vom Mastkorb aus nach unten, jedoch Fernando schrie zurück, er solle sich wieder melden, wenn er Land sähe. Dieser verfluchte Spanier – wäre er doch nur ein Portugiese, dachte sich Nickelsen und fand seine schlimmsten Befürchtungen bestätigt. Soviel er wusste, zogen die kalten Wasser des Benguelastromes im Atlantik direkt an der Namib-Wüste vorbei. Dort, wo die kalte Atlantikluft auf die heiße Wüstenluft traf, bildete sich der Nebel. Er zog tief in die Wüste hinein und hielt sich oft bis Mittag. Bei ungünstigen Witterungsverhältnissen zog der Nebel weit hinaus auf das Meer. Sie würden keine Chance haben zu erkennen, wie nah sie dem afrikanischen Festland kamen. Ihr Problem in der Nebelbank würde sein, dass sie vollkommen die Orientierung verlieren könnten. Nur den Kurs,

Nord oder Süd, nicht jedoch den Längengrad, konnten sie am Kompass bestimmen.

Hark Nickelsen verließ seinen Platz im Mastkorb und stürzte an Fernando vorbei Richtung Kapitänskajüte, um Meldung zu erstatten. Fernando drohte ihm wegen dieser Eigenmächtigkeit noch lautstark, er lasse sich von ihm nicht weiter auf der Nase herumtanzen. Nickelsen legte dem Kapitän seine Bedenken dar, wies auf die Nebelbank hin, breitete ihm auf zusammengerückten Stühlen neben seinem Bett die Seekarte aus, um ihm die Lage zu verdeutlichen, und wurde nicht müde, die Gefahr zu beschwören. Doch van Riebeck blieb unbeeindruckt und ordnete an, alle Positionen für einen Ausguck an der Reling und am Mast zu besetzen, um möglichst früh die Küste ausmachen zu können. Welch eine sinnlose Maßnahme in einer undurchsichtigen Nebelwand! Er untersagte seinem binnen weniger Stunden vom Dritten zum Zweiten Steuermann aufgestiegenen Offizier Cornelissen noch jegliche Eigenmächtigkeiten, behielt die Seekarte bei sich und scheuchte den jungen Mann wieder nach draußen auf seine Position. Zwar empfing ihn Fernando am Steuer breit grinsend, denn er hatte Harks Niederlage beim Kapitän erwartet, aber an Bord des Schiffes sah man die Hand vor Augen nicht mehr. Sie befanden sich inzwischen mitten in dem dichtesten Nebel, den man sich vorstellen konnte. Eine kalte, feuchte, klebrige Suppe! Es dauerte keine Viertelstunde und von der Mannschaft lachte niemand mehr. Noch immer hielten sie Kurs, aber sie waren dabei blind und hilflos ihrem Schicksal ausgeliefert.

Nickelsen scherte sich nicht mehr um die Befehle und lief in der Mannschaft umher, um seine Befürchtungen mitzuteilen. Fernando schien inzwischen ebenfalls so besorgt, dass er dieses Treiben nicht unterband. Er ließ ein Lot auswerfen und der Matrose rief ihm 30 Faden[9], dann bereits 25 Faden zu. Das Blei zeigte Spuren von grobem roten Sand und Muschelscherben, was darauf hinwies, dass sie sich näher an der Küste befanden, als er erwartet hatte. Er rief zu dem Mann im Mastkorb, doch

9 Dänischer Faden, entspricht 6 Fuß und damit heute 1,88291 Meter

der konnte außer Nebel nichts ausmachen. Sie lauschten auf die Geräusche des Meeres, doch der Nebel schluckte alles. Irgendwo über ihnen brannte die Sonne und irgendwo gab es einen Himmel, aber sie segelten in Angst und Ungewissheit. Fernando übergab das Ruder und lief an der Reling entlang. Er meinte, eine stärkere Seitwärtsströmung wahrzunehmen, was ebenfalls auf eine Küstenlinie hindeutete. Seine Kursberechnung wies allein wegen dieser Drift Ungenauigkeiten auf.

Jetzt hielt es Nickelsen nicht länger aus. Er sprang an das Ruder, verdrängte den dort stehenden Rudergänger, schrie den Leuten in den Masten seine Befehle zu und legte einen harten Westkurs an. Bootsmann und Erster Steuermann sprangen hinzu, versuchten, ihn an seinem Vorhaben zu hindern, aber genau in diesem Moment hörten sie mit Entsetzen durch den Nebel das Tosen der Brandung und vom Mastkorb ertönte der Schrei: »Felsenriff voraus!« Erschrocken blickten sie sich an. Im gleichen Augenblick schreckhafter Lähmung schlug eine mächtige Sturzsee über die Reling, sodass die Männer fast den Stand auf den Planken verloren hätten. Fernando sprang jetzt Nickelsen als Rudergänger am Steuerrad zur Hilfe. Gemeinsam hielten sie mit aller Kraft westwärts, doch das Schiff befand sich bereits in einem starken Sog Richtung Steilküste.

»Gütiger Himmel!«, stöhnte der Bootsmann und versuchte, die Ordnung in der Mannschaft aufrechtzuerhalten, damit sie mit ein paar letzten Manövern noch einmal alles tun könnten, dem Schiffbruch zu entkommen. Hark Nickelsen schickte die Mastgasten eilends in die Rahen, um die Großsegel reffen zu können, und gab das Kommando zu kreuzen, um Richtung Südwest in der Strömung Fahrt zu gewinnen und dann mit scharfem Westkurs Abstand von der Küste mit ihren Sandbänken und gefährlichen Klippen zu halten. Niemand widersprach ihm mehr – er trug die alleinige Verantwortung. Das Schiff ließ sich kaum noch ruhig auf Kurs bringen. Zu dritt stemmten sie sich inzwischen wieder gegen das Ruder. Wie ein hartnäckiger Freier um die widerspenstige Geliebte, so beharrlich warb die Küste mit ihren Strömungen und Fallwinden um das Schiff. Je länger der Kampf dauerte, desto deutlicher wurde Nickelsen und allen Offizieren, dass nur noch ein Wunder sie retten könnte. In zwei Stunden gewannen sie wenigstens eine gute Strecke nordwärts. Wer wusste schon, wie weit – aber vielleicht doch weit genug, um nicht in einer Wüste gänzlich verloren krepieren zu müssen.

Gestützt vom Schiffsarzt und dem Koch mühte sich Kapitän van Riebeck den Aufgang zum Achterdeck hinauf. Außer sich vor Wut schrie er: »Was ist hier los? Ich hatte klare Order zum Ostkurs gegeben!«

Fernando trat vor, um Meldung zu erstatten. Nickelsen schrie unbeirrt seine Kommandos für das nächste Manöver weiter zum Bootsmann. Die Brandung donnerte von der Seite gefährlich gegen das Schiff. »Schafft diesen Menschen dort, diesen Cornelissen, diesen Deutschen, vom Achterdeck! Sofort! Bindet ihn und werft ihn in den Laderaum. Ich will ihn nicht mehr sehen!« Der Kapitän schrie, ohne weiter auf Fernando und dessen Erläuterungen zu achten. Doch genau in diesem Moment segelte das Schiff wieder in eine völlig undurchsichtige Nebelwand und bockte, verweigerte für entscheidende Momente das Manöver des Aufkreuzens. Dazu das Tosen der Brandung, das alles übertönte. Noch einmal versuchte Nickelsen einen Westkurs, spürte jedoch, dass das Schiff gegen die starke Strömung nicht mehr ankam. Panik brach an Bord aus. So plötzlich, wie der Nebel gekommen war, so unerwartet löste sich die dunkle Wolkenbank wieder auf, als das Schiff immer weiter Richtung Osten gedrückt wurde.

Wieder der Schrei aus dem Mast: »Felsenriff voraus!« Umsichtig gab Nickelsen seine letzten Befehle und schickte den Bootsmann und die letzten Matrosen in die Wanten[10]. Flink kappten diese die Seile zu den Segeln, um dem Schiff Fahrt zu nehmen. Schon drückte die Strömung das Schiff Richtung Küstenlinie. Der Dreimaster wurde zum Spielball der entfesselten

10 Wanten sind starke Seile zur Verspannung von Masten zur Seite hin. Auf jeder Seite des Großmastes gibt es bis zu 12 Wanten. Zwischen ihnen sind sogenannte Webeleinen gespannt, die von den Matrosen, die die Takelage bedienen, als Sprossen zum Aufentern (Hinaufklettern) genutzt werden.

Elemente der Brandung. Die Hände von vier, fünf erwachsenen Männern konnten das Steuer nicht mehr halten. Krachend brachen Spanten[11], knarrend zerriss das Tauwerk. Teile der Rahen, Tauwerk, Blöcke und Segel stürzten herab. Koch und Arzt wurden von den herabfallenden Gegenständen an Kopf und Oberkörper schwer getroffen, als sie versuchten, den Kapitän van Riebeck aus der Gefahrenzone zu zerren. Schon knirschte Sand unter dem Schiffsrumpf. So schnell wie möglich schickte Nickelsen drei Männer, die Wanten mit der Axt abzuschlagen und alles ins Meer zu werfen, um den Kampf mit den Elementen an Deck des Schiffes ungehindert fortsetzen zu können. Doch noch bevor sie dies angehen konnten, ging mit unglaublichem Getöse der Hauptmast über Bord und vom Ankerbalken hallte ein Schrei. Harks letzte Kommandos gingen im Lärm unter. Links von ihm klatschte ein schwarzer Körper ins Wasser. Einige Matrosen sprangen ihm nach. Noch einmal wurde das Schiff angehoben und stürzte in ein Wellental hinab. Festkrallen! Irgendwo ein Stück Holz! Anseilen am Besanmast, den Körper an das Holz pressen, Fernando an seiner Seite. Die Sturzsee, das eiskalte Wasser ließ alles erstarren. Dann ein riesiger Schlag, ein Bersten des Holzes. Es wurde dunkel, als Nickelsen einen letzten fürchterlichen Angstschrei ausstieß.

2. Wo keine Macht auf Erden und kein Geld mehr helfen

Ein halbes Dutzend vollgefressener schwarzer Blutegel schwamm träge im Einmachglas Richtung Deckel. Medizinalrat Fredricson aus Kopenhagen lief inzwischen höchstselbst, um faktisch im Minutentakt die kalten Tücher, in Wasser und Essig getränkt, zu wechseln. Dann wischte er sich den Schweiß der Erschöpfung

11 Die Spanten sind zugleich Träger der Beplankung. Man unterscheidet zwischen Querspanten, die quer zu Rumpf und Kiel liegen, und Längsspanten (Stringer), die parallel zum Kiel oder der Fahrzeughauptachse liegen. Die Spanten müssen untereinander verbunden sein.

und Aufregung aus dem Gesicht, warf, wie schon so häufig in dieser Woche, einen sorgenvollen Blick auf den immer noch von Fieberkrämpfen geschüttelten Mann, der jetzt wie bewusstlos dalag. So früh es ginge, würde er morgen seine Rechnung liquidieren und die Insel verlassen, bevor hier noch etwas wirklich Ernsthaftes passierte. Denn dass diese Sache am Ende gut ausgehen könnte, davon war Fredricson inzwischen nicht mehr so recht überzeugt. Aus einem Gefühl heraus hatte er bereits am zweiten Tag seines hiesigen Aufenthaltes dem Kollegen aus Husum eine Depesche zukommen lassen. Der könnte ihn ablösen und seinen Kopf hinhalten. Er, hochwohllöblicher Medizinalrat aus Kopenhagen, hatte nicht die Spur einer Ahnung, was dem Patienten die so dringend benötigte Besserung seines Zustandes noch bescheren könnte. Heftige Fieberschübe wiederholten sich in immer kürzeren Abständen. Ihn noch einmal zur Ader lassen, um ihm die schlechten Säfte zu nehmen, konnte er nicht riskieren. Wenigstens darin konnte er auf gesicherte Erfahrungen zurückgreifen: Der Mann hatte inzwischen zu viel Blut verloren. Aber trotz aller Bemühungen dann Fieberkrämpfe bis zur Bewusstlosigkeit, kaum noch Nahrungsaufnahme ... Wenn bis zum bevorstehenden Weihnachtsfest nicht noch ein Wunder geschähe, würde selbst ein Hark Nickelsen den Jahreswechsel nicht mehr erleben. Was der arme Mensch dabei für Höllenqualen durchlitt! Jetzt schrie er zum wiederholten Mal Tod und Teufel und erlebte augenscheinlich einen Schiffsuntergang vor der afrikanischen Küste und den grausigen eiskalten Tod in den Fluten.

Fredricson musste nicht ans Fenster treten, um zu wissen, dass sich bei der Lautstärke der Schreie des alten Kapitäns inzwischen vor dem Haus Nachbarn aus Süddorf, die Familie der Witwe von Hark Olufs aus dem roten Haus gegenüber, einige der guten alten Freunde unter den Honoratioren und Ruheständlern auf der Insel sowie Schiffer und Bootsmänner versammelten, die von ihren Seereisen zurückgekehrt waren. Jeden, der nur seine Nase heraussteckte, befragten sie mit echter Anteilnahme und Erschrecken; Nickelsens Frau Marret Harken wies sie alle ab.

Sie ließ nur den Neffen Lorenz Harken, dessen Schwester Ehlen und ihre Schwägerin Antje ins Haus sowie Ole Jessen, der mit Nickelsen zur See gefahren war und jetzt auf seinem Hof aushalf, und Pfarrer Mechlenburg. Der Medikus griff sich zwei neue kühle Tücher, um sie dem Todkranken über die Stirn und auf die Brust zu legen, da begann der Kranke mit unglaublicher Kraft um sich zu schlagen. Sein Gebrüll hätte mühelos jeden Orkan übertönt, der jemals über die Insel hinweggefegt war. In seinem ausgemergelten Körper steckte die Kraft eines Wahnsinnigen, als er Fredricson mit einer Rechts-links-Kombination von beiden Armen krachend auf die harten Dielen seiner Schlafstube schickte. Dann schlug es in unmittelbarer Nähe hart auf Holz und polterte mächtig, Glas splitterte. Als der Medizinalrat seine Augen nach kurzer Benommenheit wieder öffnete, sah er die Blutegel auf dem nassen Holzfußboden auf sich zukriechen. Für einen Moment fühlte er sich unfähig zu reagieren. Die beiden fettesten Exemplare befanden sich nur noch wenige Zentimeter von seiner Nasenspitze entfernt. Als Erstes kehrten seine Wahrnehmungen vollständig zurück. Fredricson bemerkte, dass der Kranke heftig atmete und schnaufte. Vorsichtig bewegte er den Kopf Richtung Bett, wo sich jetzt Lorenz, der Neffe, erhob, noch recht unschlüssig dastand und auf das Krankenlager blickte. Marret, die Frau des Kapitäns, hatte hinter dem Kopfende gehockt und versucht, den kräftigen Körper des Tobenden zurück in die Kissen zu drücken. Sie stand nun neben dem Bett und strich sich die verschwitzten blonden Haare aus dem für ihr Alter immer noch attraktiven Gesicht. Fredricson ärgerte sich, dass sich niemand um ihn sorgte. Er riskierte Gesundheit und Unversehrtheit, lag schwer getroffen am Boden und noch nicht einmal Anteilnahme erregte er. So etwas wäre ihm in Kopenhagen nicht passiert! Dann erinnerte er sich an die Blutegel. Ihn schauderte. Er sprang mit einem verhaltenen Entsetzensschrei auf die Beine und schlug sich den ersten fetten Wurm von der Wange. Noch etwas benommen geriet er ein wenig ins Taumeln und fand mühsam Halt an der Lehne eines Stuhls. Doch der gab seinem Körpergewicht nach, rutschte heftig gegen ein Tischchen, von dem ein Wasserglas zu Boden stürzte, zersplitterte und den kalten Teesud, der eigens für den Kranken zubereitet worden war, ebenfalls als eine kleine Lache auf dem Holz des Bodens verbreitete.

»Verflucht noch mal! Das darf doch nicht wahr sein!«, schimpfte der Medizinalrat. Dann hatte er sich endlich wieder im Griff. Erstaunt registrierte er jetzt, dass Hark Nickelsen wach und aufrecht im Bett saß, frei von Fieberkrämpfen, und ihn anstarrte, um sodann mit kräftiger Kommandostimme loszulegen.

»Marret, sag mir sofort, was macht dieser fremde Kerl in meinem privatesten Gemach? Und überhaupt! Diese Schweinerei hier auf dem Boden, diese Unordnung überall! Was ist das für eine Wirtschaft! Düwel noch eins! Weiß denn hier keiner, dass an Bord Reinlichkeit und Ordnung oberstes Gebot sind, damit sich keine Krankheiten verbreiten?«

Marret schien nichts anderes erwartet zu haben. Sie entgegnete ruhig: »Das ist der Herr Medizinalrat aus Kopenhagen ...«

Doch er ließ sie nicht ausreden. »Gib ihm Geld. Dafür wird er doch seine beschwerliche Reise auf sich genommen haben. Hat mich gefreut, Herr Mediziner. Und dann, Lorenz, schaff mir den Ole Jessen her, der weiß, was sich an Bord gehört. Er soll aufräumen!«

»Aber Hark, so hör doch ...«, begehrte Marret noch einmal kurz auf.

»Lass gut sein. Leg mir meine Ausgehsachen raus. Du weißt schon, das schwere, schwarze Tuch. Mir ist ein wenig frostig. Ich will mich anziehen und aufstehen. Zu viel liegen macht kränklich und trübe Gedanken.«

Als Fredricson das Haus verließ, im Windfang noch Geld und Entschuldigungen der Ehefrau entgegennahm, kam hektische Bewegung ins Haus, und er musste von drinnen noch den Ruf des Hausherrn als Reisegruß mitnehmen: »Mach keine Umstände, Marret, halt den Mediziner nicht auf. Kopenhagen ist eine schöne Stadt. Er wird froh sein, dass ich seine Torturen überlebt habe. Marret! Was gibt es da draußen noch zu reden?« Danach war Fredricson nur noch froh, sofort abreisen zu können. Der nächste Fieberschub kommt bestimmt, dachte er noch. Und: Verdammt harte Hunde, die Seeleute.

Er raffte sein Gepäck und seine Instrumente zusammen, um mit fliegenden Rockschößen nach Stenodde zu eilen, wo er noch ein Fischerboot für die Fahrt bis nach Husum erreichen wollte, bevor ihn die Ebbe einen weiteren Tag hier festhielt. Er hatte den Fischer Olde Fink schon für zwei Tage im Voraus bezahlt und tatsächlich traf er ihn an. Der gute Mann stopfte sich seine Pfeife, prüfte den Wind, blickte auf den fallenden Wasserpegel und meinte gemütlich: »Jau, dat is man so.« Und Fredricson wurde schlagartig klar, dass jetzt der Zeitpunkt gekommen war, sich zwischen der drohenden Ebbe und einer Erklärung zum Krankenstand von Nickelsen zu entscheiden.

3. Der alte Kapitän und seine Frau Marret

Marret brachte ihm seinen Friesentee, schwarz und so stark, dass man den Grund der Teetasse nicht mehr erkennen konnte, dazu den guten, teuren Zucker, auf dem er immer bestand, weil er das mit Sklavenschweiß erkaufte Ersatzgeklumpe nicht in seinem Haus akzeptierte – und dazu das gewohnte kleine Kännchen mit flüssiger Sahne, ein Luxus, mit silbernen Löffelchen portioniert, wie es einem Kapitän standesgemäß nicht besser hätte zukommen können. Nickelsen griff nach der Kanne, wartete nicht ab, bis ihm eingeschenkt wurde, und bereitete sich den Tee selbst zu. Marret stand ein wenig nutzlos daneben. Er brummte: »Ist schon gut, danke dir. Genau so, wie ich den Tee mag. Sollst sehen, der hilft besser als jede Medizin vom Quacksalber. Der ist doch hoffentlich weg und kommt nicht wieder?«

Marret bestätigte das und erklärte, dass er wahrscheinlich sogar schon mit Olde Fink nach Husum unterwegs sei.

»Gut so. Gut so. Gehört nach Kopenhagen, der Mann. Hat von unsereins genauso wenig und so viel Ahnung wie vom Leben auf einem großen Schiff auf hoher See. Ist und bleibt Städter, blutleer und fantasielos. Kein Wunder, dass solchen nichts anderes einfällt, als unsereinem den Lebenssaft abzuzapfen. Seltsame Wissenschaft das.« Und während sich der alte Kapitän noch ein wenig brummelnd echauffierte, trank er den Tee in großen Schlucken. Tatsächlich gewann er nach der fünften Tasse sogar ein wenig Farbe.

Marret merkte jetzt nur knapp an: »Du hast nach dem Herrn Pastor geschickt? Sollte ich mir Sorgen machen? Mehr als bisher schon?«

Nickelsen schaute seiner Frau prüfend in die Augen, dann widmete er sich wieder seinem Tee, trank den Rest aus der Kanne aus und sagte mit leiser Stimme über den Rand der dampfenden Teetasse hinweg: »Mein Unwohlsein scheint dich wirklich zu berühren. Das ist lieb von dir.« Er griff nach ihrer rechten Hand, die er fest umschloss, um dann ganz zart seine Lippen auf den Handrücken zu pressen. »Weißt du, liebe Frau, dass ich mit dir in diesem Jahr länger als die Hälfte meines Lebens, das inzwischen schon 63 Jahre zählt, verheiratet bin? Dass du mir altem Seebären vor so vielen Jahren als junges hübsches Ding von 22 Jahren das Jawort gegeben hast und mir auf meinem ernsten und wenig vergnüglichen Lebenskurs die Treue hältst!« Dann machte er eine Pause und atmete schwer, bevor er endete: »Das ist wahrlich für einen stolzen und aufrechten Mann, wie ich es bin, nicht selbstverständlich.«

Marret stand der Mund offen vor Staunen. So hatte sie ihren Mann noch nie erlebt. Wenn man sie gefragt hätte, wäre sie eher davon ausgegangen, dass er noch nicht einmal gewusst hätte, wann sein Hochzeitstag war, geschweige denn, wie lange sie verheiratet waren. Dass er sich aber konkret an das Jahr 1737 und die 32 Jahre Ehe mit ihr erinnerte! Die Art, wie er das zur Sprache brachte, machte sie, bei aller Sorge um ihn und seine Gesundheit, doch glücklich und stolz. Zärtlich küsste sie ihn auf die Stirn, strich mit ihrer linken Hand seine Wange entlang. Schon wehrte er die Zärtlichkeiten heftig ab: »Was soll das? Das schickt sich nicht! Überhaupt kommt gleich der Pastor.«

»Der Herr Pastor wird sich freuen, ein altes Ehepaar noch so glücklich beieinander zu finden. Und das auch in Krankheitstagen. Genauso, wie wir es uns vor dem Altar versprochen haben. Überhaupt mache ich mir nur Sorgen um deinen Zustand. Immerhin hat der Medikus Fredricson einen ausgezeichneten Ruf und hätte dir vielleicht doch helfen können. Aber du bist halt stur wie immer.« Nein, wenn sie unter sich waren, machte Marret Harken aus ihrem Herzen keine Mördergrube.

»Lass es gut sein, für Mediziner mit Ruf scheint mir meine Gesundheit zu angegriffen, um deren löbliche Behandlungsmaßnahmen am Ende noch überleben zu können. Sei getrost, ich will an deiner Seite noch ein paar Jahre leben. Vielleicht sollte ich mir auf meine alten Tage beim Herrn Pfarrer nur einige Dinge als Ballast von der Seele reden. War noch nie meine Art, wichtige Dinge aufzuschieben. Kein Anlass, sich deshalb Sorgen zu machen, Marret.« Während er den letzten Satz noch aussprach, schaute er schon aus dem Fenster, wo das letzte Licht des Tages langsam schwand. Sein Blick und die Sätze, die er gewählt hatte, um sie zu beruhigen, widersprachen sich. Marret spürte dies überdeutlich, aber sie sagte nun nichts mehr. Dann traf sein Blick sie wieder: »Du sagst nichts, Marret. Das ist recht so, es gibt halt Dinge, die man nicht herbeireden kann. Man muss Kurs halten, dann erreicht man – so Gott es will – den Heimathafen. Jetzt könntest du mir noch einen Tee zubereiten und ein Abendessen. Mich hungert.«

Sie war froh, endlich wieder etwas Praktisches tun zu können, hantierte mit Kessel und Topf am Herd und rief nach Ole Jessen, der ihr trockenen Torf und ein paar Holzscheite aus dem angrenzenden Schuppen bringen sollte. Hark hatte Hunger, wollte essen! Marret Harken schöpfte Hoffnung. Ole Jessen schaute in der Stube bei seinem alten Kapitän vorbei, doch der scheuchte ihn wieder raus an die Arbeit. Nickelsen wollte wenigstens für ein paar Momente allein seine Gedanken ordnen. Vielleicht war es tatsächlich höchste Zeit, einmal über alles nachzudenken und Rechenschaft abzulegen. Buße? Nein, das schien ihm zu hoch gegriffen. Vergebung, ob es so etwas überhaupt gab? Das sollte andernorts entschieden werden. Er wollte in der stürmischen See, in die er geraten würde, vielleicht nur etwas Ballast über Bord werfen, um sein altes, in die Jahre gekommenes Schiff besser auf Kurs halten zu können. Nicht dass ihm jemand einen Vorwurf gemacht hätte. Aber das änderte an dem Urteil nichts, das er über sich selbst gefällt hatte. Denn wenn er an seine Schuld dachte, war diese keine geringe. Er trug schwer an ihr.

Marret brachte frischen Tee und eine wässrige Hafergrütze mit einem Kanten Brot, um, wie sie sagte, seinen leeren Magen nicht allzu sehr zu reizen. Er versicherte ihr zum wiederholten Mal, dass es ihm bereits viel besser gehe. Dann standen wieder Nachbarn vor der Tür, die sich nach ihm erkundigten, und Marret eilte nach vorn, um niemanden hereinzulassen und sicherzustellen, dass keine schlechten Nachrichten das Haus verließen. Nickelsen hörte die Stimmen im Windfang vor der Tür – und schon flogen seine Gedanken nach Kopenhagen und zu der quälenden Frage, wie es ihm hatte geschehen können, dass er überhaupt Kapitän von Sklavenschiffen wurde.

4. Wie Hark Nickelsen begann, über sein Leben nachzudenken und Rechenschaft abzulegen

Nickelsen durchschritt das Kontor mit seinen Stehpulten. Die ganze Büroatmosphäre, dieses gefängnisartige Dasein, das die tintenklecksenden Kreaturen an den Stehpulten und Tischen in ihren kalkweißen Gesichtszügen bereits widerspiegelten, und vor deren Fachwissen und Akkuratesse er doch höchsten Respekt hatte, würden ihm immer fremd bleiben. Der Kanzleivorsteher kam ihm mit einem schmalen Lächeln auf den Lippen entgegen und geleitete ihn zu dem Klubraum, wohin man ihn einbestellt hatte. Dass sie hier die Fremden gar nicht wahrnahmen, die von den oberen Stellen herbeizitiert worden waren, war wohl normal. Ein jeder von den Vorstandsmitgliedern der ehrenwerten dänischen Westindien-Guinea-Kompanie könnte ihn mit einer lässigen Handbewegung in wenigen Sekunden dem Vergessen überantworten und ihn ersetzen. Das kostete die Herren Kaufleute nicht viel. Warum sollten sich die Kontoristen also für ihn interessieren? Dennoch, es kränkte ihn.

Daher empfand er die freundliche Aufmerksamkeit des Kanzleivorstehers als besonders wohltuend. An den Wänden hingen Gemälde und Zeichnungen der großen Schiffe und von Ereignissen aus der Geschichte der Kompanie. Der Kanzleivorsteher, mit sicherem Gespür für Nickelsens Empfindlichkeiten, blieb vor einigen Bildern stehen, um mit dem Kapitän über dieses und jenes Schiff, über deren Beschaffenheit und Schicksal zu sprechen. Gut macht er das, der Bürohengst, dachte Nickelsen bei sich, denn er spürte, wie er begann, über Dinge zu sprechen, von denen er so unendlich viel mehr verstand als jeder andere Mensch hier auf dem Festland. Schon bald erläuterte er die Aufbauten eines Dreimasters und fachsimpelte über die Form eines Bugbogens und die Auswirkungen auf die Geschwindigkeit des Schiffes. Weiter hinten standen sie vor den Porträts der Vorstandsmitglieder. Nickelsen erkundigte sich nach den Herren, die ihn erwarten würden. Der Versuch, sich Details einzuprägen, gelang ihm nur teilweise. Kaum stand er in dem kleinen Sitzungssaal, der von den dunklen Eichenholzbalken mit Wappenabbildungen an der Decke und großen goldenen Kronleuchtern dominiert wurde, fühlte er sich wieder befangen und eingesperrt. Eilig trat er an das Fenster, das er öffnete, um aus dem dritten Stock auf Kopenhagen und den Hafen zu schauen. Das Gefühl der Enge schwand allmählich. »Die Stadt gefällt mir im Übrigen ausgezeichnet. Ich besitze bereits seit Jahren eine Wohnung in der Stadt und bin Kopenhagener Bürger.«

Der Kontorist fröstelte ein wenig wegen des kalten Windes, der durch die geöffneten Fensterflügel in den Raum wehte, und meinte, die Sache mit der Bürgerschaft sei schon besonders und solle dem Vorstand gegenüber nicht unerwähnt bleiben. Dabei rieb er sich die kalten Hände. Nickelsen beobachtete ihn und dachte bei sich, dass es dieser Mensch keinen Tag auf offener See aushalten würde. Es waren zwei Welten, die hier in den Räumen des Kontors zueinanderfinden sollten, doch nicht zusammenpassten. Die Welt der Kaufleute und die Welt der Schiffer bedingten einander aufs Engste und gehörten doch nicht zusammen. Er konnte sich in den Kreisen der Kaufleute bewegen, diese jedoch gehörten nie und nimmer an Bord der Schiffe, die sie zu besitzen meinten. »Es ist doch ein wenig frisch geworden.« Er schloss die Fensterflügel und lächelte den Kontoristen an, der fast im selben Moment durch sieben Mitglieder des Vorstands ersetzt wurde, die am Besprechungstisch Platz nahmen.

Die Herren machten keine großen Umstände und kamen direkt auf ihr Anliegen zu sprechen. Noch bevor Nickelsen sich gesetzt hatte, richtete der Sprecher des Vorstandes, ein untersetzter Mann mittlerer Größe mit dunklen, lebhaften Augen und dichtem, lockigem Haupthaar das Wort an ihn: »Herr Kapitän Cornelissen, Sie führen nunmehr seit fast sechs Jahren als Verantwortlicher für die Kompanie die Fregatte *Williamina Galley*. Ohne besondere Vorkommnisse, wie man vermerkt.« Dabei blätterte er in Unterlagen, die vor ihm auf dem Tisch lagen.

»Sehr wohl, ehrenwerter Herr Direktor. Erfreut, dass dies an verantwortlicher Stelle so vermerkt wurde«, antwortete Nickelsen, dem inzwischen der angenommene Name Cornelissen so vertraut geworden war, dass er häufig auf den Zuruf seines richtigen Vaternamens nicht reagierte. Die Herren richteten nun allesamt ihren Blick auf ihn, während er langsam am Besprechungstisch auf der gegenüberliegenden Seite Platz nahm.

»Wie man hört, hat es Beschwerden Ihrerseits über die Kompanie und die *Williamina Galley* gegeben. Die Kompanie ist ihren Gesellschaftern und Kapitalgebern verpflichtet und strebt eine höhere Effizienz und eine merkliche Anhebung der Gewinnanteile an. Sie verstehen? Wir sind dem Erfolg verpflichtet.«

Mit Handzeichen erbat Nickelsen das Wort, das ihm sogleich gewährt wurde, was kein schlechtes Omen darstellte. »Meine ehrenwerten Herren Direktoren und Vorstandsmitglieder!« Jetzt stand Nickelsen sogar wieder auf, um seinen Worten Nachdruck zu verleihen. »Liegt Ihnen eine offizielle Beschwerde meinerseits vor? Nein, natürlich nicht. Habe ich durch mein Verhalten oder meine Arbeit der Kompanie irgendwann einen Schaden zugefügt? Nein, gewiss nicht.«

Ein älteres Vorstandsmitglied, der Buchhalter, rotwangig, kurzatmig und stets von einem Blatt mit Zahlenkolonnen gefangen genommen, unternahm jetzt überraschenderweise den Versuch, einen sich abzeichnenden Konflikt im Keim zu ersticken: »So beruhigen Sie sich doch, Herr Kapitän. Ein jeder weiß, was Sie können und was wir an Ihnen haben.«

»Sehen Sie, darum geht es doch: Sie sprechen von Gewinn und Effizienz, meine Herren. Die *Williamina Galley* ist eine alte, ehrenwerte Dame. Ein Schiff, das viele Stürme überstanden hat, und welches mit gutem Seemannswissen, Weitsicht und Fürsorge noch manche Querungen des Atlantiks schaffen wird ...«

»... aber – Bedenken, Herr Kapitän Cornelissen?«, setzte der Sprecher des Vorstandes nach und drängte Nickelsen mit einer Geste, wieder am Tisch Platz zu nehmen. Dieser setzte sich tatsächlich, zögerte aber einen kurzen Moment und schaute in die Runde, wohl wissend, dass ihm jetzt jede ehrliche Erklärung nicht zur Ehre gereichen würde. Die Signale des Vorstandes, die er erhalten hatte, waren unmissverständlich gewesen. Man würde die Sklavenfahrten ausbauen, und sein Schiff war Teil dieser Pläne. Was zählte es da, dass er, Hark Nickelsen, zu keinem Zeitpunkt aus freien Stücken Kapitän eines Sklavenschiffes geworden war. Als Schiffer hatte er den Befehlen der Eigner und des Vorstandes Folge zu leisten. Ihm standen keine eigene Meinung und kein Recht auf Widerstand gegen die Geschäftspolitik des Vorstandes der ehrenwerten Westindien-Guinea-Kompanie zu. »Nun, Herr Kapitän? Sie schweigen? Haben Sie nichts zu sagen? Dann jedoch darf ich Ihnen im Namen des Vorstandes mitteilen, dass wir in Ihrer offenbar Dritten gegenüber geäußerten Kritik ein grobes Dienstvergehen sehen werden.« Der Sprecher des Vorstandes versuchte, Druck auf ihn auszuüben. Dabei lief er vor Anstrengung im Gesicht endgültig rot an und machte Atemgeräusche, die dem Brodeln der Suppe auf dem Herdfeuer des Smutjes der *Williamina Galley* glichen, wenn sie kurz vor dem Überkochen stand.

Wenn sich Hark Nickelsen als alter Mann auf Amrum an jenen schicksalhaften Tag erinnerte, war er überzeugt davon, dass es nicht dieser schnaufende Vorstandssprecher, nicht die ehrenwerten Herren Direktoren oder die einschüchternde Größe und Macht der Kompanie gewesen waren, die ihn überhaupt zu einer Reaktion gedrängt hatten. Dann hatte er den Gestank wieder in der Nase, diesen ekelerregenden, stechenden Geruch von erkaltetem Schweiß, von Siechtum, Exkrementen und Fieber. Die Erinnerung überfiel ihn jedes Mal so heftig, dass ihm von einem Moment auf den anderen speiübel wurde. Nickelsen sprang auf, schob die Schüssel mit Brei zur Seite, ungeschickt, heftig, sodass fast die Teekanne zu Boden gefallen wäre. Er schwankte auf unsicheren Beinen, hielt sich einen Moment an der Tischkante fest, benötigte alle Kraft und Konzentration, um nicht hinzustürzen und sich sogleich zu übergeben. Dann durchquerte er mit wenigen raschen, unsicheren Schritten das Zimmer, riss die Tür zur Schlafstube auf, taumelte am völlig verdatterten Ole Jessen vorbei, der hier noch aufräumte und sauber machte, fiel krachend auf die Knie, griff sich einen Eimer und würgte und erbrach sich, bis er am ganzen Leib zitterte und die Erinnerung ihn wieder freigab. Ole und Marret hielten ihn, stützten und beruhigten ihn und wollten ihn anschließend direkt wieder ins Bett stecken. Mit letzter Kraft schüttelte Nickelsen den Kopf und krächzte Ole Jessen ins Ohr: »Die *Williamina Galley*, du verstehst doch ... All die Toten damals ... Es sind nur die Erinnerungen, die mich quälen.« Er bestand darauf, wieder in der Stube zu sitzen. Wollte essen und trinken. Ole Jessen kannte solche Anfälle, wusste, was ihn quälte, obwohl er erst auf der *Vesuvius* bei ihm angeheuert hatte. Aber das Elend mit den Sklaven, den vielen Toten, die Grausamkeiten, ja, das kannte er auch. Er überzeugte Marret und gemeinsam halfen sie ihm, wieder am Tisch Platz zu nehmen.

5. Der Schrecken und Grausamkeiten auf der Fahrt mit der Williamina Galley

Schon die Hinreise zum schwarzen Kontinent hatte sich wegen der schweren wirtschaftlichen Krise verzögert, in der sich das gesamte Königreich Dänemark seit Jahren befand. Der dänische König regelte zwar die Pflicht zum sonntäglichen Kirchgang und ordnete empfindliche Strafen für den Verstoß an, aber eine ordnende Hand in der Wirtschaft für den Warenstrom und in der Außenpolitik hatte er nicht. Kurzfristig sprangen Geldgeber ab, konnten Waren und Ersatzteile nicht beschafft werden, und der Aufbruch geschah dann mit der Übertragung des ersten Kommandos auf ihn, Hark Nickelsen, genannt Hendrik Cornelissen, unorganisiert. Vor der portugiesischen Küste zu allem Überfluss noch der Ausruf vom Krähennest[12] am Großmast: »Zwei Schiffe achteraus. Halten auf uns zu!« Der Erste Bootsmann eilte mit der Meldung Richtung Kapitänskajüte. Von düsteren Vorahnungen getrieben, lief Nickelsen bereits im Aufgang an ihm vorbei, das Fernrohr in der Hand. Seine schlimmsten Befürchtungen bestätigten sich: Was dort draußen Kurs auf die *Williamina Galley* nahm, waren zwei Schebecken, jene Art von Piratenschiffen mit großen Quersegeln, niedrigem Tiefgang und zehn Ruderbänken auf jeder Seite, die im Auftrag der Barbaresken und irgendeinem Bey oder Dey in Nordafrika auf Jagd waren.

Wie lange war das her? Sechzehn Jahre, und jetzt standen ihm die Grausamkeiten des Kampfes, die Demütigungen seines Weges auf den Sklavenmarkt und die Not, die er damals als Achtzehnjähriger, soeben zum Matrosen befördert und nicht ganz trocken hinter den Ohren, erlitten hatte, so vor Augen, als wäre es erst gestern gewesen. Sein Herz geriet ins Stolpern, Schweiß brach ihm aus. Er ging ins Ruderhaus, befahl, Richtung Küste zu segeln, und ließ beide Bootsleute zu sich kommen. Doch ungefragt

12 Als Krähennest bezeichnet in der Seemannssprache die zu einem Mastkorb umgebaute Plattform an der Mastspitze auf dem Hauptmast am Fußpunkt der Marsstenge. Gebräuchlich für einen hochgelegenen Beobachtungspunkt ist allgemein auch der Name Ausguck.

erschien sogleich fast die gesamte Offiziersmannschaft des Schiffes und drängte sich hinter dem Ersten Steuermann. Nickelsen wurde barsch, knurrte, es sei nicht in seinem Sinn, dass alle ihre Posten verließen. Da traten die beiden Geschützführer und der Waffenmeister mit den Bootsleuten vor und fragten unverblümt, ob es sich um Piraten handle.

Nickelsen blickte sie scharf an: »Nur damit das hier möglichst rasch ein Ende hat, antworte ich, meine Herren. Barbaresken-Korsaren, Schebecken aus Nordafrika, treffend beobachtet, Herr Waffenmeister. Und jetzt ...« Er gab den Befehl, an jedem verfügbaren Mast die dänische Flagge zu hissen, alle Segel zu setzen und aufzukreuzen. Dann donnerte er los: »Meine Herren, das ist keine Spaßveranstaltung! Wir sollten diese Bande nicht in die Nähe des Schiffes oder gar an Bord lassen! Wer jetzt nicht sofort ..., den werde ich persönlich ...!« Er brauchte den Satz nicht zu beenden. Beide Bootsleute rannten an den Längsseiten des Schiffes entlang und trieben mit ihrer Pfeife und ihrem Sprachrohr die Mannschaft an Deck und in den Wanten an. Geschützführer und Waffenmeister blieben jedoch halsstarrig und forderten von Nickelsen, die Geschütze gefechtsklar machen und die Geschützklappen auf dem Zwischendeck öffnen zu lassen. Der Waffenmeister, ein vierschrötiger, kriegserfahrener Infanterieoffizier der dänischen Krone, trat einen Schritt auf den Kapitän zu und forderte die Bewaffnung der Mannschaft. Er schien der Auffassung zu sein, dem erst 34 Jahre alten Schiffer auf seiner ersten Fahrt für die Kompanie müsse geholfen werden. Es roch zwar noch nicht nach Meuterei, aber es drohte ein Befehlschaos. Im Ruderhaus gab es vereinzeltes aufgeregtes Krakeelen. Die drei Waffenbrüder schienen nicht die Einzigen zu sein, die Zweifel an seiner Kompetenz hegten. Und Nickelsen hatte sich die Mannschaft nicht aussuchen können, sondern hatte nehmen müssen, was man ihm für sein Kommando vorsetzte.

Wie gefährlich ein paar falsche Leute in der Schiffsmannschaft sein konnten und wohin so etwas häufig führte, hatte er erfahren müssen, als er selbst mit seinem Bruder Jens und seinem Vetter

Hark Olufs auf der *Hoffnung* vor der englischen Küste gekapert und in Sklaverei verschleppt worden war. Sein Vetter war erst vor vier Jahren endlich aus der Sklaverei nach Amrum zurückgekehrt. Er war reich geworden, hatte Glück gehabt, wie man so schön sagte, schritt jetzt im Habit eines Barbareskengenerals – in Pluderhosen und mit Pasamaken an den Füßen und manche Tage sogar mit Krummsäbel an der Hüfte – über seine Heimatinsel und erzählte jedem von seinen Abenteuern. Doch im stillen Kämmerlein ihres Herzens wussten sie alle von dem Leid, den vielen Toten und all den Grausamkeiten und Demütigungen, die sich tief in ihnen eingebrannt hatten und von denen niemand zu Hause die Spur einer Ahnung hatte. Es brauchte hier an Bord der *Williamina Galley* nur noch einen Funken und diese Holzköpfe wären in der Lage, ihrer aller Ende zu besiegeln!

Nickelsen befahl, die Hängematten der Mannschaft von den Decks abzunehmen, wo sie im Ernstfall die Kanonen behindern würden, und sie an der Reling festbinden zu lassen. Dort würden sie eine Art Brustwehr gegen feindliches Musketen- und Kanonenfeuer bilden. Er blickte die Gruppe scharf an: »Abtreten, meine Herren! Sofort die Hängematten herunter! Anschließend die Geschütze vorbereiten! Aber, verdammt noch mal, hören Sie zu, Waffenmeister! Die Geschützluken bleiben geschlossen! Verstanden?« Er wartete die Erwiderung und Bestätigung seiner Order nicht ab, sondern wandte den Männern den Rücken zu, trat neben den Steuermann, kontrollierte den Kurs, schaute prüfend zu den sich aufblähenden Segeln auf. Dabei hielt er jedoch alle Sinne geschärft und seine Muskeln gespannt wie die einer Raubkatze vor einem Angriff. Tatsächlich besaß der Offizier die Unverfrorenheit, kaum, dass er ihm den Rücken zugedreht hatte, lauthals seine Befehle infrage zu stellen, kam ihm sogar ein paar Schritte hinterher. Blökte ihn blöd und siegessicher an, er wolle lieber in Ehren sterben, als versklavt zu werden. Der Erste Steuermann wurde weiß vor Wut und Aufregung über das freche Vorgehen. Noch immer reagierte Nickelsen nicht, sondern hoffte, dass der Offizier den Bogen noch weiter überspannen würde, damit seine

Reaktion als Kapitän später von der für den Einsatz der Offiziere an Bord zuständigen königlichen Marine unangefochten Bestand haben würde. Er tat so, als höre er schlecht, winkte seinen Ersten Steuermann heran, reichte ihm das Fernrohr, damit der selbst noch einmal die Schebecken in Augenschein nehmen konnte, und nickte ihm beruhigend zu, als er ihn geradezu auffordernd anschaute.

»Vom Hinsehen allein verschwinden diese Ratten der Meere nicht, Herr Kapitän! Sie müssten es doch besser wissen!« Keine Reaktion. »Hey, hören Sie mich nicht? Wir machen jetzt die Geschütze klar! Verstanden! Willem! Du gehst auf den Zwischengang hinter der großen Kajüte und holst Waffen und Munition aus den Ständern dort.« Jetzt stand er unmittelbar hinter dem Kapitän. Zustimmende Rufe, Krakeelen aus dem hinteren Teil des Raumes, vereinzeltes Raunen. »Entweder, Jungs, unser Kapitän hat seine Hosen gestrichen voll und kann nicht anders, oder er ist in seiner Zeit dort unter den Muselmanen einer von ihnen geworden und macht gemeinsame Sache! Was meint ihr?«

Der Erste Steuermann setzte das Fernrohr ab, seine Hand fuhr zu einem Dolch, den er stets an der Hüfte trug. Jetzt wurde es im Ruderhaus richtig laut. Es reichte, es war mehr als genug! Der Waffenmeister fasste, übermütig geworden, dem Kapitän in die Rocktaschen, um nach den Schlüsseln zu suchen, die Willem benötigen würde, wollte er die Waffenständer nicht mit Gewalt aufbrechen. Genau in diesem Moment und in Bruchteilen einer Sekunde wirbelte Nickelsen auf seinem Absatz herum, machte einen Ausfallschritt zur Seite und schlug mit der neunschwänzigen Katze zu, die er zufällig im Ruderhaus liegen gelassen hatte. Der Schlag, kurz, geschickt und heftig ausgeführt, traf den Offizier im Gesicht und am Hals. Der hatte noch versucht, nach dem Kapitän zu schlagen, seine Faust streifte jedoch nur dessen Hinterkopf ohne größere Wirkung. Lediglich der Dreispitz des Kapitäns fiel zu Boden. Der Waffenmeister jedoch ging sofort schreiend und wimmernd auf die Planken, lag dort mit einer stark blutenden Wunde am Hals und einem entstellten Gesicht.

Ein Striemen hatte ihn am linken Auge getroffen, das nur noch eine offene Wunde war. Er schrie unter höllischen Schmerzen. Ungerührt stellte Nickelsen seinen rechten Stiefel auf dessen Bauch und schlug noch einmal zu. Dann ließ er von ihm ab, machte zwei rasche Schritte auf die beiden Geschützführer zu, bezog breitbeinig Kampfposition. Aber er musste seine Befehle nicht mehr wiederholen.

So kam es, dass die *Williamina Galley* ihres Offiziers und Waffenmeisters verlustig ging. Einvernehmlich stand in den Bordpapieren und im Logbuch vermerkt: Seebestattung nach plötzlichem Blutsturz und Herzstillstand. Es gab niemanden in der Mannschaft, der etwas anderes behauptet hätte.

Danach entwickelten sich die Dinge so ähnlich, dass Nickelsen schon meinte, die Erinnerung würde ihm einen Streich spielen. Es war nicht nur so, dass die Schebecken rasend schnell aufholten und die schwerfällige *Williamina Galley* nicht die Spur einer Chance besaß zu entkommen, sondern der Wind trug schon von Weitem den Gesang von den Korsarenschiffen oder vielmehr das Gebrüll von den Ruderbänken und von den Kriegern und Einpeitschern zu ihnen an Bord hinüber. Dann feuerten sie mit der kleinen Bugkanone in ihre Richtung. An Bord der *Williamina Galley* brach für einen Moment so etwas wie Panik aus. Das war das eigentlich Gefährliche an der Situation.

Nickelsen erkannte sofort, dass es sich um einen Warnschuss handelte, um eine unmissverständliche Aufforderung, die Segel zu streichen. Genau dies war die erste Maßnahme. Mit dem Reffen aller großen Segel würden sie allenfalls noch so viel Fahrt machen wie bei einer Hafenrundfahrt. Ihm war klar, es machte keinen Sinn, mit diesem schwerfälligen Handelsschiff eine Auseinandersetzung zu suchen. Er musste darauf vertrauen, dass die Papiere, die ihm die Kompanie auf Grund der teuer erkauften Verträge mit den Barbaresken mitgegeben hatte, ausreichen würden, ihre Gefangennahme und Plünderung zu verhindern. Noch während die Segel eingeholt wurden, ließ Nickelsen die gesamte Mannschaft mit Ausnahme des Ersten und Zweiten Steuermanns an Deck antreten. Er hatte nicht viel Zeit, richtete nur wenige Worte an seine Leute, verwies auf die Schiffspapiere und Garantien, die er mit sich führe, und mahnte sie eindringlich, absolute Ruhe zu bewahren. Dann teilte er die Mannschaft in drei Gruppen ein. Einer kleineren Gruppe von nicht mehr als 15 Leuten neben seinen Offizieren wies er Aufgaben und Positionen an Deck zu. Den gesamten Rest der Mannschaft wies er den anderen beiden Gruppen zu. Eine von ihnen schickte er, mit dem ausdrücklichen Befehl, sich unsichtbar zu machen, auf das Zwischendeck und in den Lagerraum sowie die andere, dritte Gruppe, in die Pulverkammer im Heck des Schiffes. Die Mannschaft vorn wurde von einem der Bootsmänner beaufsichtigt. Die Mannschaft im hinteren Teil der Pulverkammer und bei den Schusswaffen unterstand dem Befehl des Ersten Steuermannes. Anschließend wählte Nickelsen noch sieben Personen aus, die er für besonnen genug hielt, in seiner unmittelbaren Nähe Präsenz zu zeigen. Er drohte jedem, der sich in dieser kritischen Situation seinen Befehlen widersetzen und nur die Spur von Widerstand zeigen würde, an, ihn kielholen[13] zu lassen und für den Rest der Fahrt zu den Sklaven, die sie in Afrika an Bord nehmen würden, in Ketten zu legen. Die Offiziere verstanden seine Sprache sofort und trieben die Mannschaft an.

Eines der Piratenschiffe schien längsseits kommen zu wollen, und Nickelsen unternahm einen letzten Versuch, den unliebsamen Besuch zu überzeugen, dass sein Unterfangen vollkommen unnötig und unangebracht sei. Er ließ im Masttop und am Ende der Rah die dänische Flagge eilends einholen und noch einmal

13 Kielholen war eine der härtesten, meistens tödlichen Bestrafungen an Bord der Segelschiffe. Der Verurteilte wurde gefesselt an einem Tau ins Wasser geworfen und auf See unter dem Kiel des Schiffes durchgezogen. Für die Überlebenschance war es entscheidend, ob der Seemann schiffslängs oder quer kielgeholt wurde und ob man so langsam am – vorher unter dem Kiel durchgeholten – Seil zog, an dessen Ende der Seemann angeleint war, dass der die Chance hatte, selbst zu schwimmen, um dadurch einen gewissen Abstand zum Rumpf einzuhalten, an dem er sich ansonsten schwer verletzen konnte, oder ob man das Seil schnell einholte. Die Verletzungen am Muschelbewuchs, der sich am Unterwasserschiff befand, stellten eine große Gefahr dabei dar. Beim langsamen Einholen des Seils, während der Seemann quer zum Schiff kielgeholt wurde, war die Überlebenschance am größten.

neu hissen und begleitete dieses Manöver durch mehrere Kanonenschüsse von seiner eigenen Bugkanone. Diese Maßnahme kam in der Seefahrt einer Ehrenerklärung gleich, dass die gezeigten Flaggen wahrhaftig die eigenen waren. Tatsächlich drehte die zweite der Schebecken ab, ihre Riemen[14] wurden eingefahren und sie trieb ruhig im Kielwasser der *Williamina Galley*. Das Gebrüll jedoch, das vom anderen Schiff immer lauter und deutlicher zu vernehmen war, verursachte Nickelsen geradezu ein körperliches Unwohlsein. Er ließ sich seine Ausgehuniform bringen, legte seinen silbern glänzenden Degen an und ließ den Leichnam des Waffenmeisters genau in dem Moment und dort über Bord gehen, wo sich die Herren Korsaren anschickten, längsseits anzulegen und aufzuentern. Vor Schreck wären die ersten beiden von ihnen die von der *Williamina Galley* herabgelassene Strickleiter fast hinuntergefallen. Vollkommen verunsichert schauten alle dem toten Offizier hinterher, der jetzt für einen kurzen Moment neben ihrem Schiff noch sichtbar war, ehe er in die finsteren Tiefen des Meeres abtauchte.

»Es musste sein«, erklärte Nickelsen seinem Zweiten Bootsmann. »Diese Sprache verstehen sie. Unser Waffenmeister lässt sie wissen, dass wir ernsthafte Leute sind.« Er stand dann im Kreise seiner kleinen, von ihm selbst ausgewählten Gruppe auf der Steuerbordseite, der sogenannten vornehmen Seite seines Schiffes, um die ungebetenen Gäste in Empfang zu nehmen. Die Korsaren kletterten dieses Mal fast geräuschlos an Bord und standen in einer Gruppe von 15 bewaffneten Männern in buntgewürfelter Kleidung, teilweise mit Turbanen, mittschiffs an Deck. Es herrschte eine angespannte Atmosphäre und eine unglaubliche Stille. In die Stille hinein ließ Nickelsen von der Bugkanone einen Salut schießen. Die Korsaren erschraken mächtig und auf ihren Schiffen entstand einige Unruhe. Dann rief Nickelsen laut aus: »Wenn wir schon Gäste begrüßen dürfen, mit denen wir freundschaftlich vertragliche Beziehungen unterhalten, dann wollen wir ihnen die volle Ehre erweisen!«

---

14 das Ruderholz, zu dem der Laie auch einfach Ruder sagt.

Doch bevor er Befehl zu einem erneuten Salutschuss geben konnte, trat der Kommandant des Barbareskenschiffs in Begleitung eines nicht bewaffneten und edel gekleideten Arabers vor seine Mannschaft, um die Begrüßung zu erwidern. Für einen Moment erstarrte Nickelsen vor Schreck, beruhigte sich aber dann sogleich. Denn natürlich traten ihm nicht die verhasste Fratze Fran Doorps und das braune Gesicht von John Bombai entgegen, jenen, die sie damals an die Muselmanen verraten und ihnen die Sklaverei eingetragen hatten. Längst waren sie tot und vergessen. Dieser Piratenkapitän war ein junger, offenbar kampflustiger Heißsporn arabischer Abstammung, der es ganz sicherlich in Diensten seines Deys im fernen Algier oder sonst wo noch zu etwas bringen wollte. Sie tauschten die üblichen Begrüßungsrituale aus.

Dann jedoch begegnete Nickelsen tatsächlich seiner Vergangenheit. Der Mann an der Seite des Piratenkapitäns erwies sich als ein Gelehrter, der den Koran, die Bibel der Muslime, auswendig zitieren konnte. Der begrüßte Nickelsen in gebrochenem Englisch mit den Worten: »Ich glaube, Herr Kapitän, wir sind uns schon einmal begegnet.«

Nickelsen schaute genauer auf das Gesicht unter dem Turban und erkannte Ahmet Bin Hussein, den gelehrten Thaleb[15], der von seinen Glaubensgenossen ehrfürchtig Mahadshir[16] genannt wurde. »Das kann nicht sein«, entfuhr es Nickelsen ungewollt. Der Gelehrte war es gewesen, der sie damals an Bord des Piratenschiffs, als sie in Sklavenschaft gerieten und auf den Ruderbänken Qualen litten, zum Islam bekehren wollte und bei Weigerung auspeitschen ließ. Doch dann besann er sich und begrüßte auch diesen, wie es ihm gebührte.

Nickelsen ließ sich durch einen Matrosen die schriftlichen Garantien für das freie Geleit von Handelsschiffen bringen und überreichte sie dem Piratenkapitän mit der Forderung, endlich weiterreisen zu wollen. Bewusst verzichtete er auf jegliche Bequemlichkeiten, verblieb mit den ungebetenen Gästen stehend

15 gottesfürchtiger muslimischer Heilkundiger
16 einer, der sich auf dem Weg zu Gott befindet

auf dem Deck des Schiffs und ließ keine Getränke oder sonstigen Gastlichkeiten anbieten. Dem Thaleb gegenüber erklärte er nur kühl: »Es erstaunt mich, Sie immer noch auf einem Schiff vorzufinden. Ich darf Ihnen versichern, dass ich auch dieses Mal nicht bereit sein werde, mich bekehren zu lassen.«

Der Thaleb antwortete nun mit lauter Stimme, die zu dem Nickelsen wohlbekannten Singsang ansetzte, der nichts weiter bedeutete als: »Es ist kein Gott als Gott, und Mohammed ist sein Gesandter.« Es handelte sich um das Glaubensbekenntnis der Muslime, das Nickelsen viele quälende Tage lang in seiner Sklavenzeit begleitet hatte. Dann fügte der Thaleb hinzu: »Der Kapitän ist jung und wird in seinem Leben noch viele Gelegenheiten haben, über den rechten Weg des Glaubens und des Lebens nachzudenken. Es hat mich gefreut, ihn wohlbehalten wiederzusehen.« Er wandte sich ab und verließ das Schiff.

Nickelsen rief ihm hinterher: »Was angesichts der erfahrenen Freundlichkeiten und Peitschenhiebe keine Selbstverständlichkeit und nicht Ihr Verdienst ist.« Zum Kapitän des Piratenschiffs gewandt sagte er: »Können wir dieses Schauspiel beenden? Im Namen der dänischen Krone darf ich Sie bitten, unser Schiff zu verlassen.«

Der Piratenkapitän las nicht in den Papieren, warf nicht einmal einen Blick darauf, brummte so etwas wie in der Art, man habe sichergehen müssen, dass es sich wirklich um ein dänisches Schiff handle; sie würden sich keine Beute entgehen lassen. Dabei riss er seinen Arm in die Höhe und die Meute brüllte kampfeslustig. An Bord der *Williamina Galley* herrschte jedoch entsprechend der Anweisung von Nickelsen eisiges Schweigen. Dann stolzierte der Piratenkapitän in Begleitung von zwei Leuten auf dem Deck des Schiffes umher, als wäre es sein eigenes, fand aber nichts Außergewöhnliches, kehrte zurück, stand Nickelsen etwas unschlüssig gegenüber und brummte irgendetwas, das besagen sollte, es scheine ja alles in Ordnung, er wolle jetzt nur noch sein Gastgeschenk und dann würden sie sich gern wieder verabschieden.

Bestechung! Darauf lief es also hinaus. Feindselig standen sich die Kapitäne gegenüber. Die Sache befand sich auf des Messers Schneide. Nickelsen kochte vor Wut. Dann entschied sich der Piratenkapitän und deutete auf den silbern glänzenden Degen seines Gegenübers. Das war ein Affront erster Güte, aber Nickelsen wollte die Laus im Pelz los sein. Er schnallte den Degen ab, überreichte ihn jedoch nicht dem Kapitän, sondern warf ihn mit einer verächtlichen Geste in Richtung von dessen Mannschaft, wo er von einem seiner Spießgesellen aufgefangen wurde. Der Piratenkapitän lachte. Seine Mannschaft stimmte in das Gelächter grölend ein, kletterte über die Bordwand zurück in ihre Schebecke und verschwand. Die *Williamina Galley* setzte ihre Fahrt fort. Doch die Mannschaft nahm diesen Zwischenfall als böses Omen.

Das damals war der Beginn der schrecklichen Fahrt mit der *Williamina Galley* als Sklavenschiff. Ein Beginn, aber noch keineswegs die größte Prüfung, die er hatte überstehen müssen, weil der verdammte Kahn langsam und schwerfällig auf den Ozeanen schwamm. Dann die Katastrophe, als sie mit Sklaven an Bord auf der Fahrt nach Westindien in eine nicht enden wollende Flaute gerieten und das große Sterben begann. Schmerz, Angst und Panik, geradezu eisige Furcht überfielen ihn bis ins Alter, zwang man ihn, über seine Erlebnisse zu sprechen oder überhaupt an sie zu denken. Die gleißende Sonne, das dahintreibende Schiff, der Gestank und die Stille. Es war eine Zeit gewesen, in der die Stunden und Tage nicht mehr erkennbar verrannen, die sich nur noch durch die Anzahl der Toten und die eigenen Fieberschübe und Schüttelfröste unterschieden. Er kaute auf Anraten des Barbiers, der als Schiffsarzt arbeitete, Chinarinde, trank Zitronenwasser und betäubte seine Verzweiflung, wenn sie ihn schließlich überwältigte, mit schlechtem Weinbrand. Nur um überhaupt etwas zu tun, ließ er seine auf ein Drittel geschrumpfte Mannschaft antreten, ein zerlumpter, stinkender Haufen Männer, denen inzwischen alles egal schien, drückte ihnen Gewehre und Munition in die Fäuste und befahl, von den Bordseiten aus auf die Haie zu schießen. Das machte zwar keinen Sinn, aber die Männer gingen mit Eifer zu Werke. Doch es war noch längst nicht vorbei.

Es war der Gestank an Bord, es waren die elendig verreckenden Kreaturen, längst nicht mehr Menschen ähnlich, das Leiden, das schließlich nur noch für ein Wimmern reichte, und schließlich die grausige Stille, die bloß von dem Geräusch der im Wasser aufschlagenden Kadaver der toten Sklaven und Mannschaftsmitglieder unterbrochen wurde. Dann die Wellenbewegungen der mächtigen Körper und Flossen der Haie, wenn sie sich um die Leichen balgten. Die *Williamina Galley*, ihr Schiff, schwer wie eine bleierne Festung, machte auch bei aufkommender leichter Brise kaum Fahrt. Fast ununterbrochen stand Nickelsen auf dem Achterdeck, denn der Grad zwischen Selbstzerfleischung und Untergang war äußerst schmal geworden und manchmal nicht mehr zu erkennen. Erschöpft und müde war er bis zum Umfallen, aber zugleich entschlossen, mit der letzten Faser seines Lebenswillens dafür einzustehen, dass sie irgendeinen verfluchten Zipfel von Westindien erreichten. Nickelsen konnte außer seinem Ersten Steuermann und ein, zwei Seeleuten niemandem trauen und die Mannschaft vertraute ihm in ihrer tiefen Verzweiflung ebenfalls nicht mehr. Als zwei Tage später ein Gerücht an Bord die Runde machte, dass nicht mehr genügend Trinkwasser und Alkohol für alle an Bord sei, um die nächste Woche überleben und den nächsten Hafen erreichen zu können, konnten es Nickelsen und sein Erster Steuermann nicht verhindern, dass die Mannschaft die Sklaven an Deck zerrte, um sie mitsamt Ketten ins Meer zu werfen und ertrinken zu lassen. Die Angst- und Todesschreie, das von den Haien aufschäumende Meer! Und dann, als ob es selbst dem Herrgott zu viel geworden wäre, wie durch ein Wunder, fuhren zwei, drei kräftige Windstöße über Deck und in der Ferne kam eine Wolkenfront in Sicht. Dann begann es zu regnen und zu stürmen ...

Nickelsen erinnerte sich daran, wie deutlich ihm diese Ereignisse Jahre später noch bei seinem entscheidenden Auftreten vor dem Vorstand der dänischen Westindien-Guina-Kompanie vor Augen standen, während deren Vorstandssprecher versuchte, Druck auf ihn auszuüben. Er sah den Mann mittlerer Größe mit seinem bemerkenswerten Haupthaar geradezu vor sich, hörte ihn kurzatmig schnaufen und schüttelte wie damals, als der ihm mit disziplinarischen Maßnahmen drohte, nur seinen Kopf. Ein Papiertiger, ein zahnloser Löwe, der ohne die vorgekauten Portionen, die ihm von der Kompanie vorgesetzt wurden, in der freien Wildbahn verrecken müsste. Unter der Führung eines solch eingebildeten Zahlenakrobaten hätte niemand die Fahrt der *Williamina Galley* überlebt. Nein, von solcher Art Mensch hatte sich ein Kapitän wie er damals nicht einschüchtern lassen.

Das spürte der Sprecher des Vorstandes, schlug mit der Faust auf den Tisch und grollte: »Herr Kapitän, Sie schütteln den Kopf? Besinnen Sie sich, wo Sie sich hier befinden!«

6. Der überraschende Ausgang eines Streits – oder wie der Stolz des Amrumer Seefahrers in Nickelsen ihn zu einer folgenreichen Entscheidung trieb

Drohen und sonntags in der Kirche Hallelujasingen üben, das konnte der schnaufende Koofmichel, der für diese ehrenwerte Gesellschaft sprach, die ihrerseits lieber wegschaute und Geld, Gold und Besitztümer hortete! Nickelsen deutete auf die Bilder mit Handelsschiffen unter weißen Segeln, die dekorativ die Wände schmückten. »Meine ehrenwerten Herren, die Romantik der Segelschiffe hat vielleicht noch nie so recht bestanden. Nicht auf den Segelschiffen selbst und schon gar nicht auf der hohen See! Die Romantik besteht nur in der Fantasie jener, die im sicheren Kontor sitzen und die Rückkehr eines Schiffes und den Gewinn zu feiern wissen.«

Ein unruhiges Raunen unter den Vorstandsmitgliedern. Der Sprecher scharf: »Kapitän Cornelissen, glauben Sie etwa, die ehrenwerte Versammlung bedürfe einer Belehrung über die Grundlagen des Geschäfts?«

Nickelsen nickte freundlich in die Runde: »Nein, meine Herren, Ihr Geschäft kann ich Ihnen nun wirklich nicht erklären. Das wäre vermessen. Aber eine Antwort will ich nicht schuldig bleiben. Für die Mannschaft an Bord eines Ihrer Schiffe besteht die Wirklichkeit aus menschlich harter, höchst risikoreicher Arbeit.«

»Wir verwahren uns gegen den Vorwurf, wir würden unsere Schiffsbesatzungen schlecht behandeln!«, protestierte der Buchhalter, der eben noch versucht hatte zu schlichten.

»Nicht schlechter als andere, gebe ich gerne zu. Aber die Menschen, von denen wir das Äußerste fordern, nicht selten sogar den Einsatz ihres eigenen Lebens, sind die tragenden Wände und Pfeiler dieses Gebäudes, meines Einkommens und ebenso – gestatten Sie, wenn ich es so formuliere – Ihres Erfolges und Ihrer Macht. Als Kapitän sage ich Ihnen, dass ein gutes Verhältnis zwischen dem Einsatz von Mitteln und dem Gewinn auch eine Frage der Arbeitsbedingungen der Schiffsbesatzungen ist.«

»Ein jeder hat seinen Platz im Leben!«, rief einer, und ein anderer antwortete: »... und seine Aufgabe.« Ein Dritter: »Wollen Sie in die Politik, Herr Kapitän Cornelissen?«

Nickelsen erkannte, dass man ihn nicht verstehen konnte. Die Welt der Kaufleute kannte den beißenden, stechenden Gestank von Schweiß, Pestilenz und Tod nicht. »Es ist genug!«, fuhr ihn jetzt der Sprecher des Vorstandes an und wischte sich mit einem spitzenbesetzten Taschentuch den Schweiß von der Stirn. »Sie können nicht behaupten, wir hätten Ihnen nicht Gehör verschafft. Wenn Sie jetzt bitte ...« Er deutete zur Tür »Wir möchten uns beraten.«

Nickelsen fühlte sich schlecht, weil missverstanden. Natürlich überdachte er seine finanzielle Situation. Seine Wohnung in Kopenhagen könnte er aufgeben. Wenn ihn die Kompanie nicht mehr weiter beschäftigte, bekäme er in Dänemark und Schweden keine adäquate Stellung mehr. Vielleicht bestünde eine Möglichkeit für ihn wie für seinen Bruder Jens, den es ganz nach Norwegen verschlagen hatte. Walfang? Ein hartes Brot, ein raues Leben und ein Geschäft – so, wie er es einschätzte – ohne längerfristige Zukunft. Also, mit den knappen Ersparnissen erst mal zurück auf den Hof der Schwiegereltern zu seiner Frau nach Amrum. Und dann? Wieder nach Hamburg oder nach Lübeck? Besser wäre es allemal, wenn er in Lohn und Stellung hier verbleiben könnte. Aber ein Nickelsen hatte seinen Ehrgeiz und ließ sich nicht gern verbiegen. »Vielleicht kann ich nicht recht verstanden werden. Ich bin kein Mann des Wortes«, begann er von Neuem. Dabei war er schon auf halbem Weg zur Tür. »Aber wissen sollten die ehrenwerten Herren schon, dass für eine Verbesserung des Geschäfts in Ihrem und natürlich ebenso in meinem Sinne ein Schiff wie die *Williamina Galley* zu langsam und zu schwerfällig ist.«

»Warum sollten wir ein Sklavenschiff, Herr Kapitän, schnittig wie für ein Wettsegeln ausrüsten und nicht bauchig, mit großem Stauraum für möglichst viele Waren und Sklaven angelegt, auf die Reise schicken?«, fragte der Buchhalter.

»Ein Sklavenschiff sollte schnell sein aus Gründen der Menschlichkeit und der Sicherheit Ihres Geschäftskapitals«, antwortete Nickelsen und war stolz darauf, diesen zentralen Gedanken so knapp und treffend in Worte gefasst zu haben.

Der Sprecher schaute ihn fragend an: »Sie meinen, Herr Kapitän, ein schnelles Schiff wäre menschlicher?«

»Jawohl, mein Herr, so ist das. Ich will nicht, dass irgendwer aus Verzweiflung über Bord springt. Ein Schiff, das nur mit sehr günstigen Winden ordentlich Fahrt macht, treibt unweigerlich Mannschaft wie Sklaven zur Verzweiflung. Wenn sie über Bord gehen, Sklaven oder Mannschaft, bleibt für uns am Ende der Schaden gleich.«

»Ungeheuerlich! Herr Kapitän, Sie wollen doch nicht Sklaven mit unseren Seeleuten auf eine Stufe stellen?«, empörte sich der Sprecher.

»Als Kaufmann werden Sie mir zustimmen, dass ein Sklave, den wir dem Meer überlassen, danach unseren Geschäftsgewinn erheblich mindert. Jeder Ausfall eines Teiles der Mannschaft gefährdet den glücklichen Ausgang der Fahrt und stellt ein Risiko für jedes Geschäft und das eingesetzte Kapital dar. Das liegt auf der Hand.«

»In der Tat. Jedenfalls, wenn man es in Zahlen ausdrückt«, pflichtete der Buchhalter bei. »So gesehen, wäre der Verlust eines Sklaven im Falle eines Falles sogar noch unmittelbarer und damit stärker gewinnbeeinträchtigend ...« Es wurden Proteste laut. Der Buchhalter, jetzt ganz in seinem Element, erkundigte sich nach den geschätzten Größenverhältnissen, die dem Kapitän vorschwebten. Nickelsen musste nicht lange überlegen: Ein mittleres Größenmaß müsse es schon sein, nicht weniger als 80 Lasten, nicht mehr als 90 Lasten seiner Erfahrung nach, je nach Bauart und Beschaffenheit des Schiffes.

»Ja, haben Sie denn schon Geburtstag, Herr Kapitän, dass Sie Ihre Wünsche aufgeben?«, gab einer der Vorstandsmitglieder zum Besten und erntete dafür schallendes Gelächter. Ein anderer ergänzte sofort: »Eventuell ist seine Wunschliste ja noch länger! Wir sollten sie schriftlich ausformulieren lassen.«

Nickelsen gelang ein gequältes Lächeln, in dem alle Verachtung lag, zu der er fähig war. »Für einen Teil der Strecke wäre ein ordentlicher Begleitschutz durch unsere Marine, gerade im Bereich der Sklavenküste, das Wichtigste.« Er machte eine bedeutungsvolle Pause, wartete ein wenig ab, bis sich die Herren des Vorstandes wieder etwas beruhigt hatten. »Und wenn Sie schon nach dem Rest der Liste fragen: Die Mannschaft will ich zum Großteil künftig selbst aussuchen oder zumindest bei ihrer Anheuerung zustimmen.«

»Waren die Männer, die von der Kompanie gestellt wurden, nicht gut genug für einen Herrn Cornelissen?«, höhnte der Sprecher und schlug mit der Faust auf den Tisch.

Nickelsen lächelte ihn breit an und antwortete mit fürsorglichem Tonfall: »Mein werter Herr, Sie sollten nicht die Faust so kräftig auf den Tisch schlagen. Das erschöpft Sie ungewöhnlich und ist Ihrer Gesundheit abträglich. Ich habe für so etwas einen Blick. Ich mache mir rechte Sorgen.« Vereinzelte Lacher, erregte Zwischenrufe, von dem so Angesprochenen nur ein leises Krächzen, als er sich tatsächlich an die Brust griff und kurzatmig in seinen Sessel zurücksank. Nickelsen beachtete ihn nicht weiter und schloss mit folgenden Worten: »Der größte Haken bei einem Sklavenschiff besteht darin, dass die Ware, mit der wir handeln, lebendig ist und dazu neigt, sich auf die verschiedenste Art gegen das Schiff und den Kapitän zu erheben. Jeder einzelne von den Sklaven ist jederzeit bereit, aus Verzweiflung, Wut oder Hoffnungslosigkeit einem jeden aus der Mannschaft bei erster Gelegenheit den Schädel einzuschlagen. Und ein Schiff will geführt und in den Wind gesetzt werden.« Dann zum Buchhalter: »Sie sind ein Mann der Zahlen. Man benötigt allein 20 Mann Besatzung für die Bewachung, die Fütterung, Betreuung, die Waschung und die Bewegung der Sklaven. Dann die Angst, von Krankheit und Seuchen ganz zu schweigen. Meine ehrenwerten Herren, Ihr sauberes Geschäft stinkt bereits nach wenigen Tagen auf offener See extrem nach Exkrementen, wenn zweihundert Sklaven in ihrem eigenen Schweiß, ihren Ausscheidungen und ihrem Erbrochenen liegen. Für jede Krise, die es dann auf dem Weg über den Atlantik zu überwinden gilt, brauche ich ein schnelles Schiff und eine eingeschworene, erfahrene und loyale Mannschaft. Die Verluste meiner letzten Handelsreise sprechen in dieser Hinsicht eine deutliche Sprache.«

Jetzt ergriff das erste Mal der Präsident selbst das Wort: »Ist es deshalb notwendig, unser Geschäft derartig in den Schmutz zu ziehen? Ich bitte Sie, Herr Cornelissen, der Gestank und die Exkremente – musste das sein?« Nickelsen, inzwischen seit Jahren Kopenhagener Bürger, dachte mit Verachtung: Diese Hauptstädter haben feine Nasen, wenn es um die Wahrung der Etikette geht. Sie leiden jedoch am stärksten Schnupfen bei jedem Appell an die Menschlichkeit.

»Vielleicht steckt ein Philosoph in ihm«, höhnte der Sprecher des Vorstandes über den Rand seiner Teetasse. Nickelsen stellte sich unmittelbar vor ihn, um dann für jeden vernehmbar zu verkünden: »Sie würde ich weder als Besatzungsmitglied noch als

Philosoph mit einer Aufgabe dieser Art betreuen und mein Schiff betreten lassen.« Der Präsident rügte ihn scharf und schickte ihn vor die Tür des Sitzungssaals, damit der Vorstand sich beraten könne.

Dort erwartete ihn in Person des Amrumer Kapitäns Ricklef Richards, den alle guten Bekannten nur Riewert Richards riefen, eine Überraschung. Beide begrüßten sich herzlich. Nickelsen verbanden mit dem fünf Jahre älteren Amrumer eine lange Freundschaft und viele gemeinsame Erlebnisse, denn Riewert war es, unter dem er viele Jahre zur See gefahren war und gelernt hatte, und Riewerts Beziehungen als frisch bestallter Kapitän bei der Kompanie waren es gewesen, die ihm ein Netzwerk für eine Karriere bei der Kompanie in Kopenhagen geflochten hatten. Das war, nachdem er bei den Holländern in Ungnade gefallen war und ihm – nicht Kapitän van Riebeck – der Schiffbruch damals in der Nähe der Skelettküste irgendwie angelastet wurde, keineswegs selbstverständlich gewesen. Vor allem aber verband Nickelsen und Riewert die Zeit, die sie beide vor vielen Jahren in algerischer Sklaverei hatten verbringen müssen. Fünf Lebensjahre Unterschied mochte für viele keine große Sache sein, aber fünf Jahre mehr auf See und entsprechende Erfahrungen machten fast einen Generationsunterschied aus. Nickelsen blickte zu dem Freund wie zu einem Vater auf, und Riewert sorgte sich um seinen Hark, als ob er zu seiner Familie gehören würde.

Nickelsen begrüßte den nicht minder überraschten Freund herzlich. Schon im zweiten Satz sprachen beide nur noch Öömrang[17] und waren für jeden anderen im Gebäude kaum noch zu verstehen. Riewert erkundigte sich sofort besorgt nach dem Verlauf der Besprechung.

»Hoker a wiard sait stäänt föör ferslööden dören[18]!«, erklärte Nickelsen vieldeutig und wütend, bevor er seinem Freund die Details darlegte.

---

17 Nordfriesisch

18 Wer die Wahrheit sagt, steht vor verschlossenen Türen.

»Hoker desag woort, feit at tu iarst uun ’t hood[19]!«, grummelte Riewert, der sich wirklich Sorgen um die berufliche Zukunft und das Einkommen seines Freundes machte.

Während Nickelsen sogar erklärte, er fühle sich freier, weil er die Wahrheit über das Schiff gesagt habe, ging Riewert noch einmal alle Möglichkeiten durch, seinem Freund das Kommando zu retten.

»Jo haa grapen uun ’t hood[20]!« Nickelsen hielt es für zwecklos, jetzt noch einmal dagegenzuhalten. »Ään domen koon muar fraage üs tjiin kluuken beswaare kön! Jo kön en kü at kualew faanfraage, man jo haa es burd föör ’t hood mä triisis ünkluuk üüb[21]!« Nickelsen wehrte ab und wollte nicht mehr darüber reden.

Kapitän Riewert unternahm alles, den Heißsporn zur Vernunft zu bringen. Da verließ der Sprecher vorzeitig die Sitzung. Hinter ihm hörte man für einen Moment den Lärm einer lauten Diskussion. Dann schlug die Tür zum Saal wieder zu und er eilte davon. »Hi hää at wat uun a eers! Hi wiar nochuaren üs bääft manen oonk[22]!«, regte sich Nickelsen noch einmal auf. Dann rief man beide Kapitäne zum Vorstand in den Saal.

Der Präsident begrüßte Kapitän Richards und richtete das Wort an ihn: »Herr Richards, sind Sie ebenfalls der Auffassung, Ihr Schiff, die *Friederica Amalia*, sei zu langsam für den Sklavenhandel und für einen Ausbau des Geschäftes?« Richards schaute von einem zum anderen, witterte zunächst eine Falle und antwortete nichts. Der Präsident ergänzte: »Sie sollten nämlich wissen, meine Herren, dass wir uns im Vorstand im Hinblick auf die Kritik von Kapitän Cornelissen keineswegs einig sind.«

Richards nahm Haltung an, bevor er antwortete: »Ja, ich halte mein Schiff ebenfalls für zu langsam und zu schwerfällig. Und ich könnte Ihnen Manöver benennen, aus denen ich die *Friederica*

19 Wer verrückt wird, bekommt es zuerst im Kopf.

20 Die haben absonderliche Gedanken.

21 Ein Dummer kann mehr fragen, als zehn Kluge beantworten können. Sie können der Kuh das Kalb wegfragen, aber sie haben ein Brett vor dem Kopf mit dreimal unklug drauf!

22 Er hat den Verstand im Arsch. Er war noch nirgendwo als bloß hinter Mutters Ofen.

Amalia nur mit größter Not oder, sagen wir, Glück noch einmal auf Kurs Richtung Heimathafen gebracht habe. Mein junger Kollege ist vielleicht etwas heißblütiger als ich ...«

Ungefragt ergriff Nickelsen das Wort: »Ich bin seit vielen Jahren ordentlicher Kopenhagener Bürger, ein rechtschaffener Untertan der dänischen Krone ...«

Doch der Präsident unterbrach ihn sofort: »Herr Kapitän Richards, Sie haben wesentlichen Anteil an der Laufbahn Ihres Kollegen Cornelissen gehabt und werden – da bin ich mir sicher – sogleich ein gutes Wort für ihn einlegen. Aber wie Sie beide wissen, wachsen Fregatten von einer Größe und Beschaffenheit, wie Sie Herrn Cornelissen vorschweben, ebenso wenig auf den Bäumen wie Mannschaften, die bereit sind, für Kapitän und Kompanie loyal durch die Hölle zu gehen.«

»Sehr wohl, Herr Präsident! Aber bestrafen Sie nicht die Aufrichtigkeit des erfahrenen Seemannes neben mir zum Wohle der Kompanie, indem Sie jetzt an ihm ein Exempel statuieren.« Richards wagte sich noch einmal bis zum Äußersten vor, während sich Nickelsen an seiner Seite frei fühlte von der Last der Sklavenschifferei, jedoch zugleich unbehaglich, wenn er seine ungewisse Zukunft bedachte.

»Natürlich wird an ihm ein Exempel zu statuieren sein! Was denn sonst? Kapitän hin, Erfahrung her, niemand – Herr Kapitän Cornelissen sicherlich eingeschlossen – geht wohl allen Ernstes davon aus, dass sein Auftritt ohne Folgen bleiben wird!« Der Präsident erntete aus der Runde des Vorstands Zustimmung. Beide Kapitäne wurden vor Schreck bleich, blieben aber gefasst. Doch schon fuhr der Präsident fort: »Wir haben mit knapper Mehrheit beschlossen, Herrn Kapitän Cornelissen beim Wort zu nehmen und ihn gewissermaßen die Probe aufs Exempel machen zu lassen.« Überrascht schaute Nickelsen in die Gesichter der Vorstandsmitglieder. »Herr Kapitän, sind Sie damit einverstanden, dass Sie Ihres Kommandos auf der *Williamina Galley* enthoben werden und wir Ihnen mit sofortiger Wirkung das Kommando der 1742 in Neuengland gebauten und von der Kompanie erworbenen Fregatte *Vesuvius* übertragen? Dass die Kiellegung dieser Fregatte, bei Verwendung härtester und bester Hölzer, nach neuesten technischen Fähigkeiten der Schiffbauer in Neuengland ausgeführt wurde und mit einer mittleren Größe von rund 88 Lasten und einem schlanken Bug den beschriebenen Anforderungen entspricht, versteht sich. Ich persönlich gehe davon aus, dass Sie, Herr Kapitän Richards, Ihrem Freund mit der Überlassung bewährter Besatzungsmitglieder bei dem Aufbau einer Mannschaft für das neue Schiff der Kompanie behilflich sein werden. Herr Kapitän Cornelissen, im Namen der dänischen Westindien-Guinea-Kompanie gratuliere ich Ihnen zu Ihrem Kommando auf der *Vesuvius* und wünsche Ihnen allseits gute Fahrt und günstigen Wind. Ich setze große Hoffnungen in Sie.«

Nickelsen stand mitten im Raum wie vom Donner gerührt. Kapitän Richards stieß ihn in den Rücken, dass er wach wurde und endlich auf den Präsidenten zuging, um die Sache mit Händedruck und Entgegennahme des Dokumentes zu besiegeln. Währenddessen bot der Freund dem Vorstand die Überlassung seines Ersten Bootsmannes Tade Rickerts aus Amrum an, der seit Längerem schon auf ein neues Schiff mit jüngerem Kommando wechseln wollte, um noch für mehrere Jahre sein Einkommen zu sichern. Sein Waffenmeister Knud Erken war ebenfalls von Amrum und dessen Freund; die beiden waren unzertrennlich. Dann war da noch der Föhrer Boy Ketelsen, der als junger Gehilfe des Schiffszimmerers zu Lehrzwecken ohnehin das Schiff wechseln sollte. Nickelsen selbst würde von der *Williamina Galley* seinen inzwischen engsten Vertrauten, den Ersten Offizier Jens Hansen, mitnehmen und der Empfehlung der Kompanie wegen der Übernahme von Personen folgen, die zum Teil bereits seit der Überführung des Schiffes nach Kopenhagen an Bord waren.

Dabei handelte es sich um den Zweiten Steuermann Cornelius Paulsen, den Zweiten Bootsmann – einen Holländer aus Rotterdam, Jan van Mayen, an dem offenbar der halbe Vorstand einen Narren gefressen hatte – den besten Segelmacher der Kompanie, den Waliser John Hull, den dänischen Schiffszimmerer Leif Svalesen und dessen ersten Gehilfen, den Kopenhagener Eric Sörensen, sowie den Kalfatermeister Rörd Barenbom und Lars Andresen, beide ebenfalls Dänen. Damit war ein wesentlicher Teil der Führungsmannschaft zusammen. Vor allem die Bereiche an Bord, die das Holz, die Dichtarbeiten und die Arbeiten am Segeltuch und den Masten sowie am Ruder betrafen, hatten sie in die Hände von gebürtigen Dänen, ja sogar teilweise Kopenhagener Bürgern unter den Seeleuten gelegt. Hier würden also Augen und Ohren des Vorstandes beheimatet sein. Nickelsen war alles recht. Überraschung und Freude überwogen jetzt alles. Er brannte darauf, die *Vesuvius* zu inspizieren. Darüber vergaß er für eine Weile fast völlig den Auftrag, die bittere Pille, die ihm zu schlucken ebenfalls bestimmt war: den Sklavenhandel.

Schließlich saß Nickelsen nur dem Buchhalter des Vorstandes und einem Protokollanten und Sekretär gegenüber. Die hatten es eilig, die Einzelheiten zu Papier zu bringen, um sich wieder anderen Dingen widmen zu können. »So sind Sie also damit zufrieden und einverstanden, dass wir festhalten dürfen: eine Bewilligung von 24 Reichstalern pro Monat Entlohnung, dazu vier vom Hundert aus den umgeschlagenen Waren und vier vom Hundert aus dem Reinerlös anlässlich des Verkaufs der Sklaven, des Handels mit Gold, Elfenbein usw. Die Beteiligung an der Ladung nach glücklicher Heimkehr wird betragsmäßig anlässlich jeder Fahrt neu festgesetzt und sieht eine Steigerungsrate von Fahrt zu Fahrt vor. Ein Beschluss des Vorstandes diesbezüglich sieht für den Kapitän 200, den Obersteuermann 100 und den Untersteuermann, Vertreter und Ersten und Zweiten Bootsmann je 50 Reichstaler vor. Vorzugsneger von der Fracht werden nicht gewährt, jedoch besteht eine Prämienregelung (ebenfalls mit Steigerungsraten von Fahrt zu Fahrt) gemäß ausgehändigter Liste für jeden mit Gewinn zum Verkauf gebrachten Neger.« Nickelsen ging die Gehaltsliste durch, die für die Verpflichtungen auf einem verhassten Sklavenschiff von einiger Bedeutung war. Die Regelung sah eine Bezahlung von drei Monatslöhnen im Voraus vor. Er war einverstanden. Er steckte die Schiffspapiere ein und verließ eilends das Gebäude Richtung Hafen.

7. Lorenz Harken will abenteuerlustig seinen Platz im Leben finden und Kapitän werden

Marret räumte das Geschirr ab. Ihr Mann hatte tatsächlich alles gegessen und sogar die zweite Kanne Friesentee getrunken. Wenn er es jetzt noch bei sich behielte, bestünde wirklich Hoffnung auf eine baldige Besserung, dachte sie. Er sagte nichts, schien in Gedanken, völlig abwesend. »Es ist schon dunkel. Ich mache mal Licht, Hark«, sagte sie und stellte einen Trankwieken[23] auf den Tisch, musste jedoch zuerst ein wenig Tran nachfüllen und den Docht aus Binsenmark[24] hochdrehen. Er schaute ihr dabei zu, als sähe er diese Handgriffe zum ersten Mal. »Wie geht es dir? Bist du nicht müde? Soll ich dir ins Bett helfen?« Marret konnte nicht anders, als sich um ihn zu sorgen.

Sofort kam seine Antwort. »Es geht mir noch ganz ordentlich. Der Tee hat meine Lebensgeister geweckt. Du weißt doch, der Pastor kommt gleich. Was soll ich da im Bett!«

»Übertreib es nicht, du hast schwer gefiebert«, mahnte Marret und beeilte sich, in den Wirtschaftsraum zu entkommen, bevor er grimmig werden würde.

Doch er rief nur etwas ungeduldig hinterher: »Wo bleibt denn der Friedrich nur? Hat der Lorenz für den Weg zum Pastor unseren Wagen genommen?« Nein, hatte er nicht. Lorenz war gelaufen, um den Kopf von den letzten Tagen am Krankenlager freizubekommen. »Dann muss Friedrich erst seinen alten Zossen anspannen. Von Nebel[25] kommt er um diese Tageszeit nicht mehr zu Fuß«, hörte Marret ihren Mann noch. Nach einer Weile

23 Friesisch kwiak, ein Lämpchen mit Docht, das mit Tran vom Walfang befüllt wurde.

24 Binse ist eine Pflanze. Für die Herstellung des Dochtes (friesisch kwes) wurden Binsen gepflückt, die Stängel vorsichtig einseitig aufgeschnitten und das Mark mit dem Fingernagel herausgestreift.

25 Ort auf der nordfriesischen Insel Amrum

schaute sie wieder nach ihm. Er saß noch immer völlig bewegungslos am Tisch und schaute in das Licht der Tranfunzel. »Erinnerst du dich noch an Ricklef Richards, den alten Freund und Kapitän?«, fragte Nickelsen. »Ich musste gerade an ihn denken.«

»Den Riewert, ja, sicher«, nickte Marret. »Ist nicht alt geworden, schon lange tot.«

»Ja, nur 39 Jahre hat der Herrgott ihm gewährt. Er hat mir noch zu meinem Kommando auf der *Vesuvius* verholfen, und als ich von meiner ersten Fahrt zurückkam, war er tot.«

»Weißt du noch, wie du für seinen Schwager, den Knud[26], eigens nach Kopenhagen gefahren bist, um noch Riewerts ausstehendes Geld bei der Kompanie abzuholen? 375 Stück vom Achten, ein kleines Vermögen. Es war gefährlich, damit zu reisen. Dabei war ich damals froh, dich für ein paar Tage mal wieder in Süddorf zu haben.«

»Das war ich meinem Freund schuldig. Wie sie schon alle gegangen sind: der Hark[27], dein Bruder, der Riewert ...«

»Hör auf, sie alle aufzuzählen, mir wird ganz sonderbar zumute. Oder willst du mich weinen sehen? Wirst sehen, es wird doch alles wieder gut.«

»Ganz sicher, Marret, ganz gewiss wird alles gut.« Er winkte sie zu sich heran und küsste sie zu ihrer Überraschung auf die Wange. Sie hörte draußen Lorenz mit dem Pastor eintreffen und eilte zur Tür. Ole Jessen führte beim Pastor bereits das große Wort, dabei sollte er sich nur um das Pferd kümmern. Da war Eile geboten.

Kaum in die Stube eingetreten, wollte sich Lorenz schon wieder verabschieden. Der Pastor nahm am Tisch Platz und wartete interessiert, was der Kapitän von ihm begehrte. Dieser hielt jedoch erst einmal seinen Neffen auf: »Lorenz, nicht so eilig. Du weißt sehr wohl, dass an Bord der Kapitän allein entscheidet, wann die Mannschaft abtreten darf.«

Lorenz trat unruhig von einem Fuß auf den anderen. »Aber ich habe noch dringende Geschäfte.«

26 Es handelt sich um Knud Erken, Mannschaftsmitglied der *Vesuvius*
27 Hark Olufs

»Dringende Geschäfte um diese Tageszeit, Lorenz, ich bitte dich! Geschäfte bei Dunkelheit, da ruht kein Segen drauf! Kein Widerspruch!« Es kostete Nickelsen Kraft, aber er polterte ungehalten gegen seinen Neffen los.

Der murrte zwar weiter, setzte sich aber neben den Pastor an den Tisch. »Was kann ich denn noch tun?«

»Jedes Ding braucht seine Ordnung, und im Leben eines Mannes gibt es immer wieder einen Zeitpunkt, zu dem er darauf achten sollte, dass er seine Angelegenheiten in Ordnung bringt«, begann Nickelsen nachdenklich.

»Und für dich, Onkel, ist heute so ein Zeitpunkt«, seufzte Lorenz und fing sich dafür einen schrägen, mahnenden Blick des Pastors ein.

»Nicht nur für mich. Wenn du zu finsterer Dezemberstunde von dringenden Geschäften sprichst, Lorenz, darf ich wohl davon ausgehen, dass du damit deine ständigen finanziellen Schwierigkeiten meinst. Dabei hat dein Vater selig, von seiner Zeit als General des Bey bei den Muselmanen ein Vermögen angehäuft und dir einen nicht geringen Anteil hinterlassen[28].«

Lorenz neigte zu hitzigem Temperament, ganz wie sein Vater, und konnte sich einen Widerspruch nicht verkneifen. Jetzt wurde es selbst Pastor Mechlenburg zu viel, und er schalt Lorenz, einem alten, kranken Mann müsse man Ehre erweisen. So viel Anstand hätte noch ein jeder Amrumer mit Verstand bewiesen.

»Warum zum Teufel sollte ich mich für alte Geschichten interessieren?« Lorenz blieb stur. Sein Vater war ein großer Geschichtenerzähler gewesen. Von weit her waren manchmal Menschen angereist, seine Abenteuergeschichten zu hören. Sogar ein Buch gab es über seine Zeit in der Sklaverei. Lorenz hing die verlogene Heldenverehrung seit Kindestagen zum Halse raus. Gerade das trieb ihn in die Arme von Nickelsen, der so ganz anders war und nichts, absolut überhaupt nichts offenbarte. Jetzt fing die Geschichtenerzählerei auch im Hause seines Onkels an!

28 Hark Olufs; siehe: Der General des Bey / Das abenteuerliche Leben des Amrumer Schiffsjungen Hark Olufs, Roman, Wellhöfer Verlag, 2017

»Interessieren solltest du dich für Geschichten, weil sie vergangen sind, allein deshalb«, antwortete Pastor Mechlenburg. »Alles auf der Welt kann man besitzen außer den Moment, der eben vergangen ist. Das ist so, als ob man einen Schatz aufspürt. Reicht das?«

Ein Philosoph! Das hatte ihm grade noch gefehlt! Leider gab es in Kopenhagen für solche Spezies keine Tonnen, in die sie sich verkriechen konnten. Deshalb hatte man ihnen den Pastor wohl auf der Insel belassen. »Wenn Sie meinen.« Er klang keineswegs überzeugt.

»Lorenz, du trägst den Namen Harken. Das Blut deines berühmten Vaters rinnt durch deine Adern. Bald sind die Letzten aus dieser großen Zeit tot.« Nickelsen machte eine Pause und lauschte dem Klang seiner eigenen Worte hinterher. Doch Lorenz dachte an die Summe, die er letzte Woche beim Kartenspiel verzockt hatte. Er war einfach zu jung oder auch nur zu müde für die großen Gefühle von diesen alten Kerlen. Nickelsen schickte seine Frau Marret nach draußen, den Ole Jessen zu holen. Die Zeit ihrer Abwesenheit nutzte er für ein paar deutliche Worte: »Sollte mir etwas zustoßen, Lorenz, gehe ich davon aus, dass du deine Schulden, die du bei uns hast, unverzüglich und ohne weitere Aufforderung meiner Ehefrau in Geld ausgleichst. Ich sage dies hier ausdrücklich in Anwesenheit von Friedrich. Vor dem Pastor sollst du dich verantworten. Aber ich weiß, dass ich dir vertrauen kann. Es bleibt dabei, in der Familie keine schriftlichen Schuldscheine.« Lorenz erschrak und erkannte, wie ernst es seinem Onkel in der Sache war. Geradezu feierlich ergriffen, stand er auf und versprach es ihm als Ehrensache in die Hand. Doch verband er diese Pflicht sofort damit zu prahlen, er werde gewiss die Summe Geldes längst vor dem Ableben seines Onkels zurückgezahlt haben, denn er fahre jetzt zur See und wolle sein Glück machen, genauso wie sein Vater, genauso wie sein Onkel. Geld und Glück seien halt nicht auf Amrum zu finden. Das habe er inzwischen gelernt. Der schwarze Kontinent, Indien oder China, ja sogar Geschäfte und ein Leben im fernen Amerika seien vielversprechender. Er, Lorenz Harken, habe allzu viel Zeit vertan. Kein Wunder, dass er jetzt mittellos dastünde.

»Reich willst du werden? Du träumst von fernen Kontinenten und Abenteuern? Und trägst die ganze Welt doch in dir!« Nickelsens Stimme wurde eindringlich. »Wach auf, Lorenz Harken, werde erwachsen! Anderswo brennt die Sonne heißer, schneidet das Eis dir tiefere Furchen ins Gesicht, zählt eine einzelne Seele nichts, ruft dich niemand mit deinem Namen. Dich zieht es zum schwarzen Kontinent? Die Spuren deines Vaters und meines Freundes wirst du dort kaum noch finden.«

Diese Art von Unterhaltung war jetzt mehr in Lorenz' Sinn und er trumpfte auf: »Niemand wird mich aufhalten. Ich bin bereit, mein Glück zu machen!« Er stand vor dem Tisch und schlug sich zur Bekräftigung der Ankündigung mit der Faust auf seine Brust.

»Ich war dort und anderswo und bin doch nirgends angekommen als hier auf Amrum. Die Welt, die ich gesehen habe, trage ich nun in mir, und sie quält mich nachts mit schweren Träumen, macht mich fiebrig und zweifelnd.« Nickelsen ließ sich nicht beeindrucken. »Aber Afrika, ein Abenteuer, mein Junge, schneller Reichtum? Lass dir sagen, Lorenz: Manche finden das schützende Hafenbecken nicht, kommen erst hier an, nachdem ihnen das Meer den letzten Atem und die letzte Hoffnung aus der Brust gespült hat. Oder sie stranden in der gleißenden Sonne fremder Kontinente, wo ihnen jede Erinnerung verbrennt und nichts mehr bleibt als die Angst einer verlorenen Menschenseele. Und doch: Wenn die Sonne dort scheint, glitzert das *Afrikanische Meer*, wie es die Sklaven nennen, denen keine Karten mehr, weder zur See noch an Land, Wege weisen können. Das Meer glitzert türkisblau vor einem blendend weißen Strand. Es riecht nach Salz, Fisch und Hafen. Ja, Lorenz, natürlich könnte jenes Land einem zur Heimat werden, wenn man dort geboren wäre. Wenn man dort überhaupt jemand wäre …«

Eine Schwäche breitete sich in Hark Nickelsen aus, eine Schwäche, die ihm kalten Schweiß auf die Stirn trieb und seinen

Atem rasseln ließ. Seine Stimme wurde erst belegt und kratzig, dann musste er sich räuspern, um überhaupt weiterzusprechen. Er spürte, wie ihm die Brust enger und die Beine und Arme schwächer wurden. Nickelsen erschrak, denn jetzt erhielt er Gewissheit, dass bereits der Sensenmann als Vierter am Tisch direkt neben ihm Platz genommen hatte und er zunächst einmal dessen scharfe Klinge bewundern durfte, bevor dieser an seine Arbeit gehen würde.

Lorenz hielt dagegen: »Geschichten habe ich wahrlich schon zu viele gehört. Ich mache mir mein eigenes Bild von der Welt. Lebe mein eigenes Leben und werde als Seefahrer genauso viel taugen wie ein jeder andere. Es hat keinen Zweck, mich davon abbringen zu wollen. Abenteuer und Reichtum sind nicht auf Amrums Feldern zu Hause.«

»Schwör doch in Gottes Namen der verteufelten Abenteuerlust ab! Niemand auf dem schwarzen Kontinent erinnert sich noch der Heldentaten deines Vaters, den sie einstmals doch als Schatzmeister und General dort ehrfürchtig Hadschi gerufen haben. Der Ruhm ist vergänglich wie ein Flötenton auf dem Kniepsand bei Sturm.« Nickelsen drehte den Docht der Trankwieke höher, als ob er allein dadurch der Wahrheit ans Licht verhelfen könnte. »Der zu seiner Zeit so mächtige Bey von Constantine, in dessen Diensten dein Vater stand, Bey Assin gerufen, hat trotz aller Macht und Pracht und Herrlichkeit sein grausiges Ende gefunden. Durch Verrat und Treulosigkeit seines Schwiegervaters Aly Baschan fiel er einem feigen Mord zum Opfer. Doch damit nicht genug. Sein Körper wurde den betrunkenen Kriegern der Janitscharen ausgeliefert, die ihn in Stücke schlugen, am offenen Feuer brieten und auffraßen. Es wird berichtet, dass dieses Mahl zu großer Ausgelassenheit und Freude Anlass bot. Über das furchtbare Ende seiner Nachkommen und seines Hofstaates mag ich nicht nachdenken. Dein heldenhafter Vater wäre einer von ihnen gewesen, wäre er dort geblieben. Seine Knochen hätte man den Hyänen zum Fraß vorgeworfen, und er würde nicht in geweihter Erde Amrums ruhen, um dort auf die Ewigkeit und die

Auferstehung hoffen zu dürfen. Dein Vater ist nicht ohne Not in seine Heimat zurückgekehrt. Er hat um die drohenden Grausamkeiten seines dortigen Schicksals gewusst.«

»Hab Dank für deine Warnungen und deine Sorge, Onkel«, entgegnete Lorenz Harken gereizt. »Aber es hat keinen Zweck, mich von meinem Entschluss abbringen zu wollen.« Er hob die Hand, bevor Pastor Mechlenburg oder Nickelsen etwas entgegnen konnten. Dann stand er auf, war mit zwei raschen Schritten am Fenster und schaute hinaus, obwohl es draußen finster war. »Ihr habt alle recht, draußen ist es dunkel, finster, kalt und sogar nass. Wer sich jetzt wegen Geschäften dort draußen rumtreibt, muss mindestens gewichtige Gründe dafür haben. Ja, und ich stimme euch zu: Ich stecke in Schwierigkeiten, habe Geldnöte. Was nur deutlich zutage treten lässt, werter Onkel, dass ich zum Kaufmann nicht tauge. Kalkulieren und spekulieren auf Gewinn kann ich nicht. Jeder Zins rinnt mir durch die Finger. Hier stehe ich als Versager, der sein väterliches Erbe verspielt hat.«

»Aufrichtigkeit währt doch immer am längsten«, lobte Pastor Mechlenburg ihn, und auch Hark Nickelsen versuchte, ihn zu ermutigen. »Hier auf der Insel gelten dein Name und der Name deines Vaters etwas.«

»Selbst da hast du wahrscheinlich mehr als recht. Ich spüre das Amrumer Blut meines berühmten Vaters. Seit Generationen ist es unserer Natur entsprechend, dass wir unser Auskommen und Glück im Meer suchen. Da hilft es nichts, sich in schwierigen Zeiten hinter dem Ofen zu verkriechen.« Kurz entschlossen kehrte er wieder an den Tisch zurück.

»Das Kapitänspatent soll es sein?«, fragte Nickelsen völlig gelassen. »Eine Wegstrecke hast du in deinen jungen Jahren auf einem Schiff und mit Navigationskunde bereits zurückgelegt. Hast du schon angeheuert? Nein?« Nickelsen öffnete eine Schublade, die am Kopfende unter der Tischplatte angebracht war, und entnahm ihr einen braunen Umschlag. »Setz dich, mein Junge. Hier meine Empfehlungen für meinen Freund Jens Hansen, der bei mir Erster Offizier war und inzwischen selbst ein Schiff führt.«

»Du hast nichts mehr gegen meine Pläne?«, wunderte sich Lorenz.

»Du bekommst diese Empfehlung nicht umsonst. In Kopenhagen übergibst du im Haus von Jens diesen versiegelten Umschlag mit einer Nachricht von mir. Es geht mir dabei um das Wohlergehen eines Menschen, in dessen Schuld ich stehe und für den gesorgt werden muss! Hast du verstanden?« Nickelsen sprach sehr eindringlich.

8. Wie die Worte für einen Grabstein gefunden werden und Pastor Mechlenburg nicht richten will

Lorenz verwahrte sich gegen solches Misstrauen. Nickelsen legte ihm mit beschwichtigender Geste die Hand auf den Arm und blickte ihn mit der Lebenserfahrung eines Mannes an, der schon zu viel vom Leben und seinen Widrigkeiten hatte kennenlernen müssen. Der Kapitän und sein Neffe schienen sich in Worten so erschöpft zu haben, dass sie nun Ole Jessen plappern ließen, wer alles zu Besuch gekommen sei und sich vor der Tür nach dem Kapitän erkundigt habe. Ole ging schon dazu über, den Verlust an Vieh bei der letzten Flut zu beklagen und seine Tadje und sein Haus auf der Hallig Langeneß zu preisen. Tadje, die noch immer die meiste Zeit ohne ihn auskommen müsse. »Trotzdem finde ich eine warme Stube und eine ordentliche, anständige Bleibe vor, wenn ich nach Hause komme. Jetzt, wo's dir, Hark, wieder besser geht, werde ich für das Wochenende mal wieder auf der Hallig nach dem Rechten sehen ...« Das Schweigen von Nickelsen und Lorenz machte Pastor Mechlenburg nervös.

Mechlenburg versuchte es bei Lorenz: »Gottes Segen für deine Pläne, mein Junge, und eine allzeit glückliche Rückkehr in die Heimat ...«

»Wenn's hilft, nehme ich gern Gottes Segen dazu«, entgegnete Lorenz frech und grinste schief.

Es verschlug Pastor Mechlenburg mal wieder die Sprache. Banausen, allesamt! Oder zumindest teilweise ... »Also, da nimmt man Anteil, und erntet solch ... Nein!« Es fehlten ihm schlicht die Worte.

Lorenz zuckte nur mit den Schultern: »Entschuldigung, war nicht so gemeint. Wollte dem Amt des Pastors nicht zu nahe treten.«

Was sollte das denn schon wieder heißen? Pastor Mechlenburg war beleidigt, wandte sich Nickelsen zu: »Gibt es etwas, womit ich helfen könnte, Hark? Ein Gebet vielleicht?«

»Ein Gebet?«, fragte Nickelsen verwundert.

Heiden, alles Heiden! Im Grunde ihres Herzens Halleluja singende Heiden! Warum nur musste er, Mechlenburg, hier auf der Insel seinen Dienst wahrnehmen?

»Nichts für ungut, Friedrich, da ist tatsächlich noch etwas. Ein Moment bitte.« Nickelsen schickte seine Frau vor die Tür, um eine ungestörte Unterhaltung unter Männern führen zu können. Sie seufzte, erkundigte sich nach den Wünschen der Herren und ging, die Getränke zu richten. Dabei nahm sie es dem alten Kapitän nicht übel. Sein Leben hatte er fast nur in Männergesellschaft zugebracht – Sorgen machte sie sich ohnehin schon genug um ihn. Etwas umständlich und langsam entnahm Nickelsen jetzt aus der Schublade unter dem Tisch zwei weitere großformatige Blätter und legte sie vor sich. Die Männer erkannten auf dem oben liegenden Blatt die Zeichnung eines Dreimastseglers. Ole Jessen verkündete sofort, es handele sich bei dem Bild um die *Vesuvius*, das letzte Schiff des Kapitäns.

Nickelsen erklärte: »Wie schon gesagt, es ist eine Zeit, Dinge in Ordnung zu bringen, und einzugestehen, wo in der Lebensbilanz Verfehlungen zu verzeichnen sind. Damit, Friedrich, würde ich gern beginnen und dich als Pastor ansprechen.« Pastor Mechlenburg nahm die Blätter und begann, neugierig zu lesen, während Nickelsen noch erklärte: »Ich habe mich schwergetan, die rechten Worte als Lebensbilanz zu finden, mit denen ich vor unseren Herrn und Schöpfer treten möchte. Deine Meinung als

Pastor ist mir wichtig: Was hältst du von dem Spruch auf dem Grabstein *Durch viel Beschwerden zu großen Ehren. Durch Creutz und Leiden zu Himmels-Freuden* unter der Abbildung des Schiffes?«

Das klang in Mechlenburgs Ohren keineswegs bescheiden, sondern vielleicht sogar etwas anmaßend. Hier stellte einer das Leiden Christi am Kreuz seinem eigenen Leiden auf dem Weg ins Paradies gleich. Bescheidenheit war Nickelsens Sache noch nie gewesen. Kleingemacht hatte er sich zu keiner Zeit. Mechlenburg schaute ihn prüfend an, dann nickte er und antwortete: »Der rechte Glaube steht im Mittelpunkt des Satzes. Niemand wird deiner Arbeit den Erfolg streitig machen wollen. Die Überschrift fasst zusammen, was dein Leben ausmacht.«

Nickelsens Gesichtszüge hellten sich auf und er nickte zufrieden. »Ja, so soll es sein.«

Lorenz und Ole Jessen mochten nicht über Grabsteine reden. Sie bestanden darauf, dass der Kapitän solch finstere Gedanken beiseiteschieben müsse. »Nein, es ist wichtig!«, beschied Nickelsen knapp. Schon beugte er sich zusammen mit dem Pastor über das zweite Blatt, welches einen Text in Versform enthielt, der auf der Rückseite des Grabsteins zu lesen sein sollte.

O, Sterblicher, betrachte mein Leben
Wayse, dürftig, Schlaw zu sein,
ward in der Jugend mir gegeben,
doch Mitteln, Freiheit wurde mein.
Verzage nicht, ob es gleich schwer,
nichts kommt vom Herrn von ohngefehr.
Fürchtet und vertraut dem Höchsten nur,
du wirst denn auch gewiss erlangen,
was er in seinem Wort dir Schwur,
sich deiner ewig zu erbarmen.[29]

Dass er dafür zu so später Stunde hatte herauskommen müssen, schien ihm doch ein wenig zu viel; Mechlenburg ärgerte sich. Er verlegte sich mit den beiden anderen darauf, Nickelsen davon

29 Es handelt sich um den Text, wie er auf dem Grabstein von Nickelsen auf dem Friedhof in Nebel auf Amrum zu lesen ist.

zu überzeugen, dass es für solche Texte noch zu früh sei. Der Kapitän und Freund sei von der Krankheit im Moment nur etwas geschwächt. Gern würde er wiederkommen, um Satz für Satz mit ihm um die rechten Worte zu ringen. Als Nickelsen unwillig den Kopf schüttelte, fügte er rasch hinzu: »Aber sonst alles sehr ordentlich, sehr christlich. Bestimmt wird der Grabstein im Vorhof zum Gotteshaus eine Zierde sein und noch Generationen werden vor ihm stehen im Angedenken.« Damit hatte er offenbar den rechten Ton getroffen und erreicht, was er eigentlich wollte, dass Nickelsen Ruhe gab und dieses Anliegen nicht weiter verfolgte. Mit dem Versprechen, sich den Text in Ruhe noch einmal anzuschauen, steckte Mechlenburg das Gedicht ein. Lorenz hielt es vor Ungeduld kaum auf seinem Stuhl. Dass er sich noch am späten Abend mit Dichtkunst konfrontiert sah, war wirklich zu viel! Ole Jessen hingegen kamen vor Rührung die Tränen, sodass der Kapitän aufstand, um ihm tröstend zu versichern, dass er noch lange leben werde.

Mit dem bisherigen Verlauf des Gesprächs zufrieden, erklärte Nickelsen: »Für meine Erklärung habe ich drei Männer gewählt, einen Freund, lieber Ole, dem ich blind mein Leben anvertrauen würde. Einen Mann der Familie, lieber Lorenz, der mir lieb ist. Und dich, Friedrich, als Vertreter Gottes auf Erden.« Pastor Mechlenburg wehrte bescheiden ab: »Zu viel der Ehre. Bin nur ein Diener Gottes.«

Nickelsen ging nicht weiter auf den Pastor ein. »Ich erinnere mich nur zu gut, meine Herren. Als ich das Kommando der *Williamina Galley* für eine Stellung als Kapitän auf der neuen Fregatte *Vesuvius* aufgeben durfte, bedeutete mir die Herausforderung, ein Schiff von solcher Klasse zu führen, viel mehr als ein Auftrag oder ein Glücksgefühl, es war wie ein Traum. Am ersten Tag nach Erledigung aller Formalitäten im Kontor der Kompanie am Hafen eilte ich nach schlafloser Nacht in aller Frühe zu den Kopenhagener Kais. Eine Unmenge Schiffe von verschiedenster Größe, Aussehen und Nationalitäten lagen dort vor Anker. Hier gehörte ich hin; ich brannte darauf, von meinem neuen Schiff

Besitz zu nehmen. Nicht einen Moment zweifelte ich daran, der Beste für diese Aufgabe zu sein.«

Wenn der Alte in dieser Ausführlichkeit weitermachte, würden sie alle in dieser Nacht ihre Bettstatt nicht mehr zu Gesicht bekommen, schlussfolgerte Lorenz kühl, der andererseits aber nicht ohne Interesse zuhörte. Um das Ganze aber doch ein wenig abzukürzen, wagte er die Bemerkung: »Ein Hafen ist ein Hafen, und ein sehr großer Hafen ist ein sehr großer Hafen. Es ist wohl so, nicht? Und das Schiff? Hat es den Erwartungen entsprochen?«

»Ich weiß, dass du mich nicht verstehen kannst, mein Junge«, lächelte Nickelsen ein wenig gequält. »Ich wollte sagen, dass ich von dem Gedanken besessen war, Kapitän auf diesem verdammten Schiff zu werden. Ich war so selbstverliebt und von mir überzeugt, dass ich den Auftrag, Sklavenschifferei zu betreiben, vollkommen vergessen hatte.«

»Nicht jeder bekommt in seinem Leben ein solches Angebot«, beschwichtigte Ole Jessen. »Als Kapitän, lieber Hark, gestatte dies mir, bist du mit dir selbst zu streng.«

»Nein, keineswegs, Ole!«, widersprach Nickelsen. »Denn noch nicht einmal einen Gedanken habe ich an all die toten Kameraden verwendet, an die Sklaven, die ich auf meiner letzten Fahrt mit der *Williamina Galley* den Haien zum Fraß hatte vorwerfen müssen. Ich hätte es besser wissen können! Es ging zu keinem Zeitpunkt darum, nur das stolze Schiff mit weißen Segeln über die Weltmeere fahren zu lassen. Das Schiff, seine Einzigartigkeit, seine Bauweise – das spielte doch keine Rolle! Es ging um ein nüchternes Zahlenwerk, eine diabolische Rechnung, in der auf der Sollseite schon die Toten vermerkt waren. Als ich die *Vesuvius* betrat, habe ich einen Pakt mit dem Teufel geschlossen. Das ist die bittere Wahrheit! Es ist verdammt viel Blutgeld, das ich verdient habe, jeder Taler mit dem Leben eines Menschen bezahlt. Teufelswerk!« Nickelsen schlug mit der Faust auf den Tisch und war kreidebleich geworden. Erschrocken suchte Lorenz diesmal vergeblich nach den rechten Worten.

Pastor Mechlenburg bekreuzigte sich bei der Nennung des Teufelnamens eilig: »Hark Nickelsen! Am Ende deiner Tage solltest du dich nicht vor unserem Herrn und Schöpfer, der dir manche Fähigkeiten mitgegeben und dich vor große Aufgaben gestellt hat, in Undankbarkeit und Verblendung versündigen. Von Blutgeld oder Teufelswerk will ich nichts hören! Immerhin ist ein Nickelsen ein recht gut geratener Onkel meines Sohnes Nicolai.« Nickelsen wollte Einspruch erheben, aber der Pastor wehrte heftig ab: »Lass es gut sein, Hark, du bist uns allen doch ein wahrhaft aufrechter und guter Mensch. So wahr ich hier sitze!«

»Recht gesprochen!«, griff Ole Jessen begeistert die Worte des Pastors auf. Die Männer klopften mit den Fingerknöcheln so heftig auf die Tischplatte, dass Marret neugierig den Kopf zur Tür hereinsteckte.

»Ihr mögt mich aus Freundlichkeit gar zum Heiligen erklären, aber es macht die Unschuldigen und Toten nicht lebendig«, antwortete Nickelsen finster entschlossen, mit sich selbst ins Gericht zu gehen.

»So kenne ich dich gar nicht, Onkel. Aber ein jeder Seemann weiß von Todesfällen zu berichten, und es ist ja nicht so, als ob ein Kapitän auf der *Vesuvius* leichtfertig seine Mannschaft in die Hölle schickt und er selbst jenseits aller Gefahren auf dem Achterdeck steht.«

»Du vergisst, lieber Lorenz, dass auf einem Sklavenschiff ein Großteil der Mannschaft nicht aus freiwilligen Stücken seinen Dienst versieht, teilweise sogar mit List und mit Druckmitteln gedungen wird. Die Todesrate auf dieser Art von Schiffen ist besonders hoch. Ich habe das gewusst und dennoch mitgemacht.«

»Rechte Buße ist stets angezeigt«, entgegnete Pastor Mechlenburg. »Der Glaube weist da manchen Weg. Aber dennoch: Es ist ein Geschäft wie jedes andere. Schiffe fahren zur See, um Geschäfte zu machen. Manche dieser Geschäfte sind gefahrvoller als andere, und ein Kapitän leistet das Beste, um Schiff, Mannschaft und Waren sicher heimzubringen. Du hast einen ausgezeichneten Ruf als Kapitän. Ganz sicher gab es keinen Anlass, Barmherzigkeit auf deiner Seite zu vermissen. Ich weiß nicht, warum ich einen Hark Nickelsen, in Ehren ergraut, jetzt geißeln sollte.«

Jetzt zog Nickelsen ein weiteres Papier aus der Innentasche seiner Jacke hervor und breitete es auf dem Tisch aus. Die Männer erkannten auf dem Papier das Bleistiftporträt eines Sklaven und daneben eine mit verschiedenen Brauntönen abgestufte Farbtabelle. Farben, die in kleinen Kästchen von sehr hell bis sehr dunkelbraun von oben nach unten verliefen. Daneben waren Ziffern angegeben und unter der Darstellung eine kleine erläuternde Liste. Die Männer sahen ein solches Blatt zum ersten Mal. »Das, meine Freunde, ist die zivilisierte, christliche Antwort auf die Frage, mit welchem Recht man Menschen in die Sklaverei zwingt. Die Zweifel, in meinem Leben richtig gehandelt zu haben, quälen mich.« Nickelsens Stimme war immer leiser geworden, sein Gesicht weiß wie die Wand. Er trug sichtbar an dieser Schuld. Doch gesprochen hatte er zuvor nie darüber.

Pastor Mechlenburg wunderte sich, was der Kapitän jetzt von ihnen erwartete. Sollten sie über ihn zu Gericht sitzen? Wozu? Sein Leben als Kapitän auf einem Sklavenschiff unterschied sich nicht von dem Hunderter anderer honoriger Menschen und vor allem nicht von jenen, die als Kaufleute solches Geschäft zu verantworten hatten. »Hark, ich will einfach nicht verstehen, worin deine Schuld bestehen sollte. Warum sollten wir hier an diesem Tisch verurteilen, was Könige, Regierungen und mächtige Kaufleute auf der ganzen Welt für rechtens erachten? Es ist nun mal Gottes Ordnung, dass ein Teil der Menschheit regiert und es einem anderen Teil zu dienen bestimmt ist. Dabei stellt sich zudem die Frage, ob es sich bei den wilden, schwarzhäutigen Sklaven überhaupt um Menschen wie unsereiner handelt. Sie sind ungläubig, haben keinen christlichen Gott. Es soll sogar welche geben, die ihresgleichen auffressen.«

Ole Jessen fiel ein: »Sie beißen wie die wilden Tiere. Da muss man sich vorsehen! Ich habe einen Seemann am Fieber nach einem solchen Biss sterben sehen.« Zu seinen Ausführungen rollte er dramatisch mit den Augen.

Der Pastor räusperte sich. »Wie dem auch sei: Ganz sicher ist ein Kapitän Nickelsen bei der Erfüllung dieser gefährlichen Aufgabe allen Menschen an Bord stets ein guter Hirte gewesen.«

»Seid ihr alle der Auffassung, dass man Sklaven nicht mit uns vergleichen kann? Wegen der Hautfarbe und dem anderen Aussehen oder gar, weil sie weniger Menschen sein könnten?« Nickelsen schien keineswegs zufrieden.

Der Pastor wand sich ein wenig mit einer Erklärung: »Sie sind Gottes Wesen, wie alles auf der Welt zu Gottes Wesen gehört. Aus diesem Grund sind wir berufen, sorgsam mit ihrem Leben umzugehen.«

Lorenz folgte der Unterredung mit größter Aufmerksamkeit, denn er rechnete damit, irgendwann selbst mit dem Auftrag konfrontiert zu werden, auf einem Sklavenschiff zu arbeiten. Zu groß waren die Gewinnspannen. »Onkel, du musst doch zugeben, dass ein Sklave keine Kultur besitzt, keinen Christengott und uns in allen Belangen unterlegen ist. Deshalb sind wir berufen, über seine Existenz zu bestimmen und zum Wohle der menschlichen Rasse und unserer großen Nationen über ihren Einsatz gewinnbringend und sinnstiftend zu entscheiden.«

»Die Wirtschaft der großen Nationen in der gesamten Welt blüht mit den Einnahmen aus diesem Handel und der daraus erwachsenden Arbeit«, fügte Mechlenburg im tiefsten Brustton der Überzeugung hinzu.

Nickelsen hob drohend den Zeigefinger: »Ihr vergesst allzu gern, meine Freunde und Vertrauten, dass dein Vater, lieber Lorenz, der ehrenwerte Riewert, Gott hab ihn selig, und ich mehr oder weniger nackt als Sklaven auf dem Markt zu Algier feilgeboten wurden. Diejenigen, die uns beleidigt, gedemütigt und sogar mit unserem Leben gespielt haben, werden ähnliche Reden geführt haben. Vielleicht sitzt ihr heute gar bei einem Ochsen oder bissigen Hund hier am Tisch und nicht bei einem reichen ausgedienten Skipper. Was meint ihr? Bedenkt euch!«

»Hark, bist du etwa ein Anhänger dieser Bewegung, von denen ich lesen musste, dass sie – selbst im englischen Unterhaus

– für die Abschaffung des Sklavenhandels eintreten wollen? Sicherlich, man kommt ins Grübeln, aber …« Mechlenburg versuchte, ihn zu verstehen.

Ole Jessen widersprach. »Wie ihr wisst, bin ich nur ein einfacher Mensch mit Gedanken, die nicht weit genug reichen, den Lauf der Dinge vollständig zu erfassen oder gar zu erahnen. Aber ich weiß doch aus täglicher Anschauung zu berichten, dass es keine Gleichheit auf Erden gibt. Wo kämen wir denn hin, wenn ein Dummkopf mit dem gleichen Recht wie ein Kapitän ein Schiff befehligen wollte?«

Nickelsen griff nach dem Papier mit der Zeichnung und den braunen Farbproben auf dem Tisch: »Was, wenn sich letztendlich doch alle irren würden? Wenn es überhaupt keine Rassen gäbe? Wenn ein Sklave, ganz gleich von welcher Hautfarbe, Herkunft und Sprache, genauso viel Mensch wäre wie der Händler oder Seefahrer, der ihn in ein fremdes Land zwingt und auf dem Sklavenmarkt zu Geld macht? Wenn ihre Verschleppung, gar ihr gewaltsamer Tod oder das Joch, rechtlos für Fremde in Ketten zu liegen, nichts anderes als ein großes Unrecht darstellen würde? Niemand kann sich vorstellen, welche Schuld unsereinen träfe.«

Mechlenburg hob erschrocken die Arme: »Gott bewahre! Ich werde mich nicht zum Richter in diesen Dingen berufen fühlen. Die Ordnung der Dinge werde ich nicht infrage stellen. Aber so es einem Freund und seiner bedrängten Seele hilft, höre ich gern zu. Trostworte werden sich finden.«

Lorenz befand knapp: »Es gibt nichts zu richten. Das sind düstere Gedanken, der Schwäche der Krankheit geschuldet.«

»Wir alle irren uns.« Nickelsen schüttelte seinen Kopf und starrte wieder abwesend in das Licht des Trankwieken. »Es gibt keine Rassen. Ein Sklave ist ein Mensch mit Haut und Blut, mit Gefühlen und Tränen, einer Sehnsucht und einer Würde, die ihm tausendmal geraubt werden. Er lebt und stirbt wie ein jeder von uns – und wären wir ihm unter anderen Umständen begegnet, wären wir vielleicht sogar sein Gast gewesen und hätten ihn kennengelernt.«

»Das möchte ich wohl nicht erleben!«, empörte sich Ole Jessen.

»Ich selbst habe in einer Zeit als Sklave manches Leid erfahren müssen. Nicht ohne Grund habe ich darüber geschwiegen. Man kann nur verzweifeln darüber, wie viel Unrecht und Leid Menschen einander zufügen und dabei auf äußere Unterschiede, eine andere Sprache oder andere Gewohnheiten verweisen. Aber in Freiheit gibt es nichts, was aus einem Sklaven einen Affen machen könnte.«

Lorenz fuhr dazwischen: »Was sollen mir diese Erkenntnisse jetzt nützen? Keiner dieser schwarzen Teufel wäre in der Lage, eine unserer Stellungen im Leben einzunehmen.«

»Diese Farbtafel sollte zur Bestimmung der Hautfarbe der Sklaven dienen. Je heller die Haut, so die geheime Anweisung, desto mehr sei ein Sklave von unserer Rasse. Dunkle Typen seien die bevorzugten Sklaven. Hellere seien für die Aufsicht über die Sklaven geeignet.« Verärgert warf Nickelsen das Papier auf den Tisch. »Geheim! Ein Beleg dafür, dass sich niemand in diesem Geschäft sicher ist. Aber ich ...«, verzweifelt griff er sich an den Kopf, »ich wusste, dass die Sklaverei im Gegensatz zu unserer christlichen Seele steht. Geldgierig habe ich mich zum Werkzeug machen lassen und Unfreiheit und Tod zu verantworten.« Betroffenes Schweigen am Tisch. Nickelsen atmete schwer. »Du, Lorenz, wirst Jens Hansen den Brief überbringen und bestätigt finden, was ich über die schwarzen Menschen gesagt habe. Du wirst es bestätigt finden und dein Lebtag nicht mehr verstehen, wie man solcherart Unrecht dulden kann.« Dann bedankte sich Nickelsen bei den Männern für ihre Bereitschaft, ihm zuzuhören. Er äußerte sein Verständnis dafür, dass keiner urteilen wolle. Während der nächsten drei Nachmittage wolle er von seiner Fahrt auf der *Vesuvius* erzählen. Als sie auseinandergingen, waren sie alle überzeugt davon, dass Nickelsen ihnen keine Abenteuergeschichten auftischen würde. Mechlenburg dachte mit gemischten Gefühlen daran, was ihn erwarten würde. Ole Jessen war enttäuscht, dass er noch nicht sofort nach Langeneß aufbrechen und seine Tadje in die Arme schließen konnte. Noch in der Tür der Stube nahm Nickelsen ihnen allen das Versprechen ab, niemandem seine Lebensgeschichte weiterzuerzählen und vor allem, nichts Schriftliches darüber zu verbreiten.

9. Der alte Kapitän betrachtet den Polarstern und Lorenz fasst einen heimlichen Entschluss

Als alle gegangen waren, wollte Nickelsen noch immer nicht zu Bett. Es war sehr spät, Mitternacht längst vorbei. Er gab sich stark, doch in Wahrheit fühlte er sich so schwach wie noch nie in seinem Leben. In Wahrheit fürchtete er sich davor, nicht mehr lebend aufzustehen, wenn er erst einmal zu liegen kam. In seiner Vorstellung sah er den Sensenmann mit seinem grausigen Werkzeug in der finsteren Ecke am Fußende seines Bettes hocken. Das Gefühl packte ihn so brutal, dass er ihm nicht ausweichen konnte. Nickelsen rief nach Marret und bat die Ärmste, ihn zu stützen, damit er vor die Haustür komme. Er brauche jetzt noch einmal frische Luft, bevor sich morgen früh halb Amrum dort wieder versammeln würde. Diese vorgetragene Begründung entlockte Marret sogar ein Lächeln. Draußen vor der Tür suchte sein schwerer Körper zitternd mit dem rechten Arm auf ihren Schultern Halt.

Das Wetter hatte aufgeklart, die Wolken waren fast vollständig abgezogen. Ein empfindlich kalter Wind wehte. Nickelsens Blick wanderte zum Himmel empor. Es war fast sternenklar. Eine Nacht, wie er sie oft an Bord eines seiner Schiffe erlebt hatte. Was hatte das Leben aus ihm, dem Seefahrer, gemacht? Einen Kaufmann, der sich um sein Kapital sorgte, es hier und dort anlegte, Kontakte pflegte, Zinsen einstrich und Verluste gegenrechnete, sich um Haus und Hof kümmerte. Er konnte Lorenz schon verstehen, der sich zu solchem Leben nicht berufen fühlte. »Lorenz will sein Kapitänspatent machen und zur See. Sein Vater und ich sind ihm wohl, fürchte ich, nicht die rechten Vorbilder gewesen«, sagte Nickelsen zu seiner Frau.

»Manches Mal sehe ich meinen Bruder in ihm«, antwortete Marret.

»Ich habe ihn an seine Verpflichtungen erinnert und ihm Unterstützung angeboten.« Die kalte Luft ließ Nickelsen tiefer atmen. Er konnte den Polarstern erkennen. Fast fühlte er sich getröstet, dass er den Stern unwandelbar dort oben vorfand. Der Polarstern gab dem Seefahrer in ihm Gewissheit, er könne noch immer die Kurse auf der Seekarte seines Lebens abstecken. Sein Blick wanderte zum Orion und zu den Plejaden, grüßte schließlich den Mond, den Fachmann für die Gezeiten und das Auf und Ab des Lebens. Der alte Kapitän stand dort, gestützt auf seine Frau, die nicht wankte, keine Fragen stellte, nur ein wenig näher an ihn heranrückte, um ihn zu wärmen. Nickelsen dachte, dass morgen ein Nordwestwind wehen und mit der Tide auf der Nordsee hohen Seegang bringen würde. Außerdem schien es, als würde ein sonderbares Lächeln über sein stoppelbärtiges Gesicht huschen. Kein hoffnungsfrohes, aber auch kein bitteres Lächeln. Der Erinnerung geschuldet, dass da draußen auf dem Meer, nur eine kleine Wegstrecke von hier, Wind und Seegang, Unwetter und gnadenlos sengende Sonne eine entscheidende Rolle in seinem Leben gespielt hatten. Er betrachtete die Sterne aufmerksam, als gälte es, den Standort zu bestimmen, obwohl all diese Dinge keine Bedeutung mehr hatten.

Vom Windfang seines väterlichen Hauses aus, das sich in Süddorf in Nachbarschaft zum Nickelsenschen Anwesen befand, beobachtete Lorenz die beiden heimlich. Diese seltsamen Anschauungen eines alten Kapitäns! Das war nicht mehr der Onkel, den er kannte. Er würde ihm weiter zuhören, in seinen Erzählungen ihm auf das Achterdeck der *Vesuvius* folgen müssen, wenn ihn als Cornelissen auf dem Höhepunkt seines Lebenstreibens Tod und Teufel reiten würden. Vielleicht gab es noch ein Geheimnis? Er wog den braunen Umschlag, den er übergeben sollte, in der Hand.

»Ein Glück«, sagte Nickelsen jetzt zu seiner Frau, »ein Glück, dass mir als altem Mann mein Herz jetzt so langsam schlägt. Das lässt die Zeit nicht so dahinrasen und mir bleibt noch eine Frist.« Deutlicher und heftiger pochte in seiner Brust ein Schmerz, dort, wo sein Herz sich langsam schlagend quälte und ihm der Atem in der Brust rasselnd knapp zu werden drohte. Ein Schmerz, der ihn schon bald am Boden zerschlagen zurücklassen würde mit der Erkenntnis, dass alles vorbei war, alle Gelegenheiten vertan. Mit zittrigen Beinen und letzter Kraft folgte er Marrets Bemühungen, ihn sicher ins Haus zu bringen. Das Pulsieren in den Venen ging in ein Rauschen in den Ohren über, als er angezogen, wie er war, auf das Bett fiel. Sein Zustand verriet ihm, dass die Fieberschübe wieder von ihm Besitz ergreifen würden. Noch einmal schnitt er dem Sensenmann, der ihn aus der Ecke mit starrem Blick fixierte, eine Grimasse. Marret machte sich Vorwürfe, seinem Willen nachgegeben zu haben.

Lorenz dachte, um der wahren Lebenserfahrung willen werde es noch vieler Nächte wie dieser bedürfen. So einer wie der Pastor mochte in Bibliotheken gebadet haben, aber Friesen wie Hark Nickelsen besaßen keine Sprache, um damit Papier zu füllen. Das Herz eines Friesen wuchs nicht zwischen zwei Buchdeckeln. Der alte Mann mit dem langsam schlagenden Herzen, dem jetzt das Hemd schon nass vom kalten Schweiß unter dem warmen Anzug am Körper klebte, lebte nur in seiner Erzählung. In Lorenz reifte der Entschluss, Nickelsens Geschichte aufzuschreiben. Obwohl das gegen das gegebene Versprechen verstieß. Er dachte darüber nach – eine Sache, in der er mal Ausdauer beweisen müsste. Nickelsen würde ihm sicherlich verzeihen. Lorenz dachte an den geplanten Grabstein des Kapitäns, der in Nebel direkt auf dem Weg zur alten Kirche St. Clemens stehen und Nickelsens Lebenslauf belegen würde. Wenn schon sein Onkel dort seine Geschichte öffentlich machte, warum sich also mit Gewissensbissen wegen der Aufzeichnungen aufhalten? Lorenz stellte sich vor, wie er ihm die vielen Seiten über seine Lebensgeschichte einmal vorlegen würde. Er malte sich aus, dass er eben jenes schmerzliche Lächeln von vorhin erkennen lassen, die Schultern zucken und sagen würde: »Wenns meinst. Wat dem eenen sien Uuhl is, is dem annern sien Nachtigall.«

Lorenz würde morgen den Kapitän wieder aufsuchen, würde heimlich dessen abenteuerliche Geschichte aufschreiben. Vielleicht könnte er später mit ihm sogar gemeinsam über seine Aufzeichnungen und Fragen sprechen. Er wollte jetzt unbedingt genau wissen, wie es damals auf der Fregatte *Vesuvius* zugegangen war, denn wer konnte schon sagen, ob nicht das Leben für ihn ähnliche Herausforderungen bereithielt.

ZWEITES BUCH

KOPENHAGEN,
VON SEPTEMBER 1747 BIS MAI 1748

Von der Entstehung eines geheimen Plans und der Ausrüstung der *Vesuvius* im Hafen von Kopenhagen, allerlei Intrigen und Widrigkeiten und den Besonderheiten und Voraussetzungen des Sklavenhandels. Bericht des Lorenz Harken nach der Erzählung des Kapitäns Hendrik Cornelissen alias Hark Nickelsen, Süddorf, Amrum / Nordfriesland – und weiteren Zeugen

Ohne Zweifel ist die Sklaverei das größte aller Übel, welche die Menschheit gepeinigt haben.

Alexander von Humboldt
(Essays über die Insel Cuba)

1. Der Lauf der Geschichte und ein unglücklicher Kapitän Cornelissen alias Nickelsen, der dem Unvermeidlichen entkommen will

Die *Vesuvius* brach Anfang Juni 1746 zu ihrer ersten Fahrt unter dem neuen Kommando des Kapitäns Cornelissen auf und kehrte im September 1747 zurück. Im August 1746 war Frederik V. als König von Dänemark und Norwegen dem verstorbenen Christian VI. auf dem Thron gefolgt. Er wurde damit gleichzeitig Herzog von Schleswig und Holstein und Graf von Oldenburg und Delmenhorst. Seine Regentschaft würde in den nächsten Jahren die regierten Länder zu Frieden und Wohlstand führen und sowohl die Geschäfte der Westindien-Guinea-Kompanie als auch die Fantasie und Rechenkünste des Vorstandes und der dänischen Kaufleute befördern.

Der dänische König Christian VI. war Hauptaktionär der Kompanie und damit ein großer Förderer und Nutznießer des transatlantischen Dreieckshandels gewesen. Frederik V. ging daran, dieses System des Menschenhandels, der zur Haupteinnahmequelle des Königs wurde, zu perfektionieren. Festungen wie Fort Christiansborg an der afrikanischen *Goldküste* wurden ausgebaut. Sklavenplantagen auf den karibischen Inseln St. Thomas und St. Croix, auf denen vor allem Zucker, Baumwolle und Tabak für Europa angebaut wurde, wuchsen. Die 1733 von Christian VI. von Dänemark erworbene Karibikinsel St. Croix erwies sich als Glücksfall. Bei der Abholzung der Insel anlässlich der Anlegung von Plantagen für die Zucker- und später auch die Rumproduktion konnte allein durch den Verkauf der dort angefallenen Edelhölzer der Kaufpreis um ein Mehrfaches wieder eingebracht werden. Ausbau und Intensivierung des Seehandels durch regelmäßig verkehrende Schiffe auf dieser Dreiecks-Sklavenroute waren die Voraussetzung für den wirtschaftlichen Erfolg. Der Versuch, britischem Vorbild folgend, dänische Häftlinge dorthin umzusiedeln, hatte sich nicht bewährt. Die Sterblichkeitsrate war zu hoch, die klimatischen Bedingungen für die Europäer zu ungünstig. Den afrikanischen Sklaven kam daher eine entscheidende Bedeutung zu. Dänemark sicherte den Bestand dieser Unternehmungen mit dem Strafreglement *St. John Slave Code* – neunzehn Paragrafen zur Behandlung von Sklaven auf den Inseln. Einleitend heißt es darin, das Reglement gelte *unseren Negern, die von Gott selbst zu Sklaven gemacht sind.* Das Strafreglement sah neben Auspeitschungen das Brandzeichnen vor und mittelalterliche Strafen wie Amputation von Ohr, Hand, Arm oder Bein, Foltern mit glühenden Zangen, Ausreißen von Fleischstücken aus den Körpern, Rädern, Hängen oder Verbrennen auf dem Scheiterhaufen. Für das *Maron laufen*[30], das Entlaufen eines Sklaven von der Herrenplantage, wurde unter anderem in Paragraf 8 festgelegt: *Wer sechs Monate lang wegbleibt, soll das Leben verlieren, es sei denn, sein Herr verzeiht ihm und begnügt sich mit dem Verlust eines Beines.* Die konsequente Umsetzung dieser Wirtschaftspolitik in den nächsten Jahren der Regentschaft von Frederik V. baute auf einem gottgefälligen Herrenmenschendenken. Es entstanden auf der Basis der durch den Sklavenhandel erzielten Gewinne in ganz Europa Dynastien von großen Unternehmerhäusern und mächtige Handelshäuser, die für die nächsten Hunderte von Jahren weltweit Bedeutung haben sollten. 1746 / 47 waren jedoch auch Jahre, in denen zum Beispiel eine kriegführende Flotte wie die französische herbe Verluste bei der Seeschlacht am Kap Finisterre gegen die Briten hinnehmen mussten. Die *Vesuvius* fuhr mit Schutzbriefen unter dänischer Flagge und konnte auf ihrer Fahrt während dieser Zeit kriegerischen Zwischenfällen aus dem Weg gehen. Sie erhielt für einen Teil der Wegstrecke sogar Geleitschutz durch die dänische Fregatte *Jaegerspris* unter dem Kommando des Kapitäns Christian Friedrich Mechlenburg, einem Verwandten des Amrumer Pastors.

Die Welt der großen Politik bewegte jedoch einen Kapitän Cornelissen nicht wirklich, der geplagt von quälenden Angstfantasien, die ihm das letzte Jahr auf See beschert hatten, sein stinkendes und instandsetzungsbedürftiges Sklavenschiff verließ. Er fand im September 1747 kaum rechte Worte für die Rest-

30 Begriff aus dem St. John Slave Code für den Straftatbestand des Entlaufens eines Sklavens von der Herrenplantage

mannschaft, von denen ebenfalls nur wenige, trotz des Geldes, das jetzt in den weiten Hosen klimperte, das pure Glück bei ihrer Rückkehr empfanden. Cornelissen hatte mit dieser Fahrt zwar den Beweis angetreten, dass seine Einschätzungen über die Größe und die Schnelligkeit eines Schiffes die Investitionen der Kompanie in die *Vesuvius* rechtfertigten. Aber auch ein noch so schnelles Schiff schaffte es nicht, die Unmenschlichkeit des Sklavenhandels zu beseitigen. Das Schiff hatte Unschuld und Würde eingebüßt, ebenso wie die Mannschaft und die Offiziere, die sich für ein solches Geschäft hergaben. Cornelissen alias Nickelsen wollte nur möglichst schnell nach Amrum, weg von dem Schiff. Er suchte nach Wegen, um zu vergessen und zu verdrängen. Denn eines machte man ihm bei seinem ersten Gespräch nach seiner Rückkehr im Kontor vonseiten des Vorstandes aus sofort klar, die nächste Reise der *Vesuvius* an die Goldküste war bereits fest geplant. Er stand als Kapitän in der Pflicht. Auf den Listen der Kompanie verzeichnete der Buchhalter die Erlöse aus den Warenverkäufen und den Gewinn; Nickelsens Gedächtnis verbuchte die Schicksale der vielen Toten.

Mit Handschlag verabschiedete sich der Kapitän von seinem Ersten Offizier Jens Hansen, der in Kopenhagen bleiben und sich um das Schiff kümmern würde. Dann ging er, in Gedanken wieder nur noch Hark Nickelsen von Amrum, mit langen Schritten den Kai entlang. Nicht einmal blickte er zurück auf das Schiff, das er nach seiner Berufung mit geschwellter Brust betreten hatte. Zu Hause bei seiner Frau Marret erwartete ihn die Nachricht vom Tod seines Freundes Riewert. Ein Schicksalsschlag, der ihn wenige Wochen später erneut nach Kopenhagen führen sollte, um die Geldgeschäfte für dessen Familie zu regeln. Nickelsen hielt sich nicht länger als unbedingt nötig in der Hauptstadt auf, mied den Hafen und den Anblick seines Schiffes. Er wurde schweigsam und verschlossen, grübelte und fand doch keinen Ausweg aus der Situation. Er fand sich gefesselt in dem Vertrag mit der Kompanie, wusste, dass er allein wegen des guten Geldes, das er als Kapitän eines Sklavenschiffes verdiente, kaum auf Verständnis hoffen konnte, wenn er Klage über seine Verhältnisse führen würde. Allein, wer nicht an Bord eines solchen Schiffes gelebt hatte, besaß keine Vorstellung von dem, wozu Menschen fähig waren. Nickelsen würde, nein, er musste in den nächsten Monaten, bis man ihn zwingen würde, die *Vesuvius* für die nächste Sklavenfahrt zu übernehmen, einen Ausweg finden.

2. Wie der Schiffsjunge Mats Petersen zum Vertrauten seines Kapitäns wird

Das Geräusch kam aus der Dunkelheit vor dem Bretterverschlag, in die kein Augenlicht mehr reichte. Kurz nur, kaum wahrnehmbar, gerade so, als würde ein Zweig knacken. Mehr nicht. Dann wieder Stille. Mats Petersen, der Schiffsjunge von der *Vesuvius*, erwachte sofort, was ihm jetzt ungewöhnlich genug erschien, denn er war hier zu Hause und fühlte sich sicher. Doch irgendetwas alarmierte ihn. Er horchte angestrengt, blieb ganz ruhig liegen, alle Sinne geschärft. Es dauerte eine ganze Weile und fast wäre er wieder eingeschlafen, aber dann fauchte Fritz, sein Kater, warf irgendetwas um, als er, offenbar in Panik, mit einem großen Satz davonsprang. Mats rief nach ihm: »Fritz! Fritz, hierher!« In dem Verschlag gab es eine Klappe, sodass der Kater rein- und rausgehen konnte, wie es ihm beliebte. Er hielt dem Jungen die Ratten vom Leib und leistete ihm Gesellschaft in seiner Kellereinsamkeit. Der Junge war schon seit fünf Jahren ohne Obdach und Heimat auf Wanderschaft und fuhr jetzt im ersten Jahr schlussendlich zur See. Es gab außer dem Kater kaum etwas an Land, was ihn wirklich hielt. Vater und Mutter in Hamburg waren längst gestorben und die Hafenviertel auf der Welt waren seine Heimat. Kurzum: Mats Petersen hing an dem Kater mit dem typisch deutschen Namen Fritz, den er irgendwo im Hafen von einem Hamburger Schiff aufgestöbert hatte. Mats setzte sich auf, griff nach seinem Messer, das in einem Lederschaft seitlich im Schuh steckte, und verkroch sich in die finsterste Ecke seines Schlafplatzes, bereit, seine Haut möglichst teuer zu verkaufen.

Trotz weiteren Rufens war von dem Kater anschließend nichts mehr zu hören. Wenn er in der Nähe war, reagierte er üblicherweise sofort. Er wäre ohne Not nicht ausgeblieben, da war sich Mats sicher. Es war etwas vorgefallen. Doch jetzt hockte er erst einmal allein in der Finsternis hinter dem Verschlag und hörte seinen eigenen Atem und dann die Stimmen von ein paar besoffenen Nachtschwärmern, die vom Hafen heimwärts schwankten. Sollte er um Hilfe schreien? Er verwarf den Gedanken, denn er wollte nicht, dass ihm jemand das Nachtlager streitig machte. Dann war die Gelegenheit vorüber. Es blieb verdammt still da draußen, und es geschah überhaupt nichts mehr. Vorsichtig, ganz langsam und möglichst geräuschlos, kroch Mats Richtung Tür und spähte durch die Bretterritzen nach draußen, ohne irgendetwas erkennen zu können.

Nach einer weiteren Weile hatte er jedes Zeitgefühl verloren. Was blieb, waren nur noch Angst und Unsicherheit. Das hielt auf Dauer niemand aus. Jedenfalls niemand, der nur Schiffsjunge und noch lange keine achtzehn Jahre alt war! Mats Petersen beschloss zu handeln. Abwehrbereit mit gezücktem Messer verkroch er sich wieder in seine Ecke und begann zu rufen: »Wer immer da draußen rumkriecht, dem sei gesagt, bei mir ist nix zu holen! Bin nur ‘nen lausiger Schiffsjunge. Lass daher meinen Kater in Ruhe und mir meinen Schlaf!« Keine Antwort. Keine Reaktion. »Weiß genau, dass ihr da draußen seid und auf weiß der Henker was lauert! Haut ab. Hier gibt's nix und hier habt ihr nix verloren! Hört ihr?« Keine Antwort. Abwarten, Herzklopfen, Angstschweiß. »Verflucht noch mal! Haut endlich ab und lasst mich weiterschlafen! Bin hundemüde! Ich habe nix! Ihr seid an der falschen Adresse, ganz gewiss!«

Mats wurde immer unheimlicher zumute. Dann hörte er seinen Kater fürchterlich klagen. Nach der Stille, die vorher geherrscht hatte, klang das Geräusch laut und brutal. Furcht und Schock schnürten dem Jungen die Kehle zu. Fritz gab Laute von sich, als hätte sein letztes Stündlein geschlagen! Jetzt hielt Mats nichts mehr. Gebückt – denn stehen konnte er im Verschlag nicht – jagte er los, Kopf und Messer voran, stieß mit der linken Schulter den Verschlag auf, um sofort mit dem Messer in der rechten Faust zustechen zu können. Seine Angst machte jetzt Entschlossenheit und blinder Wut Platz. Wer immer das war, der sollte büßen, was er Fritz angetan hatte. Von der Wucht seines Angriffs krachte die Tür des Verschlages widerstandslos gegen die Wand und hing nur noch schief an einer Angel. Mats stürmte voran, versuchte, etwas zu erkennen, rannte aber doch nur blind gegen einen für ihn unsichtbaren Feind an. Dabei dauerte sein Sturmlauf nur wenige Schritte, bis ihn eine am Boden gespannte Leine zu Fall brachte, und während er mit einem Schrei des Erschreckens stürzte, packte eine kräftige Männerfaust seinen rechten Arm und riss diesen in die Höhe. Mats stürzte, der Arm verdrehte sich schmerzhaft und sein Messer flog in hohem Bogen außer Reichweite.

Während er am Boden lag und einen schweren Lederstiefel im Kreuz spürte, dass er sich kaum noch rühren konnte, hörte er die tiefe Stimme des Mannes, der auf ihn gelauert hatte: »Bei solch einem Sturz kann man sich mit einem Messer leicht selbst gefährlich verletzen. Verzeihung, mein Junge, das hat sicherlich wehgetan.« Mats wusste nicht, wie ihm geschah. Was ging hier vor sich?

Dann eine weitere Männerstimme weiter hinten, ein seltsam vertrauter Tonfall: »Merk dir fürs nächste Mal: Die Ungeduld wird nur Dieben zum Verhängnis. Nie mit dem Kopf durch die Wand!«

Mühsam hob Mats seinen Kopf. Er hörte schon wieder Fritz klagen. »Lasst meinen Kater in Ruhe! Was wollt ihr?«

Der Mann, der ihn am Boden hielt, meinte, mit so viel Blindheit könne ein Zwieback[31] doch selbst bei Dunkelheit nicht geschlagen sein.

»Vor allem will ich, dass du mit dem Krakeelen aufhörst, damit wir ungestört reden können«, forderte jetzt der Mann,

31 So wurden an Bord die Schiffsjungen genannt.

der vor ihm aus der Dunkelheit trat. Mats Petersen fehlten die Worte, als er Kapitän Cornelissen erkannte, der sogleich den Kater wieder laufen ließ. Mit einigen langen Sätzen jagte Fritz fauchend über Mats Rücken in die schützende Dunkelheit des Verschlags. Der Mann hinter Mats ließ nun ebenfalls von ihm ab und wurde vom Kapitän als Ole Jessen, Proviantmeister für die *Vesuvius*, vorgestellt. Dessen Vorgänger hatte vor Westindien sein Seemannsbegräbnis bekommen.

Nickelsen hatte einen Plan und der Schiffsjunge gehörte zu jenen handverlesenen Personen, bei denen er sicher zu sein glaubte, ihnen aufgrund seiner Erfahrungen auf der letzten Fahrt der *Vesuvius* vertrauen zu können. Er kam jetzt ohne Umschweife zur Sache, ließ Mats kaum Zeit, sich von dem Schrecken zu erholen. »Dein Name, Mats Petersen, steht auf der Liste der *Vesuvius* für die nächste Fahrt. Das freut mich. Aber ...« Er hielt einen Moment inne und blickte dem Schiffsjungen prüfend ins Gesicht.

Der wurde noch unsicherer und stotterte: »Ist was nicht in Ordnung? Kann ich etwa nicht mitfahren? Ich will gerne ...«

»Ein Moment, mein Junge. Lass dir sagen, dass diese Fahrt keine gewöhnliche werden wird. Für mich wird sie große Bedeutung haben. Sie ist sehr gefährlich. Frag jetzt nicht, warum, ich werde es dir nicht sagen. Für das gute Ende der nächsten Fahrt muss ich auf eine Handvoll unbedingt verlässlicher und loyaler Männer bauen können. Absolute Verschwiegenheit gegenüber jedem – sogar gegenüber Männern der Kompanie – und blinde Loyalität mir gegenüber sind Bedingung! Hast du das verstanden?«

»Aye, Sir, es ist mir eine Ehre ...«, stammelte Mats verlegen, der so noch nie von Angesicht zu Angesicht von seinem Kapitän angesprochen worden war.

»Es soll dein Schaden nicht sein. Am Ende der Reise, so sie glücklich verläuft, verdoppele ich dir persönlich deine Heuer um einen weiteren Reichstaler und stelle dir ein entsprechendes Zeugnis als Vollmatrose aus. Nur damit wir uns verstehen: Wenn ich darauf angesprochen werde, hat es diese Vereinbarung nie gegeben.« Nickelsen streckte dem Jungen seine Hand hin und dieser schlug ein. »Weißt du, wem die Engländer die Bezeichnung *in between* geben? Nun, ein solcher wirst du an Bord der *Vesuvius* sein. Mein Kundschafter über all das, was sich bei der Mannschaft im Vorschiff ereignet, wo du dem Koch zugeteilt wirst. Gleichzeitig wirst du der heimliche Nachrichtenübermittler zwischen den Vertrauten vom Achterdeck und im Vorschiff, weil du deinen Dienst auch in der Kajüte und der Offiziersmesse versehen wirst. Du wirst zwischen allen Stühlen hocken.« Knapp beschrieb Nickelsen seine Vorstellungen von dem Aufgabenbereich des Schiffsjungen und endete: »Damit eines klar bleibt: Zwischen uns hat dieses Gespräch nie stattgefunden. An Bord wird sich zwischen uns offiziell nichts ändern. Ich allein werde die Gelegenheiten für Gespräche schaffen. Keine Vertrautheiten, verstanden?«

»Aye, Sir«, versicherte Mats selbstbewusst. »Keine Vertrautheiten. Herr Kapitän können auf mich zählen.«

Nickelsen nickte zufrieden und hatte schon den ersten Auftrag für seinen neuen in between. Bevor sie den Jungen wieder sich selbst überließen, blickte Nickelsen noch einmal über seine Schulter und grinste: »Bestell Fritz, dass mir mein grobes Betragen außerordentlich leidtut. Ich habe ihn auf die Liste der Mannschaft gesetzt.«

Mats konnte sein Glück kaum fassen: »Sie meinen ... Ich meine, Herr Kapitän, der Kater darf an Bord?«

»Sagte ich doch. Ich gehe davon aus, dass er Ratten jagen kann. Falls nicht, sollte er es schleunigst lernen!«

»Aye, Sir! Danke, Herr Kapitän!«

3. Wie eine verschworene Gemeinschaft den Plan schmiedet, reich zu werden und ein besseres Leben führen zu wollen

Die Aufgabe, Jens Hansen, dem Ersten Offizier und Obersteuermann an Bord der *Vesuvius* und dem Ersten Bootsmann Tade Rickerts unbemerkt die verschlossenen Briefumschläge mit den Nachrichten des Kapitäns zukommen zu lassen, stellte sich als schwieriger dar, als man dies zunächst denken konnte. Zunächst lief Mats Petersen dem Zweiten Offizier Paulsen in die Arme. Ausgerechnet Paulsen, vor dem ihn Cornelissen noch gewarnt hatte. Mit Mühe redete sich Mats raus. Er verwies auf den Kater, der ihm entschlüpft und an Bord gelangt sei. Paulsen herrschte ihn an, er möge den Kater rufen und dann verschwinden, sonst lasse er ihn schuften, bis ihm das Blut unter den Fingernägeln hervorspritze. Tatsächlich tauchte Fritz schon nach dem ersten Ruf auf und der Schiffsjunge trollte sich wieder Richtung Kaianlage. Er spürte noch Paulsens misstrauische Blicke in seinem Rücken. Den zweiten Anlauf machte er eine Stunde später. Dann hatte er Glück, denn er konnte beobachten, wie der Zweite Offizier das Schiff verließ und die Hafenlokale anstrebte. Der Schiffsjunge kannte sich an Bord aus und schlich unbemerkt übers Deck, immer geschickt Deckung suchend, bis er allein vor dem etwas erschreckt dreinblickenden Jens Hansen stand, um ihm den Umschlag auszuhändigen und ohne weitere Erklärung wie ein Schatten wieder in der Dunkelheit zu verschwinden. Die Nachricht für Tade Rickerts konnte er in einem Versteck hinterlegen, das der Kapitän und sein Amrumer Landsmann an Bord vereinbart hatten. Beim Verlassen des Schiffs jedoch hatte ihn der Holländer van Mayen, der Zweite Bootsmann, am Haken und schleifte ihn zurück auf das Achterdeck, um Paulsen Meldung zu erstatten. Dieser ließ sich nichts anmerken und verfügte, wenn der Zwieback schon solche Sehnsucht nach dem Schiff habe, solle man ihn erst mal im Vorschiff locker gefesselt sicher für eine Nacht verwahren. Er werde ihn morgen befragen, was er nächtens auf dem Schiff gesucht habe. In Mats wuchs rasch die Erkenntnis, dass das Dasein als in between nicht ganz ungefährlich war. Er fluchte und fügte sich einstweilen in sein Missgeschick.

Noch in dieser nassen und stürmischen Dezembernacht 1747 saß der lange Jens Hansen bei einem Branntwein und einem Schweinsbraten vor dem Kaminfeuer im ruhigen Hinterzimmer des Wirtshauses »Sturmmöwe« im Kopenhagener Hafen. Äußerlich gab er den selbstsicheren Offizier eines Handelsschiffes ab, der manches von der Welt gesehen und viele Gefahren bestanden hatte. Aber in ihm rumorte es. Die kurze, dringende Nachricht von Cornelissen hatte etwas Alarmierendes. Kein Wort zum eigentlichen Grund des erbetenen Geheimtreffens. Warum wollte ihn der Kapitän heimlich treffen, wo er ohnehin nächste Woche das Kommando auf dem Schiff übernehmen würde? Für alle Fälle hatte Hansen seine Protokolle über die bisherigen Instandsetzungsarbeiten und die getroffenen Maßnahmen zur Ausrüstung eingesteckt. Ganz gleich, in welche Richtungen er grübelte, er kam zu keinem befriedigenden Ergebnis. So aß er schließlich gedankenverloren, ohne dass es ihm recht schmecken wollte, und sann darüber nach, wie er sich die Zukunft für sein Leben vorstellte. Die Fahrten auf der *Vesuvius* garantierten gutes Geld. Doch eine Fahrt zog die andere nach sich, denn wirklich reich würde er nicht werden und seinen Abschied nur dann irgendwann nehmen können, wenn er als Kapitän genug zurücklegen könnte. Außerdem verabscheute er die Sklavenfahrten und war sich ziemlich sicher, dass sein Kapitän darüber genauso dachte. Es bedurfte nicht vieler Worte, um das zu erkennen. Sollte er eine Stellung auf einem anderen Schiff anstreben?

Hansen vernahm vor der Tür Stimmen in leisem Ton, die sich in intensivem Wortwechsel befanden. Da er nichts verstehen konnte, schlich er näher heran und legte sein Ohr an das Holz, aber augenblicklich wurde alles wieder still. Man klopfte an. Mit zwei raschen Schritten stand Hansen wieder bei seinem Tisch und rief: »Herein!« Der Wirt führte den Ersten Bootsmann der *Vesuvius*, Tade Rickerts, in die Stube und entschuldigte sich wortreich für die Störung. Der Herr habe darauf bestanden, dem Obersteuermann, wenn es genehm sei, eine Mitteilung zu machen. Hansen nickte nur und der Wirt entfernte sich, um die Männer in der Stube allein zu lassen.

Hansen bat Tade Rickerts, doch Platz zu nehmen, und fragte ihn sodann, was er mitzuteilen habe. »Ja nun«, druckste der umständlich herum. »Wat haa wi för üülag wedern, at rinjt jo oner a dör troch[32].« Dann blickte er auf den Schweinsbraten, nickte verständig und sagte, immer noch ohne auf Hansens Frage zu antworten, in wohlgesetztem Deutsch: »Wohl bekomm's, Hansen. Sieht gut aus, richtig gut.«

»Willst du etwas essen? Hat es dich deshalb hierher verschlagen? Ich dachte, du wärst so kurz vor Weihnachten schon längst auf der Heimreise nach Amrum?« Hansen nahm ihn bei aller Freundlichkeit der gewählten Worte doch scharf ins Visier. Tade Rickerts war ein Mann mittlerer Größe, mit hellblonden dichten Haaren und hellblauen sprühenden Augen. Seine wettergegerbten Gesichtszüge und seine immer ins Rotbraune gehende Gesichtsfarbe, vor allem aber seine schwieligen, rissigen Hände wiesen ihn als Seemann aus. Ihm war der prüfende Blick seines Vorgesetzten unangenehm und er rutschte unruhig auf dem Stuhl hin und her. »Jau, ik skal ans gau sä, wat uun't lif tu fun[33]!«

Hansen wunderte sich inzwischen schon sehr, denn so seltsam betrug sich dieser gestandene Seebär, der seine Laufbahn als Schiffsjunge auf einem Walfänger begonnen hatte, normalerweise nicht. Hansen stand auf und orderte beim Wirt ein weiteres Essen und einen Branntwein. Als er wieder an den Tisch trat, blieb er vor Rickerts stehen, blickte auf diesen hinab und schnarrte ihn an: »Genug der Possen, Bootsmann! Raus mit der Sprache! Was ist los?«

Vor Schreck sprang Rickerts auf die Beine und zögerte immer noch. Dann versuchte er, sich ganz vorsichtig und hochdeutsch

32 Was haben wir für ein stürmisches Wetter, es regnet ja unter der Tür durch.

33 Ja, ich sollte mal schnell sehen, etwas in den Leib zu bekommen.

vorzutasten: »Erwartest du auch noch jemanden? Ich bin sozusagen herbestellt worden.«

Das wurde immer besser! Hansen wusste nun erst recht nicht mehr, was er von all dem halten sollte. Aber er mochte den Bootsmann und traute ihm keine Schurkerei zu, also blieb er und antwortete: »Könnte sein, Bootsmann. Aber, Tade, du solltest verdammt noch mal gelernt haben, die Frage eines Vorgesetzten nicht mit einer Gegenfrage zu beantworten! Also deine Antwort! Ich warte!«

»Ich habe einen Umschlag mit einer Einladung erhalten. Könnte mir denken, dass es dir genauso ergangen ist.« Jetzt war es raus und Rickerts zog aus der Jacke seinen Umschlag hervor, um diesen auf den Tisch neben den Schweinsbraten zu legen.

»Eine Einladung des Kapitäns?«, fragte Hansen weiter. Während Rickerts nickte, legte Hansen seinen identischen Umschlag neben den ersten. Mit dem zweiten Schweinsbraten brachte die Tochter des Wirts zwei weitere Gäste in die Stube. Das Warten auf eine Erklärung würde bald ein Ende haben, denn der stattliche Mann, der jetzt seinen schwarzen Regenmantel abwarf und sich Feuchtigkeit und Nässe aus den Kleidern klopfte, war Kapitän Cornelissen selbst. Die Herren schienen sich als Amrumer allesamt wohlbekannt, denn spontan sprang Tade Rickerts auf, um den Mann in Begleitung des Kapitäns willkommen zu heißen und mit einem Redeschwall im breitesten Öömrang Neuigkeiten auszutauschen. Sofort mahnte der Kapitän, der, wie Hansen erstaunt feststellte, keine Offiziersuniform und Seemannssachen trug, sondern wie ein reisender Kaufmann gekleidet war, die beiden Amrumer, verständlich zu sprechen, da man nicht unter sich sei. Dann begrüßte er Hansen mit Handschlag und stellte seinen Begleiter als Ole Jessen vor. »Unser neuer Proviantmeister. Ein Mann aus meiner Nachbarschaft, nicht, Ole? Vielleicht nicht der Geschickteste in der Führung von Büchern, aber ein Händler vor dem Herrn und ein auf vielen Seefahrten erfahrener Proviantmeister, dessen Vorsorge noch jeder Not an Bord vorgebeugt hat.«

Der gerade noch hörbar gewesene Wortschwall verebbte unmittelbar, als Nickelsen besagten Jessen bat, sich doch selbst noch einmal dem Ersten Offizier der *Vesuvius* vorzustellen. Kein Selbstdarsteller, befand Hansen nüchtern und war mit der Wahl seines Kapitäns einverstanden. Man nahm vor dem offenen Kamin Platz. Nickelsen erklärte geradeheraus, dass er sie alle hergebeten habe, weil sie die Männer seien, denen er in jeder Hinsicht voll vertraue. Er sei im Begriff, das Schiff für die nächste Handelsreise an die Goldküste zu übernehmen, und er wolle jetzt aus seinem Herzen keine Mördergrube machen, wie zuwider ihm die Ausführung dieses Auftrages sei. Die Kompanie bestehe jedoch in jedem Fall auf die Erfüllung von Kontrakten und lasse, was die Konsequenzen eines vorzeitigen Abschieds angingen, keinen Zweifel aufkommen. Das könne sich niemand leisten, nicht einmal ein Kapitän. Daher habe er für sich den Entschluss gefasst, dass die nächste Fahrt als Kapitän seine letzte sein werde. Nie wieder, so gelobe er, werde er danach freiwillig die Planken eines Sklavenschiffs betreten. Für die Verwirklichung seines Plans benötige er jedoch bei der Bemannung des Schiffs in den entscheidenden Positionen eine handverlesene Anzahl loyaler und verschwiegener Leute, die zudem bereit sein müssten, in Einzelfällen gegen die Interessen der Kompanie zu handeln. Er spreche von einem kleinen, verschworenen Kreis von Menschen an Bord des Schiffs, die mit ihrer Existenz und ihrem Leben für den Erfolg seines Plans einzustehen bereit wären. »Besteht diese Bereitschaft bei euch allen, meine Herren? Oder täusche ich mich in euch?« Nickelsen blickte in die Runde.

Hansen kamen die Ausführungen seines Kapitäns noch immer sonderbar und geheimnisvoll vor. Aber es war schon erstaunlich, dass er zu einem Zeitpunkt, wo er soeben mit sich gehadert und schon über eine Stellung auf einem anderen Schiff nachgedacht hatte, mit gleichen Motiven und ähnlichen Überlegungen konfrontiert wurde. Er konnte Kapitän Cornelissen nur allzu gut verstehen, schaute diesem fest ins Gesicht und erklärte: »Gehe ich recht in der Annahme, dass sich der Plan damit beschäftigt, möglichst viel Geld beiseitezuschaffen, ohne die Durchführung des Auftrages der Kompanie insgesamt zu gefährden? Oder steckt noch etwas anderes dahinter?«

Cornelissen alias Nickelsen antwortete knapp: »Ja, Hansen, sehr zutreffend. An Bord haben Sie und Tade als Bootsmann für mich eine absolute Vertrauensstellung, ohne die ein solches Vorhaben nicht gelingen kann. Es versteht sich daher von selbst, dass unter diesen Voraussetzungen Übereinkünfte finanzieller Art für alle getroffen werden müssen.«

Hansens und Rickerts Blicke trafen sich. Was sich hier als Plan abzeichnete, würde gegen alle Abmachungen mit der Kompanie verstoßen und keineswegs legal sein. »Wenn das rauskommt, können wir nirgendwo mehr anheuern und verlieren unsere Patente«, erklärte Hansen mit großem Ernst. »Über andere Dinge mag ich gar nicht nachdenken.«

Tade Rickerts stand auf und sagte mit fester Stimme: »Hark, du kannst als Kapitän auf mich zählen! Ich bin dabei! Wir können nicht alt werden in diesem Beruf.«

Hansen zögerte noch und dachte an die harten Jahre auf See, in denen er sich vom Schiffsjungen bis zum Ersten Offizier an Bord emporgeschuftet hatte. Jetzt mit Aussicht darauf, bald als Kapitän selbst ein Schiff führen zu dürfen. Zwölf Jahre Fahrt zur See, ein Examen in Gewässerkunde und Navigation und dann weitere zwei Jahre, bis man den Titel Steuermann führen durfte. Mit diesem Unternehmen würde er 18 Jahre Seefahrt – sein ganzes bisheriges Leben – einsetzen. Welch ein Wagnis! Die Mühen, der Fleiß, all sein Vermögen, seine Stellung im Leben, alles könnte er verlieren!

Nickelsen und Rickerts besiegelten ihre Übereinkunft mit Handschlag, dann wandte sich der Kapitän jedoch seinem Ersten Offizier zu: »Ich will aufrichtig sein, denn ich sehe, dass Sie noch zögern, Hansen. Ein solches Unternehmen braucht Kapital. Wir alle, die wir hier sind, werden etwas einbringen müssen – und es gibt keine Sicherheiten, es wird noch nicht einmal etwas Schriftliches darüber geben, auf das man sich später berufen könnte.«

Auf Hansens fragenden Blick eröffnete Ole Jessen: »Mein Anteil besteht in zwei Schafen und einer Milchkuh. Weiß der Herrgott, wie ich das meiner Tadje beibringen soll. Aber ich habe sie schon verkauft. Die Tiere werden Anfang Januar abgeholt.«

»Nun denn«, seufzte Hansen, »wüsste nicht, wie das an Bord zusammengehen sollte, wenn ich jetzt nicht mitmachen würde. Also, es gilt!«

Nickelsens Plan bestand im Wesentlichen darin, einerseits mit den Erfahrungen, die er zusammen mit seinem Ersten Offizier auf den letzten beiden Fahrten gesammelt hatte, kostspielige Fehler zu vermeiden, geknüpfte Kontakte zu nutzen und so ein ausgezeichnetes Ergebnis für die Kompanie zu erzielen. Das würde jedem Misstrauen vorbeugen und natürlich einerseits zur Erhöhung der eigenen Gewinnanteile beitragen. Andererseits würde man mit Eigenkapital, versteckt und außerhalb der Bücher der Kompanie, eigene Geschäfte tätigen, Gewinne erzielen und vor allem beim Verkauf eigener Sklaven einen eigenen Anteil an Waren sichern, die dann zuletzt in Kopenhagen umgeschlagen würden. Dieser Teil des Geschäfts müsste in Kopenhagen gut organisiert werden. Über Kontakte verfüge er, Nickelsen, schon, ein geeignetes, geheimes Zwischenlager in Hafennähe suche er noch. Nickelsen machte eine Rechnung auf, überschlug Aufwendungen und Ausgaben für Anschaffungen und Dienstleistungen und nannte jedem der Anwesenden auf dessen Betrag, den er sich in die Gesellschaft einzubringen verpflichtete, seinen geschätzten Gewinn. Die Zahlen beeindruckten. Beeindruckten so sehr, dass selbst Hansen befand: »Da kann man schon in Versuchung kommen.« Dann legte der Erste Steuermann aus seinem Sparstrumpf noch eine Summe obendrauf.

»Wie viele müssen wir noch einweihen? Wie groß muss die Gruppe sein?«, fragte jetzt Tade Rickerts und fuhr sich mit der rechten Hand aufgeregt durch sein dichtes blondes Haar. »Verdammich, wenn's nur schon mal losginge.«

Möglichst klein sollte der Kreis bleiben, der Geheimhaltung wegen, erklärte Nickelsen, andererseits groß genug, um sich wehrhaft zu zeigen und die eigenen Interessen überall an Bord durchsetzen zu können. »Dabei dürfen wir die Gefahren, die eine solche Reise für jeden von uns bergen kann, nicht außer Acht lassen.«

»Das stimmt!«, befand Hansen. »Überhaupt, was ist, wenn einem unterwegs etwas zustößt?«

»Die anderen machen weiter«, antwortete Nickelsen. »Das gilt selbst für den Fall, dass mir etwas zustößt.« Natürlich werde er sich bemühen, soweit dies möglich sei und unauffällig geschehen könne, nach dem Willen des Verstorbenen mit dessen Anteil zu verfahren. Aber eine Sicherheit könne niemand für solch einen Fall erhoffen.

Für einen Moment herrschte Schweigen. Das Holz im Kamin knackte. Man griff zu den Gläsern. Dann erwachten Abenteuerlust und Tatendrang aufs Neue und sie gingen die Positionen an Bord durch, für die sie noch Mitverschworene benötigten. Dem Barbier und Schiffsarzt maßen sie wegen der Gesundheit der Mannschaft und der Sklaven eine besondere Bedeutung zu. Nickelsen versprach, auf die Besetzung dieser Position besonderes Augenmerk zu haben. Mit Tade Rickerts war selbstverständlich dessen Freund Knud Erken mit dabei, der als Stellvertreter des Waffenmeisters und erster Geschützführer an Bord den Zugang zu den Waffen und zur Munition sicherstellte. »Ich denke, einen Koch in der Gruppe zu haben, wäre allemal nicht schlecht«, fügte Nickelsen der Liste als Überlegung hinzu. »So 'n Smutje ist überall auf dem Schiff zu Hause, hat oft Einfluss bei der Mannschaft. Wird nicht einfach sein, einen geeigneten Kandidaten für ein Sklavenschiff aufzutreiben. Wir sollten alle die Augen offen halten.«

»Sie sind mir zuvorgekommen, Nickelsen«, gestand Hansen vertraulich. »Noch als ich hier gewartet habe, dachte ich darüber nach, um meine Entlassung zu bitten. Ich trug mich mit dem Gedanken, auf einem anderen Schiff anzuheuern. Wegen der Sklavenfahrten natürlich. Und dann ...«

»Und dann kommt so einer wie ich daher und führt dich, treue Seele, lieber Jens, in teuflische Versuchung. Schön, dass du dabei bist!« Nickelsen und Hansen reichten sich die Hand. Die beiden schätzten und mochten sich sehr und manches Mal, wenn sie unter sich saßen, gelang selbst Hansen seinem Kapitän gegenüber ein vertrautes ‚Du' und die Anrede mit ‚Hark', die ihm Nickelsen gern immer zugebilligt hätte. Doch an Bord gab sich der lange Hansen stocksteif, der Disziplin wegen, und nahm sich keine Rechte heraus. Eine Frage des Respekts und der Loyalität, meinte er. So kam es, dass Nickelsen im Verhältnis zu seinem ersten Mann an Bord auch in seiner Anrede schwankte, aber ein steifes Sie an ihn stets mit einem fast entschuldigenden Lächeln adressierte.

»Tade, Jens, wenn ich euch beide um die Schriftstücke zur Einladung für unser Treffen bitten dürfte!« Nickelsen streckte beiden fordernd die Hand entgegen. Beide händigten ihm erstaunt Briefumschläge mit Schreiben aus, die vom Kapitän sodann im Kaminfeuer verbrannt wurden. »Nichts Schriftliches, meine Herren, ihr versteht?«

»Auf ein Wort, Hark«, nahm Hansen bei der Verabschiedung Nickelsen zur Seite, »was wirst du machen, wenn wir dies alles glücklich hinter uns gebracht haben? Es soll deine letzte Fahrt sein? Und dann?«

»Das soll deine Sorge nicht sein. Dann, lieber Jens, wirst du, so Gott will und mit der genügenden Einsichtsfähigkeit unseres Vorstandes, dieses oder ein anderes Schiff als Kapitän übernehmen, und unsere Wege werden sich trennen. Aber bis dahin werden wir alle ein großes Abenteuer zu bestehen haben.«

»Bei dem wir vor allem unseren Untersteuermann Paulsen und den Liebling des Vorstandes, diesen Rotterdamer Jan van Mayen, nicht aus den Augen lassen dürfen«, warnte Bootsmann Rickerts.

»Wohl wahr!«, stimmte Hansen ihm zu und erzählte noch, wie van Mayen den Schiffsjungen geschnappt hatte. Doch Nickelsen hielt sich nicht länger als unbedingt notwendig auf und verließ die Runde kurz danach allein. Er wollte nicht gesehen und vor allem nicht erkannt werden. Ein kurzer Blick in die Protokolle der Instandsetzungsarbeiten und ein Bericht von Hansen vor allem über die Durchführung der von Cornelissen persönlich und zäh beim Vorstand durchgesetzten kostspieligen Beschläge des hölzernen Rumpfes der *Vesuvius* mit dünnen Kupferplatten zum Schutz gegen Bohrwürmer und andere Meeresschädlinge, die das Holz bei den langen Monaten auf dem Meer undicht machten, reichten ihm vollständig, um beruhigt zu sein.

4. Jule Röden, ein Smutje mit Gerechtigkeitssinn, heuert an und will doch eigentlich nicht auf einem Sklavenschiff fahren

Ein Smutje war zu allen Zeiten der Dreh- und Angelpunkt auf jedem Schiff. Der Smutje, der mit vollem bürgerlichen Namen Julius Röden hieß und aus Bern in der Schweiz stammte, wurde an Bord der *Vesuvius* von allen Jule gerufen. Dabei sollte man sich vor diesem richtigen Kerl, breit, dickschädlig und mit Pranken gesegnet, die zum Bärenjagen getaugt hätten, lieber in Acht nehmen. Immer war er auf irgendeinen sportlichen Wettkampf oder einen Streit aus. In einem anderen Leben hätte er sicherlich als Kampfhahn im fernen Indien zu seiner wahren Bestimmung finden können. Aber als Christ mit Anspruch auf das Paradies und die ewige Glückseligkeit blieb ihm diese Erfüllung seines Daseins wohl auf ewig versagt.

Ungewöhnlich genug, der Zwieback und Küchengehilfe, der 16-jährige Mats Petersen, schleppte ihn an. Natürlich war Nickelsen skeptisch und holte erst Erkundigungen über ihn ein. Er hörte etwas von Frauengeschichten, die nicht gut ausgegangen waren. Aber die Schiffsmannschaft bestand nun mal aus Männern und heiraten würde ihn von denen wohl keiner wollen. Im Übrigen sprach wenig gegen und wenig für einen wie Julius Röden. Nickelsen verabredete sich mit Röden auf neutralem Boden und deutete an, dass er eventuell jemanden an Bord eines Schiffes für eine längere Reise suche. Bei diesem ersten näheren Kennenlernen entdeckte Nickelsen in Röden etwas Fanatisches, wenn es um Gerechtigkeit und Menschlichkeit ging. Dieser Mensch war mit Vorwürfen an die Vorderen der Welt schnell zur Hand. Nickelsen war danach recht bald klar, dass es für einen Kapitän ein Leichtes sein könnte, mit ihm in Streit zu geraten. Andererseits war er ein aufrechter und loyaler Zeitgenosse.

Nickelsen forschte weiter und Mats gestand mit hochrotem Kopf, dass er Röden in einer kleinen Kneipe kennengelernt hatte. Einem Etablissement, in dem man gut essen und trinken könne und von leicht bekleideten Frauen bedient werde. Pflichtgemäß erhielt der Schiffsjunge seinen Tadel und Nickelsen beschloss, mangels Alternativen bei der Suche nach einem geeigneten Koch der Spur nachzugehen. Die Kneipe, in einer finsteren Hafenecke abseits gelegen, wies aus besserer Zeit einen Salon und eine Bar aus Spiegelglas auf. Die edle Ausstattung stand im krassen Gegensatz zu dem vom Müll zusammengeklaubten Rest des Mobiliars, zu dem neben den Tischen und Stühlen eine Anrichte gehörte, die den Raum auf unerträgliche Art todtraurig wirken ließ. Der Tee, den man hier servierte, war eine seltsame braune Brühe, die aus irgendetwas gebraut wurde, was zwar scheußlich schmeckte, aber nachweislich niemanden vergiftete. Mehr durfte man nicht erwarten, wenn man nicht bereit war, einen der überteuerten, aber vorzüglichen Whiskys aus Schmugglerware zu trinken. Agnes, die Bedienung, zu grell geschminkt, verrauchte Stimme, die sich zu Nickelsen an einen Tisch setzte, erzählte ihm, der Jule sei ein wunderhübscher, kleiner blonder Schweizer Junge gewesen. Nickelsen deutete abschätzig auf das Inventar. Agnes nickte: »Verdammt. Das stimmt. Er wird bald schließen müssen und untertauchen, denn er zahlt die Pacht nicht mehr.«

»Hat er auch positive Eigenschaften?«, fragte Nickelsen. »Ich meine, was kann er?«

Sie brauchte nicht lange zu überlegen und antwortete sofort: »Oh, Jule ist ein vorzüglicher Schiffskoch.« Dieses Geheimnis hauchte sie Nickelsen geheimnisvoll zu und verdrehte dabei ihre Augen.

»Er ist Schweizer und zur See gefahren?«, wunderte sich Nickelsen.

»Er war schon immer ein Abenteurer, wollte was von der Welt sehen«, antwortete sie und zog den Saum ihres ohnehin zu kurzen Rocks ein wenig in die Höhe. »Die Schweiz soll ein sehr kleines Land sein. Als Koch kommt man rum, pflegt er stets zu sagen – und um die Schweiz in wenigen Tagen.«

Nickelsens Blick fiel notgedrungen auf ihre schneeweißen, fetten Oberschenkel. Er musste daran denken, dass es in Afrika – oder war‘s in Südamerika – Spinnenweibchen geben sollte, die nach dem Geschlechtsakt ihre Männchen umklammerten und verspeisten. Sofort verspürte er den Drang, mit dem glücklosen Wirt ins Geschäft zu kommen, und sei es, um ihn zu erretten. Als Schweizer hatte Röden nichts mit den Dänen und der Kompanie zu schaffen und als Wirt und Schmuggler verfügte er sicherlich über versteckte Lagerflächen und kannte Schleichwege in die Stadt. Über Agnes ließ Nickelsen ihm eine Einladung zu einem weiteren Treffen an Bord der *Vesuvius* zukommen.

Er beobachtete ihn am nächsten Morgen vom Achterdeck seines Schiffs aus, als er die Kaianlage heraufgeschlendert kam. Zeit sollte er haben, sich vor dem Gespräch umzusehen, also ließ er ihn durch den Schiffsjungen an Bord bringen und rief Hansen zu sich in die Kapitänskajüte. Röden verschaffte sich an der Seite von Mats einen ersten Überblick über das Schiff, da bestellte ihm Ole Jessen, dass der Kapitän nach ihm gefragt habe.

Selbstbewusst trat Röden dem Kapitän und dem Ersten Offizier in der Kapitänskajüte gegenüber. »Ein interessantes Schiff haben Sie, Herr Kapitän. Man könnte meinen, ein solch schönes und neues Schiff sei der Stolz der christlichen Seefahrt. Dennoch ...«

»Dennoch?«, fragte Hansen und forderte Röden auf, seinen Satz zu vollenden.

»Mir scheint, die eigentliche Bestimmung dieses Handelsschiffs, menschliche Körper als Kapital zu verschiffen, um ihnen durch Unfreiheit und Gewalt auf fremden Kontinenten harte körperliche Arbeit aufzuzwingen, widerspricht dem ersten Eindruck.« Julius Röden blickte fordernd seinen Gesprächspartnern ins Gesicht.

»Ist das tatsächlich so, Herr Wirt aus der Schweiz?«, erwiderte Nickelsen grinsend. »Woraus schließen Sie das?«

»Dazu bedarf es nur des Sachverstandes und ein wenig der Fantasie. Ich nehme an, dass das Zwischendeck, das soeben stückweise aufs Schiff gebracht und besonders gekennzeichnet wird, bei Bedarf aus dem Kielraum nach oben geschafft und aufgebaut wird. Der Branntwein, der in mehreren Fässern soeben an Bord genommen wurde, ist – Verzeihung, wenn ich das offen anspreche – von so minderer Qualität, dass ich nicht davon ausgehe, dass er in der Kapitänskajüte einer Vernichtung zugeführt werden soll«, antwortete Röden fachkundig.

»Was folgern Sie aus Ihren zutreffenden Beobachtungen?«

»Dass Sie mich nicht nur für eine Seereise verpflichten wollen. Zum Sklavenhändler taugt aber ein Schweizer Röden nicht.« Röden wurde sogar laut.

Hansen streckte seinen Körper empört zur vollen Größe und wäre dem Mann für seine besserwisserische Respektlosigkeit gern übers Maul gefahren. Aber Nickelsen, dem diese Art bereits vertraut war, steckte sich gemütlich seine Pfeife an und schmauchte ein paar Wölkchen in die Luft, um sodann etwas versonnen zu erklären: »Ja, ja! So ist die neue Zeit. Ein jeder, der seine Nase nur mal eben zur Haustür hinausgehalten hat, meint zu wissen, wie es in der Welt zugeht und was unserem Herrgott gefällt. Am liebsten will er sogleich überall mitregieren. Dabei hat niemand von Ihrem Schlag Theologie oder Politik studiert. Sie wollen die Welt aus den Angeln heben und können nicht einmal die eigenen Angelegenheiten ordnen.«

»Muss mich nicht belehren lassen, denn ich bin aus freien Stücken hier. Aber für mich haben Glaube, Pflicht, Treue und Nächstenliebe noch einen Wert, die setzt man nicht leichtfertig für einen Kontrakt auf einem Schiff aufs Spiel.«

Jetzt hatte Hansen endgültig genug gehört. »Ein Schweizer mag in seinen Alpen die Landschaften seiner grenzenlosen Freiheit bereits in der Ferne blühen sehen. Ein Wirt in Kopenhagen mag auf eigene Rechnung geschmuggelten Whisky verscherbeln, wie es ihm gefällt. Ein rechtschaffener Seemann, der stolz ist auf seine Arbeit und weiß, wovon er am Jahresende Weib und Kinder ernährt, kennt Recht und Anstand und respektiert die Regeln, die ein funktionierendes Oben und Unten erfordern.«

Aus Julius Rödens Gesicht wich alle Freundlichkeit. »Fehlt nur noch, dass Sie mir mit Gottes Gerechtigkeit kommen, damit ich nicht in der Hölle schmore!«

Ein Schritt, und Hansen zerrte ihn zur Tür der Kajüte. »Nichts ist einem wie Ihnen heilig. Unruhestifter können wir an Bord nicht brauchen. Gehen Sie!«

Röden befreite sich vom Zugriff, blieb noch einmal stehen und drehte sich zum Kapitän um. »Ist doch wahr! Die Wahrheit muss einer doch vertragen, nicht? Ist doch unsere Sache, Mitleid zu haben mit den Menschen.«

Da hatte Hansen ihn schon wieder am Wickel. »Meint, die ganze Welt gehöre Leuten wie ihm!«

»Wem soll die Welt denn sonst gehören? Dem lieben Gott? Lieber Mann, der hat doch nie gewusst, wie man damit etwas Sinnvolles anfängt.«

Nickelsen gebot Hansen Einhalt. »Sie sind ein interessanter Vogel, Röden. Man könnte sich mit derlei Philosophieren den Tag vertreiben. Aber leider fehlt die Zeit.« Dann winkte er ihn nochmals an den Tisch. »Um die Sache abzukürzen: Erstens habe ich Ihnen den Zweck der Reise nicht verheimlicht. Sie hatten Gelegenheit, sich das Schiff anzuschauen. Zweitens kenne ich meine eigenen Christenpflichten genau und würde selber lieber einen eigenen, menschlicheren Kurs anlegen. Und schließlich mache ich Ihnen jetzt ein Angebot, das Sie trotz alledem annehmen werden. Herr Röden, ein solches Angebot werden Sie in Ihrem Leben nicht noch einmal bekommen und sich künftig eines angemessenen, respektvollen Umgangs mit den Offizieren an Bord gemäß der Regeln befleißigen.« Dann rechnete ihm Nickelsen seine Verbindlichkeiten und trüben Aussichten vor, bot ihm für einen Kontrakt als Koch bei dieser einen Fahrt als Perspektive eine Befreiung von seinen drückenden Schulden, eine Möglichkeit, seinen restlichen Whisky in das Geschäft einzubringen, einen Restsold und eine Prämie an. Ausdrücklich verlangte Nickelsen, ohne den Grund dafür zu nennen, Rödens Verpflichtung, nach der Fahrt von der *Vesuvius* abzumustern und die nächsten Jahre auf keinem Schiff der Kompanie mehr anzuheuern. Den Whisky würde er als Kapitän persönlich als Grundstock für sein Auslandsgeschäft in Verwahrung nehmen. Am Ende der Rechnung fanden sich acht Reichstaler monatlich und die Befreiung von allen Schulden. Julius Röden wurde nachdenklich. Nickelsen legte ihm dar, dass man ihn als Wirt auf die Straße setzen werde. Den Rest seines elenden Lebens dürfe er dann darauf vertrauen, dass ihn die Gläubiger jagen würden. Röden nickte jetzt sogar Hansen freundlich ergeben zu und unterschrieb. So seltsam das klingen mochte, aber es war ausgerechnet die Verpflichtung, nach der Fahrt abzumustern, die den Ausschlag für seine Zusage gegeben hatte. Die Art und Weise, wie der Kapitän mit ihm sprach, machte ihm klar, dass etwas Sonderbares an der Fahrt war, von dem niemand offiziell erfahren sollte. Wie Piraten sahen ihm diese Offiziere nicht aus. Aber Skrupel, gegen Gesetz und Recht der Kompanie zu verstoßen, quälten einen Freidenker wie Jule ohnehin nicht. Denn das Recht, so seine Ansicht, stand immer aufseiten des Geldes und damit nie auf seiner. Was gingen ihn da Statuten und Verträge der Kompanie an? Sie werden mich schon nicht hängen dafür, dachte er. Als er dem Kapitän mit festem Griff die Hand schüttelte, versuchte er bereits, sich zu erinnern, wo zum Teufel er seine Aufzeichnungen mit den Rezepten für die Kombüse gelassen hatte.

5. Wie hoher Besuch und alte Feindschaften den geheimen Plan gefährden

Die angekündigten hohen Gäste verspäteten sich. Nickelsen alias Kapitän Cornelissen hockte missmutig in der Kapitänskajüte in Erwartung dessen, was ihm die Landratten und Pfeffersäcke wieder für Zugeständnisse abnötigen würden. Kaum schnupperten solche Kaufleute, Adligen, Politiker und Wichtigtuer aus Rat und Bürgertum ein wenig Seeluft, spürten ein paar Eichenplanken unter den Füßen, schon witterten sie Abenteuer und meinten, sie könnten mit leichter Hand Vorgaben machen. Nickelsen hasste es wie die Pest, an Bord andere Autoritäten neben sich oder gar über sich dulden zu müssen. Der Schiffsjunge Mats Petersen brachte ihm den Mittagstee. Extra starke Friesenmischung, ein Milchkännchen dabei. Sie versuchten alles, ihn bei Laune zu halten, aber es half nichts, der Tag war verdorben und vergeudet.

Endlich, gegen drei Uhr nachmittags, meldete der Erste Bootsmann Rickerts, dass die Gesellschaft mit einem großen Ewer[34] von Nyhavn heraufgesegelt komme und offenbar ausgezeichneter Stimmung sei. Man könne die Harmonikamusik von Weitem hören. Die Herrschaften hatten offenbar den Kopenhagener Markt heimgesucht oder vom angrenzenden Schloss aus ihren Ausflug begonnen und sodann einen lustigen Tag am Nyhavener Stichkanal gehabt. Ganz sicher hatte man dort bereits einige auf der Sonnenseite heimisch gewordene Hafenkneipen aufgesucht, die mit Fernweh verbundene Namen wie *Shanghai, Cap Hoorn Nr. 7* oder *Hong Kong* trugen. »Tade, hast du als Bootsmann einen Vorschlag, welches Lied wir zur Begrüßung anstimmen? Vor allem, wer unter den Offizieren verfügt über einen angenehmen Tenor zur Einstimmung? Halte dich bitte nicht mit Vorschlägen zurück!«

»Entschuldigung, Hark, ...Herr Kapitän ...« Rickerts stand da mit offenem Mund und blieb bis auf sein Stammeln eine Antwort schuldig.

34 ein offenes, flaches Segelboot, das häufig als Fähre oder Lastkahn zwischen den Großseglern eingesetzt wurde

Nickelsen erhob sich schwerfällig: »Sehe schon, Tade, an Tagen wie diesen bist du einem geplagten Landsmann kein Halt und keine Stütze. Offiziere antreten lassen, Steuerbord Spalier. Mannschaft gegenüber zum Karree, Richtung Backbord. Wir spielen mal ein wenig Marine. Meinst du, uns gelingt das halbwegs überzeugend? Außenarbeiten werden fortgesetzt, Beladung wird unterbrochen. Lass Wachen postieren, damit nichts wegkommt und sich niemand an der Ladung zu schaffen macht.«

Nickelsen überblickte vom Achterdeck aus sein Schiff, das man aus Anlass des hohen Besuchs mit grünem Laubwerk und Flaggen geschmückt hatte. Er seufzte anlässlich der Vorstellung, die hier gegeben wurde, drückte sich dann seinen Dreispitz auf die gepuderte Perücke, zog seine Galauniform vorn zurecht und schritt Richtung Empfangskomitee, wo ihn sein Erster Offizier Hansen empfing.

»Melde, Offiziere und Mannschaft soweit angetreten.« Er wies mit dem Arm Richtung Nyhavn. »Schätze, die Gesellschaft wird in fünf Minuten hier sein. Habe mir bei dem vorzüglichen Wetter erlaubt, einen Empfangstrunk auf dem Achterdeck vorzubereiten.«

Nickelsen schaute zum Achterdeck, nickte zufrieden: »Schon ausgemacht, wer an Bord kommt? Man hört so allerlei.«

»Wie angekündigt, konnten wir mittels Fernrohr den ehrenwerten Direktor der Kompanie, Herrn Jens Juhl, in Begleitung von weiteren Herren aus dem Vorstand und drei Damen ausmachen. Wie zu vernehmen war, soll von Moltke, der Oberhofmarschall des Königs und Direktor der Kompanie, persönlich um diese Visitation nachgesucht haben. Wahrscheinlich wird er an Bord sein, konnten ihn noch nicht unter den Gästen entdecken. Ein Kaufmann aus Flensburg, Andreas Christiansen, ist derzeit Gast der Kompanie ebenso wie der bekannte Kapitalist Nölling aus Hamburg. Erkannt haben wir den Oberkaufmann der Krone, Herrn Ludwig Römer.«

»Gibt's auch gute Nachrichten, Hansen?«, knurrte Nickelsen und ließ sich das Fernrohr geben.

»Instandsetzung und Ausrüstung der *Vesuvius* verlaufen plangemäß. Ansonsten: Leider nein, Herr Kapitän. Kaum brauchbare Seeleute, die sich verdingen lassen für solche Fahrt. Wird immer schwieriger. Mannschaft ist zur Hälfte noch nicht komplett. Vor allem fehlt der Schiffsarzt.«

»Wegen der Mannschaft haben wir noch Zeit. Ist nicht einfacher geworden, Hansen, überhaupt nicht einfacher. Da lässt der König schon von den Kirchenkanzeln die Pastoren ein Loblied auf unsere Schiffe und den verdammten Sklavenhandel singen, um uns die Leute an Bord zu treiben. Grundgütiger, was bringt das?« Nickelsen setzte das Fernrohr ab und blickte ernst drein: »Du hattest recht, Hansen, Oberhofmarschall von Moltke gedenkt, persönlich die *Vesuvius* zu entern. Sollten uns wie bei Schietwetter und steifer Brise geschmeidig zeigen und dennoch hart Kurs halten. Keine Schwachheiten, Jens, hab ein Auge auf die Mannschaft, verstanden?«

»Aye, Sir. Der Zweite Bootsmann Jan van Mayen und der Dritte Steuermann Johan Bjorn sind mit drei alten Besatzungsmitgliedern diese Woche als Werber an Land.«

»Van Mayen und Bjorn sind nicht an Bord? Also doch eine gute Nachricht, Hansen.« Er klopfte seinem Stellvertreter anerkennend auf die Schulter. »Ist der Vertrag vom Smutje endlich gegengezeichnet?«

»Habe nachgefragt im Kontor, man fand bislang keine Zeit, hieß es. Aber wer sollte was gegen einen Koch haben?«

»Trotzdem wäre mir wohler, immerhin haben wir uns auf Röden in mehrfacher Hinsicht festgelegt«, brummte Nickelsen unzufrieden.

Jetzt meldete der Zweite Offizier Paulsen: »Herr Kapitän, der Ewer mit unseren Gästen kommt soeben längsseits.«

»Lassen Sie vier erfahrene und gewaschene Vollmatrosen und den Ersten Bootsmann auf der Steuerbordseite dafür sorgen, dass uns niemand ins Hafenbecken fällt.«

Kommandos wurden gebrüllt, die Sache nahm endlich ihren Fortgang. Dann meldete Paulsen Vollzug und während er mit

Hansen neben dem Kapitän auf der Steuerbordseite stand, wo man die bedeutenden Gäste traditionsgemäß begrüßte, bemerkte er halblaut, er habe davon gehört, dass sie Passagiere für die Goldküste mit an Bord nehmen sollten.

»Wer sagt so etwas?«, fuhr ihn der Kapitän an.

»Hab's in einem Hafenkontor aufgeschnappt. Man soll angeblich Karten verkauft haben für die Passage. Sogar an Frauen.« Der Stachel saß, doch das Thema konnte nicht weiter vertieft werden. Die hohen Gäste schickten zunächst je einen ihrer Bedienten an Bord, damit sie bei den eventuellen Hilfestellungen möglichst weitgehend den körperlichen Kontakt mit den Seeleuten vermeiden konnten. Das zeugte von Unsicherheit und gefiel Nickelsen, doch schon bald folgten böse Überraschungen. Das erste Ärgernis, das ihn schier sprachlos machte, fand sich in der Person des zweiten Dieners, der vorsichtig an Bord kam und sich ängstlich wie ein Tier in einer Falle umschaute. Denn bei dieser Person handelte es sich um den Bedienten des Oberhofmarschalls von Moltke; es war sein Kammermohr Anton, ein schwarzer Sklave von der Goldküste Afrikas. Der Kapitän stand wie versteinert. Einen Sklaven als Bediensteten auf ein Sklavenschiff mitnehmen! Wie mochte dem schwarzen Mann zumute sein? Von Moltke schien ihm etwas zugerufen zu haben, denn schon bewegte sich der Mann geschickt und selbstbewusst. Er geleitete seinen Herrn sicher an Deck, wo der Kapitän dann von Moltke und dem Direktor der Kompanie Juhl entgegentrat, mit einem halben Ausfallschritt des rechten Beines und anschließender leichter Kniebeuge, die linke Hand symbolisch am Degen, mit der rechten Hand den Dreispitz vom Kopf nehmend und sich zu seinen Gästen verbeugend. Seinem Beispiel folgten der Erste und Zweite Offizier. Nickelsen hatte sich vorgenommen, den ganzen Besuch streng protokollarisch abzuwickeln und dabei so viel Zeit zu schinden, dass die Herren kaum zu geschäftlichen Anliegen und schon gar nicht zu privaten Fragen kommen würden. Jetzt, nach den üblichen Begrüßungsfloskeln, dem Pfeifsignal des Bootsmeisters und dem Schlagen der großen Schiffsglocke, stand er bereit, mit den wichtigen Gästen schon mal die angetretene Mannschaft abzuschreiten. Danach wäre auch der Rest der Gesellschaft an Bord. Zeit für seinen Befehl, die Mastgasten auf die Rahen zu schicken, um dort eindrucksvoll Paradeaufstellung nehmen zu lassen und die letzten noch verfügbaren Flaggen, Wimpel und Stoffgehänge – eben die ganze restliche Wäsche – zu hissen. Das machte Festtagsstimmung, unterhielt immer bestens, schmeichelte und hinterließ bleibenden Eindruck. Dazu dann der vorbereitete Umtrunk, Stockfische und ein wenig roher Fisch mit Backwaren. So war der Plan.

Doch die Dinge liefen nicht so, wie man es sich vorgestellt hatte, böse Ahnungen schlichen sich erst einmal in den Kopf ein und bewahrheiteten sich bald. Als der Kapitän seinen Dreispitz wieder aufsetzte und Haltung annahm, glitt sein Blick unwillkürlich über die linke Schulter des Oberhofmarschalls von Moltke mitten in das Gesicht des Kammermohren Anton. Dabei bemerkte er, wie dem schwarzen Mann eine Träne über die linke Wange rann. Der Kapitän war für einen entscheidenden Moment indisponiert, bekam nicht mehr mit, was seine Gäste soeben sagten, schon gar nicht, wer von den beiden ein Anliegen hatte. Rasch senkte er den Blick und hüstelte. Die Verzögerung reichte aus, um den Dingen an Bord der *Vesuvius* einen anderen Verlauf zu geben. Es änderte nichts, dass Hansen noch kurz versuchte, die Situation zu retten.

Die Gesellschaft schien in bester Laune, ein wenig angetrunken und schon gar nicht aufgelegt für ein steifes protokollarisches Besuchsprogramm. Von Moltke blickte sich ungeduldig um: »Mein Gott, wie lange das dauert, bis alle an Bord sind. Bis dahin, werter Juhl, sind wir allesamt stocknüchtern. Was meinen Sie? Das wäre doch schrecklich!« Er winkte seinen Kammermohren heran: »Ruf mir den van Mayen, er soll das organisieren. Vor allem die Damen und die Musik zuerst an Bord!« Der Kammermohr eilte davon, und statt die Front der angetretenen Seeleute förmlich abzuschreiten, begaben sich von Moltke und Andersson schon mal Richtung Achterdeck, winkten und nickten den Männern fröhlich zu, wünschten einen schönen Tag und ermunterten sie, gleich doch noch ein fröhliches Liedchen anzustimmen. »Ein Tag im April wie gemalt, und ein Schiff, meine Herren, ein Schiff, von dem Sie noch Ihren Enkeln erzählen können!« Der Oberhofmarschall schien nicht zu bremsen. Nickelsen geriet völlig außer Fassung und versuchte, Schritt zu halten, seine beiden Ersten Offiziere stolperten, um Haltung bemüht, hinterdrein.

»Habe ich richtig gehört: Mein Zweiter Bootsmann befindet sich bei der Gesellschaft?«, versuchte Nickelsen beim Direktor Juhl eine Frage anzubringen.

»Keine Sorge, Herr Kapitän, Sie haben ihn ja gleich wieder. Ein vorzüglicher Mann, klug, mit allen Wassern gewaschen – schöner Ausdruck für einen Seemann, nicht? Weiß, was sich gehört, und galant zu den Damen. Äußerst galant.« Von Moltke begann zu schwärmen.

»Wir haben ihn heute früh in Nyhavn auf der Höhe vom *Hong Kong* bei der Nummer 21 getroffen«, erklärte Andersson. »Hat sich sogleich angeboten und nützlich gemacht in der Gesellschaft.«

Nickelsen setzte an: »Van Mayen sollte mit vier anderen Leuten vom Schiff geeignete Seeleute für die Mannschaft auftreiben.« Was machte diesen van Mayen, diesen Rotterdamer, für die Kopenhagener so unwiderstehlich? Wahrscheinlich, weil er eine skrupellose Ratte war, dachte sich Nickelsen finster.

Van Mayen begrüßte zwar seinen Kapitän mehr oder weniger formell, erstattete jedoch keine Meldung und reihte sich nicht bei der Mannschaft ein, wo er hingehörte, sondern ließ sich von den Damen in Begleitung des Vorstandes unter lautem Jauchzen mit aufs Achterdeck fortreißen. Dort stand er inmitten der hohen Gesellschaft, wo die Musik einen derben Ländler anstimmte, zu dem einige der jüngeren Damen – offenbar aus den Etablissements von Nyhavn – textsicher mit ihren hohen Stimmchen trällerten und zu den Kehrversen dergestalt ihre Röcke lupften, dass recht bald jede Bemühung um eine Formation bei den angetretenen Seeleuten zum Teufel war. Schon fragte der Präsident des Vorstandes den Ersten Bootsmann Tade Rickerts unmittelbar nach einem Shanty, den auch die Seeleute mitsingen würden, und weiter ging's mit dem lustigen Treiben.

Inzwischen kam der Letzte aus der Gesellschaft an Bord, und dieses Mal konnte der Kapitän nicht an sich halten. Der dort die Planken der *Vesuvius* betrat, war der Nickelsen verhasste Sprecher des Vorstandes, Jorgen Wolfson, mit dem der Kapitän sich einstmals völlig zerstritten hatte. Die Kapelle spielte laut auf, die Gesellschaft sang inbrünstig schief und die Seeleute vielstimmig auf ihre eigene Weise, die Damen vollführten ihr Tänzchen, es wurde getrunken, gegessen, die Fahnen wehten, die Sonne schien und es herrschte eine ziemliche Ausgelassenheit. Doch Nickelsen sah rot und packte den Direktor der Kompanie beim Unterarm.

Dieser fuhr ihn wütend an: »Cornelissen! Was nehmen Sie sich heraus! Was soll das?«

»Nicht der da, nicht dieser Mensch an Bord meines Schiffes!«, ging Nickelsen ihn an und verlor völlig die Beherrschung.

Hansen versuchte, seinen Kapitän zu beschwichtigen und wegzuziehen. Doch der reagierte umso heftiger. Der Skandal war perfekt. Der Vorstandssprecher Wolfson genoss die Situation sichtlich, ging auf den Kapitän zu und erklärte mit lauter Stimme: »Dies, Herr Cornelissen, ist nicht Ihr Schiff! Es ist das Schiff der Westindien-Guinea-Kompanie, deren angestellter Kapitän Sie sind. Ich sagte Ihnen schon einmal, dass Sie mit Ihrer Art einmal Schiffbruch erleiden werden.« Dann entfernte er sich rasch einige Schritte, bevor Nickelsen reagieren konnte.

Juhl entriss seinen Arm dem Zugriff des Kapitäns und ging auf den Sprecher zu: »Verehrter Herr Wolfson, Sie haben einen Auftrag, den Sie zu erfüllen haben. Dieser Auftrag umfasst auch Ihre Stellung an Bord. Lassen Sie uns allein.«

Lächelnd trat Wolfson zur Seite und ging auf die Geschäftsleute aus Flensburg zu, um sich mit ihnen zu unterhalten. Der Oberhofmarschall war ebenfalls aufmerksam geworden und erkundigte sich nach dem Vorfall. Während Hansen noch auf seinen Kapitän einwirkte, erklärte der Zweite Offizier Paulsen: »Nur ein Missverständnis, Euer Durchlaucht Oberhofmarschall. Uns liegen die Passagierlisten für die nächste Fahrt an die Goldküste nicht vor. Da war es eine Überraschung, dass ...«

»Bis soeben war mir«, schnitt ihm Nickelsen polternd das Wort ab, »überhaupt nicht bekannt, dass die *Vesuvius* Passagiere an Bord haben wird. Hier gibt es keinen Raum für Bequemlichkeiten. Wir werden jeden noch so kleinsten Stauraum ausnutzen, um ein gutes Geschäft zu erzielen. Ich bestehe darauf, dass Herr Wolfson nicht an Bord kommt.«

Von Moltke blickte den Kapitän prüfend an: »So, ist das so? Dürfte ich die Gründe erfahren, die gegen Herrn Wolfson sprechen?«

»Er ist als Person ungeeignet für eine Schiffsfahrt, gesundheitlich angeschlagen und weiß mit der Autorität eines Kapitäns an Bord nicht angemessen umzugehen. Und, wie gesagt, wir haben an Bord für solch besondere Passagiere keine Bequemlichkeiten und Räume zur Verfügung. Damit ist alles gesagt.« Nickelsen war keineswegs versucht, in irgendeiner Art und Weise gegenüber dem Vertreter des Königs zu kuschen. Es war seine Art, in einer Konfliktsituation mit dem Kopf durch die Wand rennen zu wollen.

»Verstehe sehr wohl, dass er Vorsorge tragen muss, Planung und Organisation für Waren und Passagiere. Könnten Sie ihm eine Liste zukommen lassen, verehrter Direktor Juhl?«

»Selbstverständlich, Herr Oberhofmarschall. Im Kontor sagte man mir, man habe den Zweiten Offizier Paulsen bereits in Kenntnis gesetzt.« Der Präsident des Vorstandes ließ dem Kapitän eine Liste aushändigen, die Nickelsen kurz überflog. Neben Wolfson standen noch sechs Passagiere auf der Liste, darunter zwei Frauen sowie der Kopenhagener Tischler Anthoni Svendsen Lund. Wenigstens ein Brauchbarer, der uns nicht nur zur Last fallen wird, registrierte Nickelsen. Hansen erschrak bei dem Gedanken daran, wie viel Stauraum diese Passagiere kosten könnten. Stauraum, den sie für ihre eigenen geschäftlichen Unternehmungen nutzen wollten. »Es ist noch eine vorläufige Liste, Herr Cornelissen, aber unsere Schiffe sind die einzige Verbindung für unsere Stützpunkte an der Goldküste und somit für den Personenverkehr unverzichtbar. Darauf müssen Sie sich einstellen.«

Direktor Juhl machte sich demonstrativ für Nickelsen stark und erklärte dem Oberhofmarschall: »Bei Herrn Kapitän Cornelissen handelt es sich um einen erfahrenen Seemann, dem wir Passagiere für eine solche Überfahrt anvertrauen können. Er ist mit Weitsicht und Einfühlungsvermögen durchaus in der Lage, angemessen auf Krisensituationen und persönliche Unpässlichkeiten zu reagieren. Der Vorstand hat beschlossen, Herrn Wolfson von seinen bisherigen Aufgaben zu entbinden und kaufmännische Erfahrungen im Ausland sammeln zu lassen. Wobei wir davon ausgehen, dass uns seine besonderen Fähigkeiten und Kenntnisse bei unseren Geschäften an der Goldküste sehr von Nutzen sein werden.«

»Also, meine Herren, wozu die Aufregung? Es scheint alles bedacht. Herr Wolfson wird sich um die Interessen unserer Geschäftspartner aus Flensburg und Hamburg kümmern, deren besonderes Vertrauen er inzwischen genießt. Herr Kapitän Cornelissen, ich lege alles Weitere in Ihre bewährten Hände. Sie werden das schon richten. Wir sind Ihnen sonst in allen Punkten entgegengekommen. Sollten Sie noch irgendwelche Anliegen wegen der Fahrt haben, der Vorstand hat ein offenes Ohr für Sie.« Der Oberhofmarschall winkte jetzt Wolfson mit dem Flensburger Kaufmann Andreas Christiansen und dem Hamburger Kapitalisten Nölling heran, hob sein Glas und brachte einen Trinkspruch auf gute Geschäfte aus. Nickelsen und seine beiden Ersten Offiziere bekamen ebenfalls je ein Glas gereicht.

Der Präsident des Vorstandes seinerseits fürchtete eine weitere Konfrontation und brachte das Gespräch auf den Stand der Ausrüstung und die Instandsetzungen. Der Kapitän führte die Gesellschaft kenntnisreich durch Teile des Schiffs, erläuterte die Fortschritte, die man aufgrund von Erfahrungen bei den letzten Fahrten habe machen können. Die Gäste erlebten aus seinen Erzählungen geradezu, wie das Schiff, auf der Helling generalüberholt und mit den Kupferplatten versehen, sich durch einzelne Entwicklungsphasen zu etwas Neuem, noch Schnellerem, Zuverlässigerem entwickelt hatte, das jetzt allen Herausforderungen trotzen würde. Sie ließen sich die jetzt im Hafen zu vollziehenden weiteren Arbeitsschritte erläutern, die von der Takelage, den Aufbauten, der Bewaffnung und dem Stauraum bis hin zu den Waren und Vorratsbehältnissen reichten. Es wurde deutlich, dass es sich um ein verwirrend großes Werk handelte, für das viel Erfahrung und Weitsicht erforderlich war, ein Werk, dessen Plan in den Händen von Cornelissen lag und das sich nach Rückschlägen und Verzögerungen in seinen verschiedenen Phasen immer wieder gegen alle Zweifel behaupten musste. Der Kapitän erging sich in Details, wurde immer redseliger. Von Moltke, Juhl und selbst Wolfson bekamen ein Gespür dafür, wie sehr die *Vesuvius* das Schiff dieses Mannes war, ganz gleich, wer sein Geld für den Ankauf und die Ausrüstung hergab. Eine solche Einheit von Kapitän und Schiff überzeugte zudem jeden Geldgeber und Vertreter der Kompanie, dass es sich um ein Geschäftsmodell handelte, bei dem nichts wirklich Schlimmes geschehen konnte.

Den Dreispitz in den Nacken geschoben, den Übermantel der Galauniform längst nicht mehr korrekt geschlossen, führte Nickelsen mit hochrotem Gesicht unter der Stutzperücke die Herren auf dem Schiff umher, richtete das Wort an seinen Segelmacher, brachte, während er noch erklärte, Schiffszimmerer und Waffenmeister wegen der Sicherung der Kanonen an Deck zusammen, wusste den Schlosser wegen eines Auftrages zu fragen und fachsimpelte mit dem Reeper. Er kannte jeden, der irgendwie auf dem Schiff zu tun hatte, und wusste um dessen Aufgabe und den Stand der Arbeiten bis hinunter zu dem Jungen, der den Teer für das Kalfatern kochte. Jetzt folgte er sogar Juhls Bitte und lud anschließend eine kleinere Gruppe unter Einschluss des Flensburgers Christiansen und des Hamburgers Nölling in die Große Kajüte. Wortreich beteiligte er sich an dem Gespräch über die Möglichkeiten, die sich Kaufleuten beim Seehandel bieten könnten. Nickelsen wollte soeben die aufgeräumte Stimmung nutzen, den Direktor wegen des Vertrages mit Röden als Schiffskoch anzusprechen – er hatte ihn zu diesem Zweck extra hergebeten. Doch da kam der Kaufmann Christiansen auf ein ganz eigenes Thema zu sprechen, ließ sich zwei Flaschen reichen und füllte der Gesellschaft mit einem vielversprechenden Lächeln auf den Lippen ihre Gläser. Nickelsen und seine Offiziere kosteten und nickten sich anerkennend zu. Das mundete – starker Alkohol, aber zugleich wärmend und wohltuend. Schon erklärte Christiansen, dass es sich um ein neuartiges Getränk handle, dem man den Namen Rum gegeben habe. Eine Köstlichkeit und zugleich ein Abfallprodukt aus der Zuckerproduktion der Plantagen auf der Insel St. Croix.

Der Hamburger Nölling, sichtlich angetrunken, schlug sich vor Vergnügen auf die Schenkel. »Man stelle sich das vor. Da fällt so 'ne Flüssigkeit an, die man immer weggekippt hat, und die kriegen wir für umsonst, jedenfalls so gut wie. Melasse nennen sie das Gebräu, das da in Fässern noch während der Überfahrt gärt. Ein Himmelsgeschenk! Macht 'nen dicken Kopp auf angenehmste Art, meine Herren, und füllt den Geldbeutel wie hastenichgesehn!«

»Wir machen einen Brand daraus und verdünnen die hochprozentige Flüssigkeit aus den Fässern mit unserem guten Flensburger Wasser. Erste Proben lassen auf volle Auftragsbücher und Gewinne hoffen! Herr Kapitän, wie viele Fässer können Sie für Flensburg an Bord nehmen? Kommen Sie uns doch in Flensburg besuchen. Wir sagen ja immer: *Red nich rum, trink lieber einen*!«

Nickelsen erinnerte sich daran, dass ihm bei seinem letzten Aufenthalt auf St. Thomas von zwei Plantagenbesitzern Melasse als Beiladung angeboten worden war. Er hatte diesbezüglich keine Aufträge gehabt und zu verkosten hatte es damals nichts gegeben. Er wog nur kurz das Für und Wider ab, während er beobachtete, dass sich die Rumflaschen bereits leerten. Es ging um ein gutes Geschäft, das nicht nur für die Kompanie, sondern zusätzlich für ihre geheime Gesellschaft interessant sein würde.

Spontan signalisierte er dem Flensburger Kaufmann Christiansen sein Interesse am Rumgeschäft. »Zu den Bedingungen der Kompanie, versteht sich«, dabei deutete er lächelnd auf Jens Juhl, der zusammen mit Wolfson nicht lange brauchte, um die Beträge pro Fass auszuhandeln und sich auf eine erste Beiladung von zehn Fässern zu einigen. Nickelsen überschlug kurz ihre Möglichkeiten, verdeckt einige Wasser- und Apfeltonnen und Tonnage mit Gemüse zusätzlich an Bord zu schaffen, die dann später, auf eigene Rechnung mit Melasse gefüllt, ebenfalls in Flensburg verkauft werden könnten. Seine Laune stieg schlagartig. Sollte sich der Tag doch zum Besseren wenden?

Von Moltke hielt sein leeres Glas gegen das Licht des Kajütenfensters im Heck des Schiffes und meinte: »Herr Kapitän Cornelissen, Ihre Gastfreundschaft in Ehren, aber wie wäre es jetzt aus Anlass des Geschäftsabschlusses mit einem besonderen Tropfen? Ich meine, etwas, das richtig den Gaumen kitzeln könnte und dem Anlass angemessen wäre.«

Hansen und Nickelsen schauten sich an und wussten nichts mit der Frage anzufangen. Von Moltke trat auf ihn zu und klopfte ihm sogar etwas jovial auf die Schulter: »Herr Kapitän, nun zieren Sie sich nicht so. Sie sollen doch gar ein Feinschmecker sein und einen vorzüglichen Tropfen alten schottischen Whiskys in Ihrer Kajüte gebunkert halten. Sie werden uns wohl diese Köstlichkeit nicht vorenthalten wollen. Oder habe ich mich etwa geirrt?«

Wie vom Donner gerührt stand Nickelsen und hätte jetzt gern gewusst, wer hier höheren Ortes von dem Whisky aus Jules Beständen, den sie heimlich zum Verkauf gebunkert hatten, Anzeige gegeben hatte. Ein Verräter in den eigenen Reihen! Mit einem Seitenblick nahm er wahr, wie sich Paulsen und van Mayen lächelnd zunickten. Daher wehte also der Wind! Von Moltke bestand auf einer Antwort: »Nun, Herr Kapitän, aus verlässlicher Quelle weiß ich, dass Sie tatsächlich über Whisky verfügen sollen. Was ist denn mit diesem geschehen?« Jetzt sah Nickelsen ein, dass sich die Sache langsam zu seinen Ungunsten wendete.

Doch völlig unerwartet trat Julius Röden in die Mitte der Gesellschaft und verließ seinen zugewiesenen Platz. Selbstbewusst machte er seinen pflichtgemäßen Diener, um zu erklären: »Gestatten Sie bitte, dass ich selbst hierzu eine Erklärung abgeben darf. Es handelt sich tatsächlich nicht um den Whisky des Herrn Kapitäns, sondern um zwei Fässer Whisky aus dem Bestand meiner Wirtschaft, die ich aufgeben werde, um an Bord dieses Schiffes zu gehen. Herr Kapitän Cornelissen war so freundlich, sie für mich derweil in Verwahrung zu nehmen.«

Wolfson frohlockte: »In den Listen und im Warenbestand des Schiffes finden sich keine entsprechenden Einträge von zwei Fässern Whisky. Wie ist das zu erklären?«

Der Koch antwortete: »Sie sind in Verwahrung genommen und gehören mir. Ich suche bis zum Auslaufen des Schiffes einen Käufer.«

»Ist schon gut, Röden, gehen Sie jetzt bitte«, drängte Nickelsen den Koch, denn seine Erklärung in einem Kreis, in dem er nichts zu sagen hatte, konnte alles verschlimmern. »Sie sehen, dass es sich nicht um meinen Whisky handelt und ich Gründe dafür habe, zu meinem Wort zu stehen. Es ist nur eine kleine Gefälligkeit.«

Von Moltke ging dem Koch hinterher: »Wie heißen Sie noch gleich? Röden? Werter Herr, rollen wir mal ein Fass rein. Einen Abnehmer sollten Sie schon haben ... Wir sollten einmal vorkosten, für den Fall eines Ankaufs des zweiten Fasses. Merken Sie sich: Ein Schiff der Kompanie ist keine Lagerhalle für fremde Gegenstände.« Juhl kommandierte van Mayen und Paulsen ab, dem Koch zur Hand zu gehen, wogegen sich Nickelsen erneut aufs Heftigste verwahrte.

Gegenstände aus seiner Kapitänskajüte schaffe er noch selbst heraus, solange er Kapitän dieses Schiffes sei. »Wenn Euer Durchlaucht Oberhofmarschall von Moltke dies zu ändern gedenkt, bitte sehr!« Ihre Blicke kreuzten sich.

Ein feines Lächeln umspielte den Mund des Adligen. »Selbstverständlich, Herr Kapitän, ist es Ihre Angelegenheit. Ich wollte nur behilflich sein. Sollten sich die gute Stimmung nicht verderben lassen. Nicht, meine Herren?« Von Moltke klatschte in die Hände und alle lachten. Zusammen mit Röden ging der Kapitän in seine Kajüte und kam mit einem kleinen Fass des teuren schottischen Whiskys zurück, das er anstach und auf die Verlustliste setzte. Dem edlen Getränk wurde heftig zugesprochen.

Am Tisch in der Großen Kajüte hatte jetzt der Vorfall mit dem Koch sein Nachspiel. Hansen und Nickelsen hatten nichts anderes erwartet. Juhl fragte unverblümt: »Wer ist eigentlich dieser Julius Röden? Wie ich gehört habe, ein Schweizer, dazu ein Wirt von zweifelhaftem Ruf. Er soll Schulden haben. Was zeichnet ihn denn als Koch für ein solches Schiff aus? Ist er seiner Aufgabe gewachsen? Mir lag ein entsprechender Kontrakt schon zur Prüfung vor. Aber ich habe entschieden, Sie doch einmal persönlich zu fragen, Herr Kapitän.«

Natürlich wusste Wolfson hierzu wieder ungebeten einen Kommentar anzubringen: »Ihnen ist sicherlich bekannt, Herr Cornelissen, dass die dänischen Kapitäne verpflichtet sind, darauf zu achten, dass die Schiffsmannschaft aus ordnungsgemäß angeworbenen königlich-dänischen Untertanen besteht? Findet sich in ganz Dänemark niemand, der als Koch Ihren Ansprüchen genügt? Man kennt das ja!«

»Lassen Sie mich meine Arbeit machen und sparen Sie sich Ihre Kommentare für Ihresgleichen auf!«, beschimpfte Nickelsen ihn öffentlich.

Der Oberhofmarschall lallte mit hochrotem Gesicht und einer vom Alkohol schwerfälligen Zunge: »Da gibt es doch sicherlich Alternativen. Der Vertrag ist noch nicht unterzeichnet. Der Mensch scheint ohnehin nicht über angemessene Umgangsformen zu verfügen, meine Herren. Vielleicht nicht die richtige Besetzung, Kapitän? Wie ich hören konnte, ist Herr van Mayen gestern in Kopenhagen auf einen ansprechenden Kandidaten gestoßen. Vielleicht sollten Sie den in Erwägung ziehen.« Damit nickte er dem Zweiten Bootsmann aufmunternd zu, der einen Holländer mit Namen Rued Molisch ins Gespräch brachte, den er zufällig getroffen habe und von einer früheren Fahrt auf einem Schiff der Ostindien-Kompanie kenne. Herr Molisch habe als Koch bereits zwei Überseefahrten auf Schiffen vorzuweisen. Van Mayen sprach sachlich, prahlte nicht, machte kein Wort zu viel und war dennoch seinem Kapitän gegenüber illoyal. Hansen sprang ein und erklärte, dass man nicht mehr davon sprechen könne, dass Julius Röden noch Schulden habe. Vielmehr seien mit dem Warenbestand aus dem Wirtschaftsunternehmen und der Übertragung des Geschäfts auf einen Nachfolger inzwischen fast alle Forderungen abgelöst und gedeckt worden. Der Rest würde bis zum Auslaufen des Schiffes geklärt sein. Zudem verfüge der Schweizer Röden ebenfalls über entsprechende Erfahrungen einer Überseefahrt als Koch.

»Eins zu zwei …«, lallte von Moltke. »Hier hat jedenfalls Ihr Kandidat, van Mayen, die Nase vorn.« Van Mayen senkte seinen Blick zwar zu Boden, aber er lächelte.

Der Kapitän konterte: »Bei der Auswahl geht es im Wesentlichen darum, dass bei einem solch schwierigen Auftrag eine Mannschaft zusammenwächst und sich ein jeder in dieses Gefüge der Mannschaft einbringt. Herr Röden passt in unsere Mannschaft. Er wird uns als Koch keine Schwierigkeiten bereiten.«

»Wieder einmal trauen Sie sich selbst eine höhere Menschenkenntnis zu als dem gesamten Vorstand und Ihren Mitarbeitern, Herr Kapitän«, höhnte Wolfson. »Ich finde, der holländische Kollege sollte sich vorstellen. Vielleicht ist er wirklich der Bessere.«

Jetzt konnte sich Julius Röden, der am anderen Ende des Raumes stand, nicht zurückhalten: »Soll der Kerl beweisen, was er kann. Wir machen einen Wettstreit. Wir kochen beide und eine Jury soll entscheiden, wer der bessere Koch ist.«

Direktor Juhl rügte ihn scharf wegen seines vorlauten Wesens. Doch von Moltke klatschte vor Vergnügen in die Hände. »Warum nicht, meine Herren? Ein Wettstreit! Ausgezeichnete Idee! Schmackhaft und unterhaltsam zudem! Herr Direktor, Sie sollten der Jury angehören und mir berichten. Ausgezeichnete Idee!«

Von Moltke nickte Röden noch einmal zu und wedelte ihn dann zur Tür hinaus.

Am Ende des verfluchten Tages hatte Nickelsen auch noch einen Wettstreit auszurichten. Nahmen diese Verrücktheiten kein Ende mehr? Röden hingegen hatte es ohnehin bis Oberkante Unterlippe über, sich immer wieder rechtfertigen und sein Können in günstigem Licht darstellen zu müssen. Ein Wettkampf schaffe klare Verhältnisse. Klare Kante und durch damit!

6. Ein Wettkampfbetrug und seine Folgen – und unter welchen Umständen ein Schiffsarzt verdingt wird

Sieben erwartungsfrohe, hungrige Jurymitglieder saßen an einem langen Tisch, den man an Deck in der Nähe der Kombüse aufgestellt hatte. Je zwei von ihnen durften die Kandidaten selbst benennen, zwei wählte der Kapitän aus den Reihen der Offiziere aus und als Vertreter der Kompanie war Direktor Juhl erschienen. Es wurde eine Münze geworfen. Julius Röden begann zuversichtlich und schüttelte gut gelaunt allen Jurymitgliedern die Hand. Für seine Jurykandidaten in Person des Ersten Offiziers Hansen und des Proviantmeisters Ole Jessen fand er ein paar persönliche Worte des Dankes. Dann verschwand er mit dem Schiffsjungen Mats Petersen in der Kombüse, die sich wegen der Feuergefahr auf Schiffen stets am Oberdeck befand.

Getreu dem Gedanken, dass die Kunst des Kochens an Bord eines Schiffes immer eine Frage der Mangelwirtschaft sein musste, hatte man beiden Kandidaten nur einen geringen Betrag für die Beschaffung von Lebensmitteln zur Verfügung gestellt. Es war ihnen nicht gestattet, mehr auszugeben oder auf sonstige Bestände des Schiffes zurückzugreifen. Über die Einkäufe hatten sie dem Kapitän als Schiedsrichter des Wettkampfes Rechnung zu legen. Die Mannschaft, brennend vor Neugier, hatte sich fast vollständig auf der *Vesuvius* versammelt. Die Arbeit ruhte einen weiteren Tag. Nickelsen war ein erfahrener Kapitän; er wusste, wie wichtig es für die Moral einer Truppe auf einem Sklavenschiff war, bei entsprechender Gelegenheit immer mal wieder Spiel, Gesang, Wettkampf und jede noch so magere Belustigung zu erlauben. Die Richtlinien der Kompanie sahen in der angemessenen Art der Heiterkeit im Schiff ebenfalls eine Maßnahme, die für Mut und Gesundheit der Besatzung sorgte. Nickelsen schaute auf die Juroren der Gegenseite. Jan van Mayen, der Zweite Bootsmann, und aus den Reihen der Vollmatrosen Fran Willem, der Landsmann des Wettkampfkandidaten, schienen ihm ein wenig zu selbstsicher und vergnügt. Hatten sie etwas in der Hinterhand, von dem er keine Ahnung hatte? Nickelsen nahm sich fest vor, die beiden nicht aus den Augen zu lassen, und hatte Bootsmann Rickerts beauftragt, den Gegenkandidaten Molisch unauffällig zu beobachten.

Der Kapitän folgte Jule Röden in die Kombüse, um sich vom ordnungsgemäßen Verlauf des Wettkampfes zu überzeugen. Gleiches hatte er sich für den nächsten Kandidaten vorgenommen. Er achtete darauf, beide gleich zu behandeln, da doch jedermann an Bord wusste, dass man ihm diesen zweiten Kandidaten geradezu aufgedrängt hatte. Jule Röden hatte gerade zwei Laibe Brot in den Ofen geschoben und machte sich mit Geschick an die Zubereitung seines Hauptganges Stockfisch gut betucht, den er mit zwei Flaschen Weißwein zu servieren gedachte. Drei Pfund Stockfisch gut 24 Stunden lang gewässert, entgrätet, in quadratische Stücke geschnitten, mit Zwiebeln, Bärlauch und Petersilie und einem großen Stück zerlassene Butter in die Pfanne geworfen und mit Weißwein verfeinert. Auf die Fischmasse, die er danach in eine Tonschüssel gab, legte er einen würzigen Hartkäse in feinen Scheiben und übergoss alles mit Milch. Dann ein paar Flocken Butter obendrauf und die große Tonschüssel in den Ofen, wo soeben noch die Brote gelegen hatten. In der Zwischenzeit servierte er als ersten Gang das frische Brot mit einem großen Rührei aus einem vollen Dutzend Eier, in das er Schinkenstücke schnitt. Jule nutzte die ihm noch verbliebene Zeit, um einen dritten Gang für die Mannschaft anzubieten und damit zu glänzen. Es entsprach seiner Einstellung, stets an die Mannschaft zu denken. Er hatte seit dem vorigen Abend mit Mats einige Stunden geangelt und Seefische gefangen. Mit großer Vorfreude hatte er am Vormittag die Fische gesäubert und geschrubbt. Mit ausgesuchten Gemüsestücken köchelte seit Stunden seine Fischsuppe *Petri Heil* im großen Kessel und wurde jetzt mit Salz und Fett geschmacklich verfeinert. Diese Überraschung fand viel Anerkennung und Lob in der Mannschaft und beeindruckte die Jury nachhaltig. Der Kapitän notierte gewissenhaft die Punkte, die Röden für seine Arbeit erhielt. Dem Konkurrenten gehörten jetzt die Abendstunden für den zu erbringenden Vergleich. An Bord der *Vesuvius* waren sich die meisten einig, dass solche Kochkünste keinem von ihnen an Bord irgendeines der Schiffe, auf denen sie bisher gefahren waren, zuteilgeworden waren. Doch Nickelsen ahnte, dass dieser Wettkampf erst gewonnen sein würde, wenn er vorbei war …

Wie betäubt packte Julius Röden seine Sachen und schlich von Bord der *Vesuvius*. Mit jedem Schritt weg vom Schiff fühlte er sein Unbehagen wachsen. Er kniff die Augen zusammen, die Sonne stand tief und blendete. Doch in Wahrheit ging es ihm darum, die Tränen der Wut und Enttäuschung zu unterdrücken. Ohne ein Gefühl für Zeit und Entfernung gelangte er in die finstere Gegend, wo er seine Wirtschaft betrieben hatte. Erst jetzt fand er so weit zur Ruhe, dass ihn die Erinnerungen an die Geschehnisse einholten. Das Erste, was ihm wieder in den Sinn kam, war, wie sich der Kapitän mit festem Händedruck von ihm verabschiedet hatte. Dieser hatte ihm lange in die Augen gesehen, und beide hatten sie gewusst, dass hier etwas nicht mit rechten Dingen zugegangen war. Doch genau dieses Mitgefühl, das nichts ändern konnte, ertrug Julius Röden nicht. Vielleicht war es an der Zeit, Dänemark zu verlassen. Wenn man ihm vorher nicht noch etwas am Zeug zu flicken versuchte. Die Geschehnisse an Bord zogen sicherlich eine Untersuchung nach sich.

Röden stellte sich vor, wie dieser van Mayen und seine Sippschaft mit dem Holländer Molisch ausgiebig ihren Sieg feiern würden. Die hielten sich jetzt für die Größten. Die Ungerechtigkeit machte ihn wahnsinnig. Es lag auf der Hand: Sie hatten heute gegen den Willen des Kapitäns die Kombüse erobert. Röden ging in seine Wirtschaft, trat mit einem Krug Bier kurze Zeit später wieder vor die Tür, setzte sich auf eine Bank und blinzelte in die Abendsonne. Aber nicht einmal auf seinem Lieblingsplatz fand er Ruhe. Mit Ungerechtigkeiten kam er nicht klar. Das war eine der Ursachen, warum er im Norden, so weit entfernt von der Heimat, gestrandet war. Er nahm einen großen Schluck aus dem Krug. Was gingen ihn dieses verfluchte Schiff und dieser Cornelissen an? Nichts, überhaupt nichts! Das Bier schmeckte bitter. Fürs Saufen brauchte man das richtige Gefühl! Röden dachte jetzt mit neu aufkeimender Besorgnis an den Ersten Offizier Hansen, den Vollmatrosen Fran Willem und die Seeleute, wie elend sie binnen kurzer Zeit ausgesehen hatten. Selbst der Direktor Juhl hatte sich einmal übergeben müssen. Der hinzugerufene Kopenhagener Arzt Fredricson und dessen Helfer hatten einen guten Eindruck gemacht. Ein Arzt, der von den Mitgliedern des Vorstandes der Kompanie bevorzugt aufgesucht wurde, hatte schnell und gezielt Brechmittel und Aderlass sowie verschiedene Heilwasser verordnet. Es konnte nicht anders sein: Dieser Molisch hatte die Mannschaft auf hinterhältigste Art vergiftet. Hoffentlich wussten Molisch und van Mayen, was sie da taten, und es kam niemand ums Leben.

Agnes, seine Bedienung, die in den letzten Tagen nach dem Rechten sah, trat ins Sonnenlicht. Sie überlegte kurz und platzte heraus: »Ach du liebe Güte, war nicht heute dein großer Tag? Was schiefgegangen?« Sie setzte sich neben ihn: »Ach, was quatsche ich dumm wie ein Suppenhuhn. Natürlich ist was schiefgegangen. Sieht doch jeder ...« Auf diese Art konnte sie stundenlange Monologe treiben und hatte sich längst daran gewöhnt, dass Jule nicht immer aufgelegt war, ihr zu antworten. Aus der Ferne hallten Salutschüsse und Böller landeinwärts. Wahrscheinlich hatte man auf der Helling ein Schiff zu Wasser gelassen. Röden hörte Agnes reden, lauschte dem Hall der Schüsse und sein Kopf wurde klar. Er fühlte sich einen Moment wie schwerelos, eine herrliche Leere, aus der ihm jetzt ein Plan erwuchs. Was hatte der Kapitän gesagt, nachdem er, Jule Röden, die hochgelobte Fischsuppe serviert hatte? »Es ist vorbei, wenn es vorbei ist ...« Genauso war es, genau so!

Er informierte Agnes, dass er den letzten Abend in der Wirtschaft mit guten Freunden auf seine Art feiern und Abschied nehmen wolle. Unter anderem bat er sie, über den Schiffsjungen Mats dem Kapitän, dem Ersten Offizier Hansen, dem Ersten Bootsmann Rickerts und dem Proviantmeister Ole Jessen je eine Einladung zukommen zu lassen. Auf die Zettel schrieb er unter der Angabe des Zeitpunktes für das Treffen: »Möchte mich im kleinen Kreis verabschieden, für die Freundlichkeiten und das Vertrauen, das Sie in mich gesetzt haben, bedanken und zur Aufklärung des Vorgefallenen beitragen. Hoffe und wünsche sehr, alle wohlauf zu sehen! Ihr Jule Röden.«

»Wen willst du denn noch einladen? Vorräte haben wir nicht mehr«, wunderte sich Agnes und nahm ihren unterbrochenen Redeschwall wieder auf.

»Nur spezielle, richtige Freunde werden eingeladen«, antwortete Röden und wusste schon genau, wer diese Freunde sein würden. Männer, auf die unbedingt Verlass war, selbst wenn es mal eng wurde. Männer, die verschwiegen waren wie der Tod und die keine Skrupel hatten, ihren Feinden, falls es einmal notwendig werden würde, ein Messer an die Kehle zu halten oder eine Pistole auf die Brust zu setzen. Mit ihnen hatte Röden die letzten Jahre seine Schmuggelgeschäfte getrieben – und verdammich noch eins, tatsächlich schuldete er ihnen Dank!

Er scheuchte Agnes von ihrem Platz in Richtung *Vesuvius*. Tatsächlich kam sie am Abend mit einem weiteren Bericht zurück. Sie hatten die erkrankten Jurymitglieder ausgetauscht. Es waren nur noch zwei weitere Fälle von leichter Übelkeit aufgetreten. Hansen, Willem und zwei Seeleute hatte es jedoch schlimm erwischt. Die lagen immer noch und litten sogar unter leichtem Fieber. Der Medikus Fredricson habe von Fischvergiftung gesprochen, wenngleich es etwas verwunderlich sei, dass nur ein Teil der am Wettkampf anwesenden Seeleute erkrankt war. Molisch habe Entenbraten in Rotweinsauce serviert und dabei nicht an Enten und Rotwein gespart. Da er angab, die Enten im Hafenbereich selbst gefangen zu haben, hatte er das Geld für den Wein einsetzen können. Wenn man auf gute Geschäfte aus sei, müsse man auf einem Handelsschiff auch für bessere Gesellschaften kochen können. Die Alltagskombüse von anno dazumal reiche längst nicht mehr, habe dieser van Mayen behauptet. Allein wegen des Zwischenfalls mit der angeblichen Fischvergiftung habe der Direktor den Holländer Rued Molisch zum Sieger erklärt. Er solle noch diese Woche seine Papiere als Schiffskoch bekommen. Eine Untersuchung werde es wohl nicht geben. Der Offizier Paulsen hatte den Rest der Fischsuppe ins Hafenbecken gekippt, damit sich nicht noch jemand vergifte.

»Denen werde ich helfen!«, knurrte Röden wütend. »An meiner Suppe hat sich noch niemand vergiftet!« Ob sich Agnes noch an jenen seltsamen Gast erinnere, der mehrere Wochen abends in der Wirtschaft gehockt habe. So einer aus Württemberg. Angeblich ein Deserteur, sollte Feldscher bei so 'nem Siechenregiment gewesen sein. Agnes kannte sich aus, wie sie sich bei vielen Männern auskannte, wenn diejenigen, denen sie ihr Herz eigentlich schenken wollte, sie verschmähten und sie Trost suchte. Diesen Herrn gelte es ebenfalls zur Abschiedsfeier einzuladen. Der Heilkundige solle gleich sein Handwerkszeug mitbringen, es gebe etwas zu verdienen. Wenn er es ordentlich anstelle, springe vielleicht sogar die von ihm ersehnte Schiffpassage in die Neue Welt dabei raus. Agnes schaute Jule fragend an. Der könne ihr Gesellschaft leisten, erklärte Röden lachend, damit ihr beim Abschiedfeiern weniger langweilig sei.

Bereits um zehn Uhr war die Bar Hong Kong in Nyhavn genauso voll wie der frischgebackene Koch der *Vesuvius*, Rued Molisch. Das würde ins Geld gehen, denn das Hong Kong war ein Etablissement mit Ruf. Aber Molisch wusste, was er seinen neuen Freunden und Förderern schuldig war, und setzte den

Sold seiner ersten beiden Monate ein. Über Erspartes verfügte er kaum, und wenn sie ihm nicht zuvor in Nyhavn einen wirklichen Koch besorgt hätten, der ihm alles Wichtige beigebracht und ihn für den Wettkampf vorbereitet hatte, er hätte nicht die Spur einer Chance gehabt. Aber bei aller Dankbarkeit, war das eine Plackerei gewesen! Kaum Schlaf hatte er in der letzten Woche gefunden. Das spürte er jetzt allzu deutlich, denn der Alkohol schoss ihm geradezu in den Kopf. Seine Schiffskameraden van Mayen, der Steuermann Johan Bjorn und der genesene Fran Willem feierten zusammen mit drei weiteren Freigängern vom Schiff ausgelassen feuchtfröhlich den Sieg. Molisch leerte sein Glas. In seinem Kopf drehte sich alles. Wieder stand ein volles Glas vor ihm. Van Mayen prostete ihm zu, alle brachten ein Hoch auf den besten Schiffskoch von allen aus. Molisch, noch einmal die Pose des Siegers gebend, kletterte vorsichtig auf einen Stuhl und leerte sein Glas in einem Zug. Danach erreichte er den Boden nicht mehr ohne Hilfe. Eine Stimme im Hinterkopf warnte ihn schwach, er solle vorsichtiger sein. Molisch fühlte sich nicht gut und bereute schon das letzte Glas.

»Ich glaube, ich muss dann mal ...«, versuchte er, musste noch einmal ansetzen, um den Satz zu vollenden, »... dann mal gehen. Wirklich. Also, ehrlich!« Jemand griff in seine Rocktaschen, nahm sein Geld, wahrscheinlich, um die Rechnung zu begleichen, vielleicht auch nur, um auf seine Kosten weiterzusaufen.

»Soll ich dich heimbringen?«, bot sich Fran Willem an. Aber Molisch winkte ab, als er schwankend das Hong Kong verließ. So gut kannte er seine neuen Freunde noch nicht.

Die Luft stand still, es roch nach Salz und Teer, nach Meer und Fisch. Molisch lehnte schwer atmend an der Hauswand. Seine Trunkenheit, das plötzliche Gefühle einer Bedrohung, alles nur Einbildung, schalt er sich, versuchte, sich zu besinnen. Es stank nach Bier, Schnaps und Urin. Schon stieß ihn einer der Türsteher an, er möge weitergehen. Weitergehen, damit ich woanders an die Häuserwand pisse, dachte Molisch grimmig und übergab sich. Der Türsteher schimpfte, wandte sich aber angeekelt ab.

Danach hielt Molisch besser Kurs. Na, also! Ab morgen auf der *Vesuvius*! Sein Nachtquartier müsste er noch kündigen. Er torkelte über den verlassenen Marktplatz, bog in die schmaleren Gassen ein. Hier war es bereits ziemlich finster, und er musste sich konzentrieren, nicht in einen der Abwässergräben zu treten. Er war in diesen Gassen noch nicht weit gekommen, als er Schritte hinter sich zu hören glaubte. Molisch blieb stehen und drehte sich um. Er lauschte. Nichts. Jetzt versuchte er, schneller zu gehen. Irgendein mieses Gefühl trieb ihn. Doch sobald er seinen Weg wieder aufnahm, hörte er erneut hinter sich Schritte. Er war sich ganz sicher. Er warf einen Blick über die Schulter, blieb dabei nicht stehen und trat mit dem linken Fuß prompt in einen Abwassergraben. Musste kurz innehalten und fluchte. Hastete dann aber sofort weiter. Die Schritte hinter ihm beschleunigten ebenso, kamen näher. Erkennen konnte Molisch nichts und niemanden. Der Alkohol setzte ihm wieder zu. Er schwitzte wie eine Sau und schnappte nach Luft wie ein Fisch auf dem Trockenen.

Auf einen Karren hatte Jule den stinkenden Holländer verfrachtet. Geknebelt und gefesselt, ohne Rücksicht darauf, dass sich Molisch schwer verletzen könnte, stieß er ihn schließlich durch das Loch hinter der Falltür zum ehemaligen fensterlosen Lagerraum unter seiner Wirtschaft. Molisch schlug mehrfach hart auf die Holzstufen der Leiter, die jedoch seinen Aufprall auf dem Kellerboden abbremsten. So verdammt wütend war Jule, dass es ihm gleich gewesen wäre, wenn sich der Kerl tatsächlich beim Sturz das Genick gebrochen hätte. Doch Molisch hatte das zweifelhafte Glück zu überleben. Erst später, als Agnes auf Jule eingeredet hatte, reute ihn sein Wutausbruch und er vergewisserte sich, dass Molisch den Sturz überstanden hatte. Voller Zuversicht legte sich Jule danach schlafen. Man darf sagen, er schlief nicht schlecht. Noch vor dem Frühstück weckte er seinen Gast mit einem Eimer kalten Wassers. Der schreckte aus tiefer Bewusstlosigkeit hoch, wähnte sich im offenen Meer, glaubte, ertrinken zu müssen, schnappte schon wieder nach Luft und wollte um Hilfe schreien, doch der Knebel erstickte jeden derartigen Versuch im Ansatz. Jule stand breitbeinig über dem gefesselten, sich windenden Wurm und befand, dass ein paar weitere Wassergaben nicht schaden könnten, um wenigstens dessen Ausdünstungen zu bekämpfen. Gesagt, getan; er eilte nach oben und wiederholte die Prozedur fünfmal. Danach war Molisch so gefügig, dass er ihm gefahrlos den Knebel aus dem Maul nehmen konnte, ohne dass der Kerl überhaupt die Kraft gefunden hätte zu lamentieren oder gar zu schreien.

Dann begann der interessante Teil der Angelegenheit. Jule holte aus der Wirtschaft Agnes mit einem bescheidenen Frühstück für den Gast, der wieder zu Kräften kommen sollte, und gleichzeitig seine Holzkeule, mit der er sich üblicherweise unliebsamer Gäste entledigte. Während Agnes den Molisch mit dem Frühstück wie eine Gans stopfte, befragte ihn Jule aufs Freundlichste zu den wahren Vorgängen um den Wettkampf. Dabei musste das Frühstück mehrfach unterbrochen werden, wenn sich der Holländer gar zu verstockt und uneinsichtig zeigte. Jule walkte ihn kenntnisreich durch, ohne ihm etwas zu brechen.

Es wurde offenbar, dass Molisch von der Gruppe um van Mayen, Paulsen und Bjorn angestiftet worden war. Niemand von denen hielt sich zu irgendeinem Zeitpunkt an Regeln. Molisch wurde heimlich mit zusätzlichen Geldmitteln ausgestattet, die zu den Enten und vor allem zum teuren Wein führten. Das Garen der Enten bereitete der Koch vom Hong Kong vor. Es hätte in dieser Kombüse andernfalls an ein Wunder wie die Brotvermehrung des Heilandes gegrenzt. Nach dem gelungenen Auftritt von Röden griffen sie zum letzten Mittel und warfen ihren Konkurrenten mit der Vergiftung aus dem Rennen. Als Cornelissen nach der Fischsuppe für die Mannschaft eine Lage vom billigen Branntwein spendierte, war es ein Leichtes, bei der Verteilung mit zur Hand zu gehen und Portionen von zuvor in zwei Flaschen vorbereiteten Flüssigkeiten mit Glaubersalz und Brechwurz in einzelne Becher zu geben. Paulsen hatte die Brechmittel in Kopenhagen angeblich für die Schiffsapotheke geordert und bezahlt. Van Mayen hatte alles vorbereitet und sorgte für die

Verteilung. Wer im Einzelnen wann und wo das Gift beigegeben hatte, schien der jammernde Holländer tatsächlich nicht zu wissen. Die Geschichte war auch so unglaublich genug.

Als Jule schon meinte, alles aus ihm rausgequetscht zu haben, trat noch zutage, dass Molisch nie ein richtiger Schiffskoch gewesen war. Auf einer Ostindienfahrt war bei einer Ruhrepidemie unter anderem der Schiffskoch verstorben und man hatte, der Not gehorchend, auf der Heimfahrt für zwei harte Wochen Molisch verdonnert, diese Aufgabe zu übernehmen. Genießbares hatte es kaum gegeben, aber überlebt hatten sie. Die zweite Überseefahrt hatte er als Mastgast gemacht und eine Kombüse nur von innen gesehen, wenn er mal beim Bedienen in der Offiziersmesse auszuhelfen hatte. Die Schiffspapiere des Holländers waren gefälscht.

»Weißt du, Holländer«, erklärte ihm Röden schließlich, »vielleicht ist es euch Ausländern nicht so ganz klar, aber hierzulande gibt es einen schönen und gerechten Brauch. Du hast den ersten Wettkampf für dich entschieden – wie du das angestellt hast, interessiert wohl am Ende mehr den Kapitän und die Kompanie als mich. Der Sieger, der sich nicht an alle Regeln gehalten hat, ist dem unterlegenen Gegner zur Revanche verpflichtet. Genau diese Revanche werde ich von dir heute Abend fordern.«

Der Holländer, immer noch fest verschnürt wie ein Paket, wand sich wie ein Wurm auf dem Boden des Lagerraumes und jammerte nur noch, dass er umgebracht werde. Dabei könne Röden jederzeit seine Stellung als Koch an Bord behalten. Er mache sich einfach aus dem Staub und alles bleibe beim Alten. Er wolle noch nicht sterben ... Jule lachte nur über den untauglichen Versuch, ihn zu blenden. Dieser Kerl hielt ihn tatsächlich für naiv wie ein Kleinkind, nur weil er sich einmal an die Regeln gehalten hatte!

Ungerührt nahm Nickelsen an Bord der *Vesuvius* am Morgen die Meldung des Zweiten Offiziers Paulsen entgegen, dass der neue Schiffskoch Molisch seinen Dienst nicht angetreten habe und abgängig sei. Er ließ Rickerts hinzurufen, dann befragte er Paulsen zielsicher nach dem Bootsmann van Mayen und dem

Dritten Steuermann Johan Bjorn. Paulsen reagierte erstaunt und verlegen, wollte erst ausweichen, besann sich aber angesichts der versteinerten Miene seines Kapitäns eines Besseren und erstattete Meldung, die fraglichen Herren seien auf dem Posten. »Waren wohl länger aus gestern?«, erkundigte sich Nickelsen eher beiläufig. »Gab wohl etwas zu feiern ...«

Bevor Paulsen reagierte, antwortete Rickerts: »Herr Kapitän, die Bordwache meldet die Rückkehr der beiden in Begleitung von drei weiteren Mannschaftsmitgliedern gegen ein Uhr. Sie waren in stark angetrunkenem Zustand. Aber alle heute früh bis auf kleinere Verspätungen bei der Arbeit.«

»Tade, ich will Meldung, sobald der Koch auftaucht. Soll sofort zu mir kommen! Danke, das war's.«

Rickerts warf dem Zweiten Steuermann noch einen schrägen Blick zu, dann verließ er den Raum. Nickelsen ließ Paulsen unverrichteter Dinge warten und tat so, als würde er sich mit dringenden Unterlagen beschäftigen. Nach einer Weile räusperte sich Paulsen verlegen. »Gestatten Sie, Herr Kapitän, einen Vorschlag?«

»Nun, was drängt denn so? Die Sorge um unsere erkrankten Seeleute, oder geht es darum, dass die Kombüse kalt bleibt? Vielleicht haben Sie etwas mitzuteilen?« Nickelsen blickte ihm fest in die Augen.

»Ich könnte jemanden in die Stadt schicken und nach dem Koch sehen lassen.«

Doch der Kapitän winkte nur ab: »Der wird schon auftauchen. Ich habe aber inzwischen meine Zweifel, ob er tatsächlich unser Koch werden wird.«

»Ist noch etwas vorgefallen?«, fragte Paulsen vorsichtig.

Der Kapitän antwortete nur knapp: »Sie haben mir also nichts mitzuteilen. Dann treten Sie bitte ab und stehen hier nicht länger rum!« Das war barsch und ungewohnt und musste, da war sich Nickelsen sicher, Paulsen verunsichern.

Der Weg zu Jule Rödens Wirtschaft war Nickelsen inzwischen vertraut. Er schritt sorgenvoll der kleinen Gruppe, die aus Rickerts, dem Schiffsjungen Mats und Ole Jessen bestand, voraus. Schon vor der Tür des Wirtshauses hörten sie den Lärm, der drinnen veranstaltet wurde. Eine etwas zwielichtige Gestalt von einem Seemann stand vor dem Eingang, ließ sie aber ungefragt eintreten.

Um die Mitte des leeren Wirtsraums, aus dem inzwischen so gut wie alle Möbel schon verkauft und abgeholt worden waren, standen zehn Männer und drei Frauen in einem engen Kreis. Sie tobten und feuerten Jule Röden und Rued Molisch im Innenbereich an, die einen Freistil-Boxkampf austrugen. Molisch setzte dabei immer wieder seine Beine ein, um mit Sprüngen und Tritten seinen Gegner auf Distanz zu halten. Aber es gelang ihm immer schlechter. Schon krachte Rödens Faust ungebremst von einer Deckung mitten ins Gesicht des Holländers, der zu Boden ging. Als er nicht sofort wieder Anstalten machte, auf die Beine zu kommen, rissen ihn gleich drei kräftige Männer hoch und stützten ihn, während Jule Röden ihn wie einen Sandsack mit beiden Fäusten traktierte. Nickelsen erkannte, dass da kaum noch eine Gegenwehr zu erwarten war, und fürchtete, dass Jule mit seiner massigen Gestalt und ungebremsten Kraft ihn totschlagen könnte. Mit der ganzen Autorität eines Kapitäns forderte er, Schluss zu machen mit der unsinnigen Brutalität. Jule Röden nickte ihm daraufhin nur freundlich zu und machte unverdrossen weiter. Sein Gegner torkelte in der Runde umher, versuchte, ihm zu entkommen, wurde aber immer wieder vom Kreis in die Mitte gestoßen. Seine hilflosen Schlagversuche und Tritte gingen ins Leere. Nickelsens Versuch, zu den Kämpfern vorzudringen, wurde im Keim erstickt. »Drei Minuten noch, dann ist die Viertelstunde rum«, belehrte ihn Agnes, die er als die Bedienung von seinem letzten Aufenthalt wiedererkannte. »So sind die Regeln.«

»Wenn er's überlebt«, antwortete er finster.

Rickerts und Jessen an der Seite ihres Kapitäns und Landsmannes boten an, gemeinsam mit ihm vorzugehen. Agnes packte ihn bei der Schulter: »Lieber nicht. Die kennen keinen Spaß. Haben ziemlich hohen Einsatz im Pott. Und überhaupt, bei denen sollte man sich das zweimal überlegen.« Sie deutete in die Ecke der Wirtsstube, wo ein Mann in aller Seelenruhe auf einem Stuhl hockte und sein Bier trank. »Ist 'nen Arzt oder so. Jule hat schon gesorgt.« Dann meinte sie noch, es sei wichtig gewesen, dass sie hergekommen waren.

»Kein verdammter Koch ist er, nur so 'n lausiger Betrüger und ein noch lausigerer Kämpfer!«, rief Jule voller Empörung, denn sein Gegner rührte sich vor Ablauf der festgelegten Kampfzeit nicht mehr. Er riss ihn an den Haaren empor, schleifte ihn zu Nickelsen, um ihn dort zu Füßen der Schiffsmannschaft abzulegen. Jetzt prügelte er aus dem schwer blutenden Mann mit seinen Knochenbrüchen, der kaum noch der Sprache mächtig war, sein Geständnis raus. Erst dann winkte er den württembergischen Feldscher heran, steckte diesem Geld zu, damit er den Holländer versorgte, und ließ sich von seinen Freunden feiern. Jule kannte kein Mitleid, bestand nach der ärztlichen Versorgung auf einer Fesselung und ließ Molisch erneut auf den Karren werfen, mit dem er schon in der Nacht zuvor hierher gebracht worden war. In Begleitung seiner Leute und des Heilkundigen lieferte Nickelsen Molisch auf dem Kopenhagener Polizeipräsidium ab. Der Kapitän erstattete polizeiliche Anzeige wegen des Betrugs und der Vergiftung. Im Übrigen war ihm das Schicksal des Menschen gleichgültig.

Der Württemberger hatte sich bei der Versorgung der Verletzungen des Holländers geschickt und kundig angestellt, schien im Übrigen ein Mann zu sein, der nicht viele Worte brauchte und kein Aufhebens um seine Kenntnisse machte. Nickelsen sprach ihn an, als sie das Polizeigebäude verließen, er befehlige ein Schiff, das sich in Kürze auf eine Handelsreise an die westafrikanische Küste und nach Westindien begeben werde. Er brauche zuverlässige Leute zur Bemannung des Schiffs, und jemand mit heilkundlichen Kenntnissen sei dringend vonnöten. Ob er Sprachen spreche, über Papiere verfüge und sich für eine Stelle interessiere.

Der Württemberger blieb stehen, gestand offen, er sei wegen der offenen Stelle von Jule Röden herbestellt worden und habe gehofft, dass der Kapitän die Sache von sich aus anspreche. Er wisse zudem bereits, dass das Schiff Sklaven befördern solle, was ihm als Feldscher und Mensch zugleich eine widerwärtige Tätigkeit erscheine. Allein, er wolle nach Westindien, von dort weiter nach Westen und nicht mehr zurück. Denn hier habe er nichts zu erwarten vom Leben. Da er über keine Geldmittel für eine Passage verfüge, erscheine ihm ein solches Angebot die einzige Möglichkeit. Nickelsen überlegte kurz, denn der Mann würde auf der Rückreise fehlen. Aber das Auftreten des Mannes gefiel ihm, sodass er ihm erklärte, die Absicht auszuwandern stünde seinem Angebot nicht entgegen. Eine andere Hürde galt es jedoch noch zu überwinden. Der Mann, der sich jetzt mit dem Namen Daniel Heinrich Mohr vorstellte, verfügte über keine Papiere, denn er war als Feldscher aus den Diensten des württembergischen Herzogs desertiert, und ihm drohte in seiner Heimat Festungshaft und der spätere Zwangsverkauf als Söldner in irgendwelche fernen Kriegsgebiete. Das wog schwer, denn ohne Papiere konnte Nickelsen ihn nicht an Bord lassen. Sie liefen eine Weile nebeneinander her und sagten nichts mehr. Dann erkundigte sich der Kapitän nach seinen Sprachkenntnissen. Es stellte sich heraus, dass Daniel Mohr Englisch und Dänisch sowie leidlich gut Portugiesisch sprach. Ein Mensch mit so vielfältigen Fähigkeiten – geradezu ein Juwel! »Wir sollten sehen, wie unser neuer Schiffsbarbier zu Papieren kommt«, sagte Nickelsen zu Rickerts.

Worauf Mohr in seiner zurückhaltenden Art antwortete: »Jule lässt ausrichten, wenn es dem Herrn Kapitän nichts ausmacht, würde er Papiere und Zeugnisse besorgen. Was ein angeblicher holländischer Koch könne, das würde ihm schon lange gelingen.«

»Ist das so? Dann wird Ihnen aber der Aufwand vom Lohn einbehalten. Nicht dass mir nachträglich Klagen kommen. Auf einen solchen Smutje müssen wir wohl Obacht geben.« Der Kapitän entschied die Angelegenheit, und Daniel Mohr empfahl sich mit Agnes an seiner Seite und der Zusage, sich an Bord zu melden, sobald die Papiere vorlägen.

»Was wird denn nun mit den anderen?«, fragte Rickerts vorsichtig, denn der Kapitän war sehr einsilbig und nachdenklich geworden.

Ole Jessen kannte sofort eine Antwort: »Seegerichtshof, auspeitschen und Kerker!«, rief er aus. »Solche Brut gehört nicht auf unser Schiff!« Natürlich fand er die Zustimmung des Schiffsjungen, der die geballte rechte Faust in seine offene linke Hand klatschte, um seine Entschlossenheit zu unterstreichen.

»Wenn ich nur an Jens Hansen denke, wie übel es dem erging ...«, dachte Rickerts laut nach. Nickelsen beteiligte sich nicht an der Unterhaltung, grübelte und dachte weiter voraus als seine Landsleute. Irgendwann schickte er Mats Petersen mit dem Auftrag los, Jule für den morgigen Vormittag auf die *Vesuvius* zu bestellen, und mahnte den Jungen, sich nicht länger in der Spelunke aufzuhalten, sondern ihnen unverzüglich nach Erledigung aufs Schiff nachzufolgen.

Nickelsen dachte an Paulsen, an van Mayen, an Bjorn – alle drei waren sie wichtige, erfahrene Seeleute an Bord. Er versuchte, sich zu erklären, was sie zu solchen Intrigen trieb, und spürte dabei nur ein ungutes Kribbeln im Bauch, ohne auf Antworten zu stoßen, die wirklich Sinn gemacht hätten. Er hörte der Unterhaltung und den Forderungen seiner Amrumer Vertrauten zu. Recht hatten sie, es wäre konsequent, die drei vors Gericht zu bringen und anzuklagen. Doch sie würden an Bord fehlen und wären jetzt kurzfristig vor der Abreise nicht gleichwertig zu ersetzen. An Land war alles kompliziert, voller Fallstricke und Beziehungsgeflechte ... Es entgleitet mir, je länger ich mich wie eine Ente ohne Wasser in der Kopenhagener Gesellschaft bewegen und behaupten muss, dachte Nickelsen, fühlte sich unbehaglich und fehl am Platz. Seit seinem zwölften Lebensjahr fuhr er zur See, und das Meer war sein Element. Das Meer war rein, forderte für das Überleben alles. Die Wunden heilten in der frischen Luft früher, und jenseits aller Stürme herrschte dort draußen auf dem Meer eine Stille, die jedes eigene Schweigen rechtfertigen konnte. Hier an Land erwartete man von ihm Entscheidungen und Antworten, hatte er Rücksichten zu nehmen. Wer werde ich sein, wenn ich nach dieser letzten Fahrt von Bord gehe, fragte sich Nickelsen.

Als sie die nächtlichen Umrisse und Schatten ihres Schiffes in der Ferne erkannten, entschied sich der Kapitän für eine Kursänderung, um mit seiner Mannschaft möglichst bald auf See zu kommen. Er wusste, dass er damit in Konfliktsituationen gefährlich nah an die Klippen einer möglichen Meuterei heransteuern könnte. Das war gegen den gesunden Verstand eines Seemannes, der besagte, dass der Abstand von jeder Küste und Gefahr groß genug zu halten sei. Aber er hielt sich für erfahren genug, mit dieser Gefahr auf seiner letzten Reise umzugehen. Seinen beiden Begleitern verordnete er Stillschweigen zu den Geschehnissen und erklärte, er werde das Problem auf seine Art lösen.

Beim gemeinsamen Frühstück in der Großen Kajüte erwähnte Nickelsen beiläufig, er habe erfahren, Rued Molisch sitze im Polizeipräsidium in Haft, ihm solle der Prozess wegen Betrügereien und Körperverletzung gemacht werden. Seine Papiere habe er fälschen lassen. Es stehe nicht gut um ihn. Auf Hansens Frage äußerte Nickelsen lediglich, dass man sich wohl mit der alten Lösung, dem Julius Röden, arrangieren müsse. Er werde der Kompanie einen Bericht zukommen lassen. So blass vor Schreck hatte Nickelsen seinen Zweiten Steuermann Paulsen noch nie gesehen. »Paulsen, ist Ihnen nicht wohl? Macht sich die Fischsuppe erst jetzt bei Ihnen bemerkbar?« Nickelsen setzte eine undurchsichtige Miene auf.

»Weiß nicht, Kapitän«, rang Paulsen um Fassung. »Wenn Sie gestatten, gehe ich an die frische Luft und kümmere mich um die Beladung.« Den am späten Vormittag vorsprechenden Julius Röden verpflichtete der Kapitän zu absolutem Stillschweigen. Seine Zusicherung, dass er nichts auf eigene Faust gegen die betrügerische Bande unternehmen werde, war die Bedingung für seine Verpflichtung an Bord. Jule spielte seine Rolle als Ahnungsloser hervorragend. Die folgenden Tage beobachtete Nickelsen die Gruppe um Paulsen und van Mayen, die immer wieder heimlich diskutierte. Allmählich schwand bei ihnen jedes Misstrauen gegenüber dem Koch.

7. Von der Ausrüstung der Vesuvius und einem eiligen Abschied aus Kopenhagen

Nickelsen war klar, dass ein möglichst früher Reisetermin dringend vonnöten sein würde, um zu verhindern, dass es über die zu erwartenden Vernehmungen von Teilen seiner Mannschaft im Rahmen der gerichtlichen Untersuchung des Falles Molisch noch zu weiteren Festnahmen kommen würde. Er verließ das Schiff kaum noch und trieb die Sache voran. Sein Anliegen wurde von der Kompanie freudig unterstützt. Direktor Juhl vermittelte den Transport von Gütern und Fässern aus Flensburg mittels eines kleineren Seglers, sodass ein Zwischenaufenthalt der *Vesuvius* überflüssig wurde. Mit kleineren Booten, Netzen und Flaschenzügen wurden die Flensburger Waren von der Mannschaft des Schiffs selbst an Bord gehievt und unter Aufsicht der Bootsmänner van Mayen und Rickerts sicher verstaut. Hansen und Nickelsen ihrerseits mussten jetzt ihre für Flensburg geplanten verdeckten Geschäfte bereits in Kopenhagen abwickeln. Zusätzliche Gemüse- und Apfeltonnen und zwei weitere Wasserfässer ließ Nickelsen auf eigene Kosten an Bord schaffen und von seinem Ersten Bootsmann Rickerts verladen, während er den Zweiten Bootsmann mit einigen Männern der Mannschaft nochmals in die Stadt geschickt hatte, um Seeleute anzuwerben. Mit Paulsen hockte er zu diesem Zeitpunkt in seiner Kajüte über den Karten für die Reise und erwähnte ihm gegenüber beiläufig, dass er daran denke, ein wenig mehr Verpflegung an Bord zu nehmen. Reine Vorsichtsmaßnahme nannte er das, schmunzelte dazu und fügte geradezu kameradschaftlich an: »Man wird halt älter und weniger draufgängerisch ...« Mochte jetzt jemand den Paulsen auf die Fässer hinweisen, er würde keinen Argwohn hegen und keinen Anlass sehen, bei der Kompanie vorstellig zu werden. Überhaupt schien besonders Paulsen und Johan Bjorn die Sorge zu quälen, dass die Sache mit Rued Molisch auch noch Auswirkungen auf sie haben könnte. Sie waren abgelenkt und die Gruppe nutzte diesen Zustand, um die für die eigenen Geschäfte angekauften Sachen heimlich an Bord zu schaffen und zu verstecken.

Dabei setzten sie das begrenzte Kapital geschickt und nach neuesten Erkenntnissen ein und zogen den Oberkaufmann der Krone, Julius Krämer, als Berater zu Hilfe. Er empfahl goldbetresste Dreispitze, Kupferwaren in Form von Töpfen, Schüsseln und Schmuck, vermittelte ausgezeichnete Kaufgelegenheiten für Taft- und Seidenstoffe und fünfhundert Spiegel, deren Verladung besondere Arbeit und Sorgfalt erforderte.

Ihnen blieb nicht mehr viel Zeit, und Ole Jessen waltete seiner Aufgabe als Proviantmeister, indem er unermüdlich auf den Beinen war, beschaffte, kontrollierte, mit den Offizieren festlegte, wo etwas wie verstaut werden musste, und zumeist beim Beladen selbst zugegen war. Ohne die Unterstützung des Smutjes Jule, der für seinen Bereich selbstständig organisierte, der beiden Bootsleute sowie des Waffenmeisters Nettersheim mit seinen fünf zusätzlichen Marineinfanteristen, der vor Abschluss der Beladung noch einmal nach der Kontrolle seine Wunschliste wegen Pulver, Munition und Musketen vorlegte, wäre der eher bedächtige Langenesser Friese Jessen nach den letzten zwei fast schlaf- und rastlosen Tagen sicherlich zusammengebrochen.

Der Kapitän nahm jetzt keine Rücksichten, denn zwei Dinge trieben ihn unerbittlich zur Eile: Er hatte es sich zur Angewohnheit gemacht, den Schiffsjungen Mats Petersen für Botengänge verschiedenster Art einzusetzen. Durch ihn erfuhr er, dass der Beginn der gerichtlichen Untersuchung für die erste Maiwoche festgesetzt war. Er rechnete jeden Tag mit einer Vorladung seiner Offiziere. Außerdem hatten sie derzeit eine stabile Wetterlage und er rechnete auch für die kommende Woche mit günstigen Windverhältnissen für die Fahrt durch Öresund und Kattegat. Rickerts, der ein Näschen für Wetterumschwünge hatte, sagte gutes Wetter sogar für die darauffolgenden Tage voraus, in denen sie das Skagerrak zwischen der Nordküste Jütlands und den Südküsten von Schweden und Norwegen mit seinen schwierigen Seebedingungen an Wind und Seegang zu passieren hatten. Das blieb zwar am Ende nichts als Spökenkiekerei, aber meistens steckte doch ein Stückchen Wahrheit drin. Leute wie Nickelsen und Rickerts waren mit den Gefahren von heraufziehenden Schlechtwetterfronten und Stürmen aufgewachsen und hatten so etwas im Blut. Nickelsen fuhr mit dem Zeigefinger auf seiner Seekarte ungefähr an der Linie zwischen Hanstholm an der dänischen und Kristiansand an der norwegischen Küste entlang und wünschte sich, dass er bereits dort die Nordsee erreicht hätte.

Der ihm von der Marine und der Kompanie zugeteilte neue Waffenmeister Friedrich Nettersheim, ein ehemaliger preußischer Offizier, jetzt in Diensten der dänischen Marine, bat zackig um ein Gespräch. In Gedanken ging Nickelsen noch einmal die lange Liste der Forderungen durch, die sie auf sein Drängen hin in den letzten Tagen erfüllt hatten. Das Schiff war mit acht Vierpfündern und zwei kleineren Schwenkkanonen an der Reling sowie diversen kleinkalibrigen Schusswaffen ausgerüstet. Im Laderaum befanden sich noch 40 weitere Kisten mit Handfeuerwaffen, 62.000 Feuersteine, Eisenstangen, Schuhe, Textilien, mit Korallen besetzte Halsbänder, Spirituosen, darunter vor allem 8.000 Pott Korn-Branntwein, was 7.200 Liter entsprach, 2.000 Pfund Tabak, Schießpulver – unter anderem 5.000 Pfund in 250 großen Fässern – sowie die zu den Waffen gehörigen Kugeln verschiedener Größen, darunter 500 Pfund Bleikugeln. Die Pulverkammer im Achterschiff war gefüllt wie für eine Seeschlacht. Nickelsen hätte den Raum für Kanonenkugeln und Pulverfässer lieber für andere Dinge genutzt. Aber ihm war aus leidvoller eigener Erfahrung bewusst, welchen Wert eine gute Wehrhaftigkeit haben konnte. Er selbst bewahrte daher in der Kapitänskajüte eine Kiste mit 6 Paar Pistolen und einen Satz Degen auf. Doch dieser Nettersheim war ein Perfektionist, der ihn mit seinem Sicherheitsbedürfnis viel Energie kostete. Die Waffenständer für die Gewehre im Durchgang zwischen der Kapitänskajüte und der Großen Kajüte waren so vollgestellt, dass Nickelsen manchmal das Gefühl hatte, er müsse sich dort durchquetschen. Wenigstens konnte er durchsetzen, dass der Waffenmeister seinen Trupp nicht tags auf Deck exerzieren ließ und die Arbeiten behinderte. Sie bildeten in ihren schmucken Uniformen die Augenweide und Staffage für Neugierige vor dem Schiff auf den Kaianlagen. Erst für die Abendstunden hatte er Nettersheim erlaubt, mit Knud Erken, dem Geschützführer aus seiner Mannschaft, den Gehilfen des Zimmerers und des Kalfatermeisters und den fünf Marineinfanteristen an den Kanonen zu üben. Wahrscheinlich reichte ihm das mal wieder nicht. Nickelsen schüttelte den Kopf. Kam denn niemand von sich aus zur Vernunft und ließ ihn einfach mal seine Arbeit machen? Doch Nettersheim, das preußische Pflichtbewusstsein in Person, wusste um die Last, die der Kapitän zu stemmen hatte, und meldete zunächst nur Vollzug: »Die von Herrn Hansen ausgewählten und georderten Peitschen, Daumenschrauben, Brandeisen, Handschellen, Fußeisen, Ketten, Schlösser und 3.000 Eisenstangen, alles aus gutem Material und solide gearbeitet, sind geliefert worden, Herr Cornelissen. Werden vorschiffs verladen. Wenn Sie noch einmal Probestücke sehen möchten ...?«

Nickelsen dankte und winkte ab. Allein der Gedanke an das Folterwerkzeug war ihm zuwider. Doch der Erfolg der Reise hing von der Anzahl und Funktionstüchtigkeit dieser Dinge ab. »Was sagten Sie, wie viele Fußeisen, Handschellen und eiserne Reifen?«

»Für 310 Sklaven, Herr Kapitän. Mehr war bei der Nachfrage kurzfristig nicht zu haben«, versicherte Nettersheim.

»Werde mir einen Satz näher anschauen. Sollte aber nicht die Verladung aufhalten. Noch etwas, Herr Nettersheim?«

»Ja, leider, an Bord wird mir zu sorglos mit offenem Feuer umgegangen. Der Proviantmeister Ole Jessen missachtet meine Anordnung, dass nur an drei vorgesehenen Stellen Feuer gemacht werden darf. Ich traf gestern Nacht beim Beladen einen Seemann mit Fackel und offener Flamme. Herr Kapitän, wir haben viel Pulver an Bord.«

»Pulver, mein Lieber, das wir nicht vor der Zeit verschießen sollten, nicht? Ich werde mit Ole reden. Was schlagen Sie sonst vor?«

»Kein Feuer mehr ohne meine Genehmigung – oder natürlich die des Kapitäns. In der Küche wird in einem Fass ein Docht brennen, der von einem meiner Infanteristen bewacht wird und von dem nur jene Feuer bekommen, die berechtigt sind, den Docht zu verlangen.«

»Eine bewährte Verfahrensweise, Herr Waffenmeister. So soll es geschehen. Ihr Infanterist könnte zudem in festzusetzendem Rahmen dem Koch zur Hand gehen. Haben noch recht wenig Mannschaft, Sie verstehen? Richten Sie bitte den Herren Offizieren aus, dass ich in einer Stunde zu einer Besprechung über den Stand der Ausrüstung bitte.« Nickelsen nahm sich vor, Ole Jessen persönlich in dieser Sache auf Deck aufzusuchen, um dessen Arbeit nicht zu unterbrechen.

Als Nickelsen aus dem dunklen Niedergang auf das Achterdeck trat, schaute er prüfend über die Länge des Schiffs bis zum Heck. Vor ihm lag das Oberdeck mit den Schwenkkanonen auf jeder Seite, die an Deck festgeschraubt waren. Zwischen Fockmast und Großmast standen die Ställe voller Hühner, Enten, Tauben und Schweine. In der Mitte des Oberdecks befanden sich die ineinander gestapelten Beiboote. Er rief den Zweiten Steuermann Paulsen, um mit ihm das größte dieser Boote, die Schaluppe, die für die Ankermanöver bestimmt war, zu inspizieren und die Besetzung für das Auslaufmanöver festzulegen. Danach setzte Nickelsen seinen Rundgang allein fort. Bis an den Rand des Achterdecks stapelte sich das Material: Ölzeug, Decken, Säcke, Kisten, aufgerollte Taue, alles seefest und gut verstaut. Gleich vor dem Achterdeck befand sich ein mächtiges Gangspill[35], wo er mit dem Segelmacher, dem Waliser John Hull, der dort mit einem Gehilfen am Bramsegel arbeitete, ins Gespräch kam. Es gab kaum noch freie Plätze auf Deck, wo man sich aufhalten und frei umhergehen konnte. Nur hier und da an den Rändern befanden sich

35 Ankerwinde, senkrecht stehende Winde mit Spillspaken (wie Speichen eines Rades) zum Drehen des Spills, um z.B. den Anker zu hieven (heraufzudrehen)

ein paar kleine Freiräume, die jedoch lediglich den praktischen Zweck hatten, den Männern, die an den Belegnägeln[36] arbeiteten und in die Wanten kletterten, genügend Raum für ihre Tätigkeit zu verschaffen. Selbst bei den Geschützen fand sich gerade so viel Spielraum, dass man sie bedienen konnte. Kein Fußbreit Platz wurde an Bord eines solchen Schiffes verschenkt.

Nickelsen legte seinen Kopf in den Nacken und starrte in die Höhe. Der Fockmast, doppelt so dick wie die Masten der Schiffe, auf denen er gelernt hatte, erhob sich turmhoch über ihm. Über allem würden in ein paar Tagen noch riesige helle Segel stehen, drei Etagen Segelzeug voll gehisst. Nickelsen ging zum dicken Ankerspill[37] und schaute zur Reling, wo die zwei leichten Schwenkkanonen angebracht waren. Der Klüverbaum reckte sich von hier schräg nach oben und auf halber Länge saß eine Blinde[38]. Bei guter Brise schoss die *Vesuvius* auf dem Meer nur so dahin – ein Handelschiff mit einer Klasse, wie er zuvor noch keines befehligt hatte. Nickelsen mahnte sich, nur nicht sentimental zu werden. Sein Anliegen an Ole Jessen verpackte er in ein Arbeitsgespräch. Jessen erläuterte, dass man für den Festungsbau im Fort Christiansborg in Afrika allein 23.000 Bruchsteine an Bord genommen habe. Auf dem Boden des Kielraums hätten sie Platz gefunden, und auf diese kämen jetzt nach und nach die vielen Wasserfässer zu stehen. Nickelsen verstand, was sein Proviantmeister damit beschrieb.

»Das Schiff bekommt dadurch nach unten Gewicht und Stabilität, liegt gut im Wasser. Gut so.«

»Ja, die Gute liegt tadellos im Schlipp[39], Kapitän«, bestätigte Jessen die Feststellung noch einmal. »Morgen nehmen wir größere Quantitäten Reis, Bohnen und so weiter – eben die Sklavenvorräte – an Bord. Dann wird es unten eng.«

Das anschließende Gespräch über die Anordnung zu den offenen Feuern an Bord schaffte dennoch den erwarteten Ver-

36 ein hölzerner Pflock zum Belegen / Befestigen von Tauwerk in einer Nagelbank
37 Vorrichtung zum Herablassen und Hochziehen des Ankers
38 Ein kleines Segel, das unterhalb vom Bugspriet vorn am Schiff angebracht ist
39 Das Schiff ist seetüchtig und gut ausbalanciert.

druss. Ließ sich nicht ändern. Aus dem Augenwinkel heraus sah Nickelsen van Mayen eine Gruppe Mastgasten befehligen. Einige Neue waren darunter, die wegen der Kommandos und Signale angelernt werden mussten. Nickelsen hob den Kopf in deren Richtung auf wachsame Weise, als wollte er wie ein Hund mit der Nase herausfinden, ob hier wieder Intrigen geschmiedet würden. Er grüßte im Vorbeigehen. Die Seeleute salutierten lässig und legten sich, dem Befehl van Mayens gehorchend, mächtig ins Zeug, um Eindruck auf ihren Kapitän zu machen.

In der Besprechung in der Großen Kajüte erfuhr Nickelsen, dass die Kopfzahl der Mannschaft neben den Offizieren und fünf Marineinfanteristen 40 betrug. Allein fünf saßen im Laderaum und waren von van Mayen auf zweifelhafte Weise genötigt worden. Nickelsen erklärte, dass man knapp an Leuten sei, er aber in See zu stechen gedenke. Fehlende Leute könnten in Spanien oder Portugal dazustoßen. Besonders Paulsen, Bjorn und van Mayen bestärkten den Kapitän, die günstigen Wetterbedingungen auszunutzen. Nickelsen und Rickerts sahen einander an, denn sie wussten, worum es den dreien in Wirklichkeit ging. »Also gut«, schloss der Kapitän die Sitzung schließlich. »Es ist nicht mehr viel, was ich heute noch zu sagen habe. Wir sind jetzt fast fertig zum Auslaufen. Unser Waffenmeister Nettersheim hat mich soeben darüber informiert, dass einige Fußeisen fehlen, aber das wird in Kürze erledigt. Der Proviantmeister wird morgen noch etwas Salzfleisch und frisches Wasser an Bord nehmen. Dann brauchen wir nur noch günstigen Wind. Eines aber doch, meine Herren, was ich möchte, dass Sie es nicht vergessen! Ich will, dass in den nächsten Tagen eine ausgezeichnete Stimmung an Bord herrscht. Kein Mann soll schikaniert oder misshandelt werden. Damit wir uns recht verstehen: Keiner verlässt mehr das Schiff. Es herrscht ein Ausgehverbot. Die Männer können sich satt essen, und solange wir im Hafen liegen, kann pro Tag und Mann ein Viertel Branntwein ausgegeben werden – nicht mehr, Ole und Röden, verstanden? Beschäftigt die Mannschaft, übt und leitet sie an, damit keine Langeweile aufkommt. Diese Order gilt insbesondere für die Bootsmänner – klar? Keine Stockhiebe, keine Peitsche!«

Ein heiseres Flüstern erhob sich unter den Offizieren, die solche Ansprachen von ihrem Kapitän nicht gewohnt waren. Vonseiten der Bootsmänner kam ein leises Murren, aber kein Widerspruch. Dennoch fühlte sich Nickelsen zu einer zusätzlichen Erklärung genötigt: »Wir haben keinen Mann zu viel an Bord. Ich will nicht, dass mir irgendjemand bei Landgängen noch abhandenkommt.« Dann blickte er noch einmal in die Runde und schloss: »Meine Herren, Sie sind mir in Ihren Bereichen persönlich dafür verantwortlich, dass wir mit der kompletten Mannschaft auslaufen. Es wird keine Intrigen, keine Wetten, Raufereien und Verschwörungen irgendwelcher Art an Bord geben. Sollte mir so etwas zu Ohren kommen, werde ich durchgreifen und keinen Unterschied dabei machen, ob es sich um einen Offizier oder einen Schiffsjungen handelt. Meine Herren! Herr Hansen und Herr Paulsen, noch auf ein Wort.«

Die Offiziersrunde löste sich auf und Hansen blieb mit dem Rücken zur Tür etwas steif an der Breitseite des Tisches hocken. Paulsen dagegen rutschte in lockerer Haltung nach hinten auf die Eckbank. »Wird mit den Passagieren an Bord mal wieder eng werden. Hat dieser Wolfson schon Ansprüche gestellt? Was meinen Sie, Hansen, wir werden wohl unsere Kabine räumen müssen. Kann ja nicht jeder in einer Kapitänskajüte mit Eichenpaneelen und Mahagonitisch residieren.« Paulsen schwadronierte frech drauflos.

Sofort war Nickelsen zur Stelle. »Paulsen, kümmern Sie sich gefälligst um die Aufgaben, für die Sie hier an Bord sind. Die Verteilung der Kabinen fällt wohl nicht darunter. Die Kapitänskajüte obliegt nicht Ihrer Zuständigkeit!«

Erstaunt blickte Paulsen auf: »Selbstverständlich, Herr Cornelissen. Entschuldigen Sie, war nur so 'ne Bemerkung.«

Es klopfte und der Schiffsjunge Mats brachte drei Gläser und eine kleine Karaffe mit Portwein. Hansen schenkte ein. Schon hielt Paulsen das Glas ins Licht und nahm einen kräftigen Schluck, bewegte dazu anerkennend die Kinnbacken und schwärmte schließlich: »Das ist ja ein ausgezeichneter Tropfen! Wirklich prima. Können wir nicht in dieser Runde die tägliche Runde billigen Fusels für die Mannschaft durch solch ein Gesöff ersetzen?«

Nickelsen, der inzwischen ebenfalls am Tisch Platz genommen hatte und Seekarten vor sich ausbreitete, schlug wütend auf einen Punkt in der Nordsee und donnerte aufgebracht: »Lassen Sie diese Vertraulichkeiten, Paulsen! Ich werde ein straffes Kommando führen und keinesfalls irgendwelche Günstlinge kennen, damit Sie es nur wissen. Meine Offiziere brauchen einen klaren Kopf und keinen Fusel teurerer oder billigerer Sorte, der ihnen die Sinne vernebelt. Wenn ich Sie außerhalb dieser Runden beim Trinken sehe, Herr Paulsen, kürze ich Ihnen Ihren Verdienst! Ist das klar?«

»Aye, Sir.«

Gegen Ende der Sitzung meldete die Bordwache zwei Gerichtsdiener in Uniform und einen ehrenwerten Richter, die den Herrn Kapitän und die Herren van Mayen und Paulsen zu sprechen wünschten. In welcher Angelegenheit, sollte Nickelsen recht bald erfahren. Den Holländer Rued Molisch hatte man in Haft brutal ermordet. Ein Wurfdolch hatte ihn mitten in die Brust getroffen. Der feige Anschlag hatte unbemerkt von den Gefängniswärtern zu seinem Tod geführt. Nickelsen erschrak über den Gedanken, dass seine eigenen Leute skrupellos genug gewesen sein könnten, eine solche Tat zu begehen. Doch die Vernehmung an Bord, auf die er als Kapitän bestand, ergab zumindest, dass van Mayen, Paulsen und Bjorn im fraglichen Tatzeitraum an Bord der *Vesuvius* gewesen waren. Dennoch, er traute es ihnen zu, etwas mit dem Mord zu tun zu haben. Bevor die Gerichtsdiener wieder von Bord gingen, informierte der ehrenwerte Richter den Kapitän unter vier Augen, dass der Holländer in seinen Aussagen während der Haft die Offiziere schwer belastet habe. Nickelsen versuchte, den Verdacht zu entkräften. Am nächsten Tag erwirkte der Kapitän bei Direktor Juhl, dass man dort einen

Anwalt beauftragte mit dem Ziel, eine Zustellung von Ladungen bis zum Auslaufen des Schiffes zu verhindern. Johan Bjorn, der Dritte Steuermann, wurde offenbar von seinem Gewissen geplagt, schien ständig in Gedanken abwesend und war kaum noch für eine gewöhnliche Tätigkeit zu gebrauchen. Paulsen und van Mayen schienen aus gröberem Holz geschnitzt. Sie spotteten über Molisch und verbreiteten, einen wie den träfe so ein Tod völlig zu Recht. Der Kapitän bestellte alle Offiziere ein, verbat sich solche Redeweisen und ordnete der guten Disziplin wegen ein Verbot der üblen Nachrede, des Fluchens und des Schwörens an sowie des Morgens und des Abends ein gemeinsames Gebet zu Gott dem Allmächtigen, um seinen Segen für die anstehende Reise zu erlangen.

In der dritten Aprilwoche 1748 meldete Kapitän Cornelissen der Kompanie das Ende der Ausrüstung der *Vesuvius*. Der Wind drehte leicht nach Südwest. Nickelsen spürte das bereits instinktiv an den ersten vorsichtigen Bewegungen des Schiffkörpers, wie er sich zwischen Wind und Tidenstrom ausrichtete. Es hatte etwas mit dem Gleichgewichtssinn zu tun, der ihm unbewusst die Veränderung signalisierte, bevor sie messbar wurde. Er ließ die große Schaluppe zu Wasser, die Taue anbringen und bestimmte die Seeleute für die Riemen. Am späten Abend legten sie unter Topsegeln gegen die Flut laufend ab. Die *Vesuvius* folgte langsam den Schlepptauen bis in die Fahrrinne, wo sie schwer beladen auf der Reede draußen vor Anker lag und zusammen mit zwei kleineren dänischen Loggern auf günstigen Wind wartete. Die Zollformalitäten in Helsingoer wurden vorgezogen, die Passagiere kamen an Bord. Mit ihnen Wolfson und der mit seiner Person zu erwartende Ärger. In seinem Schlepptau führte er Johan Christopher Nitschke mit sich, einen hageren, fast kahlhäuptigen jungen Mann, der ebenso blutleer wirkte wie er selbst. Doch in einem Punkt unterschied sich der junge Mann, der noch keine dreißig war und schon sein Philosophie- und Medizinstudium abgeschlossen hatte, ganz wesentlich: Er trat bescheiden auf. Wolfson forderte lautstark dessen Anstellung als Medikus. Nickelsen hielt dagegen, einen Medikus gebe es nicht, vielmehr einen Ersten und einen Zweiten Barbier mit medizinischen Kenntnissen. Wie es um die Fähigkeiten des jungen Mannes beim Haareschneiden und Zähneziehen bestellt sei, fragte er Wolfson gereizt. Der Kapitän stellte Daniel Mohr, den Ersten Barbier der *Vesuvius* vor.

Mohr und Nitschke reichten sich die Hände, sahen sich fest in die Augen, bevor Nitschke völlig gelassen sagte: »Na ja, studiert habe ich schon. Allein, mir fehlt es an praktischer Erfahrung.« Dann lächelte er den Kapitän an und meinte: »Beim Haareschneiden ohnehin.«

Worauf Mohr antwortete: »Wenn der Herr Kapitän gestattet, könnten wir uns ergänzen. Denn Studien habe ich nur von der Schulbank aus getrieben, dafür aber einiges bereits sehen und erfahren müssen.« Die beiden mochten sich, da konnte sich Wolfson noch so grämen, der jetzt darauf bestand, nur von Nitschke behandelt zu werden. Die *Vesuvius* hatte einen Zweiten Barbier bekommen.

Wolfson präsentierte kühl lächelnd die gesiegelten Vollmachten der Kompanie für die Reise und seine spätere Aufgabe in Fort Christiansborg in Afrika. »Herr Cornelissen, Sie stehen dem Bevollmächtigten der Kompanie gegenüber. Finden Sie sich damit ab, dass nichts gegen meinen Willen entschieden wird. Zur Frage der Unterbringung: Ich weigere mich entschieden ...«

Nickelsen verließ den Besprechungstisch wütend und riss die Tür zum Aufgang auf. »Wo wollen Sie hin, Herr Cornelissen? Es ist noch nichts entschieden!«, rief Wolfson ihm hinterher.

»Es gibt nichts zu entscheiden, ich habe zu tun!«, antwortete Nickelsen und warf die Tür hinter sich zu.

DRITTES BUCH

DIE GOLDKÜSTE AUF DEM SCHWARZEN KONTINENT

Wie ein grausames Geschäft Menschen skrupellos und gewalttätig werden lässt

Der Superkargo Mynheer van Kock
Sitzt rechnend in seiner Kajüte;
Er kalkuliert der Ladung Betrag
Und die probablen Profite.

Sechshundert Neger tauschte ich ein
Spottwohlfeil am Senegalflusse.
Das Fleisch ist hart, die Sehnen sind stramm,
Wie Eisen vom besten Gusse.

Ich hab zum Tausche Branntewein,
Glasperlen und Stahlzeug gegeben;
Gewinne daran achthundert Prozent,
Bleibt mir die Hälfte am Leben.

Ich nahm den Toten die Eisen ab;
Und wie ich gewöhnlich tue,
Ich ließ die Leichen werfen ins Meer
Des Morgens in der Frühe.

Es schossen alsbald hervor aus der Flut
Haifische, ganze Heere,
Sie lieben so sehr das Negerfleisch;
Das sind meine Pensionäre.

Heinrich Heine (aus: »Das Sklavenschiff«)

1. Schiffer nächst Gott – das Abenteuer beginnt

In Kopenhagen, noch vor Sonnenaufgang, ließ sich Nickelsen noch einmal an Land rudern. Am Morgen lagen Hafen und Straßen der Stadt im Nebel, der zwischen den Gebäuden hing, alle Geräusche dämpfte und den Blick auf die Dinge unscharf machte. Diese wabernde Suppe war so dick, dass sich Nickelsen in den Gassen hinter dem Markt einige Male verlief. Der Himmel über ihm war verschwunden und der Nebel drückte alles nach unten. Wo sollte das hinführen – am besten liefen sie alle in eine Richtung. Doch hat man je schon von einem Land oder einer Stadt gehört, in der die Menschheit sich friedlich auf eine Richtung hätte einigen können? Das Verderben kroch heran und konnte bereits hinter der nächsten Häuserecke lauern. Im Grunde seines Herzens wollte er die vor ihm liegende Fahrt nicht. Das Unheil der Menschen kam an solchen Tagen daher, dass sie nicht mit ihrem Arsch im Bett liegen bleiben konnten. Er bildete da keine Ausnahme – ein Nickelsen schon gar nicht! Je widriger die Verhältnisse, desto mehr rannten die Menschen ohne Ziel und Kursbestimmung drauflos. An solchen Tagen ließ sich ein Mord begehen, aber kein Geschäft abschließen und schon gar keine Reise antreten. Kurzum: Manchmal war es einfach wichtig zu wissen, wann man mit seinem Arsch im Bett liegen bleiben sollte. So etwas nannte man im fortgeschrittenen Alter dann Lebenserfahrung. Vielleicht ließ der Herrgott ihm noch genügend Zeit, diese Lebenserfahrung irgendwann einmal zu leben.

Nickelsen dachte daran, dass er mit seiner Frau Marret jetzt über zehn Jahre verheiratet war. Die meiste Zeit davon hatte er entweder in Kopenhagen oder auf See zugebracht, während sie den Hof ihres Vaters in Ordnung hielt. Er versuchte, sich ihr Gesicht vorzustellen, ihre blonden Haare. Wie klang ihre Stimme? Er kehrte gern heim zu ihr nach Amrum. Sie ließ ihm seinen Willen, wenn er nach Hause kam, schaute sicherlich über manche seiner Unarten hinweg. Nein, aus Leidenschaft hatten sie nicht geheiratet, das wäre ihm zu unvernünftig erschienen. Sie hatten einen gemeinsamen Lebensplan. Ihre Liebe entsprang der Fürsorge und sie hatten sich einfach von Kindesbeinen an gemocht. Das machte Sinn bei seiner Art von Beruf. Heute vermisste er sie. Im Viertel seiner Wohnung gab es einen Kaffeehändler, der einen Ausschank betrieb. Dort bestellte er sich eine Tasse, ließ sich Papier und Stift bringen und schrieb Marret einen Brief zum Abschied. Fügte zugleich ein paar letzte Instruktionen für den Fall bei, dass ihm etwas zustoßen sollte. Gut, dass er bereits vor seiner letzten Fahrt zusammen mit seiner Frau testamentarisch alles geregelt hatte. Die Kapitäne Pedersen Aastrup und Bertel Jegind, gute Vertraute, mit denen er in Kopenhagen regelmäßig Umgang pflegte, hatten seinen letzten Willen bezeugt. Für Marret waren Pastor Mechlenburg und der Amrumer Küster Hark Knuden als Zeugen aufgetreten. Nickelsen hatte alles bedacht und geplant. Er schloss den Brief und wusste, dass die Unsicherheit blieb, was werden würde, wenn er zurückkam und nicht mehr zur See führe. Wie würden Marret und er zusammenfinden nach all den Jahren mit den langen Trennungen? Nicht alles ließ sich planen.

Die Bankhäuser öffneten ihre Pforten und Nickelsen ordnete seine Verhältnisse für die nächsten 18 Monate. Außerdem nutzte er die letzte Gelegenheit, sich Informationen über die Preise für Goldstaub und Elfenbein zu verschaffen. Im Kontor der Kompanie traf er auf den Buchhalter des Vorstandes, der ihm ausstehende Garantien für die Fahrt und die notwendigen Zollpapiere übergab sowie ihm mitteilte, dass er allerspätestens morgen in See stechen müsse. Der Advokat halte die gestern eingegangenen Gerichtsladungen für van Mayen und Paulsen noch einen Tag zurück. Auf dem Rückweg zum Schiff erkundigte sich Nickelsen auf der Hafenmeisterei. Sie hatten Glück, denn die Wetterlage würde einigermaßen stabil bleiben. Also morgen mit dem üblichen Tamtam auslaufen ... Dann die Beschaffungs- und Auftragslisten mit den verzeichneten Beteiligungen der Kapitalgeber – Papiere, mit denen sich auf Wunsch der Kompanie vor allem Jorgen Wolfson beschäftigen sollte. Sie gaben für Nickelsen den

Anlass zu betonen, dass die Schiffsreise diesem Menschen überhaupt nicht zuträglich sein könne und er jegliche Verantwortung für dessen gesunde Rückkehr ablehne. Der Buchhalter der Kompanie nahm die Beschwerde professionell zur Kenntnis und ging zur Tagesordnung über.

Ein paar Stunden später hatte Nickelsen die Frage der Verteilung der Kajüten zugunsten von Wolfson und den zwei Frauen unter den Passagieren entschieden, die die Kajüten der ersten zwei Offiziere an Bord, jene von Hansen und Paulsen, übernahmen, den Termin für die Abfahrt bekannt gemacht und die Aufgaben verteilt. Der Dritte Steuermann Bjorn, den inzwischen wohl vieles reute, aber der über nichts offen sprechen konnte, strich um seinen Kapitän wie ein Kater um den heißen Brei und versuchte, ihn gnädig zu stimmen. Wütend ließ Nickelsen ihn einfach auf dem Achterdeck stehen, ging runter an Deck bis zur Backbord-Reling, stand da, starrte auf die offene See hinaus und schlug mit der Faust auf das Holz. Äußerlich versuchte er, so unbeteiligt wie möglich zu wirken.

Der Abendwind frischte kräftig auf und ein feiner Landregen strich über den Hafen. Die Laternen der Schiffe auf der Reede blinkten durch die feuchte Luft. Morgen würde die Warterei ein Ende haben. Ab Morgen würde es nur noch dieses Schiff geben. Alle würden sich dieser Tatsache stellen müssen. Aus der Ferne erklangen der Schrei eines Seevogels, ein paar Stimmen aus einer der Kneipen oder einem der Speicher unten am Hafen – mehrere Männer, die sich anriefen oder stritten, aber recht bald wieder verstummten. Er stand da, allein, bedachte noch einmal alles, versuchte, sich Afrika vorzustellen, wie er es auf seinen zwei Fahrten als Kapitän kennengelernt hatte. Wie sehr würde Afrika ihrer aller Leben verändern? Ihr Ziel Fort Christiansborg war noch weit. Mats, der Schiffsjunge, lief an Deck umher und suchte seinen Kater Fritz. Am Fockmast öffnete sich eine Tür und zwei Männer stiegen aus den vorderen Stauräumen. Sie standen in der Nähe der Apfeltonnen und redeten leise miteinander. Im gelben Licht einer Stalllaterne, die auf der gegenüberliegenden Seite neben der Bordwache stand, wurde der feine Regen sichtbar. Nickelsen winkte Mats zu sich heran und schickte ihn, die beiden Männer vorn auf dem Schiffsdeck auszuhorchen. Der Junge schlich los. Kurz danach trennten sich die Männer. Der eine ging wieder unter Deck und die Tür fiel hinter ihm zu. Der andere kam an Nickelsen vorbei und ging aufs Achterdeck. Es war Johan Bjorn, der verlegen grüßte. Kurz darauf tauchte Mats neben seinem Kapitän wieder auf und bestätigte ihm seinen Verdacht, dass es sich bei dem anderen Mann um van Mayen gehandelt hatte. Um was es genau gegangen war, konnte Mats nicht berichten, lediglich, dass sich die beiden gestritten und van Mayen dem Steuermann gedroht hätte. Bjorn hätte mehrfach betont, er habe damit nichts mehr zu tun.

Mats suchte weiter nach dem Kater, der bis zum nächsten Morgen verschollen blieb. Dann nämlich, in aller Herrgottsfrühe, gellten zwei schrille Entsetzensschreie von Frauen über das Achterdeck und eine der beiden Passagierinnen stürmte mit einem Nachthemd bekleidet nach oben. Wie sich herausstellte, kam der Kater Fritz inzwischen seiner Aufgabe als Schiffsmitglied vorbildlich nach und jagte Ratten. Dabei gelang es ihm, ein großes, übel zugerichtetes Exemplar von Ratte in einem unbemerkten Moment in die Kajüte der beiden Frauen zu tragen und als Liebesbeweis vor dem Bett abzulegen. Mats jedenfalls war glücklich, dass Fritz wieder aufgetaucht war, und Nickelsen verfügte beim Smutje einen Leckerbissen als Belobigung für den Kater. Diese Entscheidung stieß bei den Damen auf wenig Verständnis.

Zur Verabschiedung der *Vesuvius* ließ die Kompanie am Kai Flaggen hissen und schickte eine große Delegation, die Tücher schwenkte und winkte. Zahlreiche Neugierige aus der Stadt ließen es sich nicht nehmen, den Überseeschiffen hinterherzuwinken. Unter ihnen waren einige Veteranen der Seeleute, die die Scharen von Schaulustigen mit Abenteuern und Schauermärchen unterhielten. In die große Schaluppe, die mit den kräftigsten Seeleuten an den Riemen für das Ankermanöver zu Wasser gelassen wurde, stiegen zwei Lotsen von der Hafenverwaltung. Der Kapitän wartete, bis das Hochwasser aufgelaufen war, dann befahl er, Anker aufzugehen. Spätestens jetzt erwachte alles auf dem Schiff zum Leben, denn der Befehl verursachte eine Betriebsamkeit im gesamten Schiff, die auf die unbedarften Passagiere den Eindruck einer sinnlosen Hektik und heillosen Verwirrung hinterlassen mochte. Währenddessen stand Kapitän Cornelissen alias Nickelsen in seiner Galauniform wie ein ruhender Fels inmitten der Brandung auf dem Achterdeck und schickte Laufburschen und seine zwei Bootsmänner immer wieder los, seine Befehle umzusetzen. Der Erste Steuermann Hansen stand neben dem Rudergänger am Schiffsruder und Paulsen an der Seite des Kapitäns. Der große, über drei Tonnen schwere Anker wurde mithilfe eines Ankerspills gehievt. Allein 35 Mann standen an dem Kabelar auf Deck und auf dem Zwischendeck darunter und stimmten zur schweren Arbeit ein rhythmisches eintöniges Lied an, zu dem der Bootsmann van Mayen den Takt vorgab. Das Kabelar, dieses endlose Tau mit Knoten, kam sehr langsam in eine Rundbewegung und führte das daran festgebundene Ankertau, das selbst 120 Faden[40] lang war und an die sechs Tonnen wog, Meter um Meter mit dem Anker nach oben. Die Seeleute an der Ankerwinde stießen bei den letzten Metern merkwürdige, langgezogene Klagerufe aus. Die Mastgasten kletterten die Wanten empor, um in der Takelage zu arbeiten. Die großen Marssegel wurden als erste gesetzt. Die *Vesuvius* setzte sich ganz langsam in Bewegung. Der Wind knallte ins gespannte Segeltuch und das Holz der Planken knarrte. Noch war das Schiff zu langsam, um es mit dem Ruder zu steuern, und die Männer in der Schaluppe legten sich mächtig ins Zeug, um die *Vesuvius* an Schlepptauen hinter sich her ziehend auf Kurs zu bringen. Laute Befehle, schrille Töne aus der Pfeife des Bootsmannes Rickerts, und einige Mastgasten begannen hektisch, einen Klüver zu setzen. Das geschah genau in dem Moment, in dem das Schiff, das anfangs noch gegen den Wind trieb, sich ganz allmählich in den Wind

40 ca. 194 Meter

drehte. Nun gewann es an Geschwindigkeit und war leichter zu manövrieren. Noch einmal eine Verzögerung, da die Schaluppe an Bord geholt werden musste. Dann enterten die Mastgasten in die obersten Rahen auf. Die Seeleute standen bei den Schoten[41] bereit, die Segel beizuholen, sobald die Mastgasten in den Rahen diese auf Befehl des Bootsmannes Rickerts schießen ließen[42]. Mit sieben Schuss Salut von der Hafenanlage zum Abschied verließ die *Vesuvius* majestätisch dahingleitend den Hafen von Kopenhagen.

Der Kapitän schrieb in sein Logbuch den ersten Eintrag zu dieser Handelsfahrt:
Im Jahr unseres Herrn 1748, am 1. Mai, bin ich, Hendrik Cornelissen, als Kapitän von Kopenhagen mit der Fregatte Vesuvius bei günstigem Wind aus Südost ausgelaufen, bemannt mit 46 Seeleuten, 12 Offizieren, 5 Gehilfen, 1 Waffenmeister, 5 Marineinfanteristen, 5 Passagieren und 1 kaufmännischen Repräsentanten der Kompanie an Bord. Nachdem wir Helsingoer passiert haben, sind wir unterhalb der Festung Kronborg ohne Begleitung der Lotsen durch den Öresund gegen Mittag in den Kattegat gelangt und konnten bei anhaltend gutem Südostwind und ruhiger See noch am selben Tag Skagen sichten und die Meerenge in das Skagerrak passieren. Gott gewähre uns eine glückliche Rückkehr!
Gez. Cornelissen

Das Skagerrak war in der Seefahrt für seine je nach Wetterlage auftretenden schwierigen Seebedingungen bekannt, doch die *Vesuvius* passierte nach 130 Seemeilen[43] die Linie zwischen Hanstholm auf dänischer und Kristiansand auf norwegischer Seite und erreichte bei besten Wetterbedingungen die Nordsee. Tags drauf drehte der Wind ungewöhnlich scharf nach Süd bei steifer Brise und kabbeliger See und Nickelsen ließ in der Nordsee einen Westsüdwest-Kurs anlegen. Alles verlief nach Plan. Noch einmal

41 Segelleine und Taue, die ein Segel ausspannen und in der richtigen Lage halten
42 Beschreibung des Vorganges, wie die Männer oben die Segel losbinden und fallen lassen und diese mithilfe der Schoten herangezogen und gespannt werden.
43 ca. 240 Kilometer; Seemeile entspricht 1852 Meter

hatten sie sich in der Runde ihrer kleinen geheimen Gesellschaft in der Kapitänskajüte zusammengefunden und besprochen. Alle waren sie voller Hoffnung auf einen glücklichen Ausgang der Reise und eine sorgenfreie Zukunft. Nickelsen dachte nüchterner über das, was vor ihm lag. Für ihn glich die Zukunft eher einer dünnen Linie auf dem Wasser, manchmal war sie sogar weniger als eine Rauchfahne im Wind. Nicht selten erwies sich die Zukunft nur als vage, flüchtig und nicht tragfähig. Doch nahmen sie Kurs, verloren sich in der Weite des Ozeans, wo sich trotz aller Navigationskenntnisse kein fester Punkt der Orientierung für ihre Augen bot. Dennoch setzten sie all ihre Hoffnungen auf diese eine dünne Linie am Horizont. Eine sichere Zukunft! Welch ein Wahn, welch eine Selbstüberschätzung, sie auf dem Wasser ansteuern zu wollen!

2. Wie ein Aufstand an Bord entstand und dieser ungewöhnlich blutig beendet wurde

Mit dem Erreichen der Nordsee wähnten sich die Leute um Paulsen und van Mayen sicher vor dem Zugriff der dänischen Gerichtsbarkeit. Die Folgenlosigkeit ihrer Handlungen in Kopenhagen legten sie zudem ihrem Kapitän als Schwäche aus. Dies führte zu einem lustlosen Schlendrian und sogar teilweise zu einer offen zur Schau getragenen Missbilligung der Person des Kapitäns. Solide Heuer für möglichst wenig Arbeit! Es erwies sich bereits am dritten Tag auf See, dass sich immer weitere unter den Seeleuten diesem Treiben anschlossen. Vor allem die frisch verdingten fünf Landratten sahen in van Mayen einen heldenhaften Seebären, mochte er sie hundertmal über den Tisch gezogen und auf das Schiff gezwungen haben. Nickelsen versuchte es mit Ermahnungen, mit Strafarbeiten, griff sich Einzelne heraus. Es half nichts, der widerspenstige Sinn der Schiffsmannschaft bereitete ihm Kopfzerbrechen, denn er fürchtete das Schlimmste, wenn sich solch ein Haufen erst einmal in einer Krise bewähren müsste. Wie recht er mit seinen Befürchtungen hatte, sollte sich noch auf der Nordsee kurz vor der schottischen Küste beweisen.

Mit Johan Bjorn war es ohnehin in den letzten Tagen immer schlimmer geworden. Er hatte jegliche Selbstachtung eingebüßt, war inzwischen nur noch ein nervöses Wrack, das an Paulsens Rockzipfel hing. Hansen führte ihn bereits am Tag nach dem Auslaufen seinem Kapitän mit trüben Augen, geröteten Wangen und lallender Zunge vor. Bjorn war am helllichten Tag sturzbetrunken. Nickelsen ließ ein Strafgericht über ihn hereinbrechen und sperrte ihn in einen Laderaum zur Ausnüchterung. Zusammen mit Hansen durchsuchte er den Schlafplatz des Steuermanns, dessen Gepäck und alle denkbaren Verstecke, aber es blieb ihnen unerklärlich, wo der Alkohol herkam. Mithilfe von mehreren vertrauenswürdigen Personen ließ der Kapitän seinen Steuermann Bjorn überwachen. Aber was sie auch anstellten, irgendwann im Laufe des Tages fiel er ihnen wieder betrunken vor die Füße, ohne dass Nickelsen der Lösung des Problems einen Schritt näher gekommen wäre. Zwar teilte er mit Hansen den Verdacht, dass ihr Zweiter Steuermann Paulsen dahintersteckte. Andererseits, wenn sie Bjorn im nüchternen Zustand befragten, schwor er Stein und Bein, nur reines Wasser getrunken zu haben.

Voll böser Ahnungen schlief Nickelsen unruhig und horchte auf jedes Geräusch. Da vernahm er am Ende der ersten Woche – sie steuerten soeben vor der nördlichen Küste Schottlands auf der Höhe von Thurso den Atlantik an und waren eigentlich dabei, die Hebriden und Irland in den nächsten Tagen westlich zu passieren – die empörte Stimme von Wolfson im Ruderhaus: »Was ist denn das hier für ein Schiff! Wer sind Sie überhaupt? Nicht einmal Licht am Kompass. Wissen Sie überhaupt, wohin wir fahren?«

Dann die Antwort des so Angesprochenen: »Recht haben Sie, Herr Kaufmann Wolfson. Sollte für eine Viertelstunde übernehmen, stehe jetzt aber schon über eine Stunde hier! Und kein Licht beim Kompass. Können Sie es mal versuchen und mir sagen, welchen Strich ich halten soll?«

»Das wird ja immer toller auf diesem Schiff. Und der Kapitän hat mal wieder keine Ahnung!« Wolfson polterte davon.

Wie vom Donner gerührt, sprang Nickelsen aus dem Bett. Tatsächlich fand er im Ruderhaus nur einen der Matrosen vor und fuhr ihn an: »Welcher Kurs liegt an, Mann? Antworten Sie, sofort!« Doch der junge Mann starrte seinen Kapitän an, als wäre ihm soeben ein Geist erschienen, und stammelte wirres Zeug. Allerdings verstand Nickelsen so viel, dass der Wind ihm das Licht in der Laterne neben dem Kompass ausgeweht hatte. Nickelsen spürte deutlich, dass der Wind geradewegs von achtern ins Genick blies, wo er doch eigentlich von Steuerbord auf das Schiff hätte treffen sollen. Schon tauchte Wolfson auf, der den betrunkenen Bjorn mit sich schleifte und Nickelsen wüste Vorhaltungen machte. Der Kapitän achtete nicht länger auf all die Unverschämtheiten und ließ die Schiffsglocke ertönen, rief die Mannschaft mitten in der Nacht zusammen, ließ sich von Nettersheim selbst Licht bringen und erkannte mit Todesschrecken auf dem Kompass, dass sie mit Südostkurs auf die Küste zuhielten. Niemand wusste genau zu sagen, wie lange sie bereits auf diesem falschen Kurs segelten! Ohne einen weiteren Moment zu verlieren, griff Nickelsen selbst zur Ruderpinne, wandte das Schiff sobald als möglich über Süd und Südwesten nach Westen und schickte zwei Matrosen, das Bleilot auszuwerfen, das nicht mehr als acht Klafter Tiefe anzeigte. Es war offenbar, dass es keine Stunde mehr gedauert hätte, bis sie unter Umständen rettungslos gegen Klippen gelaufen wären. Bis zum Morgengrauen verließ der Kapitän das Ruderhaus nicht mehr und wollte erst sicher sein, dass sie der Gefahr entronnen waren. Dann polterte er unter Deck, rief die beiden Bootsmänner Rickerts und van Mayen an seine Seite und schleifte mit ihnen gemeinsam den Dritten Steuermann Bjorn an den Haaren an Deck, verpasste ihm vor aller Augen ein paar verdiente Fußtritte, und hielt der Mannschaft eine Strafpredigt. Wäre Bjorn nüchtern gewesen, er hätte ihn noch die Schiffspeitsche spüren lassen. So sperrte er ihn zunächst zur Ausnüchterung in den Laderaum und bestimmte den Bootsmann Rickerts zu dessen Nachfolger. Wolfson erklärte vollmundig, er werde einen Bericht über diese ungeheuerlichen Vorkommnisse verfassen. Er begehrte zu wissen, was denn den Bootsmann – außer dem Umstand, dass er Landsmann des Kapitäns sei – zur Position des Dritten Steuermannes befähige? Für einen Moment war der Kapitän geneigt, nicht auf diese provokante Frage zu antworten, dann jedoch befand er, dass das dem Tade seinen Dienst nicht leichter machen würde. Also erklärte er, Tade Rickerts habe eine Ausbildung auf einer ausgezeichneten Navigationsschule auf Föhr abgeschlossen, fahre seit 15 Jahren zur See und habe regelmäßig den Steuermann vertreten und Kursbestimmungen vorgenommen. Die Angelegenheit sei damit sachgerecht entschieden.

Sie folgten dem Nordatlantikstrom, die *Vesuvius* musste aber den ganzen Tag über wegen widriger Winde immer wieder aufkreuzen, und die Mannschaft wurde ein ums andere Mal in die Wanten geschickt. Der Vorfall trug nicht zu einer Besserung der Dienstwahrnehmung der Mannschaft bei. Van Mayen, der sich wegen der Position des Dritten Steuermannes übergangen fühlte, vertrieb sich beim Quatschen, Tee- und Kaffeesaufen die Zeit. Für Stunden sah man ihn mit verschiedenen Grüppchen bei wärmendem Feuer Kaffee trinkend zusammenstehen. Erschwerend kam hinzu, dass jetzt Rickerts als Bootsmann an Deck fehlte und Boy Ketelsen, der als Gehilfe des Schiffszimmerers zwar voller guten Willens war, unmöglich die Erfahrung eines Bootsmannes ersetzen und van Mayen Paroli bieten konnte. Als Nickelsen am frühen Nachmittag, seiner Gewohnheit gemäß, zum Mastkorb aufstieg, um sich umzusehen, konnte er kaum glauben, was er auf Deck beobachtete. Dort fand sich der größte Teil der Mannschaft, mit van Mayen, Paulsen und dem Kalfatermeister Rörd Barenbom an der Spitze, in einer langen Reihe mit fünf Teekesseln zusammen. Nickelsen stand noch auf der Marsplattform und beobachtete von dort für einige Minuten das unverschämte Treiben. Man machte es sich bequem bei heißem Tee, scherzte, lungerte herum und ging schließlich sogar noch den Smutje an, der einige Teekessel für die Vorbereitung der Besprechung in der Offiziersmesse zurückverlangte. Jule fand sich von vier Seeleuten umringt und von zweien derart angegangen, dass er den Rückzug antrat. Der Vollmatrose Fran Willem und sogar einer der Marineinfanteristen taten sich in dieser gewaltbereiten Gruppe besonders hervor. Nickelsen hatte genug gesehen. Er griff sich das nächstbeste Tau und ließ sich im selben Augenblick an den Händen hinunter auf das Deck, mitten unter die Schar, die überrascht zur Seite trat.

»Was soll das, was ist hier los?«, schrie er wütend, machte einen Schritt auf den Bootsmann van Mayen und Barenbom zu, entriss ihnen ihre Teekessel und schleuderte sie über die Reling ins Meer. Dann hieß er mit schnarrendem Befehlston dem Smutje zwei weitere Kessel auszuhändigen und forderte von Willem eine Entschuldigung ein. Dem Infanteristen gab er mit, er erwarte Nettersheim in fünf Minuten zum Bericht. Das brachte die Truppe in blinde Wut. Die Männer zogen einen dichten Kreis um Röden und den Kapitän, murrten, schrien und drohten: »Schlagt zu! Schlagt sie beide! Wir machen sie jetzt fertig!« Doch Nickelsen und Jule standen breitbeinig und kampfbereit Rücken an Rücken. Sie hielten unerschrocken den hasserfüllten Drohungen stand. Das ließ die Gruppe zögern, denn so weit hatten sie noch nicht vorausgedacht. Die Unschlüssigkeit gab beiden Gelegenheit, sich entschlossen durch den Kreis durchzuwinden und auf das Achterdeck zu eilen. Der wilde Haufen der Männer verfolgte sie, schwang drohend die Fäuste, doch gerade im rechten Moment tauchten Hansen, Jessen, Mohr, Nitschke und Nettersheim auf, die, vom Schiffsjungen alarmiert und jetzt mit Gewehren und Degen bewaffnet, für klare Verhältnisse sorgten. Mit dem plötzlichen Bewusstsein für die fatalen Folgen ihres Handelns zerstreuten sich die Aufständischen blitzartig. Handgreiflichkeiten gegen den Kapitän würden ihnen sicherlich, auch wenn es noch nicht zum Äußersten gekommen war, als Meuterei ausgelegt und schlimmstenfalls mit Todesstrafe geahndet werden! Zu was hatten sie sich hinreißen lassen? Es wurde rasch einsam um den harten Kern der Gruppe, aus dem heraus Paulsen und van Mayen jetzt das Wort führten und das Recht auf Pausen und weniger Dienst einforderten. Fran Willem rief frech dazu, er sei Holländer und kein Däne und lasse sich als Seemann sein Landesrecht nicht nehmen. Ein Schmidt gab sich als Hamburger zu erkennen und blies lauthals ins gleiche Horn. Ein Schuss aus Hansens Flinte, der knapp über die Köpfe der Männer strich und alle zu Tode erschreckte, beendete die Vorstellung. Nickelsen stand über ihnen auf dem Achterdeck und erklärte laut: »Ihr kennt nun meinen Willen. Ich warne einen jeden! Es ist mehr als genug!«

Dann verschanzte er sich mit seinen Leuten auf dem Achterdeck und in der Großen Kajüte, wo sie sich berieten. Denn es war klar, dass es weiter gärte und die Lage an Bord angesichts der künftigen Herausforderungen mehr als bedenklich blieb. Nettersheim klagte, er sei ohne Anwendung von Gewalt nicht mehr in der Lage, die Ausgabe des Feuers an Bord einzudämmen. Der Zweite Offizier und der Bootsmann würden sich über alle Anordnungen hinwegsetzen. Es wurden im Kreis weitere Klagen über andere Mannschaftsmitglieder geführt, aber immer wieder fielen die Namen Paulsen und van Mayen. Der Kapitän verfügte, dass Jule und Mats für den Tag auf dem Achterdeck in Sicherheit wären und die Küche kalt bliebe. Zudem ordnete er an, alle Passagiere sollten ihre Schlafplätze vorerst nicht verlassen. In diesem Moment meldete ein Vollmatrose vom Ruderhaus, dass der Dritte Steuermann Bjorn abgängig sei. Nickelsen selbst beteiligte sich an der Suche. Doch Johan Bjorn blieb verschwunden. Paulsen erklärte kalt, es sei doch keine Überraschung, dass einer, der ständig dem Suff erlegen sei, irgendwann einmal über Bord gehe.

»So, über Bord?«, antwortete Nickelsen voller Sorgen. Als alle gegangen waren, flüsterte er Hansen zu: »Sie haben ihn umgebracht wie den Molisch. Der Bjorn hatte ein Gewissen und wollte reden.«

Hansen blickte ihn erschrocken an. »Und nun? Mörder an Bord – was soll das geben?«

»Das Leben auf solchen Schiffen verroht, macht manchen offenbar skrupellos«, flüsterte Nickelsen.

In diesem Moment trat Daniel Mohr, der Erste Barbier, aus dem Halbschatten des Ganges, wo er auf den Kapitän gewartet hatte. Hansen und Nickelsen blickten sich erschrocken an und fragten sich, wie viel er von ihrer Unterhaltung aufgeschnappt hatte. Doch Mohr unterbreitete direkt einen ungewöhnlichen Vorschlag. Ein Vorschlag, wie er nur von einem Mediziner stammen konnte. Wenn Soldaten aus seinem Siechen-Regiment, für die er in Württemberg zuständig gewesen war, das heiße Blut zu Kopf stieg und sie sich rasend gebärdeten, ganz wie um Sinn und Verstand gekommen, habe er ihnen, erklärte er mit schlauer Miene, genug von dem Unverstand abgezapft, dass in Zukunft um die Ordnung keine Sorge mehr bestanden habe. Hansen und Nickelsen berieten sich eine Weile, denn ungewöhnlich genug war der Vorschlag ihres Ersten Barbiers. Zudem galt es zu bedenken, welche Auswirkungen die Ausfälle des Zweiten und Dritten Steuermanns und des soeben erst ernannten Ersten Bootsmanns haben würden. Sie waren eigentlich nicht zu ersetzen, aber derzeit nichts als eine Beschwernis. Daniel Mohr wartete geduldig auf die Zustimmung. Sie weihten nur noch Jule und Tade Rickerts ein und natürlich Nitschke, der Mohr zur Hand gehen würde.

Der nächste Morgen zog herauf und die irische Westküste kam in Sicht. An Bord war die feindselige Atmosphäre mit Händen zu greifen. Nickelsen lud die Offiziere in die Große Kajüte und ließ seine beiden neuen Barbiere über neuartige gefährliche Afrikakrankheiten dozieren und wie das altbewährte Aderlassen ein hervorragendes Mittel zur Stärkung der Abwehr des Körpers und zur Bekämpfung dieser Erkrankungen sei. In unbefangener Vertraulichkeit erklärte der Kapitän seiner Offiziersrunde: »Meine Herren, ich für meinen Teil werde den Empfehlungen dieser beiden Herren folgen. Ich will zum Aderlassen. Wenn ich mich dabei so recht umsehe, erblicke ich ganze Kerle mit roten Wangen und kräftiger Statur. Ich denke, Sie sollten alle meinem Beispiel folgen.« Dabei blickte Nickelsen in Hansens und Paulsens

Richtung. Vom Ehrgeiz zerfressen und eitel wie der Hahn auf dem Miste drängten van Mayen und Paulsen darauf, als Nächste nach dem Kapitän für die Behandlung vorgemerkt zu werden. Nickelsen stand sogleich auf und meinte, man solle sofort beginnen, er stelle seine Kajüte zur Verfügung. Er winkte Paulsen und van Mayen mit der rechten Hand kurz zu: »Kommen Sie doch gleich mit, da bringen wir das in Gemeinschaft hinter uns. Soll unser Mohr doch mal seine Kunst an uns beweisen.« Tatsächlich schöpften die beiden keinen Verdacht und warteten im Gang, während in der Kajüte der Kapitän von Mohr in aller Vorsicht und Zurückhaltung zur Ader gelassen wurde. Drinnen ließen Mohr, Nitschke und der Kapitän noch so viel Zeit verstreichen, wie man vielleicht für zwei oder drei Aderlässe benötigt hätte, dann betrat Nickelsen frohgemut wieder den Gang und rief: »Wie neu geboren, meine Herren! Aller schlechten Säfte ledig! Das wäre geschafft! Wer will als Nächster?« Hinter ihm schritt feierlich Nitschke mit einer von einem Tuch notdürftig abgedeckten Schüssel. Das darin befindliche Blut war gerade noch zu erkennen. Er verschwand an Deck. Währenddessen gerieten sich Paulsen und van Mayen über die Reihenfolge der Behandlung in die Haare. Jeder wollte sich als mutiger Erster beweisen. Heißblütig wie die Stiere, dachte sich Nickelsen, der den Streit beendete, als Nitschke mit der gereinigten Schüssel zurückkehrte und vorschlug, sie könnte beide gleichzeitig zur Ader gelassen werden, einer von Mohr, der andere vom Zweiten Barbier Nitschke. Die Tür schloss sich hinter den beiden und die Barbiere der *Vesuvius* machten blutigen Ernst. Zwei große Schüsseln füllten sich mit Blut. Nickelsen, der nichts Gutes ahnte, schaute vorsichtshalber nach wenigen Minuten vorbei. Noch beliebte das Großmaul van Mayen zu scherzen, jedoch wurden beide bereits reichlich bleich um ihre Nasen. Nickelsen gab Mohr durch versteckte Zeichen zu verstehen, dass es jetzt genug sei und er aufhören solle. Jedoch ließ dieser beide Schüsseln randvoll mit Blut rinnen, bis beide Offiziere besinnungslos vom Stuhl kippten und sogar durch gutes Zureden und Ohrfeigen ihr Bewusstsein nicht wiedererlangten.

Mohr zauberte aus den Tiefen seiner Taschen eine übelriechende Spiritustinktur hervor, hielt sie beiden unter die Nasen, worauf sie keuchend und würgend zu sich kamen. Dennoch konnten sie nur mit fremder Hilfe aufstehen. Man schleifte sie bis zu ihren Schlafplätzen. Sie waren so entkräftet, dass sie die nächsten vierzehn Tage nicht mehr selbstständig auf ihren Füßen stehen konnten und ausfielen. Ihre aufbegehrende Gefolgschaft wusste die Zeichen der Zeit richtig zu deuten. Ein Blick auf die beiden vom Tode gezeichneten großen Wortführer und zwei Tage kalte Küche genügten, um die Ordnung vorläufig wieder herzustellen. Für die nächsten zwei bis drei Wochen reihte sich der Kapitän selbst in den Dienst der wachhabenden Offiziere ein; van Mayen ersetzte er bis auf Weiteres durch den Segelmacher John Hull. Der Waliser schien ihm der Einzige zu sein, der über genügend Erfahrung verfügte, um den Einsatz der Mannschaft an den Segeln zu befehligen.

3. Ein Handelsschiff wird wehrhaft und bewährt sich in einem Feuersturm ganz eigener Art

Die *Vesuvius* passierte an der irischen Westküste Cape Clear und würde mit Kurs Südost zu Süd die Scilly-Inseln und den Ausgang des Englischen Kanals erreichen. Unmittelbar nach Erreichen der irischen Westküste ließ Nickelsen den Ausguck dauerhaft besetzen, denn sie sollten noch vor der französischen Küste auf ihr kanonenbewehrtes dänisches Begleitschiff treffen. Tags darauf drehte der Wind nach Süd bei steifer Brise und klarer Sicht. Der Kapitän ließ einen Westsüdwestkurs anlegen und in der Nacht vorsichtshalber die Marssegel einholen. Sehnsüchtig blickte er immer wieder Richtung Mastkorb, aber der Mann im Ausguck schwieg und hatte die erwartete Fregatte der dänischen Marine noch nicht ausgemacht. Der Kapitän ließ Nettersheim mit seinen Leuten eine Gefechtsübung durchführen und zur Unterhaltung der Passagiere an Bord, insbesondere der Frauen, die Kanonen einmal kräftig donnern. Das Ergebnis dieser Übung überzeugte ihn jedoch nicht von der Wehrhaftigkeit und dem Zusammenspiel von Mannschaft und Marineinfanteristen. Die Wendemanöver dauerten zu lange, die Bereitstellung und das Abfeuern der Kanonen ebenso. Und wenn sie das Schiff zum Zeitpunkt der Feuerbereitschaft nicht exakt manövriert hätten, würden sie vielleicht die Vögel am Himmel oder die Fische auf dem Meeresgrund mit ihren Kanonenkugeln erschrecken. Der Waffenmeister gab sich zwar schneidig und schimpfte laut auf die Bootsleute und die Geschützführer, überhaupt auf die Zivilisten an den Kanonen, die von ordentlichem Kanonendonner nichts verstünden.

Nickelsen blickte ihn nur missbilligend an. »Schön, Herr Waffenmeister, dass wir uns einig sind. Die Übung war ein Fehlschlag. Ich gehe davon aus, dass Sie das bis morgen oder übermorgen besser hinkriegen. Sie sind mir diesbezüglich als Preuße empfohlen worden ...« Dann wandte er sich ab und überließ die Details den beiden Bootsmännern und Hansen.

Wolfson hängte sich an seine Fersen und gab sich besorgt. »Sie wollen doch nicht noch einmal Krieg spielen lassen, Herr Kapitän? Einmal muss reichen. Dafür bekommen wir Geleitschutz. Wir sollten günstiges Wetter ausnutzen und unser Ziel ansteuern.«

Nickelsen wandte sich ihm zu und tat, als ob er ihn erst jetzt wahrnehmen würde. »Ach, Sie sind es, Herr Wolfson. Sie halten sich für eine Landratte ja ganz tapfer. Machen einen soliden Eindruck. Hätte ich nicht gedacht. Weiter so, mein Lieber!« Er ließ ihn einfach stehen. Tatsächlich blieb Wolfson sprachlos stehen und verdaute erst einmal diesen Auftritt. Wie hatte Cornelissen ihn genannt? Mein Lieber! Die Sache mit seiner Gesundheit war wohl so ein Tick von ihm.

Sie verloren gut zwei Tage, in denen sie immer wieder kreuzten und Ausschau nach dem Begleitschiff hielten, was insbesondere bei Wolfson zu ziemlichem Verdruss führte. Das Wetter klarte auf, es gab Sonnenschein mit genügend Wind, angenehme Temperaturen, geradezu ein Klima, um an Bord eines so stolzen Schiffes von Entdeckungsfahrten und schönen Dingen jenseits aller Verpflichtungen des wirklichen Lebens zu träumen. Zwei Mal am Tag nutzte Nettersheim die Stunden zwischen den Wachablösungen für Übungen und verfolgte seine Sache mit großem Ernst. Die Mannschaft neigte dagegen nach wie vor zum Müßiggang, doch bei der derzeitigen Lage, die dringend einer Beruhigung bedurfte, und dem schönen Wetter ließen Nickelsen und Hansen den Leuten ihren Willen. So hatten sie bei schönstem Sonnenschein sämtliche Segel losgemacht und ließen sie zum Trocknen im Wind flattern. Die Schiffsbesatzung machte große Wäsche und hängte gleich ihre Hängematten und Kleidung dazu.

»Wir hätten im Hafen bleiben sollen«, grinste Jule, als er mit dem Speiseplan in der Hand aus seiner Kombüse Richtung Achterdeck unterwegs war und auf Ole Jessen traf. »Als Waschplatz hätten wir einige Umsätze einfahren können. Und solch einen vorzüglichen Trockenplatz hätte es wohl kein zweites Mal in der Stadt gegeben.« Er deutete auf die Wäsche, die an den Rahen und Wanten flatterte.

»Wohl wahr, die besten Geschäftsideen kommen einem immer, wenn die Gelegenheit verstrichen ist«, antwortete Jessen lachend. »Allein, ob ich als Bootsmann mit einem Kahn voller Waschweiber besser zurechtkäme, weiß ich nicht.« Er machte eine vage Handbewegung.

»Jedenfalls gingen wir dann einem sauberen Geschäft nach, das zum Nutzen der Menschheit wäre. Es käme niemand zu Schaden dabei. Gibt es Neuigkeiten in der Sache mit Johan Bjorn?«

»Nein, nicht wirklich.« Ole Jessen wollte nicht darüber reden. »Unser Kapitän macht sich Vorwürfe, dass er den Tod von Bjorn hätte verhindern können. Er meint, es sei voraussehbar gewesen.«

»Wenn du mich fragst, wäre es besser, wenn man dem Paulsen und dem van Mayen noch den Rest ihres Blutes abzapfen würde. Die sind für mich nichts Besseres als lichtscheues Gesindel. Cornelissen hätte lieber das Gericht zu Kopenhagen seine Arbeit machen lassen sollen und wir wären ohne diese Kerle in See gestochen. Aber so?«

»Du solltest deine Meinung nicht so laut hinausposaunen. Die Angelegenheit ist nicht so einfach, denn beide sind bei Hofe und der Kompanie angesehen. Hier an Bord haben sie ebenfalls manche Sympathien. Macht mir meine Aufgabe als Bootsmann nicht einfacher, glaube mir.« Jessen senkte seine Stimme und blickte sich um.

»Du bist ja heute geradezu redselig für einen Friesen, mein Lieber«, lachte Jule, der ihn um Haupteslänge überragte und ihm kräftig auf die Schulter schlug. »Recht hast du, so geht es überall zu. Schurken gesellen sich zu Schurken und die Lumpenhunde decken einander, auch wenn andere dafür ins Gras beißen. Aber so ganz, mein Lieber, habe ich den Glauben an eine Gerechtigkeit noch nicht aufgegeben.«

Sie kamen an einer Gruppe Vollmatrosen vorbei, die heftig diskutierten; ein Marineinfanterist war daran beteiligt. Der lief Jule hinterher, um ihm zu verkünden, ihm stünden zwei zusätzliche Branntweinportionen und zwei Mittagessen von denen da zu. Er deutete auf zwei Matrosen, die ergeben nickten. Jule blickte ihn nur scharf an: »Wird vorgemerkt, Mann.« Dann rief er zu den Matrosen: »Meine Herren, dass mir keine Klagen kommen.« Schallendes Gelächter und ein paar halblaute zotige Bemerkungen waren zu vernehmen. Jule kümmerte sich nicht weiter darum.

»Was, bitteschön, war denn das?«, wollte Jessen wissen.

»Noch nicht mitgekriegt? Vielleicht willst du dich daran beteiligen.« Jule tat geheimnisvoll.

»Rück raus damit, was geht da vor?«, frage Ole Jessen gespannt. Sie grüßten die beiden Frauen, die als Passagierinnen nach Fort Christiansborg auf dem Schiff waren.

»Um was soll es bei den Kerlen schon gehen?«, amüsierte sich Jule. »Um Frauenzimmer – nichts sonst!« Dann deutete er mit einem Kopfnicken in Richtung der beiden Frauen. »Die beiden sind doch in der Kabine des Dritten Steuermanns untergekommen. Die ist recht klein, zudem vollgestellt mit Kisten und Gepäck und daher mit zwei Hängebetten versehen.«

»Mit was? Hängebetten?« Jessen schaute entgeistert.

»Eine Art zwei große Kisten mit Bettzeug ausgepolstert und mit vier Seilen an den Balken befestigt. Die haben zudem den Vorteil, dass sie durch ihr Schwingen die Bewegungen des Schiffes ein wenig ausgleichen.« Er machte eine kleine dramatische Kunstpause, um schelmisch zu lächeln. »Aber die Bewegungen und die Höhe, in der die beiden Kisten hängen, sind für die Damen ein Problem, du verstehst?«

»Nichts verstehe ich!«, empörte sich Jessen.

»Allein, ohne fremde Hilfe, kommen die Damen da kaum raus und rein. Unsere Vollmatrosen, ganz Gentlemen vom Scheitel bis zur Sohle, sind ihnen dabei gern behilflich. So gern, dass sie dafür sogar schon mal auf ihren Branntwein und ein Essen verzichten. Inzwischen wird um dieses Recht, den Frauen an die Nachtwäsche zu fassen, wüst gespielt und gewettet. Je toller die anschließend erfundenen Geschichten sind, desto höher steigen die Kurse. Bevor du fragst: Cornelissen hat angeordnet, man möge den Damen behilflich sein. Da gibt es nichts zu beanstanden.«

»In Nachthemden in den Bettkasten, beide?« Ole Jessen kraulte sich den Stoppelbart. »So schlecht sehen sie wirklich nicht aus. Andererseits, Smutje, nichts gegen deine Küche!«

»Will ich meinen, will ich doch meinen!«, lachte Jule und ging allein zur Kapitänskajüte. Dort traf er den Kapitän in seltsamem Zustand an. Er hockte hinter seinem Tisch, auf dem allerhand Karten auslagen, den Kopf in beide Hände gestützt, nur ein loses Hemd über den Oberkörper geworfen, das vorn bis zur Mitte der Brust offen stand und dessen Ärmel bis an die Achseln hochgekrempelt und dort mit schwarzen Tüchern festgebunden waren. Seine Haare, sonst stets sorgfältig gebürstet und gefettet, standen ihm nass und wirr auf dem Kopf. Direkt neben seinem Stuhl lehnte ein mächtiger Säbel, den man in der Seefahrt gemeinhin Schiffshauer nannte. Als er Jule erblickte, schreckte er auf, fegte die Karten beiseite und griff nach einer schussbereiten

Pistole, die darunter gelegen hatte, sprang auf, steckte die Pistole in den Hosenbund, griff nach dem Schiffshauer, den er gefährlich in Jules Richtung schwang, dass dieser vorsichtshalber zwei Schritte rückwärts Richtung Kajütentür auswich. Doch schon war Nickelsen, den Schiffshauer weiter vor sich her schwingend, bei der Tür, stieß ihn zur Seite, dass der kräftig gebaute Jule ins Torkeln kam und zu Boden ging. Der Kapitän stürmte in den Aufgang und schrie aus vollem Hals: »Angriff! Feuer von Steuerbord! Feind von Steuerbord! Alarm!« Fassungslos starrte ihm Jule hinterher. Weitere Türen wurden aufgerissen. Wolfson und Nitschke stürmten aus Hansens Kajüte nebenan und Mats, der gerade dabei gewesen war, in der Offiziersmesse aufzuräumen, rannte die Holzstiegen hinauf in den Gang. Allen schien im ersten Moment, ihr Kapitän sei vollends toll geworden. Nickelsen wies mit dem Schiffshauer die Stufen zum Deck hinauf, wiederholte Schreierei und wilde Gebärden. Da endlich verstand Jule ihn, sprang an seine Seite, nahm seine Alarmrufe auf und stürmte an ihm vorbei Richtung Ruderhaus, wo er Zeter und Mordio schrie und die Schiffsglocke läutete. »Kanonen und Feind von Steuerbord!«

Wie ein Pirat stand Nickelsen breitbeinig mitten im Auge des Orkans, den er jetzt an Bord seines Schiffes in solcher Geschwindigkeit entfachte, dass Nettersheim nur die Rolle des Befehlsempfängers blieb. Der Lärm der Mannschaft dröhnte aus allen Winkeln des Schiffs. Dazwischen die schrille Pfeife der Bootsmänner, die anfeuernden Schreie der Geschützführer und das gewohnt schneidige »Aus dem Weg da! Platz da!« von den Infanteristen, von denen sich drei mit Gewehren daranmachten, die Rahe am Fockmarssegel zu erklimmen, um von dort als Scharfschützen auf dem feindlichen Schiff die Offiziere zu treffen. Sie langten oben an, was für Landratten bemerkenswert war. Nickelsen ließ erste Segelmanöver fahren, um keinen Versuch ungenutzt zu lassen, dem Feind zu entkommen, und um sich in die bessere Schussposition zu manövrieren. Denn wer mit dem Wind segelte, hatte den entscheidenden Vorteil bei einer Seeschlacht mit Kanonen. Ein solches Schiff konnte rasch auf den Feind zulaufen und das Feuer auf ihn eröffnen. Doch die *Vesuvius* lag in Lee, der dem Wind abgekehrten Seite. Der Kapitän bestimmte die Position des angreifenden Schiffs, rief die Koordinaten und entschied, auf Schnelligkeit bei den Kanonen und auf den im Schiffsraum bei solcher Position des Schiffes leichter abziehenden Qualm zu setzen. Decks waren bei den Kanonen mit Sand zu bestreuen zum Feuerschutz und damit niemand auf Blutlachen bei Feindtreffern ausrutschen konnte. Dann: Drei Batterien Kanonenfeuer, so rasch als möglich, war die Vorgabe! Binnen kürzester Frist gelang es Nettersheim, die Kanonen zurückzuziehen, mit Pulver und Kugeln laden zu lassen, zu stopfen, wieder auszurichten und die Mündungsklappen zu öffnen. Die Geschützführer richteten jetzt die Kanonen auf das heranrauschende feindliche Schiff aus, und der Kanonier schob den brennenden Luntenstock ins Rohr und zündete die Ladung. Dies geschah an mehreren Geschützen fast gleichzeitig. Höllischer Lärm, Rauch und Gestank machten die Arbeit in der Nähe der Geschütze zur Qual, und die Erschütterungen der Explosionen, die die Kugeln Richtung feindliches Schiff schleuderten, ließen das eigene Schiff erzittern. Die Passagierinnen warfen sich ebenso wie Wolfson und Nitschke, die gerade das Deck betraten, kreischend zu Boden.

Um die Kanonen neu zu laden, benötigten die Geschützführer wieder Zeit. Sofort ertönte Nickelsens Befehl: »Schiff gewendet! Wendemanöver sofort!« Inzwischen war davon auszugehen, dass jetzt das feindliche Schiff, die Gunst der Stunde nutzend, mit Kanonendonner seinen Gruß herübersandte. »Barbier! Zwischendeck! Kümmern Sie sich um die Verletzten.« Mohr lief los, um zu schauen, welchen Schaden Menschen und Material genommen hatten. »Nitschke, Zwieback, mit zwei Leuten Waffen aus dem Zwischengang! Pulver und Kugeln aus dem Lager! Los! Bootsmänner! Schützen an die Gewehre! Wenden! Sofort wieder wenden! Geschütze rausfahren und Feuer!« Es erwies sich als günstig, dass die Wäsche inklusive der Hängematten bei diesem Wetter draußen hing, obwohl die Klamotten jetzt die Arbeit der

Seeleute an Deck und der Mastgasten auf den Rahen bei den in immer kürzeren Abständen zu vollziehenden Wendemanövern behinderten, denn nun erfolgte der Befehl des Kapitäns: »Hängematten herunter! Sofort! Und in Deckung! Feindliches Feuer von Backbord! Ein Schütze in das Ruderhaus zur Verteidigung und Übernahme des Ruders, im Fall des Ausfalls des Dritten Steuermanns!« Nickelsens Stimme gellte über das Schiff. Die *Vesuvius* erzitterte nach der zweiten Batterie von Kanonenschlägen, die abgefeuert wurden. Inzwischen hatte die Mannschaft eine Vielzahl von Hängematten an der Reling befestigt, wo sie eine Art Brustwehr gegen das feindliche Kanonen- und Kugelfeuer bilden sollte.

Das Wendemanöver blieb aus, offenbar ging der Kapitän davon aus, dass der Angreifer mit seinem Schiff gleich zum Entern ansetzen würde. Jetzt ging das Kommando an die Schützen: »Position beziehen, Ziel anvisieren und Feuer!« Es knallte und Rauchschwaden vom Pulverdampf zogen über das Deck, quollen inzwischen aus den Geschützöffnungen des Zwischendecks. Um den Kapitän versammelten sich zehn mit Pistolen und Säbeln bewaffnete Schiffsmitglieder, bereit, sich dem Feind im Nahkampf zu stellen und um jeden Preis zu verhindern, dass diese über das Schanzkleid und die Bordwand an Deck gelangen könnten. Cornelissen riss seinen Schiffshauer in die Höhe und schrie aus Leibeskräften: »Lasst sie nur kommen! Wir wollen ihnen einen Empfang bereiten. Wir weichen keinen Zoll, Männer!«

Wie mit einer Stimme erscholl die Antwort aus den zehn Kehlen, und Jule, der Haudegen, mittendrin: »Wir weichen keinen Zoll! Gott und Vaterland!«

Inzwischen standen die Gewehre an Deck bereit. Mats und zwei weitere Schiffsjungen hatten die Aufgabe, diese möglichst rasch zu laden und den Schützen auszuhändigen. Die Mannschaft in den Segeln und an den Belegnägeln wurde jetzt auf Kosten der Manövrierfähigkeit verringert. So kamen weitere zehn Männer unter Waffen und schossen, was das Zeug hielt. Der Kapitän mit inzwischen heiser geschrienem Stimme und erhobenem

Schiffshauer dirigierte die Schützen. Hoch motiviert, geradezu begeistert und diszipliniert wie noch nie folgte die Mannschaft in allen Teilen ihrem Kapitän, der jetzt »Feuer frei!« schrie und gleichzeitig zehn Gewehre an Deck und die drei von den Scharfschützen aus dem Fockmast feuern ließ. Kurz danach erzitterte das Schiff noch einmal mit unglaublichem Getöse unter dem dritten Kanonendonner.

Wenn es einen wirklichen Feind gegeben hätte, dieser wäre nicht billig an seine Beute gekommen. Er hätte einen hohen Blutzoll zahlen müssen. Nettersheim stürmte jetzt mit Gewehr und Degen vom Batteriedeck nach oben. Der Kapitän schrie plötzlich: »Da, hab ich dich, du Schurke. Mein Schiff bekommt ihr nicht! Da, nehmt dies! Lernt mich kennen!« Er sprang vorwärts und drosch mit seinem schweren, furchteinflößenden Schiffshauer auf seinen Smutje ein, der geistesgegenwärtig zur Seite sprang, seinen Säbel hochriss und sich gezwungen sah, sich mit aller Kraft gegen seinen Kapitän zu verteidigen. Obwohl er tausendmal wusste, dass es einen wirklichen Feind nicht gab und der Kapitän nur eine Übung durchzog – wenn er dies nicht verdammt ernst genommen hätte, er wäre kaum ungeschoren davongekommen. Also hielt er mit seiner massigen Gestalt und Kraft dagegen und trotzte dem Kapitän, dem er so viel Kampfkraft und Geschicklichkeit nicht zugetraut hätte, Meter um Meter ab. Auf seine Zurufe reagierte der Kapitän nicht, sondern hieb drauflos, als gälte es, das eigene Leben tatsächlich zu retten.

Die Mannschaft geriet vor Begeisterung außer Rand und Band. So hatten selbst diejenigen, die schon Fahrten unter Cornelissen gemacht hatten, ihren Kapitän noch nie erlebt. Wenn es eine Bühne gegeben hätte, man hätte Nickelsen gleich mehrere Zugaben abverlangt. Die Übung lief unweigerlich auf ihr Ende zu. Es herrschte wüstes Geschrei, sogar Schüsse knallten noch. Jedenfalls waren alle bei diesem Lärm derart mit sich selbst beschäftigt, dass außer Rickerts am Schiffsruder niemand den Schrei des Ausgucks hörte, der die lange erwartete Begleitfregatte der dänischen Marine ausmachte. Sogar auf die Schiffsglocke, die Rickerts sofort schlagen ließ, reagierte niemand mehr. Die gehörte für die außer sich geratene Mannschaft zur Übung, die im wilden Klingenkreuzen zwischen dem Kapitän und dem Smutje, in das jetzt Nettersheim aufseiten des Kapitäns einzugreifen versuchte, ihre rasante Fortsetzung fand.

Wie ein zweifaches Donnergrollen schien von der Luvseite ein Unwetter heraufzuziehen. Für Momente ließen die Kämpfer ihre Säbel sinken, für diesen Wimpernschlag einer Zeitspanne verstummte die tobende Mannschaft der *Vesuvius* instinktiv. Dann ganz plötzlich ein pfeifendes Geräusch in der Luft. Irgendetwas Großes flog mit hoher Geschwindigkeit genau zwischen Großmast und Besanmast hindurch, um hinter dem Schiff lautstark im Wasser aufzuschlagen. Fast zeitgleich klatschte ein Warnschuss gefährlich nah vor dem Kiel der *Vesuvius* ins Meer. Wasser spritzte bis aufs Deck.

»Alle Mann in Deckung«, schrie Nettersheim, und schon befand sich über die Hälfte der Mannschaft platt auf den Planken. Genau in diesem Moment erzitterte das Schiff erneut, denn von der leichteren Heckkanone der Vesuvuis wurde ohne Schießbefehl vom Geschützführer das feindliche Feuer erwidert.

»Was zum Teufel!«, schrie Nickelsen, warf seinen Säbel zu Boden und lief, so schnell er konnte, mit Jule Richtung Kanone. Dort hielt der Kanonier die brennende Lunte in Form eines Fackelstabes noch in Fäusten, und die langen gelockten Haare des Geschützführers waren eben diesen Flammen zu nahe gekommen und hatten Feuer gefangen. Der arme Mensch schrie gottserbärmlich und wälzte sich schließlich in Panik auf den Planken. Geistesgegenwärtig griff sich Jule schon im Heranlaufen einen Eimer mit Wasser, der stets neben den Kanonen zur Bekämpfung einer Feuersbrunst bereitstand, und übergoss den Unglücklichen, der sich, einer Bewusstlosigkeit nah, anschließend die Beschimpfung seines Kapitäns wegen des eigenmächtig abgegebenen Kanonenschusses anhören musste. Nickelsen war mächtig wütend und hätte am liebsten ein Exempel statuiert, aber der Zustand des Mannes ließ solches Vorgehen nicht zu. Also rief er zur Ahndung seines Vergehens den Schiffszimmerer Svalesen heran, der den Strafsergeanten an Bord abgab, und ließ sowohl den unvorsichtigen Kanonier als auch den Geschützführer abführen und einsperren.

Seine Bootsmänner Ole Jessen und John Hull fanden sich in Begleitung von Wolfson an seiner Seite und redeten aufgeregt wie die Waschweiber durcheinander. Nickelsen überhörte ihre Forderungen, er müsse sofort Befehle geben, irgendetwas unternehmen, bevor man sie auf den Grund des Meeres schicken würde. Erstens wusste er, dass er mit Tade Rickerts einen besonnenen Mann am Ruder stehen hatte, und zweitens wurde er stets immer ruhiger und konzentrierter, je gefährlicher sich eine Situation zuspitzte. Wolfson verstieg sich sogar dazu, ihn am Arm zu fassen und zu rütteln, als er sich ein Fernrohr reichen ließ und nach Nettersheim rief. Mit einer halben Körperdrehung befreite er seinen Arm und schlug dem vorlauten Bevollmächtigten der Kompanie ins Gesicht, dass er auf die Knie ging und ihm das Blut aus der Nase floss. Dann richtete er ohne ein weiteres Wort das Fernrohr auf das gefährlich rasch näher kommende Schiff. In genau diesem Moment donnerten zwei Kanonenkugeln der kleineren Kanonen vom Deck im Kielbereich Richtung *Vesuvius*. Die erste klatschte auf der Steuerbordseite ins Wasser, aber die zweite machte ernst und streifte die Reling oberhalb des Schanzkleides, die splitternd niedergerissen wurde. Zwei Seeleute wurden von den herumfliegenden Holzsplittern an Armen und Beinen verletzt. Der Barbier Mohr bekam jetzt tatsächlich Arbeit. Nickelsen schätzte, dass ihnen keine fünf Minuten mehr blieben, bis sie die erste Breitseite der 20 Kanonen auf dieser Seite der Fregatte zu spüren bekämen, und keine weiteren fünf Minuten für die nächsten fünf bis zehn Kanonenschüsse. Ihm wurde eiskalt vor Schreck. Wie konnte solch ein Missverständnis geschehen? Aber er reagierte äußerlich kühl, jeden Moment das Gefühl vermittelnd, er wäre tatsächlich Herr der Lage.

Er sah Nettersheim kommen und schnauzte ihn an, dass er sich unter Deck scheren und schleunigst dafür sorgen solle, dass alle

Geschütze eingefahren und alle Stückpforten[44] geschlossen würden. »Sofort! Es geht um Sekunden! Rennen Sie um Ihr Leben, Mann! Keine Frage mehr zugelassen, sonst mache ich Ihnen Beine!« Er riss seine Pistole aus dem Hosenbund und zielte. Nettersheim wurde bleich vor Schreck und Wut, aber er rannte los, ohne ein Wort zu verlieren. »Bootsmänner, Hull, Ole! An jedem gottverfluchten Mast unseres Kahns muss in weniger als zwei Minuten die dänische Flagge wehen. Hisst, was ihr zu packen kriegt – und wenn eure Hosen dänischen Farben tragen, hisst sie dazu!«

Dann griff sich Nickelsen den Geschützführer Erken und lief mit ihm zur leichten Kanone vorn am Bug. Diese musste für einen Salutschuss herhalten. Die Fahnen und der Salutschuss kamen einer Ehrenerklärung gleich. Hoffentlich nahm man die Signale auf der Marinefregatte rechtzeitig wahr. Noch einmal ließ Nickelsen alles aufentern, was an Mastgasten und Seeleuten aufzubieten war. Sie fuhren ein halbes Wendemanöver, um Abstand und Zeit zu gewinnen – und tatsächlich schlug sich die *Vesuvius*, die durch die Kupferplatten vorn auf dem Bug schneller geworden war, gut. Jedenfalls so gut, dass zwei weitere Kanonenschüsse nur seitwärts neben der Bordwand ins Meer klatschten. Nach dem Wendemanöver gab Nickelsen den Befehl an alle in den Masten befindlichen Seeleute, ihre Hemden auszuziehen und sie Richtung Verfolger zu schwenken. Vorsichtshalber ließ er keine Segel einholen, sondern fuhr weiter volle Fahrt voraus.

Die ersten dänischen Flaggen flatterten achtern vom Besanmast und vorn am Fockmast. Nickelsen wartete nicht auf die Flagge am Großmast, sondern feuerte Salut. Im selben Moment blickten er und seine Mannschaft auf die offenen Geschützpforten des jetzt mit vollem Wind in gesamter Segelfläche heranrauschenden Schiffes. Über 30 Kanonen, darunter zwei 36-Pfünder-Geschütze auf jeder Seite, die mit ihren schweren Eisenkugeln alles zermalmen würden, würden jeden Moment ihr Schicksal entscheiden. Das Geräusch der Segel, des rauschenden Wassers, das mit einer hohen Welle verdrängt wurde, und allein der Blick

44 Holzluken vor den Geschützen. Sie werden vor einem Gefecht hochgeklappt, damit die Geschütze rausgefahren und positioniert werden können.

in die jetzt allmählich auf gleiche Höhe kommenden Kanonenöffnungen ließen jeden aus Angst über letzte Dinge nachdenken.

»Alle Mann an die Reling! Hemden ausziehen und schwenken. Wer noch eine Waffe trägt oder gar schießt, den werfe ich eigenhändig den Haien zum Fraß vor!« Nickelsen lief zum Ruderhaus und Befehlsstand, um mit den dort befindlichen Fahnen Signale zu geben und das eigene Schiff zu manövrieren. Das Verfolgerschiff rauschte noch näher heran. Jeder Kanonenschuss wäre jetzt ein tödlicher Treffer gewesen. Nickelsen ließ die Segel reffen, die *Vesuvius* signalisierte ihre Aufgabe und verlor an Fahrt. Er schaute gebannt hinüber zum anderen Schiff. Dort erkannte er jetzt die Infanteristen, von denen gut fünfzig an Deck mit Gewehren im Anschlag in Schussposition auf sie zielten. In den Masten hockten sicherlich die Scharfschützen, die bereits den für ihn tödlichen Schuss im Visier hatten. Er beschloss, mit keiner Bewegung irgendeinen Anlass zu einer unüberlegten Reaktion zu geben. Aus den hinteren Stückpforten kam Qualm. Er meinte, dahinter die Flamme der Lunte gesehen zu haben. Vor Schreck versagte ihm die Stimme. Er schluckte und schaute seinen Freund Tade an, der mit dem Oberkörper über dem Ruder zusammensank.

»Oh Gott, nicht das, bitte nicht!«, stammelte dieser nur noch. Jeden Moment erwarteten sie das Donnergrollen von Kanonen und die Einschläge der heranpfeifenden Eisenkugeln. Die letzten Schreckminuten verstrichen. Ungeachtet seines Piratenaufzuges, in dem er auf dem Achterdeck stand, riss er die Signalflaggen in die Höhe, blickte nach oben und sah auf dem Großmast die dänische Flagge wehen. Die Fregatte zog majestätisch an ihnen vorbei. Auf der *Vesuvius* brach ein unbeschreiblicher Jubel der Erleichterung aus.

4. Der Kapitän muss sich behaupten und eine schwerwiegende Entscheidung treffen

Kurzeintrag ins Logbuch der *Vesuvius* im Juli 1748:

Nachdem wir eine gute Woche bei ruhigem Wetter vor den Britischen Inseln und dem Ausgang des englischen Kanals gekreuzt sind, lief endlich unser verabredeter Geleitschutz auf die Vesuvius zu. Wir waren zu dieser Zeit dabei, eine Gefechtsübung abzuhalten. Diese wurde unter Einsatz aller Kanonen und unter Bewaffnung der Besatzung derart ernsthaft ausgeführt, dass unser Geleitschiff uns für ein feindlich gesinntes Schiff hielt und daran ging, uns zu beschießen. Mittels rettender Manöver und gestrichener Segel konnten wir uns schließlich zu erkennen geben, bevor eine glatte Lage der gut bestückten Marinefregatte uns ernsthaften Schaden zufügen konnte. Leichte Schäden an der Redoute konnten mit Bordmitteln ausgebessert werden. Zwei Leichtverletzte wurden der Obhut des Barbiers Mohr anvertraut und befinden sich auf dem Weg der Genesung.

Die Zusammenkunft mit dem Geleitschiff erwies sich im Folgenden umso glücklicher, als es sich um die Fregatte Jaegerspris unter Führung des Kapitäns Christian Friedrich Mechlenburg handelt, eines mir wohlvertrauten Verwandten des befreundeten Amrumer Pastors Mechlenburg und hochgeschätzten Schiffers. Bei labbere Kühlte[45] *wurde am Tag nach der Zusammenkunft der Schiffe ein gemeinsamer Schiffsrat an Bord der Jaegerspris abgehalten, wo mir und meinen Offizieren sowie dem Bevollmächtigten Wolfson alle Ehren und Aufmerksamkeiten zuteil wurden. Nach Ausfall des Zweiten und Dritten Steuermanns und des Zweiten Bootsmanns sowie einiger Seeleute kamen wir mit großer Mehrheit (unter Widerspruch des Bevollmächtigten der Kompanie) überein, in portugiesischen Häfen auf Ersatz zu gehen und den Aufenthalt zu nutzen, um dort Vorräte aufzufüllen. Diesbezügliche Möglichkeiten an der Goldküste, besonders in Fort Christiansborg, erscheinen mir als zu unsicher.*

45 bei schwachem Wind.

Nach einigen Wochen Krankenlager erholten sich die zur Ader gelassenen Offiziere Paulsen und van Mayen langsam wieder. Mohr und Jule, die sozusagen von Berufs wegen mit ihnen Kontakt hatten, meldeten unabhängig voneinander deren Beschwerden, die sie schriftlich auch unmittelbar an Jorgen Wolfson adressierten. Nickelsen erkannte, dass er eine Entscheidung treffen musste. Paulsen und van Mayen sannen wegen des Aderlasses auf Rache. Vielleicht war jetzt die Zeit, um mit offenen Karten zu spielen, dachte sich Nickelsen und meinte sogar, das sei er allein dem toten Bjorn schuldig. Er berief ihre kleine verschworene Gemeinschaft ein, zu der er inzwischen auch Jule Röden rechnete. Hansen setzte er nun den gesamten Sachverhalt mit dem Betrug beim Wettstreit um die Stelle des Smutjes und seinen Verdacht hinsichtlich der Todesfälle erstmalig auseinander. Jule bestätigte die Angaben des Kapitäns und berichtete von den Aussagen des Holländers Molisch. Mit Entsetzen erkannte Hansen, dass Paulsen und van Mayen wahrscheinlich für den Tod von Molisch und Bjorn verantwortlich waren. Doch Hansen blieb ruhig und wartete zunächst loyal die Entscheidung des Kapitäns ab. Nickelsen schätzte sehr an ihm, dass er in jeder Lage immer einen kühlen Kopf behielt.

Der Kapitän sprach in diesem Kreis offen zu seinen Leuten, vor allem votierte er dafür – im kleinen Schiffsrat sozusagen offiziell und für die Kompanie später nachvollziehbar – zumindest das nachweisbare Fehlverhalten der beiden Offiziere zu beraten. Nach einer kleinen Bedenkpause, in der ihm niemand widersprach, erklärte Nickelsen, dass er Kapitän Mechlenburg als guten Freund vollumfänglich ins Vertrauen zu ziehen gedenke. Jedoch der Mannschaft oder den Passagieren, vor allem Wolfson gegenüber, müsse man seine Worte und die Vorwürfe mit Bedacht wählen.

»Einerseits wäre es sicherlich angezeigt, die beiden Herren mit dem nächsten Schiff zurück nach Kopenhagen zu überstellen, damit sie vor einem Seegericht zur Verantwortung gezogen würden. Andererseits wissen wir zwar von ihren Betrügereien, können ihnen aber nicht die Morde nachweisen. Das wird dem Gericht ebenso ergehen. Am Ende könnte die Angelegenheit auf uns zurückfallen. Zudem, meine Herren, haben wir es mit zwei erfahrenen und guten Seeleuten zu tun, die wir auf unserer Reise in den Häfen, die wir anlaufen, mit entsprechenden Maats und Offizieren nicht ersetzen können. Fänden wir überhaupt jemanden, wäre dies mehr als ein Glücksfall.«

Rickerts setzte empört zum Widerspruch an, dem Jule sofort lautstark beipflichtete: »Bei allem Verständnis für deine Argumente, Hark, aber wir können doch nicht so tun, als ob nichts geschehen wäre. Wir können doch nicht sehenden Auges Gefahr laufen, uns bei der nächsten Gelegenheit einer Meuterei gegenüberzusehen.«

Gewaltbereit und verroht seien sie inzwischen als Seeleute, meinte auch Hansen mit bedenklichem Gesicht.

Nickelsen nickte bedächtig: »Ich denke, Jens, da hast du, ohne es vielleicht zu wissen, ganz nebenbei eine entscheidende Wahrheit angesprochen. Es sind doch immer beide in Gemeinschaft stark, wenn es darum geht, sich gewaltbereit zu zeigen. Sie decken und ermutigen sich gegenseitig. Wenn wir sie an Bord halten wollen – oder sagen wir müssen –, setzt das voraus, dass wir genügend Misstrauen und Zwistigkeiten zwischen ihnen säen, damit sie keine gemeinsame Sache mehr machen.«

»Sie wollen Sie gegeneinander ausspielen, Kapitän?« Jule rieb sich nachdenklich sein stoppelbärtiges Kinn. »Das scheint mir wenigstens einen Versuch wert. Mit etwas Glück bringen sich die Hurensöhne gegenseitig um.«

»Was unsere personelle Situation nicht besser machen würde, Röden«, entgegnete Hansen aufgebracht. Nickelsen kam auf seine Überlegungen zurück. Auf Zeitgewinn spielen und Druck aufbauen – Misstrauen säen und einen gegen den anderen zum Verrat anstiften, hierzu erhielt er von allen das Einverständnis. Hansen schlug noch vor, beide Delinquenten auf das Begleitschiff zu bringen und dort militärisch unter scharfe Bewachung stellen zu lassen. Auf der *Jaegerspris* würden es van Mayen und Paulsen nicht wagen, irgendetwas zu unternehmen.

»Je nachdem, wie das zu führende Gespräch hier an Bord vorher verläuft, werde ich entscheiden, wie die bisherigen Vergehen zu ahnden sind. Die Sache mit den Morden, lieber Jens, ist verdammt schwierig. Zudem geht es darum, unsere eigenen Geschäfte und Interessen zu schützen.« Das war der Nenner, auf den man sich schnell verständigen konnte.

Kurz nachdem sie Madeira passiert hatten, reagierte Nickelsen auf die Beschwerden von Paulsen und van Mayen. Überraschenderweise hielt sich Wolfson aus der Angelegenheit heraus. Ihm setzte neuerdings der Seegang zu und man sah ihm an, dass er sehnsüchtig darauf wartete, endlich wieder festen Boden unter den Füßen zu bekommen. Er hatte etliche Kilos verloren und war inzwischen sehr blass um die Nase geworden, gerade so, als ob man ihn ebenfalls zur Ader gelassen hätte. Der Kapitän ließ bei ihm, dem Bevollmächtigten, keinen Zweifel aufkommen, dass Anhörung und Entscheidung allein seine Sache sei. Jorgen Wolfson schickte seinen Lieblingsmedikus Nitschke, den Gesundheitszustand der beiden genesenden Offiziere zu prüfen. Dieser wurde jedoch mit Schimpf und Schande davongejagt und nicht vorgelassen. Van Mayen und Paulsen waren noch ziemlich aufgebracht darüber, wie man sie mit dem Aderlass hinters Licht geführt hatte.

Nickelsen beorderte Nettersheim zusammen mit zwei Marineinfanteristen für die Vorführung von van Mayen und Paulsen. Diese holten sie grob aus ihren Betten und begleiteten sie zur Großen Kajüte, wo zusätzlich in voller Bewaffnung der Erste Geschützführer Knud Erken und der für die Strafmaßnahmen an Bord zuständige Schiffszimmerer Leif Svalesen auf sie warteten. Es war eine Demütigung, die die beiden wie Schwerverbrecher erscheinen ließ. Gerade das brachte Paulsen in Rage, der sich als Offizier auf der *Vesuvius* dagegen verwahrte. Da krähte auch van Mayen, er habe nichts verbrochen. Beiden ging es darum, Aufsehen zu erregen. Schon flogen die Türen auf und die Passagiere inklusive der beiden Damen und Wolfson eilten herbei sowie der neugierige Ole Jessen, der jetzt als Bootsmann tätig war, und natürlich Jule, die beide von der anderen Seite die Treppe vom Achterdeck hinunterkamen. Alles drängte sich in den Gang, der für eine solche Menschenansammlung viel zu eng bemessen war. Nickelsen hatte Anweisung gegeben, dass man für solche Fälle den Degen blank ziehen solle und deutlich gegen die eigenen Leute agieren, damit diese die Gesten eindeutig verstehen würden. Jetzt schallten Proteste von beiden Seiten, aber das drastische Vorgehen ließ sofort zwischen den vorgeführten Offizieren und den Neugierigen eine Lücke entstehen. Diesen Raum besetzte der Kapitän, um mit lauter Stimme den Beginn der Vernehmung anzukündigen, die ein solches Geschrei nicht verdiene. Mit einer geradezu einladenden Geste wies Nickelsen seinem Zweiten Offizier Paulsen den Weg in die Kajüte, bedeutete van Mayen gleichzeitig, dass er sich zu gedulden habe. Man hatte für ihn in der Nähe der Tür einen Stuhl bereitgestellt. Es war durchaus Nickelsens Absicht, dass dieser lauschen konnte, um wenigstens teilweise zu erfahren, was drinnen verhandelt wurde und vor sich ging.

Etwas verunsichert über das zielgerichtete Vorgehen des Kapitäns peilte Paulsen erst einmal die Lage und trat etwas kleinlauter in die Kajüte. Dort hatte Nickelsen einen Abdruck des geltenden Schiffs- und Seerechts, den er als schwer gebundene Ausgabe einmal teuer in Kiel erstanden hatte und immer mit an Bord führte, aufgeschlagen auf den Tisch gelegt. Aufgeschlagen waren vor allem jene Stellen, die ihm in diesem Zusammenhang unter den Stichworten Meuterei und Gewalt gegen den Kapitän wichtig erschienen und die das Recht auf seine Seite stellten. Daneben lagen jene Bestimmungen der dänischen Kompanie, die Paulsen sehr wohl bekannt waren. Jener ließ sich keineswegs einschüchtern und brummte missmutig seinen Kapitän an, die Sache mit dem Aderlass werde noch Folgen haben. Das lasse er als Offizier nicht mit sich machen. Nickelsen ließ ihn ruhig ausreden und umhergehen, beobachtete ihn mit kaltem Blick. Wie ein Tiger im Käfig bewegte sich Paulsen, hielt jedoch Abstand zu seinen Kapitän. Nickelsen ließ ihn eine Weile zappeln, dann ergriff er die Initiative.

»Ihre Behandlung, Paulsen, hat ihren Grund«, begann Nickelsen, wurde aber sofort unterbrochen.

»Das ist ja wohl das Mindeste, dass ich jetzt den Grund erfahre und Sie sich, Herr Kapitän Cornelissen, bei mir entschuldigen!«, entgegnete Paulsen schneidig und baute sich vor Nickelsen auf.

Der wurde laut und entgegnete nur: »Soviel mir bekannt ist, sind Sie als Offizier des Deutschen mächtig?«

»Ja, sicher«, antwortete Paulsen argwöhnisch. »Das sollte schon ausreichen. Aber was soll das?«

»Sehr schön. Dann bitte ich, näher zu treten und diese Bestimmungen einmal laut zu lesen. Das sind die Gesetze, die in fast allen Ländern Ihresgleichen bei Fehlverhalten richten. Ich bitte, dies jetzt laut vorzulesen! Diese Seite hier!«

Paulsen zierte sich, machte einen Schritt weg vom Tisch, aber Nickelen hatte ihn am Wickel und zog ihn zu dem Papier: »Lesen Sie laut und beherzigen Sie diese Artikel!«

Noch immer las Paulsen nicht, sondern überflog nur das geschriebene Papier, um dann lauthals zu lästern: »Ha, das sind nur Waschzettel! Habe ich noch nie was von gehört!«

»So? Waschzettel? Sperren Sie Ihre Lauscher auf, damit Ihnen kein Wort entgeht!« Nun begann Nickelsen selbst, mit dröhnend lauter Stimme die Seite vorzutragen; natürlich sollte sein Vortrag auch im Gang draußen verstanden werden.

Einem Schiffer steht es frei, seine Leute zu züchtigen, und es darf keine Gegenwehr geschehen. Sollte aber ein Schiffsmann sich unterstehen, seinen Schiffer vorher zu schlagen oder sonst zu misshandeln, so wartet seiner der Galgen, nach Hamburger Recht. – Ebenso nach englischem, holländischem und dänischem Seerecht. – Nach dänischen und schwedischen Gesetzen wird der Verbrecher mit der Hand an den Galgen genagelt, um sechs Stunden daran zu stehen, bis das Messer, womit er angenagelt ist, wieder herausgezogen wird. – Nach preußischem Seerecht wird er sechs Monate in Eisen an die Karre geschmiedet.

Paulsen hielt inzwischen Abstand und um seine Mundwinkel entstand ein nervöses Zucken. Aber er war nicht der Typ, der kleinlaut beigab. »So weit soll es noch kommen, dass ein Kapitän seinen Zweiten Offizier züchtigt. Nie hätte ich für so etwas Anlass gegeben!«

»Dieser Zweite Offizier sollte sich verdammt vorsehen! Denn seine Wegstrecke bis zum Galgen ist ziemlich kurz.« Daraufhin nahm Nickelsen noch die Blätter mit den Vorschriften der dänischen Kompanie zur Hand und fuhr mit seinem Vortrag laut fort.

Schlägt ein Matrose den Schiffer, so soll er die Hand verlieren, nach dem Consulate dem Gericht übergeben und als Meineidiger und Verräter bestraft werden. Gleiche Pflichten gelten für die Offiziere und das sonstige Schiffsvolk. Wer dem Schiffer nicht gehorcht, ist in der Regel mit Geldstrafen zu belegen, wer sich in Worten oder Handlungen ihm widersetzt, körperlich zu bestrafen, selbst bis zum Tode oder mit Aussetzung an Land. Wer sich am Schiffer vergreift oder ihm Gewalt antut, wird körperlich mit Geißelung oder Aussetzung an Land, nach dem Consulat aber derjenige, der die Waffen gegen den Schiffer erhebt oder ihn schlägt, willkürlich als Meineidiger oder Verräter bestraft. Eine förmliche Meuterei dagegen, d.h. wenn Schiffsleute untereinander sich gegen den Schiffer verschwören oder gemeinschaftliche Sache gegen den Schiffer machen, wird mit schwerer körperlicher Strafe bis zur Todesstrafe, geahndet …

»Paulsen, haben Sie verstanden, worauf ich hinauswill?« Jetzt baute sich Nickelsen vor Paulsen auf, schaute ihm mit starrem, eiskaltem Blick in die Augen. Dieser wich aus, versuchte, mit einem Seitwärtsschritt Abstand zu gewinnen. Aber Nickelsen rückte nach und bedrängte ihn.

»Nichts als raschelndes Papier! Sie wissen selbst, Herr Kapitän, wie es an Bord eines Schiffes zugeht. Da fällt schon mal ein raues Wort, das nicht so gemeint ist.«

»So? Nicht so gemeint? Den Kapitän bedrängen mit der Aufforderung: Schlagt ihn! Sich den Aufforderungen und Befehlen widersetzen und mit der Mannschaft gemein machen! Will er das bestreiten? Nein, das ist doch offensichtlich, oder? So, guter Kerl! Ich werde mal zeigen, was ein raschelndes Papier wert ist!« Nickelsen griff nach dem spanischen Rohr und der Schiffspeitsche, die er neben den Bestimmungen zu liegen hatte, und begann nach Leibeskräften beidhändig auf Paulsen einzudreschen. Der duckte sich weg, hob schützend die Arme, doch die Schläge trafen ihn immer heftiger. Es blieb ihm nichts, als taumelnd und stöhnend auszuweichen, denn er traute sich nicht, tätlichen Widerstand zu leisten. »Nehmen Sie dies und dies! Und da! Spüren Sie endlich, was raschelndes Papier, was Gesetz und Ordnung bewirken? Riskieren Sie doch nur, einmal zurückzuschlagen! Machen Sie schon! Ich bringe Sie an den Galgen! So wahr ich hier Kapitän bin!«

Ununterbrochen drosch Nickelsen mit voller Härte auf Paulsen ein, der inzwischen nur noch stöhnend von einem Winkel in der Großen Kajüte in den anderen taumelte, unter den Tisch hechtete, sich schützend einen Stuhl vor den Körper hielt und dennoch weiter gejagt und getroffen wurde. Die wilde Jagd in dem engen Raum führte dazu, dass die an einer Wand angebrachten Glasschränke und Tassen und Gläser sowie einiges an Porzellan in Scherben gingen. Der Kapitän tobte und wütete ohne Unterbrechung. Inzwischen blutete Paulsen aus mehreren Wunden, unter anderem am Kopf, bedenklich, hatte sich zudem bei einem Sturz einen Armbruch zugezogen und war so ziemlich mit seiner Leidensfähigkeit am Ende. Wollte dieser verrückte Kapitän ihn umbringen? Er schrie, jammerte und winselte vor Schmerzen. Blut und Rotz liefen ihm aus der Nase. Mit schlotternden Beinen pisste er sich in die Hosen und kletterte auf der Eckbank nach oben. Er flehte den Kapitän an innezuhalten, bettelte um Gnade. Doch der antwortete nicht, arbeitete noch immer, all seine Kräfte mobilisierend, mit Rohrstock und Peitsche. In äußerster Not trat Paulsen nach ihm, aber Nickelsen erwischte ihn beim Stiefel und zog ihn von der Lehne der Eckbank runter auf den Boden. Im Herunterrutschen ballte Paulsen voller Verzweiflung seine Faust und legte alle Kraft in einen letzten Schlag der Befreiung, der tatsächlich den Kapitän am Kinn traf und rückwärts taumeln ließ. Dann standen sich beide schwer keuchend gegenüber und Nickelsen blickte ihn kalt an.

»Wusste ich es doch, dass Sie, Paulsen, durch und durch verdorben sind und nicht davor zurückschrecken, Ihren Kapitän zu schlagen. Sie haben es schon wieder getan!«

»Nichts habe ich getan ... wollte nur, dass das ein Ende hat ...«, stammelte Paulsen. Mit einem Satz war Nickelsen bei ihm und zog ihm den Rohrstock quer über den Kopf, dass er benommen zu Boden ging. »Wird Ihnen nichts nützen, Paulsen!«, schrie Nickelsen und hob die Sitzfläche von der Eckbank auf, aus der Mats Petersen hervorkroch.

Es wurde Zeit, denn Nickelsen spürte seine beiden Arme lahm werden. Er war klatschnass vor Anstrengung und bedurfte dringend einer Verschnaufpause. Er rückte sich vor dem am Boden liegenden und um Gnade winselnden Paulsen einen Stuhl zurecht. Auf einen Wink ließ er von Mats den Smutje holen und eröffnete Paulsen sodann: »Ich weiß schon, dass Sie noch hoffen, sich mit Ihren Beziehungen in der Kompanie und in besseren Kreisen in Kopenhagen irgendwie reinwaschen zu können. Aber da täuschen Sie sich ebenso wie Ihr holländischer Kumpane gewaltig. Ihr Weg führt Sie an den Galgen, und auf diesem Weg ist das, was ich soeben mit Ihnen veranstaltet habe, noch ein Festkonzert ...«

Dann setzte ihm Jule Stück für Stück auseinander, dass die Schurkerei um den Wettkampf zwischen Molisch und ihm und die Vergiftung längst aufgeflogen seien, und Nickelsen ergänzte, dass zudem bereits das Gericht in Kopenhagen eine Untersuchung und Haft angeordnet habe. Er selbst habe sie beide vor diesem Schicksal durch ein rasches Auslaufen der *Vesuvius* bewahrt. Aber sie hätten es ihm schlecht gedankt und zu allem nun noch zwei Morde zu verantworten. Dabei sei es völlig unnötig gewesen, Molisch oder gar später den braven Bjorn umzubringen, denn es gebe für alles inzwischen mehr als einen Zeugen.

»Warum nur, Paulsen?«, schloss Nickelsen. »Warum sind Sie so tief gesunken? Ich habe Sie als Seemann immer hoch geschätzt.«

Gedemütigt und erledigt blickte Paulsen auf. Ihm schien vollends klar zu werden, dass Cornelissen tatsächlich auf eine Todesstrafe hinauswollte. Paulsen reagierte genauso feige und verantwortungslos, wie Nickelsen es vorhergesehen hatte. Mit letzter Kraft erklärte er, dass er von dem Betrug bei dem Wettkampf erst später erfahren habe und dass die Durchführung der betrügerischen Handlungen einschließlich des Aktes der Vergiftung allein Sache von Molisch und van Mayen gewesen seien. Sie seien Landsleute gewesen und hätten sich aus diesem Grund vertraut und näher gestanden. Der Bjorn habe ihm immer nur leidgetan. Er sei immer noch der Überzeugung, dass der Dritte Steuermann, dem er sehr zugetan gewesen sei, in Trunkenheit über Bord gegangen sei. Ein Mord? Das halte er für nicht wahrscheinlich. Er habe nichts damit zu tun. Das würde er jederzeit beschwören! Mit irrem Blick schaute er von einem zum anderen und hob eine Hand flehend empor, man möge ihm glauben.

Noch einmal packte Nickelsen ihn und drohte ihm, indem er erklärte, für fast alles gebe es Zeugen. Niemand könne sich einbilden, auf einem Schiff wie der *Vesuvius* blieben Taten unentdeckt. Die Täter seien beobachtet worden. Mehr wolle er dazu jetzt nicht sagen. Aber er gebe Paulsen noch einmal eine letzte Gelegenheit, sich zu bekennen.

»Nichts, absolut nichts habe ich damit zu schaffen, man befrage van Mayen!«, schrie Paulsen, um dabei mit erhobener Hand zu schwören, während er die andere Hand nur andeutungsweise auf die Herzseite des Brustkorbs bewegen konnte. Mit schmerzverzerrtem Blick hielt er wegen des gebrochenen Arms in der Bewegung inne, erklärte, er wolle nur in Ruhe und Frieden seinen Dienst versehen und flehte alle Heiligen um Beistand an.

Seine Erklärungen führten zu einem ziemlichen Tumult auf dem Gang, wo van Mayen tobte und kaum zu beruhigen war. Deutlich vernahm Nickelsen dessen Schreie, man solle ihn reinlassen, und es würde sich schon erweisen, dass alles Paulsens Idee gewesen sei. Er lasse sich nicht zum Sündenbock machen! Svalesen und Erken trugen kurz danach Paulsen zurück in die Kajüte, denn er war nicht mehr in der Lage, aus eigener Kraft zu gehen. Sein jammervoller Anblick beeindruckte van Mayen tief, hielt ihn aber nicht davon ab, den Freund zu bedrohen und wüst zu beschimpfen. Sie wären die längste Zeit Freunde gewesen! Wenn er zur Hölle fahre, sei auch Paulsen des Lebens nicht sicher!

Die Befragung von van Mayen geriet zur reinen Formsache. Der Sachverhalt als solcher stand hinsichtlich der Schuldfrage des Holländers nicht mehr zur Disposition. Nickelsen erklärte, dass er ihm als Seemann, der früher gute Dienste geleistet habe, gerne weiter vertraut hätte. Aber er lasse ihm keine Wahl. Wegen der ihm vorgeworfenen Verbrechen werde man ihn in Ketten legen und mit dem nächsten Schiff nach Kopenhagen zurückschicken. Dort erwarteten ihn ein Gericht und der Galgen als gerechte Strafe. Jedoch wenn er sich einer öffentlichen schweren Bestrafung füge, zu seiner Schuld bekenne und ohne Tadel seinen weiteren Dienst versehe, werde es der Kapitän der Kompanie und dem Gericht bei der Rückkehr überlassen, ob und wie man mit ihm weiter verfahren werde. Er könne aber nicht mit der Gutmütigkeit seines Kapitäns rechnen, falls er sich irgendwelche Schwachheiten ausdenke.

Angst und Verzweiflung standen van Mayen ins Gesicht geschrieben. Er willigte ein, seine schwere Strafe in Empfang zu nehmen, und unterschrieb ein entsprechendes Schuldbekenntnis. Zum Tod von Bjorn gab er an, nicht der Täter, wohl aber Mitwisser gewesen zu sein. »Allein wir zwei, der Bootsmann und der eine oder andere Zeuge wissen es besser. Seien Sie gewiss, dass Ihnen die Rechnung präsentiert wird.« Nickelsen ließ ihn abführen.

In Anwesenheit des Kapitäns Mechlenburg sowie zweier Offiziere von der Fregatte *Jaegerspris* und vor der versammelten Mannschaft der *Vesuvius* stand van Mayen mitten auf dem Deck, gestand zerknirscht den Betrug bei dem Wettstreit damals. Aber er sprach auch von ungerechten Vorwürfen, die ihm den Tod der Kollegen anlasten würden. Er bat Kapitän Cornelissen und seine Kameraden für den Ungehorsam und die Neigung zur Gewalttätigkeit um Vergebung, verband diese Bitte mit dem Versprechen, sich künftig tadellos zu betragen. Am Ende gelobte van Mayen mit lauter Stimme allzeit Gehorsam. Vielleicht hatte er noch auf Gnade irgendeiner Art gehofft, doch jetzt, als nach seiner kleinen Ansprache niemand für ihn Partei ergriff, sah man ihn im Gesicht kreideweiß werden und seinen Blick mutlos zu Boden senken. Bevor Nickelsen eine Entscheidung verkündete, wies er darauf hin, dass Paulsen die Verantwortung und Schuld van Mayen zugewiesen habe. Man hörte einen Fluch von van Mayen. Nach der Entscheidung des Kapitäns gab es keine Proteste, kein Aufbegehren mehr von irgendeiner Seite. Es war augenblicklich still. Bedrückend still. Keiner wünschte sich mehr, an der Stelle von van Mayen zu stehen, dem die Strafe des Rahfallens bevorstand. Der Schiffszimmerer Svalesen band ihm die Hände auf den Rücken. Die Marineinfanteristen befestigten ihm zwei 110 Pfund schwere Kanonenkugeln an den Füßen. Sodann band man ein Schiffstau unter seinen beiden Armen hindurch, die Mastgasten kletterten mit dem Tauende den Großmast hinauf und führten es bis an die äußerste Spitze der großen Rahe. Dort lief es dann durch eine Rolle und das andere Ende reichte wieder bis auf das Verdeck herab. Die Vorbereitung dieser Maßnahme dauerte eine geraume Zeit und ließ den vor Angst schlackernden Verurteilten zu einem Häufchen Elend vergehen. In der Zwischenzeit hatte Nickelsen angeordnet, Paulsen ebenfalls an Deck zu schaffen. Da dieser nicht stehen konnte, legte man ihn auf zwei Stühle auf das Achterdeck, damit er einen guten Blick auf das Geschehen bekam. Paulsen mühte sich, den Kopf abzuwenden und nicht hinzuschauen. Jetzt stand die gesamte Schiffsmannschaft, dieses Tau in Händen haltend, bereit. Auf das Signal des Kapitäns wurde van Mayen langsam hinaus auf die Rahspitze gezogen. Er schwebte mit den Kanonenkugeln in schwindelnder Höhe wie ein Vogel am Himmel. Ein weiteres Signal des Kapitäns und die Matrosen ließen die Leinen los, die Passagierinnen kreischten, ein Raunen ging durch die Menge und blitzschnell stürzte van Mayen in die Tiefe hinab. Er klatschte, nein, donnerte wie eine lebendige Kanonenkugel ins Meer. Nickelsen achtete genau darauf, dass er nicht zu lange unter Wasser blieb, sondern rasch wieder aufgezogen wurde. Dabei baumelte er kopfüber, der Besinnungslosigkeit nahe, mit den Eisenkugeln um die Wette. Noch einmal ließ Nickelsen das grausame Ritual vollziehen. Dabei hoffte er inständig, van Mayen werde überleben. Rasch zogen sie ihn dann mit einem anderen Tau, welches an seinem Bein befestigt war, an Bord und banden ihn mit seinen nassen Kleidern auf dem Verdeck fest, wo Ole Jessen, der neue Bootsmann, und Svalesen ihm 25 Schläge mit geteerten Tauen auf den Rücken verpassten. Währenddessen stand der Barbier Mohr mit einem Riechfläschchen in der Nähe und sorgte dafür, dass er die Strafe bei Bewusstsein erlitt. Zur Begleitung dieses Teils der Strafmaßnahme ließ Nickelsen von einem Geiger aus der Mannschaft die dänische Nationalhymne spielen, was auf die schlichteren Gemüter der Matrosen einen ziemlichen Eindruck machte. Anschließend schleifte man van Mayen zurück in die Kajüte, wo sich Nitschke und Mohr darum kümmerten, ihn am Leben zu erhalten. Nickelsen hatte mit Mechlenburg vereinbart, dass beide Delinquenten, soweit sie halbwegs wiederhergestellt waren, an Bord der *Jaegerspris* überstellt und bewacht werden sollten, bis sie Afrika erreicht hätten. Der Kapitän beabsichtigte, erst dann einen weiteren Versuch mit ihnen zu unternehmen. Gemeinsam würden die beiden nicht mehr agieren. Dafür hassten und fürchteten sie sich jetzt zu sehr.

Die Strafmaßnahme hatte allgemein einen großen Eindruck gemacht, und die Autorität des Kapitäns und seiner Offiziere wagte niemand mehr ernsthaft anzuzweifeln. Ein Blick von Nickelsen genügte von nun an, und seine Leute sprangen wie aufgedreht, selbst die Befehle auszuführen, die er noch nicht ausgesprochen hatte. Ein jeder schien darauf bedacht, ihm nicht im Weg zu stehen, und man hielt respektvoll Abstand. Selbst Mechlenburg zeigte sich beeindruckt, meinte jedoch, bevor er seine Schaluppe bestieg, um wieder überzusetzen, Nickelsen dürfe nicht auf halbem Weg stehen bleiben. Da die *Jaegerspris* unmittelbar von Fort Christiansborg zwei Schiffe der Ostindien-Route zurück nach Kopenhagen geleiten und nicht mehr Richtung Westindien mitsegeln würde, wollte er Paulsen und van Mayen sofort Richtung Kopenhagen überstellen, um sie dort Recht und Gerechtigkeit zu überführen. »Lieber Freund«, mahnte er Nickelsen, »mit solchen Schurken an Bord kannst du deines Lebens und Schiffes nicht sicher und gezwungen sein, alle paar Tage ein paar Rebellen hoch in der Luft baumeln zu lassen, um die Mannschaft beisammenzuhalten.«

Hansen, Rickerts, Hull und einige Offiziere, die dabeistanden, hatten die Warnung mit angehört. Nickelsen bemerkte ihr Flüstern und sah, wie sie sich ernstlich untereinander zu beraten schienen. Doch er blieb entschlossen, seinen eingeschlagenen Kurs beizubehalten, und erklärte, dass er den beiden Delinquenten bei Ableistung ihrer Strafen, Degradierung und Auferlegung von Geldbußen sein Wort gegeben habe und als Kapitän zu seinem Wort stehen werde. Mechlenburg nickte Hansen zu, grüßte zackig die versammelte Offiziersrunde zum Abschied, umarmte anschließend unmilitärisch seinen Freund und ging von Bord.

Doch nicht bei jedem wurde das Geschehen positiv aufgenommen. Die beiden Passagierinnen und der Tischler Anthoni Svendsen Lund blieben an den nächsten Tagen den in der Offiziersmesse gereichten Mahlzeiten fern und ließen sich, wie Nickelsen von Mats erfuhr, ihr Essen aus der Kombüse reichen, um sie an Deck zu verzehren. Selbst Wolfson wurde für einige Zeit wortkarg und unsichtbar. In ihm schien es zu arbeiten. Nickelsen machte sich sein Bild von ihm. Seekrankheit mit ständiger Übelkeit, das Erschrecken über die Gewaltbereitschaft, das raue Leben an Bord und die wachsende Angst davor, die Reise vielleicht doch nicht zu überstehen, zehrten an ihm. Je näher sie ihrem Reiseziel kamen, desto größer wuchs wahrscheinlich Wolfsons Angst, in Afrika zu versagen. Als Kontorist und Zahlenverdreher war er noch nie vor Ort gewesen, hatte keine Ahnung von Land und Leuten und kannte Herausforderungen allenfalls aus den Beschreibungen und Buchungsvorgängen der Handelsakten. Schreckliche Angst würde so ein Papiertiger haben, dachte sich Nickelsen. Und tatsächlich. Das Rahfallen hatte Wolfson den Rest gegeben. Nickelsen wusste inzwischen von Mohr und dieser wiederum von Nitschke, dass Wolfson sie alle für Barbaren hielt.

Soweit der Kapitän die Lage einschätzte, schlugen solche Typen umso heftiger zurück, sobald sie sich wieder auf sicherem Terrain wähnten. Wolfson könnte ihnen bei ihren Geschäften noch gefährlich werden. Es galt, das Misstrauen des Kaufmanns zu überwinden und jemanden in seiner Nähe zu platzieren, der Einfluss auf ihn nehmen könnte. Unter Vermittlung von Nitschke wuchs zuerst Mohr die Rolle des Vertrauten in Wolfsons Umgebung zu. Schließlich gelang es Nickelsen sogar, Hansen ebenfalls in Wolfsons Nähe zu platzieren. Auf seinen Vorschlag hin war Hansen nach einigen privaten Gesprächen auf ihn zugegangen und hatte ihn um Vermittlung kaufmännischer Kenntnisse gebeten. Es war schön zu beobachten, wie sich Wolfson, an seiner Eitelkeit gepackt, bedeutend gab und über sich hinauswuchs. Nickelsen hoffte, ihn mit dieser Konstellation bis zum Ende der gemeinsamen Reise im Griff zu haben.

Dennoch litt der Kapitän selbst unter dem ganzen Geschehen. Er verabscheute sich selbst, wenn er andere gewaltsam in die Knie zwang. Nickelsen schlief schlecht, war fast ständig auf seinem Schiff unterwegs. Indem er Mats und Ole Jessen stundenweise Unterricht in Navigation gab, zu dem er auch die Passagiere einlud, versuchte er, sich ins Gleichgewicht zu bringen. Tatsächlich erwiesen sich die beiden Frauen an Bord als nicht unbegabte Schülerinnen. Weil der Unterricht zusammen mit einem Zwieback wie Mats stattfand und dies unter seiner Würde war, schlug Wolfson das Angebot aus.

Mehrfach täglich ließ sich Nickelsen über den Zustand von Paulsen und van Mayen Bericht erstatten. Van Mayen würde die Tortur überleben, litt aber noch unter Angstfantasien und Fieber, da sich seine Wunden entzündet hatten. Die Bruchstelle an Paulsens Arm war glatt und heilte gut. In sechs bis acht Wochen, schätzte Barbier Mohr, könnte er wieder einsatzfähig sein. In sein Schiffslogbuch vermerkte Nickelsen die Strafen und die Degradierung von Paulsen zum Dritten Steuermann und von van Mayen zum Vollmatrosen an Deck. So stieg Tade Rickerts zum Zweiten Steuermann auf und John Hull sowie Ole Jessen blieben die beiden Bootsmänner an Bord. Nach einer Woche überstellte Nickelsen die beiden Delinquenten auf die Fregatte *Jaegerspris* und gab ihnen ihre Degradierungen bekannt. In der Mannschaft regte sich kaum Anteilnahme.

5. Die Ankunft an der Goldküste Guineas und schwierige Geschäfte

Kurzeinträge ins Logbuch der *Vesuvius* im September 1748:

Zum Zweck der Gewinnung weiterer Seeleute beabsichtigten wir, einen portugiesischen Hafen anzulaufen, beförderten unsere Reise südwärts, sichteten Wochen später Madeira und nordwestlich Porto Santo und segelten zwischen diesem Inselchen und Madeira hindurch. Wir peilten am 29. September bei abnehmender Kühlte am Nachmittag die Ilha Deserta südöstlich von Madeira Ost zu Süd an und sichteten am 1. Oktober den Pik von Teneriffa. Wegen der englischen, holländischen und französischen Schiffe und der Gefahr von kriegerischen Auseinandersetzungen verließen wir nach eintägigem Aufenthalt Teneriffa. Vor Gran Canaria stießen wir auf zwei spanische Freibeuter, eine Fleute[46]

46 Die Fleute war ein ursprünglich aus den Niederlanden stammendes dreimastiges Handelsschiff mit großer Ladefähigkeit und geringem Tiefgang

und ein Spiegelschiff[47]*. Sie bemühten sich, uns nah zu kommen. Wir gingen im Verbund auf die Windseite, kreuzten und warteten. Dann versetzten wir auf Befehl des Kapitäns Mechlenburg beide Schiffe in Kampfbereitschaft und die Jaegerspris ging auf Kurs des Spiegelschiffs, während sich die Vesuvius mit vollen Segeln von der Luvseite der Fleute – wahrscheinlich eine Prise und vormals ein holländisches Schiff – näherte. Beide Freibeuter, derart angegangen, hissten jedoch zeitig die Blutfahne, wendeten in den Wind und entkamen. Wir setzten unsere Fahrt westlich von Gran Canaria fort.*

Mochte es im Inneren bei manchem an Bord der *Vesuvius* rumoren oder gar regnen, das Wetter auf See war traumhaft ruhig. Mit genug Wind und dem Portugalstrom machten sie mit möglichst voller Beseglung Fahrt und Strecke. Dabei hatten sie noch den Vorteil, nicht ständig manövrieren und sich auf wechselnde Windverhältnisse einstellen zu müssen. Es gab für die Mannschaft weniger zu tun und alle genossen die immer wärmer werdenden Tage. Bootsmann Ole Jessen ließ die Mannschaft in Schichten die Planken des Schiffs mit Sandstein scheuern. Bei der Hitze eine höllische Arbeit, die viel Demut abverlangte, wenn man auch in der zweiten Tageshälfte unter der unbarmherzigen Sonne des Südens auf den Knien umherkriechen und nach dem Scheuern alles trocken putzen musste, damit die Planken wegen der Reste von darauf getrocknetem Scheuerzeug bei Regen oder überschäumender Gischt nicht nachträglich zu glitschig wurden.

Der Ausguck vom Hauptmast meldete: »Land voraus!« Nickelsen lief mit den anderen an die Reling, dankbar für die Unterbrechung, und starrte in die angewiesene Richtung. Natürlich tauchte von Deck aus erst einige Zeit später das große Wasserland in den Wolken auf, der Berggipfel, auf dem die Götter wohnten, wie die Eingeborenen dort sagten. Auch Jule und Mats kamen aus der Kombüse geeilt und standen an der Reling.

47 Seit Ende des 16. Jahrhunderts war der wichtigste Schiffstyp in der holländischen Flotte unzweifelhaft das Spiegelschiff, ein Schiff mit plattem Hinterteil, wie es damals die größeren Kriegsschiffe aufwiesen.

Mats betrachtete den schwebenden weißen Kegel, der hoch über den Wolken anscheinend nicht mit dem Land verbunden war. Eine Täuschung, die Meer und Himmel hervorriefen, wie der Kapitän versicherte. Der Berg, eine halbe Meile hoch mit Schnee bedeckt, war der Gipfel von Teneriffa, wusste er zu berichten. Dann zeigte er nach Osten. Dort liege gleich die Küste von Afrika. Mats schätzte, dass der Küstenstreifen gut dreißig Meilen weit weg war, und soweit er wusste, lag das sogenannte Land der Barbaren nordöstlich von ihnen. Das schreckliche Land, aus dem Piraten seinen Kapitän einmal gekapert und versklavt hatten. Er atmete auf und fühlte sich sicher. »Mal schauen, ob wir Teneriffa anlaufen und auf den Kanarischen Inseln Wasser aufnehmen können«, erläuterte der Kapitän den Kurs. Mats erinnerte sich an die Landkarten aus seinem Navigationsunterricht, sah die Zeichnungen der Inselgruppe der Kanarischen Inseln vor sich und wusste, dass Schiffe, die die Kanaren anliefen, nur selten zurück nach Europa fuhren, sondern dies zumeist mit dem Ziel taten, von hier aus die günstigen Winde zu nutzen, um eine lange Überquerung des Atlantiks zu wagen. Auf die andere Seite der Landkarte, wie Mats schien, wo die Neue Welt begann.

»Aufentern und Großsegel einholen!«, gab der Zweite Bootsmann den Befehl vom Achterdeck weiter. Wieder ging es in die Wanten. Mats kletterte mit hinauf. An der Rah entlang balancierend fragten die Neuen ihre Nachbarn, warum sie die Segel einholen sollten, denn der Wind wehte gleichmäßig und es war nirgendwo zu erkennen, dass ein Unwetter aufzog.

Der Mann neben Mats, ein erfahrener Seemann, deutete auf den weißen Kegel, der noch immer hoch über den Wolken schwebte, und antwortete: »Der Berg treibt die Winde von seinen Hängen herab geradewegs aufs Meer. Das kann in Schüben so heftig werden, dass ein Segel von oben bis unten zerreißt.« Jetzt tauchte das Land in ganzer Breite vor Mats auf, dunkel und windig lag es am Horizont. Als sie näher kamen, stellten sie rasch fest, dass die Ankerplätze stark belegt und von anderen

Sklavenschiffen frequentiert waren, sodass man beschloss weiterzusegeln, um im Zweifelsfall einen weiteren Tag bis zu den Kapverden zu segeln.

Kurzeinträge ins Logbuch der *Vesuvius* im Oktober 1748:

Am 8. Oktober erreichten wir am Morgen die Insel Bonevista bei diesigem Wetter, sodass wir auch tags nicht auf die Positionslichter verzichteten und darauf achteten, dass der Abstand nicht zu groß wurde, um den Verbund mit dem Geleitschiff zu erhalten. Wir drehten schließlich bei ungünstigen Winden und schlechter Sicht bei und warteten auf Besserung. Im Laufe des Nachmittags klarte das Wetter mit aufkommenden stärkeren Winden, die von Land wehten, und bei großer Hitze auf. Es wurde offenbar, warum Bonevista gemeinhin die Wüsteninsel genannt wird. Die Insel liegt dem heißen schwarzen Kontinent am nächsten und ist mit großen Flächen Wüste bedeckt. Nur wenige kleine Ortschaften trotzen diesen unwirtlichen Lebensbedingungen. Während die Mannschaft sonst nach Monaten auf See jedes Land in Nähe in freudiger Erwartung und Neugierde begrüßte, schaute man jetzt mit seltsamer Bedrückung auf dieses Eiland und war froh, daran vorbeisegeln zu dürfen.

Gegen Mittag des 10. Oktober sichteten wir Ilha de Mayo und gingen bei dieser Insel der Kapverden ungefähr 355 Meilen vor der schwarzen Küste ankernd auf Reede. Das Inland der Insel bietet relativ wenige Attraktionen. Etwa in der Mitte der Insel liegt der Monte Penoso, ein kleiner Berg, der nur etwa vierhundert Meter hoch, aber dennoch die höchste Erhebung der Insel ist. Wegen der endlosen Sandstrände, des im Sonnenschein besonders blau scheinenden Meerwassers und eines ungewöhnlichen Fischreichtums in Küstennähe genießt diese Insel bei vielen Schiffen auf der West- und Ostindienroute eine hohe Anziehungskraft als Verpflegungsstation. Auch die Mannschaften unserer Schiffe erlagen dem Reiz der Strände und der Freundlichkeit der Inselbewohner.

Zwei Tage später lief ein britisches Kaperschiff mit 25 Stück und 140 Mann aus Bristol ein, das auf Beutezug nach Brasilien segelte. Der Kommandeur war ein gewisser Gordon Prym. Er hatte als Schiffsoffizier gemeinsam mit Kapitän Mechlenburg einige Jahre bei der englischen Ostindien-Kompanie gelernt und gesegelt und erwies sich als ein alter Freund. Einfahrend segelte er achtern um unsere Schiffe herum und ehrte Kapitän Mechlenburg mit drei Salutschüssen und Flaggengruß. Am selben Tag unternahmen Leute von allen drei Schiffen in zwei Schaluppen mit Gottes Segen einen Fischzug und fingen 400 Harder in einem einzigen Zug. Am Ende des Tages hatten wir an die 700 Harder insgesamt als Beute vorzuweisen. Die Vesuvius konnte allein 230 dieser schönen großen Fische als Proviant an Bord nehmen. Wir nahmen es als gutes Zeichen für unsere Fahrt, ebenso wie die Bewohner der Insel, wo der Fang die Runde machte. So kam es, dass ich zwei Tage darauf von einem Kostschiff, das die portugiesische Marine im Hafen zu Ausbildungszwecken ihrer Seeleute und Offiziere fest liegen hatte, drei Seeleute und aus dem Hafen einen jungen, abenteuerlustigen Fischer für meine Mannschaft verpflichten konnte. Der Fischer mit Namen Joaos Vizinho beherrscht neben guten Kenntnissen der örtlichen Küstengewässer vor Afrika im Abschnitt der Goldküste auch einige Dialekte der Eingeborenen und wird uns hoffentlich bei unseren Geschäften von Nutzen sein. Wegen seiner besonderen Fähigkeiten sicherte ihm Kaufmann Wolfson von der Kompanie bei Geschäftsabschlüssen eine Sonderprämie zu, was bereits zu Missstimmungen mit den anderen verpflichteten Portugiesen führte. Was den Nutzen von Joaos Vizinho angeht, bin ich jedoch mit Wolfson einig.

Tatsächlich erwies sich der Aufenthalt auf den Kapverdischen Inseln als Glücksfall, denn die Insulaner, die bereits bei der Ankunft der zwei Schiffe im Hafen neugierig und in Scharen zusammenliefen, erwiesen sich als freundliches Volk und versorgten Nickelsens Mannschaft mit dem Notwendigsten und mehr. Der Kapitän verlängerte den Aufenthalt um zwei Tage und gab großzügig Erlaubnis zum Landgang. Als sie dann noch den riesigen Anteil eines glücklichen Fischfangs vorweisen konnten, den sie gemeinsam mit den Mannschaften von zwei anderen Schiffen an Bord der *Vesuvius* brachten, ergriff Hochstimmung Passagiere und Mannschaft. Alle genossen sie für diese wenigen Tage unbeschwert die Gegenwart und niemand – außer Nickelsen, zu dessen Lebensinhalt als Kapitän es gehörte, sich nie in der Gegenwart verlieren zu dürfen und stets weiter vorausblicken zu müssen – wollte mehr an die vergangenen Wochen auf See denken oder an das, was vor ihnen lag. Sie holten frisches Wasser an Bord, Geflügel, Obst und Melonen. Der riesige Fischfang stellte für den Smutje und seinen Proviantmeister eine besondere Herausforderung dar. Sie holten zusätzliche Fässer an Bord, nutzten das Angebot des Salzhandels im Hafen, kauften zudem Essig, um dann mit zehn murrenden Seeleuten die Fische in Salz oder Essig einzulegen. Bei günstigem Wind lichteten die *Vesuvius* und die *Jaegerspris* jedoch in aller Frühe die Anker und verließen die schöne Insel.

Es war schon etwas Besonderes, nach einer langen Fahrt an der afrikanischen Küste entlang vor Guinea anzukommen. Vor Sonnenaufgang legten sie von den Kapverdischen Inseln ab. Es gab viele Gründe wie die Gefährlichkeit des nicht sehr vertrauten Küstengewässers oder häufig aufkreuzende Piratenschiffe, die den Kapitän dazu bewogen, die Nacht schlaflos zu verbringen. Zusätzlich war es die Wärme während der Nachtstunden, die ihn seine Kajüte meiden ließ, die Aufregung vor der Ankunft, die sich immer seiner bemächtigte, und das Meerwasser in diesen Breitengraden, das in den dunklen Nächten leuchtete. Der neue Fischer Joaos, den sie verpflichtet hatten, kannte sich tatsächlich gut in der Küstenregion aus. Er wich dem Kapitän nicht von der Seite. Als sich die *Vesuvius* der Küste von Guinea etwa auf dreißig Meilen genähert hatte, veränderte sich das Seewasser auf wundersame Weise. Nickelsen stand an der Reling und rief die beiden Passagierinnen zu sich, um ihnen dieses Wunder der Natur zu zeigen. Das Wasser wurde klarer, blauer und durchsichtiger. Es herrschte zugleich eine vollkommene Meeresstille, wie sie in dem Gewässer nicht ungewöhnlich war, und es entstand im Meer eine Art gläserne Fläche. So ergab sich ein unbeschreiblich wunderbarer Einblick in die Tiefen des kristallklaren Wassers, das wie ein dichter Himmel wirkte. Man sah von Deck auf unzählige Fische und Seegeschöpfe, die in den schönsten Farben schillerten und in tausend verschiedene Richtungen wimmelten. Auch das Wunder der fliegenden Fische bestaunten sie; Nickelsen berichtete den von den Eindrücken überwältigten Frauen, sie seien vor allem weiter draußen auf dem offenen Meer in ganzen Schwärmen wie die Vögel anzutreffen. Sonnenschein und ein ungetrübter klarer blauer Himmel schienen die Ankunft im Paradies zu verheißen. Für einen Moment träumte Nickelsen mit seinen Passagieren und den Seeleuten, die diese Breitengrade zum ersten Mal befuhren. Dann wurde ihm jedoch schmerzhaft bewusst, wie sehr das Paradies eine Schattenseite hatte, die sie erwartete.

Gemeinsam mit Wolfson und in Anwesenheit seines Ersten Offiziers Hansen und seines Bootsmannes Ole Jessen – und wegen der Bestimmungen, die die Verpflegung der Sklaven und ihre Auswahl und Unterbringung betrafen, zusätzlich in Anwesenheit von Jule Röden und den Barbieren Mohr und Nitschke – eröffnete der Kapitän jetzt die Schiffsorder der Kompanie für seinen Handel an der guineischen Küste. Er las laut die Instruktionen vor. Der Kapitän sollte entlang der guineischen Küste Handel treiben und überschüssige Waren sowie die aufgegebene Post und die an Bord befindlichen Baumaterialien in Fort Christiansborg abliefern und gegebenenfalls weitere Sklaven erhalten. Für seine Waren sollte er Sklaven, Gold, Elfenbein sowie Lebensmittel kaufen, die für den Transport der Sklaven nach Westindien notwendig waren. Aufgeführt und im Einzelnen benannt waren: Millie[48], Graupen, Reis und Palmöl. Für alle Waren lag eine Preisliste bei, wobei die Preise, je nachdem ob Sklaven oder Gold gekauft wurden, jeweils unterschiedlich waren. Es gab genaue Anweisungen für den Sklavenhandel. Nickelsen las laut vor.

48 guineische Hirse

Es ist ihm nicht gestattet, an einer Stelle liegen zu bleiben, wo er weniger als vier Sklaven am Tag kauft, da die Erfahrung sagt, dass drei Sklaven die Unkosten nicht decken. Beim Kauf der Sklaven ist zu beachten, keine über 25 Jahren zu nehmen, keine mit wenig oder ohne Bart und insbesondere keine mit fleckigen oder gefeilten Zähnen oder Zeichen von Scorbut, keine Frauen mit stehenden Brüsten und keine Kinder beiderlei Geschlechts unter acht Jahren. Ein Mann darf zwischen 80 und 96 Reichstaler kosten, Frauen und Kinder nach Proportionen. Beim Kauf vieler Sklaven ist daran zu denken, drei oder vier der stärksten von ihnen zu Bombaes[49] zu machen. Es ist Mühe darauf zu verwenden, ihnen die wichtigsten dänischen Redensarten beizubringen. Es ist dem Kapitän gestattet, sollten nicht genügend Sklaven verfügbar sein, auch solche von den Engländern entlang der Küste zu kaufen.

Es lag erstmalig eine Farbtafel bei mit der Beschreibung der Hautfarben und dem Hinweis, dass ein hellhäutiger Neger der Rasse des Weißen näher stehe und – so er sich überhaupt zu einem Sklaven eigne und an Bord genommen werde, für die Aufgabe der Bombaes besonders geeignet erscheine. Es kamen die Ausführungen zur Reinlichkeit an Bord der Schiffe und zur Krankheitsvorbeugung sowie die Instruktion an den Ersten Barbier, ein Kranken- und Totenregister über alle an Bord befindlichen Personen zu führen. Neben weiteren Bestimmungen wurden die Orte Rio, St. Andree und Cap la Hou genannt, wo man am sichersten Waren gegen Gold und Elfenbein absetzen könne. Nach Aufnahme von Sklaven aus Christiansborg entsprechend dem vereinbarten Kontingent und einem Termin beim Gouverneur war unverzüglich die Weiterfahrt nach St. Thomas angezeigt. Dann folgten die Bestimmungen zur Verpflegung der Sklaven an Bord während der Überfahrt:

Sonntag: Speck, Bohnen, Trauben, Tabakspfeife
Montag: Bohnen, Trauben, Branntwein
Dienstag: Bohnen, Trauben, Tabak

49 Sklavenmeister

Mittwoch: Bohnen, Trauben, Branntwein
Donnerstag: Speck, Bohnen, Trauben, Branntwein
Freitag: Bohnen, Trauben, Tabak
Sonnabend: Millie 2. Gage[50]*, Branntwein.*

Pro Woche gab es ein halbes Pfund Speck, ein Ottingkar[51] Bohnen, ein Ottingkar Graupen, ein Drittel Ottingkar Millie, einen halben Pael[52] Branntwein, ein Achtel Pfund Tabak, eine Tabakspfeife. Der Grütze war ein wenig Palmöl beizugeben.

Einträge ins Logbuch der *Vesuvius* im Oktober 1748:

Wir erreichten den schwarzen Kontinent auf der Höhe der sogenannten schwarzen Küste, ungefähr dort, wo der Rio de Suerio Costa bei Assi ins Meer münden mag, hielten fortan unseren Kurs unter vier Grad zehn Minuten nördlicher Breite und segelten sodann in zwanzig bis dreißig Seemeilen Entfernung die Goldküste entlang mit dem Ziel Fort Christiansborg. Das Wetter erwies sich als prächtig. Die Passagiere wünschten nichts sehnlicher, als bald am Reiseziel von Bord zu gehen. Noch immer segelten wir im Verbund mit der Jaegerspris, die uns jedoch in Fort Christiansborg verlassen wird. Am 14. Oktober 1748 warfen wir endlich vor Fort Christiansborg den Anker. Alle Passagiere verließen wohlbehalten das Schiff, der an Bord befindliche Zimmerer Anthoni Svendsen Lund wird noch für drei Tage an Bord bei der Herrichtung des Schiffs für den Transport der Sklaven und die Aufnahme des Handels beschäftigt. Die Waren werden entladen, um eine Audienz beim Gouverneur wegen der Instruktionen und aufgetragenen Geschäfte wurde nachgesucht und alsbald in Aussicht gestellt. Die Seeleute Paulsen und van Mayen wurden in veränderter Position wieder an Bord der Vesuvius genommen.

Wolfson war der Erste, der von Bord strebte. All sein Eifer nützte ihm aber nichts, denn er musste sich ebenso wie der Kapitän gedulden, um beim Gouverneur empfangen zu werden. »Noch ist kein anderes Schiff hier außer uns. Wir werden so schnell wie

50 ein englisches Maß, speziell ein Eichmaß oder Endmaß
51 2,17 Liter
52 0,24 Liter

möglich kaufen und handeln. Wir bestimmen die Konditionen, solange es geht.«

Nickelsen schaute nachdenklich durch ihn hindurch:

»Ja, vielleicht haben wir Glück.«

»Nichts vielleicht, nichts Glück; Fortune hat nur der Tüchtige!«, erklärte Wolfson selbstbewusst. »Herr Kapitän, Sie sind mit der Ladung beschäftigt? Wir sollten die große Kapitäns-Schaluppe schon mal zu Wasser lassen, um mit kleiner Mannschaft sofort danach loszufahren und Sklaven zu handeln.«

»Ich sehe, Sie haben schon konkrete Vorstellungen«, antwortete Nickelsen gelassen.

»Natürlich. Ich bin es gewohnt vorauszudenken. Bei meiner Stellung ...«, setzte er an, sich wortreich zu verrenken.

Nickelsen unterbrach ihn: »... machen Sie für mich als Seemann eindeutig zu viele Worte. Sie wollen aufbrechen? Wann, mit wem? Und, gleich vorweg: Die Kapitäns-Schaluppe bleibt hier, Sie bekommen die zweitgrößte unter dem Kommando von Hansen.«

»Herr Kapitän! Im Namen der Kompanie erkläre ich als Bevollmächtigter ...« Wolfson wurde laut; wie immer dauerte es keine Minute, und er schnappte nach Luft.

»Ja, ja, hören Sie zu, Wolfson! Die große Schaluppe benötige ich für die Erkundung des Rio Volta, um im Landesinneren zu prüfen, ob wir noch günstigere Konditionen für unseren Handel erzielen können. Vielleicht schaffen wir es künftig, mit Hilfe von Handelsstationen an diesem mächtigen Fluss den Zwischenhandel zu umgehen.«

»Das ist verrückt! Wissen Sie denn überhaupt, was Sie da vorhaben? Der Fluss ist noch nicht erforscht, oder? Und das Risiko!« Wolfson erschrak geradezu, bestand dann darauf, dass man vorher den Gouverneur unbedingt um seine Einschätzung in der Angelegenheiten bitten müsse.

»Vielleicht, vielleicht nicht. Bedenken Sie, Herr Wolfson, hier mengt jeder mit jedem, und ehe wir es uns versehen, machen Verwaltung und Zwischenhändler mit den Häuptlingen und Königen im Inland flussaufwärts schon gemeinsame Sache und unsere Fahrt ist umsonst.«

»Der Gouverneur entscheidet. Sie haben den Auftrag, nach Westindien zu segeln! Der hat Vorrang, Herr Cornelissen!« Wolfson redete im Befehlston, als ob er das Kommando hätte. »Ich bestehe dann auf Hansen, Nitschke und Mohr und dazu noch ...«

Schon wieder unterbrach ihn Nickelsen: »Nitschke bleibt hier. Ein Barbier bleibt an Bord. Sie nehmen Mohr mit, der hat praktische Erfahrung.«

»Einverstanden. Also, die Schaluppe. Lassen Sie alles herrichten, damit wir direkt nach dem Termin beim Gouverneur aufbrechen.« Vor Aufregung bekam Wolfson rote Flecken auf den Wangen, die ohnehin schon einen Sonnenbrand aufwiesen. Seine dichten Haare waren inzwischen schulterlang gewachsen und er warf sie, das war seine neueste Macke, immer wieder nervös nach hinten.

Nickelsen gab sich große Mühe, aber er konnte mit dem Menschen nichts anfangen. Der Papiertiger trieb ihn jedes Mal zur Weißglut. »Denken Sie daran, Herr Wolfson, das Kommando an Bord hat Hansen. Darauf bestehe ich! Nichts gegen Ihre Geschäfte, aber wir müssen das Schiff wohlbehalten zurücksegeln und Rede und Antwort stehen.« Wolfson ballte seine Fäuste und wollte aufbrausen, doch Nickelsen beschwichtigte ihn sogleich: »Nichts für ungut, Herr Wolfson. Sie sollen Ihren Anteil am Erfolg bekommen, das versichere ich Ihnen. Weiß sehr wohl, dass dies in Kopenhagen für Sie eigene Bedeutung hat. Da können Sie auf mich zählen ...« Das war das Äußerste, zu dem sich Nickelsen in der Lage sah. Aber das Entgegenkommen wirkte.

»Na also, Kapitän!« Aufgeregt wie ein Kind bei der Einschulung stapfte Wolfson davon.

Nickelsen ließ am folgenden Tag Teile seiner Fracht löschen und die Schaluppen zu Wasser, um sie für die Exkursionen auf dem Fluss und an der Küste entlang auszurüsten und sie für Sklaven und Waren transportfähig zu machen. Hier leistete vor allem der Zimmerer Svendsen Lund mit Lars Andresen, dem Gehilfen des Kalfatermeisters, ausgezeichnete Arbeit. Solange sie in unmittelbarer Küstennähe ankerten, ließ Nickelsen die Bordwachen noch einmal verstärken. Nach zwei weiteren Tagen lichteten sie die Anker und lagen nur noch in Sichtweite weiter draußen auf Reede, wo das Schiff ausschließlich mittels Boot erreichbar war. An diesem Tag tauchte der Diener des Gouverneurs auf, ein verhutzeltes, von der Sonne ausgelaugtes Männchen, das von einer prachtvollen weißen Uniform zusammengehalten wurde und für seine bescheidene Körpergröße überraschend große Schritte machte. Der Gouverneur freue sich, den Kapitän zu empfangen, er entschuldige die Verzögerung wegen dringlicher Geschäfte. Wolfson murrte schon wieder, weil der Diener beim Kapitän und nicht bei ihm, dem Bevollmächtigten der Kompanie, vorstellig geworden war. Für Nickelsen hatte das keine größere Bedeutung, als ob in Jules Kombüse ein Sack Reis umgefallen wäre. Sie hatten die Zusage des Gouverneurs für die Audienz und die zählte. Nicht länger brauchte er sich die Beine auf dem Oberdeck krumm und schief zu laufen und auf die hohen Festungsmauern mit der dänischen Fahne hinüberzustarren, bis ihm die Augen aus dem Kopf fielen. Der Gouverneur geruhte, seine Empfänge am frühen Morgen zu erledigen. In Händen hielt Nickelsen eine Karte, die im oberen Drittel mit der dänischen Krone und dem Namen des Gouverneurs bedruckt war und auf der im unteren Drittel handschriftlich vermerkt stand: »Fühlen Sie sich bitte mit dem ehrenwerten Bevollmächtigten unserer Königlichen Dänischen Westindien-Guinea-Kompanie frei, nach dem Empfang für einige Tage meine Gäste zu sein. Am Abend lasse ich Ihnen zu Ehren ein Essen geben.«

Wolfson, mit hochrotem Kopf vor Ärger, rief wütend: »Eine Nacht wegen des Essens, nicht länger! Wir haben zu schaffen!«

Nickelsen blickte über das grasgrüne Wasser des Hafens auf das Gebäude des Gouverneurs, das die Festungsmauern überragte, und antwortete: »Wir nehmen Mohr und unseren Schiffsjungen mit. Wenn es sein Zustand zulässt, auch van Mayen. Ich lasse ihn ungern allein an Bord.«

»Wie bitte?«, protestierte Wolfson. »Das glaube ich nicht! Sie wollen einen Schiffsjungen dem Gouverneur vorstellen? Selbst ein ungehobelter Klotz wie dieser Holländer dürfte wohl nicht der rechte Gesprächspartner für den Repräsentanten der dänischen Krone sein!«

»Sie werden nicht bei Hofe empfangen, Wolfson, bleiben Sie mal ganz ruhig. Es ist entschieden!«

»Ich stelle mich als Vertreter der Kompanie und meines Landes nicht mit jedermann auf eine Stufe! Herr Kapitän, das ist das falsche Signal! Ich bestehe auf eine Revidierung Ihrer Entscheidung! Entschieden bestehe ich darauf!« Wolfson bekam mal wieder einen seiner Anfälle von Atemnot und einen hochroten Kopf.

Nickelsen blieb unbeeindruckt: »Schauen Sie nach drüben. Eine kleine Ansammlung von Häusern, strahlendes Weiß unter grellem Sonnenschein. 37 weiße Dänen inklusive Zivilisten und Militärpersonen, vielleicht inzwischen sogar 40. Dieses Nest dort, auf felsigem Untergrund gebaut wie eine kleine Burg aus der Zeit der Ritter – ein Fliegenschiss in einem Land von unglaublicher Größe, Vielfalt und Macht!«

»Ich bitte Sie, Cornelissen! Müssen Sie immer so respektlos daherreden? Die Welt hört nicht an der Reling Ihres Schiffes auf!«

Unbeirrt führte Nickelsen seinen Bericht über seine Beobachtungen fort: »Alles durchzogen von unübersichtlichen weißen Treppen, die irgendwo vor der Mauer am Meer enden. Die Gassen zwischen diesen Mauern, ich mag sie nicht einmal Straßen nennen, scheinen zu klein für schwere Fuhrwerke, die für den Handel, für einen Markt und Umschlagplatz an Land und für den Hafen notwendig wären. Alles ist eng in diesem Ort. Atmen Sie tief durch, Wolfson, das wird für einige Zeit Ihr Zuhause sein. Riechen Sie das?« Wolfson starrte ihn verwirrt an. Nickelsen atmete demonstrativ tief ein und aus. »Riechen Sie das? Der von der Hitze des Tages zurückgebliebene Geruch des Gezeitenwassers, verrottende Holzpfähle, dazu der Wind, der den Rauch von den Festungswällen jenseits der Mauer herüberweht. Dann der Geruch von Fisch aus den Booten der Fischer und den Häusern in der Nähe des Hafens – und irgendetwas, das Sie nirgends in einem anderen Hafen in Europa oder in Westindien riechen können, ein süßlicher Geruch, der wie ein Grundton alles durchwebt wie Kastanienblüten, wie schöne Frauen, die in ihren farbenfrohen Gewändern auf dem Kai vorübergehen.«

»Es ging allein um die Frage des Empfangs beim Gouverneur und um unsere Begleitung, die ich nach wie vor missbillige. Ich hatte keine Ahnung, dass Sie zum Dichter taugen.«

»Ich erkläre Ihnen das alles, Wolfson, weil ich mich sorge, dass Sie diese Dinge nicht bemerken könnten. Wir werden heute noch einen blutroten Mond haben, wie Sie ihn in Dänemark nie zu Gesicht bekommen würden, und wenn Sie lange genug stehen bleiben, wird der Himmel mit Sternen übersät sein wie eine Wiese mit Gänseblümchen.«

»Ich finde, es reicht wirklich!«, knurrte Wolfson. »Mit Ihnen kann kein Mensch vernünftig reden. Immer mit dem Kopf durch die Wand! Ich werde diese Angelegenheit zu vermerken wissen.« Kurzatmig setzte er hinzu: »Die Geschäftsbücher warten auf mich. Haben Sie schon mal einen Blick auf die Papiere der Hafenbehörde über die gelöschten Waren geworfen?« Er konnte es aber nicht unterlassen, doch einen vorsichtigen Blick zum Himmel zu schicken, als würde ihm von dort bereits irgendein Ungemach drohen.

»Das Wichtigste für Sie, Herr Bevollmächtigter, möchte ich Ihnen abschließend doch nicht vorenthalten: Der Gouverneur dort drüben in seinem Haus, dem ich kaum den Namen Residenz verleihen möchte, ist der letzte Hüter all dieser Dinge und dieses kleinen Hafens für Menschen, die mit ihren ganzen persönlichen Effekten, Habseligkeiten und dem bisherigen Lohn ihres kleinen Lebens hier gestrandet sind und sich jetzt ängstlich hinter den engen Mauern verschanzen. Sie wissen, dass sie zu wenige sind, zu wenige Waffen besitzen und dass die Schönheit all dieser Dinge ihnen nur geliehen ist, solange das große schwarze Land sie hier duldet. Dann der Geruch der Angst und der Verzweiflung von all jenen, die zwischen diesen Mauern in Ketten liegen, um von uns aus dem Land verschleppt zu werden. Die hohen Mauern dieser Stadt sind nichts als ein Gefängnis für die Angst der einen und die Gefangenschaft der anderen. Dieses Gefängnis, Herr Wolfson, ist der Grundstein aller Freiheit. Solange die Mauern um Sie herum stehen, ist er auch Ihre Überlebensgarantie.«

Wolfson reckte sich mit letzter Kraft, weil er sich jetzt so richtig bei seinem Nationalstolz gepackt fühlte: »Herr Kapitän, wir befinden uns auf dänischem Hoheitsgebiet.«

Der Kapitän lächelte milde: »Ja, sicher. Wie gesagt, der Gouverneur ist der letzte Hüter dieser Dinge, der dafür sorgt, dass die Fahne Dänemarks noch eine Weile weht. Noch etwas: Wir bleiben drei Tage. Alles andere wäre ein Affront.«

»Bedaure, aber ich nicht«, entgegnete Wolfson dickköpfig.

6. Von der wundersamen Heilung Wolfsons sowie den Königen und Herrschaftsverhältnissen an der Goldküste

Früh am Morgen setzte Wolfson über. Nickelsen war jedoch bereits wesentlich früher mit Mats Petersen rausgefahren und erwartete die Gruppe in einem kleinen Café an der Stadtmauer am Hafen. Eine schmale Straße hob sich von hier aus notdürftig befestigt zu einem niedrigen Durchlass, der viel zu klein schien, als ob dort Pferdefuhrwerke durchpassen würden. Doch gerade in dem Moment, als Wolfson an der Seite von van Mayen mit Mohr an Land sprang, ratterte eine Art Leiterwagen, gezogen von zwei alten Kleppern, mit einigen Fässern für die *Jaegerspris* hindurch. Kapitän Mechlenburg würde heute wieder Kurs auf Kopenhagen nehmen. Von dem Café aus blickte man in beide Richtungen auf weiße Mauern, nur unterbrochen von großen, fast quadratischen Türmen, in denen die Truppen des Gouverneurs, Kanonen und

Waffenkammern untergebracht waren. Links und rechts vom Hafen lag das in der Morgensonne leuchtende aquamarinblaue Meer, das auf den Seekarten die Bezeichnung Golf von Guinea oder *Äthiopisches Meer* trug. Nickelsen und Mats saßen ganz in der Nähe des Eingangs im Café bei einer Navigationslehrstunde, weiter rechts, im Schatten einer Palme, diskutierte eine Gruppe alter Männer mit ruhigen, tiefen Stimmen irgendetwas Geschäftliches. Ihre Köpfe nickten sich hin und wieder zu. Zwei abgerissene Seeleute hockten auf den Steinen, dort, wo es abschüssig Richtung Wasserlinie ging, und rauchten gemeinsam eine Wasserpfeife. Die Wellen schlugen ein ums andere Mal bis zu ihnen hinauf und durchnässten ihre Hosenbeine, was beide nicht weiter zu stören schien. In regelmäßigen Abständen stieg der Rauch ihrer Pfeife in den Himmel. Auf sie wartete nichts und niemand mehr. Unter der Sonne in Afrika konnte man die Tage dahingleiten lassen, glatt und wohlgeformt wie die Perlen einer Gebetskette im Kloster, die im Unterschied für die Sünden und Versäumisse der Sterblichen für die Vergebung weder der Vergangenheit noch der Zukunft bedurfte.

Nickelsen dachte eher widerwillig daran, den Rest des Tages mit den Männern, die dort heranrückten, verschwenden zu müssen. Einen Tag, den er am liebsten allein mit dem jungen Mats zugebracht hätte. Der Schiffszwieback war ihm eine angenehme Begleitung, ein Junge, wie er allzu gerne einen gehabt hätte.

Wolfson schritt munter voraus und zerriss das schläfrige Band des frühen Tages mit einem Ausruf: »Hätten Sie etwas gesagt, Herr Kapitän, dann wären wir gewiss alle früher aufgestanden. Dass Sie jetzt warten mussten, bedaure ich!« Nickelsen reichte ihm die Hand, nur um sich sogleich wieder zu setzen. »Brechen wir nicht auf?«, wunderte sich Wolfson, selbstbewusst wie immer.

»Herr Wolfson, Sie heute ganz ohne Kopfbedeckung? Sie wissen doch, unsere Audienz?«, erkundigte sich Nickelsen.

»Was habt ihr nur alle!«, beschwerte sich Wolfson. »Der Bootsmann lag mir auch schon in den Ohren.«

»Wer hierzulande etwas auf sich hält, trägt einen Hut. Ganz gleich welcher Art«, belehrte ihn Nickelsen. »Außerdem sollten sie wegen der Sonne vorsichtiger sein.«

»Verderben Sie nicht den prächtigen Morgen. Also, was ist, meine Herren, brechen wir endlich auf? Wir lassen uns doch jetzt nicht von einem elenden Hut aufhalten!« Wolfson ging Richtung Stadttor voraus. Nickelsen seufzte, zahlte und begrüßte jetzt van Mayen und Mohr. Gemeinsam folgten sie dem Kaufmann. Keine fünf Schritte und Nickelsen begann, unter dem mit Litze besetzten Dreispitz und seinem langen Rock mit Marineabzeichen an den Manschetten zu schwitzen. Es war schon ein Elend. Aber er hatte so seine Erfahrungen. Sie passierten das Tor zum Ort ohne Schwierigkeiten. Vor dem Haus des Gouverneurs standen einige Soldaten mit unterschiedlicher Bewaffnung lässig im Kreis. Sie trugen Uniformen, die aus verschiedenen Beständen zu stammen schienen und ebenso zusammengewürfelt waren wie ihre Bewaffnung. Einige von ihnen waren sogar barfuß und keiner sah aus, als versähe er seinen Dienst, um irgendwann einmal einen Krieg zu gewinnen. Nickelsen grüßte zackig, aber die Erwiderung blieb teilweise sogar aus. Nicht aus Unfreundlichkeit, vielmehr machten die Soldaten den Eindruck, als würden sie noch schlafen. Sie rochen nach Schweiß und Hoffnungslosigkeit. Wolfson schaute ein wenig erschrocken fragend in Richtung des Kapitäns, der ging jedoch unbeirrt weiter auf den wachhabenden Offizier vor dem Eingang zu, einen alten, ergrauten Soldaten, dem er das Einladungsschreiben des Gouverneurs überreichte. Die Augen des Alten hatten das leise Knurren eines großen Hundes, der beim Wühlen im Abfall gestört wurde. Mit schmalen Pupillen prüfte er das Schriftstück ausgiebig, ließ sie warten, bevor er gnädig nickte. Für diese Gnade, die Ausdruck des verbliebenen Restes von Gouverneursmacht war, wurde er bezahlt, besser als seine unterernährten Kollegen im Hof. Aber noch lange nicht so gut wie der Diener des Gouverneurs, dessen strahlend weiße Uniform ihnen den weiteren Weg wies. Im Inneren des Hauses empfing sie der Balsam der alten, würdevollen Kultur eines fernen, kalten Dänemarks als schwacher Trost.

Der Diener versorgte sie wortreich mit den Neuigkeiten des Tages und führte sie in einen Raum, der mit einer grünen Tapetenfarbe gestrichen war. Es gab ein abgenutztes braunes Plüschsofa, zwei dazugehörige Sessel, auf denen die Kissen die Mottenlöcher verdeckten, und einen schönen Ebenholztisch. Der Diener brachte aus einem Nebenzimmer noch einige Stühle und wurde dabei des Redens nicht müde. Inzwischen war er beim Wetter und der Hitze angekommen. Da vergaß Wolfson seine gute Kinderstube und erkundigte sich nach dem Empfang durch den Gouverneur, der doch schon längst überfällig sei. Er erntete von dem Männchen einen vernichtenden Blick, aber eine dazu in kunstvoll geschliffene diplomatische Worte gefasste Entschuldigung. Das Amt des Gouverneurs sei ein bedeutendes. Es habe einen Todesfall in der Kaserne gegeben, der eine Untersuchung erforderlich mache. Der Diener verschwand daraufhin mit gewohnt großen Schritten. Die Gruppe wartete und schwieg angestrengt.

Es erschien eine ebenholzschwarze Frau mit einer epochalen, einzigartigen Wassermelone, die sie auf dem Tisch anschnitt und servierte. Die Melone und die Frau waren groß und üppig, sodass die Männer wenigstens etwas zu schauen hatten, und auf das einzige Bild, das die Wände dieses Raums zierte, das Porträt des dänischen Königs Friedrich V., keine Mühe verschwenden mussten. Die Melone erfrischte ausgezeichnet, und der Anblick des bis knapp zu den Knien reichenden bunten Baumwollkittels, der sich bei jedem ihrer wiegenden Schritte über ihren wohlgeformten kräftigen Hüften spannte, ließ trotz allem bei den meisten der anwesenden Männer den Gaumen so trocken werden vor Verlangen, dass man, obwohl es immer noch früh am Morgen war und glühend heiß ohnehin, nicht nur tief in den Ausschnitt der schwarzen Perle des Gouverneurs schielte, als sie Karaffe und Gläser auf den Tisch stellte, sondern auch bedenkenlos den Schnaps, den sie in die Gläser füllte, in sich hineinschüttete. Nickelsen unterließ das und achtete darauf, dass sein Schiffsjunge vor all den Anfechtungen gefeit und Hüter seines Gepäcks blieb. Keine halbe Stunde später in diesem stickigen Raum, und die Herren Mohr, van Mayen und Wolfson gerieten geradezu in ausgelassene Stimmung.

Der Diener tauchte wieder auf und verscheuchte, unter lautem Protest der gut gelaunten Männer, die ebenholzschwarze Vollschöne von ihrer Bühne, reichte Wasserpfeifen und verkündete, der Gouverneur sei soeben eingetroffen und lasse gleich bitten. Die Wasserpfeife mit ihrer berauschenden Wirkung vermied Nickelsen ebenfalls. Als schließlich ein Gong ertönte und der Diener erneut erschien, um sie zum Gouverneur zu bringen, ließ Nickelsen Mohr und van Mayen schlafen, weckte Wolfson unsanft und ging mit Mats entschlossenen Schrittes am Porträt des Königs vorbei schon mal voraus. Der Diener erklärte augenzwinkernd über die schöne Schwarze, sie sei inzwischen sehr eingebildet und spiele sich auf. Irgendwann würde sie derart überziehen, dass man sie wieder loswerden müsse. Jetzt habe sie noch ihre Familie nachkommen lassen und diese würde auf Kosten des Hauses durchgefüttert. »Aber wenn das endet, dann mit viel Geschrei und Aufsehen. Das braucht seine rechte Zeit, Sie verstehen? Diplomatie und ein wenig Geschick.« Dabei strich er sich mit einer Hand über die Jacke seiner makellos weißen Uniform. Wolfson lallte ein wenig: »Wieso denn? Eine schwarze Schönheit, bezaubernd gar und so zuvorkommend.«

Nickelsen verdrehte nur die Augen und flüsterte Mats zu: »Was für ein Theater!«

Der Gouverneur, ebenso wie der Kapitän in seine offizielle Uniform gekleidet, ging quer durch den Raum auf ihn zu, um ihn willkommen zu heißen: »Herr Kapitän Cornelissen, schön, dass Sie erneut mein Gast sein können. Einen Zimmerer nebst Baumaterial haben Sie uns auch gleich mitgebracht. Ihr Name hat nicht umsonst einen guten Klang hierzulande.«

Der Kapitän verbeugte sich und wehrte bescheiden ab: »Zu viel der Ehre. Ich erfülle nur meinen Auftrag. Aber, Herr Gouverneur, ich gestehe, dass ich gerne komme.« Letzteres war zwar gelogen, aber er zeigte damit dem Gouverneur für seine Gastfreundschaft die angemessene Dankbarkeit. Denn nach Monaten auf See ein Bett zur Nacht, vor allem aber ein Bad mit Seife, mit dem man das Salzwasser von der Haut bekam, waren eine absolute Wohltat! Als Kapitän mied er die öffentlichen Badehäuser in Hafennähe, die zuweilen unsauberen Bordellen glichen. Ansprechende Unterkünfte sonstiger Art gab es in Fort Christiansborg sonst seines Wissens nicht. Dann stellte der Kapitän den Bevollmächtigten der Kompanie als seinen Begleiter und Mats als seinen Schiffsjungen und Bedienten vor. Wolfson hatte den ihn stützenden Rahmen der Tür noch nicht verlassen und bot ein Bild des Jammers, wie er sich schwankend auf den Beinen zu halten versuchte.

»Ich sehe«, sprach ihn der Gouverneur gelassen und aus sicherer Entfernung an, »dass dem Herrn Kaufmann nicht wohl ist und er ein wenig derangiert wirkt. Im Übrigen scheint er nicht mit der Etikette vertraut. Hat er seinen Hut verloren?«

»Wie gesagt, Herr Gouverneur, wenn Sie gestatten«, räusperte sich Nickelsen ein wenig verlegen, »er ist Bevollmächtigter der dänischen Kompanie und war Sprecher des Vorstandes. Herr Wolfson gehört nicht zur Mannschaft. Er wird in Christiansborg der Geschäfte wegen verbleiben, wenn wir unsere Reise nach Westindien fortsetzen.«

Wolfson merkte sehr wohl, dass über ihn gesprochen wurde und dass es an der Zeit wäre, den unvorteilhaften Anblick, den er bot, zu korrigieren. Er versuchte einige Schritte in den Raum, verlor die Orientierung, stolperte, fing sich aber an der Lehne eines Sessels, fasste sich an den Kopf, stöhnte hörbar auf, verdrehte die Augen und sank zu Boden.

»Ihr Bevollmächtigter scheint ernsthaft unpässlich zu sein. Wir sollten einen Arzt zurate ziehen«, schlug der Gouverneur vor. »Anschließend können wir das Wichtigste schon einmal unter uns besprechen.« Der Diener wurde gerufen und stand wie von Zauberhand rasch an der Seite seines Herrn. Der Kapitän entschuldigte sich für den Zwischenfall, bat, den Schiffsarzt hinzuzuziehen und den Kaufmann zurück aufs Schiff bringen zu dürfen.

»Ich bitte Sie, Herr Cornelissen«, der Gouverneur umfasste den Kapitän vertraut bei den Schultern, »wo Sie doch ohnehin meine Gäste sind. Er bekommt in der Residenz ein Zimmer. Es wäre ihm nicht bekömmlich, jetzt noch einmal durch die Hitze bis zum Hafen und auf das Schiff ...«

Der Kapitän verbeugte sich wieder, bedankte sich und schickte Mats an der Seite des Dieners los, Mohr zu Bewusstsein zu bringen und herbeizuschaffen. Der Hut saß dem ersten Barbier entsprechend seines inneren Zustandes schief auf dem Kopf. Aber ein Offizier, der den Schliff einer württembergischen Rekrutenschule hatte genießen dürfen, hielt sich sogar bei widrigen Verhältnissen tapfer. Mohr untersuchte Wolfson, der jammerte und sich übergab. Eine Peinlichkeit, die, wie Nickelsen fand, durch nichts zu überbieten war. Doch der Gouverneur schaute interessiert zu, schien trotz der Bedeutungsschwere seines Amtes alle Zeit der Welt zu haben und befragte Mohr zu medizinischen Dingen. Dann raunte er Nickelsen zu: »Auch Ihrem Barbier scheint der Alkohol ein wenig zuzusetzen. Meine schwarze Hofperle meint es nur zu gut. Ich muss ihr das mit dem Hochprozentigen abgewöhnen. Aber sie hat ihre Freude daran, wenn die Herren ihr zu Diensten sind. Sie verstehen?« Dann ging er ein wenig abseits, besprach sich mit seinem Diener, der daraufhin wieder verschwand. Mats flüsterte seinem Kapitän zu: »Wie hat er das gemeint, mit dem Klang Ihres Namens, Herr Kapitän Cornelissen?«

Nickelsen war froh, dass ihn sein Zwieback nicht danach fragte, was denn unter »zu Diensten sein« zu verstehen sei. Der Junge war wirklich grandios, er stellte immer die richtigen Fragen. Also erklärte er ihm gerne in knappen Worten, dass ein gewisser Christen Cornelisen im Jahre 1661 im Namen der dänischen Kompanie nach Christiansborg gekommen sei und hier insbesondere die Festungsmauern errichtet habe. Sechs Jahre habe er hier gelebt und Außerordentliches geleistet. Er sei als Weißer im

Übrigen wegen seiner freundlichen und menschlichen Art sogar bei den Schwarzen so beliebt gewesen, dass der König von Accra ihm bei seinem Abschied ein Geleit mit allen seinen Eheweibern bis an den Hafen gegeben habe. Sogar Musikanten und seine Räte hätten Spalier gestanden, als jener Cornelisen damals an Bord gegangen sei. Noch heute ließen viele Schwarze ihre Kinder in Angedenken an diesen besonders tugendhaften und guten Menschen Cornelisi nennen. Augenzwinkernd schloss der Kapitän: »Ich gestehe, dass ich bei meiner Namenswahl an diesen besonderen Menschen gedacht und mir als Seemann einen gewissen Vorteil erhofft habe. Von den Qualitäten dieses Menschen bin ich jedoch sicherlich weit entfernt. Kein Anlass, in Ehrfurcht zu erstarren. Verstanden!«

Inzwischen fand Mohr zu einer Diagnose, die einfach Sonnenstich lautete, ein mittelschwerer Fall, durch den Alkoholgenuss heute in der Frühe noch ein wenig verschärft in seiner Wirkung. Seine Therapieempfehlungen: völlige Ruhe in einem abgedunkelten Raum, viel Wasser, Fasten und kalte Umschläge auf Stirn, Unterarme und Waden. Das von ihm angekündigte Fieber setzte bereits, während er darüber sprach, mit einem heftigen Schub ein. Die vom Gouverneur angesprochenen Aderlässe lehnte er als noch nicht notwendig und angesichts der Konstitution des Kaufmanns als zu bedenklich ab. Schon verfügte der Diener über einige Soldaten, die Wolfson auf sein Zimmer trugen.

»Wie ich sehe, Herr Medikus Mohr, verstehen Sie Ihr Handwerk«, lobte der Gouverneur. Mohr verbeugte sich, erbat sich, ihn doch künftig Barbier zu nennen, da er der Bezeichnung des Medikus nicht würdig sei. Auf das Angebot des Gouverneurs, die kleine dänische Gemeinde künftig mit seiner Heilkunst zu versorgen und hierzubleiben, wusste Mohr die rechten bescheidenen Worte zu finden, um eine Ablehnung so zu formulieren, dass sie nicht als Beleidigung missverstanden werden konnte. Nickelsen schaute ihn von der Seite an und war mit der Wahl, die er seinerzeit in Kopenhagen mit ihm bei der Besetzung der Stelle des Barbiers getroffen hatte, wieder einmal sehr zufrieden.

Selbstverständlich erklärten sich alle einverstanden und dankbar für das Angebot des Gouverneurs, heute Abend noch einen heilkundigen Schwarzen hinzuzuziehen.

Gouverneur Joost Platfues erwies sich als Mann mit Realitätssinn; er verstand durchaus über die Enge der Verhältnisse von Christiansborg hinauszublicken. Er war erst seit drei Jahren in der Residenz, verfügte jedoch über ein erstaunliches Detailwissen. Zu Kaffee und Tee nebst Gebäck wie im fernen Dänemark erschien auch van Mayen, der seinen Rausch halbwegs ausgeschlafen hatte. Nickelsen erkundigte sich nach den Verhältnissen am Rio Volta. Der Gouverneur erläuterte die Lage kenntnisreich: »Fort Christiansborg hat eine ausgezeichnete Lage im Vergleich zu anderen europäischen Forts an dieser Küste. Wegen der Mündung des Rio Volta kann man von hier aus unmittelbar tief ins Land reisen. Das muss in anderen Gegenden unterbleiben, da Reisen ins Landesinnere wegen der schlechten Verhältnisse von Wegen und Straßen nicht ohne größte Beschwerden und Gefahren unternommen werden können. Es gibt Überlieferungen, dass eine Fahrt auf dem Rio Volta in alten Zeiten bereits erfolgreich versucht worden ist. Ich verfüge jedoch über keine schriftlichen Nachrichten darüber und kann keine Auskunft darüber geben, ob solche Versuche von Dänen gemacht worden sind. Allein, der Strom ist dort, wo er in den Ozean mündet, im Delta breiter als die großen europäischen Flüsse wie zum Beispiel die Elbe oder der Rhein. Es erscheint mir daher naheliegend, den Gerüchten Glauben zu schenken, dass der Fluss bis tief nach Afrika hineinreicht, vielleicht bis nach Abessinien. Ein solch großer Strom, so sagt man hierzulande, sei durchaus schiffbar. Aber, wie gesagt, nachgeprüft habe ich es nicht[53].«

53 Der Volta (auf historischen Landkarten Rio Volta) fließt im Gebiet des heutigen Ghana und mündet an der Südküste von Westafrika in den Atlantik. Das heutige Guinea (und Guinea-Bissau) liegt im Unterschied zur damaligen Bezeichnung Guinea weiter nördlich an der Westküste von Westafrika. In einem Schriftstück aus der Osterlandföhrer Landvogtei zur Verbesserung des dänischen Sklavenhandels und der Kultivierung der dänischen Besitzungen in Westafrika (ca. 1760) wurden dem dänischen Schatzmeister entsprechende Überlegungen unterbreitet, die auch die damaligen Verhältnisse beschreiben (s. Catharina Lüden, im Anhang, S. 77 ff). Die fiktive Reise Nickelsens fußt daher auf einem historischen Bericht und zeigt die Vielschichtigkeit der Beziehungen zwischen

Nickelsens Neugierde war geweckt. Er erkundigte sich danach, was man von den Bewohnern und den Stämmen wisse, die am Flussufer und weiter im Landesinneren lebten. Gouverneur Platfues konnte nur auf Überlieferungen verweisen, dass die Negernationen, die weiter flussaufwärts wohnten, gute, höfliche Leute seien. Sie diskutierten eine Weile darüber, bis van Mayen schließlich befand: »Woher sollten diese Gerüchte stammen, wenn nicht der Fluss von einigen weit hinauf befahren und für schiffbar befunden worden wäre? Allein, unsereins kommt mit konkreten Aufträgen für den Handel mit Sklaven und zeitlichen Vorgaben, die keine Gelegenheit für solche Unternehmungen und Risiken lassen. Ist doch so, Kapitän Cornelissen, oder?«

Keine Frage, sein ehemaliger Bootsmann war wieder nüchtern. Nickelsen pflichtete ihm bei, bekräftigte aber andererseits dennoch sein Interesse an der Erforschung des Flusslaufs, da er sich davon verspreche, unabhängiger von den Gebietsfürsten und Zwischenhändlern zu werden.

»Wenn der Rio Volta tatsächlich schiffbar würde, könnte das dänische Fort Christiansborg in seiner Art das werden, was in Europa große Städte geworden sind, die an großen Flüssen liegen und durch ihre Lage einen vorzüglichen Handel treiben können. Man könnte den Hafen ausbauen und in großem Stil Waren vom Inland und Ausland an diesem Knotenpunkt umschlagen.« Der Gouverneur zeigte großes Interesse, meinte jedoch, leider Gottes verfüge sein Fort nicht über genügend Soldaten und Waffen, um für eine Exkursion Beistand zu leisten.

Nickelsen schlussfolgerte: »Es erscheint mir aufgrund meiner Erfahrungen mit den Fürsten und Königen, mit denen wir Sklavenhandel treiben, durchaus möglich, mit ihnen nähere Vereinbarungen über den Handel auch flussaufwärts zu treffen und entsprechende ordentliche Kontrakte zu schließen. Sie handeln gerne mit uns Dänen, weil unsere Flinten gut sind, die

---

den Weißen, den freien Schwarzen sowie den versklavten Schwarzen und die politischen und geschäftlichen Abhängigkeiten vor Ort. Alles Dinge, die der Kapitän eines Sklavenschiffes zumindest mitberücksichtigen musste, wollte er seinem Auftrag gemäß erfolgreich handeln.

der anderen Nationen aber, insbesondere die der Holländer, einen schlechten Ruf haben. Zu häufig verkaufen sie den Negern schlechte Flinten, die bald gesprungen sind und viele zu Krüppeln gemacht haben. Man müsste behutsam vorgehen.«

Der Gouverneur, gewillt, ein solches Vorhaben im Rahmen des Möglichen zu befördern, beabsichtigte, eine entsprechende Depesche an die dänische Regierung zu verfassen. Dann gingen sie das spärlich vorhandene Kartenmaterial des Gouverneurs durch, das alles Gebirgsland im Norden auf der linken Seite des Flussufers nur mit *unerforscht* bezeichnete und im unteren Flusslauf, der Mündung zu, *Aschanti*-Gebiete und auf der gegenüberliegenden Seite *Adangme*-Gebiete auswies. »Überall in diesem Bereich versteht man, da bin ich mir sicher, den *Accra*- oder *Ga*-Dialekt«, versicherte der Gouverneur. »Trifft man auf Stämme aus dem Bereich noch weiter ostwärts, handelt es sich um die *Arveno*. Die haben eine ganz eigene Sprache. Da sie häufig von den Stämmen aus der Ebene angegriffen und als Sklaven geraubt werden, sind sie häufig sehr misstrauisch und kriegerisch gestimmt.« Der Kapitän schätzte, dass sie bei Tagen mit günstigen Strömungs- und Windverhältnissen die riesige Lagune, in die der Rio Volta mündete, binnen Tagesfrist erreichen könnten.

Der Gouverneur erklärte: »Der Mündungsbereich ist problematisch, da hier eine ungeheure Brandung auftreten kann. Aber dann erreichen Sie einen riesigen Seebereich, der 15 Meilen lang und 12 Meilen breit ist und auf dem sich an die hundert größere oder kleinere Inseln befinden mögen[54].« Er deutete mit dem Zeigefinger auf die Stelle. »Auf einer der größten mit Namen Adda bei Tuberka unterhalten wir unser Fort Kongenstan, mit dessen Ausbau wir derzeit noch beschäftigt sind.«

»Ich nehme an, wir können dort ankern und die Flut abwarten, die den Fluss aufstaut, ihm Fließgeschwindigkeit nehmen und uns vor Untiefen und Landberührung mit unserem Boot schützen wird«, sagte Nickelsen.

---

54 Heute gibt es im Volta einen riesigen Stausee, der Flusslauf und Landschaft verändert hat.

Der Diener des Gouverneurs fertigte ein entsprechendes Papier für die Fortbesatzung aus, das der Gouverneur unterzeichnete und noch während des Gesprächs siegelte. »Denken Sie daran, Herr Kapitän Cornelissen, der Rio Volta ist einer der großen und merkwürdigsten Flüsse der ganzen Küste. Es gibt, wie mir berichtet wurde, Bereiche, in denen er sich träge und brakig dahinschleppt, aber meistenteils gebärdet er sich wild. Es soll sogar Stromschnellen geben.«

»Das klingt nach einem schweißtreibenden Unternehmen, flussaufwärts zu rudern – bei diesen Temperaturen«, stöhnte van Mayen.

Der Diener geleitete die Männer zu ihren Zimmern und informierte sie: Zum Abendempfang erwartete man einen Negerkönig vom Volksstamm der Aschanti, die im Königreich der *Akan* am Rio Volta eine wichtige Untergruppe darstellten. Der König mit dem Titel *Asantehene* trage den ehrenvollen Namen Otumfuo Osei Tutu I. Begleitet würde er von einem Unterhäuptling, einer Art Dorfoberhaupt des *Akan*-Stammes mit der Bezeichnung *Odikro* und dem Namen Ato Anan. Die *Akan* würden ihre Kinder entsprechend dem Wochentag ihrer Geburt benennen. So stünde Ato für die männliche Bezeichnung des Samstags. »Ato Anan ist für diese Gegend ein Mann von Bedeutung. Ein erfahrener Sklavenhändler mit guter Ware und vielen Beziehungen ins Land.«

»Er ist mir von unserem letzten Aufenthalt bekannt«, Nickelsen nickte. »Wird er ein Angebot unterbreiten?«

»Seit einigen Tagen sitzen ungefähr 30 neue Schwarze in den erst kürzlich fertiggestellten Anbauten und 10 wird er heute mitbringen, die der Gouverneur in den alten Verliesen im Keller belassen wird. Natürlich stehen Ihnen auch die Schwarzen, die von anderen Händlern in unseren alten Verliesen einsitzen, zum Kauf zur Verfügung. Nochmals eine stattliche Anzahl, so zwischen 40 und 50. Unser Aufseher weiß da Näheres. Ihnen wird morgen die Gelegenheit gegeben, die Ware zu besichtigen und über ein Angebot zu beraten«, informierte der Diener sachkundig.

»Wenn Sie einverstanden sind, lasse ich mein Warenangebot im grünen Zimmer der Residenz ausstellen.« Nickelsen erteilte van Mayen einen entsprechenden Auftrag und bestellte zugleich Nitschke für die Untersuchung der Sklaven und Joaos als Dolmetscher für den folgenden Tag ein.

Die Dienste des schwarzen Medizinmannes Jojo Mampong am fiebernden und vor Schmerzen stöhnenden Wolfson waren ein Geschenk des Asantehene Otumfuo Osei Tutu I. Schweigend nahmen Nickelsen, der Gouverneur und der König im Zimmer auf dem Boden Platz, während sich die übrige Gesellschaft vor der offenen Tür im Flur versammelte. Vor dem Fenster seines Zimmers zog man die Vorhänge auf. Draußen hatte sich der Himmel in eine flammende Fläche verwandelt, die alle Wände mit einem sonnenwarmen ockerrosa Grundton durchtränkte. Der schwarze Medizinmann trug ein seltsames Gewand aus Palmblättern über einem kurzen Baumwollrock, Goldketten um Hals und Arme und eine Art Kopfschmuck. Sein Gesicht mit breiten weißen Farbstrichen wirkte starr und furchterregend, als er Wolfson untersuchte, der kurz aus seiner Ohnmacht erwachte und vor Schreck schrie. Begleitet von seiner tiefen, brummelnden Stimme tastete Mampong den Kranken ab. Auf ein Zeichen von ihm tauchte ein weiterer Schwarzer im Flur auf, der zwei Trommeln in einem schnellen, aber gleichförmigen Rhythmus schlug, der auch in Nickelsen eine Art Trägheit und Gleichgültigkeit auszulösen schien. Dann näherte sich der Heiler, der immer wieder am Bett auf und ab geschritten war, Wolfson, drückte ihm die Finger seiner rechten Hand fest auf die Schläfe und legte dann, Gebete murmelnd, die Finger seiner linken Hand in einer bestimmten Reihenfolge gegen die innere Handfläche. Schließlich presste er Wolfsons Kopf mit seinen beiden Händen zusammen, dass Wolfson kurz aufschrie, wie irre im Raum umherblickte, bevor er völlig ruhig wieder in einen ohnmachtsähnlichen Dämmerzustand versank. Der Schwarze spie jetzt in die linke Hand und schlug sie mehrere Male auf den Boden. Dann strich er mit beiden Händen zweimal über die Brust des Kranken, saß noch für zehn Minuten singend und brummend zu den Schlägen der Trommeln am Fußende. Wegen der inzwischen hereinbrechenden Dunkelheit holte man Leuchter. Mohr stellte fest, das Fieber des Kranken, der sehr ruhig und fest zu schlafen schien, sei gefallen und sein Puls fast normal. Als Nickelsen und seine Männer überrascht umherblickten, um sich bei dem schwarzen Medizinmann und seinem Trommler zu bedanken, waren diese verschwunden. Der Asantehene erwartete sie beim Abendtisch – eine Dankesbezeugung sei unhöflich, informierte der Diener des Gouverneurs den Kapitän.

Eine große, unaufgeregte Ruhe lag in den Gesichtern und Gesten der Schwarzen am Tisch des Gouverneurs Platfues, die Energie ihrer Worte, die sie sorgsam wählten, füllte Raum und Wahrnehmung. Der Asantehene sprach ein ausgezeichnetes Englisch und kannte einige Höflichkeitsfloskeln auf Dänisch. Die Sprachgewandtheit des Odikro Ato Anan als Sklavenhändler war ohnehin legendär und flößte Nickelsen bei jedem Zusammentreffen Respekt ein. Die große Ruhe ihrer Präsenz bei Tisch ließ die Männer zugleich die Macht und Größe des Kontinents und des fremden Königreichs erahnen. Nach dem Essen tranken sie Tee und rauchten. Dazu gab es Kokos, Datteln, eine Art saure Milch und süße Kuchen. In den Gesprächspausen war kein Laut zu hören. Schließlich pries der Gouverneur zum wiederholten Male die gute Nachbarschaft und das Glück der für beide Seiten gewinnbringenden Handelsbeziehungen. Er musste in großer Sorge leben, dass sie ihm eines Tages auf einen Fingerzeig hin den Garaus machen könnten, stellte Nickelsen für sich fest und blickte nachdenklich in die Runde. Die Gewehre hierfür lieferte der dänische Staat den Schwarzen für die billig erworbenen Sklaven gratis. Fort Christiansborg selbst könnte eines Tages ein Teil des Handelspreises für die Sklaven werden. Nickelsen mochte diese Gedanken nicht zu Ende denken. Als er aufstand und aus dem Fenster auf den Hof schaute, entdeckte er dort die Begleiter des Königs und des Gebietsfürsten, die, in einheitlicher Bekleidung und mit Gewehr und Messer oder Machete bewaffnet, in Reih und Glied auf das Ende der Veranstaltung warteten. Nickelsen fiel der elende Haufen der Soldaten des Gouverneurs ein. Er befand, dass es, wenn man hierzulande leben müsste, gute Gründe dafür gebe, die Sprache der Akan zu erlernen.

Der Asantehene trat neben ihn, sprach ihn an und Nickelsen äußerte sich anerkennend über die Disziplin und das Auftreten der Wachen des Königs. Dies wiederum hatte zur Folge, dass der Kapitän völlig ungefragt und fast beiläufig von Otumfuo Osei Tutu I. ein Angebot für Elfenbein in zugesicherter bester Qualität zu einem Preis erhielt, der, was völlig ungewöhnlich war, so günstig ausfiel, dass er schon beim kurzen Überschlagen der Summen zu dem Schluss gelangte, der Versuch eines Handelns würde nichts als eine grobe Unhöflichkeit darstellen. Der Asantehene lächelte, als er seine Verblüffung bemerkte, die ihn für einen Moment fast lähmte, und er erklärte offen, es habe ihm gefallen, wie er sich über seine Soldaten geäußert habe. Er halte ihn für einen Mann von gewisser Größe, dem er mit dem Angebot seinen Respekt bezeugen wolle. Zudem wisse er von seinem Kaufinteresse. Nickelsen konnte sein Glück kaum fassen, schlug ein und fragte mit klopfendem Herzen, ob er eine kleinere Menge Elfenbein sozusagen privat, mit gesonderter Bezahlung und verpackt in Lebensmittelfässern, erstehen könne. Der Asantehene zog fragend seine Augenbrauen in die Höhe und erklärte, dies sei vor allem eine Frage der Zeit. Wenn er noch mindestens drei Wochen für die Jagd und Beschaffung habe, könne er das zusagen. Es gehe wohl darum, die Ware nicht in den Schiffspapieren zu deklarieren. Für den Weg an der Hafenverwaltung vorbei müsste ein Aufschlag entrichtet werden. Der Asantehene winkte einen Schwarzen von draußen herein, beriet sich kurz und nannte einen Betrag, der an den Odikro Ato Anan zu entrichten wäre. Nickelsen erkannte, wie sehr das Beziehungsgeflecht der Schwarzen längst alle Ebenen der dänischen Verwaltung unterwandert hatte. Erneut schlug er ein und freute sich über das Geschäft. Doch der Asantehene bestand, ohne ein weiteres Wort darauf zu verwenden, auf einer Erklärung. Vorsichtig schaute sich Nickelsen um, dass niemand sie belauschte. Dann sagte er knapp: »Ich will selbst so viel Geld verdienen, dass ich künftig keine Sklaven mehr handeln muss. Ich verabscheue dieses Geschäft und hoffe, Euer Ehren damit nicht zu nahe zu treten.«

7. Lucys Geschichte und die Verliese des Gouverneurs

Der außergewöhnliche Abend im Haus des Gouverneurs Platfues hielt noch einen Höhepunkt bereit. Lachend schwatzte der Gouverneur zu fortgeschrittener Stunde über die Andersartigkeit der Verhältnisse hierzulande und wie vor allem die heißen Monate des Sommers die Menschen zu den verrücktesten Dingen trieben. Nach seinen amüsanten Erzählungen, vor allem Liebesverwirrungen betreffend und einem nicht enden wollenden Reigen von Glückwünschen für seinen Diener, der letzten Monat in den Stand der Ehe getreten war, priesen der Asantehene und der Odikro Ato Anan ihre Vielweiberehe, die sie als Modell auch für Christiansborg empfahlen. Das sei, meinte der Gouverneur lachend, wohl nicht mit dem Verständnis von König und Kirche vereinbar, die er zu repräsentieren habe. Worauf der Asantehene schmunzelnd und offenbar über auswärtige Dinge gut informiert erwiderte, dass nicht alles, was weiße Könige und Häuptlinge auf Papier schrieben, tatsächlich gelebt werde. Wie man selbst im Königreich Accra hören könne, fänden es sogar jene, die im fernen Dänemark Regeln für das Zusammenleben aufstellten, oftmals selbst schwer, sich daran zu halten. Mit einem Kopfnicken Richtung Gastgeber beendete er jedoch lächelnd seinen Beitrag und erklärte: »Ich will niemanden in Verlegenheit bringen, weil in jedem Gesetz ein Fünkchen Wahrheit und Notwendigkeit stecken mag, was man als Fremder kaum beurteilen kann.« Er dankte für das Essen und die Gastfreundschaft. Erneut hatte Nickelsen Anlass, über die Wortgewandtheit des schwarzen Königs zu staunen, denn so, wie dieser es formuliert hatte, konnte man davon ausgehen, dass seine Entschuldigung gleichzeitig als eine Forderung an die Weißen zu verstehen war, sich nicht über die Angelegenheiten der schwarzen Völker zu erheben. Natürlich hatte er dies gemeint und jeder hatte ihn verstanden, ohne dass er es ausdrücklich gesagt hatte. Ein listiger Herr des Wortes, dieser Asantehene.

Tacktackda-dam, tacktackda-dam, dam-dam ..., da war er wieder, der hypnotische Klang der Trommeln, eine tiefe und eine hohe, die auf den tiefen Klang antwortete. Dazu war jetzt der ergreifende Gesang einer wunderschönen Frauenstimme zu hören, eine Art Klagelied mit einer Melodie, die in der Schwebe blieb. Die Gesellschaft hielt inne, und sogar die Soldaten im Hof begannen zu lauschen. Sie schritt durch die Tür wie eine Königin, jung, ganz bei sich, ihrer Sache ganz sicher, und sang eine weitere Strophe. Weite, luftige Stoffe und fast durchsichtige Gewänder umwehten ihre zarte Figur, ihre Arme und Finger erhoben sich zu einem Spiel, wie Nickelsen es bei Tänzerinnen aus Indien oder Arabien kennengelernt hatte. Doch diese Sängerin war schwarz von Hautfarbe, nicht völlig schwarz, wie er jetzt im Kerzenschein bemerkte, sondern gesegnet mit der Schönheit von beiden Rassen. Sie schritt singend auf den Tisch zu. Dann klatschte sie in ihre Hände, die sie weit über ihren Kopf erhob. Kerzengerade wie ein Pfeil war ihr gesamter makelloser Körper, in perfekter Körperspannung verharrte sie einen Moment. Keine Frage, sie war das Ereignis des Abends, als sie jetzt hüftenschwingend zwei rasche Drehungen absolvierte und in einer demutsvollen tiefen Verbeugung vor dem Tisch erstarrte. Die Schläge der Trommel hatten abrupt ausgesetzt, um keine Minute später in ein wildes Stakkato zu verfallen, bei dem der höhere Klang der Trommel den schnelleren Schlag und die Führung übernahm. Den Moment hatte der Diener, der neben den Tisch getreten war, abgepasst, um die Tänzerin den Gästen vorzustellen: »Eure Exzellenzen, meine verehrten Herren: unsere unvergleichliche Miss Lucy! Genießen Sie ihre Kunst!«

Man applaudierte, angetan von der Darbietung, und hoffte auf mehr. Mitten im Applaus nahm ihr Körper den wilden Rhythmus der Trommeln auf. Ein Saiteninstrument und eine Art afrikanische Flöte fielen in die Musik ein. Ihr Körper drehte, zuckte, wirbelte alles hinweg, was man auf Tanzveranstaltungen in Dänemark für üblich und schicklich gehalten hätte. Keine Gavotte, kein Reihentanz, kein Ländler, sondern ein wilder Stammestanz, der große Anteile eines arabischen Bauchtanzes enthielt und zu all ihren wilden Drehungen und verrückten Bewegungen die Schleier nach und nach zu Boden sinken ließ bis auf den winzigen unschicklichen Rest einer Bekleidung. Ihre Art zu tanzen fegte Wahrnehmungen und Erinnerungen einfach hinweg wie eine Lawine, die alles erfasste und mitriss, alle zwang, aufzustehen, zu klatschen, frenetisch zu applaudieren. Dann stand sie dicht beim Tisch, schwer atmend, schwitzend. Das Kerzenlicht fiel von schräg unten auf ihre Gesichtszüge und Nickelsen konnte sie etwas näher betrachten. Lucy, das Ereignis in Person im Haus des Gouverneurs, mochte höchstens siebzehn Jahre alt sein. Ein Mädchen noch, jedoch mit der vollen Stimme und dem Hüftschwung einer Frau, für welches das Wort *aufsehenerregend* wie gemacht schien. Neben ihrer Schönheit schien ihr eine große Begabung in die Wiege gelegt worden zu sein. Noch ein Tanz, diesmal langsamer, aufreizender, ein großes durchsichtiges Schleiertuch, geführt von ihren Händen, umspielte dabei ihren Körper und untermalte ihren Liedvortrag mit großer Anmut. Ein Schlaflied, wie der Gouverneur die Gesellschaft informierte.

Lucys Körper tanzte, als wäre der Tanz nur dazu da zu verführen. Dabei war sie doch zu jung für solche Dinge. Während Nickelsen zwischen Erregung, Anteilnahme und Bedenken hin und her gerissen war und versuchte, Lucys Zauber zu ergründen, hatte das Geschöpf Mats, dem Schiffsjungen, der rechts hinten im Raum auf einem Gaststuhl hockte, längst den Kopf verdreht. Er starrte sie mit offenem Mund an und verliebte sich von einem Moment auf den anderen unheilbar in sie. Willenlos wäre er ihr überallhin gefolgt, wenn man ihn nur gelassen hätte. Noch ein

Tanz, noch ein feiner Schleier, und er wäre vor Erregung nicht mehr in der Lage gewesen aufzustehen. Seine Hose beulte mächtig aus, er krümmte sich mit dem Oberkörper nach vorn, um seinen Zustand zu verbergen. Doch Mohr wurde aufmerksam, und nachdem die Schönste aller Schönen unter frenetischem Applaus den bemerkenswerten Abend beschloss, fragte der besorgte Barbier den Schiffsjungen, ob er Magenschmerzen habe. Mats wurde puterrot vor Verlegenheit und stammelte nur: »Nein, nein ..., es geht schon wieder«, ohne sich jedoch aus der gekrümmten Haltung befreien zu können. Alles in seinem Unterleib kochte und brodelte. Ihm wurde fieberheiß und Mohr machte dem Kapitän Meldung von der Erkrankung seines Schiffsjungen. Unter Tränen wurde Mats' Missgeschick und entflammte Leidenschaft offenbar. Er stolperte aus dem Raum auf sein Zimmer, schämte sich zu Tode, wollte niemanden sehen. Niemanden außer der schönen Lucy, die sich so ungezwungen bewegte, ihre Schultern nach hinten schob, schamlos ihre kleinen Brüste vorstreckte und ihren Po auf eine Art bewegte, wie er es noch nie bei einem weiblichen Wesen beobachtet hatte. Nachdem er sich die Hose heruntergerissen und sich bis zur Besinnungslosigkeit in Ekstase gerieben und Erleichterung verschafft hatte, fieberten seine Gedanken nur dem Ziel entgegen, wie er es anstellen könnte, seinen Dienst auf der *Vesuvius* zu quittieren, um dieses Mädchen zu seiner Frau zu nehmen und hier mit ihr zu leben. Mats fand keinen Schlaf, er war tatsächlich krank: liebeskrank und schwerer heilbar, als es Wolfson gewesen war.

Nickelsen ahnte, welche Ursache seinem Schiffsjungen derart zusetzte. Zu allem Überfluss war Lucy am nächsten Morgen beim Frühstück das beherrschende Gesprächsthema der Männerrunde. Der Diener des Gouverneurs berichtete, dass Lucy mit achtzehn Jahren die älteste Tochter der schwarzen Hofdame sei, die sie gestern kennengelernt hatten. Sie sei das Ergebnis der unglücklichen Liebe jener Frau, die eine heftige Liaison mit dem Steuermann eines dänischen Sklavenschiffs gehabt habe. Es sei bei einigen Sklavenschiffen üblich, dass sich Offiziere und Mannschaften besonders attraktive Schwarze als Gespielinnen hielten. Auf jenem Schiff hätte Kapitän Boysen ...

»Dirk Boysen?«, fragte Nickelsen, denn sein friesischer Landsmann war ihm wohlbekannt, nicht jedoch dessen Geschichte.

Der Diener bestätigte: »Dirk Boysen, ein dänischer Friese, wie Sie selbst ja einer zu sein scheinen. Er hatte eine junge Sklavin von einem Sklavenhändler gekauft, zu sich in die Kajüte genommen und sie sich gefügig gemacht. Während seines Aufenthaltes hat sie bei ihm gewohnt. Hofdamenmätresse nennt man so etwas hierzulande. Kurz vor der Abreise trennte er sich von ihr und warf sie zu den Sklaven unter Deck zum Verkauf. Dem Sklavenhändler hängte er irgendeine fragliche Anzeige an und bekam ihn daraufhin ebenfalls als Sklaven an Bord seines Schiffes. Sein dänischer Steuermann Frieder Erichsen handelte zwar nach seinem Vorbild und teilte ebenfalls mit einer Schwarzen seine Kajüte, bekam dann jedoch, als seine Hofdame schwanger geworden war, Gewissensbisse und weigerte sich, sie ebenfalls in Sklaverei zu schicken. Es gab einen mächtigen Streit mit Kapitän Boysen. Erichsen warf seine schwarze Geliebte heimlich von Bord, bevor das Schiff ablegte. So strandete unsere schwarze Augenweide damals in Christiansborg, wo der Gouverneur sie unter elenden Bedingungen drei Jahre später aufgriff und für seinen Haushalt übernahm. Sie lebt hier mit unserem Aufseher zusammen und hat noch zwei weitere Kinder. Gouverneur Platfues hat ein großes Herz.«

»Das will ich wohl glauben«, erwiderte Nickelsen. »Und? Hat sich der Steuermann Frieder Erichsen seitdem noch einmal nach seinem Kind erkundigt?«

»Nein, nie. Warum auch? Ein schwarzes Kind – was bitte sollte er damit anfangen wollen? Ich meine: Hier ist es schon schwierig genug – aber in Dänemark? Gott bewahre!« Der Diener, offensichtlich katholischen Glaubens, bekreuzigte sich.

»Ist sie eine Accra?«, wollte van Mayen wissen.

»Sie meinen, ob Sie zur Volksgruppe der Akan im Königreich der Accra gehört. Nein, wie gesagt, sie wurde von einem Sklavenhändler aus einem anderen Stamm Mittelafrikas verschleppt und hierher verkauft, obwohl sie zu ihrem Schutz immer behauptet, sie sei eine *Kwawu*, die dem Stamm zugerechnet werden«, antwortete der Diener und erläuterte zudem: »Ihre zwei weiteren Kinder sind keine Mischlinge wie Lucy, sondern schwarz wie die Nacht und verfügen nicht über Lucys Begabungen. Ihren Mann, Nogave Kofi Kumballa, ein *Fante* aus der Gruppe der Akan, mit dem unsere Hofdame ihr jüngstes Kind hat, das erst fünf Jahre alt ist, können Sie gleich kennenlernen, da er im Gouverneurshaushalt als Sklavenaufseher beschäftigt wird.«

»Akan, Fante, Tanti, Kwawu, Tutu, Huhu, Trallalla ..., weiß der Geier, dass Sie sich da überhaupt noch auskennen«, lachte van Mayen. »Kein Wunder, dass die es zu nix bringen. Haben kaum was zu beißen und bekriegen sich noch gegenseitig. Soll uns recht sein, nicht? Ich verstehe das nicht.«

»Ich finde, sie sollte nicht öffentlich tanzen, auch nicht im Haus des Gouverneurs«, war schließlich von Mats zu hören, der blass und in sich gekehrt in seiner Ecke kauerte und vom Frühstück keinen Bissen angerührt hatte.

»Du machst dir zu viele Gedanken, mein Junge.« Nickelsen versuchte, ihn zu beruhigen, doch die schwarze Hofdame, die den Raum mit frischem Tee betreten und seine Bemerkung mitbekommen hatte, nahm sich die Freiheit dazwischenzusprechen: »Dies, junger Mann, ist ebenfalls die Auffassung der Mutter. Die Tanzerei und Singerei ist Teufelszeug! Sie wird uns alle noch ins Verderben stürzen!« Sie wartete keine Reaktion oder Antwort ab, griff sich einiges von dem schmutzigen Geschirr und verließ sofort den Raum.

»Wie Sie feststellen können, meine Herren, sind sogar hierzulande Eltern und Kinder nicht immer einer Meinung«, kommentierte der Diener ihren Auftritt und mahnte: »Wir sollten uns zu den Sklaven begeben, damit wir die Mittagshitze vermeiden. Ein solcher Besichtigungstermin zieht sich ohnehin in die Länge. Der Odikro Ato Anan erwartet uns mit seinem Gefolge schon im Hof.«

In diesem Moment betraten der Erste Steuermann Hansen, Ole Jessen und Joaos, der Fischer von den Kapverden, den Raum und meldeten dem Kapitän, die Männer vom Schiff stünden wegen der Besichtigung der Sklaven bereit. Nickelsen winkte van Mayen zu sich heran: »Wo ist Mohr?«

Van Mayen deutete nach oben in das nächste Stockwerk: »Er wollte noch mal nach Wolfson sehen. Der ist wieder auf den Beinen. Ein Wunder, Kapitän, finden Sie nicht?«

»Wunder, van Mayen, können warten. Laufen Sie hinterher und schaffen Sie mir Mohr herbei. Wir gehen schon mal Richtung Hof voraus. Den Odikro sollten wir nicht unnötig warten lassen, das erhöht nur die Preise für die Ware.« Dann winkte er Ole Jessen heran und beauftragte ihn, mit zwei Seemännern die ausgestellten Waren im grünen Zimmer zu beaufsichtigen. Tatsächlich schien Wolfson wie durch ein Wunder geheilt und konnte bereits wieder aufstehen, wenngleich er noch geschwächt und ein wenig appetitlos war. Aber Nickelsen war froh, sich mit ihm mal eine Weile nicht befassen zu müssen. Auf dem Weg zum Hof kamen van Mayen und Mohr hinter ihnen hergelaufen. »Kommen Sie, Mohr, jetzt gibt es Arbeit für Sie«, rief Nickelsen. »Ab heute werden Sie kaum noch eine freie Minute finden, kommen Sie! Seien Sie gründlich bei den Untersuchungen. Ich will keine Seuchen an Bord. Sie verstehen?«

»Aye, Sir! Verstanden, Sir, Herr Kapitän!«

»Van Mayen, Sie haben Erfahrung, stehen ihm zur Seite, damit nichts übersehen wird.«

»Zu Befehl, Herr Kapitän!«

Mats drängte sich vor, getrieben vom unbändigen Wunsch, sich davonstehlen zu dürfen. Auf keinen Fall wollte er den Sklaven begegnen. Er musste in Erfahrung bringen, jetzt und sofort, wie er Kontakt zu Lucy aufnehmen konnte. Er näherte sich dem Kapitän, und mit einem Blick in dessen finstere Miene beschloss er kurzerhand, seine Taktik zu ändern und ein Unwohlsein vorzuschützen. Doch hierzu kam er nicht, denn Nickelsen sah ihn nur scharf an und beschied ihn laut und deutlich: »Mats Petersen, bilde dir keine Schwachheiten ein. Du kommst mit! Wir brauchen jeden Mann und du solltest dabei sein. Bist ja nicht zum Vergnügen an Bord. Du solltest den Wert deiner Hautfarbe, Erziehung und Freiheit schätzen lernen. Die Betonung liegt auf lernen. Diese Freiheit erfordert deine Anwesenheit. Mach dir nichts vor, Mats! Versuch überhaupt nicht erst, dich zu drücken, verstanden?«

»Jawohl, Herr Kapitän!« Mats nahm Haltung an und reihte sich ein, als die Gruppe den Hof betrat und Nickelsen den Odikro Ato Anan und Lucys Vater, Nogave Kofi Kumballa, begrüßte, der sogleich unterwürfig und bescheiden darum bat, ihn schlicht Kofi zu nennen. Nickelsen lächelte freundlich, nickte ihm sogar verbindlich zu: »Sie sind also an einem Freitag geboren?« Dann zum Odikro gewandt: »Man lernt doch so allerhand beim gemeinsamen Abendessen. Zum Beispiel die Namenswahl im Königreich der Accra. Ich selbst habe bislang dem Tag und Datum meiner Geburt weniger Bedeutung beigemessen. Ich bin bereit dazuzulernen.«

»Viele Eigenschaften bestimmen sich von diesem Tag und dem Stand der Gestirne«, antwortete der Odikro vieldeutig. Ihm schien es nicht zu gefallen, dass der Kapitän der Anwesenheit des Sklavenaufsehers des Gouverneurs eine solche Bedeutung zumaß. Van Mayen zischte einem Seemann zu: »Einem verdammten Nigger gegenüber ist er freundlicher als einem alten weißen Fahrensmann auf seinem eigenen Schiff.«

Mohr, der vor ihm stand, drehte sich um: »Hab ich gehört. Wieder dabei, schlechte Laune zu verbreiten? Das ist überhaupt nicht gut.«

»Warte ab, Freundchen, Du kommst auch noch dran. Dir haben wir das alles zu verdanken!« Van Mayen drohte leise, aber unverhohlen.

»Wenn du nur etwas mehr Verstand hättest, wüsstest du, dass du allein für alles verantwortlich bist. Solltest ihm stattdessen noch dankbar sein. Hätte anders ausgehen können.« Damit deutete Mohr nach vorn auf den Kapitän.

»Oh ja, ich zerfließe vor Dankbarkeit«, höhnte van Mayen und ging am Ersten Barbier vorbei weiter nach vorn.

Der Kapitän, der Odikro und der Gouverneur standen zusammen an einem Tisch, den sie eigens für diesen Empfang im Hof bereitgestellt hatten, und tranken auf ein gutes Gelingen der Geschäfte. Kofi stand daneben und erstattete Bericht über die Anzahl und den Zustand der Sklaven. Er gab sich Mühe, und es strengte ihn an. Auf seiner Stirn hatten sich kleine Schweißperlen gebildet, die er sich mit einem Taschentuch vorsichtig abtupfte, das er aus einem Ärmel hervorholte. Kofi war ein kräftiger Mann, aber offensichtlich mit einer zu zarten Seele für eine so harte Tätigkeit versehen – während Odikro Ato Anan, eher von kleinem Wuchs, aber etwas untersetzt, wie ein Mann wirkte, den man leicht zu unterschätzen geneigt war. Ato Anan war ein Löwe, wenn es darum ging, Sklaven zu jagen, und jemand, mit dem man rechnen musste, wenn man auf ein vorteilhaftes Geschäft aus war. Der Odikro sprach einfach weiter, als stünde niemand neben ihnen am Tisch, der gerade einen Bericht erstattete. Ja sicher, die Ware sei nicht schlecht, schließlich habe er die Sklaven gebracht, aber schon bald sei Größeres im Angebot, Besseres. Der Gouverneur protestierte, fühlte sich bloßgestellt, war doch der Odikro sein Geschäftspartner gewesen. Man versöhnte sich schließlich beim zweiten Getränk, machte sich auf zu den Verliesen. Die Anbauten besichtigten sie als Erstes. Sie lagen in den Kerkern tief unter der Festung. Dort war es absolut finster und man hätte nichts und niemanden erkennen können. In engen Räumen verharrten insgesamt bis zu 50 Personen ohne Kleider und in völliger Dunkelheit aneinandergekettet. Sie sahen während ihrer Haftzeit dort keinen einzigen Sonnenstrahl. Es gab keine Sitzgelegenheiten, keine Schlafplätze, sondern nur den kalten, harten Steinboden. Es stank bestialisch, denn sie verfügten über keine Gelegenheiten, keinen Ort, wo sie ihre Notdurft verrichten konnten. Das Essen wurde ihnen vor die Füße geworfen, dorthin, wo auch ihre Exkremente hinflossen. Das Licht der Lampen und Fackeln reichte aus, um die Menschen geblendet aufschrecken zu lassen. Nickelsen wusste, dass sich das Martyrium für manche bis zu drei Monate hinziehen konnte, sofern sie die Haft überhaupt überlebten, bis sie gebrandmarkt auf die Schiffe verladen wurden.

»Die Leute hier sind vom Stamm der Susu. Es sollen sich sogar zwei Prachtexemplare von Kerlen der Tutsi darunter befinden. Meine Händler haben sie durch halb Afrika hierher geschleppt. Sie machen sich keine Vorstellung, welchen Aufwand man mit ihnen treibt, wenn man sie über so weite Entfernung hierher holt! Dann stirbt einem die Hälfte von ihnen weg, bevor sie verkauft werden. Undankbares Gesindel! Aber die, die überlebt haben, sind zäh! Ihr Geld wert!« Der Odikro schwadronierte herum und hielt sich ein parfümiertes Tuch vor die Nase. Nickelsen antwortete nicht, sondern schaute sich nur um. Das Elend machte ihn jedesmal sprachlos, aber er war wegen Geschäften hier, und da waren Gefühle fehl am Platz. Kofi berichtete, dass man die Zellen wöchentlich reinige und zu diesem Anlass die Gefangenen einmal in der Woche auf den Hof führe. Die Sterblichkeitsrate halte sich im Bereich des Üblichen. Aus eigenem Interesse sei man bemüht, bei ernsthaften Erkrankungen ärztlichen Rat hinzuzuziehen.

Gouverneur Platfues war gar nicht erst in die Verliese mitgekommen. Er gab an, wegen wichtiger Termine die Gesellschaft frühzeitig verlassen zu müssen. Sein Diener stand mit seiner makellosen weißen Uniform irgendwo im Bereich des Eingangs und unterhielt sich mit den Wachen. Für einen Moment war es gänzlich still. Gespenstisch still, denn von den gefangenen Schwarzen war nur ein gelegentliches Wimmern zu vernehmen. Keine Hilferufe, keine Schreie, kein Aufbegehren. Etwas weiter links außen ein undeutliches Rasseln der Ketten. Schon schritt eine der Wachen zur Seite und schwang ihre Peitsche einmal aufs Geratewohl in diese Dunkelheit, worauf ein lautes Stöhnen zu hören war. Nickelsen hob die Laterne in diese Richtung und blickte in die weit aufgerissenen Augen einer Frau und zweier kräftiger Männer.

Die Kerker, obwohl neu gebaut, waren wie eine Ankunft in der Hölle. Der Schiffsjunge drängte sich an die Seite seines Kapitäns. Nickelsen spürte, wie er schluchzte und würgte. Weiter hinten schienen sich einige Männer übergeben zu müssen. Der Gestank war tatsächlich unerträglich. Ato Anan äußerte jetzt den Wunsch, wieder nach draußen gehen zu wollen. Hier unten gebe es doch nichts zu sehen. Jedenfalls nichts, was er nicht auf den ersten Blick schon habe erkennen können. Die Sklaven seien gesund und stünden zum Verkauf bereit. Daraufhin machte er auf dem Absatz kehrt und ließ sich von seiner Gefolgschaft den Weg ausleuchten.

Nickelsen legte tröstend seinen Arm um die Schultern des Jungen, der es geschehen ließ. Kofi stand an seiner anderen Seite schweigsam und wartete geduldig ab, wie er sich entscheiden würde. Nickelsen ging noch näher an die Gefangenen heran, winkte Mohr und Nitschke zu sich. In dieser Ecke waren die Gefangenen in einer Reihe an eine Eisenstange gekettet, die der Länge nach in der Mitte des Zimmers angebracht war. Sie waren ebenfalls nackt. Ein oder zwei der Männer blickten auf, aber die meisten starrten nur vor sich hin. »Was meinen Sie, meine Herren?«

»Schwer zu sagen bei dieser Dunkelheit«, antwortete Nitschke. »Besser, wäre es, sie draußen zu untersuchen.«

Mohr wusste nur zu stammeln: »So etwas habe ich noch nie gesehen ...«

»Bringen wir sie hinaus«, entschied Nickelsen, »dann kommen sie wenigstens an die Luft und sehen mal wieder die Sonne. Damit ist ihnen und uns gedient.« Zu Kofi gewandt: »Nutzen Sie die Zeit, um die Zellen zu reinigen. Und verwenden Sie Essig für eine bessere Luft und der Reinlichkeit wegen. Meine Leute werden Ihnen dabei helfen. Wenn ich die Sklaven an Bord nehme und kaufe, muss ich sie gesund in Westindien abliefern. Sie haften mir dafür.« Danach holte er den Schiffsjungen wieder an seine Seite und zog ihn rasch Richtung Ausgang hinter sich her. Endlich wieder Tageslicht! Der Junge hockte sich an eine Häuserwand und schluchzte, seinen Kopf zwischen den Beinen verborgen. Nickelsen ließ ihn gewähren.

Ato Anan verzichtete darauf, bei den Untersuchungen anwesend zu sein, meinte, das gehe ihn nichts weiter an. Vielmehr wolle er sich davon überzeugen, ob der Kapitän interessante Ware an Bord habe, damit sich der Aufwand überhaupt lohne. Nickelsen blieb nichts übrig, er schickte Hansen an seiner Seite ins grüne Zimmer, mit ihm die Verhandlungen über Waffen, Spiegel und Schmuck und die dort ausgestellten Waren zu führen. Er kannte den Sklavenkönig schon und wusste, dass er sich anschließend zum Essen begeben, nach einer Pause wieder eintreffen und sich nach dem Ergebnis erkundigen würde. Da es nicht ihr letztes Zusammentreffen darstellte, spielte Nickelsen mit dem Gedanken, sich bis dahin auf sein Schiff zurückzuziehen, um dort den Fortgang der Arbeiten für die Aufnahme von Sklaven zu inspizieren. Doch das Geschehen im Hof ließ ihn nicht los.

Die Soldaten des Gouverneurs traten an, den Bereich zu sichern, und auch die Seeleute der *Vesuvius* standen zur Bewachung der Sklaven bereit. Ein Schwarzer nach dem anderen wurde jetzt losgekettet und nach oben in die blendende Helligkeit geführt. Mohr und Nitschke, unter Anleitung von van Mayen, nahmen die Untersuchungen vor und begannen mit dem Gesicht, den Zähnen, dem Gaumen, den roten Stellen zwischen Lid und Augapfel und den Nasenöffnungen. Zuvor jedoch mussten die elenden Schwarzen erst einmal in einen halbwegs ansehnlichen Zustand versetzt werden. Der Diener des Gouverneurs und der Unterhändler des Odikro protestierten zwar wegen des Aufwandes, der getrieben würde, aber Nickelsen und Mohr als sein medizinischer Sachverständiger bestanden auf der Waschung aller Sklaven. Der Kapitän wurde sogar laut und drohte damit, lieber sofort weiter die Küste rauf- und runterzufahren, statt hier unter diesen Bedingungen einen einzigen Schwarzen zu kaufen. Als schließlich der Appell des zäh argumentierenden Dieners – er möge doch die Gastfreundschaft des Gouverneurs nicht strapazieren, wie sähe das aus, wenn die Residenz den ganzen

Tag von schwarzen Sklaven belagert würde – nicht verfing und Nickelsen sich bereit machte, tatsächlich den Hof zu verlassen, gab man nach. Der Diener machte es jedoch zur Bedingung, dass die Durchführung der Waschung allein die Aufgabe der Seeleute sei. Nickelsen ließ Eimer und Bottiche herbeischaffen und mit Wasser aus dem Hofbrunnen füllen. So, wie die Sklaven aus dem Kerker herauskamen, hieß man sie sich in der Mitte des Hofes in der prallen Sonne hinkauern, übergoss sie mit einem Eimer Wasser, gab ihnen sodann von einem weiteren Eimer zwei Becher zu trinken, der dann weitergereicht wurde an den nächsten, und befahl ihnen, nachdem sie erneut mit Wasser übergossen worden waren, sich mit einem am Ende aufgerissenen Tau, das die Seeleute *Schwabber* nannten, gegenseitig abzureiben. Nach dieser Erfrischung sorgte Nickelsen dafür, dass Kofi ihnen etwas zu essen reichte. Dabei hockten sie weiter nackt in der Mitte des Hofes in kleinen Gruppen, umstellt von den bewaffneten Seeleuten und den Soldaten des Gouverneurs. Dazwischen standen die Aufseher, die mit der Peitsche zuschlugen, sobald sich jemand regte.

Für die Untersuchung hatten sich Mohr und Nitschke einen Platz in der Nähe des Brunnens ausgesucht, wo sie jeweils an zwei Sklaven gleichzeitig arbeiten konnten. Einige waren kaum noch in der Lage zu gehen, sie wurden zu diesem Platz hin geschleift. Dort setzte man die Sklaven auf einen Stuhl und übergoss sie mit einem Eimer frischen Wassers, das versetzt wurde mit etwas Zitronensaft, Branntwein und Essig. Man befahl ihnen, sich damit kräftig abzureiben. Die Erfrischungen und die Sauberkeit bereiteten einigen von ihnen eine solche Lust, dass sie vor Freude jauchzten und die Sonne priesen. Andere blieben teilnahmslos und stumpf und zeigten sich kraftlos vor gebrochenem Lebenswillen. Immer wieder irrten ihre ängstlichen Blicke umher und sie zuckten zusammen, sobald nur einer der Wächter mit der Lederpeitsche in ihrer Nähe auftauchte.

Nachdem Nickelsen all die Vorgänge in Gang gesetzt hatte, hielt er sich abseits an dem Tisch im Hof auf und beobachtete das Geschehen. Seltsame Gedanken und Gefühle bemächtigten sich seiner. Wie im Rausch murmelten seine Lippen die Worte *lâ ilâha illâ llâh; Muhammadan rasûlu llâh*[55], und er spürte erneut seine Fesseln an Händen und Beinen. Seine Gedanken und Wahrnehmungen waren weit weg vom Haus des Gouverneurs und wurden von etlichen bestialischen Begleitern auf den *Partisan* getrieben, den arabischen Menschenmarkt von Algier. Er spürte, wie die Sonne auf seiner Haut brannte, als er splitternackt dort mitten auf dem Markt in der Sonne stand und sich von fremden Händen betasten lassen musste. Er befolgte Befehle, sprang und lief nackt umher, empfing Schläge, Peitschenhiebe, wurde verspottet, gedemütigt und zum guten Ende als Lohn zum Verkauf in einer Schmiede mit der zwölfpfundigen Kette um Hand und Fuß versehen, mit der er in kleinen Trippelschritten bis zu dem Hundeloch hinkte, wo er sein elendes Dasein fristete. Nickelsen spürte die Hände auf seinem Körper, spürte die Scham, die Abscheu und den Schmutz und war für einen Moment einer von ihnen. Doch das Knallen der Lederpeitschen von den Aufsehern schreckte ihn wieder zurück in die Gegenwart. Sie schlugen erbarmungslos zu, weil ihnen die Sklaven, zu schwach auf den Beinen, nicht schnell genug zur Untersuchung folgten. Er schritt ein und bat, doch etwas behutsamer mit seiner künftigen Ware umzugehen. Das verschaffte Kofi die nötige Autorität, um über die Arbeit der Aufseher zu gebieten.

Bei der Untersuchung war van Mayen ganz in seinem Element und dirigierte die beiden Mediziner an seiner Seite nach seinem Belieben. Aber tatsächlich, das musste ihm Nickelsen zugestehen, machte er seine Sache nicht schlecht. Einer wie er war schon richtig für ein Geschäft wie dieses.

Die Angst hatte etwas Jähes. Man lebte ein anderes Leben, man fand, dass man sie kontrollierte, aber ohne es gemerkt zu haben, fiel sie einen an und verwandelte einen in den eigenen Käfig. Oder in ein Objekt, vor dem einem schon immer am meisten graute. Mir zu Ehren saust die Peitsche auf den Körper dieser

55 Es gibt keinen Gott außer Gott und Mohammed ist sein Prophet.

Schwarzen, dachte Nickelsen mit Erschrecken. Es machte keinen Sinn mehr, sich zu rechtfertigen.

Bei dem ersten Mann, den Mohr untersuchte, zogen sich die blutunterlaufen Striemen früherer Schläge und Peitschenhiebe quer über Brust und Schulter. Ein kräftiger Mann mit langen Beinen, in seinem früheren Leben wahrscheinlich ein schneller Läufer. Der Arm, den Mohr ergriffen hatte, um den Schwarzen ein wenig nach vorn zu ziehen und ihn gehen zu lassen, zitterte stark. Das Zittern ergriff den ganzen Oberkörper. Mohr versuchte, zu dem Mann Kontakt aufzunehmen. Doch seine schwarzen Augen schauten durch ihn hindurch. Mohr untersuchte seine Pupillen, ihre Augen waren auf gleicher Höhe. Er begriff, dass der Schwarze ihn überhaupt nicht sah, weil er nicht mehr wusste, was er sah. Er war blind vor Schwäche, sein Lebenswille war gebrochen. Mohr spürte, wie der Schweiß immer stärker seinen Rücken hinunterlief. Normalerweise untersuchte er Menschen, um zu helfen. Hier hatte er nur ein Urteil zu fällen. Der glutheiße Mittagshimmel war inzwischen überall.

Van Mayen war neben ihn getreten, packte grob den Unterkiefer des Schwarzen und zwang ihn so, den Mund zu öffnen. Seine Mundhöhle war trocken, ausgetrocknet, aber Zähne, Zunge und Gaumen schienen in Ordnung. Van Mayen kommentierte: »Gutes Maul, können beißen wie die wilden Tiere. Die kauen immer Rinde.« Dann zwang er den Kopf des Sklaven in Position. »Jetzt die Ohren.« Mit Gewalt zerrte er an dem Kopf, als der Schwarze ihn nicht verstand und in Panik geriet. Dann schlug er mit der flachen Hand zu und es ging. Sorgfältig tastete Mohr die Brust ab, befühlte die Halsdrüsen auf Schwellungen, prüfte den Herzschlag. Bei allen Gefangenen fand er starke Quetschungen an den Oberarmen und an den Fußgelenken vor.

»Jetzt die Kronjuwelen, das Eingemachte!«, rief van Mayen und winkte einen Soldaten heran, der ihm half, den Sklaven festzuhalten und in Position zu bringen. Der Schwarze zeigte keine Regung, als man ihn die Beine spreizen ließ. Mohr untersuchte genau, spürte, wie Nitschke ihm von der Seite zusah. Die Leistengegend des Sklaven wies keine Anzeichen für Geschlechtskrankheiten und keine Schwellungen auf. Er roch den Schweiß, diesen fremdartigen Geruch eines schwarzen Körpers. Er wich rasch aus, doch diese heftige Aufwärtsbewegung ließ ihn schwindeln. Schon hörte er van Mayen kommandieren: »Jetzt das Hinterteil! Hinknien! Kopf nach unten!« Zu dem Soldaten gewandt: »Am Genick festhalten. Karnickelfangschlag! Nicht so, den Kopf ganz nach unten auf den Boden, damit der Hintern in die Luft kommt. So ist‘s richtig. Kommen Sie nur, da muss man genau hinschauen. Manchmal versuchen die Händler einen aufs Kreuz zu legen, indem sie etwas in den Darm stopfen, damit der Durchfall verborgen bleibt. Ihr glaubt nicht, was in diesem Geschäft alles möglich ist.«

Der Schwindel von Mohr wurde stärker, aber er zwang sich, keine Schwäche zu zeigen: »Ich glaube, inzwischen schon eine Ahnung davon zu haben, van Mayen, danke«, antwortete Mohr. Den Ablauf der Untersuchung bestimmte er schon längst nicht mehr. Er untersuchte den Hintern, fand aber nichts Auffälliges. Während der Soldat den Sklaven wieder auf seinen Stuhl setzte, suchte Mohrs Blick umherblickend Weite. Doch seine Augen stießen nur auf die hellen Wände, die weiß in der Mittagssonne glänzten. War es das alles wert gewesen, seine Flucht aus dem württembergischen Militärdienst, sein Freiheitsstreben, sein Traum von fernen Kontinenten? Er hatte keine Vorstellung gehabt, wie teuer sein Traum mit der Unfreiheit anderer erkauft werden würde. Sein Kopf war seltsam leer.

Van Mayen stieß ihn an. »Sollte sich bewegen«, schlug er vor, »damit wir sehen, ob er im Vollbesitz seiner Kräfte ist. Lassen Sie ihn springen, hüpfen, ein wenig umhergehen.« Unschlüssig schaute Mohr auf den Sklaven. Schon trat einer der Aufseher hinzu, dem das Ganze zu lange dauerte, packte den Schwarzen an seinem rechten Arm, zerrte ihn hoch. Dann schlug er mit der Peitsche auf seine Beine und ließ ihn hüpfen. Der Schwarze keuchte unter dem Peitschenhieb. Er hüpfte zwei-, dreimal, während der Aufseher seine Peitsche hochhielt. Mohr wollte einschreiten, aber er fühlte sich unfähig dazu. Van Mayen lachte. Der Sklave fiel hin und stieß einen Schrei aus, in dem alle Verzweiflung lag. »Kräftige Stimme hat der«, kommentierte van Mayen. »Singt noch beim Tanzen, vielleicht eine ganz passable Begleitung für die wunderhübsche Lucy.« Er winkte den nächsten Sklaven heran. Mohr half dem Gestürzten auf die Beine und ließ von Joaos in Nickelsens Buch, das bereitlag, vermerken, dass der Mann geschwächt, aber seinen Preis wert sei, etwa 20 bis 25 Jahre alt, keine ansteckenden Krankheiten, keine Pocken und Geschlechtskrankheiten und daher arbeitsfähig und in der Lage, die Überfahrt zu bestehen. Er setzte seinen Namen unter die Beurteilung und dachte bei sich: Was weiß ich schon? Nichts, eigentlich sogar noch weniger als nichts. Kein Recht der Welt gibt mir diese Macht.

Van Mayen suchte sein Publikum und machte seine groben Späße laut und mit großen Gesten, sodass Nickelsen ihn anfuhr: »Mensch, van Mayen, lassen Sie das gefälligst, Personal und Gäste des Gouverneurs herabzusetzen und mit Ihren Bemerkungen zu beleidigen!«

Van Mayen spielte nun selbst den Beleidigten: »Was denn, was denn, Herr Cornelissen? Ich habe doch nur gesagt, dass unser Sklave hier eine schöne Stimme hat. Sollte ich damit der ehrenwerten Miss Lucy schon zu nahe getreten sein?«

»Lassen Sie gefälligst diese Spitzfindigkeiten, Seemann!«, schnarrte Nickelsen und machte zwei Schritte in seine Richtung. »Sie wissen genau, wie ich's meine! Ich denke nicht, dass Sie mich zwingen wollen, noch deutlicher zu werden.«

Abwehrend hob van Mayen beide Hände: »Ist ja schon gut. Verstanden, Herr Kapitän. Kommt nicht wieder vor.« Er drehte sich zu Nitschke, um weiter zu assistieren, sein Mütchen an den Sklaven zu kühlen und sie zu demütigen. Dem Soldaten, der in der Nähe stand und ihm zuarbeitete, raunte er zu: »Hat halt seine speziellen schwarzen Lieblinge, unser Cornelissen! Die schwarzen Lieblinge der dänischen Kapitäne! Hat hierzulande eine gewisse Tradition.«

Nickelsen hielt Ausschau nach Mats Petersen, aber der Junge hockte nicht mehr dort an der Wand. Er war verschwunden. Das war überhaupt nicht gut. Gegen ausdrückliche Order des Kapitäns abhauen, aus welchem Grund auch immer, das würde für den Schiffszwieback Konsequenzen haben. Nickelsen war sich sicher, dass Mats das bewusst war. Wenn der Junge bei klarem Verstand gewesen wäre, hätte er solch einen Unsinn nicht gemacht, schloss Nickelsen und ahnte, dass der Schiffsjunge, von seiner ersten Verliebtheit geblendet, versuchen würde, auf Teufel komm raus bei Miss Lucy zu landen. Nickelsen fluchte und fürchtete, das könnte ziemlichen Ärger verursachen, ließ jetzt Ole Jessen aus dem grünen Zimmer holen, um etwas über den Stand der Begutachtung der Waren durch den Odikro zu erfahren, und beauftragte Jessen, den Jungen aufzuspüren, bevor es andere besorgten.

Einer der Seemänner setzte Nitschke eine ungefähr 30-jährige Sklavin auf den Stuhl zur Untersuchung. Die Frau reagierte nicht auf die Wasserdusche, rieb sich auch nicht ab, sondern bewegte nur ihren gesamten Oberkörper in einer seltsam wiegenden Vor- und Rückwärtsbewegung. Dabei brabbelte und sang sie permanent irgendetwas Unverständliches vor sich hin. Auf Anweisungen und Ansprachen reagierte sie überhaupt nicht. Nitschke versuchte, sie anzufassen, um mit der Untersuchung zu beginnen, aber sie wehrte seinen Arm ab und fuhr einfach fort mit ihren Bewegungen und ihren seltsamen Lauten. Schon waren die Wärter zur Stelle und wollten zuschlagen. Nitschke schritt ein, hob den Arm und verhinderte den Gewaltausbruch. Die zwei Wärter protestierten. Einer sagte: »Das macht sie immer, wenn sie rauskommt. Nur in der Finsternis ist sie still. Dort unten im Kerker bricht es nur manchmal aus ihr hervor. Aber wenn man sie erst einmal die Peitsche spüren lässt, geht es. Dann folgt sie den Anweisungen. Ruhe gibt sie jetzt nicht. Verdammt nicht. Lassen Sie mich nur machen.«

»Halt! Nicht so! Ich versuche es erst auf meine Art, einverstanden?« Nitschke versuchte, nicht zu befehlend zu klingen. Er fürchtete, dass dies später auf die Sklaven zurückfallen würde.

»Wenn Sie meinen«, antwortete der erste Wärter gedehnt. Schon stand van Mayen neben ihm: »Hören Sie, die muss gehorchen. Wir haben nicht endlos Zeit! Ziehen wir ihr eine über und schon geht's! Außerdem kommt sie überhaupt nicht infrage, bei diesen Hängebrüsten. Er kniff ihr in die linke Brust, was sie überhaupt nicht registrierte, sondern einfach mit ihren Bewegungen fortfuhr.

Nitschke winkte Joaos heran und bat ihn, das ihm Mögliche zu übersetzen. Joaos kauerte sich vor sie hin, griff nach ihren Händen, was die Frau tatsächlich in Ruhe geschehen ließ, und horchte auf ihren Singsang. Nach einer Weile sagte er: »Sie hatte wohl zwei Kinder. Einen Jungen und ein kleines Mädchen. Ihr Mann ist unterwegs gestorben. Die Kinder musste sie im Dorf zurücklassen. Sie will zu ihren Kindern und trauert um sie. Ihre ganzen Gedanken kreisen immer nur um ihre Kinder und ihr Zuhause. Sie ist dabei, verrückt zu werden, glaube ich.«

»Was wird denn das jetzt! Die Organisation einer Familienfeier, pastorales Trostgespräch oder was? Los jetzt, untersuchen!« Van Mayen wurde handgreiflich, zerrte die Frau hoch und begann sie anzugrabschen. Die Frau bewegte sich einfach weiter wie bisher. Van Mayen, ganz feurig bei der Sache, betastete sie am ganzen Körper. Plötzlich rief er aus: »Wusste ich's doch! Kommen Sie, Barbier! In der Armbeuge hier! Eine Schwellung! Die kommt nicht infrage! Brauchen wir gar nicht erst weitermachen. Kommen Sie!«

Nitschke schob ihn zur Seite. Ein Soldat hielt die Frau, die jetzt tatsächlich stillstand. Nitschke tastete Arme und Beine ab. Dicht unter der Haut der Armbeuge und in der Leistengegend mehrere kleine Schwellungen, rund und verknotet. Er drehte sie ein wenig in den Schatten, und jetzt konnte er eine rötliche Verfärbung ringsherum erkennen. Eine ernst zu nehmende, ansteckende Infektion!

»Kein Wunder bei dem Fraß unten in dem Loch, da überleben nur die Stärksten«, kommentierte van Mayen und ging schon weiter, den Nächsten zu holen.

Nitschke kämpfte mit den Tränen, die Frau tat ihm leid. Zu dem Soldaten gewandt sagte er: »Das hat nicht nur was mit dem Essen und dem Kerker zu tun. Diese Frau hat eine Krankheit, die sich *Frambösie* nennt. Ich habe darüber gelesen. Die rötliche Farbe des Ausschlags, die merkwürdigen Geschwüre, die etwas hart und knöchern an den Rändern zu ertasten sind. Die Knötchen sind ähnlich denen der Syphilis. Diese Krankheit muss aber nicht unbedingt etwas mit dem Geschlechtsverkehr zu tun haben, sie ist schon im Anfangsstadium auch so ansteckend. Die Frau müsste separiert, beobachtet und betreut werden.«

Inzwischen war van Mayen mit dem nächsten Sklaven zurückgekommen und hatte mitgehört. »Beobachten? Behandeln? Sie wissen offenbar nicht, wo Sie sind! Bezahlen Sie dafür? Sklaverei, Krankenbehandlung eingeschlossen! Außerdem ist sie wahrscheinlich ohnehin zu alt. Darf nicht gekauft werden. – Also: Schafft sie weg, sonst haben wir noch die Seuche an Bord und die Ladung verdorben, bevor wir Westindien erreichen!« Auf einen Wink von ihm schleiften zwei Soldaten sie zu Kofi. Der ließ sich von den Soldaten erklären, was Nitschke über die Frau gesagt hatte. Dann kam er auf Nitschke zugelaufen und beschwerte sich, von solch einer Krankheit habe er noch nie gehört. Er wisse auch nichts davon, dass sie älter als 25 Jahre sein solle. Es handele sich um einen Irrtum.

Zusammen mit Mohr, der ebenfalls noch nichts von dieser Krankheit gehört hatte, gingen sie jetzt nochmal zu der Frau, die zwischen zwei Soldaten stand und wieder mit dem Oberkörper vor- und zurückwippte. Auch Mohr tastete jetzt die Knoten und meinte, er tippe eher auf Syphilis. Kofi schien völlig verzweifelt. So etwas sei noch nie vorgekommen. Nitschke versuchte, ihn zu beruhigen, er wies darauf hin, dass niemand etwas dafür könne. Es sei eine ganz normale Erkrankung, aber ansteckend. Nickelsen wurde aufmerksam, kam herüber und fragte nach der Geschichte der Frau und ihrer Krankheit. Er erkundigte sich nach ihren Kindern und meinte: »Ganz gleich, was ihr fehlt: Wir können das Risiko ohnehin nicht tragen, uns mit ihr eine Krankheit an

Bord zu holen. Das wäre nicht gut fürs Geschäft. Selbst wenn sie es bis Westindien schafft, macht sie bei der Einreise keinen guten Eindruck. Das hat Auswirkungen auf den Verkauf der gesamten Ladung.« Zu Kofi gewandt: »Seht zu, dass ihr sie getrennt haltet. Dasselbe, wenn sich noch weitere finden. Und schleppt uns jüngere heran, damit wir nicht übers Alter in Streit geraten.«

Ein Soldat, der Verwalter von Ato Anan, rang mit den Händen. »Was soll ich nur machen?«, fragte er Nitschke. »Wie ernst ist die Krankheit?«

Nitschke antwortete: »Sie wird sterben. Sehr bald wahrscheinlich.«

Nickelsen: »Das ist bedauerlich. Sehr bedauerlich. Ein hartes Schicksal. Es gab für sie doch noch immer die Hoffnung auf die Kinder – aber jetzt ...« Er ließ den Satz unvollendet. Die Frau, als ob sie es verstanden hätte, wurde jetzt mit ihrem Singsang noch lauter und starrte in Nickelsens Richtung. Einer der Verwalter Ato Anans schimpfte laut über die ganze Untersuchung, nahm sich einige Soldaten und kommandierte sie übellaunig herum. Sie schleiften die schreiende Frau zum Tor hinaus Richtung Hafen.

Nitschke blickte der Gruppe hinterher: »Was wird mit ihr geschehen?«

Nickelsen antwortete: »Das wollen Sie lieber nicht wissen.« Die Soldaten kamen kurze Zeit später allein zurück. Das Leiden hatte für diese Sklavin ein Ende.

Am Abend hatte man Mats ergriffen. Sie überstellten ihn dem Kapitän der *Vesuvius*. Es waren die Wachen des Odikro gewesen, die ihn bei dem Versuch erwischt hatten, die hintere Fassade der Residenz bis zu Lucys Zimmer zu erklettern. Tatsächlich hatte er mit ihr einige Sätze wechseln können. Beide hatten sich verstanden. Er glühte vor Hoffnung und befand sich jenseits des Zustandes, dass man ihm Vorwürfe machen konnte, die er wahrgenommen und verstanden hätte. Der Odikro Ato Anan ließ dem Kapitän ausrichten, dass er eine Bestrafung des jungen Mannes erwarte.

Der Gouverneur gab sich generell verstimmt, vor allem jedoch wegen der drei erkrankten Sklaven, die man bei den Untersuchungen entdeckt hatte, und wegen des Generalverdachts, unter dem der Warenbestand der übrigen Sklaven jetzt zu leiden drohte. Am Ende der Untersuchungen standen 55 Sklaven aus dem Bestand des Gouverneurs mit Bewertungshinweisen für einen Kauf auf Nickelsens Liste. Er wurde zudem mit dem Odikro noch am selben Abend handelseinig. Die Hinweise, denen er in Kopenhagen zuletzt nachgegangen war, erwiesen sich als sehr hilfreich. Besonders die Kristallspiegel und der Messingschmuck schlugen als begehrt zu Buche und drückten den Preis auf das Vorteilhafteste. Letzte Bedingung für die Kaufabwicklung: Die Sklaven müssten sich noch in einem guten gesundheitlichen Zustand befinden, wenn der Kapitän von seinen kurzen Reisen flussaufwärts und an der Küste entlang zurückkäme. Dann würde er diese Sklaven brandmarken und an Bord nehmen. Der Gouverneur konnte nur nüchtern feststellen, dass für ihn die Geschäfte schon einmal besser gelaufen waren. Ein Schuldiger wurde gesucht und in Kofi schnell gefunden. Der Odikro nahm das Ergebnis für sich teilnahmslos hin, würde er doch bis zum Abreisetermin der *Vesuvius* nochmals eigene Sklaven liefern, die er ohne den Zwischenhandel über den Gouverneur direkt auf dem Schiff zum Kauf anbieten konnte. Nickelsen hatte den Fuchs durchschaut, er wusste, Ato Anan kam immer auf seine Kosten.

Mats stand zwar mit gesenktem Blick vor seinem Kapitän, aber er glühte innerlich. Nickelsen sah ihn an und seufzte hilflos. Dann beauftragte er Ole Jessen, den Jungen vorerst aufs Schiff zu bringen und dort die Order zu geben, ihn nicht mehr von Bord zu lassen. Er nahm seinen friesischen Nachbarn Jessen zur Seite und bat ihn, ein Auge auf den Jungen zu haben. »Wan en dring en fracht hää, sat at wat uun a eers. Det as man so.[56]« Ole Jessen lachte zwar und snaaket[57] noch ein wenig Öömrang mit seinem Kapitän, als er sich aber mit Mats auf den Weg machte, redete er dem Jungen mächtig ins Gewissen, denn eine Strafe drohte ihm

56 Wenn ein Junge verliebt ist, sitzt der Verstand im Arsch. Das ist nun mal so.
57 sprach platt

noch und er stand völlig neben sich. Widerwillig versprach der Zwieback, bis auf Weiteres sok trekern[58] zu lassen. Ole Jessen glaubte ihm kein Wort.

8. Schweiß, Staub, Gold und gute Geschäfte

Am nächsten Tag brach Nickelsen gemeinsam mit Hansen, Joaos und einigen bewaffneten Seeleuten auf, Gold zu handeln, denn der Küstenabschnitt hieß nicht von ungefähr Goldküste. Die ersten Sklaven für die Kompanie waren gekauft. Die unerwartet günstigen Einkäufe beim Elfenbein verschafften ihnen jedoch nicht nur gewinnbringend für die Kompanie eine gute Ausgangsposition, sondern würden sich am Ende auch vorteilhaft bei den privaten Geschäften auswirken. Das erste Mal mit ihrem eigenen Kapital richtig investieren konnten sie jedoch erst jetzt beim Handel mit Staubgold. Denn diese Ware ließ sich am leichtesten verbergen und überall auf der Welt wieder zu Geld machen.

Sie brachen in aller Frühe von der Residenz aus auf und fuhren mit einem Boot des Gouverneurs die Küste entlang. Hansen selbst pries den glücklichen Umstand, dass Wolfson immer noch nicht ihre Geschäfte störe. Nickelsen, der erfahren hatte, dass Wolfson genesen und am Tag zuvor aufgestanden war, erkundigte sich beim Personal der Residenz nach ihm und erfuhr, der Kaufmann sei mit van Mayen Richtung Hafen gegangen. Die Nachricht beunruhigte Nickelsen nicht, schaffte ihm diese Entwicklung doch freie Hand bei der Umsetzung der eigenen Pläne.

Dort, wo ihnen die Natur in Afrika gnadenlos und lebensfeindlich begegnete, hatte sie die Gegend mit besonderen Schätzen ausgestattet. Südwärts von Fort Christiansborg erreichten sie kurz nach Mittag bei glühend heißer Sonne einen Strandabschnitt, an dem Schwarze mehr oder weniger nackt hockten, um

58 solchen Unsinn

Gold aus dem Sand zu waschen. Sie hockten dort, wo die Wellen wieder ins Meer abliefen, und hielten eine tiefe hölzerne Schüssel zwischen ihre Knie geklemmt, die sie zuvor voll Sand geschöpft hatten. Die Schüsseln, die sie zu überteuerten Preisen von Nickelsen und anderen Sklavenschiffen kauften, drehten sie auf ihre Art so geschickt, dass anlaufende Wellen darüberspülten. Die Wellen nahmen den leichteren Sand wieder mit sich und ließen schwereres Metall wie zum Beispiel Gold am Boden und Rand zurück. Die Prozedur wiederholten sie mit unglaublicher Geduld und Konzentration, bis der Sand fast gänzlich verschwunden war und man nur noch grobe Steine, Sedimente und natürlich das Gold übrig behielt. Mit der Hand wurde das wertlose Material aussortiert und der ausgesuchte Inhalt aus der Schüssel in eine kleine Dose gegeben. Solche Dosen verkauften die Sklavenhändler ebenfalls für teures Geld den Goldwäschern vor Ort. Nickelsens Warenangebote waren ebenfalls darauf ausgerichtet. Manchmal fand sich in der Dose unter dem Staub sogar grober *Seegries* aus Gold. Die größeren Stücke nannten die Amerikaner dann *Nuggets* und die Neger hier sprachen vom *Heiligen Gries*. Gern durchbohrten sie die größeren Steine und veredelten sie auf Silberdrähten oder kleinen geflochtenen Leinenschnüren zu kunstvollen Schmuckstücken, die sehr begehrt sein konnten. Die Schwarzen waren mit ihrer Tätigkeit in der prallen Sonne am Strand dermaßen erfolgreich, dass ihnen nicht selten viel verblieb. Manche konnten sich einen stattlichen Putz von solchem Goldschmuck leisten, der oft einen Wert von mehreren Tausend Talern hatte.

Hansen und Nickelsen verabredeten sich hinsichtlich ihrer Vorgehensweise, des Preises und der Bedingungen und teilten ihr Warenangebot auf, um beim Handel getrennt vorzugehen. Nickelsen ging zunächst herum und beobachtete die Arbeit der Goldwäscher, sprach mit den Schwarzen, die hier zu Hause und aufgewachsen waren, ließ sich Geschichten erzählen und sich ihre Arbeit erklären. Als die Sonne nach Mittag immer noch hitzig vom Himmel flammte, hatte er zwei Händler, die vom Strand die Waren von einem halben Dutzend Negern anboten, als Interessenten für ein weitergehendes Gespräch gewonnen. Die Goldqualität war tatsächlich erstaunlich. Mit den Gepflogenheiten des Handels hatten sich Nickelsen und Hansen vor allem auf ihrer letzten Reise vertraut gemacht.

Nickelsen spielte sein Wissen über Land und Leute aus, indem er die zwei Händler wissen ließ, er habe von preiswerten, weil nicht zu stark frequentierten Schürfgebieten insbesondere an den Flussufern gehört, und er gedenke, falls man hier kein Entgegenkommen zu zeigen bereit sei, einmal eine solche Reise zu unternehmen. Die Händler zeigten sich selbstsicher und meinten, flussaufwärts sei man keinem Fremden gegenüber freundlich gesinnt. Das sei kein Land für Weiße. Sie fühlten sich überlegen und einig in ihrer Meinung. »Noch niemand ist flussaufwärts gefahren und wiedergekommen. Das ist unbekanntes Land. Falls es der Kapitän versuchen möchte, bitte sehr!«

Daraufhin lud Nickelsen die beiden ein, ihn bei seiner Reise, die er bereits morgen mit der größeren Schaluppe seines Schiffs unternehmen werde, zu begleiten. »Vielleicht können Sie etwas lernen. Und noch etwas, meine Herren, ich versichere Ihnen, dass ich die günstigeren Kaufbedingungen flussaufwärts den übrigen Kapitänen der Sklavenschiffe nicht verschweigen werde. Es könnte sein, dass Ihr Goldvorkommen hier nicht mehr so gefragt sein wird. Was meinen Sie?«

Daraufhin wurden die beiden unruhiger, uneins und in der Folge gefälliger, was ihr Angebotsverhalten anging. Nickelsen legte ihnen vor dem Boot, mit dem sie hergekommen waren, einige der mitgeführten Tauschwaren vor und sie begannen die Verhandlungen über deren jeweiligen Wert. Der Wert von Gegenständen wurde in holländischen *Bontjes* bestimmt, was beim Gold so viel ausmachte wie das Gewicht einer großen Erbse. Für diese Bontjes wiederum besaß Nickelsen eine Tabelle mit Wertangaben in Kronen und Talern. So wurden Preise festgesetzt und die Gewichte des Goldes und dessen Wert bestimmt, um anschließend als Ergebnis in eine Liste der Kompanie eingetragen zu werden.

Nach Abschluss dieser Rechenarbeiten vollzogen die schwarzen Händler die gleiche Prozedur mit ihren Gewichten und ihren Berechnungen. Der Vergleich führte jedesmal dazu, dass die Angebotsseite der Schwarzen zu kurz kam. Bis man zu diesem Teil des Geschäfts vorgedrungen war, stand die Sonne bereits Richtung später Nachmittag, und während dieser ganzen höllischen Hitze hatten die Schwarzen, schlimmer noch als die Sklaven in den Zuckerrohrplantagen, ihren Platz bei der Goldwäscherei am Meeressaum nicht verlassen, während alle Weißen, auch Nickelsen und Hansen, meinten, sich in der Hitze schwitzend zu verflüssigen und kaum noch atmen zu können. Jetzt aber begann der eigentliche Kraftakt, denn ein lautstarkes Streiten und Zanken, ein robustes Fordern und Zurückweisen, ein Aufkündigen der Freundschaft, ein Drohen, Ironie, Spott, sogar Gesänge und flehentliche Gebete zu Allah und dem Christengott entschieden über Erfolg oder Misserfolg des Tages. Niemand hätte Nickelsen eine solch temperamentvolle Vorstellung wie hier am Strand zugetraut. Mit Händen und Füßen, mit tausend Zungen kämpfte er um jeden Millimeter seines Vorteils und wusste, dass von dem Erfolg dieses Geschäfts auch sein künftiges Leben abhängen würde. Joaos an seiner Seite übersetzte alles mit rollenden Augen und einem Krächzen in der Stimme. Als Nickelsen schließlich aufstand und den Platz des Handels vorzeitig verließ, folgten ihm beide Händler, griffen an seine Rockschöße und verkauften zu seinen Bedingungen unter Wert. Er machte einen großartigen Schnitt und kaufte Goldstaub in großen Mengen günstiger als bei seinem letzten Aufenthalt ein.

Hansen schloss zwar nicht genauso gut ab, hatte aber seine eigene Methode, Misserfolge wettzumachen. Er hatte sich die Fingernägel lang wachsen lassen und rührte mit seinen Fingern in den Bechern mit Goldstaub, um zu prüfen ob sich nicht doch noch Sand unter dem Goldstaub befände, der das Gewicht unzulässigerweise nach oben drückte. Auf dem Weg von einem Händler zum nächsten kraulte er sich mit den Fingern in seinen dichten blonden Haaren und konnte dort auf diese Art ein wenig von dem Goldstaub, der sich unter den Nägeln angesammelt hatte, erbeuten. Nach dem Geschäft bürstete er seine Haare mit einem Kamm, der besonders eng stehende Zacken hatte, sorgfältig aus. Im Boot auf der Rückfahrt gelang es Hansen so mithilfe von Joaos, der ihn mit großer Freude derartig »lauste«, gut drei Bontjes zusätzlich vom Goldstaub aus seinen Haaren als Beute in das Geschäftsergebnis einzubringen. Nickelsen und Hansen hatten, was ihre privaten Geschäfte anging, die Hälfte des gesammelten Kapitals in Elfenbein und Goldstaub investiert und – bei geschätzter Realisierung ihrer Verkaufserlöse entsprechend der Listenpreise der Kompanie – ein kleines Vermögen gemacht, indem sie siebzig Prozent Gewinn ohne jegliche Abgaben erzielen würden. Dabei hatten sie mit einer Beteiligung an dem Sklavengeschäft noch nicht einmal begonnen. Sie waren optimistisch, dass ihre Fahrt ein voller Erfolg werden würde.

Nickelsen ließ sich jetzt zu seinem Schiff zurückfahren und ging während der Fahrt dorthin mit Hansen die Hafen- und Zollformalitäten schon einmal durch. Ihre Verabredung, die privaten Geschäfte zu verbergen, würde ihnen problemlos gelingen. Nickelsen war inzwischen vertraut genug mit der Arbeit der Kaufleute und der Steuereintreiber, dass er für derlei Kniffe und Abwicklungen keines Fachmannes wie Wolfson mehr bedurfte. Hansen sollte morgen die offizielle Abrechnung des Einkaufs mit der Hafenbehörde erledigen, während Nickelsen mit einer kleinen Mannschaft ein Stück den Rio Volta flussaufwärts fahren würde. Natürlich war Nickelsen neugierig und spürte den Entdeckerdrang in sich, mit dem ein jeder Seemann von Geburt an ausgestattet war.

Sein Erschrecken war groß, als er feststellen musste, dass Wolfson und van Mayen unter Vorspiegelung seiner Zustimmung die zweite große Schaluppe der *Vesuvius* entwendet hatten. Vielleicht hatte van Mayen einigen der Seeleute, die sie begleiteten, ein leichteres und besseres Leben als an Bord eines Sklavenschiffs versprochen. Denn eines war Nickelsen und Hansen sofort klar, wenn Wolfson ganz sicher darauf aus war, sich und der Welt zu beweisen, dass er der bessere Kaufmann war, ging es van Mayen um nichts anderes, als die Gelegenheit zu ergreifen, zu desertieren und sich der drohenden Gefahr eines späteren Verfahrens gegen ihn in Kopenhagen zu entziehen. »Nach seiner Degradierung hatte er nichts mehr zu verlieren«, stellte der Kapitän im Kreise seiner Offiziere fest, die er zu einem dringenden Gespräch an Bord der *Vesuvius* in der Kapitänskajüte versammelt hatte. Paulsen schaute betreten vor sich auf den Tisch und erklärte mit halblauter Stimme: »Wenn ich es nur geahnt hätte, ich hätte ihn aufgehalten. Das müssen Sie mir glauben, Herr Cornelissen.«

»Schon gut«, wiegelte Nickelsen ab. »Ich hätte misstrauischer sein müssen.«

»Es ist mir aber wichtig, dass Sie mir glauben, Kapitän Cornelissen«, beharrte Paulsen. »Lassen Sie mich bei der Suche mithelfen. Wann brechen wir auf?«

»Paulsen, auch wenn ich Ihnen glaube, bleiben Sie an Bord des Schiffs«, entschied der Kapitän knapp. »Ich nehme Röden mit, der scheint mir schlagkräftig zu sein, dich, Ole Jessen und dich, Tade Rickerts, als meinen Vertreter, falls mir auf der Reise etwas zustoßen sollte. Das Kommando auf der *Vesuvius* führt Jens Hansen. Ole, sorg mir für zehn Mann Besatzung. Wenn Sie, Nettersheim, so freundlich wären, zwei gute Schützen zu stellen und Bewaffnung, Munition und was wir so brauchen an Bord zu schaffen.«

Zwei Dinge waren sehr misslich. Ohne die zweite große Schaluppe fehlte es der *Vesuvius* an einem wichtigen Rettungsboot und Ersatz von dieser Größe und Qualität war hier an der Küste kaum zu beschaffen. Entweder fuhren sie bei der Atlantiküberquerung ohne ausreichende Rettungsboote volles Risiko, dann hätten sie aber immer noch beim Handel um die Sklaven an der Küste entlang mit einem Defizit zu kämpfen. Oder die Abfahrt würde sich in einem nicht mehr vertretbaren Umfang verzögern. Beide Alternativen kamen nicht infrage. Sie mussten die fehlende Schaluppe zurückholen! Die zweite, naheliegende Erkenntnis bestand darin, dass es keinen Sinn mehr machte, heute noch aufzubrechen. Sie mussten flussaufwärts, also mit den Windverhältnissen aufkreuzen und rudern, und sie mussten in ein völlig unbekanntes Territorium vordringen. Sie waren gezwungen, den nächsten Morgen abzuwarten und Wolfson und van Mayen damit einen ziemlich großen Vorsprung zu lassen.

Die Sitzung endete und die Offiziere gingen daran, ihre Aufgaben zu erledigen. Hansen stand an der Seite seines nachdenklichen Kapitäns. »Bei allem Respekt, Hark«, sagte er geradeheraus und ohne Formalitäten, wie dies seine Art war, wenn es ernst wurde. »So sehr wir auf diese verfluchte Schaluppe angewiesen sind und auf die Seeleute nicht verzichten können, bleib mir bitte nicht zu lange aus. Ein paar Tage, dann sollten wir ernsthaft an unsere Abreise denken. Ich will nicht ohne dich in See stechen müssen!«

»Keine Sorge, Jens.« Nickelsen klopfte ihm freundschaftlich auf die Schulter. »Ich komme zurück. Und ich werde nicht mit leeren Händen eintreffen. Versprochen.«

9. Schwarzes Gold und ein früher Tod

Als sie am nächsten Morgen in aller Frühe die Kapitänsschaluppe bestiegen, hatte die Geschichte mit der Flussfahrt und dem Diebstahl der großen zweiten Schaluppe durch Wolfson und van Mayen in Fort Christiansborg bereits die Runde gemacht. Der Waffenmeister Nettersheim erschien höchstpersönlich an Bord und erbat vom Kapitän die Erlaubnis, selbst als einer der Schützen mitzufahren. Außerdem stellte er zwei weiße und drei schwarze Soldaten aus der Besatzung der Residenz vor, die der Gouverneur mit Bewaffnung zur Sicherheit mit den besten Wünschen geschickt habe. Nickelsen überschlug kurz den Platz an Bord der Schaluppe, erwog den Umstand, dass sie vielleicht die Flüchtigen nicht mehr aufspüren könnten und dann die Sklaven, die er unterwegs dennoch zu handeln gedachte, irgendwie an Bord der Schaluppe aufnehmen müssten. Er bat um Verständnis, entschied sich für die drei Schwarzen und schickte die zwei weißen Soldaten mit Botschaften für den Gouverneur zur Residenz zurück. Eilends ließ er noch einige Tauschwaren an Bord schaffen, dann segelten sie unter günstigen Windverhältnissen bis in die Lagune und ruderten hinauf bis in das Flussdelta des Rio Volta.

Nickelsen war ein Getriebener. Seine Gedanken rasten flussaufwärts, und als sie einige Stunden später bei Ebbe vom dänischen Fort auf Adda endlich den See weiter hinauf flussaufwärts fahren konnten, stand er die meiste Zeit in voller Uniform und Bewaffnung gut sichtbar am Bug der Schaluppe, als könnte er das Schiff kraft seines Willens vorwärts zwingen. Sie kamen – nachdem sie die Schwierigkeiten bei der Flussmündung mit den starken Strömungsverhältnissen gemeistert hatten und anschließend den Gefahren von Untiefen und Sandbänken erfolgreich aus dem Wege gegangen waren – zwar gut voran, aber dennoch schienen Zeit, Wind und Strömungsverhältnisse gegen sie zu arbeiten. Nickelsen schaute über den breit dahinströmenden Rio Volta mit seinem grünbraunen Wasser, wo man teilweise das Ufer in weiter Ferne kaum erkennen konnte, und dachte darüber nach, dass er eigentlich keinen richtigen Plan hatte. Das war mehr als ungewöhnlich. Der Fluss war hier sehr breit und sie hielten sich in der Nähe des rechten Flussufers. Die Strömung wurde durch die einsetzende Flut des Atlantiks stark verringert. Nickelsen schätzte, dass bei den Wassermassen, die hier an der Mündung aufeinandertrafen, die Gezeiten sicherlich über fünfzig Meilen flussaufwärts zu spüren wären. Vereinzelt machten sie noch kleine Ansammlungen von Hütten in Ufernähe und auf den kleinen Inseln aus, die sie passierten. Dort lagen dunkle Holzboote und bunte Pirogen im Schlick vertäut, mit denen die Schwarzen den Fluss befuhren und vielleicht auf Fischfang gingen. In der ersten Tageshälfte kamen immer wieder Kinder und Frauen an das Ufer gelaufen. Sie trommelten mit Stöcken auf Gefäßen und klatschten in ihre Hände, riefen etwas, um auf sich aufmerksam zu machen. Unschuldig wie die Kinder im Paradies gebärdeten sie sich und freuten sich, wenn die Weißen, die *Toubabs*, im Boot ihren Gruß erwiderten. Als ob es die Kerker in Fort Christiansborg, die Menschenjagd und den Sklavenhandel nie gegeben hätte. Diese Art von Unbefangenheit und Gastfreundschaft war nicht gespielt und bekümmerte Nickelsen, der sich bewusst machte, dass auch er hier unterwegs war, um in diesem Paradies Gefangene zu machen.

Rickerts stand an der Ruderpinne, gab den Seeleuten den Takt für den Ruderschlag vor und manövrierte das Schiff jetzt ein wenig weiter Richtung Flussmitte. Doch die Windverhältnisse erwiesen sich als zu schwach, um mit dem Segel einen durchschlagend entlastenden Effekt erzielen zu können. Wolkenloser blauer Himmel überspannte die Landschaft, ein schwacher Wind milderte auf dem Wasser ein wenig die Hitze des Tages. Die Männer schwiegen, alle waren gespannt, was sie erwarten würde. Gegen Mittag brannte die Sonne so erbarmungslos, dass feuchte Nebel vom Fluss aufstiegen und die Männer an den Riemen alle halbe Stunde schweißnass vor Erschöpfung abgelöst werden mussten. Das Ufer wurde abweisend und uneinsehbar, denn es wucherte meilenlang ein dichtes Mangrovendickicht, und die Schwarzen waren verschwunden. Eine große, erhabene Stille, die einen ängstigen konnte, begleitete die Schaluppe jetzt für Stunden. Nur das Geräusch des Wassers beim Eintauchen der Riemen und die Taktangaben von Rickerts waren zu vernehmen. Silberweiße Eisvögel schwirrten tief über dem Wasser und ihre Schreie vom fernen Ufer her klangen wie aus einer anderen Welt. Riesige schwarze Reiher standen bewegungslos in Ufernähe und starrten auf ihre Beute, einen günstigen Augenblick für den Todesstoß abpassend. Ole Jessen deutete staunend zu ihnen hinüber, doch Nickelsen mochte nicht weiter über diese geduldigen Jäger nachdenken. Röden, der Smutje, fragte, ob es wohl Krokodile in dem Fluss gebe oder Schlangen. Niemand wusste eine verlässliche Antwort darauf. Die Soldaten des Gouverneurs jedenfalls deuteten so etwas an. Insbesondere warnten sie vor riesigen Wassertieren. »Wahrscheinlich sprechen sie von Flusspferden«, mutmaßte

Nickelsen. Kurz danach begegneten sie einer kleinen Herde, der sie hektisch ausweichen mussten. Wie weit waren Wolfson und van Mayen ihnen jetzt voraus?

Nickelsen stand schwitzend in Uniform und starr wie eine Galionsfigur am Bug des Schiffes, grübelte, alle Sinne dabei bis auf das Äußerste gespannt und bemüht, sich keinen Moment seine Unsicherheit anmerken zu lassen. Am Nachmittag verweigerte er der Mannschaft eine Rast. In Wahrheit, weil er sich davor fürchtete, das dichte Grün in Ufernähe anzulaufen. Es war zwar still, aber für seine Ohren auf eine Art, als ob im Verborgenen geflüstert würde und tausend Augen irgendwo dort hinter den Mangroven sie belauerten, bereit, ihnen jederzeit aus dem Nichts mit ihren Speeren und Pfeilen den Garaus zu machen. Er sagte jedoch nichts, rationierte stattdessen das Trinkwasser. Die Männer murrten und der Kapitän spürte aus Erfahrung, dass er dieses Spiel nicht bis Einbruch der Dunkelheit würde durchhalten können. Darauf sprach ihn jetzt Nettersheim an, von dem er sich solche Vertrautheit verbat und ihn darauf verwies, er könne ja mitrudern, um für bessere Stimmung zu sorgen. Zu seinem Erstaunen legte der Waffenmeister sein Gewehr beiseite und löste tatsächlich einen der Seeleute am Riemen ab. Die Preußen waren immer wieder für eine Überraschung gut.

Die Abendstunden rückten näher, und Nickelsen hatte darauf gehofft, zumindest auf kleinere Siedlungen der Schwarzen zu treffen, auf Felder, gar Dörfer, die schmalen, notdürftig zusammengezimmerten Anlegestege oder andere Zeichen menschlicher Zivilisation. Seine Augen streiften aber nur über alle Schattierungen von Grün in bezaubernd schönem Zusammenspiel von lichtgrünen Mimosen, die jetzt den Grund bildeten, im Sonnenlicht glänzenden Palmwedeln, dunkelgrünen Tamarindenkronen und sogar hellgrünem Christusdorngebüsch, das ihn schmerzlich daran erinnerte, dass er Weihnachten nicht auf Amrum verbringen würde. Riesige Kapok- und Baobab-Bäume überragten immer wieder die dichte Mangrovengalerie am Ufer. Im fernen Dunst irgendwo zu seiner Rechten zeichneten sich die Schatten eines

Gebirgszuges ab. Das Gebiet des Arveno-Stammes? Je länger sie unterwegs waren, desto unmöglicher erschien es Nickelsen, Einzelheiten in dem Grün wahrzunehmen. Meilenweit erschienen beide Ufer, so er sie bei der Breite des Flusses überhaupt gleichzeitig in den Blick bekam, in derselben Weise menschenleer und dicht bewaldet, lückenlos und gleichsam undurchdringlich.

Einer von Nettersheims besten Schützen machte ihn auf einen Gegenstand aufmerksam, der weiter vorn, links von ihnen, mitten auf dem Fluss trieb. Er war kaum auszumachen, wies keine Unebenheiten auf und schien damit nicht natürlichen Ursprungs zu sein. Es würde die Ruderer Kraft kosten, aber Nickelsen entschloss sich spontan, das, was da wegtrieb, herauszufischen. Tatsächlich mussten sie mit der schwerfälligen Schaluppe noch wenden und einige hundert Meter flussabwärts hinterher rudern, bevor Ole Jessen etwas aus dem Wasser holen konnte. Für einen Moment verschlug es ihnen die Sprache, denn es handelte sich um einen großen Riemen, ein sauber gearbeitetes Holz von der Art, mit deren Einsatz sie jetzt mühsam wieder flussaufwärts Fahrt aufnahmen, um die zurückgefahrene Strecke gutzumachen. Rickerts, Jessen und Nettersheim begutachteten das Holzstück ausgiebig und reichten es von Hand zu Hand. Nickelsen hatte nur einen Blick darauf geworfen, um wieder seinen Platz vorn im Boot einzunehmen und Ausschau zu halten. Angesprochen von den anderen, antwortete er nur: »Braucht nicht so im Kaffeesatz zu lesen. Wo soll hier in der Wildnis schon ein Riemen von dieser Qualität herkommen? Keine Frage, dass das von unserer gottverdammten Schaluppe ist.«

Praktisch veranlagt, begann Rickerts anhand der Strömung des Rio Volta abzuschätzen, wie lange wohl ein Stück Holz wie dieses treiben müsse, um fünf oder zehn Meilen zurückzulegen. Natürlich konnte viel passieren auf einer Strecke und jede Berechnung blieb am Ende Spekulation. Aber ihre Gedanken waren mit etwas Konkretem beschäftigt – und das nahm ihnen ein wenig den Druck der Angst, etwas Schreckliches könnte passiert sein und eine große Gefahr auf sie lauern. Keine halbe Stunde später wurde die Sorge real, als sie einen zweiten, zerbrochenen Riemen aus dem Fluss fischten. An Bord der Schaluppe begannen die Männer, miteinander zu flüstern. Nickelsen hörte nicht hin. Kurz danach stießen sie überraschend am gegenüberliegenden Flussufer auf eine Lücke im undurchdringlichen Grün und hielten Ausschau nach ein paar Hütten, die sich dort befanden. Sie ruderten über den Fluss auf das gegenüberliegende Ufer zu, die Gewehre zur Hand, schweigsam, wachsam. Ein zerfallener Steg ragte weit in den Fluss. Zwei schadhafte, nicht mehr zu gebrauchende alte Boote vergammelten im Uferschlick. Sie mussten hart gegen die Strömung des Flusses arbeiten.

Beim Näherkommen war kein Mensch in dem Dorf zu sehen. Alles schien verlassen und verfallen. An Land tasteten sie sich vorsichtig vorwärts. Nickelsen teilte die Gruppe und beließ den größeren Teil bei dem Boot, um den Rückzug zu sichern. Vogelstimmen, das Kreischen wilder Tiere, keine menschlichen Laute. Die Handvoll Hütten war mit dem roten Lateritstaub bedeckt, der vor allem in den Wintermonaten immer wieder vom Harmattan, einem kräftigen Nordostwind aus den inneren Wüstenregionen des Landes, oft tagelang hereingeweht wurde und in jede Ritze drang. Die Palmwedel, die Mangobäume und die verlassenen Gärten waren ebenfalls mit dem Staub bedeckt. Einige Windböen wirbelten ihn auf, und sie hielten ihren Arm schützend vor ihr Gesicht. Sie fanden nichts von Wert in den Häusern, die schon seit Längerem verlassen schienen. Ein Weg führte durch das am Ortsrand wieder dichter wuchernde Grün und weiter auf eine kahle Ebene zu, die sich bis zu einem bewaldeten Hügel in der Ferne erstreckte. Dahinter erhoben sich weitere Berge – der auf dem Meer geschulte Blick reichte für die andersartige Beschaffenheit und Größe dieses Kontinentes nicht, um wirklich etwas zu erkennen, musste sich Nickelsen eingestehen. Die Ebene flimmerte vor Hitze. Kein konkretes Ziel war auszumachen. Wieder beschlich Nickelsen ein Gefühl, als ob sie nicht allein wären, und er führte die Gruppe zurück zur Schaluppe. Dort beriet er sich mit Jessen, Rickerts und Nettersheim, wo sie ihr Nachtlager aufschlagen sollten. In diesen Breitengraden dunkelte es sehr rasch, die Sonne fiel geradezu vom Himmel. Hier befanden sie sich wenigstens auf einer freien Fläche, die sie einsehen und notfalls verteidigen konnten. Sie könnten sich auch die verlassenen Häuser zunutze machen.

Von dem in der Hitze gärenden Schlick und von dem verrottenden Holz der zwei alten Boote stieg den Männern bei der Schaluppe ein Geruch von Fäulnis in die Nasen, von Tod und Vergänglichkeit, der ihnen an die Gurgel ging. Etwas lag in der Luft, weshalb man sich unwohl fühlte und sich nicht recht entschließen konnte, hier Lager zu beziehen, obwohl es noch so vernünftig erschien. Einer der Soldaten sprach jetzt von einem größeren Dorf mit einer Handelsstation in nordöstlicher Richtung und irgendwo dort von einer Ansammlung mehrerer Dörfer an einem See mit Salzvorkommen. Er war jedoch die Strecke noch nie flussaufwärts mit einem Boot gefahren. Nettersheim sprach sich für einen Verbleib im verlassenen Dorf aus und führte strategische Überlegungen an, während Jessen nur meinte, solange niemand wisse, warum alle Bewohner des Dorfes ihre Hütten verlassen hätten, hielte er ein Verweilen für ebenso gefährlich wie die Ufernähe des Dschungels. Röden entgegnete nur trocken, wahrscheinlich hätten sie die Bewohner als Sklaven an Bord der *Vesuvius* gehabt. Irgendjemand lachte sogar. In diesem Moment war in allernächster Nähe am Flussufer ein Schuss zu hören, der wie splitterndes Glas in die Verlassenheit und Stille des Ortes einbrach. Unmittelbar danach ein furchtbares Geschrei. Rasch überzeugten sie sich davon, dass es sich um einen Seemann von der *Vesuvius* handeln müsse, den man als passablen Schützen mit einem Gewehr ausgestattet hatte. Sie hasteten in die Richtung des Schreies. »Keiner schießt hier ohne ausdrücklichen Befehl des Kapitäns! Ist das klar?«, brüllte Nettersheim den Männern zu und fand Gehör. Sie brauchten nicht lange zu suchen, bis sie auf den Seemann stießen, der sich, um auszutreten, ein wenig abseits von der Gruppe in einem Dschungelstreifen bewegt hatte, dort mit heruntergelassener Hose stand und mit weit aufgerissenen Augen irgendwo ins Grün starrte. Er sah seine Leute näherkommen, registrierte, wie sie sich mit Degen und Macheten eine Schneise ins Grün zu ihm schlugen, was ihn jedoch noch nicht zu beruhigen schien. Er deutete mit dem Gewehr nur irgendwo in den grünen Dschungel und schoss erneut.

»Halt!«, schrie Nickelsen, »Nicht schießen, Mann! Hören Sie sofort damit auf!« An diesem Befehl gab es nichts zu deuteln. Doch nun sprang der Seemann wie von einer starken Feder unter seinen Füßen getrieben in Nickelsens Richtung, fiel dort zu Boden, um sich wie irre im Schlamm zu wälzen, auf eine Stelle im Uferschlick zu deuten und zu schreien. Er schien den Verstand verloren zu haben. Ohne Frage, ihm war etwas Furchtbares begegnet. Der Schock, den die Begegnung ausgelöst hatte, musste die Anspannung, die auf den meisten Teilnehmern der Expedition schon den ganzen Tag gelastet hatte, bis zu einer irrationalen Reaktion gesteigert haben. Sofort stellte man ihn wieder auf die Füße, beruhigte ihn und machte sich daran nachzuschauen, was das Grauen in ihm ausgelöst hatte. Im Gestrüpp des Ufers lag die Leiche eines weißen Mannes. Sie war von Wasser, Fäulnis und wilden Tieren derart zugerichtet, dass sich niemand mehr getraute, sie aufzuheben, um für ein christliches Begräbnis zu sorgen. Die Gesichtszüge waren nur noch teilweise vorhanden, sodass Nickelsen und Röden, die vorgetreten waren, um ihn auf den Rücken zu drehen, vor Übelkeit durch allerlei Gewürm und Gewimmel, bloß liegende Knochen und Verwesungsgestank rasch auf Abstand gingen und allenfalls zu dem Schluss gelangten, dass es sich, ausgehend von den Resten seiner Bekleidung, mit hoher Wahrscheinlichkeit um einen der flüchtigen Seemänner von der *Vesuvius* handelte, ohne sich hinsichtlich seiner Identität und der Todesursache festlegen zu können. Von der Größe und Statur her kamen drei Männer in Betracht. Auf die Frage, warum er geschossen habe, antwortete der Seemann, er habe mehrere Schwarze im grünen Dschungel mit Speeren und Äxten in seiner Nähe gesehen. Sie gingen den Angaben des Seemannes nach. Mit einem kleinen Trupp von sechs Männern durchsuchten sie die Ufernähe und bahnten sich – immer unter schussbereiter Rückendeckung von drei Männern aus der Gruppe – mit Macheten und Degen Wege in das dicht wuchernde Grün, ohne die Spur von anderen menschlichen Lebewesen zu entdecken. Dann stießen sie den Leichnam mithilfe von langen Stöcken und mit zwei Riemen des Bootes wieder in die Strömung, wo sie ihn in der einsetzenden Dämmerung versinken sahen.

Die Soldaten des Gouverneurs mahnten Nickelsen, das Flussufer zu meiden, denn die stechenden Mückenschwärme seien für schwere fieberige Erkrankungen und manchen Tod verantwortlich. Nickelsen und Rickerts sahen mit dem Toten, auf den sie gestoßen waren, ihre schlimmsten Befürchtungen bestätigt. Hier war etwas Furchtbares geschehen. Der Kapitän ließ in den Ruinen einer Hütte, die dem Boot am Ufer am nächsten lag, ein Lager errichten, indem sie sich zeltähnlich mit Decken im Haus einrichteten und vor dem Haus und dem rückwärtigen Fenster Lagerfeuer und Fackeln entzündeten. Die Schaluppe wurde ein Stück weiter ans Ufer gezogen, im hinteren Teil ebenfalls zeltähnlich eingerichtet und ein Lagerfeuer in unmittelbarer Nähe unterhalten. Für jedes Lagerfeuer teilte er eine Wache und für das Boot eine zusätzlich ein, Wachablösung alle zwei Stunden. Zwei bewaffnete Männer schliefen unter dem Deckenzelt in der Schaluppe, die übrigen im Zelt in der Hausruine. Von den Offizieren hatte jeweils einer jede halbe Stunde einmal Patrouille zu gehen. Alle nicht mit Wachaufgaben belasteten Männer hatten sich für Mücken, wilde Tiere und heimliche Beobachter in den stickigen Zelten unerreichbar zu verkriechen. Wegen der vielen Wachen begann aber wieder ein Rumoren und Flüstern. Sie arbeiteten bis zur einsetzenden Finsternis, und mit dem Untergang der Sonne setzten die Trommeln ein. Nickelsens Gefühl wurde zur Gewissheit. Sie waren keineswegs allein in dieser Wildnis. Würden sie jetzt vom Jäger zum Gejagten werden?

Nickelsen winkte die schwarzen Soldaten und Joaos zu sich: »Weiß jemand, was diese Trommeln zu bedeuten haben?« Die Soldaten des Gouverneurs tuschelten untereinander, statt zu antworten. Der Kapitän wurde ungehalten und fuhr sie grob an – dies sei ein Befehl und sie stünden schließlich unter seinem Kommando!

Joaos übersetzte das, was er aus den Worten der Soldaten verstehen konnte: »Sie haben Angst zu antworten, weil sie nicht sicher sind und sich davor fürchten, was geschehen wird. Unter anderem geben die Trommeln unseren Standort und die Größe unserer Gruppe bekannt.«

Nickelsen ungehalten: »Was sonst noch? Los, ich höre!«

»Herr Kapitän, die Soldaten glauben, dass die Trommeln uns verfluchen, weil wir mit unseren Waffen in fremdes Land vorgedrungen sind. Einer meinte, sie würden sich sammeln, um uns anzugreifen und zu plündern. Er habe schon die Vogelschreie gehört, mit denen sie sich in Lagernähe untereinander verständigen würden. Sie glauben dem Seemann, dass er Schwarze gesehen hat. Entschuldigung, Kapitän, aber das ist es, was ich verstanden habe.«

Joaos machte ein betrübtes Gesicht. Nickelsen winkte ab: »Schon gut. Sag ihnen, dass ich sofort wissen will, wenn sie aus den Trommeln neue Nachrichten hören. Und du bleibst bis auf Weiteres in ihrer Nähe und berichtest mir alles von Wert.«

Der Klang der Trommeln, der zunächst nur aus der Richtung flussaufwärts zu ihnen herüberschallte, kreiste sie in den nächsten Stunden ein. Es klopfte und trommelte von allen Seiten. In der Nacht lag Nickelsen zusammen mit seinen Männern in dem improvisierten Hauszelt, nickte nur für kurze Zeit immer wieder ein, um bei jedem Rhythmuswechsel der Trommeln wieder hellwach aufzuschrecken und zu lauschen. Die Luft unter den Zeltdecken war zum Schneiden. Trotz aller Vorsichtsmaßnahmen hatten sie mit den Mücken zu kämpfen. In bestimmten Abständen schien das Trommeln lauter, dann erklangen die drängenden, schnelleren Töne kleinerer Trommeln. Wie sehr sehnte sich der Kapitän danach, jetzt wieder an Bord seines Schiffes sein zu können. Gegen Morgen meinte Nickelsen, nachgemachte Vogelschreie vernommen zu haben, jedenfalls schlugen rund um das

Lager nur noch sehr tiefe Trommeln sehr langsam. Es hatte sich etwas verändert. Nickelsen griff sich Degen, Pistole und Gewehr und kroch nach draußen. Röden warf ein letztes Holzstück in das Feuer und begrüßte ihn müde: »Keine Vorkommnisse, Kapitän. Die Trommelei macht einen verrückt, nicht wahr?«

Nickelsen nickte ihm zu: »Wahrscheinlich Sinn der ganzen Sache. Wir sollten uns daher erst recht nicht verrückt machen lassen. Wird Zeit, dass wir weiterkommen, um unsere Leute da rauszuhauen, wo sie reingeraten sind.«

Nickelsen begann einen vorsichtigen Rundgang, indem er in die langen Schatten der Wände der Hütten trat und sich mit dem schussbereiten Gewehr langsam vorwärtstastete. Zunächst sah alles völlig unverdächtig aus. Dann aber entdeckte er Spuren. Fußabdrücke, barfuß und solche mit der Art von flachen Sohlen, wie sie von den Schwarzen getragen wurden. Er war sich sicher, dass sie gestern noch nicht da gewesen waren. Er ließ Alarm geben und die Männer bei der Schaluppe antreten. Dann prüften sie den Bestand ihrer mitgeführten Waren und Waffen – und tatsächlich fehlten zwei Gewehre aus der Schaluppe und eine Ledertasche mit Pulver und Patronen. Niemand hatte etwas bemerkt. Die Trommeln schlugen jetzt wieder gewohnt schnell und laut. Nickelsen ließ in aller Eile packen und aufbrechen.

Eine halbe Stunde später flussaufwärts verstummten die Trommeln plötzlich und machten einer ebenso unheimlichen Stille Platz. Unsichtbar war der Feind stets an ihrer Seite. Nach zwei harten Stunden Kampf gegen die starke Strömung tauchte am rechten Ufer tatsächlich das größere Dorf auf, von dem die schwarzen Soldaten gesprochen hatten. Die Bewohner deuteten immer wieder herüber, klatschten und riefen sich und den Männern an Bord etwas zu. Nickelsens Laune besserte sich, weil es sich um ein bewohntes Dorf handelte. Einige Fischerboote schossen auf den Wellen flussabwärts an ihnen vorbei, weitere lagen gesichert am Ufer. Nickelsen konnte nicht nur Männer, sondern auch Frauen, Kinder und Alte sehen. Es gab Esel und Kamele, sogar einige Pferde und Kühe. Ein ganz normales Dorf, in dem sie sich sicher fühlen könnten. Die Männer an den Riemen begannen im Rhythmus des Schlages zu singen. Kinder kamen ans Ufer gelaufen; sie wurden jedoch von einigen Männern auf der Dorfstraße zurückgerufen.

»Nichts Ungewöhnliches, landen wir an?«, erkundigte sich Rickerts.

Nickelsen nickte: »Ein ganz normaler Ort, wie ihn unsere Soldaten beschrieben haben. Richte Nettersheim aus, er soll für schussbereite Waffen sorgen und genügend Wachen für die Schaluppe abstellen.« Nickelsen spekulierte sogar darauf, hier einen der Knotenpunkte für den Sklavenhandel gefunden zu haben.

Das Boot beschrieb eine Kurve auf das Dorf zu, doch noch geblendet vom grellen Sonnenlicht, das sich auf dem Fluss spiegelte, nahmen Nickelsen und Jessen fast gleichzeitig weiter oben auf dem gegenüberliegenden Flussufer am Rande ihres Blickfeldes etwas Größeres wahr, das sich von dem Grün und der Farbe der Landschaft abhob. Das Wendemanöver vollzog sich weiter und die Sonne blendete nicht mehr. Beide starrten sie jetzt flussaufwärts und sahen, nicht ganz 15 Bootslängen entfernt und etwas verborgen im Uferbereich, die von ihnen gesuchte zweite Schaluppe der *Vesuvius*. Der Gesang der Seeleute verstummte jäh. Ihnen war klar, dass sie, wenn es mit rechten Dingen zuginge, irgendjemanden hätten bemerken müssen. Aber die Schaluppe lag verlassen dort am Ufer. Sie hielten darauf zu und fanden ihre schlimmsten Befürchtungen bestätigt. Nickelsen und Rickerts gingen als Erste an Bord. Sie stießen auf die Leiche von Wolfson, der, von einer Kugel in den Kopf getroffen, leblos unmittelbar hinter dem Bugrand des Schiffes lag. Am Ufer wiesen Schleifspuren den Weg zu einem weiteren Seemann, dem noch ein Speer mitten aus der Brust ragte. Zwei weitere Seeleute entdeckten sie noch im Inneren des Bootes, erschlagen und erstochen. Das Boot war geplündert bis auf die nackten Planken. Sogar den Leichen waren alle Kleidungsstücke und Gegenstände, die irgendwie von Wert schienen, geraubt worden. Von dem Rest der Besatzung und insbesondere von van Mayen keine Spur. Rickerts und

Nickelsen standen am Heck des Schiffes, schauten über das träge dahinfließende Wasser des Rio Volta und atmeten erst mal tief durch, als sie zwei in der Nähe lauernde Krokodile wahrnahmen. Weiter unten auf der anderen Seite des Flusses versammelten sich einige Dorfbewohner am Flussufer und starrten herüber.

»Was meinst du?«, fragte Nickelsen.

»Die wissen genau, was hier los ist. Vielleicht waren sie sogar daran beteiligt«, antwortete Rickerts.

»Und wo ist der verfluchte van Mayen? Das kann doch ganz anders gewesen sein«, mutmaßte Nickelsen. »Wolfson und van Mayen hatten sehr gegensätzliche Interessen.«

»Sicher, aber doch nicht so, dass ...«

»Warum nicht? Gehen wir einmal davon aus, dass van Mayen auf keinen Fall wieder zurück auf die *Vesuvius* wollte, um einem Strafgericht zu entgehen. Für ihn kam eine Rückkehr überhaupt nicht infrage. Vielleicht für einige der Seeleute, die auf ein paradiesisches Leben in der Wildnis setzten, ebenfalls nicht. Wolfson hingegen hatte ganz sicherlich vor, Ruhm und Ehre bei der Erkundung des Rio Volta und bei einem großartigen Sklavenhandel zu erwerben. Er wäre mit Sklaven an Bord auf jeden Fall zurückgefahren, um seinen Triumph zu feiern. Stell dir vor, sie haben hier Sklaven an Bord genommen und Wolfson hat dann damit begonnen, seine Absicht zurückzufahren umzusetzen. Spätestens das wäre für van Mayen der Anlass gewesen, eigene Wege zu gehen. Bei Wolfsons Art und Weise, die Dinge nach seinem eigenen Kopf zu handhaben, könnte es sein, dass van Mayen keine andere Möglichkeit gesehen hat, als sich Wolfsons zu entledigen.«

»Dabei mussten jene sterben, die ebenfalls mit Wolfson zurückfahren wollten. Das wäre möglich.« Rickerts nickte bestätigend.

Ole Jessen trat hinzu, der einiges von dem Gespräch mitgehört hatte: »Auszuschließen ist aber nicht, dass eine Bande von Schwarzen oder die Sklaven selbst Hand angelegt haben. Uns jedenfalls werden die Seeleute an Bord der *Vesuvius* fehlen.«

»Keine Frage, da hast du recht.«

Die Schaluppe hatte ein paar Schäden hinnehmen müssen, war aber seetüchtig und verfügte noch über genügend Riemen und ein Segel, um die Rückreise zu bewältigen. Sie nahmen sie in Schlepptau und setzten zu dem Dorf über, um dort mehr zu erfahren und die Toten zu bestatten. Als die Dorfbewohner am Ufer ihr Näherkommen bemerkten, verschwanden die meisten von ihnen rasch in ihren Häusern. Nickelsen und seine Offiziere beschlossen, vorsichtig zu sein, äußerst wachsam und stets bewaffnet.

Sie brauchten nicht lange zu suchen, um überall bei den Schwarzen Gegenstände und Kleidung aus dem Bestand der *Vesuvius* zu entdecken. Die Leute in diesem Ort hatten sich zumindest an der Plünderung der Schaluppe beteiligt. Das verhieß nichts Gutes für den verbliebenen Teil der flüchtigen Mannschaft. Sie müssten mit irgendeinem Verantwortlichen sprechen, dachte Nickelsen. Und sie müssten einen geeigneten Platz finden, um die Toten zu bestatten. Wahrscheinlich gab es in der Wildnis keinen christlichen Friedhof. Nickelsen hatte keine Ahnung, wie die Schwarzen ihre Toten bestatteten. Außerdem würde sich Nickelsen zum Tod des Bevollmächtigten der Kompanie in Kopenhagen einige Fragen gefallen lassen müssen. Es wäre sehr von Vorteil, wenn sie Genaueres über die Umstände des gewaltsamen Todes in Erfahrung bringen – oder sogar noch Überlebende als Zeugen aufspüren könnten. In der Nähe des Uferbereiches fanden sie vor einer Hütte eine Art Karren. Unter Vermittlung von Joaos Sprachkünsten überließ ihnen der Eingeborene das Gefährt zum Transport für Wolfsons Leichnam für einen Spiegel.

Nickelsen teilte die Gruppe in zwei Hälften. Die einen blieben verteidigungsbereit bei der Schaluppe. Die anderen zogen mit dem Kapitän zur Mitte des Dorfes. Zur Gruppe des Kapitäns gehörten Joaos als Dolmetscher und die drei schwarzen Soldaten des Gouverneurs. Alle Gassen und lehmgestampften Straßen waren wie verlassen. Scheue Blicke hinter Häuserecken hervor und aus den Eingangsbereichen. So ratterte der Karren mit dem

Leichnam von Wolfson bis zur Dorfmitte, wo sie Halt machten und noch einmal berieten.

Die Krieger tauchten wie aus dem Nichts auf. An die fünfzig, bis an die Zähne bewaffnete Eingeborene hatten sie unbemerkt eingekreist, standen bewaffnet bis an die Zähne jetzt um den Platz und zogen den Kreis allmählich enger. Dazu wieder die Trommelklänge. Erneut befiel Nickelsen das Gefühl der Hilflosigkeit. Die Soldaten des Gouverneurs rissen in Panik ihre Waffen in die Höhe, und es gelang Röden noch gerade, sie daran zu hindern, zu schießen. Da schwirrten schon die ersten zwei Pfeile von Eingeborenen in ihre Richtung und verletzten zwei der Männer. Sie sanken blutend zu Boden, getroffen an Schulter und Bein. Nickelsen blickte sich um, versuchte, die Waffenstärke neben der zahlenmäßigen Überlegenheit seiner Gegner einzuschätzen. Es schienen weitere Schwarze aus einem Bereich jenseits der Dorfgrenze hinzuzustoßen. Er entdeckte die Gewehre, Pistolen, sogar Degen und Macheten aus den Beständen seines Schiffes. Auch wenn man sich nicht sicher sein konnte, ob die Schwarzen tatsächlich mit Gewehren umzugehen verstanden, aber allein die Speere und Pfeile, die sie mit sich führten, würden der Anzahl nach ein Blutbad verursachen. Sie hatten keine Chance, in Deckung zu gehen und dem Gegner auszuweichen. Beide Gruppen belauerten einander. Es war schwer, derart ausgeliefert die Nerven zu behalten. Der dritte Soldat des Gouverneurs, der sich um seine beiden verletzten Kameraden kümmerte, sprang plötzlich wütend auf und schoss in Richtung der Schwarzen. Von irgendwoher durchzischte eine kräftig geschleuderte Lanze die Luft, die ihn mitten in der Brust traf. Hier nützte ihnen der geschulte Umgang an den Gewehren nur wenig. Wahrscheinlich war der sichtbare Kreis der Kämpfer, der sie unmittelbar umgab, noch nicht einmal alles. Nickelsen vermutete hinter jeder Häuserecke und jenseits der Büsche und Bäume, von wo der Klang der Trommeln kam, weitere kampfgerüstete Schwarze. Er rückte mit seinen Männern Rücken an Rücken zu einem engen Kreis in der Mitte zusammen, die Leiche von Wolfson stand vor ihnen auf dem Platz. Er zählte inzwischen an die hundert Krieger, die sie jetzt in einer Art Ritual zu umkreisen begannen. Dann erklang ein grausamer, ein heulender, langgedehnter Schlachtruf, der die Männer um Nickelsen bis ins Mark erschütterte. Das Grunzen eines Panthers, das Geheul von Hyänen und der Todesruf des Uhus erklangen aus dem Mund der Schwarzen, die jetzt zum Trommelschlag Schritt für Schritt auf Nickelsen und seine Männer zurückten. Der Kreis schloss sich immer enger. Sich untätig einem Schicksal hinzugeben, diese Vorstellung überstieg zum Teil ihre Kräfte. Nickelsen befahl seinen Leuten, die Waffen niederzulegen und sich zum Zeichen der Kapitulation auf den Boden zu setzen. Dann schwiegen die Trommeln und die schwarzen Krieger gingen als Sieger zwischen ihnen umher, nahmen ihnen Waffen, Kleider und Habseligkeiten, zogen ihnen Schuhe und Stiefel aus. Fluchend mussten die Seeleute alles über sich ergehen lassen. Nickelsen fürchtete, an das Ende seines Abenteuers gelangt zu sein.

Von hinten rückten jetzt ihre Kameraden von der Schaluppe an, die von einer weiteren großen Gruppe Schwarzer überwältigt worden waren und nun geschlagen und gedemütigt zwischen den auf dem Boden des Dorfplatzes Kauernden Platz suchten. Alles war verloren, wenigstens hatten sie bis auf den einen Soldaten des Gouverneurs bis jetzt keine weiteren Toten zu beklagen. Was würde mit ihnen geschehen? Tod oder der Weg in die Sklaverei, an diese beiden Möglichkeiten dachte Nickelsen sofort und der Gedanke schmeckte bitter. Man fesselte ihnen Hände und Arme und ließ sie den ganzen Nachmittag in der sengenden Hitze auf dem Dorfplatz sitzen. Sie wurden besichtigt und verspottet. Durst und Hunger setzten ihnen aber schlimmer zu. Gegen Abend trieb man die gesamte Gruppe in zwei enge, unerträglich stickige Hütten. Dort hockten sie in absoluter Finsternis und harrten einem ungewissen Schicksal entgegen.

Am nächsten Morgen wurden sie überrascht, als Wachen unter den Gefangenen gezielt Nickelsen heraussuchten, ihm die Fesseln lösten, ihm Kleider und Habseligkeiten, ja ihm sogar Degen, Hut und Gewehr aushändigten. Man führte ihn vor einen schwarzen Stammeshäuptling. Dort gelang es dem Kapitän unter Aufbietung aller ihm zur Verfügung stehenden Restwürde und Autorität, sich insoweit zu verständigen, dass man Joaos als Dolmetscher hinzuzog, und sie begannen anschließend in der Runde von fünf Männern in einer Hütte beim Frühstück ein Palaver. Das Gespräch machte Nickelsen zu seiner großen Erleichterung rasch klar, dass es nicht darum ging, sie in die Sklaverei zu führen oder gar zu ermorden. Es spielten höhere Interessen für die Krieger eine entscheidende Rolle. Nickelsen erfuhr, dass sie sich in einem Ort namens Sukpeiki befanden; die Eingeborenen sagten Atiakoi. Der Stammesälteste und Häuptling unter den Anführern informierte ihn darüber, dass man ihnen alle Waren und vor allem die Waffen abgenommen habe und sie jetzt in die Freiheit entlassen werde. Nickelsen widersprach und verwies darauf, dass sie wenigstens einige Waffen zur Selbstverteidigung benötigen würden. Die schwarzen Anführer lachten. Unbeeindruckt stand Nickelsen auf und erklärte mit fester Stimme, dass sie stets verlässliche Partner gewesen seien und schon seit vielen Jahren mit Schwarzen in dieser Gegend Handel treiben würden. Er sei flussaufwärts gefahren, um die guten Geschäftsbeziehungen auszubauen und um einen Dieb zu verfolgen, der eines seiner Boote mit Mannschaft entführt habe. Der Dieb mit Namen Wolfson liege tot auf dem Karren. Sie wünschten, ihn trotz allem würdig zu bestatten. Die Behandlung, die sie gestern hätten erdulden müssen, befremde ihn doch sehr. Er sei enttäuscht und zweifle deshalb an der Aufrichtigkeit der Schwarzen als Geschäftspartner. Er tat so, als habe sich nichts verändert, erkundigte sich nach den Sklavengeschäften, nach Preisen und Möglichkeiten, Sklaven zu erwerben.

Fassungsloses Erstaunen spiegelte sich auf den Gesichtszügen seines Gegenübers, und er fragte, womit er zu bezahlen gedenke. Den Preis, antwortete Nickelsen, habe er bereits im Vorhinein entrichtet. Dabei machte er eine ausladende Geste auf die Beutestücke aus seinen Beständen, die sich im Raum bei der Gruppe der schwarzen Anführer befanden. Dann wiederholte er seine

Frage nach dem Sklavenhandel und verwies darauf, dass er ein guter Freund des Asantehene Otumfuo Osei Tutu I. und des Odikro Ato Anan sei. Die schwarzen Anführer zeigten sich zumindest ein wenig beeindruckt und berieten sich. Dann erklärte der Stammesälteste, dass sie beschlossen hätten, den weißen Anführer flussaufwärts zu fahren, wo er die Wahrheit seiner Angaben beim Odikro unter Beweis stellen könne. Seine Männer hätten bis zu seiner Rückkehr hierzubleiben.

Man gestatte Nickelsen und seinen Männern, die Toten am Ortsrand beizusetzen. Die schlichte Zeremonie wurde durch unvermeidliche Trommelschläge und schrille Flötenklänge auf afrikanische Art untermalt. Nickelsen hielt sich nicht lange mit Predigen auf, pries die für den Menschen unbegreifliche Güte und den Langmut Gottes und beklagte die schwere Prüfung der Gefangenschaft, die ihnen auferlegt worden sei. Röden schnitt auf Weisung des Kapitäns dem Kaufmann Wolfson eine Locke vom Haupthaar, die den noch ungewissen Weg nach Kopenhagen finden sollte. Dann riefen sie zum Abschied noch einmal alle Verstorbenen mit Namen auf und dankten dem Herrn und Schöpfer, dass er sie selbst am Leben gelassen habe. Es wurde ein ergreifender Abschied, den Nickelsen anschließend von seinen Männern nahm, als sie ihm ein gutes Gelingen seiner Reise wünschten und die Männer wieder zurück in die beiden stickigen Hütten schlichen.

Als sich der Kapitän mit Joaos zwei Stunden später an der Seite von drei im Gesicht und am Oberkörper bemalten und grausig tätowierten Kriegern und vier schwarzen Ruderern auf dem Weg zu einem der Eingeborenenboote befand, hatte er wenigstens noch in Erfahrung bringen können, dass sie einen Sklavenhandelsplatz mit Namen *Kalukpa* oder *Klagba*, je nach Art der Aussprache der Schwarzen, eine halbe Tagesreise mit dem Boot flussaufwärts ansteuern würden. Dort habe der Rio Volta wieder die Breite eines Sees und man könne kaum von einem Ufer zum anderen schauen. Viel Geschrei begleitete Nickelsen auf seinem Weg zum Fluss, und am Ufer, an dem die große Eingeborenenprau[59] lag,

59 ein schlankes Boot mit Segel – hier auch mit Riemen versehen

stand ein Haufen Volks und schrie, schimpfte und gestikulierte. Von den Anführern war keiner zu sehen. Nickelsen hockte in der Mitte der Prau, umrahmt von zwei schwarzen Kriegern. Ein weiterer hockte am Heck in seinem Nacken. Langsam, aber sicher entfernten sie sich von dem Inferno der Trommeln und des Geschreis. Soweit Nickelsen dies unter der Bemalung und der Tätowierung überhaupt erkennen konnte, waren zumindest die beiden Krieger vor ihm keinesfalls erfreut über seine Anwesenheit und vielleicht ebenfalls bereit, ihn jederzeit für ein besseres Geschäft über Bord gehen zu lassen. Zu dem Schwarzen in seinem Rücken drehte er sich vorsichtshalber überhaupt nicht um. Gott allein konnte wissen, wie ihm zumute war. Die Prau geriet in eine mächtige Strömung und begann über einen längeren Zeitraum bedenklich zu schaukeln. Die Ruderer legten sich mächtig ins Zeug. Doch die schwarzen Krieger berieten sich seinetwegen und schienen, so mutmaßte zumindest Joaos, den Entschluss zu fassen, ihn umzubringen. In ausreichender Entfernung von dem Ort ihres Aufbruchs würde kein Aasgeier mehr nach dem toten friesischen Kapitän einer dänischen Fregatte krähen. Sie mussten nach Stunden ungefähr die Hälfte der Wegstrecke zurückgelegt haben, als sie lautstark debattierend zu ihren Dolchen griffen, sodass sich Nickelsen und Joaos wie wehrlose Schafe inmitten von blutrünstigen Wölfen zu fühlen begannen. Nickelsen begann zu beten, der Herr möge Gnade walten lassen und ihm den Verstand geben, die Situation zu meistern. Als endlich der erste Schwarze mit seinem Dolch, der gezückten Kris, auf ihn zu schlich, begann Nickelsen, laut und melodiös zu singen, räusperte sich, nahm einen Schluck Trinkwasser und setzte mit seinem Gesang erneut an. Diesmal so laut, dass es vom dicht zugewachsenen Ufer nur so widerhallte. Der Gesang veränderte die Situation schlagartig. Zuerst schauten die Schwarzen sich selbst und die beiden Weißen an Bord überrascht an. Dann begannen sie zu lachen und zu gähnen, dass man ihnen durch den Hals noch auf ihr Mittagsmahl schauen konnte. Schließlich warfen sie dem Kapitän schräge Blicke zu. Nickelsen machte unbeirrt weiter, was die Eingeborenen schlussendlich dazu trieb, erst verhalten, dann jedoch klar und deutlich, zu lachen, zu klatschen und irgendwie mitzusingen. Sie waren offenbar zu dem Schluss gelangt, dass Nickelsen und sein Begleiter sich nichts aus ihnen machten und sich nicht fürchteten. Doch Nickelsen und Joaos wussten, dass es in ihren Herzen anders bestellt war.

Als der Flusslauf wieder breit wie ein riesiger See wurde, passierten sie besiedelte Inseln, und schließlich entdeckte Nickelsen in der Ferne einen größeren Ort, bei dem es sich wahrscheinlich um Kalukpa oder Klagha handeln musste. Auf ein Zeichen der Krieger pullten die Ruderer nur noch so viel, wie es nötig war, um ihr Boot in der starken Strömung des Flusslaufs zu halten, und forderten eine Bezahlung, ohne jedoch eine Summe zu nennen. Für einen Augenblick war Nickelsen ratlos, dann griff er in seine Uniformjacke und holte einige Münzen Kleingeld aus einer der Innentaschen hervor, die er dort zu seiner eigenen Überraschung vorfand, eine bunte Mischung aus preußischen Groschen, einem holländischen Gulden, einigen unbedeutenden Quartches[60] sowie zwei dänischen Talern. Interessiert betrachteten die schwarzen Krieger die Münzen und reichten sie von Hand zu Hand. Als sie noch unentschieden wirkten, legte Nickelsen kurz entschlossen für jeden einen golden glänzenden Knopf seiner Uniformjacke obendrauf. Sie beschlossen endlich, es dabei bewenden zu lassen, und ruderten jetzt weiter dem Ufer der Stadt zu, wo der Kapitän und sein Begleiter von einer Art Palastwache zum Sitz des Odikro geleitet wurden. Ein Gebäude, das zwar nach dem eigentümlichen Geschmack der Schwarzen eingerichtet war, aber sonst dem des dänischen Gouverneurs in Fort Christiansborg in nichts nachstand. Seine Situation bedenkend, ließ Nickelsen fast jeden ihm sonst eigenen Stolz fahren. Als er den Empfangssaal des Odikro Ato Anan betrat, streifte er die an den Wänden links und rechts dekorativ aufgehängten Jagdtrophäen nur kurz mit einem Seitenblick, ebenso die im Raum befindlichen bewaffneten Wachen, registrierte zwei Diener und eine Dienerin zu Füßen des

60 altes niederländisches Wechselgeld; zum Vergleich später: 25 Cent (Kwartje)

Herrschers und seinen Ratgeber unterhalb der Empore, etwas seitlich von einer Art Thron stehend. Er zog den Hut, machte einen angedeuteten Ausfallschritt und deutete eine nicht zu übersehende, jedoch nicht zu tiefe Verbeugung an. Joaos blieb eine Schrittlänge hinter ihm und tat es ihm gleich. Dies veranlasste den Odikro, mit einem gütigen Lächeln seinen Thron zu verlassen und mit ausgestreckten Armen auf ihn wie auf einen alten Freund zuzugehen. Nickelsen kannte diese Rituale und war froh, dass es bei diesem Herrscher keines Dolmetschers bedurfte.

»Schön, Sie wohlbehalten zu sehen, Herr Kapitän Cornelissen. Ich hatte mir schon Sorgen um Sie gemacht.« Der Odikro ergriff seinen rechten Arm und führte ihn quer durch den Saal an ein Fenster, von dem man einen guten Blick bis zum Flussufer hatte.

»Sorgen?«, wunderte sich Nickelsen. »Bestand denn dazu Anlass?« Der Odikro lächelte und wiegte seinen Kopf bedenklich ein wenig nach links und rechts, dann deutete er zum Flussufer. Nickelsen folgte seinem Hinweis und entdeckte die drei Krieger, mit denen er hergekommen war, wie sie wieder ihr Boot bestiegen und Vorbereitungen für die Abreise trafen. Er beschloss, sich jetzt auf das Nächstliegende, dieses Gespräch, zu konzentrieren und alle zukünftigen Fragen erst dann in seinen Gedanken zu bewegen, wenn es Zeit dafür wäre. Der Odikro war ein gefährlicher Gesprächspartner. »Sie meinen, dass Sie sich Sorgen gemacht haben wegen dieser Krieger, mit denen wir hergekommen sind?«, fragte Nickelsen.

»Nicht ein jeder erreicht in solcher Begleitung sein Ziel. Die Krieger leben manchmal nach ihren eigenen Regeln. Ein guter Herrscher muss zwar alles wissen, aber nicht alles öffentlich machen. Das ist doch auf einem Schiff nicht anders, oder?«

Nickelsen nickte: »Gewichten und abwägen ist stets ratsam für eine lange Reise, die man zusammen unternimmt.«

»Verraten Sie mir, womit Sie die drei Krieger überzeugt haben? Ich bin wirklich neugierig.« Der Vorgang als solcher schien den Odikro mächtig zu amüsieren, während es Nickelsen für eine bodenlose Unverschämtheit hielt, dass der Odikro zu seinem Vergnügen auf seinen Tod spekuliert hatte.

»Sehr gern. Der Kapitän eines Handelsschiffs bezahlt für die ihm gewährten Dienstleistungen. Erfolg setzt stets aufrichtiges Bemühen um Korrektheit im Rahmen des Möglichen voraus.«

»Sie habe die drei bezahlt? Womit denn?« Das Erstaunen des Odikro schien grenzenlos.

»Ich versuchte, jede Unfreundlichkeit mit zivilisierter Freundlichkeit zu vergelten, und gab alles, was ich hatte«, antwortete Nickelsen etwas unwirsch. »Zugegeben, es war nicht wirklich viel. Aber es hat Eindruck gemacht.«

Der Odikro trat noch einmal ans Fenster und machte eine rasche Handbewegung Richtung Kopf, worauf sechs Wachen aus ihren Verstecken hervorstürzten, sich beeilten, noch das Seil für das Boot zu fassen zu bekommen, um die Krieger mit den Ruderern wieder ans Ufer zu ziehen. Schon griff einer der Krieger im Boot zum Gewehr, das er auf die Wachen richtete, die sich am Strick zu schaffen machten. Irgendwo von der linken Seite des Regierungssitzes fielen zwei Schüsse und der Mann fiel getroffen rückwärts ins Wasser. Ein Soldat des Odikro ließ den Strick mit dem Boot fahren und hechtete hinterher ins Wasser, um nach dem Gewehr zu fischen. Den Körper des Mannes ließen sie unbeachtet flussabwärts treiben. Nickelsen bewahrte Haltung und kommentierte das Geschehen mit keinem Wort. Anders der Odikro Ato Anan: »Eine Opfergabe an Sobek, den alten Flussgott der Ägypter, der den Körper eines Krokodils annahm. Wir sollten jetzt ebenfalls speisen gehen. Sie müssen durstig und hungrig sein nach all den überstandenen Abenteuern und Strapazen. Kommen Sie, verehrter Kapitän Cornelissen, und wie hieß noch gleich Ihr Begleiter?«

»Joaos, ein Mann von den Kapverdischen Inseln. Mein Dolmetscher.«

»Interessant, Herr Kapitän, Sie wollten hier flussaufwärts Handel treiben?« Es war seine Art, mit seinem kleinen stämmigen Körper unerwartet schnell hierhin und dorthin beweglich zu bleiben, um anschließend wieder mit einem starren, majestätisch ruhenden Blick die Wirkung seiner Attacken auf sein Gegenüber zu prüfen. Einer wie der Odikro war stets auf der Jagd, unberechenbar für jeden Gegenspieler, wechselte urplötzlich seine Rolle, um den Gegner mit immer neuen Situationen zu überrumpeln und in Verlegenheit zu bringen. Ato Anan war ein korrupter, genusssüchtiger, gieriger Despot, aber gleichfalls ein schneller, bewundernswerter Kämpfer, wenn es darauf ankam. Ob sie auf irgendwelche Reste von Moral und Anstand hoffen konnten? Nickelsen blieb zunächst bei seiner Version von der durch Wolfson und van Mayen gestohlenen Schaluppe und den entführten Mannschaftsteilen. Sie wurden in einen Nachbarraum geführt, wo auf dem Tisch Speisen serviert worden waren. Der Odikro ließ sogar Bier anbieten, lächelte dazu und erklärte, er gehe davon aus, dass es stimme, was man ihm zugetragen habe, dass Seeleute dieses Getränk zu schätzen wüssten.

Nickelsen staunte: »Verehrter Odikro, Eure Gastfreundschaft kennt keine Grenzen und sie beschämt mich zugleich, denn ich kann etwas Gleichartiges kaum anbieten.«

»Vielleicht gibt es doch etwas, das Sie für mich tun könnten, aber dazu später«, antwortete der Odikro geheimnisvoll und schenkte seinem Berater ein Ohr, der soeben den Raum betreten hatte und ihm etwas zuflüsterte. Nickelsen und Joaos nahmen die angebotenen Plätze am Tisch ein. Der Odikro betrachtete etwas in seinen Händen genauer, begann dann lauthals zu lachen und setzte sich schräg gegenüber von Nickelsen. Dann legte er die Münzen und Knöpfe, mit denen der Kapitän zuvor sein Leben erkauft hatte, auf den Tisch und erklärte: »Das ist das Leben eines Kapitäns der königlichen dänischen Handelsflotte wert. Ein wenig Kleingeld und einige wertlose golden blinkende Knöpfe, die übrigens an Ihrer Jacke fehlen ...« Mit diesen Worten schob er Nickelsen die Knöpfe zu. »Dennoch, Herr Kapitän, das Ergebnis nötigt mir einigen Respekt ab. Sie scheinen ein begabter Kaufmann zu sein.«

»Danke für die Knöpfe. Aber gestatten Sie mir eine Frage: Ich meine, Sie haben es doch wohl offengelassen, ob wir diese Fahrt zu Ihnen überstehen werden. Warum jetzt dieses Vorgehen gegen Ihre eigenen Leute?«

Der Gebietsfürst reckte seinen kleinen stämmigen Körper zu voller Größe empor, seine Stimme wurde scharf und laut: »Die Stämme und die Krieger haben ihre Freiheiten im Reich des Odikro Ato Anan, aber niemand betrügt mich um meinen Anteil und die Steuern an den Einnahmen.« Sprach's und strich die Münzen ein. »Bitte greifen Sie zu, meine Herren. Außerdem, werter Herr Cornelissen, weiß ich von Ihren Handelsabsichten, die Sie mit Ihrer Flussfahrt verfolgen.«

»Es ist für jeden Mann des Handels von Vorteil, wenn er versteht, wie der Handel in einem fremden Land im Einzelnen funktioniert und wie er organisiert ist. Ich hatte keine bösen Absichten dabei.«

Ein Diener trat zum Berater des Odikro, flüsterte diesem etwas zu und entfernte sich wieder, nachdem er eine Order empfangen hatte. Die Nachricht wurde an den Herrscher weitergegeben. Von sich aus begann der Odikro Ato Anan, die Ereignisse der letzten Tage zu schildern. Tatsächlich war es Wolfson und van Mayen gelungen, bis zum Sklavenhandelsplatz Kalukpa den Rio Volta hinauf zu rudern und zwanzig Sklaven zu erhandeln. Hochmütig und auffallend hätten sich die weißen Herren aufgeführt und darauf bestanden, die Sklaven in Ketten und Fesseln zu legen und mit ihnen im Boot flussabwärts zu fahren. Er, Ato Anan, schätze die Anwesenheit von bewaffneten Weißen im Königreich der Accra nicht besonders und habe die Fahrt der Schaluppe beobachten lassen. Bereits nach wenigen Stunden, auf der Höhe des Flusses zwischen Whome und Sukpeiki, sei es zwischen den beiden weißen Anführern Wolfson und van Mayen zu einem heftigen Streit gekommen. Offenbar habe sich van Mayen mit einigen Männern geweigert, weiter flussabwärts zu fahren. Sie hätten einander sogar mit Waffen bedroht. Van Mayen habe schließlich mit zwei Männern die Gruppe um Wolfson verlassen und dabei Waffen, Munition und Teile der Ladung mitgenommen. Diese Gruppe habe sich weiter landeinwärts und in südwestlicher Richtung bewegt.

An dieser Stelle unterbrach der Odikro seine Erzählung, schüttelte den Kopf und lachte. Auf Nickelsens Frage, was ihn denn so amüsierte, meinte er nur, dieser Wolfson sei nicht wirklich zu etwas zu gebrauchen gewesen. Zum Bootsführer habe er nicht getaugt, da er weder mit den Riemen noch mit dem Segel umzugehen verstanden habe, noch hätte er seine Männer anständig befehligen können, sodass sie sich, kurz nachdem die Gruppe auf und davon war, erneut in den Haaren gelegen hätten. Ein Teil der Gruppe habe dann versucht, die Verfolgung von van Mayen aufzunehmen; Wolfson habe das nicht verhindern können. Dieser Däne mit den langen Haaren habe nicht einmal zum Sklavenhändler getaugt, denn seine Sklaven hätten das Durcheinander genutzt, um sich zu befreien, sich an ihren Wächtern zu rächen und zu fliehen. »Ein hochmütiger Nichtsnutz, der langhaarige Kaufmann aus dem Norden – in unserem Land ist für solche Menschen kein Platz. Ich bedaure, Herr Kapitän, er hat seinen frühen Tod verdient. Seine Haare müssen ihm ins Hirn gewachsen sein oder es fehlte ihm schlicht nur ein Hut zum Schutz vor der Sonne. Das Ergebnis haben Sie, Herr Cornelissen, vorgefunden.« Er schob eine Schale mit Fleischstücken über den Tisch und forderte: »Nun greifen Sie schon zu! Sie wollen doch nicht das Haus des Odikro beleidigen?«

Nickelsen bedankte sich artig, nahm sich noch einmal von dem Fleisch und hakte nach: »Die Toten und die Abwesenheit der Mannschaft lassen sich so gut erklären. Vielen Dank. Aber, hochverehrter Ato Anan, die Schaluppe war vollständig leer. Sie verstehen? Keine Waren, überhaupt keine Waren! Nicht eine Patrone mehr von den Waffen. Kein Messer, kein Dolch, nichts. Mir war jedoch so, als ich das Dorf betrat, als ob ich einige Gegenstände zu sehen bekommen hätte. Könnte es sein, dass sich auch hier im Ort Waren befinden?«

Das gewagte Manöver quittierte der Odikro mit einem scharfen Blick, sprang auf und antwortete: »Ich denke nicht, dass dies der Zeitpunkt ist, solche Fragen zu vertiefen, Herr Kapitän. Kein Widerspruch! Folgen Sie mir, ich habe eine kleine Überraschung vorbereitet.« Erneut gab sich Nickelsen völlig unerschrocken, lächelte, obwohl düstere Erwartungen in ihm aufstiegen. Joaos und er folgten dem Herrscher.

10. Sklaven, Salz, ein Spiegelbild für die Weißen und die Rückkehr vom Rio Volta

Trommelklänge, Schellen und eine Art Holztrompete kündeten ein Ereignis an. Der Odikro, mit einem weißen Palmwedel in der linken Hand und einem Stock von der Dicke und Biegsamkeit einer Gerte in der rechten, schritt gemessen Richtung Marktplatz, Nickelsen und Joaos im Abstand von einigen Metern hintendrein. Eine kleinere Abteilung der Wache eilte voraus, eine weitere schritt hinter ihnen. Vier Leibwächter hielten sich in unmittelbarer Nähe des Herrschers auf. Auf dem Marktplatz war bereits eine größere Menschenmenge zusammengelaufen und Nickelsen fand bestätigt, dass es sich tatsächlich um einen Ort von überregionaler Größe und Bedeutung handeln musste. Ato Anan winkte sie an seine Seite und auf ein Zeichen von ihm räumten die Wachen den Zugang, der vom Landesinneren auf den Marktplatz führte. Erneut Trommelklänge, und ein durch Krieger eingeschlossener Zug von Gefangenen bewegte sich durch die enge Gasse der Schaulustigen, gestoßen und gepeinigt, immer vorwärtsgepeitscht, bespuckt und getreten, langsam auf die Mitte des Marktplatzes zu.

»Der Sklavenhandelsplatz«, flüsterte Joaos erschrocken. »Der zentrale Umschlagplatz für die Sklaven, die von hier aus an die ganze Küste gehen.« Nickelsen nickte und gebot ihm zu schweigen.

Der Zug schlich geradezu heran, mochten die Krieger noch so auf ihre menschliche Ware einschlagen. Die schmerzgepeinigten Männer, welche zum Teil noch aus offenen Wunden eines

Kampfes bluteten, die Scheba zu tragen gezwungen waren, die ihnen allen die Hälse wund rieb, und deren Füße und Hände derart gefesselt waren, dass sie nur noch geringe Bewegungsfreiheit hatten, waren völlig erschöpft und konnten sich kaum noch auf den Beinen halten. Jetzt entdeckte Nickelsen Weiße in der Gruppe. Er machte einen Schritt nach vorn und bemerkte, wie ihn der Odikro aufmerksam von der Seite belauerte. Aber es war ihm gleichgültig. Da waren Männer seiner Mannschaft unter den geschundenen Sklaven! Vor Schreck konnte Nickelsen seinen Blick nicht von den roh zugearbeiteten Holzgabeln abwenden, in denen ihre Köpfe steckten. Sie trugen die gleiche Scheba mit der durch ein aufgenageltes Querholz vorn fest verschlossenen Holzgabel um den Hals, und nicht Wenigen rissen Gaffer jetzt an dem am hinteren Ende angebrachten langen Stiel. Worauf zwei Seeleute zu Boden stürzten und die Peitsche oder die Stöcke der Sklavenjäger zu spüren bekamen, bevor man sie wieder auf die Beine stellte, was ihnen aus eigener Kraft nicht mehr gelingen wollte.

Was verflucht noch mal sollte das bedeuten? Sklavenjagd auf die Schiffsbesatzung? Das Erschrecken lähmte Nickelsens Gedanken und vonseiten Joaos war nur ein leises Aufstöhnen zu vernehmen. So erreichten also die Sklaventransporte aus ganz Afrika diesen Handelsplatz! Ein schauderhafter Anblick, der sich Nickelsen tief ins Gedächtnis brannte und für dessen Beschreibung es einfach keine Worte gab. Er wusste, würde er dieses Abenteuer überleben, der Einzug der Elenden mit der Scheba um den Hals würde ihm ewig als Schreckensbild vor der Seele stehen. Die Krieger trieben die Sklaven in der Mitte des Marktplatzes zusammen und befahlen ihnen, sich zu setzen. Die meisten waren dazu nicht mehr in der Lage, sie fielen einfach der Länge nach hin oder standen mit zitternden Beinen da, unfähig, sich auf die Erde zuzubewegen. Denen schlugen die Aufseher mit Knüppeln in die Kniekehlen, was sie mit einem Schrei in den Dreck des Marktplatzes beförderte. Was jetzt geschah, mochte er kaum glauben. Solche Zustände waren auf Sklavenmärkten in Arabien nicht denkbar. Dort waren sie als Sklaven zwar ebenfalls geschunden und geschlagen worden, aber ein Araber hätte seine Ware nie in einem derartig miserablen Zustand zur Schau gestellt. Hier jedoch gingen die schwarzen Bewohner, Edlen und Reichen des Dorfes jetzt zwischen den Gefangenen umher, begrapschten und begutachteten sie, verspotten sie, schlugen und traten nach ihnen. Die Aufseher und Soldaten standen unbeteiligt daneben und achten nur darauf, dass ihrer Ware kein ernsthafter Schaden zugefügt würde.

Ruckartig bewegte Nickelsen seinen Oberkörper Richtung Odikro und knarzte mit belegter Stimme, fast unfähig zu sprechen: »Ehrwürdiger Odikro Ato Anan, ich protestiere aufs Schärfste! Unter den Gefangenen befinden sich meine Leute! Ich verlange sofort ...«

Weiter kam er nicht, denn mit zwei raschen Schritten stand der Odikro ganz dicht vor ihm und herrschte ihn an: »So dankt er mir also meine Gastfreundschaft? Protestieren!« Dann drehte er sich um, hob seine Hände, winkte mit dem weißen Palmwedel Richtung Wachen und rief: »Protestieren! Protestieren will der Herr Kapitän! Ob seine Kanonen vom Schiff so weit reichen? Bis hierhin, flussaufwärts?« Er lachte dröhnend und seine Wache stimmte ein. Nickelsen wurde hochrot vor Zorn, Scham und Verlegenheit. Dann tippte ihm der Odikro mit seinem Stock frech mitten auf die Brust und erklärte: »Dankbar sollten Sie uns sein! Wir haben Ihnen Ihre Mannschaft wieder eingefangen. Leider ist sie nicht ganz freiwillig mitgekommen.« Auf ein Zeichen des Odikro befreiten die Wachen die Seeleute von ihren Fesseln und der Scheba. Als sie dem Odikro zurück zum Regierungssitz folgten, sah sich Nickelsen aus großer Sorge um seine Männer gezwungen, Dankbarkeit zu heucheln.

»Wir sollten jetzt zum Geschäftlichen übergehen, da ich davon ausgehe, dass Sie meine Gastfreundschaft nicht über Gebühr in Anspruch nehmen möchten. Wie Sie sehen konnten, war es uns leider nicht vergönnt, auch den Flüchtigen van Mayen mit seinen zwei Genossen festzunehmen. Es ist mir ein persönliches

Anliegen, Ihnen diese Herren vielleicht bei Ihrer nächsten Reise zu übergeben. Sie sollten noch heute mit Booten, geführt von einer kleinen Besatzung meiner Wachen, Ihre Rückreise antreten. Selbstverständlich werden Ihre Männer Sie begleiten dürfen. Es ist mir eine Freude, Ihnen allen die Freiheit zu gewähren.« Nickelsen schwieg und hing finsteren Gedanken nach. Er wusste, er musste froh sein, dass die Männer noch lebten und jetzt die berechtigte Aussicht bestand, gemeinsam mit ihnen zu ihrem Schiff zurückzukehren. Aber die Demütigung nagte an ihm und zu deutlich spürte er die noch präsente Bedrohung, unter der sie alle standen.

In der Empfangshalle seines Hauses tippte der Odikro dem Kapitän erneut provozierend mit seinem Stock auf die Brust und lächelte ihn spöttisch an: »Sie schweigen, Kapitän? Ich weiß, was Sie noch quält: die Sache mit den Waren. Nun, der werte Herr Wolfson hat gewisse Geschäfte getätigt und Aufwendungen gemacht. Er hat mit seinem Fehlverhalten auch auf meiner Seite Ausgaben und Aufwendungen verursacht. Ich gehe davon aus, dass die Waren dafür Verwendung finden werden. Aus Dankbarkeit für die Errettung Ihrer Mannschaft und für die Jagd auf die entlaufenen Sklaven, die Ihnen wieder zugeführt werden, werden Sie mir ein aufrechter Handelspartner sein und mir Ihre Waren und Waffen leichten Herzens überlassen. Das ewige Band der Freundschaft wird unsere Geschäfte für alle Zukunft segnen. Für eine sichere und glückliche Heimreise werde ich Sorge tragen. So soll es sein.« Der Odikro Ato Anan war mit sich und der Welt zufrieden und schickte sich an, seine Audienz zu beenden. Geradezu todesmutig entschlossen und immer noch aufgebracht von den Geschehnissen trat ihm Nickelsen in den Weg. Der Berater des Odikro hatte bereits seine Hand an die Waffe geführt. Doch der Herrscher gab ihm mit einem Zeichen zu verstehen, dass er gedachte, allein mit dieser Situation fertig zu werden.

»Auf ein Wort und unsere große, die Zukunft tragende Freundschaft, verehrter Odikro: Die Waffen, zumindest die Waffen, die wir an Bord unserer Schaluppe führten, waren nicht für den Handel bestimmt. Sie werden an Bord meines Schiffes benötigt. Im Übrigen weiß ich den Wert unserer Freiheit und der Dienste, die Sie als Herrscher mir und den Meinen angedeihen lassen, hoch zu schätzen, aber dennoch halte ich die Rechnung unter Freunden als für nicht gerecht aufgemacht. Ich fordere unsere Gewehre, die Munition aus unserer Schaluppe und die von Wolfson gekauften Sklaven zurück. Wenn dann sämtliche Waren und sämtliche Waffen aus Wolfsons Beständen für den ehrenwerten Herrscher und seine Untertanen im Königreich der Accra verbleiben und man dort auch die Schäden bedenkt, die wir hinzunehmen hatten, kann dieses Angebot wohl durchaus als Freundschaftsdienst unsererseits verstanden werden.«

Der Odikro lächelte verschlagen: »Was war schon von einem Kapitän zu erwarten, der sein Leben mit ein paar Münzen und vergoldeten Knöpfen erhandelt? Geehrter Freund, Sie hätten mich enttäuscht, wenn Sie nicht den Versuch unternommen hätten.« Dann jedoch wechselte sein Mienenspiel schlagartig und seine Gesichtszüge bekamen etwas Hartes, etwas Unerbittliches. »Aber er sollte seine Lage bedenken und die Gastfreundschaft nicht auf die Probe stellen!« Er schaute Nickelsen durchdringend an, umkreiste ihn einmal, um dann wieder ganz nah vor ihm zu stehen zu kommen: »Das Geschäft gilt zu meinen Bedingungen: Alle Waffen und Waren verbleiben im Königreich der Accra und stehen zu meiner Verfügung. Sie sollen die von Herrn Wolfson erhandelten Sklaven bekommen.«

Auf einen Wink von ihm trat der Berater vor und rechnete laut: »Er hat 20 Sklaven gekauft. Von ihnen sind drei bei Kämpfen ums Leben gekommen. Von unseren Kriegern sind ebenfalls zwei ums Leben gekommen. Die bringe ich in Abzug, verbleiben 15 Sklaven.« Dann verbeugte er sich demütig vor dem Odikro und trat zur Seite.

Ato Anan führte die Berechnung fort: »Da wir die Boote und die Bewachung stellen und ich dafür sorgen werde, dass Sie diese Sklaven an Bord Ihres Schiffes bekommen, ohne dass jemand etwas davon in Papieren vermerken wird, beanspruche ich zwei weitere Sklaven für mich. Verbleiben daher 13 Sklaven zur freien Verfügung, die Sie, Herr Cornelissen, da seien Sie überzeugt, nicht unbemerkt an Bord bekommen würden. Des Weiteren versichern Sie mir, keine weiteren weißen Händler unter Bewaffnung flussaufwärts zu schicken. Es ist gut so, wie es ist.«

Nickelsen blieb unzufrieden damit, die guten Gewehre und Waffen in Händen der Schwarzen zu belassen. Was würde Gouverneur Platfues dazu sagen? Zudem zahlte er zu viel für die Sklaven. Andererseits wusste er, dass er nicht überziehen durfte, denn die Freiheit aller Männer, für die er Verantwortung trug, wog um ein Vielfaches höher. Nickelsen zögerte und brachte es noch nicht fertig einzuschlagen.

»Nun gut, Sie sind ein Mann des Handels, Kapitän. Sie möchten etwas anzubieten haben. Der Ihnen gewogene Asantehene drängt auf eine Ausweitung des Handels mit den Weißen jenseits des Sklavenhandels. Etwa zwölf Meilen von dem dänischen Fort in der Nähe des Flusses Rio Volta befindet sich ein großer See, der in den Sommermonaten fast gänzlich vertrocknet und sich erst jetzt langsam wieder mit Wasser füllt. In der Trockenzeit ist der Boden mit feinstem Salz bedeckt. Es kommen viele meiner Untertanen von weit her aus dem Land und versorgen sich damit. Das Salz hat besondere Eigenschaften. Wenn man Fleisch damit einsalzt, wird es selbst bei größter Hitze bis zu vier Monate lang haltbar. Ein Handelsgut von großer Bedeutung, gerade für Schiffe. Der Asantehene denkt, dass ein solches Gut für einen Handel von Interesse ist. Ich biete Ihnen drei Fässer dieses Salzes als kostenlose Probe und drei weitere zum Kauf an. Sie können auf der Rückreise direkt in Ihre Schaluppe verladen werden.«

Das war tatsächlich mehr, als Nickelsen erwarten durfte, und er schlug ein. Zu seiner Überraschung begleitete ihn der Odikro jetzt noch bis zu den Booten, wo sie die Verladung der Sklaven und die Vorbereitungen für die Abreise beobachteten. Nickelsen bat den schwarzen Fürsten ausdrücklich, seinen Dank auch dem

Asantehene auszurichten. Ein erfolgreicher Handel mit anderen Waren sei eine Zukunft, die er sich vorstellen könne. Einen Anfang in aller Bescheidenheit würden sie wohl mit dem Salz versuchen. Dies stimme ihn, den Kapitän der königlich dänischen Handelskompanie, zuversichtlich für die künftige Abschaffung des Handels mit Sklaven. Der Odikro erklärte trocken, er neige nicht zu solchen Träumen. Daraufhin sprach Nickelsen noch einmal eindringlich von seinem Wunsch, den Sklavenhandel gänzlich abzuschaffen und die Handelsschiffe wieder ihrer eigentlichen Bedeutung zuzuführen.

Ato Anan entgegnete ihm mit großer Würde und Gelassenheit: »Ich bewundere die weißen Menschen wegen ihrer Geschicklichkeit und Klugheit und mancher ihrer Erfindungen, die sie uns beispielsweise mit Waffen wie den Kanonen überlegen machen. Aber die Unterschiede zwischen den weißen und schwarzen Menschen, zwischen unseren Ländern, unseren Fähigkeiten und Neigungen sind erheblich. Sie treten durch die Schiffe, von denen Sie, Kapitän, eines führen, mit der ganzen Welt in Verbindung, während wir hier auf unserem schwarzen Kontinent leben, deren Bewohner um uns herum fremde Sprachen sprechen, uns zwingen, uns zu verteidigen und zu sichern. Zwischen den Völkern der Schwarzen hören die Kriege nie auf. Bedenken Sie dabei die unglaubliche Größe unseres Landes, von dem Sie an diesem Fluss einen kleinen Eindruck gewinnen konnten. Bedenken Sie die Beschwerlichkeit, die es mit sich bringt, ein so großes Land in seiner innersten Verfassung regieren zu wollen. Das zwingt uns in die Kriege und die führen zu Toten und zu Gefangenen. Wenn wir dann keine Sklavenhändler mehr finden, die uns die überflüssigen Gefangenen abnehmen, was glauben Sie, werter Kapitän, werden wir dann mit diesen Gefangenen tun? Es bleibt uns nur, sie zu töten. So verkaufen wir sie lieber, denn sie sind als Gefangene unser Eigentum. Sie haben sich gegen unser Volk vergangen, sich erhoben und werden des Landes verwiesen. Wie ich hörte, gibt es ähnliche Regeln bei euch Weißen.«

Nickelsen sprach von Recht und Gesetz, hörte sich selbst angesichts der geschundenen Kreaturen, die jetzt in die Boote gestoßen wurden und angesichts des schlimmen Zustandes, in dem sich seine eigenen Seeleute befanden, von Menschlichkeit, Mitleid und christlicher Nächstenliebe reden, doch der Odikro lachte nur: »Dieses Land ist so groß im Vergleich zu jener Welt, aus der eure Schiffe kommen, dass es sich nur durch Gewalt regieren lässt. Etwas, das ihr Weißen nie verstehen lernt. Letzte Woche wurden wieder Dutzende von Verbrechern aus anderen Provinzen zu mir geschleppt. Ich habe sie eigenhändig getötet. Ich lasse vor meiner Tür einige Köpfe aufstecken. Ich lasse einige der Leichname auf den öffentlichen Marktplätzen ausstellen, damit meine Untertanen mit den Füßen und den Augen unversehens daran stoßen und in ihren Gedanken Pflicht und Gehorsam stets erneuert werden. Das erhöht mein Ansehen mehr als hundert Kanonen, die in den Urwäldern und den Weiten des Landes wirkungslos wären. Es zeigt mehr Kraft und Hoheit an, als wenn ich mit den reichsten Gewändern und teuersten Kronjuwelen behängt wäre. Meine Entschlossenheit verbreitet den Schrecken meines Namens und verschafft meinem Volk Respekt. Es ist eine kleine Anzahl Sklaven, die wir nicht benötigen und verkaufen. Diese Menschen sind eigentlich zum Tod bestimmt und sollten zufrieden sein mit dem Schicksal, das sie an Bord eurer Schiffe erwartet. Ihr Weißen predigt die christliche Nächstenliebe und führt doch ebenso wie wir Kriege, um eure Feinde auf einem offenen Feld zu töten, zu schlachten und verrecken zu lassen. Ihr lasst eure Häuser von fremden Kriegern plündern und seht zu, wie euer Volk Hunger leidet. Unsere Art, das Land zu regieren, ist die einzige, die der Größe unserer Aufgabe gerecht werden kann. Nun wünsche ich meinem Freund Kapitän Cornelissen eine glückliche Wiederkehr und gute Geschäfte.«

Der Odikro Ato Anan reichte dem Kapitän feierlich seine Hand und beide verabschiedeten sich voneinander. Nickelsen bestieg nachdenklich eines der Boote mit dem Gefühl, dass ihm soeben ein Spiegel vorgehalten worden war. Ein Spiegel, in dessen Bild er einen Weißen mit den Augen eines Schwarzen sehen musste. Er konnte nicht behaupten, dass ihm das, was er sah, tatsächlich gefiel.

Die Abreise verzögerte sich noch weiter. Die Fesselung der bis auf eine Frau durchweg männlichen Sklaven und vor allem die Versorgung der Wunden nahm noch einige Zeit in Anspruch, und es war vor allem der bemitleidenswerte Zustand der eigenen Leute, der Nickelsen alarmierte und Sorgen bereitete. Er ging zwischen seinen Leuten umher, sprach ihnen Mut zu, fragte nach ihrem Befinden und vermied es vor allem – wozu er Grund gehabt hätte –, irgendwelche Vorwürfe zu machen oder unangenehme Fragen zu stellen. Im Hinterkopf machte der Kapitän bereits eine Rechnung für die Weiterreise auf und kam zu dem Ergebnis, dass ihm nach der Fahrt auf dem Rio Volta bereits drei Seeleute fehlen würden, die ums Leben gekommen waren und – van Mayen eingerechnet – drei weitere, die sich auf der Flucht befanden. Zudem hatte er schon auf der Hinreise zur Goldküste den Untersteuermann Johan Bjorn verloren, sodass bis jetzt insgesamt sieben Seeleute an Bord fehlen würden. Besonders schwer wog der Umstand, dass sich darunter zwei erfahrene Offiziere befanden. Bei der knappen Mannschaftsstärke an Bord würden die Abgänge kaum aufzufangen sein. Auf keinen Fall durfte er sich zum jetzigen Zeitpunkt weitere Verluste leisten, denn die eigentliche Prüfung stand mit der Atlantiküberquerung und den Sklaven an Bord noch bevor. Nickelsen hoffte, die zurückgelassene Mannschaft in dem Fischerdorf unversehrt befreien zu können. Besorgt beobachtete er die Krieger und Sklavenjäger des Odikro und fragte sich, ob man ihnen tatsächlich trauen könne. Immerhin wäre er selbst der einzige Weiße in den Booten, dem es überhaupt gestattet war, ein Gewehr und seinen Degen mit sich zu führen. Damit waren sie alle faktisch wehrlos den Schwarzen ausgeliefert. Es fehlte an Verbandsmaterial, an Medikamenten, an Sauberkeit überhaupt. Nickelsen hätte einiges darum gegeben, jetzt Mohr oder Nitschke an seiner Seite zu haben.

In den letzten Minuten vor dem Ablegen der Boote schickte der Ratgeber des Odikro noch den Medizinmann mit seinen Trommlern in die Boote. Nickelsen war sich nicht sicher, was Mohr dazu sagen würde, aber er war froh, nicht allein die Verantwortung für die Gesundheit und Genesung seiner Leute tragen zu müssen. Von den Fähigkeiten dieses Medizinmannes hatte er sich damals beim Empfang des Gouverneurs bereits überzeugen können. Um sich seine Sorgen nicht anmerken zu lassen, deutete er auf den Medizinmann und erklärte Joaos gegenüber: »Er wird uns sicherlich von Nutzen sein. Wenn nur nicht immer dieses elende Getrommel wäre.«

Die ersten Boote legten bereits ab und noch immer mussten die Ruderer im letzten Boot auf den Kapitän warten, denn der Ratgeber des Odikro hatte noch eine letzte Mitteilung zu machen. Im Namen seines Herrn sprach er dessen ausdrücklichen Wunsch an, dass der Kapitän als Zeichen des Dankes für die gewährte Gastfreundschaft dafür sorgen möge, den aufgegriffenen Schiffsjungen vom Haus des Gouverneurs und der Tänzerin Lucy fernzuhalten. Sein Herr erwarte zudem eine ernsthafte Bestrafung des Jungen für seinen ungehörigen Annäherungsversuch. Etwas verwundert fragte Nickelsen nach. Der Ratgeber antwortete jedoch nur vieldeutig, er solle davon ausgehen, dass Interessen im Königreich der Accra der jungen Dame eine große Zukunft sowohl beim Odikro als auch beim Asantehene garantierten. Daher wehte also der Wind! Die beiden Herrscher buhlten gemeinsam um die schöne, junge Schwarze im Haus des Gouverneurs. Da wollte sich der Odikro keine Blöße geben, für den Fall, dass er den Kürzeren ziehen würde. Dennoch war Nickelsen nun gewarnt genug, die Sache mit Fingerspitzengefühl zu handhaben.

Sie erreichten Sukpeiki bei starker Flussströmung, die angesichts der Beschaffenheit der Eingeborenenboote einiges an Geschicklichkeit erforderte, noch vor Einbruch der Dunkelheit. Der Anführer der Wachen trug sichtbar die Insignien des Amtes des Odikro und zudem eine Botschaft an die Stammesfürsten mit sich, als er als Erster dem Boot entstieg und feierlich einherschreitend der Begrüßungsdelegation zur Hütte der Stammesfürsten folgte. Nickelsen schritt an dritter Stelle hinterdrein und wäre doch am liebsten vor Ungeduld vorausgelaufen. Sie wurden erwartet, was Nickelsen für erstaunlich hielt, denn immerhin hatten die Krieger, mit denen er flussaufwärts gefahren war, einen gewissen Ruf. Noch einmal galt es, ein Palaver abzuhalten und sich zu gedulden. Dann führte man Nickelsen und Joaos zu den zwei Hütten, in denen seine Leute in stickiger Hitze gefangen gehalten wurden und unter nicht gerade angenehmen Umständen auszuharren gezwungen waren. Noch an diesem Abend verschwanden Wachen und Krieger aus dem Blickfeld der Seeleute, die jetzt ihren Kapitän für seine Rückkehr abgrundtief bewunderten. Allein dieser Umstand verschaffte Nickelsen genügend Autorität, jeden Übergriff und Racheakt gegen die schwarzen Peiniger vonseiten seiner Leute zu unterbinden. Noch in der Nacht zog er eine Bilanz: Der schwer verletzte schwarze Soldat des Gouverneurs war inzwischen ebenso verstorben wie sein schwarzer Kollege, der als Einziger bei der Festnahme durch die Krieger des Odikro versucht hatte, sein Gewehr auf die Eingeborenen zu richten, um Rache zu üben. Daneben war es in den letzten Tagen immer wieder zu Handgreiflichkeiten gekommen, bei denen drei Mannschaftsmitglieder der *Vesuvius* leichte Verletzungen davongetragen hatten. Außerdem gab es im Lager der Schiffsbesatzung zwei Fälle von Fieber und körperlicher Ermattung. Die Fieberanfälle fielen sehr heftig aus, und Nickelsen blieb skeptisch im Hinblick auf die Weiterreise. Der Medizinmann erklärte Nickelsen, das Fieber komme von den riesigen Mückenschwärmen in der Nähe des Flussufers. Er verabreichte eine Medizin aus einer Baumrinde, die von den Erkrankten zu kauen war, dazu viel Flüssigkeit und die unvermeidlichen Trommeln. Nickelsen bereute es inzwischen, Mohr nicht mitgenommen zu haben. Die Männer waren hungrig, durstig, nicht gerade gut verpflegt worden, aber jetzt vor allem froh, wieder zurück auf ihr Schiff zu dürfen. Da bedurfte es keiner Ansprache ihres Kapitäns mehr, sie zu motivieren.

Die Rückfahrt verlief ohne weitere Zwischenfälle und die Verletzten und Erkrankten erholten sich. Die Sklaven an Bord der Boote machten keine Schwierigkeiten, wenngleich Nickelsen immer wieder einschreiten musste, um die Brutalitäten der Sklavenjäger ihnen gegenüber in Grenzen zu halten. Dennoch benötigten sie noch zwei lange Tage, da es recht schwer war, bei den Strömungsverhältnissen des Flusses in einem so großen Verbund von Booten und Schaluppen zu fahren. Auch mussten sie noch die Nähe des Sees erreichen, um die Fässer mit dem Salz zu verladen. Das Salz begeisterte und faszinierte im Übrigen den Smutje Röden, der darauf bestand, ein Fass zum Einsalzen der Fleisch- und Fischbestände an Bord der *Vesuvius* nutzen zu dürfen. Er mochte sich nicht beruhigen über die Farbe des Salzes, die Größe der Salzkristalle und die Schärfe des Geschmacks. Nickelsen erklärte sich einverstanden, würde doch der belegte Erfolg einer längeren Haltbarkeit der Fleischbestände an Bord mithilfe dieses Salzes später den Verkauf des neuen Produktes befördern und den Erfolg seiner Expedition belegen. Das Salz ließ die Fantasien der beiden Männer blühen, interessierte den Rest der Mannschaft jedoch nur wenig. Sie brauchten noch zwei Tage, bis sie das Delta des Rio Volta erreichten. Das dänische Fort mieden sie wegen der mitgeführten Sklaven und Waren und hielten sich verborgen in Ufernähe, wo sie auf das ablaufende Gezeitenwasser warten mussten. Erst dann konnten Nickelsen und seine Männer die Schaluppen um die Stromschnellen des Flusses herum und durch die Lagune führen und segelten zunächst allein die Küste hinab Richtung Fort Christiansborg, wo sie erleichtert die *Vesuvius* unversehrt auf der Reede vor Anker liegend vorfanden. Der Erste Offizier Hansen hatte auf Nickelsen gewartet, obgleich die Expedition länger als geplant gedauert hatte.

Nickelsen fertigte ein Schriftstück aus und schickte Tade Rickerts am nächsten Morgen mit dem heiklen Auftrag zum Gouverneur, über die Todesfälle und den Verlust der Waffen zu berichten. Gleichzeitig begleitete dieser den überlebenden Schwarzen der Soldaten zurück zu seiner Einheit. Das entband den Kapitän nicht von seiner Pflicht, sich persönlich vom dänischen Repräsentanten zu verabschieden und Post sowie Order für die Weiterreise mitzunehmen, aber es verschaffte ihm Zeit genug, sich erst einmal um sein Schiff zu kümmern. Der vom Odikro gestellte Führer der Wachen schmuggelte in der übernächsten Nacht mithilfe der Sklavenjäger die Sklaven an Bord der *Vesuvius*. Alles verlief nach Plan.

Jedoch ankerten sie inzwischen nicht mehr allein dort auf Reede. Nickelsen schaute jetzt vom Achterdeck auf ein englisches Kriegsschiff, die *Chesterfield*. Hansen berichtete seinem Kapitän, dass der englische Kommandant ihm einen Besuch abgestattet und von weiteren Sklavenschiffen berichtet habe, die von den Kapverdischen und Kanarischen Inseln her unterwegs seien, Spanier, Portugiesen und Holländer. Er selbst sei zum Geleitschutz britischer Sklavenschiffe hier, die er in den nächsten zwei bis drei Wochen erwarte. Es wurde Zeit, alle Sklaven an Bord zu bekommen, die notwendigen Käufe zu tätigen und Anker zu lichten. Nickelsen war nach dem Abenteuer voller Tatendrang. Ruhelos inspizierte er das Schiff. Es musste alles schnell gelingen, denn weiteren Sklavenschiffen, die ihm die Preise verdarben, und Piraten, die immer wieder vor der Küste Guineas kreuzten und auf leichte Beute hofften, wollte er nicht begegnen. Für kriegerische Auseinandersetzungen hatte er nicht genügend Männer an Bord. Nickelsen hatte noch nicht seine Kapitänskajüte betreten, da bestellte er bereits Mohr und Nitschke zu sich. Es galt, ein Krankenlager einzurichten, um die Männer rasch wieder einsatzfähig zu machen. Den gewaltsamen Tod Wolfsons nahm Nitschke erstaunlich gelassen zur Kenntnis.

Zusammen mit Paulsen und Hansen, die sich beide recht förmlich betrugen und einander keines Blickes würdigten, ging der Kapitän sofort daran, die in seiner Abwesenheit durchgeführten Arbeiten und den Zustand der Schaluppen zu begutachten. Dann ließ er den Schiffszimmerer Svalesen, seinen Kalfatermeister Barenbom und den Bootsmann und Segelmacher Hull kommen. Rickerts wurde ebenfalls hinzugerufen und zusammen mit Hansen und Paulsen wurde für die dringlichsten Arbeiten ein Zeitplan festgelegt. Erst danach beruhigte sich Nickelsen und spürte eine gewisse Müdigkeit, der er nachgab. Die Strapazen des Abenteuers waren jetzt spürbar. Doch trotz all seiner Entschlossenheit erwarteten ihn an Bord seines Schiffes erneut Probleme, die er längst überwunden geglaubt hatte. Wenn er dem seltsamen Betragen von Hansen und Paulsen etwas mehr Beachtung geschenkt hätte, wäre es ihm sofort aufgefallen. So schien zunächst einmal das Räderwerk von Befehl und Gehorsam wie geschmiert zu greifen und alles seinen Gang zu nehmen. Aber der Schein trog gefährlich.

11. Von einem ungewöhnlichen Gefühlsausbruch des Kapitäns und wie er den Schiffsjungen errettet

Nicht ein Mal aufgefallen war es Nickelsen, dass der Schiffsjunge Mats nicht als Bedienung in der Kapitänskajüte servierte. Vielleicht ging er unbewusst davon aus, dass Röden ihn bei der Vielzahl der beim Smutje derzeit anfallenden Aufgaben für unabkömmlich hielt. Niemand sprach den Kapitän auf besondere Vorkommnisse der letzten Tage an. Insbesondere Hansen und der Bootsmann Hull sahen ihren Kapitän vor Tatendrang brennen und beschlossen, ein jeder für sich, dass jetzt nicht der rechte Moment sei, an Dingen zu rühren, die zu Fragen führen könnten, auf die keiner bislang eine rechte Antwort wusste. Sie fürchteten sich vor der Reaktion des Kapitäns und versuchten, noch einmal selbst wieder alles in den Griff zu bekommen und Schuldige ausfindig zu machen. Dabei kam es einerseits zwischen Hansen und Paulsen und andererseits zwischen Hull und Teilen der Mannschaft aus dem Kreis des Holländers Willem sowie Leuten aus dem Umfeld des Kalfatermeisters Barenbom, der als Mann des Vorstandes der Kompanie an Bord schon die Fahrt auf dem Rio Volta missbilligt hatte und Cornelissen den Tod von Wolfson persönlich anlastete, zu Spannungen und sogar zu Zerwürfnissen. In Barenboms dänischen Kreisen unterstellte man dem Kapitän hinter vorgehaltener Hand, er hätte wahrscheinlich die Gelegenheit genutzt, sich des unliebsamen van Mayen zu entledigen, um heimlich eigenen Geschäften nachzugehen. Doch vor den Augen ihres Kapitäns gaben sich alle im Moment derart dienstbeflissen, dass Nickelsen diese Vorgänge an Bord verborgen blieben.

Die Umbauten auf der *Vesuvius* zur Vorbereitung der Reise nach Westindien waren in vollem Gange. Hierzu mussten jetzt die eintreffenden frischen Vorräte in solcher Weise verstaut werden, dass sie für die Mannschaft leicht zugänglich, andererseits aber gegen den Zugriff durch die Sklaven genügend geschützt waren. Nickelsen überzeugte sich davon, dass man die Wasserfässer gesäubert und aufgefüllt sowie aufrecht und sicher platziert hatte. Den Boden des Kielraums hatte man mit aus Lehm gebrannten Backsteinen und schwerem Baumaterial ausgelegt, um die Fässer sicher darauf zu stellen. Diese Verteilung des Ballastes sorgte erneut, wie schon auf der Fahrt nach Guinea, für den Tiefgang und die nötige Stabilität des Schiffes bei Sturm. Zudem brauchte man auf den westindischen Plantagen das Baumaterial. Ole Jessen zeigte dem Kapitän, wie sie nach Entfernung der Spunde aus den Fässern mit einem ausgeklügelten System von Schläuchen, das Wasser aus den Fässern pumpen konnten. Ein Schlauch war von der Öffnung des ersten auf ein zweites und von dort auf ein weiteres Fass und so weiter umgeleitet worden und über den Fässern hatten sie eine Plattform in der Art eines Bretterdecks errichtet. Wurde ein Fass leer, nahm man es aus dem Verbund und füllte es mit Salzwasser als Ballast wieder auf. Zucker, Zwieback, Reis, Fleischvorräte, die Verpflegung für die Sklaven in Form von Bohnen, Graupen und Millie sowie Tabak, Schnaps und Sonstiges wurde unter Aufsicht des Smutje Röden und des Offiziers Paulsen so verstaut, wie der Koch meinte, die Vorräte während der Reise nach und nach aufbrauchen zu müssen. Unter Aufsicht und Führung des Schiffszimmerers Svalesen war man bereits mit dem Aufbau eines flachen Niederdecks auf dem Deck als zusätzlichen Stauraum für die Unterbringung von Sklaven so gut wie fertig. Letzte nummerierte Einzelteile des zerlegten Holzfachwerks holte man aus dem Schiffsbauch nach oben. Einzelne Geschütze fanden jetzt oben ihren Platz, um unter Deck freien Stauraum zu schaffen. Ketten und Schließvorrichtungen für die Unterbringung der Sklaven befestigte man an den Balken und an Eisenringen auf den Planken und einzelne Bereiche wurden zwecks späterer Aufteilung unterschiedlicher Gruppen mit Eisenstangen und Brettern voneinander getrennt.

An Deck hatte Nettersheim Feuerwachen eingerichtet, denn dort unterhielt man ein Kohlebecken, über dem ein Kessel mit flüssigem Pech brodelte. Die Luft über dem Rost flimmerte vor Hitze. In den Schaluppen und im Bauch der *Vesuvius* hallten die Schläge des Kalfathammers, mit dem Barenbom, sein Gehilfe Andresen und der Zweite Gehilfe des Schiffszimmerers Boy Ketelsen aus Föhr damit beschäftigt waren, die Dichtungen der Nähte zwischen den Planken auszubessern. Nickelsen blieb hinter Ketelsen stehen und beobachtete, wie dieser das Werg mit Holzhammer und Kalfateisen in die Nähte zwischen den Planken presste – eine für einen »Holzwurm« ungewohnte Arbeit. Ketelsen rückte seinen flachen Kalfaterschemel ein wenig weiter, legte den Hammer aus der Hand und griff zum scharfen Schöreisen, um das Werg passgenau anzusetzen. Beide Männer wechselten ein paar Worte im vertrauten Friesisch. Ketelsen beruhigte seinen Kapitän, dass der Zustand der Schaluppe nicht der schlechteste sei. »De ual Barenbom ment nooch, det as letjet skiaf, man diar as nian pot so skiaf, dat 'r ei en lad tu paaset[61]«, grinste Ketelsen seinen Kapitän an.

Ganz gegen seine Gewohnheit lachte Nickelsen, denn das Friesische ließ in ihm heimische Gefühle aufkommen. Er schlug dem Föhrer Seemann auf die Schulter. Für einen Moment legte Ketelsen das Schöreisen zur Seite, blickte kurz zu seinem Kapitän auf, gerade so, als ob er prüfen würde, wie weit er mit einer Bemerkung gehen könnte, dann sagte er: »De Barenbom, hi smat

61 Der alte Barenbom meint zwar, das wär ein bisschen schief, aber kein Topf ist so schief, dass es nicht einen passenden Deckel gibt.

ham oordag uun a nääk[62]«, griff dann zum Kalfathammer, und Nickelsen konnte sich davon überzeugen, dass sogar der Gehilfe des Zimmerers das richtige Gefühl für die Arbeit besaß. Seine Schläge waren zwar kräftig, aber er hörte genau, wenn das Geräusch des eingepressten Wergs vom Flopp zum dumpfen, tiefen Bumm überging und die Naht stand. Der Kapitän prüfte die Naht und nickte anerkennend, als er feststellte, dass der Spalt für die Aufnahme des Pechs zum Verschließen der Naht wie vorgeschrieben noch frei war. »Luke wel, det as en klianaghaid för mi, dun feert tu liaren[63]«, brummelte der Föhrer, ohne noch einmal aufzuschauen.

»Dü beest es kluuken dring, Ketelsen. Man diar läät ham lacht aier ütjbrääat, wan s' man iarst worepen san[64]«, mahnte ihn Nickelsen.

Doch ein Föhrer überließ nie gern einem Amrumer das letzte Wort, selbst wenn es das des Kapitäns war. »Daalang as hi weder so kluuk, dat hi at gäärs waaksen hiart, man wan hi nant sai koon, do koon hi dach hooste[65].«

Nickelsen kannte seine Art zu gut. »Nö, nö, Boy, hoker nant tu fleken hää, de mut hooste. Man nü sä tu[66]!« Er ließ ihn wieder in Ruhe arbeiten.

Ole Jessen als neu ernannter Bootsmann beaufsichtigte die Erledigung der Arbeiten durch die Mannschaft an Bord der *Vesuvius* und wurde immer wieder zum Kapitän und zum Ersten Offizier gerufen, um Bericht über den Fortgang zu erstatten und weitere Befehle entgegenzunehmen. Noch nie in seinem Leben war er bei großer Hitze so viel gerannt. Seine Sehnsucht nach der Beschaulichkeit seines Halliglebens wuchs ins Grenzenlose und er fing sich wegen der damit einhergehenden Unaufmerksamkeiten manchen ernsten Rüffel ein. Jetzt trieb er zwei

62 Der Barenbom ist hochmütig und trotzig von Grundhaltung

63 Siehst du wohl, dass das ein Klacks für mich ist, Übung macht den Meister.

64 Bist ein kluges Kerlchen, Ketelsen. Aber es lassen sich leicht Eier ausbrüten, wenn sie nur erst gelegt sind

65 Heute ist er mal wieder so klug, dass er das Gras wachsen hört, aber wenn er nicht reden kann, dann kann er doch husten.

66 ... wer nichts zu meckern hat, der muss husten. Aber jetzt mal los!

Leichtmatrosen, die große Kajüte des Schiffes mit den Waren für die Tauschgeschäfte in einen Basar zu verwandeln, in dem Ketten aus gelben Glasperlen und Kupferbänder sowie allerlei Stickzeug und die goldbetressten Dreispitze an den Wänden hingen und sich auf dem Boden Kupfer- und Messingschalen, ältere Gewehre und in Decken eingeschlagene Spiegel stapelten. Auf den Tischen rundum wurde eine bunte Ladung von Baumwolltüchern, rotem Flanell, Knöpfen, alten Messern, Taschen und Stiefeln angeboten. Der Empfang von Sklavenhändlern an Bord stand bevor. Der Markt mit seinem Angebot sollte unwiderstehlich ins Auge stechen. Der attraktivste Teil des Angebotes jedoch befand sich in der linken hinteren Ecke der Kajüte hinter einem Tisch verborgen. Dort wurden Schießpulver in kleinen Fässern von acht bis zweiunddreißig Pfund sowie die Kisten entsprechender Munition ausgestellt. Fast ebenso begehrt waren der Tabak und die Tonpfeifen sowie kleinere Fässer mit Schnaps. Jener Teil des Angebots wurde von einem großen Vorrat von Leinen und ledernen Lappen, drei Ellen lang und halb so breit, verdeckt, die im Inland von den Schwarzen als Leibschurz getragen wurden. Dann gab es noch Körbe mit bunten Korallen, Feuersteinen, Fischangeln und dergleichen. Auch dieses Angebot inspizierte Nickelsen und trieb den Geschützführer und Landsmann Knud Erken, unter dessen Aufsicht der Basar stand, mit Sonderwünschen schier zur Verzweiflung. Als er ihn zum wiederholten Male kopfschüttelnd antraf, belehrte er ihn, dass die Eingeborenen, einmal gewöhnt, verschiedene Artikel von Europäern zu erhalten, diese Annehmlichkeiten nicht mehr missen wollten. Sie seien dann unablässig darauf bedacht, sich selbst Waren in Form von Sklaven zu verschaffen, um entsprechend umfangreich an diesem Tauschgeschäft teilnehmen zu können. All diese kleinen und größeren Dinge würden die Begehrlichkeiten der Schwarzen wecken und könnten über den Erfolg ihrer gesamten Reise entscheiden. Er wies Erken eindringlich auf die besondere Bedeutung seiner Arbeit hin. Der sah sich plötzlich ernst genommen und wuchs in Sachen Dekoration über sich hinaus. Staunend hörte er Nickelsen zu, der ihm berichtete, die Gier der Schwarzen nach dem von ihm dargebotenen Luxus und den Statussymbolen sei so groß, dass sie, wenn es ihnen an Kriegsbeute und Sklaven fehle, selbst eigene Untertanen aufzugreifen bereit seien, um sie als Sklaven an Bord zu bringen. Nicht selten komme es sogar so weit, dass ein Vater sein Kind, ein Mann seine Frau oder der Bruder seinen Bruder zum Tausch für diese Waren oder um des Angebotes willen zum Verkauf anschleppe. »Das mag grausam sein, verpflichtet uns andererseits aber, den Wert unseres Angebotes nicht gering zu schätzen und größtmögliche Mühe darauf zu verwenden«, mahnte der Kapitän, der Erken längst überzeugt hatte.

Am Nachmittag überblickte Nickelsen den Fortschritt der Arbeiten vom Ruderhaus aus und befragte Tade Rickerts nach dem Verlauf seines Gesprächs beim Gouverneur. Er erfuhr, dass die in Aussicht gestellte neue Lieferung von Sklaven inzwischen eingetroffen sei. »Was meinst du, Jens Hansen, übermorgen könnten wir doch die Schwarzen an Bord nehmen und den Kauf abwickeln. Dann die Küste rauf, um mit dem dortigen Angebot noch die Lücken mit Sklaven aufzufüllen und dann nichts wie über den Atlantik.« Entsprechend seiner Gewohnheit aus den letzten Tagen registrierte er erneut nicht, dass Hansen eine Antwort schuldig blieb, sondern fuhr vertrauensselig und zuversichtlich fort, indem er anordnete: »Schaff mir mal Nitschke und Mohr her. Sie sollen sich die neue Lieferung ansehen. Ich will außerdem wissen, wie es um die Verletzten und Erkrankten an Bord bestellt ist. Und, Tade, lass den Bootsmann Hull alles für die Brandmarkung der Schwarzen vorbereiten. Ich will das bei einer solch großen Gruppe an Land hinter mich bringen, bevor sie hier auf das Schiff kommen.«

»Wird gemacht, Hark«, antwortete Rickerts knapp und trat ab, während Hansen noch immer nichts sagte und unverwandt stehen blieb. Erst jetzt wurde Nickelsen aufmerksam: »Was ist los, Jens? Diesen Blick liebe ich nicht an dir. Also raus damit!«

»Kapitän Cornelissen«, begann Hansen ungewöhnlich förmlich, »Sie haben ...,« er stockte, versuchte es anders, ebenfalls vertrauter: »... du hast vielleicht schon die Abwesenheit des Schiffsjungen bemerkt ...« Nein, das hatte er nicht. Jetzt erstattete der Erste Offizier seinen längst überfälligen Bericht und legte dem Kapitän zunächst eine schriftliche Beschwerde und eine Kauforder über zwei Pfannen und einen Kessel vom Smutje Röden zur Billigung vor.

»Jens Hansen, was soll das?«, polterte der Kapitän jetzt los. »Rede nicht drumherum. Der Röden hat doch Pfannen und Töpfe genug!«

Aber der Smutje wolle kein Kochgeschirr benutzen, das von irgendwelchen Kerlen dazu missbraucht und verschmutzt worden sei, um Katzen- und Rattenfleisch zu braten oder zu kochen. Dem Kapitän riss der Geduldsfaden, er begann, laut zu werden. Hansen berichtete, dass er am Tag von Nickelsens Abreise Mats Petersen weisungsgemäß in Arrest gesetzt und auf dem Schiff eine große Säuberung und Rattenjagd angeordnet habe. Für die fettesten drei erlegten Viecher habe er Prämien ausgelobt. Es sei daraufhin eine richtige Treibjagd an Bord ausgebrochen. Nickelsen nickte zu dieser Order, denn ein weltweit bekanntes Seemannssprichwort pflegte zu sagen: »Der schlimmste Feind der Kombüse ist die Ratte.« Man habe am Abend den Sieger gekürt, gefeiert und die drei fettesten Ratten an den Hauptmast genagelt. Am nächsten Morgen in aller Frühe gab es jedoch Lärm und ein Wehklagen auf dem Hauptdeck. Er habe, als er nach draußen geeilt sei, dort den Schiffsjungen wimmernd auf den Planken vor dem Hauptmast vorgefunden. An demselben sei anstelle der drei Ratten nunmehr das Fell des Schiffskaters Fritz angenagelt gewesen. Seiner Ansicht nach fachmännisch ausgeweidet und hergerichtet. Eine der Bordwachen sei mit einem Gegenstand bewusstlos geschlagen worden. Die zweite Wache sei offenbar im Moment des Geschehens auf Wachablösung unterwegs gewesen. Wer ihn aus dem Arrest verschleppte, habe Mats nicht sagen können, da er geschlafen habe, als man ihn überwältigt und ihm einen Jutesack über den Kopf gezogen habe.

»Verstehe schon«, murmelte Nickelsen, »als er sich von den Fesseln und dem Sack befreit hat, fiel sein Blick auf seinen toten Kater Fritz am Mast. Was für ein Schock! Herrgottnochmal! Hört das denn nie auf? Wo ist er jetzt?«

»Das ist nicht alles«, gestand Hansen. »Offenbar hat man den Kater bereits am Tag der Treibjagd getötet und sich den groben Spaß erlaubt, Mats das Fleisch unters Essen zu mischen. Es gibt Spuren in der Kombüse, dass jemand versucht hat, mit Rattenfleisch in der Offiziersverpflegung ähnlich zu verfahren. Deswegen der Antrag vom Smutje ...«

Nickelsen hatte genug gehört, ihn interessierte eine Sache: »Jens, gerade heraus: Wo ist Mats Petersen?«

Der Erste Offizier deutete nach oben: »Er hat sich auf die Marsplattform des Großmastes verkrochen. Hockt seit zwei Tagen dort oben und verweigert jeden Befehl und jedes Essen. Habe Sorge, Hark, dass er sich etwas antun könnte. Scheint zu allem entschlossen. Mohr ist bei ihm. Nitschke hat vergeblich versucht, ihn runterzulocken.«

Nickelsen starrte nach oben und schluckte. Wie hatte er das übersehen können? Er wurde nachlässig, machte Fehler. Er war überzeugt davon, dass diese ganze Sache eigentlich auf ihn zielte, da man genau wusste, wie viel ihm an dem Wohlergehen des Jungen lag. Jetzt erinnerte er sich daran, wie er Mats als Zeuge in der Eckbank der Kajüte platziert hatte, als er an Paulsen seine Strafe vollzog und diesen zum Geständnis nötigte. Gnade ihm Gott, wenn er Paulsen bei so etwas erwischen würde! »Natürlich habt ihr alle keine Ahnung, wer diese Sache zu verantworten hat, oder? Nun schau nicht so, Jens Hansen!«, schnaubte Nickelsen wütend. Hansen berichtete seinem Kapitän, wie er die Bordwachen unter Druck gesetzt und wegen seines Verdachts auch Paulsen und den Vollmatrosen Willem angegangen sei. Hull habe sich ebenfalls betroffen gezeigt und auf Barenbom aufmerksam gemacht, der sich mit seinen Redensarten und seiner aufmüpfigen Art über den Schiffsjungen lustig gemacht und ihn letztlich den Mast hinaufgetrieben habe. Nickelsen erinnerte sich jetzt daran, wie sich Ketelsen über Barenbom geäußert hatte. Er hatte dessen lockere Redensarten nicht wörtlich genommen. Das war vielleicht ein Fehler gewesen. »Hull soll noch mal mit Nitschke versuchen, den Jungen an Deck zu bekommen. Aber vorsichtig, mit viel Gefühl – keine Drohungen! Klappt das nicht, kümmere ich mich selbst darum.« Aufgebracht lief der Kapitän im Kreis, wurde dabei immer wütender und jetzt sogar förmlich: »Und, Erster Steuermann Hansen, schaffen Sie mir sofort die infrage kommenden Herrschaften herbei! Umgehend!«

Nickelsen ließ die Herren Paulsen, Fran Willem und Barenbom auf der einen Seite der Kajüte und Hansen, Rickerts, Jessen, Röden und Mohr auf der gegenüberliegenden Seite strammstehen. Die Hände verschränkt auf dem Rücken lief er unrund im Kreis, nahm die Gruppe auf Paulsens Seite ins Visier: »Meine Herren, Sie können mir jetzt berechtigt vorwerfen, ich hätte nichts gegen Sie in der Hand und folglich keinen Anlass, Sie zur Verantwortung zu ziehen. Aber ich will offen sein: Ich gehe davon aus, dass jemand aus Ihrer Mitte diese Perfidie mit dem Kater inszeniert hat. Für mich kann dieser Jemand kein Seemann oder gar Christenmensch mehr sein. Es gibt Anlass zur Vermutung, dass man eigentlich mich damit zu treffen beabsichtigte und sich feige am Schiffsjungen vergriffen hat. Ich kann mich nicht mit der Aufklärung dieser Grausamkeit befassen, bin aber entschlossen, die Tat, sollte sie zu weiteren Folgen führen, in aller Härte zu ahnden. Daher beten Sie, meine Herren, dass dem Schiffsjungen nichts geschieht, und vor allem, dass er sich nicht von der Marsplattform stürzt. Geht die Sache ungut aus, lasse ich – ohne Ansehen der Person, der Stellung und der Situation, in der sich Mannschaft und Schiff zu diesem Zeitpunkt befinden werden – jeden von Ihnen, gleich ob schuldig oder nicht, anketten, auspeitschen und kielholen. Sie, Paulsen, werden der Erste sein! Sollte dabei der wahre Schuldige zutage treten, werde ich ihn auf offener See aussetzen und seinem Schicksal überlassen.« Es wurde unruhig unter den Männern. »Abtreten! Kein Wort will ich von Ihnen mehr hören! Es gibt nichts, was solche Grausamkeiten rechtfertigt! Beten Sie für Mats Petersen und tun Sie Ihre Arbeit!« Nickelsen machte zwei Schritte nach vorn, dass seine Schuhe auf den Planken knallten, riss die Tür auf und eilte Richtung Großmast, den Jungen, der hungernd und voller Verzweiflung immer noch ausharrte, dort herunterzuholen. Die Männer hörten ihn wütend im Aufgang toben: »Mir egal, wenn Sie reihenweise ersaufen oder verrecken! Notfalls steuere ich den Kahn allein!«

Nach dieser ungewöhnlichen Ansage des Kapitäns ging es in der Kapitänskajüte hoch her. Nickelsen war es gleichgültig. Die Männer verdächtigten sich gegenseitig, beschimpften sich heftig. Manche steigerten sich angesichts der Drohung des Kapitäns, die sie ernst nahmen, voller Angst in den Streit derart hinein, dass sich zum Schluss beide Gruppen prügelten. Der Lärm schallte weithin über das Schiff, brachte sämtliche Arbeiten zum Erliegen. Die Mannschaft versammelte sich vor der Tür, die zu den Niedergängen und Kajüten auf dem Achterdeck führten, und horchte angespannt und ungläubig zugleich. Auf der Seite von Hansens Gruppe erwiesen sich Röden und Mohr mit seiner soldatischen Ausbildung beim württembergischen Herzog als besonders schlagkräftig. Sie schickten die Männer um Paulsen reihenweise zu Boden, die jedoch keineswegs aufgaben, sondern sich sammelten, schrien, tobten und begannen, Tische und Stühle zu zerschlagen, um sich mit Holzknüppeln zu bewaffnen und wieder anzugreifen. An Deck flog der beunruhigten Mannschaft die Tür entgegen und Nickelsen stürmte mitten durch die dort eng zusammenstehenden Seeleute Richtung Großmast. Man sprang erschrocken zur Seite, schaute ihm hinterher und wunderte sich, dass dem Kapitän die Schlägerei unter Deck offenbar völlig gleichgültig schien. Um einen Befehl zu erhalten, versuchte der äußerst beunruhigte Nettersheim, ihn aufzuhalten, damit er mit seinen Leuten unter Deck einschreiten könnte. Doch Nickelsen schob ihn einfach zur Seite und eilte davon. Da befahl Nettersheim eigenmächtig den Sturm unter Deck, um Schlimmeres zu verhüten. Bewaffnet mit Holzknüppeln von den Schoten an Deck und zwei Gewehren, brauchten sie dennoch eine Viertelstunde und tatsächlich zwei Warnschüsse, bis sie die Schlägerei beendeten. Doch Ruhe kehrte noch immer nicht ein, denn die aufgebrachten Seeleute mussten eine Stunde später wieder vor den ernsten Folgen einer schweren Rauferei bewahrt werden. Unglücklicherweise wurde bei einem weiteren Warnschuss Nitschke, der eigentlich nur nachträglich hinzugeeilt war, Verletzte zu versorgen, leicht am Arm verletzt.

Nickelsen interessierte sich zu keinem Zeitpunkt für diese Geschehnisse. Nicht, als die Schlägerei begann und auch nicht, als sie später kein rechtes Ende nehmen wollte. Er erreichte den Großmast, zog sich, während er zur schwindelnden Höhe der Marsplattform in Höhe von etwas mehr als dreißig Metern emporschaute, seine Schuhe aus. Er machte dort oben drei Männer aus. Hull und Nitschke war es nicht gelungen, den Jungen zu beruhigen. Bekamen sie dort oben etwas von dem Lärm der Kämpfe hier unten an Bord mit? Wahrscheinlich nicht, und wenn, da war sich Nickelsen sicher, wäre es dem Schiffsjungen ohnehin gleichgültig. Seine Hände griffen nach den Wanten, seine Füße fanden blind Halt auf den dazwischen gespannten Webeleinen, und er enterte behände wie einer seiner Mastgasten zur Marsplattform auf. Während Füße und Hände in jahrzehntelanger Routine auf dem Weg in die Höhe selbstständig funktionierten, suchten seine Gedanken nach einem Weg, wie er Mats Petersen ansprechen und retten könnte. Denn dass es um eine Rettung ging, stand für ihn längst fest. Alles an Bord war auf dem Prinzip Befehl und Gehorsam gegründet, und alles, was dazwischen in den Bereichen zu regeln war, wurde mit Lohn, Lob und Strafe ins Gleichgewicht gebracht. Aber weder mit Befehl noch mit drastischer Strafe erreichte man einen Menschen, der voller Verzweiflung bereit war, sein Leben aufzugeben. Dann gab es noch Stolz und Ehre, eher eine Sache für Offiziere und altgediente Seebären, und das Pflichtgefühl, die Loyalität, die Überzeugung, noch gebraucht zu werden, und manchmal noch den Glauben. Das alles waren Dinge, mit denen er als Kapitän tagtäglich umzugehen pflegte und die ihm vertraut waren. Nickelsen legte sich Sätze zurecht, dachte über den Klang seiner Stimme nach, wenn er Mats ansprechen würde. Wenige Sprossen unter der Mars hielt er noch einmal kurz inne. Noch immer hatte er sich nicht entschieden. Jetzt hörte er über den Windgeräuschen in dieser Höhe die Stimme von Nitschke und den seltsamen englisch eingefärbten Dialekt von Hull, wie sie unablässig auf den Jungen einredeten. Mit einem Blick nach vorn sah er die dünnen Beine des Schiffsjungen am äußersten Rand baumeln. Nickelsen erschrak zutiefst bei dem Gedanken, dass er jetzt noch zu spät kommen könnte. Er wusste noch immer nicht, was er sagen, wie er sich richtig verhalten sollte, als er die Plattform bestieg. Er winkte Hull und Nitschke zur Seite, machte zwei Schritte auf Mats zu, der seinen Kapitän mit schreckweiten Augen anstarrte und bereit zum Sprung nach vorn rückte. Nickelsen machte mit den Händen eine beruhigende Geste und setzte sich mitten auf die Plattform, gut zwei Schrittlängen von Mats entfernt. Bevor er seine Gedanken ordnen konnte, war ihm plötzlich, als säße Marret an seiner Seite, als schmiegte sie ihren Kopf an seine Schulter, als spürte er ihren Arm, wie sie ihn behutsam umfasste und liebkosend über den Rücken strich. Sein Herz schlug schneller, Wärme und zärtliche Gefühle durchströmten ihn völlig unerwartet für den Jungen dort, den er so gern als den eigenen Sohn gesehen hätte, auf der Kante der Mars – das Kind, das Marret und ihm nie vergönnt gewesen war. Zu seiner eigenen Überraschung hörte sich Nickelsen zu dem Jungen mit einer ganz sanften Stimme, die ihm hier an Bord völlig fremd in den eigenen Ohren klang, von Liebe sprechen, und der Junge wandte sein Gesicht und schließlich seinen ganzen Oberkörper ihm zu. Nickelsen erzählte davon, wie er ohne seinen leiblichen Vater aufwachsen musste, der vor Irland auf einem Handelsschiff ums Leben gekommen war, beichtete von dem Gefühl seiner Jugend, nirgendwo dazuzugehören, und der inneren Verpflichtung, das unvollendete Leben seines Vaters als Seemann zu vollenden.

Er sprach über Dinge, die ihm bislang selbst verborgen gewesen waren, ihm jetzt aber überdeutlich vor Augen standen. Dann erzählte er von Marret, beschrieb ihre Sanftmut, Stärke, Schönheit, Verlässlichkeit. Nein, kein Blitzschlag einer großen Liebe, die ihn getroffen hätte, ein Mädchen, eine Frau aus der Nachbarschaft, ja sogar aus engster Verwandtschaft, eine Cousine. Aber die Wärme, das Nachhausekommen – fand er die rechten Worte dafür, dass sie füreinander bestimmt waren, dass er sich das erste Mal im Leben nicht mehr so verloren gefühlt hatte? Der sachte Strom seiner Worte machte verständlich, was sein Verstand nicht fassen konnte. Dann die Jahre der Trennung, der harte Dienst an Bord der Schiffe, das entbehrungsreiche Leben und die Karriere – und der Wunsch, von Marret ein Kind zu haben, ein Haus, eine Heimat auf Amrum, einen Ort, wohin man gehörte, zu dem man immer in Wärme und Geborgenheit zurückfand.

»Ein Junge, einer wie du, davon hat sie geträumt«, sagte Nickelsen mit erstickter Stimme und streckte Mats seine Arme entgegen, der seine Beine vorsichtig auf die Plattform hob, um auf allen Vieren auf ihn zuzukriechen und in seinen Armen zu weinen. Nickelsen hörte nicht auf zu reden, sprach von Gottes Liebe und der Fügung, dass doch am Ende immer die rechten Menschen zueinander fänden, um sich zu erretten und die Welt erträglich zu halten. Er hielt den ausgetrockneten, ausgezehrten schmalen Körper des Jungen in seinen Armen, wiegte ihn sanft und redete eine ganze Weile lang einfach weiter. Die Worte fanden wie von selbst ihren Sinn und Klang und beruhigten den Jungen auf wundersame Weise. Nitschke tastete sich vorsichtig heran und reichte eine Flasche mit Wasser und etwas Brot.

In einem Segeltuch geborgen, mit Seilen gesichert, in Begleitung von zwei Mastgasten und unter Aufsicht von Hull brachten sie Mats Petersen sicher an Deck und richteten ihm einen Schlafplatz in der Nähe der Kombüse ein. Röden eilte herbei und begann, sich um ihn zu kümmern wie eine Mutter um ihr Junges. Nickelsen schaute noch einmal nach Mats, der ihn mit großen Augen anstarrte und fragte: »Gott sorgt doch dafür, dass immer die rechten Menschen zueinanderfinden und sich in Liebe erretten?« Sofort war Nickelsen klar, dass der Junge, der ihn mit diesen Worten zitierte, von Lucy sprach, und es wurde ihm bewusst, dass angesichts dessen, was er vom Odikro und dessen Heiratsplänen erfahren hatte, das Leiden von Mats noch nicht sein Ende gefunden haben würde. Er sprach zu ihm, jetzt wieder ganz Kapitän, von Pflicht, vom Stolz, Teil einer Mannschaft sein zu dürfen, und flüsterte ihm schließlich noch versöhnlich zu, dass er ihn doch brauche und auf seinen in between zähle. Nickelsen machte sich Sorgen, als er ihn in der Obhut von Röden beließ, und verpflichtete sogleich Nitschke, bei dem Jungen nach dem Rechten zu schauen und ihm zu berichten. Der Kapitän hatte einen Grund mehr, auf einen raschen Abschied von der Goldküste Afrikas hinzuarbeiten.

12. Wer in einem solchen Land überleben will, der braucht ein tapferes Herz

Am selben Tag meldete Ole Jessen seinem Kapitän die vollständige Bereitstellung der Großen Schaluppe, die, mit Waren ausgerüstet und zur Aufnahme von Sklaven vorbereitet, nunmehr dem Schiff voraus die Küste entlangsegeln sollte, um auf bis zu fünfzig Meilen Entfernung zu kreuzen und selbstständig Kontakt zu Sklavenhändlern aufzunehmen. Die Besatzung der Schaluppe bestand aus zehn Mann. Nickelsen übertrug das Kommando Tade Rickerts, sorgte dafür, dass sie ausreichend bewaffnet waren und eine Drehbasse an Bord bekamen, um sich gegen Überfälle von Eingeborenenstämmen zu schützen. Durch den Einsatz der Schaluppe in Entfernung vom Hauptschiff vervielfältigte Nickelsen die Punkte, an denen Handel getrieben werden konnte. Die Chancen, die gewünschte volle Ladung schnell zusammenzubringen, würden rapide steigen. Er gab Order, sobald die mitgenommenen Waren oder Lebensmittelvorräte erschöpft seien oder man mehr als zehn Sklaven an Bord bekäme, gelte es, wieder zur

Vesuvius zurückzukehren, um für eine weitere Reise ausgerüstet zu werden. Gemeinsam mit Rickerts legte er die Punkte an der Küste fest, wo sich zu diesem Zweck ihre Routen kreuzen sollten. Nickelsen wusste sehr wohl um die Gefährlichkeit eines solchen Unternehmens, denn nicht selten ging ein solches Boot durch Überfälle von Eingeborenenstämmen verloren und die Besatzung kam ums Leben. Sein Vertrauter Tade Rickerts versprach, höchste Vorsicht walten zu lassen. Nie würde er mehr als drei Verkäufer zugleich auf das Boot lassen und die Kanus der Eingeborenen auf Distanz halten. »Denk dran, alter Seebär«, mahnte ihn der Kapitän, »wir haben am guten Ende unserer Reise eine Verabredung zum Tee auf Amrum.«

Der Erfahrenere für die Aufgabe wäre Paulsen gewesen, ihn jedoch ließ Nickelsen aus gutem Grund nicht mehr aus den Augen. Er traute ihm nicht mehr und fürchtete, dass dieser ihn um das Boot und die Waren bringen würde. Dann galt es, noch einen weiteren Kompromiss zu schließen, denn für die Fahrten hatte er Nitschke vorgesehen. Der war jedoch durch den erlittenen Streifschuss derart in Mitleidenschaft gezogen, dass Nickelsen ihm eine solche Strapaze nicht mehr zutraute. Also bekam Rickerts den Ersten Barbier Mohr zur Begutachtung der Sklaven an Bord. Nickelsen würde sich bei der Untersuchung der Sklaven in Fort Christiansborg der Dienste seines Zweiten Barbiers versichern. Da musste Nitschke notfalls die Zähne zusammenbeißen. Dies ließ er ihn auf seine mürrische Art wissen. Nitschke wäre um des lieben Friedens willen notfalls bereit gewesen, auf allen Vieren an die Küste zu robben, um dort Sklaven zu untersuchen. Überhaupt ging man Nickelsen, der nur noch mit düsterer Laune das Schiff regierte, zurzeit lieber aus dem Weg.

Tade Rickerts hatte die Zeit in Gefangenschaft am Rio Volta noch gut in Erinnerung und leistete sich keine Fehler. Während er hinten im Boot, Ole Jessen an seiner Seite, mit den Sklavenhändlern und Eingeborenen verhandelte, stand der Rest der Mannschaft vorn mit geladenen Gewehren abwehrbereit, und ein Soldat aus Nettersheims Mannschaft behielt bei der Drehbasse schussbereit die Küste im Blickfeld. Sein Wortschatz in zwei afrikanischen Dialekten der hiesigen Stämme reichte aus, um weitere Eingeborenenkanus auf Distanz zu halten. Rickerts hatte von Paulsen gehört, wie gefährlich die Nächte bei solchen Unternehmungen geraten könnten. So blieb er keine Nacht am gleichen Ort liegen, sondern veränderte täglich seine Ankerstelle, um jene Eingeborenen, denen vielleicht der Sinn nach einem Überfall stehen mochte, zu verwirren und zu täuschen. Auch folgte er keiner Einladung, mochte sie noch so freundlich ausfallen, sich zu Verhandlungen bis in die Mündung ihrer Flüsse oder weiter als unmittelbar ans Ufer der Küstenregion zu wagen.

Die ersten zwei Tage verliefen keineswegs erfreulich, da die Eingeborenen ihm sehr misstrauisch begegneten. Das hatte seine Ursache darin, dass sich im letzten Monat einige Boote von englischen Schiffen, mit je 15 Mann starker Besatzung, an der Küste zusammengeschlossen hatten, um diese nur zum Schein für den Handel mit den Schwarzen auf und ab zu kreuzen. Die Eingeborenen, die auf diesen Handel hereinfielen und mit ihren Waren und den Kanus heranruderten, wurden jedoch von den Booten eingekreist, überfallen, in Ketten gelegt und versklavt. Auf diese Art und Weise, so erfuhr Rickerts im Nachhinein, waren im letzten Monat allein über dreißig Schwarze und ein gesamtes Dorf überfallen, an spanische und portugiesische Sklavenhändler verkauft und von diesen weiter nach Südamerika verschifft worden. Die Urheber solcher Raubzüge waren dann mit Schiffen und Geld nach England zurückgesegelt und würden ganz sicher dort irgendwann der Versuchung erliegen, ein zweites Mal an der Goldküste aufzutauchen, um ihr Unwesen zu treiben und die Geschäfte rechtschaffener Seeleute zu verderben. Diese Schreckenserfahrungen führten dazu, dass überall, wo Rickerts mit der Schaluppe auftauchte, sich die Schwarzen weigerten, überhaupt in die Nähe des Schiffes zu kommen. Sobald hier und da ein Kanu zum Vorschein kam, hielt sich die Besatzung der Schwarzen voller Angst und Argwohn in sicherer Entfernung von mehr als fünfzig Meter. Man rief hinüber, ob die Mannschaft dort an Bord Engländer seien. Und man verlangte zum Zeichen, dass es sich um eine dänische Besatzung handele, die Übermittlung von Tonpfeifen, da man sich davon überzeugen wollte, aus welchem Material sie gebrannt seien. Schließlich kam Rickerts darauf, eine kleine Flasche aus seinem Taschenfutter hervorzuziehen und vorzuzeigen, um zu verdeutlichen, dass er kein Engländer sei, da die englischen Handelsleute solche nicht mit sich führten. Er fürchtete schon um den Erfolg seines Auftrags, sparte nicht mit Gastgeschenken und Vertrauensbeweisen jeglicher Art, um schließlich am dritten Tag endlich zu dem Erfolg zu gelangen, dass drei Sklavenhändler dann doch mit einem Kanu anlegten und in die Schaluppe stiegen. Sie führten fünf Sklaven und einen Elefantenzahn mit sich. Rickerts und Jessen umgarnten ihre schwarzen Geschäftspartner und gaben sich großzügiger und gastfreundlicher als gewöhnlich. Das sprach sich rasch herum und es kam zu zahlreichen weiteren Kontakten, bei denen jedoch die vollmundigen Versprechen der Schwarzen nicht eingehalten wurden. Wenigstens bestand wieder vertrautes Einvernehmen auf beiden Seiten. Nach drei Tagen rückte der Zeitpunkt näher, wo eine Rückkehr zum Mutterschiff an einen der vereinbarten Treffpunkte angezeigt oder Vorsorge für genügend Trinkwasser und Verpflegung zu treffen war. Rickerts konnte mit dem bisherigen Ergebnis nicht zufrieden sein. Jetzt, da sich die Schwarzen mit ihren Kanus wieder bis an die Schaluppe heranwagten, bestand gute Aussicht, Versäumtes rasch aufzuholen. Daher entschied er sich für die Weiterreise und die selbst organisierte Verpflegung.

Auf äußerste Vorsicht bedacht, passierten sie in unmittelbarer Küstennähe den Ort Assi, den Mündungsbereich des Rio de Suerio Costa und hielten Kurs auf St. Andries. Vor allem ihr Vorrat an Trinkwasser schwand dabei bedenklich rasch. Die Schaluppe musste gegen einen kräftigen Nordwestwind kreuzen und kam nur langsam voran, aber es gelang ihnen, zwei weitere kräftige Sklaven und eine junge Kackebobe[67] einzuhandeln. Sie hielten weiter strikten Nordwestkurs, verließen jetzt das Aschanti-Ge-

67 eine junge Sklavin, die noch nicht geboren hat

biet und stießen bis zur Elfenbein- oder Zahnküste an den Abschnitt der *Ada* oder *Daugana* vor. An der Mündung des kleinen Flusses in der Nähe eines Ortes, den die Eingeborenen Butero riefen, hatten sie gegen eine hohe Dünung anzukämpfen, bekamen aber dennoch Aussicht auf einen Handel mit den Schwarzen, die versprachen, ihnen die an Bord befindlichen Fässer mit Trinkwasser zu füllen und sogar für Obst zu sorgen. Nicht vertraut mit den Stämmen in diesem Küstenabschnitt, blieben sie äußerst vorsichtig und fuhren weder in eine der Flussmündungen hinein, noch legten sie an der Küste direkt an, behielten sich stets die Möglichkeit für eine Flucht offen. Dennoch blieb Rickerts am Ende nichts übrig, als den Gepflogenheiten des Landes entsprechend das Wasser und den Preis hierfür mit den Führern der Gegend an Land auszuhandeln. Zusammen mit Ole Jessen und zwei bewaffneten Seeleuten packten sie einige Gegenstände aus ihrem Warenangebot, wie zum Beispiel kleine Spiegel, Zwirn, Garn, Fischangeln, Korallen und Messer in einen Seesack und wateten von der Schaluppe aus, die gut dreißig Meter weiter am Ufer vor Anker blieb, ins Trockene. Dort erwartete sie bereits eine Gruppe von zwölf Schwarzen mit ihrem Anführer in der Mitte, der in einem bunt zusammengewürfelten Aufzug aus unterschiedlichsten verschlissenen Seemannskleidern mit Weste und Pumphosen vor allem um seine würdige Haltung bemüht war. Beim Näherkommen befremdete Rickerts aber vor allem die rot-weiße Schminke in dessen Gesicht, die seine Gesichtszüge zu einer undurchdringlichen Maske erstarren ließ. Zum Zeichen seines hohen Ranges trug der Schwarze einen goldbetressten Dreispitz, wie sie auch an Bord der *Vesuvius* im Angebot waren. An der Seite des Hutes unterstrich eine große Feder die außergewöhnliche Stellung des Mannes. Würdevoll verharrte er dort und erwartete die Weißen zur Audienz an seiner Küste. Rickerts hatte allen Anlass, ihm diesen Gefallen zu tun. Er schritt auf ihn zu, zog seinen Hut, deutete eine Verbeugung an, worauf der Schwarze nickte und mit kehliger Stimme brummte: »Amo King Ado.« Was so viel heißen sollte wie: Ich bin der König Ado. Die neben und hinter ihm stehenden Stammesbrüder brachen daraufhin in ein völlig unmajestätisches Geschrei aus, hielten für Momente ihre Speere und sonstige Waffen, die sie mit sich führten, zum Himmel gestreckt und begannen einige Tanzschritte zu vollführen. Natürlich erschraken die Weißen bei dieser Tollheit, die völlig unvorbereitet losbrach, aber wie durch ein Wunder machte niemand leichtfertig von den Waffen Gebrauch. Man nahm im Uferbereich Platz. Es begann ein Palaver, bei dem sich rasch herausstellte, dass der etwas verrückte Anführer der Schwarzen konkrete Vorstellungen von den Waren besaß, die er mit nach Hause zu nehmen gedachte. Offenbar waren ihm bestimmte Wünsche mit auf den Weg gegeben worden, denn er verlangte zwei Kupfertöpfe. Nicht nur, dass dieser Preis unüblich hoch gewesen wäre, Rickerts brauchte diese Töpfe als wertvolleren Bestandteil ihres kleinen Warenangebotes für den Handel mit Sklaven. Er lehnte ab, schickte Jessen noch einmal zum Boot wegen weiterer kleinerer Gastgeschenke.

Schließlich wurde man sich wenigstens wegen des Trinkwassers handelseinig. Auf ein Zeichen von Rickerts warf die Mannschaft an Bord der Schaluppe die leeren Wassertonnen über Bord. Eine Gruppe der Schwarzen stürzte sich in die Brandung, um die Fässer schwimmend an Land zu bergen. Eine weitere Gruppe begann damit, sie zu ihren Brunnen und Wasserstellen zu rollen, wo die Fässer aufgefüllt und verstopft wurden und sich Stunden später wieder am Strand einfanden. Zwei Schwarze nahmen dann schwimmend ein Fass in ihre Mitte und brachten es durch die Brandung bis an die Schaluppe, wo es von der Mannschaft an Bord gehievt – und im Gegenzug die vereinbarte Ware übergeben werden sollte. Das erste Fass mit Trinkwasser erreichte auf dem beschriebenen Weg die Schaluppe und wie jedesmal bewunderten Rickerts und seine Männer die Ausdauer und Kraft der Schwarzen, die mit der schweren Last unbeirrt von hohen Wellbergen bis zu ihnen hinausschwammen. Dann jedoch, bevor sie dieses Fass an Bord hieven konnten, geschah etwas Unerwartetes. Die junge Kackebobe begann, sich plötzlich wie wild aufzuführen. Sie schrie und tobte, was die Aufmerksamkeit der Schwarzen in

Ufernähe auf sich zog. Irgendetwas war anders als sonst, das spürte Rickerts sofort. Die beiden schwarzen Schwimmer ließen das Fass treiben, einer zog sich an der Bordwand hoch, um einen Blick auf die junge Sklavin zu werfen. Diese schrie weiter wie am Spieß, sodass sich Jessen genötigt sah, ihr mit einem Knebel den Mund zu verstopfen, und die Schwimmer aufforderte, endlich das Fass an die Bordwand zu bringen, um das Geschäft abzuwickeln. Es bestand inzwischen die berechtigte Sorge, dass das Fass an Steinen und Korallenbänken zerschmettern könnte. Die schwarzen Schwimmer begannen nun ebenfalls laut zu rufen. Es entstand am Strand Unruhe. Rickerts schickte zwei Seeleute ins Wasser, um das Fass zu sichern. Hier lief etwas schief, und am Ende könnten sie nicht nur des Trinkwassers, sondern sogar der Fässer verlustig gehen. Dies dürfte auf keinen Fall geschehen! Die Männer an Bord machten sich kampfbereit und hielten ihre Gewehre erhoben, während Rickerts laut Richtung Ufer gegenüber dem Führer der Schwarzen protestierte. Dort stiegen die Schwimmer gerade aus dem Wasser. Bei den zwei weiteren Fässern am Ufer versammelte sich die Gruppe der Schwarzen, diskutierte und deutete immer wieder aufgeregt zur Schaluppe hinüber. Immer noch gebärdete sich die junge Kackebobe im Boot wie wild, wenngleich sie sich mit dem Knebel im Mund nicht mehr den Schwarzen am Ufer gegenüber verständlich machen konnte. Noch blieb unklar, was er unternehmen sollte, Rickerts erwog für einen Moment, bis an die Zähne bewaffnet mit einer Abteilung an Land zu gehen, um die Fässer sicherzustellen. Doch die ganze Situation schien ihm andererseits zu unübersichtlich. Sie hatten keine Deckung und könnten durch die weitaus größere Gruppe der dort am Strand inzwischen versammelten Schwarzen leicht überwältigt werden. Wieder rief er, versuchte, die Situation mit einem erneuten Verhandlungsangebot in den Griff zu bekommen. Doch jetzt trat der selbsternannte König aus der Gruppe hervor und führte dort am Ufer ein Tänzchen ganz eigener Art auf. Rickerts ließ den zuletzt erstandenen Sklaven schlagen, um von diesem halbwegs verlässlich zu erfahren, was der Führer am Ufer von ihm wollte. Dieser Verrückte forderte die Herausgabe der jungen Sklavin zusätzlich zu den vereinbarten Waren im Tausch gegen die Wasserfässer. Wie sich herausstellte, handelte es sich bei der jungen Frau um die Schwester eines Stammesführers aus der Region, die von den Aschanti jenseits der Grenze ihres Königsreichs überfallen und entführt worden war. Vielleicht hatte sie sogar jemand aus der eigenen Familie ohne Wissen des Stammesführers verkauft. So etwas kam vor. Wie dem auch sei, in Ufernähe schrien sie Zeter und Mordio. Man drohte mit Krieg, wenn die junge Frau nicht zu ihnen zurückkomme. Natürlich mussten sie in der Schaluppe unbesehen die Forderung des Stammesfürsten am Ufer zurückweisen. Sie war unakzeptabel und stand angesichts des Umstandes, dass Rickerts erst acht Sklaven an Bord hatte, vollkommen außer Frage. Er spielte auf Zeitgewinn und bot an, man sei bereit, die Frau freizulassen, wenn man ihnen im Gegenzug einen anderen Sklaven gleicher Güte anzubieten hätte. Die Verständigung war wegen der Brandung, vor allem aber wegen der Sprachbarrieren mehr als schwierig. Missverständnisse schienen geradezu unvermeidbar, und eine kriegerische Auseinandersetzung schien in der Luft zu liegen. Inzwischen erreichten seine beiden Schwimmer das Fass und trieben es zwischen sich her Richtung Boot. Die Situation spitzte sich weiter zu, die Schwarzen vom Ufer kamen jetzt plötzlich ins Wasser. Die ersten von ihnen spannten ihre Bögen und schossen Pfeile auf die Seeleute mit dem Fass, die ihnen auf kürzerer Distanz als das Boot ein geeigneteres Ziel zu sein schienen. Weiter hinten eilten Schwarze zu mehreren Kanus und ließen diese zu Wasser, um unter fürchterlichem Geschrei Richtung Schaluppe aufzubrechen. Rickerts schrie den beiden Schwimmern zu, sie sollten sofort das Fass treiben lassen und machen, dass sie ins Boot kommen. Wie durch ein Wunder wurden sie durch keinen der Pfeile getroffen und erreichten das Boot unversehrt. Die Schwarzen, die ins Wasser gestürmt waren, nahmen inzwischen die Schaluppe unter Beschuss. Von Steuerbord jagten vier Kanus heran, die aber bei dem hohen Wellengang noch einige Zeit benötigen würden, da die Eingeborenenboote für Wellen und das offene Meer nicht gebaut waren. Rickerts gab den Befehl, zurückzuschießen. An Bord wurden durch die Pfeile der Schwarzen einer der Seeleute leicht und ein Sklave tödlich verletzt. Es galt, schnellstens Anker zu lichten, und noch bevor man Segel setzen konnte, auf Entfernung zu rudern. Die geballte Feuerkraft aus den Gewehren der Seeleute zeigte Wirkung und mehrere Schwarze trieben tödlich getroffen in den Wellen. Doch bevor sich diese aus dem Uferbereich zurückzogen und in Deckung gingen, musste Rickerts hilflos mit ansehen, wie der Führer der Gruppe die Spunde aus den Fässern schlug und das Trinkwasser auslaufen ließ. Es machte keinen Sinn, der leeren Fässer wegen zu einem Angriff überzugehen und Leib und Leben der eigenen Mannschaft zu riskieren. Rickerts setzte Segel, ging auf Distanz, entschlossen, heimlich in der Nacht zurückzukehren, um nach den Fässern zu suchen. Den toten Sklaven warfen sie über Bord. Der verletzte Seemann würde nach Einschätzung des Barbiers in einigen Tagen wieder einsatzfähig sein. Rickerts und Jessen wussten von Pfeilgiften der Schwarzen und hatten deshalb ihre Bedenken, ob die Prognose ihres Barbiers tatsächlich stimmte. Aber sie schwiegen dazu, schauten sich an und verbreiteten lieber Optimismus an Bord.

Tatsächlich gelang es Rickerts, mit drei Seeleuten in der Abenddämmerung heimlich zwei der Fässer vom Strand zu bergen. In ihnen befand sich jedoch kaum noch Trinkwasser. Sie hatten damit bereits einen Teil der mitgeführten Waren, zwei Fässer und das erhandelte Trinkwasser eingebüßt sowie einen bereits gekauften Sklaven verloren. Darüber hinaus verfügten sie über keine ausreichenden Vorräte an Lebensmitteln mehr und das Trinkwasser reichte allenfalls noch einen halben Tag. Mohr wies darauf hin, dass sie nach dieser kriegerischen Auseinandersetzung Gefahr liefen, auch von anderen Stämmen angegriffen zu werden. Natürlich hatte er recht, das musste Rickerts einsehen. Er beschloss deshalb, in einem größeren Abstand zur Küste zu segeln, und hoffte darauf, möglichst bald am nächsten Treffpunkt auf die

Vesuvius zu treffen. Obwohl die Nächte kalt wurden, dass sie alle mit den Zähnen klapperten, und der Morgen um diese Jahreszeit nebelig heraufzog, der Tag mit der Sonne, die fast senkrecht auf sie herabbrannte, würde sie den Durst in seiner ganzen Härte spüren lassen, und der unvermeidliche Hunger würde sie binnen kürzester Frist auszehren und sie zu einem leichten Spielball der Naturelemente an Afrikas Küste werden lassen. Es wurde still an Bord der Schaluppe, denn jeder bedachte auf seine Art den Ernst der Situation. Nur wie zum Trotz hörten die Sklaven an Bord nicht mehr mit ihrem ewig eintönigen Singsang und lautem Wehklagen auf. Dagegen wusste sich die Mannschaft der Schaluppe, die unbemerkt bleiben wollte, nur noch mit Schlägen zu helfen. Rickerts bemühte sich nicht nur, den Eingeborenen zu entkommen, sondern es war ihm ebenso daran gelegen, mit seiner Fracht nicht aus Not eines der portugiesischen, englischen oder spanischen Forts an der Küste anlaufen zu müssen, um dort, was nicht selten vorkam, der Waren, der Sklaven oder gar des ganzen Bootes verlustig zu gehen oder einfach willkürliche Beschlagnahme erdulden zu müssen. Allein die Freisetzung von Schiff und Mannschaft kostete einen Kapitän in einem solchen Fall manchmal ein kleines Vermögen. Er setzte daher seinen Kurs entlang der Küste immer weiter meerwärts und fuhr bei voller Besegelung und unter Zuhilfenahme der Riemen, bis die Nacht einbrach und die Dunkelheit ihm aus Sorge, irgendwo auflaufen zu können, Einhalt gebot. In aller Frühe ging es wieder weiter, denn an der Küste dort wehte jede Nacht ein sanfter ablandiger Wind, der bis zum nächsten Mittag eine ruhige und stille See zur Folge hatte. Dann erhob sich wieder ein rauer auflandiger Wind, und die Brandung wälzte sich ungestümer Richtung Strand, weshalb die Schaluppe zur Sicherheit weiter auf den Ozean hinaus fuhr. Am Nachmittag jedoch konnten sie sich vor Überfällen von Schwarzen relativ sicher sein, da deren Boote der Brandung nicht gewachsen waren. Sie hatten einen guten Wind von Nordwest, der ihnen in die Segel blies, und anfangs hofften sie darauf, die *Vesuvius* am zweiten Tag ihrer Rückreise zu treffen.

An jenem Nachmittag jedoch setzten ihnen überraschend einfallende heftige Orkanböen aus verschiedenen Richtungen mit Regen und Sturm derart zu, dass sie weit aufs offene Meer hinaus getrieben wurden. Sie liefen Gefahr, den vereinbarten Treffpunkt zu verpassen. Rickerts schätzte, dass es unter den Wetterbedingungen einen weiteren Tag kosten würde, den neuen Standort der *Vesuvius* ausfindig zu machen. Sie segelten die ganze Nacht durch und kämpften gegen Wellen und Sturm. Mehrfach lief ihnen das Boot voll und sie mussten bis zur absoluten Erschöpfung das Wasser mit allem, was ihnen zur Verfügung stand, nach draußen befördern, um nicht unterzugehen. Am nächsten Tag legte sich der Wind wieder und sie nahmen sofort wieder Kurs landeinwärts, ohne sagen zu können, wohin genau sie das Unwetter getrieben hatte. Durst und Hunger setzten ihnen sehr zu, zeitweise begannen sie, im gleißenden Sonnenlicht zu fantasieren. Ein paar Tropfen Regenwasser waren die letzte Flüssigkeitsration, die jedem blieb. So sehr sie sich mit Segel und Riemen mühten, vorwärtszukommen, sie bekamen weder andere Schiffe noch Land in Sicht. Rickerts machte den Leuten immer wieder Mut, sie seien in der Nähe der Küste und träfen in einer Stunde ganz sicher am vereinbarten Punkt auf die *Vesuvius*. Aber die Stunde verstrich und eine weitere und die Mannschaft auf der Schaluppe begann zu murren und schlug auf die Sklaven ein, die ihrerseits versuchten, ihre Angst mit Gesängen und immer gleichen Lautfolgen rauszulassen. Die ersten begannen offen anzuzweifeln, ob sie überhaupt den Kurs landeinwärts anliegen hätten.

Gegen Ende dieses Tages konnten Jessen und Rickerts es nicht verhindern, dass zwei Seeleute nicht länger widerstehen konnten und mehrere Handvoll Salzwasser tranken. Um Schlimmeres zu verhüten, schlugen sie ihre Kollegen halb bewusstlos und herrschten alle anderen an, die dieser Szene teilnahmslos zugesehen hatten: »Leute, lasst die Finger vom Salzwasser! Ihr werdet Durchfall und Bauchkrämpfe bekommen und an dem verdammten Salz im Wasser sterben! Glaubt mir!« Der Soldat aus Nettersheims Gruppe folgte seiner eigenen Rezeptur, zerkaute Gewehrkugeln und spülte mit seinem eigenen Urin nach. Ihm erging es jedenfalls besser als seinen beiden Kollegen mit dem Meerwasser. Mohr, der sich selbst kaum auf den Beinen halten konnte, kümmerte sich aufopferungsvoll um die beiden. Schließlich wollte einer der Vollmatrosen den Vorschlag diskutieren, ob man bereit wäre, in höchster Not zu töten und seinesgleichen zu verspeisen, und wenngleich Jessen daraufhin mit einem frommen Gebet diesem Gedanken widerstehen und Trost spenden wollte, begannen doch einige vor allem die an Bord befindlichen Sklaven missmutig und grausam zu mustern, dass diese ganz unruhig wurden. Rickerts erschütterte diese Grausamkeit im Ansatz bereits bis ins Mark und flehte den Allmächtigen an, dass dieser es nicht so weit kommen lassen möge. Wie sehr sehnte er sich danach, das Kommando und die Verantwortung an Bord der Schaluppe in die Hände seines Kapitäns legen zu dürfen. Aber hier trug er allein Verantwortung, und er legte für jedermann gut sichtbar seinen Säbel neben sich auf die Bank mit den Worten: »Diese Klinge ist für denjenigen, der dem Vorschlag folgen möchte, sich an den Sklaven zu vergreifen. Er wird als Erster sterben und – so es sein muss, gefressen werden! Also lasst diese Art von krausen Ideen lieber fahren!« Der Vollmatrose, von dem der Vorschlag eben gekommen war, rührte nur noch sein Mundwerk, denn dort, wo er saß, da saß er eben, von der Stelle wegbewegen konnte er sich ohnehin nicht mehr.

Die Dämmerung kroch heran und, als ob dies auf offener See ohne ein Ziel vor Augen nicht hart genug gewesen wäre, mit ihr eine zähe Nebelsuppe, die sich über alles legte. Sie konnten bald die Hand vor Augen nicht mehr sehen und begannen, alle zusammen lauthals zu klagen, wenngleich es vernünftiger gewesen wäre, sich still zu verhalten und die Ohren zu spitzen, um Schiffs- oder gar Brandungsgeräusche frühzeitig wahrzunehmen. Aber die Verzweiflung darüber, jetzt wieder orientierungslos geworden zu sein, war so groß, dass die Herzen sich Luft verschaffen mussten.

13. Und doch gibt es Unrecht auf dieser Welt, das einem das Herz zersprengt

Früh am Tag, die morgendlichen Nebelbänke begannen sich zu lichten, schickte Paulsen, der die Frühwache kommandierte, einen der Vollmatrosen zum Kapitän und ließ mehrere Rauchzeichen an der Küste melden. Unverzüglich zog Nickelsen es vor, nach dem Rechten zu schauen, kam an Deck und griff zum Fernrohr.

»Nun, Herr Cornelissen, jetzt sind sie doch noch einmal mit neuen Lieferungen gekommen. Das sind doch die Sklavenhändler, oder?«

»Denke schon. Wundert mich ein wenig, wo doch Rickerts von einer Lieferung beim Gouverneur gesprochen hatte. Ganz gleich, je größer das Angebot, desto besser für uns. Lassen Sie den Ausguck besetzen und die Deckwachen verdoppeln. Ich will sofort Nachricht bekommen, wenn sich etwas tut.«

»Aye Sir, Ausguck auf dem Mast besetzen und Wachen verdoppeln!« Seit der Schlägerei in der Kapitänskajüte und den wüsten Drohungen von Cornelissen leistete Paulsen beste Arbeit und sparte mit Kommentaren.

»Noch was, Paulsen, jeder Offizier an Bord trägt ab jetzt Kopfbedeckung. Das macht was her bei den Schwarzen. Und: Der Nitschke soll sich bei mir melden. Hull und Hansen ebenso!«

Als die drei fast gleichzeitig in der Kapitänskajüte eintrafen, trat ihnen Nickelsen bereits in Ausgehuniform mit Dreispitz und Degen entgegen. »Meine Herren, wenn ich bitten darf, legen Sie sich ins Zeug! Uniform, soweit vorhanden, aber in jedem Fall Kopfbedeckung. Das gilt auch für Sie, Nitschke, verstanden?«

»Jawohl, Herr Kapitän. Aber bei der Untersuchung ...«

»Kein Aber, Nitschke! Bei den Schwarzen trägt, wer etwas zu sagen hat, einen Hut.«

»Hatte nicht Rickerts berichtet, die neue Lieferung von Sklaven sei eingetroffen?, erkundigte sich Hansen. »Jetzt sind schon wieder Sklavenhändler da. Hat das was zu bedeuten?«

»Es soll so etwas wie Begehrlichkeiten vom Asantehene und dem Odikro wegen der schönen Lucy geben. Könnte sein, dass dies die erneute Anwesenheit in Christiansborg und das größere Angebot erklärt. Ich will aber nicht, dass darüber geredet wird, meine Herren, verstanden!« Hull unterbreitete jetzt den Vorschlag, die an Bord für das Kalfatern benötigten Kohlebecken, die nach Abschluss der Arbeiten nur noch schwelten, dazu zu benutzen, die wachsende Anzahl von Sklaven an Deck zu untersuchen und zu brandmarken. Der Vorschlag fand Zustimmung und wurde vom Kapitän aufgegriffen, der einen Boten zum Gouverneur wegen der letzten Audienz am nächsten Tag schickte.

Dann nahm er seinen Zweiten Barbier zur Seite, der ihm bestätigte, dass er über keine Erfahrung mit dem Brandmarken verfügte, dabei einen seltsamen unsteten Blick bekam und weiß wurde vor Aufregung. Nickelsen entnahm jetzt einem Eckschrank das 34 Zentimeter lange Brandeisen mit dem dicken Stiel, an dem oben eine wellenförmige Eisenschleife als eine Art Schriftzug befestigt war, und drückte es Nitschke in die Hand. »Nur so viel, Barbier: Achten Sie darauf, dass der betreffende Sklave gut festgehalten und festgebunden wird. Dass mir keiner über Bord geht oder es zu schlimmeren Zwischenfällen wegen irgendwelcher Nachlässigkeiten kommt. Hansen, sag ihm, worauf er noch zu achten hat.«

Der Erste Offizier trat neben den Zweiten Barbier und erklärte: »Es ist unbedingt auf ein glühend heißes Eisen Wert zu legen, damit der Abdruck rasch und deutlich erfolgen kann. Dem entspricht in der Anwendung des Eisens die Zeitspanne, die das Eisen auf den Körper des Sklaven gehalten werden muss, außerdem die Intensität des Drucks, die eine entscheidende Rolle für die Lesbarkeit und Erkennbarkeit des Zeichens spielt.« Hansen nahm ihm das Brandeisen aus der Hand, forderte ihn auf, seine Weste und sein Hemd auszuziehen, und presste das Eisen mehrfach auf sein rechtes und linkes Schulterblatt sowie einmal auf seine Brust.

Nitschke taumelte ein wenig. »Oh Gott ...« Fragen stellte er keine.

»Jetzt Sie«, forderte ihn Hansen auf und stellte Hull mit dem Rücken zu ihm. »Machen Sie schon! Je sicherer und entschlossen Sie vorgehen, desto schneller bekommen Sie ein Gefühl dafür, desto erträglicher wird die Prozedur für den Schwarzen sein.«

»Muss ich wirklich?« Nitschke fehlten die Worte, sein Entsetzen auszudrücken.

»Die Sklaven sind unser Eigentum und sollen für Dänemark in Westindien zum Einsatz kommen. Es ist notwendig, die Ware zu kennzeichnen. Insbesondere, da in unserem Fall die Ware nicht nur gestohlen werden könnte, sondern dazu neigt, sich zu verselbstständigen. Für jeden nicht gebrandmarkten Sklaven, der uns verlustig geht, haften Sie, Nitschke. Glauben Sie mir, es übersteigt Ihre bescheidenen Möglichkeiten sehr rasch.« Dann bestimmte der Kapitän 15 Seeleute unter dem Kommando von Hansen, die die Sicherung des Vorgangs samt Vorführung und Fesselung der Sklaven bewerkstelligen sollten. Paulsen und der Geschützführer Knud Erken würden ein zweites Brandeisen führen und als Ablösung bereitstehen. Das würde Nitschke entlasten und den Vorgang erheblich beschleunigen, jedoch wurde ihm bereits bei dem Gedanken an diese Arbeit schlecht. Er stolperte zu seinem Schlafplatz und holte seine schwarze Sonntagsjacke und einen runden schwarzen Hut mit kleiner Krempe, den er bereits als Student getragen hatte. Er wusste, dass diese Kochtopfbedeckung nicht den Vorstellungen des Kapitäns entsprach und sicherlich nicht die Sklavenhändler beeindrucken würde. Doch es war seine Art, gegen das Unvermeidliche aufzubegehren. Er kehrte an Deck zurück, sah Cornelissen auf dem Achterdeck stehen und mit dem Fernrohr den Uferbereich absuchen. Hansen trat neben ihn und nickte Nitschke zu.

Julius Röden kam aus seiner Kombüse, sein Gesicht rußschwarz vom Ofen, der bei dieser Witterungslage zumeist schlecht zog. »Kommen Sie, Nitschke, eine warme Suppe. Fisch, ein Stück Brot, frisch gebacken?« Er fasste ihn beim Arm und zog ihn mit sich in die Kombüse. »Essen Sie jetzt etwas, denn es könnte sein, dass Sie bald keinen Appetit mehr haben. Ich kenne das, obwohl ich dies das erste Mal erlebe.«

»Hören Sie, Jule, die Sache mit dem Kater. Ich habe wirklich nichts …«

»Schon gut, passt sowieso nicht zu Ihnen, Nitschke, aber Sie müssen schon zugeben, dass dieser jemand für das Abziehen des Fells ein Skalpell zu führen verstand«, antwortete Röden.

»Diese Art von Handwerk beherrscht fast jeder erfahrene Jäger mit einem guten Jagdmesser«, entgegnete Nitschke und folgte dem Smutje in seine Räucherhöhle, dankbar dafür, seine warme Mahlzeit vorziehen zu dürfen.

Die Strömungsverhältnisse an der Küste und die Brandung, die es den Eingeborenen bis Mittag erlaubte, bis zur *Vesuvius* hinauszurudern, trugen dazu bei, dass sich bereits eine Stunde, nachdem man auf die Rauchzeichen an der Küste von Bord aus mit einem Flaggensignal geantwortet hatte, vier Kanus auf den Wellen tanzend näherten. Aus der Richtung der beiden vorweg fahrenden Kanus drang das tiefe Tuten eines Signalhorns über das Rauschen der Wellen. Die Mannschaft der *Vesuvius* stand an Deck beisammen und beobachtete, wie geschickt die schwarzen Bootsführer mit ihren schmalen Holzbooten die gefährliche Brandung meisterten und dann, als sie den dahinterliegenden ruhigeren Abschnitt erreichten, rasch näherkamen. Eine große schwarze Trommel erklang und erneut wurden die tiefen Signalhörner geblasen, als die ersten beiden Boote längsseits gingen. Die Vollmatrosen warfen beiden Booten Fallreepe zu. Aus jedem der Boote kletterte ein Schwarzer mit reich geschmücktem Dreispitz, Leinenhosen und Weste an Bord. Der ältere Sklavenhändler, ein großer, untersetzter Mann von tiefschwarzer Hautfarbe, trug nach Piratenart im Hosenbund ein Entermesser und eine Pistole. Der andere Schwarze, wesentlich jünger, drahtig und wieselflink, führte nur ein Messer und einen Speer mit sich. Die Begleiter der beiden Händler enterten jetzt einer nach dem anderen über das Schanzkleid an Deck. Manche trugen sogar alte dänische Musketen und aus jeder

der Gruppen jeweils ein Schwarzer ein Signalhorn und eine Trommel.

Nitschke stand währenddessen mit dem Matrosen Fran Willem an der Reling und starrte hinunter in die Kanus, in denen beim jüngeren Sklavenhändler vier Männer, ein Junge und zwei Frauen und beim älteren insgesamt fünf Männer und ein Mädchen hockten. Alle waren vollständig nackt, gefesselt an Armen und Beinen und ihre Köpfe in ein gemeinsames Holzjoch gezwungen. Käme es zum Kauf – bekämen die Jungen und Mädchen dann ebenfalls ein Brandmal? Nitschke schaute zur Seite, mochte wegen dieser Sache nicht den Holländer neben sich fragen, wollte eigentlich überhaupt nichts fragen aus lauter Angst, es könnte irgendjemand tatsächlich ein Brandmal für die Jugendlichen und Kinder fordern. Solange er es nicht besser wusste, konnte er sich etwas vormachen.

Hansen begrüßte die beiden Sklavenjäger. Der Kapitän würde erst später auftreten, denn dies erhöhte seine Bedeutung und seinen Rang. Nitschke deutete auf die Boote und bemerkte die deutlich hellere Hautfarbe der Sklaven auf den Bänken. Fran Willem erklärte, dass die Sklaven im Schiff im Vergleich zu den an Bord befindlichen Stammeskriegern eine wesentlich hellere Hautfarbe hätten, weil sie von Stämmen aus dem Landesinneren kämen. Nitschke war irritiert. Diese Art von Sklavenhandel entsprach nicht der Farbtafel der Kompanie, die der Kapitän gezeigt hatte, auf der man empfahl, der Rasse wegen durchweg auf dunkelhäutige Sklaven zurückzugreifen. Fran Willem, der schon Erfahrungen bei der Niederländischen Westindien-Kompanie gesammelt hatte, meinte nur, Papier sei geduldig und Sklave sei Sklave. Nitschke schaute genauer hin. Leider machten die Sklaven auf ihn einen ordentlichen Eindruck, und es stand zu befürchten, dass Cornelissen die ganze Ladung kaufen und er mit der elenden Brandmarkerei bis zum Erbrechen beschäftigt sein würde. Er seufzte, ging dann aber rasch auf Abstand, wohl wissend, dass man sich Männern wie Fran Willem gegenüber keine Schwäche leisten durfte.

»Kapitän Cornelissen! Hallo! Kennen Sie mich noch? Kingston Makele I.!«, rief der dicke, ältere Sklavenhändler und winkte Richtung erhöhtes Achterdeck, während Hansen mit der Begrüßung des Jüngeren beschäftigt war. Kapitän Cornelissen trat an die Brüstung, die diesen Teil des Decks hinter dem Hauptmast vom niedrigeren Hauptdeck trennte, lachte freundlich hinunter, nickte ihm zu und lud ihn mit einer großzügigen Armbewegung ein heraufzukommen. »Natürlich, natürlich, alter Halunke, kommen Sie rauf. Wir rauchen eine Pfeife zusammen, und bringen Sie Ihren Kollegen gleich mit!« Worauf Kingston Makele eine abwertende Armbewegung machte, lauthals lachte und rief: »Nix Kollege, Kapitän! Spricht noch nicht mal Ihre Sprache!« Dann warf er beide Arme in die Höhe, drehte sich einmal um die eigene Achse, dass ihm sein Entermesser gegen die Beine schlug, und auf der mitgeführten Trommel wurde ein wilder Rhythmus geschlagen, während der Signalbläser ohrenbetäubende schräge Töne dazu erzeugte. Nach zwei Minuten erneut wilde Armbewegungen des dicklichen Schwarzen, der Lärm verstummte und mit einer ebenso großzügigen Armbewegung wie vorhin die des Kapitäns deutete er in Richtung seiner Boote und rief: »Fünf starke, gesunde Sklaven! Guter Preis! Beste Bedingungen! Und nur für meinen Freund, den Kapitän Cornelissen, den Mann mit dem großen Namen« – jetzt zog er seinen Hut und machte eine theatralische Verbeugung wie auf einer Bühne, auf der Trommel wurde erneut ein Wirbel geschlagen – »etwas ganz Besonderes: Eine wunderschöne Kackebobe! Wie ein Bild geschaffen in Schönheit. Völlig unschuldig, hat noch nie bei einem Mann gelegen ...« Dann pries er noch einmal im Einzelnen die Kraft und Gesundheit seiner übrigen Sklaven und sich selbst als Geschäftspartner und benötigte für diesen Auftritt gut zehn Minuten, bis er dann, noch immer den Hut in der Hand haltend, mit dem breitesten Lächeln, das seine weißen Zähne im schwarzen Gesicht strahlen ließ, zum Kapitän hinaufschaute. All dies sollte nur sagen, vergessen Sie den anderen dort hinter mir, denn ich allein werde Ihr Geschäftspartner, Ihr Glück sein.

Nickelsen trat jetzt noch näher an die Brüstung heran, lächelte ebenso freundlich und gewinnend, als befände er sich unter Freunden und wäre soeben dabei, sie zu einer ausgelassenen Feier zu begrüßen. »Na schön, Kingston Makele, bringen Sie einmal Ihre Sklaven an Deck. Sie wissen ja, wir sind keine *Panyar*. Ich führe eine besondere Auswahl an Waren mit, die Ihnen ganz sicher sehr gefallen werden.«

»Was sind Panyar?«, erkundigte sich Nitschke bei Fran Willem, der, gut informiert, sofort antwortete: »Das sind Entführer. Der Kapitän spricht von jenen, die Händler mit Waren an Bord locken, diese überwältigen, um alle zusammen dann, ohne etwas für sie aufgewendet zu haben, als Sklaven jenseits des Atlantiks zu verkaufen.«

»Da hat er wohl recht, denn er lässt den Händlern ihren Verdienst am Geschäft«, dachte Nitschke laut weiter.

Jetzt entschloss sich der Kapitän doch, zu den Sklavenhändlern hinunter auf das Hauptdeck zu steigen. Auf ein Zeichen hinkte Nitschke heran. Hansen trat mit dem zweiten Händler hinzu. Nickelsen reichte Kingston Makele und dem jüngeren Schwarzen, der sich als Yao vorstellte und vom Kapitän wegen seines Namens sofort als ein am Donnerstag Geborener identifiziert wurde, würdevoll die Hand. Dann schob er Nitschke, der wegen seiner Schussverletzung immer noch hinkte, in die Mitte und erklärte: »Meine Herren, dies hier ist Mister Nitschke, unser Medizinmann. Er wird sogleich die Sklaven untersuchen und selbstverständlich bestätigen, verehrter, lieber Kingston Makele, dass Ihr Angebot wie immer ausgezeichnet und beste Qualitätsware ist.« Beide Sklavenhändler begrüßten Nitschke mit misstrauischen Blicken.

»Neuer Hut?«, erkundigte sich der ältere Sklavenhändler und tippte Nitschke an die schmale Krempe desselben.

»Nein, nein«, wehrte Nitschke leicht errötend ab, »ein alter Hut, den ich aber besonders mag.«

»Schöner Hut«, befand jetzt der jüngere Sklavenhändler, worauf der Kapitän seinem Zweiten Barbier schräge Blicke zuwarf und um den Absatz seiner in der Kapitänskajüte ausgestellten Dreispitze fürchtete.

Jule Röden brachte auf einem Holztablett einige Gläser mit Schnaps und servierte. Paulsen reichte mit süßlich duftendem Tabak gestopfte Tonpfeifen als Willkommensgruß und hielt einen Holzspan bereit, den Tabak zu entflammen. Der junge Händler trank einen Schluck, während der Ältere gleich zwei Gläser hinunterkippte und Geräusche des Genusses und der Zufriedenheit von sich gab, abgeschlossen von einem kräftigen Rülpser. Er schien den Alkohol gewohnt, denn er stand nach wie vor sicher auf den Beinen. Yao, der jüngere Schwarze, richtete Grüße des Asantehene aus, erkundigte sich nach den Geschäften und ob man bereits viele Sklaven an Bord habe. Mit einem Dauerlächeln im Gesicht antwortete Nickelsen, dass man die in Fort Christiansborg vor Wochen vom Gouverneur gekauften und einige der erst kürzlich eingetroffenen Sklaven morgen an Bord nehmen werde, bevor man dann noch fehlende Sklaven für eine Fahrt nach Westindien am nördlichen Küstenabschnitt erstehen wolle. Er habe eine bemannte Schaluppe auf diesem Weg vorausgeschickt. Zu den bereits unter Deck angeketteten Sklaven äußerte sich Nickelsen nicht. Vielmehr kündigte er an, die Untersuchung der angebotenen Schwarzen durch Nitschke vorzuziehen und diese bei Ankauf sehr bald als Eigentum zu brandmarken. Die nächste Frage hätte ihn misstrauisch machen können, denn Yao erkundigte sich, ob denn der Schiffsjunge an Bord sei, den man wegen seines Eindringens beim Gouverneur Platfues damals geschnappt habe. Dies bestätigte der Kapitän mit einem Ausdruck des Bedauerns über diesen Vorfall damals, der sich nicht wiederholen werde, und dem Hinweis auf die ernstliche Erkrankung des Jungen. Er würde bis zur Abreise der *Vesuvius* keine Gelegenheit mehr haben, das Schiff zu verlassen. Sie sahen jetzt zu, wie Begleiter und Krieger von Kingston Makele und Yao den Sklaven in den Booten das Joch und die Fesseln abnahmen und diese dann mit Peitschenschlägen von Bord und das Fallreep hinauftrieben. Dabei kletterte jeweils ein schwarzer Sklavenjäger hinterher, zusätzlich wurde jeder Sklave mit einem Strick, der um den Oberkörper und unter den Armen hindurchgeführt wurde, so gesichert, dass keiner vor Verzweiflung und Angst auf die Idee verfiel, ins Meer oder zurück in die Boote zu springen. Oben zerrten sie die Sklaven einen nach dem anderen an Deck und stellten sie dicht an dicht in zwei Gruppen auf. Die Mannschaft der *Vesuvius* vertrieb sich gaffend in den Wanten oder an Deck die Zeit und sparte nicht mit zotigen und anzüglichen Kommentaren. Insbesondere die zwei nackten Frauen mit ausladenden Hüften und großen runden Brüsten und das junge Mädchen, das kaum geschlechtsreif war, erst wenig Schambehaarung aufwies und stumm weinte, hatten es ihnen angetan. Die Frauen und das Mädchen standen mit gesenktem Blick stocksteif mitten unter den Männern und hielten Hände und, soweit es ging, die Arme gekreuzt vor Geschlecht und Brust. Nitschke bekam wegen der in ihm tobenden widerstreitenden Gefühle kaum mehr etwas von dem, was gesprochen wurde, richtig mit. Doch jetzt war es offenbar um etwas Wichtiges, ihn Betreffendes gegangen, er schreckte auf, als der Kapitän ihn rüffelte: »Mensch, Nitschke, träumen Sie mit offenen Augen? Haben Sie mich verstanden?«

»Jawohl, Herr Cornelissen, verstanden! Nein, entschuldigen Sie, nicht wirklich. Worum ging es?«

»Ist Ihnen nicht wohl? Vielleicht sollten wir Sie in Fort Christiansborg belassen«, dachte der Kapitän laut nach und Nitschke verstand die Drohung auf Anhieb.

»Nein, nein, bitte, Herr Cornelissen, es ist alles in Ordnung. Ich war nur unaufmerksam. Meine Schuld. Soll nicht wieder vorkommen. Bitte wiederholen Sie doch für mich noch einmal Ihren Befehl.« Dazu setzte er sein unterwürfigstes Gesicht auf und ihm war es egal, was die Sklavenjäger von ihm halten mochten.

Nickelsen schüttelte missbilligend seinen Kopf, deutete auf die Frauen: »Sie untersuchen mir die Weibsleute gründlichst. Will sichergehen, dass wir keine Schwangere an Bord haben und keine Geschlechtskrankheiten. Und bei der Kleinen ist es wichtig, ob sie wirklich noch Jungfrau ist.«

Nitschke schluckte mal wieder: »Sie meinen, ich soll …? Hier an Deck, vor der Mannschaft?«

Nickelsen blickte auf das Mädchen, dann wieder Richtung Nitschke: »Wenn Sie eine bessere Idee haben, ohne diese Herrschaften mit unseren Sklavenunterkünften bekannt zu machen? Wir verstehen uns?«

»Aber, ich meine …«

»Nitschke, mein Gott, Sie nerven. Seien Sie froh, dass Sie kein Seemann sind, der mir einen solchen Tanz aufführt, dann hätten Sie mich längst von einer anderen Seite kennengelernt! Wenn sie tatsächlich noch Jungfrau ist, wird er von uns einen hohen Preis für sie fordern. Es geht um viel Geld. Sie verstehen?«

Nitschke nickte stumm. »Na endlich«, kommentierte Nickelsen trocken, und der Sklavenhändler lachte mal wieder und zeigte seine großen weißen Zähne: »Kackebobe, noch kein Mann. Ruhig reinschauen, alles zu. Viel Geld …«, er rieb Daumen und Zeigefinger zum Zeichen des Geldzählens aneinander.

Nitschke wandte sich angewidert ab und fragte den Kapitän: »Wann soll ich sie untersuchen und wie heißt sie?«

»Barbier! Machen Sie endlich Ihre Arbeit! Der Name der Sklavin tut nichts zur Sache!«, schnauzte der Kapitän, dessen Geduldsfaden kurz vor dem Zerreißen stand und der jetzt mit einem Seitenblick Mats Petersen bemerkt hatte, der in der Nische zur offenen Tür zur Kombüse hockte und die Szene beobachtete. Nitschke ging auf die nackten Frauen zu, der Sklavenhändler fasste ihn am Oberarm, hielt ihn zurück, schaute ihm fest ins Gesicht: »Nachgucken ist in Ordnung aber nicht ficke-ficke. Verstehst mich? Sie bringt viel Geld!« Wieder lachte der dicke Schwarze laut, schlug ihm fest auf die Schulter. Nitschke befreite sich mit einer heftigen Bewegung von dem Zugriff. Jetzt stand er schon unmittelbar vor den nackten Frauen, aber diese reagierten nicht auf ihn. Normalerweise hätte er sie angesprochen, aber er kannte ihre Namen nicht. Wahrscheinlich kannte den niemand hier. Er stand da, unschlüssig, wie er es anfangen sollte, ohne zu verletzen oder missverstanden zu werden.

Da schnappte er Gesprächsfetzen der in der Nähe stehenden Seeleute auf. »Die Kleine würde ich schon einreiten«, hörte er einen prahlen. »Da gäbe es keine Beschwerden. Die wollte gar nicht mehr von Bord, wetten?«

Ein anderer lachte hämisch und aufgegeilt und meinte, er wolle gern mal auf so 'ner schönen weichen Schwarzen zu liegen kommen und wenn es ihm dann komme, an den großen Nippeln saugen. »Ein Himmel voller Geigen!« Wieder geiles Gelächter.

Von hinten rechts aus den Wanten rief eine Stimme: »Ich gehe jetzt runter. Schau dir mal die Ärsche an! Solche Prachtärsche!«

»Reg dich mal ab«, antwortete ein Älterer unter den Mastgasten dort, »was glaubst du, wie viele von diesen Schwarzen mit ihren dreckigen Riesenschwänzen da schon drübergestiegen sind. Mir vergeht es dabei. Absolut!«

»Kriegst ja nur keinen mehr so richtig hoch. Pinkelst dir, sogar wenn du richtig Druck hast, nur auf die Füße. Dann würde ich auch solche Reden schwingen. Aber unsereinem, dem wird die Hose eng bei dem Anblick. Wo mein kleiner Weißer nicht hinkommt, spuckt er halt vor Aufregung hin.«

Nitschke schaute sich um, die Mannschaft amüsierte sich prächtig. Die Männer unter den Sklaven standen teilnahmslos und blickten geradeaus, nur selten in die Richtung einer Stimme. Sie blickten durch alles hindurch. Ihre Arme hingen schlaff neben ihren muskulösen Körpern, die, abgesehen von Verletzungen aufgrund von Schlägereien und Misshandlungen, makellos waren und, ja, tatsächlich, einige von ihnen hatten erstaunliche Geschlechtsorgane. Der jüngere Sklavenhändler ergriff die Initiative und führte seine beiden fülligeren Sklavinnen wie auf einer Bühne über das Schiffsdeck, erntete dafür Applaus und begeisterte Zurufe. Dann stellte er sie unmittelbar vor Nitschke wieder ab. Er befahl den beiden zu hüpfen. Sie absolvierten die Übung, als er »höher, höher!« forderte, immer noch mit einer solchen Leichtigkeit, als wären sie junge Mädchen beim Spiel. Ihre üppigen Formen gerieten in Schwingungen und die Männer an Deck in Verzückung. Reihenweises Aufstöhnen, vereinzeltes Reiben an verdächtigen Ausbeulungen in den weiten Leinenhosen. Einige taumelten wie benommen unter Deck.

Der junge Sklavenhändler schien sich zu amüsieren und warb in bestem Englisch und mit einladender Gestik. »Wie Sie sehen können, beste Ware. Nur gute Frauen! Männer sind begeistert, sind gut für jedes Geschäft.« Er griff nach Nitschkes Hand, um ihn aufzufordern, einer der Frauen in die Brust zu kneifen. Nickelsen, immer noch irritiert von dem unerwarteten Auftauchen des Schiffsjungen, den er vor den Sklavenhändlern verborgen halten wollte, hatte jetzt zudem genug von diesem Theater: »Lassen Sie unseren Medizinmann seine Arbeit machen, Yao, folgen Sie uns lieber zu unserem Warenangebot und zu einem kleinen Essen in die Kajüte. Kommen Sie, Yao.«

In der Kajüte nötigten Nickelsen und Hansen ihre Gäste, denen sie nur gestatteten, je einen Berater mitzunehmen, erneut zu Tabak und einem weiteren Glas Schnaps. Dann wurde Brot und Fleisch angeboten. Der Smutje hatte für den Tag zwei Hähnchen geschlachtet und zubereitet, die jetzt, begleitet von weiterem Alkohol und einem nicht enden wollenden Fluss von Trinksprüchen, von dem Kapitän und seinen Gästen verzehrt wurden. Letztere hatten jedoch vor allem Augen für die ausgestellten Kostbarkeiten und die Vielfältigkeit des Warenangebotes und wären am liebsten sofort dazu übergegangen, eine Auswahl zu treffen, um sich die besten und größten Anteile zu sichern. Doch sie wurden immer wieder vom Kapitän zurück zu den Speisen und zu einem neuen Trinkspruch gerufen. Er baute so künstlich Spannung auf und setzte darauf, dass er wegen der untereinander bestehenden Konkurrenzsituation der Sklavenhändler in eine sehr günstige Verhandlungsposition gelangen könnte. Dann endlich war es so weit und unter lauten Diskussionen und Lamento bezeichneten Kingston Makele und Yao stückweise die Waren, die sie unter den ausgestellten Kostbarkeiten unbedingt für sich beanspruchen wollten. Besonders heftig und laut stritten die von den Sklavenhändlern mitgeführten Berater, die immer wieder ihre Empörung oder Erfolge aus der offenen Tür zu ihren

Kameraden nach draußen brüllten und entsprechend lautstarke Reaktionen ernteten. Knud Erken war die Aufgabe übertragen worden, die Gegenstände aufzulisten und diese den von der Kompanie angenommenen Tarifen für die Sklaven gegenzurechnen. Die Ergebnisse hielt er auf zwei Listen fest und ließ bei dem Vermerk der Endsummen den gereichten Schnaps und Tabak nicht unberücksichtigt. Nicht ohne Stolz bemerkte er, wie die Schwarzen auf die von ihm arrangierte Ausstellung ansprachen und welche Begehrlichkeiten sie entwickelten. Aber es wurde immer hektischer, ging hoch her, sodass Erken, dessen eigentliche Begabungen weder im Rechnen noch im Schreiben lagen und der bei den Warenwerten den Schwarzen einen Zuschlag von 25 Prozent zum Einkaufswert in Rechnung stellen sollte, schon bald hoffnungslos ins Hintertreffen geriet. Der Erste Offizier Hansen löste ihn ab. Trotz der aufgezeigten Grenzen seiner Fähigkeiten schien ihm das insgesamt gesehen dennoch ein Erfolg. Offenbar nahm ihm der Kapitän, der sich jetzt von Kingston Makele für die junge Kackebobe noch zwei Stück Kattun zusätzlich abringen ließ und zuletzt beide Händler mit Zugaben von Messern, kleinen Spiegeln und je fünf Dreispitzhüten als Geschenke befriedete, nichts übel; er war wohl wegen des Verlaufs des Treffens ebenso zufrieden. Nickelsen nutzte eine Gelegenheit, in der Röden mit einem Matrosen noch einmal Getränke und Brot brachte, um den Smutje anzuweisen: »Röden, sehen Sie zu, dass der Zwieback verschwindet! Er darf nicht gesehen werden.« Röden eilte davon und griff sich Mats bei den Ohren, um ihn wieder in seine Schlafecke in der Nähe der Kombüse aus dem Blickfeld des Kapitäns und der Gäste zu zerren.

Währenddessen riss Paulsen den Zweiten Barbier an Deck aus seiner Erstarrung. »Los, Nitschke, worauf warten Sie noch? Wenn der Kapitän gleich rauskommt und Sie haben keine Erkenntnisse aus der Untersuchung, dürften Sie noch Glück haben, wenn er Sie nur auspeitscht und über Bord wirft.« Dazu ließ Paulsen eine Peitsche auf die Deckplanken knallen, dass die Frauen vor Nitschke zusammenzuckten und zu zittern begannen.

»Ist schon gut, Paulsen. Ich mache schon. Aber lassen Sie die Peitsche ruhen.«

»Sie werden schon merken, dass Sie nicht ohne auskommen, denn die Schwarzen sind widerspenstig bis auf den Tod und beherrschen in ihrer Verzweiflung und Wut allerlei Tricks«, erklärte Paulsen trotzig.

Nitschke blickte auf die Sklaven und fragte sich, von welcher Art Tricks Paulsen sprach. Denn wenn sie etwas beherrschten, dann allenfalls die Kunst, alle Demütigungen und Misshandlungen zu ertragen und dennoch einen Rest Würde auszustrahlen. Er wollte sich nicht vorstellen, wie er wirken mochte, wenn man ihn nackt auf dem Deck der *Vesuvius* zur Schau stellen würde. Nitschke schaute sich um und mutmaßte, Paulsen habe vielleicht die Händler und ihre Männer gemeint, konnte sich aber kaum vorstellen, dass jemand es wagen würde, mit der Peitsche gegen die Sklavenhändler des Odikro und des Asantehene vorzugehen. Er begann mit der Untersuchung der Frau, die rechts vor ihm stand, fasste sie vorsichtig am Handgelenk, spürte einen Widerstand, denn sie hielt ihre Hände fest vor ihr Geschlecht gepresst, zog sie zwei Schritte nach vorn und begann mit sanftem Tonfall auf sie einzureden. Doch die Frau blickte starr nach unten, ließ sich zu keiner Reaktion bewegen und sträubte sich, Nitschkes Gegenwart überhaupt wahrzunehmen. Die Sklavenjäger an Deck schauten Nitschke interessiert zu. Da ließ Paulsen seine Peitsche kräftig auf die runden Pobacken der Schwarzen knallen. Die Männer an Deck johlten, applaudierten, während die Frau unter dem Schlag zusammenzuckte und zu keuchen begann. Nitschke ging dazwischen und verhinderte einen weiteren Schlag. Die Frau ließ jetzt ihre Hände sinken, gab den Blick auf ihr Geschlecht frei, ergab sich der Untersuchung und allem, was mit ihr geschehen würde. Nitschke griff erneut nach ihrer Hand, spürte, dass ihr ganzer Arm zitterte. Er fühlte sich schuldig, als ob er selbst den Schlag geführt hätte. Mit der anderen Hand umfasste er fest ihr Schultergelenk, verharrte so und redete in einem sanften Fluss auf sie ein. Das Zittern ließ nach und die Frau hob ihr Gesicht. Aus den Augenwinkeln beobachtete Nitschke, dass sowohl die andere Frau als auch das Mädchen verstohlen ihren gesenkten Blick zur Seite wandten, um zu sehen, was er mit ihrer Leidensgefährtin anstellen würde. Wenn diese Untersuchung gut ausginge, würden die anderen beiden vielleicht Vertrauen fassen. Nitschkes Augen befanden sich auf gleicher Höhe mit denjenigen der Frau, aber er war sicher, dass sie durch ihn hindurchsah. Ihre Pupillen waren ohne Rötung, normal geweitet, keine Entzündungen am Lidrand. Er drückte mit dem Daumen auf ihr Kinn und sie öffnete ihren Mund. Vorn fehlte ihr ein Zahn, der wahrscheinlich erst vor nicht allzu langer Zeit ausgeschlagen worden war. Paulsen schob sich neben ihn und schielte ihr ebenfalls in den Mund. »Hätten ihr nicht den Zahn ausschlagen sollen. Wird vom Preis abgezogen. Wenig Speichel, meinen Sie nicht?«

Nitschke hatte keine Lust auf einen fachlichen Austausch mit dem sich aufspielenden Seemann. »Geben Sie ihr doch Wasser zu trinken, wenn wir die Untersuchung beendet haben«, antwortete er knapp. »Sie hat Angst und wahrscheinlich tagelang nicht richtig getrunken.«

»So weit kommt's noch!«, knurrte Paulsen empört und ging auf Distanz. Nitschke tastete ihren Hals ab, befand, dass sie keine verdächtige Knotenbildung aufwies, ertastete dabei ihren Herzschlag, der schnell und flach ihm ängstlich entgegen flatterte. Es ging nicht anders, denn er verfügte nicht über ausreichende Zeit, um auf diese rücksichtsvolle Art weiter vorzugehen. Er forderte sie jetzt auf, sich hinzulegen und die Beine für die Untersuchung des Unterleibes zu spreizen, erreichte jedoch nur, dass sie sich setzte, ihre Knie dabei bis zum Kinn zog und ihre Arme um diese schlang. Mit rundem Rücken rollte sie sich zusammen wie ein Igel. Das hinter ihr stehende Mädchen gab inzwischen einige seltsame Laute von sich. Nitschke versuchte, nicht hinzuhören. Paulsen winkte für die Fortsetzung der Untersuchung ein paar Seeleute heran, die sie auf den Rücken zwangen, sie mit weit gespreizten Armen und Beinen auf die Planken pressten. Sie keuchte, spuckte, klagte, wimmerte. Dann drehte sie den Kopf zur Seite, ihre Augäpfel zeigten fast nur noch das Weiße. Sie lag da wie tot, während Nitschke, alle zotigen Kommentare und Zwischenrufe der Männer missachtend, vorsichtig und aufmerksam ihren Bauch und ihr Geschlecht betastete.

»Solch ein Anblick entschädigt doch für mancherlei bei unserer Reise«, kommentierte Paulsen seine Gefühle. »Wenn man nur mal ein wenig tiefer dringen könnte. Dann, Barbier, könnten Sie sich Ihre Untersuchung sparen.«

Kein Geringerer als Fran Willem, der ihren linken Oberschenkel presste und ebenfalls beste Sicht auf das Geschlecht der Frau hatte, führte den Gedanken des ehemaligen Zweiten Offiziers weiter: »Aber Cornelissen versteht keinen Spaß, wenn sich einer an den Sklavinnen vergreift. Da kann er fuchsteufelswild werden. Hat wahrscheinlich im Kloster lesen und schreiben gelernt, unser Kapitän.«

»Oder das Wichsen«, wusste einer vom Kopfende her noch einen draufzusetzen.

Jetzt ging es offenbar selbst Paulsen zu weit: »Schnauze, verdammt noch mal! Will doch keiner Ärger haben! Und unser Barbier muss sich konzentrieren.«

Nitschke stellte rasch fest, dass die Frau weder geschlechtskrank noch schwanger war, wahrscheinlich ein- bis zweimal entbunden hatte, kräftiger Statur und – abgesehen von den durch die Verschleppung verursachten Verletzungen und offenbaren Angstzuständen – gesund war. Die Prozedur wiederholte sich bei der zweiten Frau mit fast demselben Ergebnis. Das Mädchen wehrte sich sofort wie eine Katze. Sie brauchten von Anfang an sieben Seeleute und Paulsen, um sie auf die Planken zu zwingen und zu untersuchen. Sie erschien Nitschke ausgesprochen mutig und tapfer und ließ sich selbst von Paulsens Peitsche nicht einschüchtern, biss ihn, als er ihr das zweite Mal mit der kurzen Peitsche über den Rücken schlug, mit einer blitzschnellen Drehung in seine Richtung in den rechten Arm. Die Bisswunde sollte sich bereits eine Stunde später entzünden, Paulsen in der Nacht hohes Fieber einbringen und für einen Tag vollständig außer Gefecht setzen. Es kam zu Ausschreitungen von Paulsen dem Mädchen gegenüber, in deren Folge auch Nitschke, der dazwischenging, einzustecken hatte und, am Kinn schwer getroffen, blutend zu Boden ging. Nettersheim sprang mit zwei Soldaten hinzu und sie überwältigten Paulsen, die Matrosen warfen endlich das Mädchen wieder zu Boden, und die Sklavenjäger sorgten mit den gaffenden Matrosen an Deck sofort dafür, dass die ebenfalls aufbegehrenden männlichen Sklaven sehr rasch niedergeknüppelt und gefesselt wurden.

Nitschke lernte, dass er mit seiner rücksichtsvollen Vorgehensweise die Sklaven nicht erreichte und nur Schwierigkeiten heraufbeschwor. Grob zupackend, mit lauter, befehlender Stimme führte er jetzt die Untersuchungen fort. Er kam, gerade noch rechtzeitig, als der Kapitän in Begleitung seiner Gäste und mehrerer kleinerer Kisten mit Waren wieder an Deck erschien, zum Ende und zu wichtigen Erkenntnissen. Der Kapitän winkte ihn zum Bericht heran, und Nitschke lobte den allgemeinen Zustand der männlichen und weiblichen Sklaven auf allen Booten. Er bestätigte, dass die junge Sklavin noch Jungfrau und gesund sei, wies auf den fehlenden Zahn der älteren Sklavin hin und deutete abschließend auf einen Sklaven vom Boot des Kingston Makele, der wie ausgestoßen in einer Ecke kauerte. »Dieser Mann hatte einen geschwollenen Bauchraum und, wie ich bei näherer Untersuchung feststellen musste, einen künstlich mit einem Pfropfen aus Gräsern und Kräutern gefertigten Verschluss, der ihm eingesetzt worden ist, vermutlich um seine Durchfallerkrankung zu verbergen. Nachdem ich den Pfropfen entfernt hatte, hat sich der Sklave viermal stinkend und krank entleert. Er leidet unter schlechten Körpersäften, die ausgeleitet werden müssen. Er müsste innerlich entleert und während einer gewissen Zeit einer möglichen Genesung beobachtet werden. Eine Kaufempfehlung unter heutigem Gesichtspunkt kann ich nicht aussprechen.«

»Beobachten?«, fragte Nickelsen und schüttelte über so viel Weltfremdheit nur den Kopf. »Zu wem gehört dieser Mann?« Nickelsen blickte ernst in die Runde und Kingston Makele empörte sich über die Feststellungen des Zweiten Barbiers. Unbeeindruckt griff der Kapitän nach der Liste, strich einige Warenpositionen heraus, die von Knud Erken aus den Kisten genommen wurden, und erklärte währenddessen: »Ob er irgendwann wieder gesundet oder seine Erkrankung etwas Ernsthaftes ist, spielt doch jetzt keine Rolle mehr. Kingston Makele, alter Freund, Sie wissen ebenso gut wie ich: Es bleibt jetzt, hier und heute für mich ein viel zu großes Risiko, jemanden wie diesen Sklaven an Bord zu nehmen. Selbst wenn er die Strapazen der langen Seefahrt überlebt, kann er am Ende, wenn er nicht gesund und kräftig erscheint, in Westindien nicht verkauft werden. Schlimmstenfalls gehe ich wegen dieser Krankheit, greift sie an Bord um sich, sogar der gesamten Ladung an Sklaven, ja meiner eigenen Leute wegen einer Seuche verlustig. Alter Freund, wir kennen doch beide die Spielregeln dieses Handels.«

Kingston Makele erhob sich, streckte die Hände zum Himmel, es erklang wieder ein himmlischer Trommelwirbel, gefolgt von einem langgezogenen Tuten, und er versicherte bei allen Göttern des Meeres und der Flüsse, dass der Sklave nur eine lange Reise hinter sich habe und geschwächt sei. Nichts weiter. Nickelsen nahm ihn scharf ins Visier und lächelte kalt: »Lieber Makele, niemand soll vom Kapitän der *Vesuvius* glauben, er kaufe aus Not oder Gefälligkeit, was ihm angeboten wird. Oder hält mich Kingston Makele I., mein alter Freund an der afrikanischen Küste, für dumm und leichtfertig? Das könnte unsere Freundschaft auf eine ernste Probe stellen.« Dazu stand Nickelsen auf und machte zwei Schritte auf den Sklavenhändler zu, der auswich, ein wenig taumelte und offenbar betrunken war. Einer seiner Begleiter stützte ihn, sonst wäre er vielleicht noch würdevoll hingeschlagen.

»Aber die Waren, Sie haben doch alles aufgeschrieben, Herr Kapitän. Das ist zu viel, wenn Sie jetzt eine ganze Position streichen. Gute Freunde sollten noch einmal verhandeln.« Nickelsen machte eine wegwerfende und damit ablehnende Armbewegung.

»Es fehlt grüner Stoff. Grüner Stoff, das wäre schon was gewesen. Der ließe sich gut an die Leute im Norden verkaufen, die zu Allah beten. Aber niemand hat Interesse an rotem Stoff. Oder Seide. Ja, Seide, das könnte ein Gegenwert für meine Sklaven sein. Aber nein, nichts an Bord ...«

Nickelsen lächelte undurchsichtig und nickte: »Verstehe schon, mein Freund Kingston Makele I., er will immer das, was wir nicht an Bord haben. Jetzt bekommt er kein gutes Geschäft. Wenn ich ihn noch ein wenig reden lasse, ist er sogar mit meinen Gewehren nicht zufrieden.«

Kingston Makele torkelte einen Schritt auf ihn zu. »Die Musketen sind alt.« Er deutete auf das Gewehr von einer Bordwache. »Das dort drüben wäre ein gutes Gewehr, ein guter Preis für gute Qualität bei Sklaven, sagt dein Freund Makele I., Kapitän.«

Nickelsen trat auf ihn zu, reichte ihm, der auf die Wendung des Gesprächs nur noch völlig verdutzt mit hilflosem Stottern reagieren konnte, die Hand: »Mein lieber Kingston Makele I., nichts sollte unserer Freundschaft im Wege stehen. Ich stimme Ihnen zu, dass die Zeiten für gute Geschäfte unter Freunden sehr schlecht sind. Also geben Sie mir bitte die zwei Kisten mit Waren zurück, nehmen Sie Ihre Sklaven und fahren Sie heim. Nichts soll unserer großen Freundschaft im Weg stehen oder uns als Belastung drücken, wenn wir uns wieder begegnen. Ich will Ihnen gerne die Hüte, ein paar Korallen und kleinere Spiegel als Zeichen meiner unverbrüchlichen Treue und Verbundenheit belassen und freue mich auf ein Wiedersehen. So nehmen Sie denn Ihre Sklaven und Ihre Männer, besteigen Sie Ihre Boote und finden Frieden, Wohlstand und Zufriedenheit.« Nachdem er so geendet hatte, wartete er die Reaktion des älteren Sklavenhändlers nicht mehr ab, sondern wandte sich sofort dem jüngeren Yao zu, um mit ihm über den Preisnachlass für den fehlenden Zahn bei der Frau zu verhandeln. Während sich die beiden rasch einigten, hing Kingston Makele I. jammernd und wehklagend dem Kapitän an den Rockschößen und bettelte darum, das Geschäft doch noch abschließen zu dürfen. Yao ließ ihn bei dieser Gelegenheit seine ganze Verachtung spüren. Mit vereinten Kräften setzten Hansen und Nickelsen dem alten Sklavenjäger schließlich zu, und als er mit seinen Leuten, den Kisten mit Waren sowie dem kranken Sklaven wieder in seinen zwei Booten auf die Küste mit ihrer inzwischen gefährlich steigenden Brandung zuruderte, hatte der große, alte und kräftige König unter den Sklavenjägern weitere Einbußen bei den Waren hinnehmen und am Ende zähneknirschend sogar die Kackebobe ohne einen Aufschlag zum normalen Preis der Sklavinnen hergeben müssen.

Nitschke klammerte sich mit beiden Fäusten an der Reling fest und schaute den Booten mit den Sklavenhändlern hinterher. Er fühlte sich elend, konnte den Gedanken daran, was jetzt geschehen würde, nicht verdrängen. Der Kapitän trieb seine Männer zur Eile. Die Sklaven wurden in Gruppen aufgeteilt, die ersten drei in der Nähe des Hauptmastes gefesselt abgelegt und jeweils von vier kräftigen Seeleuten festgehalten. Nitschke hörte, dass man seinen Namen rief, und er drehte sich zu den Sklaven am Hauptmast um, konnte sie aber nicht sehen, da die Seeleute die am Boden kauernden Schwarzen verdeckten. Aber er sah jetzt Fran Willem das Eisen aus der Glut des Kohlebeckens nehmen, sah, wie er es in die Höhe hielt, ein anderer Seemann darauf spuckte. Das zischende Geräusch, das die Hitze dabei verursachen würde, war bei ihm auf dieser Entfernung zwar nicht wirklich zu vernehmen, aber er hörte es dennoch, bildete es sich jedenfalls ein. Nitschke war ganz schwach in den Beinen. Paulsen schlug ihm kräftig im Vorbeigehen auf die Schulter, nahm dann Fran Willem das Brandeisen aus der Hand. Mit einem überlegenen Grinsen auf seinem Gesicht ging er zu den Sklaven. Schon drückte irgendein anderer Seemann Nitschke das zweite Eisen in die Hand, da drang der Schrei des ersten Schwarzen in sein Bewusstsein, ein langgezogener Schrei aus der Kehle eines leidenden Menschen, der gebrannt, schwer verletzt und seiner Würde beraubt wurde. Gebrandmarkt für alle Zeiten, gehörte fortan dem Schwarzen das eigene Leben nicht mehr ihm selbst. Nitschke sah, wie die Seeleute Kraft aufwenden mussten, um den Schwarzen am Boden zu halten. Dann tauchte die triumphal lächelnde Fratze von Paulsen wieder auf. Schon ertönte ein weiterer Schrei. Der dritte Schwarze war für ihn, Nitschke, vorgesehen, keine Frage. Er musste vortreten, hielt das Eisen noch ungelenk, versuchte, sich krampfhaft an seine Stunden als angehender Arzt bei seinen ersten Operationen zu erinnern, an die Sorgfalt, mit der er erste Schnitte in den Körper gesetzt und um das Leben der Kranken gerungen hatte. Er setzte das Brandeisen auf, erhöhte kurz den Druck auf die Schulter, hörte den Schrei, roch verbranntes Menschenfleisch. Der Geruch stach ihm scharf in die Nase und hing weiter in der Luft, noch lange danach, als der Schwarze vor ihm bewusstlos zusammengebrochen war.

Hansen packte den Zweiten Barbier von hinten an beiden Schultern und drehte ihn zu sich um: »Nitschke, denken Sie daran, was ich Ihnen gesagt hatte. Ein gut heißes Eisen kurz und fest gepresst, aber nicht so lang, wie Sie es draufhalten. Kein Wunder, dass der Sklave bewusstlos wurde. Reißen Sie sich zusammen. Sie sind doch Medikus!« Ausgerechnet er, Nitschke, quälte und folterte diese Menschen! Er, dem diese Tätigkeit zuwider war und der alles dafür getan hätte, den Schwarzen das Brandmal zu ersparen. Er war ein elender Versager! Paulsen scherzte: »Stille Wasser sind tief, sag ich immer. Unser Barbier ist in Wirklichkeit ein richtiger, begabter Folterknecht!« Sein Gelächter wurde erwidert. Nitschke, schamrot, versuchte, sich zusammenzureißen.

Knud Erken und Boy Ketelsen brachten die Fußeisen und Ketten, mit denen die Gebrannten gesichert auf dem vorderen Teil des Decks gelagert und die nächsten nach vorn geschleift wurden. Nitschke hatte keine Vorstellung, wie er das über einen Zeitraum von zwei Tagen würde durchstehen können. So viele Sklaven auf diese Art und Weise zu brandmarken, das ging eindeutig über seine Kraft. Er zitterte am ganzen Körper, schwitzte und fürchtete schon jetzt umzufallen. Aber sein Eisen wurde wieder zum Feuer gebracht, ihm glühend erneut in die Hand gedrückt und er funktionierte. Wie durch eine Nebelwand hindurch hörte er, wie der Kapitän ihn scharf anfuhr, er solle sich zusammennehmen. Dies habe ein jeder von ihnen durchmachen müssen. Wenn er danach noch die Kraft habe, könne er sich um die Versorgung der Wunden kümmern.

Sie wussten, wie schwer es ihm fallen würde – genau aus diesem Grund sorgten Paulsen und Fran Willem dafür, dass er die Frauen zum Brandmarken bekam. Wahrscheinlich kursierten unter den Männern bereits irgendwelche Wetten darauf, wie das ausgehen würde. Das Mädchen begann zu weinen, als man es ergriff, und schrie mehrere Male anhaltend und gellend, als es gebrannt wurde. Ihr ganzer Körper war ein einziger Krampf, danach noch wurde ihr stoßweises Schluchzen immer wieder durch Aufschreie unterbrochen, in denen das ganze Elend eines verlassenen armen Menschenlebens lag. Das war zu viel für ihn, Nitschke sackte in sich zusammen und hätte sich an seinem glühend heißen Eisen fast selbst verletzt.

Sofort war der Kapitän an seiner Seite und herrschte ihn an. Was denn los sei? Ein Barbier wisse um die Beschaffenheit menschlicher Körper, um Schmerzen und Verletzungen. Da könne er sich unmöglich anstellen wie ein Waschweib! Er solle sich zusammennehmen! Auf einen Wink vom Kapitän übergoss jemand ihn mit einem Eimer kaltem Wasser. Nitschke, der kurzzeitig sein Bewusstsein verloren hatte, kam wieder zu sich, schüttelte sich wie eine nasse Katze, kroch auf allen Vieren zum Hauptmast und zog sich dort in die Höhe. Der Kapitän persönlich drückte ihm das Brandeisen zur Fortsetzung der Tätigkeit wieder in die Faust.

Nitschke blendete sein Bewusstsein völlig aus. Wie das überhaupt möglich war, vermochte er später nicht zu sagen. Aber er war sich sicher, dass die tierischen Schreie von Schmerz und Verzweiflung, die jedem Menschen erspart bleiben sollten, in der Nacht noch in seinen Ohren schallen und ihn schlaflos machen würden. Sicherlich würde er den Gestank verbrannten menschlichen Fleisches tagelang nicht aus der Nase bekommen. Er hasste dieses Schiff, er hasste den Kapitän, hasste alle an Bord, die Sklaven eingeschlossen. Aber am meisten hasste er sich selbst dafür, auf diesem Schiff gelandet zu sein.

Hansen mahnte Nickelsen, indem er auf den Zustand des Zweiten Barbiers aufmerksam machte, man solle ihn nicht überfordern, denn man brauche ganz sicher seinen Sachverstand und seine Arbeit während der Überfahrt. Doch der, gereizt wegen der Schwierigkeiten beim Brandmarken, einer Prozedur, die ihm ebenfalls zuwider war und die es in seinen Augen möglichst rasch hinter sich zu bringen galt, fuhr ihn nur an: »Er soll sich nicht einbilden, weil er studiert hat, komme er davon. Er ist keinen Deut besser als jeder Seemann an Bord. Er wird seinen Teil lernen und etwas dazu beitragen wie jeder Mann hier. Dieser Nitschke macht sich sonst viel zu sehr eigene Gedanken. Das sollte er dem Kapitän überlassen, weil es einem wie ihm nicht zusteht. Wird schon wissen, warum ich ihn so rannehme.«

Als alle an Bord befindlichen Sklaven gebrandmarkt, für die Nacht unter Deck gebracht und dort fest verschlossen waren, hörte man noch immer das Wimmern und Wehklagen und vor allem die Schreie der Frauen wegen der Schmerzen und des Unrechtes, das ihnen angetan worden war. Die menschlichen Stimmen übertönten das Anschlagen der Wellen an der Bordwand der *Vesuvius*. Kapitän Cornelissen ließ die Mannschaft noch einmal antreten und erklärte mit heiserer, scharfer Stimme: »Leute! Der gemütliche Teil der Reise ist jetzt vorbei. Wir haben Sklaven an Bord und werden morgen noch weitere bekommen. Wem dies noch nicht klar sein sollte: Jeder Sklave hat einen erheblichen Wert und ist in Westindien auf den Markt zu bringen. Sklaven sind also wertvolle Waren und entsprechend mit Sorgfalt zu behandeln. Ständige Bewachung, damit mir keiner über Bord springt oder sich etwas antut. Unterbinden von Schlägereien oder sonstigen Auseinandersetzungen, die zu Verletzungen führen können. Es ist auf Sauberkeit und Ordnung zu achten. Und äußerste Disziplin bei den Diensten, damit wir diese Fahrt allesamt glücklich und erfolgreich überstehen. Jedem Mann, den ich schlafend auf der Wache antreffe oder bei einem Dienstvergehen, sage ich zu, dass er dafür mit mindestens einem halben Dutzend Hieben von meiner Schiffspeitsche belohnt wird. Sollte er sich dann noch einmal erwischen lassen, darf er mit dem Doppelten rechnen. Noch etwas: Wer sich an den Frauen vergreift, sich zu einer der Sklavinnen legt und meint, seinen Trieben nachgeben zu dürfen, wird ausgepeitscht und ausgestreckt auf die Planken geschnallt. Es soll sich keiner Hoffnung machen, das heimlich im Einvernehmen mit einer Sklavin zu bewerkstelligen. Ich werde dafür sorgen, dass ich über einen eingeborenen Übersetzer von den Sklaven alles erfahren werde, was an Bord vorgeht. Auf meinem Schiff gibt es keine Unzucht! Die *Vesuvius* ist kein Sündenpfuhl! Ich hoffe, ich habe mich klar ausgedrückt. Das gilt insbesondere für das Mädchen, das als Jungfrau auf St. Croix gut zehn Guineas mehr einbringen wird. Ich gehe nicht davon aus, dass irgendjemand von euch mir jetzt zehn Guineas in die Hand drücken könnte. Haben wir uns verstanden!«

Die Mannschaft antwortete mit einem lauten, gemeinschaftlichen: »Aye, Herr Kapitän!«, und war froh, für den Tag abtreten zu dürfen. Sie wussten, dass das erst der Auftakt war und morgen mit einer vielfachen Anzahl von Sklaven an der Küste und deren Übersetzen zum Schiff die richtige Plackerei erst beginnen würde.

Als Nickelsen am nächsten Morgen in aller Frühe übersetzte, um die Abschiedsaudienz beim Gouverneur wahrzunehmen, den Kauf abzurechnen und Unterlagen, Post und Order für die Weiter- und Rückreise bis Kopenhagen entgegenzunehmen, waren Röden, Ketelsen und Andresen mit einigen Seeleuten bereits dabei, den Sammelplatz für die Sklaven vorzubereiten. In einer ausgehobenen Grube wurde ein Kohlenfeuer angelegt und mit leicht brennbarem Material entflammt. Man rammte drei kräftige Holzpfähle in die Erde, befestigte Ketten und Fußeisen daran, legte weitere Fußeisen und Ketten, Halsjoche und Sonstiges geordnet und griffbereit zur Seite. Nettersheim ging mit dem Kapitän an Land und trieb sogleich seine Soldaten und die Geschützführer unter den Seeleuten an, die Maßnahmen zur Sicherung des Geländes durchzuführen, Munition und Waffen zu kontrollieren, bevor man gemeinsam mit einer Abteilung der Soldaten des Gouverneurs die Sklaven aus den Verliesen von Fort Christiansborg holen und an den Strand schaffen würde.

Heute früh war Mats wieder mit heißem Kaffee, Brot und einer Hafergrütze in Nickelsens Kapitänskajüte erschienen und unmittelbar hinter ihm Hansen, den er zum gemeinsamen Frühstück und zur Frühbesprechung gebeten hatte. Der Erste Offizier informierte ihn, dass sich die Bissverletzung entzündet habe und Paulsen mit hohem Fieber fantasierend darniederliege. Der Barbier habe sich bereits seit Stunden um ihn gekümmert, ihn zur Ader gelassen, kühlende Umschläge veranlasst und auf die Bisswunde einen Essigwickel mit Kräutern gebunden. Man könne nur hoffen, mancher habe schon ...

»Weiß schon«, schnitt ihm Nickelsen das Wort ab, denn er wollte nichts von abgetrennten Gliedmaßen oder gar Todesfällen hören. Sie litten ohnehin schon unter zu vielen Ausfällen an Bord.

»Jens, du übernimmst mir heute das Kommando für die Sichtung und Brandmarkung der Sklaven und springst ein, falls es weitere Ausfälle gibt. Wir dürfen nicht länger als noch einen Tag hier liegen, sonst verpassen wir den Treffpunkt mit unserer Schaluppe. Tade Rickerts ist nicht auf kurzer Strecke zurückgekehrt.«

»Hoffen wir, dass dort jedenfalls alle wohlauf sind«, seufzte Hansen. Der Kapitän forderte ihn auf, Platz zu nehmen:

»Wo wir gerade bei der Aufgabenzuteilung sind. Der Nitschke soll sich heute ganz mit der Sichtung der Sklaven befassen. Ich will eine ordentliche Untersuchung. Keine Kranken und Seuchen an Bord, nur erstklassige Ware, schärf ihm das ein!«

Hansen atmete auf, denn er hatte sich ernsthafte Sorgen gemacht, ob der Zweite Barbier nicht noch ausfallen würde. Er arbeitete ohnehin an der Grenze seiner Belastbarkeit. Hoffentlich stand Mohr bald wieder zur Verfügung. Der Erste Barbier und ehemalige Soldat schien ihm ein wenig robuster zu sein. Sie besprachen gerade noch Nettersheims Aufgabe bei der Sicherung und Überführung der Sklaven, als Nickelsen bemerkte, dass sich der Schiffsjunge noch immer verschüchtert im Bereich der Tür herumdrückte.

»Mats Petersen, was liegt an? Gibt es nichts zu schaffen in der Kombüse? Hörte, dass der Jule schon an Land ist. Also ran an das Kommando der Kochtöpfe und Pfannen, Junge!« Jetzt rückte der Junge errötend und stockend mit seinem Anliegen heraus und bat um Erlaubnis, ebenfalls noch einmal an Land zu dürfen. Er wolle bei den Arbeiten dort zur Hand gehen, ganz gleich, wo man ihn einsetzen werde. »Abgelehnt!«, schleuderte ihm Nickelsen entgegen. »Du bleibst an Bord und kümmerst dich um die Kombüse. Kein Wenn und kein Aber! Oder du erlebst ein Donnerwetter!«

In seiner Verzweiflung unternahm der Junge nochmals einen Versuch – allein das grenzte angesichts der Ansage seines Kapitäns an Befehlsverweigerung. »Jens, der Junge ist toll und taub geworden! Schließ ihn unter Deck weg und besetz die Kombüse neu. Bis wir ablegen und Fort Christiansborg hinter uns lassen, bleibt er unter Deck bei Wasser und Brot!« Nickelsen bemerkte, wie der Junge blass wurde und vor Entsetzen zusammensackte. Fast bedauerte er die Härte seines Vorgehens und erklärte: »Man fordert wegen deines Einsteigens beim Gouverneur eine harte Bestrafung. Die Männer des Asantehene argwöhnen, dass du die Ehre von Lucy beschmutzt hättest. Sei froh, dass die dich nicht zu fassen bekommen, und schlag dir das Mädchen aus dem Kopf, denn die steht bereits unter höherem Schutz. Das geht hier nicht gut aus für dich, Mats Petersen.« Bewusst sagte Nickelsen nichts von den Absichten des Odikro und des Asantehene und den Verwicklungen, um die Gefühle des Jungen nicht noch mehr aufzuheizen. Wenigstens konnte er sich darauf verlassen, dass sein Erster Offizier hierzu schweigen würde. Als Hansen und er kurze Zeit später in der Schaluppe Richtung Fort Christiansborg saßen, waren sie überzeugt, alles richtig gemacht und in den Griff bekommen zu haben.

Im Haus des Gouverneurs wurde der Kapitän von dessen Diener in seiner makellosen weißen Uniform erwartet. Der Mann schien Nickelsen ein wenig verändert oder angespannt, jedenfalls nicht mehr so gesprächig und wie bisher in seinen Dienstgeschäften brillierend. Nickelsen versuchte, sich rhetorisch karg auf Friesenart heranzutasten: »Die große Hitze ist wohl vorbei. Soll Regen geben die nächsten Tage. Was meinen Sie, wird es stürmisch hier an der Küste?« Das sei nicht ungewöhnlich für die Jahreszeit, aber er verstehe nichts vom Wetter. Das Gesicht des Dieners wurde noch verschlossener. »Wohl viel Arbeit und Verpflichtungen? Sie machen einen angeschlagenen Eindruck. Etwas mitgenommen, oder irre ich?«

»So, finden Sie? Das bedauere ich sehr, denn Sie sollten als unser wichtigster Gast am wenigsten mit unseren täglichen Belastungen zu tun haben«, antwortete der Diener vorsichtig, aber nicht undankbar für so viel Anteilnahme. Als Nickelsen jedoch davon sprach, im Ort rede man über einen Streit zwischen dem Odikro und dem Asantehene, kam kein Wort mehr über die Lippen des Dieners. Er schwieg gerade so, als habe jemand aus Bosheit seine makellose Uniform beschmutzt, wirkte ganz in sich gekehrt. Gern hätte Nickelsen mehr erfahren, aber dass die Sache einen unschönen Fortgang genommen hatte, seit er vom Rio Volta zurück war, konnte er immerhin aus der Reaktion des Dieners entnehmen. Der beeilte sich jetzt, ihn zum Termin abzuliefern.

Gouverneur Platfues kam hinter seinem Schreibtisch hervor, ging mit großen Schritten auf den Kapitän wie auf einen alten Freund zu und schien bester Laune und zuversichtlich wie eh und je. Er parlierte eloquent, und den draußen tatsächlich einsetzenden heftigen Regenguss machte er lächelnd und scherzend derart vergessen, dass jedermann, der dabei gewesen wäre, geschworen hätte, es wäre schönster Sonnenschein an diesem Tag gewesen. Gut eine Stunde später tauchte Röden mit der ersten von Nitschke gefertigten und Hansen gegengezeichneten Liste der Sklaven auf, die sie aus dem Bestand des Gouverneurs kaufen würden. Es blieb bei der vor Wochen vereinbarten Anzahl von Personen. Gut gelaunt stieß man an, wickelte die Zahlungsformalitäten mit der Kompanie ab, fertigte entsprechende Frachtpapiere aus und entschied, einer guten Tradition folgend, das erfreuliche Ergebnis und den Geschäftstermin mit einem Essen zu beschließen. Ein wenig verwunderte es Nickelsen dann doch, dass Platfues ihm auf seine Frage, ob denn seine Hausdame heute nicht den Termin betreue, offen erklärte, sie arbeite nicht mehr hier und habe es vorgezogen, mit Familie ihren Abschied zu nehmen. »Bedauerlich, mein Lieber, aber nicht zu ändern. Ich bin der Letzte, der ihr dabei im Wege steht. Aber bitte, werter Cornelissen, lassen Sie uns über etwas anderes sprechen.«

Nun gut, dachte sich Nickelsen noch, da haben wir vielleicht ein gemeinsames Problem weniger, und er war bereits angesichts des Weins und der servierten Vorspeise geneigt, auch Lucy, die schöne schwarze Künstlerin, dem Vergessen zu überantworten. Es sollte dann doch kein so ganz intimes Mahl zu zweit werden, obwohl Platfues auch seinen Diener entschuldigte, er sei derzeit viel in Geschäften unterwegs. Es herrsche immer mal wieder Unruhe in den Königreichen der Schwarzen. Da müsse man gut informiert sein, beizeiten darauf achten, Frieden zu stiften und nicht zwischen die Fronten zu geraten. Bei seiner Korrespondenz mit Kopenhagen gehe es nicht zuletzt um einen Ausbau der Wehranlagen und eine verbesserte Bewaffnung und Truppenbesatzung der dänischen Forts. Alles nicht uninteressant, aber der Kapitän war in Gedanken eher wieder auf hoher See, lächelte verbindlich und behielt seine Meinung zumeist für sich.

Das Geheimnis um das dritte Gedeck bei Tisch wurde bald gelüftet und Platfues stellte dem Kapitän einen englischen Kaufmann vor. Hopkins lebte seit Jahren auf dem Gebiet der Aschanti, pflegte gegenüber dem eigenen Königreich und den Gouverneuren an der Küste, allen voran dem britischen, seinen eigenen Kopf zu haben, verfügte über ausgezeichnete Beziehungen zum Aschanti-König Oppoca und galt als Mann von bescheidenem Vermögen. Nickelsen hatte noch keine Gelegenheit gehabt, ihn persönlich kennenzulernen, und er wunderte sich nicht wenig, dass der Brite ihm im Gebäude des dänischen Generalkonsuls Sklaven zum Kauf anbot, wo doch bereits bekannt war, dass ein britisches Sklavenschiff in den nächsten Tagen eintreffen würde. Während die Herren bei ordentlich gedecktem Tisch gepflegte Konversation betrieben, ging dem Kapitän der Gedanke durch den Kopf, dass die Anwesenheit von Mister Hopkins vielleicht mehr etwas mit den Auseinandersetzungen zwischen dem Odikro und dem Asantehene zu schaffen haben könnte. Denn wenn Platfues wegen Lucy zwischen die Fronten geriete und in eine kriegerische Auseinandersetzung einbezogen würde, hinge sein Wohl und Wehe vielleicht davon ab, dass er mächtige Verbündete hätte. Der Aschanti-König Oppoca war ohne Frage ein mächtiger Herrscher und ein gewichtiger Partner, der schon durch seine Bündniserklärung manche Aggression verhindern könnte.

Auch von Oppoca bestellte Mister Hopkins Grüße an den Kapitän Cornelissen, dessen Fahrt auf dem Rio Volta bereits bis zu dessen Hofstaat Kreise gezogen hatte. Mister Hopkins informierte den Kapitän, dass er mit zwei Boten der Aschanti angereist sei, die dem Kapitän ebenfalls einige Sklaven und vor allem Gold anzubieten gedächten. Nickelsen überschlug seinen Warenbestand und seine zur Verfügung stehende Barschaft angesichts des Umstandes, dass ein umfangreicher, offizieller Goldhandel vor allem einen hohen Tauschpreis erforderlich machen würde und ohne eine gewisse Menge an Gewehren und Pulver nicht zu bewerkstelligen wäre. Er wusste zudem, dass er nicht mit Oppoca in Verhandlungen treten konnte, um schließlich nur wenige Sklaven und so gut wie kein Gold zu kaufen. Das würde der Negerkönig als Beleidigung empfinden und davon ausgehen, dass der Kapitän die von ihm gebotene Qualität anzweifelte. Der Kapitän beschloss, aufrichtig zu sein, und sprach zu Mister Hopkins, noch bevor sie mit dem Nachtisch begannen, von seinen inzwischen beschränkten Möglichkeiten. Die hatten natürlich etwas mit den Waffen- und Warenverlusten bei der Flussfahrt zu tun. Hopkins bestärkte aufgrund seiner langjährigen Afrikaerfahrungen Cornelissen in seiner Einschätzung und erklärte sich bereit, zwischen dem Kapitän und den Boten des Oppoca zu vermitteln. Verbindlich lächelnd setzte er noch hinzu:

»Kein Problem, Herr Cornelissen, da ich – wie Sie ebenfalls wissen – in ein paar Tagen dieses Geschäft an die Briten oder Holländer mit ihren Schiffen vermitteln kann. Ich sorge dafür, dass man Ihnen diese Absage nicht übel nehmen wird. Aber Sie müssen König Oppoca versprechen, ihn bei Ihrem nächsten Besuch auf Aschanti-Gebiet aufzusuchen. Er will den gerechten Mann mit dem großen Namen Cornelissen kennenlernen, der den Rio Volta bereist hat.« Bescheiden wehrte Nickelsen diese Ehrbezeugungen ab. Doch das geforderte Versprechen gebe er gerne für seinen nächsten Aufenthalt. Jetzt, meinte Mister Hopkins, könne Kapitän Cornelissen ihm ebenso einen geschäftlichen Gefallen erweisen. »Herr Kapitän, Sie sind der Mann meines Vertrauens. Wenn Sie schon keine Sklaven mehr zu regulären Preisen zu kaufen bereit sind, bitte ich Sie um Vermittlung eines Geschäfts unter Zeugenschaft von Gouverneur Platfues. Ein Geschäft, von dem wir beide profitieren.« Nickelsen legte sein Besteck zur Seite und horchte auf. Sein Gegenüber, vom Scheitel bis zur Sohle ein geschniegelter englischer Gentleman, machte einen soliden Eindruck. Und richtig, der Mann nannte sofort Zahlen und Eckdaten für das Geschäft sowie die Prozente und Anteile an Gewinn und Verlust und schließlich seine Risikoeinschätzung. Nach weiteren fünf Minuten standen die Unterschriften von Mister Hopkins und Kapitän Cornelissen sowie die des Vertragszeugen Gouverneur Joost Platfues unter einem Dokument, mit dem der Kapitän der *Vesuvius* im Namen der dänischen Westindien-Guinea-Kompanie zwölf Sklaven lieh mit dem Ziel, sie über den Atlantik zu transportieren und in Westindien gegen Gewinn zu verkaufen. Der Grundwert der Sklaven wurde einvernehmlich festgesetzt und das Risiko des Todesfalls oder Preisverfalls entsprechend geregelt und zwischen den Vertragspartnern aufgeteilt. Mister Hopkins garantierte unter Vorlage eines ärztlichen Untersuchungsberichts die Gesundheit der Sklaven und Kapitän Cornelissen quittierte ihm 8 männliche Sklaven zu je 96 Reichstalern und 4 Frauen zu je 60 bis 64 Reichstalern. Zusätzlich brachte Mister Hopkins für die Verpflegung seiner Sklaven zwanzig Kisten Millie mit ein. Nickelsen sah in der

Vereinbarung die einzigartige Chance, trotz fehlender Mittel noch freie Kapazitäten an Bord mit der Beiladung von Sklaven auszuschöpfen. Es wurde sehr offensichtlich, wie sehr sich Platfues über die persönliche Vermittlung des Geschäftes freute und nicht müde wurde zu betonen, der Kapitän solle sich bei Gelegenheit an seine freundliche Unterstützung erinnern und sich ebenso erkenntlich zeigen.

Kaum war dieser Wunsch geäußert worden, wurde es im Haus des Gouverneurs laut. Im unteren Stockwerk kam es zu einem heftigen Streit von mindestens einem Mann mit der Wache des Gouverneurs, in dessen Folge mehrere schwere Gegenstände oder Menschen zu Boden knallten. Der Lärm kam näher, Platfues sprang auf, war bei der Tür und rief aufgebracht: »Ich wünsche, nicht gestört zu werden. Ruhe, meine Herren! Dieser Termin ist wichtig und jedes andere Anliegen kann doch wohl warten!« Die Stimme, die sich jetzt lautstark im Treppenhaus Gehör verschaffte, war Nickelsen vertraut: Smutje Röden verschaffte sich gewaltsam Zugang zu ihm. Mit wenigen raschen Schritten war Nickelsen am Gouverneur vorbei in den Flur gesprungen, um Röden beizustehen.

Röden entdeckte ihn schon von Weitem und rief: »Gott sei Dank, Herr Kapitän, dass ich Sie erreiche! Hansen schickt mich, weil etwas vorgefallen ist. Bei den Sklaven, meine ich. Er meint, Herr Kapitän, verzeihen Sie diesen Ausdruck, Sie sollten sich das dringend ansehen und sich beeilen, an Bord der *Vesuvius* zu kommen.«

Jetzt war er ganz nah bei Röden angekommen: »Reden Sie schon, Jule, was ist los? Verdammt, was glotzen Sie so?«

Doch Röden hielt sich mit Ellenbogen und Fäusten die Wachen des Gouverneurs vom Leib, schaute nur mit einem seltsamen Gesichtsausdruck in Richtung von Platfues und antwortete verlegen: »Ich habe ausdrückliche Order, Herr Kapitän, sein dringlichstes Erscheinen an Bord nahezulegen und mich in Anwesenheit des Gouverneurs oder dessen Diener nicht weiter zu erklären.«

Gouverneur Platfues regte sich auf. »Herr Kapitän! Das ist unerhört! Ich will das im Interesse von uns allen überhört haben. Erinnern Sie sich daran, dass Sie mir einen Gefallen schuldig sind.« Mister Hopkins hatte angesichts der sich abzeichnenden Verwicklungen seinen Spaß. Von der weißen Uniform des Dieners war weit und breit nichts zu sehen. Eilig verabschiedete sich Nickelsen von Hopkins, der zusagte, die zwölf Sklaven noch am selben Tag auf den Platz zum Brandmarken bringen zu lassen. Der Nachtisch des Kapitäns blieb zur Hälfte unangetastet und das Weinglas noch zu einem Viertel voll. Als er mit Jule über den Hof des Gouverneursgebäudes eilte, sah er Platfues und Mister Hopkins nebeneinander am Fenster stehen und ihm nachschauen. Platfues erwiderte seinen Abschiedsgruß nicht.

Nickelsen mochte kaum glauben, was ihm Röden berichtete, als sie Richtung Stadttor liefen. Röden kam nicht einmal dazu, seinen Bericht zu beenden, da von dem Strandabschnitt, wo sie die Sklaven für die Verschiffung und Brandmarkung zusammengetrieben hatten, mehrere Schüsse zu hören waren. Als sie völlig außer Atem dort anlangten, befanden sich Nettersheims Soldaten in einer handfesten Auseinandersetzung mit einigen bewaffneten Schwarzen, die offenbar in den gesicherten Bereich eingedrungen waren und jetzt zwischen den Sklaven umhergingen und für reichlich Unruhe sorgten. Die Soldaten des Gouverneurs ließen sie gewähren und sicherten lediglich den Platz, dass ihnen keine Sklaven abhandenkamen. Nettersheim war mit seinen Leuten völlig auf sich gestellt. Die übrigen Seeleute hatten alle Hände voll zu tun, die Ordnung aufrechtzuerhalten und darauf zu achten, dass nichts gestohlen wurde.

»Schauen Sie sich das an, Kapitän!«, empörte sich Röden und begann sofort, Nettersheim, der sich selbst mit einem Anführer der Schwarzen herumschlug, handgreiflich zur Seite zu springen. »Die Leute vom Gouverneur kennen diese Schwarzen ganz genau. Die wissen, was hier vor sich geht.«

Nickelsen zog seinen Degen und hielt ihn kampfbereit vor sich, als er gemessenen Schrittes auf den Anführer zuging. Dabei handelte es sich eher um eine Geste der Autorität als um einen Angriff. Der Anführer erhob seinen Arm, als er den Kapitän wahrnahm, gab zwei kurze Laute von sich, und die Schwarzen verschwanden in Windeseile bis auf zwei Begleiter, die in seiner unmittelbaren Nähe verblieben. Der Spuk war zu Ende, bevor er noch richtig begonnen hatte. Nickelsen stand breitbeinig mit gezücktem Degen vor dem Schwarzen und stellte ihn zur Rede. Dessen Antwort war jedoch ohne Dolmetscher schwierig zu verstehen, aber offenbar ging es um Lucy und ihre Familie. Wahrscheinlich handelte es sich um Stammeskrieger der Accra, die im Auftrag des Asantehene oder des Odikro unterwegs waren. Der Kapitän wies mit großer Geste gebieterisch über den gesamten Lagerplatz und Richtung Schiff und gab zu verstehen, dass man hier die gewünschten Personen nicht finden würde. Der Anführer verbeugte sich leicht und schritt mit seinen Begleitern wieder davon. Irgendwo draußen an der Küste lagen ihre Boote.

Nickelsen ahnte inzwischen, dass er wahrscheinlich gelogen hatte. Aber jetzt ging es vor allem darum zu erfahren, was wirklich vorgefallen war. Zusammen mit Röden ließ er sich zur *Vesuvius* übersetzen. Röden sprudelte vor Wut und Aufregung wie ein angestochenes Weinfass. Nickelsen wurde immer schweigsamer und versuchte, sich die Rolle des Gouverneurs und die Zusammenhänge klarzumachen. Er konnte sich einfach nicht vorstellen, dass Joost Platfues ein solch falsches Spiel auf seine Kosten trieb. Aus diesem Grund konnte er sich, als zu seiner Ankunft die Pfeife des Wachhabenden an Bord ertönte und er wieder die Planken seines Schiffes unter die Füße bekam, noch nicht damit beschäftigen, welche Folgen die Geschehnisse haben würden. Alle Regeln missachtend, stürmte der Schiffsjunge Mats, völlig außer sich, auf den Kapitän zu, warf sich vor ihm auf den Boden, schlang seine beiden Arme um dessen Beine und hinderte ihn daran, einen Schritt zu machen. Weder der Befehl noch die unwirsche Reaktion des Kapitäns noch Rödens Versuche, den Jungen dazu zu bringen, seine Position aufzugeben, halfen weiter. Mats Stimme überschlug sich, und zu Anfang war er bei seinem Gejammer und Geschrei noch nicht einmal zu verstehen. Dann jedoch brachte er seine Sätze stoßweise und klarer vor: »Herr Kapitän! Um Gottes willen! Sie dürfen das nicht zulassen! Wie konnten sie nur gebrandmarkt werden? Das sind doch freie Menschen und keine Sklaven! Nein, sie müssen sofort wieder von Bord! Herr Kapitän! Ich gehe mit! Hören Sie? Bitte, hören Sie! Nicht Lucy und ihre Familie. Nicht Lucy!«

Da Nickelsen den Jungen nicht mit Worten und Gesten erreichen konnte, sogar eine Ohrfeige nicht weiterhalf, winkte er den Wachhabenden heran, versuchte, sich über dieses Gejammer und Geschrei des Jungen hinweg Gehör zu verschaffen, indem er den Seemann laut anschrie: »Was macht der Junge hier an Deck? Sollte er nicht unter Verschluss sitzen? Macht hier jeder, was er will? Wer hat ihn rausgelassen? Sofort will ich eine Antwort!«

»Herr Kapitän! Lieber Herr Cornelissen, das spielt doch keine Rolle! Schauen Sie doch nur, Lucy und ihre Familie ... Das ist ein großes Unrecht. Ein himmelschreiendes Unrecht!« Das Geschrei des Jungen enthob den Wachhabenden für einen Moment der fälligen Antwort und der war sichtlich dankbar dafür. Es stellte sich dann jedoch heraus, dass sich niemand etwas dabei gedacht hatte, den Jungen für ein paar Arbeiten in der Kombüse nach oben zu lassen. Niemand sonst hatte sich gefunden, der sich um das Herdfeuer und das Essen an Bord kümmern konnte. Man wollte ihn anschließend sogleich wieder unter Deck einschließen. Nickelsen schickte nach Paulsen, ließ diesen vermerken, dass der Wachhabende zwei Peitschenhiebe zu erwarten habe. Gleichzeitig strich er ihm seine nächsten beiden Freiwachen. Dann sorgte er dafür, dass man den Wachhabenden und den Jungen unter Deck zerrte und dort wegsperrte.

Ganz vorn auf dem Schiff fand Nickelsen an Deck tatsächlich die Hausdame des Gouverneurs mit Lucy und der gesamten Familie nackt, gefesselt und gebrandmarkt vor. Sie hockten dort, in sich zusammengesunken, verzweifelt und ausgeliefert. Jetzt fielen Nickelsen die Fußeisen und die Ketten auf, mit denen sie stramm gefesselt und zusammengekettet waren. Er herrschte Paulsen an, man solle gefälligst diese Fesseln entfernen. Man wisse doch, um wen es sich handele. Paulsen rechtfertigte sich: »Gerade deshalb wollte ich sichergehen, dass mir niemand vor Ihrem Eintreffen, Herr Cornelissen, verzweifelt über Bord springt.«

Nickelsen ließ diese Antwort unkommentiert, denn mit Entsetzen sah er jetzt die Striemen auf den nackten Körpern und die starken Quetschungen an den Oberarmen und Füßen, die ihm verrieten, dass die Fesselungen wesentlich länger gedauert hatten als der Aufenthalt hier an Bord oder die Dauer der Kanufahrt. Das Martyrium der Familie währte offenbar schon einige Tage. Der Mann, einst Aufseher des Gouverneurs über dessen Sklaven, jetzt selbst in Ketten ... Nickelsen fiel sein Name ein. Nogave Kofi Kumballa. Der Mann schaute ihn mit großen Augen von unten an und weinte. Nickelsen ließ seine Hand auf der rechten Schulter des schwarzen Mannes liegen, sein Blick fiel auf das Brandmal, das sich auf der linken Schulter befand und eine hässliche Verletzung darstellte. In seiner Muttersprache sagte Nogave Kofi Kumballa etwas zu ihm und seine tränenerstickte Stimme rührte an sein Innerstes. Natürlich hatte er schon früher und sehr häufig Männer weinen gehört. Er selbst hatte auf den Decks der Schiffe, auf denen er Dienst geleistet, gekämpft und gearbeitet hatte, häufig vor Erschöpfung und Verzweiflung geweint. Aber noch nie im Leben hatte er einen großen, kräftigen Mann wie Kofi im Angesicht seiner eigenen Familie so erbärmlich weinen sehen. Es war, als hörte er in dessen Schluchzen die Verzweiflung jener dunklen, längst vergangenen Nächte, die er selbst für sich glaubte überwunden zu haben. Und er wusste, woran es lag, dass ihn diese Verzweiflung jetzt so rührte: Sie hatte einen Namen, sie hatte ein Gesicht bekommen. Vor ihm dort auf den Planken kauerten keine namenlosen Sklaven mehr, keine Waren. Dies waren Menschen mit Talenten, mit Fähigkeiten und Gefühlen. Nickelsen befahl Paulsen, aus seiner Kabine zwei Decken heraufzuschaffen, damit die Menschen dort vor ihm ihre Nacktheit bedecken konnten. Er hätte es kaum für möglich gehalten, aber sein Erschrecken wuchs noch weiter, als er sich daran erinnerte, dass die Hausdame des Gouverneurs neben Lucy noch zwei andere Kinder hatte. Das jüngste musste ein Mädchen von fünf Jahren sein. Erst jetzt bemerkte er das Füßchen, das unter dem nach vorn gekrümmten Oberkörper der Mutter hervorlugte. Er musste sanfte Gewalt anwenden, um einen Blick auf das Kind zu bekommen, das sie in ihren Armen versteckt und geborgen hielt. Es handelte sich tatsächlich um die fünfjährige gemeinsame Tochter von Kofi mit der Hausdame. Das Kind begann, wie ein Baby zu schreien und zu greinen, als Sonnenlicht auf sein Gesicht fiel. Wenigstens der Kleinen hatten sie kein Brandmal verpasst. Nickelsen fragte aufgeregt nach dem Jungen, während er versuchte, dem ausgetrockneten kleinen Körper des Mädchens Wasser einzuflößen. Kofi und seine Frau gaben ein paar furchterregende kehlige Schreie von sich und wedelten mit der Hand Richtung Ufer. Wahrscheinlich war der Junge, der an die Vierzehn sein musste, geflohen. Hoffentlich, dachte Nickelsen noch, hoffentlich ist er nicht ertrunken oder hockt in einem anderen Verlies oder auf einem anderen Sklavenschiff. Hier fehlten ihm für Trost alle Worte. Mit Misstrauen verfolgte die Frau jede seiner Handreichungen für ihre kleine Tochter. Der Gedanke, dass sie zwangsläufig eine Lösung finden müssten, da ein so kleines Kind nicht auf ein Sklavenschiff gehörte, trieb Cornelissen um. Der Mutter auch noch dieses Kind nehmen? Ausgeschlossen! Ihm musste etwas einfallen.

Mit der nächsten Anlieferung von Sklaven, die an Deck getrieben wurden, trafen Hansen und Nitschke ein, und Nickelsen schickte Paulsen, der vor Fieber glühte und jetzt wieder so schwach war, dass er sich kaum auf den Beinen halten konnte, wieder in seine Koje. Zunächst brach mit der Ankunft der Schaluppe und eines Ruderbootes vom Gouverneur an Deck das übliche Getöse und Durcheinander aus, weil fünfundzwanzig Sklaven von einer Handvoll Seeleute mit Geschrei, Peitschenschlägen und Stockhieben an Deck in mehrere Gruppen aufzuteilen waren und dann, mit neuen Ankettungen innerhalb ihrer Gruppe versehen, in die extrem niedrigen Laderäume der Zwischendecks geknüppelt wurden. Die Höhe der Laderäume reichte meistens gerade noch dafür aus, dass ein ausgewachsener Sklave aufrecht sitzen konnte. Im Übrigen lagen die Schwarzen dicht an dicht, streng getrennt nach Mann und Frau und, zur Vermeidung von Streitereien und Verletzungen, grob nach Stammeszugehörigkeiten sortiert. Mochten Sklaven ein wertvolles Gut an Bord der *Vesuvius* sein, sie trugen unter Deck Fesseln an Hals, Armen und Beinen. Die Lebensbedingungen waren unerträglich, die Hitze bei ruhigem Wetter in diesen klimatischen Bedingungen Afrikas kaum zu ertragen. Kamen sie hingegen auf offene See und gerieten in einen Sturm, waren durch die Schiffsbewegungen häufig schlimme Verletzungen nicht zu vermeiden. Schreierei und Brutalität brachen sich im Moment der Beladung der *Vesuvius* auch deshalb beispiellose Bahn, weil es an Möglichkeiten der Verständigung zwischen Sklaven und den Seeleuten mangelte. Die Sklaven waren seelisch und körperlich vollkommen am Ende, als Gefangene und Misshandelte der Sklavenhändler oftmals seit Wochen und Monaten unterwegs oder in lichtlose Verliese gesperrt, zum schlimmen Ende noch durch die schmerzhafte Brandmarkung verletzt und geschockt und aus lauter Angst und Verzweiflung kaum noch in der Lage, einen klaren Gedanken zu fassen oder überhaupt eine Anweisung ihrer neuen Herren auf dem großen Schiff zu verstehen. Viele von ihnen hatten in ihrem Leben bislang nicht einmal das Meer gesehen und waren es nicht gewohnt, als Menschen, die in der Natur lebten, auf die Jagd gingen oder ihre Felder bestellten, eingesperrt in dunklen Räumen ihr Dasein zu fristen. Sie mussten sich wirklich gefühlt haben, als würden sie zur Schlachtbank geführt, als wären sie die lebendige Speise jener Weißen auf dem Schiff. Auf der anderen Seite lastete der Druck auf den Seeleuten, denen es gelingen musste, binnen kürzester Frist alle Sklaven gebrandmarkt, untersucht und sicher an Bord zu bringen, ohne dass ihnen einer dabei verloren ging. Für ihren Broterwerb war den Seeleuten auf den Sklavenschiffen wichtig, dass ihre lebendige Ware Respekt vor ihnen hatte, damit sie ihre Arbeit leicht verrichten konnten und sich stets in

Sicherheit wähnen durften. Nicht selten war es bereits vorgekommen, dass Sklaven sich erhoben und das Kommando über Sklavenschiffe übernommen hatten. Große Teile der Mannschaft verloren dabei ihr Leben. Vom ersten Tag, ja vom ersten Moment an war daher die Mannschaft auf jedem Sklavenschiff der Welt darauf bedacht, Angst und Schrecken unter den Sklaven zu verbreiten, um sich Respekt zu verschaffen. Diese Welten prallten jetzt laut und brutal, grausam und ohne Gnade auf der *Vesuvius* zusammen, während Nickelsen bemüht war, sich mit Kofi um eine Verständigung zu bemühen. Der Kapitän musste rasch begreifen, was im Einzelnen vorgefallen war. Aber Kofi war in einem derartigen Schockzustand versunken, dass er offenbar die dänische und englische Sprache vollkommen verlernt hatte und nur noch seinen afrikanischen Dialekt sprach. Dafür riss sich seine Frau, die Hausdame, die Decke vom Leib, beschimpfte ihren Mann und ihre Tochter, die geistesabwesend ein Lied vor sich hin summte, und hielt Nickelsen ihre dicken hängenden Brüste zur Schau hin. Vielleicht wollte sie so ihre Freiheit erkaufen? Vielleicht wollte sie so ausdrücken, dass ihr Mann ihr nichts mehr galt, weil sie in diese Situation geraten waren? Nickelsen konnte sich auf das Verhalten keinen Reim machen. Er forderte sie auf, sich wieder zu bedecken. Sie folgte der Aufforderung erst, als er ihr klarmachte, dass es auch darum gehe, ihre Tochter warm zu halten, die vor Aufregung und Schwäche zitterte und fror. Der Kapitän bat Nitschke, der noch die Unterbringung der Sklaven in das Zwischendeck begleitet hatte, sich um die Wundversorgung der Brandmale bei den Familienmitgliedern zu kümmern. Der Kapitän stellte zwei Wachen ab und beschloss, im engsten Kreis das weitere Vorgehen zu beraten.

Als gegen Spätnachmittag der Erste Offizier Hansen, der Smutje Röden, Nitschke, Hull und Knud Erken völlig erschöpft und mitgenommen von den Vorgängen um die abgeschlossene Beladung des Schiffes mit Sklaven und die grausamen Brandmarkungen in der Kapitänskajüte Platz nahmen, hatte niemand von ihnen bislang eine rechte Vorstellung davon entwickelt, wie sie die Sache mit der Familie von Kofi handhaben könnten. Nickelsen machte sich wegen der überfallartigen Heimsuchung durch schwarze Stammeskrieger am Ufer vom Vormittag und des Zustandes von Mats Petersen, der nach Auskunft von Jule Röden ununterbrochen in seiner Gefangenschaft unter Deck tobe und jede Nahrung verweigere, große Sorgen. Doch eine knappe Stunde später kamen sie zu Ergebnissen: Der Streit zwischen dem Asantehene und dem Odikro wegen Lucy musste weiter eskaliert sein. Es stand zu vermuten, dass beide sich nicht nur gegenseitig bedroht, sondern auch Druck auf den Gouverneur ausgeübt hatten, Lucy herauszugeben oder die gesamte Familie zu drängen, freiwillig aus Christiansborg zum Sitz eines schwarzen Herrschers überzusiedeln. Die Familie und insbesondere Lucy hatten sich solchen Vorschlägen verweigert. Der Gouverneur, in Sorge, einer drohenden kriegerischen Auseinandersetzung nicht gewachsen zu sein, wollte Kofi und seine Hausdame daraufhin dazu bewegen, wenigstens ihre Stellung aufzugeben und – soweit möglich –Christiansborg heimlich zu verlassen. Doch wohin hätten sie gehen sollen? Sie hofften auf die Treue des Gouverneurs, auf den Schutz des dänischen Forts, der Festungswände, die sie umgaben, und täuschten sich dabei auf tragische Weise. Der Gouverneur gab beiden Parteien in dem Streit die Auskunft, Lucy und ihre Familie seien freiwillig gegangen und hätten ihre Stellung im Hause aufgegeben. Gleichzeitig nutzte er mithilfe seines Dieners die unübersichtliche Situation bei der Untersuchung und Brandmarkung der Sklaven an der Küste, um die Familie, die er zuvor schon mehrere Tage in Haft genommen und versteckt gehalten hatte, unter die Sklaven zu schmuggeln, die zum Brandmarken und Abtransport zusammengestellt wurden. Hansen berichtete, dass der Diener in seiner weißen Uniform am frühen Nachmittag aufgetaucht und sich mit ihm und später, als es zur Verteilung der Sklaven auf die Boote gekommen sei, mit Nettersheim unterhalten habe. Wenn er nun darüber nachdenke, sei dessen Auftauchen gerade zu der Zeit erfolgt, als der Kapitän zum Empfang im Gouverneurshaus war. Das geschah mit der

Absicht, von dem wahren Vorhaben abzulenken. Der Diener des Gouverneurs hatte bei der von ihm zu verantwortenden zwangsweisen Versklavung der Familie dann das unverschämte Glück, dass der Kapitän zuvor seinen Zweiten Barbier von der Tätigkeit des Brandmarkens befreit hatte, sodass er hier auf niemanden traf, der die Familie oder Lucy näher kannte. Sicherlich hätte ihnen Kofi, der Aufseher des Gouverneurs, den sie alle bei der ersten Sichtung im Hof vor dem Haus des Gouverneurs vor Wochen kennengelernt hatten, auffallen können. Aber wer achtete schon auf einen nackten schwarzen Sklaven? Er sah aus wie jeder andere, schrie und protestierte wie jeder andere ... Knud Erken erinnerte sich daran, wie froh sie darüber gewesen waren, dass der Diener gleich zwei weitere Ruderboote und ein paar Soldaten zur Verstärkung mitgebracht hatte. Sie waren überzeugt, dass die Familie bereits mit der ersten oder zweiten Überfahrt an Bord gebracht worden war. Es lag auf der Hand, dass sich der Gouverneur auf diese Art seines Problems entledigt hatte und es ihm gleichgültig war, dass er wie ein Sklavenhändler die Familie ihrer Freiheit beraubte. Wütend schlug Nickelsen auf den Tisch: »Der Kerl ist nicht müde geworden zu betonen, ich würde ihm einen Gefallen schulden. Jetzt weiß ich, wovon er gesprochen hat.«

Hansen gab sich ebenfalls empört: »Das geht nicht! Ganz davon abgesehen, dass wir das kleine Mädchen nicht an Bord behalten können, es handelt sich um eine himmelschreiende Ungerechtigkeit! Es ist die Pflicht von Platfues, dieses Problem zu lösen und sich des Schicksals der Familie anzunehmen. Wir müssen es ihm klarmachen oder sie heimlich wieder an Land bringen!«

»Wo sollen sie hin?«, gab Röden zu bedenken. »Außerdem: Wir werden Mats in Ketten legen müssen.«

»Solange weder der Asantehene noch der Odikro sicher wissen können, wo sich die Familie von Kofi aufhält, solange sie vor allem nicht davon ausgehen können, dass sie hier an Bord sind, bleibt uns noch die Möglichkeit, sie irgendwo weiter nördlich – vielleicht auf Aschanti-Gebiet – wieder an Land zu lassen.

Schlimm genug, dass wir sie gebrandmarkt haben. Damit werden sie zu Freiwild. Immer und überall müssen sie ihre Freiheit unter Beweis stellen.« Traurig schüttelte Nickelsen seinen Kopf.

»Wenn man Schwarze aufgreift und sie ein solches Brandmal tragen, ist es sehr leicht, ihnen nicht zu glauben«, erklärte Knud Erken finster. Alle brüteten eine Weile über diesen Gedanken, denn die Brandmale ließen sich nicht mehr ungeschehen machen.

Sie kamen überein, dass der Kapitän versuchen sollte, morgen in aller Frühe den Gouverneur davon zu überzeugen, die Familie wieder bei sich aufzunehmen und sich selbst um eine Lösung des Problems zu bemühen. Ein besonderes Problem stellte jedoch bereits die aktuelle Unterbringung der Familie dar. Es lag auf der Hand, dass sie sie nicht einfach zu den Sklaven stecken konnten, andererseits war es nicht möglich, sie als Schwarze mit Kleidern versehen bei der Mannschaft oder gar in den Kajüten des Achterdecks schlafen zu lassen. Das würde nicht nur einen falschen Eindruck bei der Mannschaft erwecken, sondern vor allem Hass und Neid unter den übrigen Schwarzen hervorrufen – was, für den Fall, dass sich Platfues hartherzig zeigen würde, zu einem richtigen Problem werden könnte, wenn sie die Familie eine Weile an Bord halten müssten. Zuerst lösten sie das Problem mit den Kleidern, indem sich Hull anbot, unter Verwendung einiger bunter Leinenstoffe aus dem Warenangebot des Schiffes mit ein paar Stichen für die Frauen ein paar sackähnliche Überwürfe zu fertigen. Nickelsen und Hansen kamen überein, Kofi Seemannshosen zu verpassen und ihm zur Rechtfertigung dieser zur Schau gestellten Auszeichnung die Aufgabe des Dolmetschers und Bombaes an Bord zu übertragen. Sobald er vollständig wiederhergestellt sein würde, wäre er ohnehin mit seiner Berufserfahrung beim Gouverneur für diese Tätigkeit wie geschaffen. Dann hielt Jule Röden ein flammendes Plädoyer auf die Gleichheit und Freiheit eines jeden Menschen und dass dies Beispiel von Kofi und Lucy, der Frau und vor allem diesem unschuldigen Kind mehr als deutlich mache, dass ihre Geschäfte hier an Bord eines Sklavenschiffes von keinem Christenmenschen auf der Welt betrieben werden sollten. »Möge Gott unseren Seelen gnädig sein«, sagte er noch, bekreuzigte sich, obwohl er nicht katholisch war, und nutzte den Auftritt, um damit seiner bedrängten Seele und all den Grausamkeiten des Tages Luft zu verschaffen.

Niemand widersprach ihm, selbst der Kapitän ließ ihn ausreden und sein Wort am Ende mit Gewicht im Raume stehen. Als Jule dann jedoch noch forderte, die Familie warm und sicher in der Kombüse schlafen zu lassen, regte sich Widerspruch. Nickelsen gab zu bedenken, dass sie für den Fall, dass Platfues nicht einsichtig würde, unter Umständen die Familie noch an Bord behalten müssten. Sie bekämen dann jedoch eine Sonderstellung durch solche einzigartigen Vergünstigungen, und er schloss, indem er ernst in die Runde blickte: »Das, meine Herren, werden wir mit an die dreihundert Sklaven auf diesem Schiff nicht durchhalten können. Wollen Sie, Jule, dann der Mutter erklären, warum sie aus der Kombüse ausziehen und mit der Tochter künftig nackt zwischen den anderen Sklaven im Zwischendeck schlafen muss? Glauben Sie mir, wir haben mit unserem jetzigen Vorgehen für diesen Fall, den der Herrgott verhüten möge, schon genügend Probleme am Hals.«

Sie beschlossen, der Familie in dem erst zu drei Viertel gefüllten Zwischendeck in einem noch freien Bereich im vorderen Teil zum Bug hin einen Schlafplatz einzurichten und sie so zu separieren. »Das geschieht auch zu ihrer eigenen Sicherheit aufgrund der Aufsehertätigkeit von Kofi und ihrer fremden Stammeszugehörigkeit, damit sie von Angriffen so weit wie möglich verschont bleiben. Hull, lassen Sie bitte künftig durch unsere Leute in dieser Hinsicht Aufmerksamkeit walten. Hansen, bitte hab ein Auge darauf.« Der Kapitän verabschiedete die Männer der Runde und schloss mit einer letzten Anordnung an Jule Röden und Hansen, bevor diese als Letzte die Kajüte verließen: »Ansonsten bekommen sie Essen und Getränke wie die anderen Sklaven. Wir machen da keine Unterschiede. Bewusst nicht, Jule, verstanden?« Röden setzte ein aufmüpfiges Gesicht auf. »Jule Röden, ich kenne Sie, wir tun dieser Familie, Lucy und letzten Endes Mats keinen Gefallen, wenn wir sie an Bord zu Weißen machen.«

Röden nickte: »Verstanden, Herr Cornelissen, wird beachtet.«

Schon vom Schiff aus konnte Nickelsen viele der Eingeborenenkanus am Uferbereich erkennen. Eine auffällig große Anzahl von Stammeskriegern mit Waffen hielt sich vor den Stadtmauern von Fort Christiansborg auf. Das Stadttor war bis auf einen Durchgang geschlossen und mit einer ganzen Abteilung Soldaten besetzt und gesichert, als der Kapitän mit Hansen an seiner Seite kurze Zeit später Einlass begehrte und nur bis zum Hafen- und Zollbüro vorgelassen wurde, das jetzt als Wachstube diente. Hier wurde er von einem wichtigtuerischen Unteroffizier nach seinem Anliegen befragt und beschieden, dass wegen der Unruhen bei den Stämmen in der Umgegend bis auf Weiteres der Zugang nur in besonderen Fällen gestattet würde. Der Kapitän wurde heftig und erreichte schließlich nur, dass der Diener des Gouverneurs erschien und noch wortkarger und verschlossener auftrat, als ihn Nickelsen am Vortag bereits erlebt hatte. Nickelsen versuchte erst gar nicht, den Diener auf die Familie von Nogave Kofi Kumballa anzusprechen. Vielmehr verlangte er unmissverständlich, den Gouverneur zu sprechen. Unter Hinweis darauf, dass dieser in den nächsten Tagen nicht verfügbar sei und wichtige Treffen mit den Stammesfürsten und dem niederländischen Gouverneur anstünden, wurde er aber stattdessen gebeten, wieder zu gehen. Als Hansen an der Seite seines Kapitäns beharrlich nachsetzte, strich sich der Diener etwas nervös über seine makellose weiße Uniform und erklärte dann geradezu im Befehlston: »Sie sehen selbst, meine Herren, was hier los ist! Wir haben im Moment wirklich andere Probleme. Ihre Geschäfte sind abgewickelt. Eine weitere Möglichkeit vorzusprechen kann ich Ihnen nicht besorgen. Ich empfehle Ihnen, Anker zu lichten, irgendwo an der Küste noch Sklaven aufzugreifen und in See zu stechen.« Dann drehte er sich um und war dabei, den Raum zu verlassen, hielt jedoch noch einmal inne und setzte hinzu: »Die Gelegenheit ist günstig, verehrter

Herr Kapitän Cornelissen, wie ich gehört habe, gibt es gute Windverhältnisse. Was wollen Sie mehr?«

Das war zu viel Anmaßung gegenüber einem Kapitän friesischer Herkunft. Mit zwei Schritten war Nickelsen an seiner Seite, packte den Diener am Jackett und Kragen und hob ihn leicht wie eine Feder vom Boden. Dann schnauzte er ihn an: »Glauben Sie etwa, wir wüssten nicht, dass wir es Ihnen, vor allem Ihnen, zu verdanken haben, dass die Familie von Kofi und Lucy bei uns an Bord festsitzt? Sie sind keine Sklaven. Wir werden sie Ihnen wieder übergeben und Sie werden dafür sorgen, dass ihnen nichts geschieht! Haben Sie das verstanden?« Dann setzte er ihn unsanft wieder ab, sodass der Diener den Halt verlor und rückwärts auf den Boden fiel. Sofort sprangen Wachen hinzu, griffen zu den Gewehren, aber der Diener machte eine beschwichtigende Handbewegung, stand auf, klopfte sich den Schmutz von seiner Uniform und wusste formvollendet und geschliffen, eines Diplomaten würdig, jede Beteiligung abzustreiten. Er gab sich verwundert, dass es die Familie von Kofi und Lucy ausgerechnet an Bord eines Sklavenschiffes verschlagen habe. »Wissen Sie«, erklärte er mit verschlagenem Blick, »ich würde als allerletzte Möglichkeit für mich die Flucht auf ein Sklavenschiff in Betracht ziehen. Da wäre ich lieber tot als Sklave – ein Leben lang. Wenn ich es recht bedenke, würde ich noch nicht einmal freiwillig als Passagier auf solch einem Schiff fahren.«

Nickelsen erkannte an seinem unerschrockenen und dreisten Vorgehen, dass der Diener nicht auf eigene Verantwortung handelte, und spürte, dass er so nicht weiterkam. Der Kapitän drohte, er werde über den Vorfall nicht nur der Kompanie berichten, sondern auch dafür sorgen, dass die dänische Regierung davon erfahre. Bei der Familie habe es sich wohl um mehr als nur Schwarze gehandelt. Sie seien im Haushalt des Gouverneurs angestellt gewesen.

»Sie waren angestellt? Vielleicht war das so. Dazu kann ich im Moment nichts sagen. Jedenfalls haben sie ihre Stellung aufgegeben und sind gegangen.« Der Diener lächelte und meinte, soweit er das beurteilen könne, sei der dänischen Kompanie kein Schaden entstanden. Vielmehr hätten sie inzwischen mehr Sklaven an Bord, als sie bezahlt hätten. Kein Anlass, sich zu beschweren. Als Hansen und der Kapitän fast gleichzeitig tobten, verschwand der Diener mit unglaublicher Schnelligkeit durch die nächstliegende Tür und niemand war mehr für den Fall zuständig. Sie wurden nicht nach Fort Christiansborg eingelassen, sondern fanden sich durch fünf schwer bewaffnete Soldaten des Gouverneurs genötigt, ihre Schaluppe zu besteigen und wieder zurück zum Schiff zu fahren. Damit war einerseits der Versuch gescheitert, den Gouverneur zur Lösung des Problems zu bewegen, andererseits erschien es angesichts der um Fort Christiansborg durch die Anwesenheit der Stammeskrieger entstandenen Unsicherheiten Nickelsen viel zu gefährlich, die Familie von Kofi irgendwo an der Goldküste abzusetzen. Diesen vier unglücklichen Seelen blieb nichts anderes übrig, als noch einen weiteren Tag abzuwarten und zu hoffen. Dann jedoch müssten sie aufbrechen, um Rickerts und Jessen mit der Großen Schaluppe am vereinbarten Treffpunkt aufzunehmen.

14. Schlangenbrut und Natterngezücht – Auch mit vollen Segeln entkommt die Vesuvius Falschheit und Intrigen nicht

Kaum hatten sie die Sklaven an Bord genommen, schickte der Kommandant des englischen Kriegsschiffes ein Boot herüber und ließ einen Gruß ausrichten samt seiner Bitte an den Kapitän des dänischen Schiffes und dessen Ersten Offizier, doch abends seine Gäste zu sein. Nickelsen und Hansen argwöhnten nichts Böses und setzten mit der Schaluppe am Abend über. Sie wurden herzlich empfangen. Zum Abendessen in der Kapitänskajüte klagte der englische Kapitän ihnen seine Not, in welcher er sich augenblicklich befinde. Er habe den Eindruck, sie würden in den nächsten Tagen Anker lichten, und als Nickelsen dies bestätigte, gestand er, dass es unter seiner Besatzung auf der Hinfahrt eine Meuterei gegeben habe und – obwohl er die Rädelsführer hart bestraft habe – noch immer keine Ruhe in der Mannschaft eingekehrt sei. Das würde ihn von seinen eigentlichen Geschäften abhalten und untergrabe die Kampfkraft seines Schiffes. Er wisse vor Verlegenheit nicht recht, was er noch beginnen solle. Sie besprachen sich eine Weile, bevor er mit seinem eigentlichen Wunsch herausrückte, Nickelsen solle ihm einige Köpfe der Rädelsführer abnehmen und als Seeleute für die *Vesuvius* übernehmen. Obwohl Hansen nur wenig Neigung zu einem solchen Geschäft verspürte, das an keine sonstigen Bedingungen vonseiten des englischen Kommandanten, insbesondere keine finanziellen Forderungen geknüpft wurde, bedachte Nickelsen nüchtern die personelle Situation auf seinem Schiff, überzeugte sich davon, dass es sich bei den fraglichen sechs Männern um erfahrene Seeleute handelte, und erklärte sich einverstanden. Noch in der Nacht verpflichtete der Kapitän die Seeleute, die guten Mutes das englische Schiff und damit ihre Militärlaufbahn unehrenhaft verließen. Nickelsen wollte in den nächsten Tagen ein besonderes Auge auf die Männer haben. Sollten sie Schwierigkeiten machen, wollte er sie in Afrika an der Küste zurücklassen. Aber sie versicherten ihm ihre Dankbarkeit und Bereitschaft zum Gehorsam. Als sie jedoch begannen, sich lauthals über die Zustände auf dem englischen Kriegsschiff und über den Kommandanten und besonders dessen beide Bootsmänner zu beschweren, verbat ihnen Nickelsen strikt solche Reden und untersagte ihnen, auf der *Vesuvius* auch nur ein Wort darüber zu verlieren. Er dulde das nicht und würde sie im Fall eines Verstoßes – ganz gleich, wo sich das Schiff soeben befände – aussetzen. Und wenn es auf einer verlassenen Insel sei, fügte er bekräftigend hinzu. Hansen gewann den Eindruck, dass die Männer ihren neuen Kapitän beim Wort nahmen. Das minderte seine Sorge, sie hätten sich Unruhestifter eingehandelt.

Die Bordlaternen erleuchteten die *Vesuvius*, die in der wolkenverhangenen, finsteren Nacht vor Fort Christiansborg vor Anker lag. Das Schiff schien im warmen gelblichen Licht zu schweben, als Nickelsen und Hansen zusammen mit vier Matrosen und den sechs Seeleuten des britischen Kriegsschiffes in der Schaluppe ihre Heimfahrt antraten. Der Kapitän hatte sich intensiv mit den sechs Neuen beschäftigt, wurde dann aber zunehmend schweigsamer, was Hansen jedoch erst auffiel, als er sein Fernrohr auf die *Vesuvius* richtete und brummte: »Muss ich verdammt noch mal Ernst machen und die Schiffspeitsche rausholen!«

Hansen versuchte, nun ebenfalls zu erkennen, was seinen Kapitän so aufgebracht haben könnte, aber das Schiff lag völlig friedlich dort vor Anker. »Was ist denn geschehen?«, fragte er verwundert. Nickelsen reichte ihm sein Fernrohr:

»Hier, schau doch selbst. Was siehst du, Jens?«

Hansen nahm das Schiff in Augenschein: »Ich kann nichts Auffälliges erkennen.«

»Eben, Jens Hansen, das ist es ja! Gib es zu, du hast überhaupt nichts erkennen können außer einem schönen großen Schiff, das wir befehligen und das kein Wässerchen zu trüben scheint. Nichts! Verstehst du? Niemand! Da ist niemand an Deck zu sehen!«

Hansen setzte erneut das Fernrohr an und starrte hinüber: »Tatsächlich, da ist niemand zu sehen. Das ist ja ungeheuerlich!«

»Wenn die schlafen sollten, dann gnade ihnen Gott. Aber, hoffen wir mal, Jens, dass sie da drüben nur schlafen ...«, brummte Nickelsen.

Erschreckt richtete sich Hansen auf, starrte seinem Kapitän ins Gesicht: »Du meinst, es könnte etwas passiert sein?« Statt zu antworten, erteilte der Kapitän schon umsichtig seine Befehle. Zwei von den Neuen griffen jetzt ebenfalls zum Riemen, sodass sie mit sechs Ruderern bei einem normalen Wellengang rasch vorankamen. Gleichzeitig mahnte Nickelsen alle, sich absolut ruhig zu verhalten, und deutete an, dass er nicht wisse, ob drüben noch alles in Ordnung sei. Die Gewehre, Messer und Degen, die sie auf der Schaluppe dabeihatten, wurden verteilt. Zu den neuen Seeleuten meinte er noch ganz forsch: »Now fellows, let's see what's up with the brave English marine. Perhaps you can show me what you've learned.« Es war genau die richtige Ansprache im richtigen Moment. Es zeigte sich einmal mehr die Weltgewandtheit eines Seemannes seines Schlages, der mit dem Vielvölkerstaat auf seinem Schiff umzugehen gelernt hatte. Sie steuerten das Schiff von der Backbordseite an, umfuhren es jedoch am Heck unterhalb des Achterdecks und hielten sich jetzt längsseits auf der Steuerbordseite, denn da allen bekannt war, dass der Kapitän und der Erste Offizier noch zurückerwartet wurden, war Steuerbord jene Seite des Schiffes, auf der ein Wachhabender sie hätte erwarten und in Empfang nehmen müssen. Das war auf Handelsschiffen nicht anders als auf Marineschiffen: Offiziere und bedeutende Gäste betraten das Schiff immer über Steuerbord, die vornehme Seite des Schiffs, auf der im Übrigen immer die Kabine des Kapitäns lag. Aus dem Innern des Schiffes waren zwar vereinzelte Geräusche und Stimmen zu hören, aber an Deck blieb es völlig still. Als sie das Heck umrundeten, entdeckten sie auf der Steuerbordseite ein heruntergelassenes Fallreep und unterhalb davon ein verlassenes größeres, schlank gebautes Eingeborenenkanu mit einem Ausleger, das mit zwei Tauen festgebunden war. Hier stimmte etwas nicht! Nickelsen und Hansen, sofort im höchsten Maß alarmiert, verabredeten flüsternd ihr weiteres Vorgehen und gaben dann ebenso leise ihre Befehle weiter. Es gelang ihnen, mit der Schaluppe fast geräuschlos längsseits zu gehen und ihr Boot zu vertäuen. Nickelsen gab mit zwei Männern Rückendeckung, bereit, auf alles und jeden zu schießen, der seinen Kopf über die Brüstung strecken würde. Hansen enterte mit drei Engländern die *Vesuvius* über das Fallreep, sie kletterten, oben angekommen, behände wie die Katzen über die Reling, ließen sich flach auf die Planken fallen und robbten, ihre Gewehre im Anschlag, in Deckung des Hauptmastes, einer Kanone und der kleinen Stallungen mit dem Lebendviehzeug. Sie peilten die Lage, aber alles blieb ruhig. Nickelsen folgte mit dem Rest der Gruppe nach. Einen Mann beließen sie in der Schaluppe zu deren Verteidigung.

Sie mussten nicht lange suchen, bis sie auf den ersten wachhabenden Matrosen und einen Soldaten von Nettersheim stießen, die besinnungslos dalagen, aus Kopfwunden bluteten und zusätzlich an Armen und Beinen gefesselt worden waren. Wenigstens lebten sie noch. »Wir brauchen nicht lange zu suchen, wo die anderen beiden Wachhabenden abgeblieben sind. Denen ist es wahrscheinlich nicht besser ergangen«, flüsterte Hansen seinem Kapitän zu.

Der nickte und antwortete: »Wird Zeit, dass wir dem Spuk ein Ende bereiten. Kann mir schon denken, was die ungebetenen Besucher wollen.« Nickelsen ging auf Risiko und wollte die Eindringlinge rasch überwältigen. Dass diese gefährlich und brutal waren, spornte ihn dabei nur an. Er schickte einen seiner Seeleute zum Ruderhaus Richtung Achterdeck, die Schiffsglocke zu läuten, um die Mannschaft wach und kampfbereit zu bekommen. Dabei ging er fest davon aus, dass es den Eindringlingen bei ihrem Überfall um die Unterkünfte und Zwischendecks ging. Je zwei Leute sicherten die Türen zu den Aufgängen bei der Kombüse und weiter vorn beim Zwischendeck, wo es zu den Sklavenunterkünften ging. Dort stieg Nickelsen selbst mit fünf englischen Seeleuten ein, während Hansen zurückblieb und ihnen mit Gewehr und griffbereitem Knüppel den Rücken sicherte. Zielsicher leitete der Kapitän seine Gruppe durch die Dunkelheit in den vorderen Bereich der Zwischendecks. Tatsächlich nahmen sie schon bald den Schein von zwei Laternen wahr und hörten gedämpfte Stimmen. Schnell wie Schattenspiele verschwanden die Engländer rechts und links von Nickelsen, der für einen Moment fürchtete, im Stich gelassen worden zu sein. Doch da hörte er schon vor sich die Kampfgeräusche. Diese Burschen fragten nicht erst, sondern gingen sofort zum Nahkampf über. Dann kamen ein Licht und eine Gestalt und noch eine, die hinterhergezerrt wurde, aus dem Halbschatten nach vorn geprescht. Nickelsen schrie, forderte Halt, die sofortige Aufgabe, doch die Gestalt jagte auf ihn zu, bevor er zielen konnte. Reflexartig schlug er mit dem schweren Kolben seines Gewehres zu und traf den Angreifer mitten auf der Brust. Der stöhnte auf, taumelte rückwärts und wurde in Bruchteilen von Sekunden von einem der Engländer zu Boden gestreckt, der ihm katzenartig nachsetzte und auf ihm hockte, um ihn mit einem Strick zu fesseln, den ihm Hansen jetzt reichte. Nickelsen hielt die Laterne hoch und erkannte den jungen Sklavenjäger Yao; weiter hinten lag wimmernd die gefesselte Lucy, die er hinter sich her gezerrt hatte.

Auf der *Vesuvius* brach jetzt ein Inferno los. Die Schiffsglocke schlug Alarm, die Mannschaft lief zusammen und stieß zuerst auf die bewusstlos geschlagenen und gefesselten wachhabenden Kameraden. Die einen machten sofort Jagd und stürmten die Sklavenunterkünfte, wo ohnehin schon, seit Nickelsen mit seiner Mannschaft dort eingedrungen und es zu Kämpfen gekommen war, laute Aufregung herrschte. Die anderen stellten das Schiff auf den Kopf oder versuchten sich von oben aus den Masten einen Überblick zu verschaffen. Dann gab es noch eine kleinere Gruppe, die unter Befehl von Hull den Versuch unternahm, geordnet vorzugehen und das Achterdeck und die Boote zu sichern. Die Bilanz der Nacht wurde erst eine Stunde später in der Kapitänskajüte im Kreis der Offiziere und Vertrauten gezogen. Vier weitere verletzte Seeleute – da war es gut, dass sie jetzt die sechs Engländer an Bord hatten, die ihre Fähigkeiten bereits eindrucksvoll unter Beweis hatten stellen können, vom Kapitän ausdrücklich lobend erwähnt wurden und eine Extraportion zum Frühstück bekamen. Ebenfalls verletzt und nicht mehr einsatzfähig war Kofi, der sich gegen den Überfall und die Entführung seiner Tochter vergeblich gewehrt hatte. Mit dem Sklavenhändler Yao, einem Stammesangehörigen des Asantehene, waren drei weitere Männer an Bord gekommen. Einer von ihnen hatte bei den Kämpfen sein Leben verloren. Nickelsen ließ ihn in einen Sack einnähen und am Bug ablegen. Er würde ihn auf dem offenen Meer über Bord werfen. Die anderen Schwarzen saßen schwer gezeichnet von Treffern mit Knüppeln, Stichverletzungen und einem Streifschuss nackt und in Ketten gelegt an Deck beim Hauptmast. Lucy war im Wesentlichen unverletzt geblieben, aber erneut geschockt.

Dem Kapitän war sofort klar, dass sie keine Chance mehr hatten, den Aufenthalt von Kofi, Lucy und der Familie zu verbergen. Sie waren ausspioniert worden. Yao, der Mann des Asantehene, würde noch heute Nacht vermisst werden und ab morgen könnten sie mit ihrem Schiff in Fort Christiansborg zum Ziel der Aggressionen der schwarzen Könige und Fürsten werden. Sie mussten die Familie von Kofi an Bord behalten und in aller Frühe Anker lichten. Der Kapitän befahl, die Schaluppe mit den stärksten Ruderern zu besetzen, um das Schiff in den Wind zu bekommen, und gab Order an die Mannschaft, noch vor Sonnenaufgang vollständig anzutreten, um Anker zu lichten, Segel zu setzen und die Goldküste rasch hinter sich zu lassen. Nettersheim hatte die ständige Kampfbereitschaft sicherzustellen.

Der dichte Morgennebel zerfaserte zu Fetzen, Regen sorgte für feuchtschwüle Luft, die das Atmen erschwerte, aber ganz langsam frischte der von Nordost in die Bucht der Gold- und Sklavenküste wehende Wind auf, als die Mannschaft Anker hievte und mit der Schaluppe die *Vesuvius* in den Wind zog. Sie hielten sich nicht mehr lange mit Ankermanövern auf, setzten Segel und nahmen die Schaluppe zunächst im Schlepptau auf Kurs Südsüdwest Richtung São Tomé. Nickelsen hatte sich für den beständigen Guineastrom und den Kurs auf das offene Meer entschieden, obwohl er dafür später noch einmal einen halben Tag lang mit Nordkurs Richtung Sklavenküste bis Buchanan im Norden aufkreuzen musste, um dort in Küstennähe auf ihre große Schaluppe zu treffen und weitere Sklaven aufzunehmen. Aber zunächst musste es darum gehen, möglichst rasch einen Abstand zur Küste zu bekommen. Auch um die Schaluppe im Schlepptau würden sie sich erst einige Stunden später kümmern. Der Plan ging auf; als der Ausguck vom Hauptmast Dutzende von bemannten Eingeborenenkanus meldete, die sich schnell von der Küste her näherten, hatte die *Vesuvius* alles an Segel gesetzt, was zur Verfügung stand, und flog mit hoher Bugwelle geradezu davon. Zur Sicherheit ließ Nickelsen einmal die kleine Heckkanone feuern und konnte sich durch sein Fernrohr davon überzeugen, dass die Eingeborenen mit ihren in Drohgebärde erhobenen Waffen laut schreiend ihre Verfolgung aufgaben.

Niemand konnte vorhersagen, welche Auswirkungen die Gefangennahme des Sklavenhändlers und der Tod eines seiner Krieger, vor allem aber der Umstand, dass jetzt alle davon ausgingen, dass zumindest Lucy an Bord war, auf die Stämme weiter im Norden haben würde. Aber Nickelsen ging nach vorn, kroch in das inzwischen von Kot, Urin, Erbrochenem und Schweiß schon stinkende Zwischendeck an den angeketteten Sklaven vorbei bis in den vorderen Bereich, wo er auf Nitschke traf, der gerade dabei war, die Wunden neu zu versorgen, die man Kofi zugefügt hatte. Kofi beeindruckte das Erscheinen des Kapitäns ebenso, wie es ihn gleichzeitig ängstigte. Wenn ein Weißer solches Aufheben um die Angelegenheiten eines Schwarzen machte, verhieß das meist nichts Gutes. Als Nickelsen sich vor den Schwarzen hockte, fragte der ihn mit weit aufgerissenen Augen: »Muss ich jetzt sterben? Gehen wir in den Wellenbergen unter? Oder wollen Sie mich und meine Familie doch den Kriegern des Asantehene übergeben?«

Nickelsen beruhigte ihn, nichts dergleichen stehe zu befürchten. Aber er wolle angesichts des kriegerischen Auftretens der Schwarzen heute in der Frühe vor Fort Christiansborg ihn und seine Familie doch nicht mehr irgendwo am Strand absetzen. Die Gefahr sei viel zu hoch. Während er so sprach, spürte Nickelsen, wie Nitschke und Hansen ihn von der Seite fragend anblickten. Kofi wurde unruhig und reagierte heftig: »Nein, ich will kein Sklave sein. Ich bin ein freier Mann. Meine Familie ist frei. Wir gehören nicht hierher. Nicht auf Ihr Schiff, Herr Kapitän!« Nickelsen blieb völlig ruhig und erwiderte, dies sehe er genauso. Wenn sich keine Chance ergeben sollte, sie gefahrlos an Land zu lassen, werde er sie mitnehmen und verbürge sich persönlich als Kapitän dieses Schiffes dafür, dass sie in Westindien nicht als Sklaven verkauft, sondern in einer ähnlichen Stellung wie bei Gouverneur Platfues wieder eine Anstellung und Arbeit bekämen.

Jetzt ging Kofis Frau, die Hausdame, dazwischen: »Wer wird uns glauben? Wir haben schwarze Haut und sind gebrandmarkt wie alle Sklaven. Es könnte uns sogar passieren, dass man uns eines Tages aufgreift und uns, wie man es mit entlaufenen Sklaven handhabt, Arme oder Hände zur Strafe abhackt oder uns einfach hängt. Wir werden in der Fremde ohne Schutz leben! Sie, Herr Kapitän Cornelissen, reisen weiter über den nächsten Ozean, sitzen irgendwo zu Haus bei Frau, Kindern und gutem Essen, zählen ihr Geld und haben Lucy, Kofi, die kleine Marie-Teta und mich vergessen! Ist es nicht so?« Nickelsen schwieg eine Weile betroffen und gebot Hansen und Nitschke, die zu einer Antwort ansetzten, ebenfalls zu schweigen. Er schaute allen Familienmitgliedern der Reihe nach noch einmal ins Gesicht, dann nickte er und bestätigte die Sorge der Frau. Ja, sie habe recht, sie würden alle in der Fremde gefährlich leben und immer mit der Last der Bedrohung umgehen müssen, irgendwann versklavt zu werden. Aber es gebe keine Heimat mehr, in der sie sich sicher fühlen könnten. Nicht in Westindien, nicht in den Weiten Afrikas. Sie wüssten doch genau, wie das sei, von mächtigen Stammesfürsten gejagt, gefangen, wenn nicht getötet, dann doch gefoltert und versklavt zu werden. Sie müssten ihm glauben, dass er alles versuchen werde, ihnen in der Fremde ein neues Leben in Freiheit zu ermöglichen, und ihnen entsprechende Papiere ausstellen werde. Sie würden an Bord dieses Schiffes in keinem Buch oder Papier als Sklave geführt und gegen alle Vorschriften nehme er ihre Tochter auf die Reise mit. Da weinte die Hausdame des Gouverneurs, da sie wusste, dass ihr Schicksal besiegelt war. Ihren Sohn würde sie wohl nie mehr wiedersehen. Kofis Gesichtszüge waren wie in Stein gemeißelt, als er sich beim Kapitän bedankte und es ihm Nickelsen verwehren musste, seine Füße zu küssen.

Der Kapitän beeilte sich jetzt, wieder an Deck zu kommen, um sich um seine drei Gefangenen zu kümmern. Oben war bereits der wieder genesene Paulsen mit einigen Vollmatrosen und Soldaten in eine ziemlich laute Diskussion mit Yao, dem Anführer der Gruppe, verstrickt. Nickelsen und Hansen gingen dazwischen und sorgten erst einmal dafür, dass es nicht zu Übergriffen kam. Yao, selbstbewusst wie immer, meinte, jetzt sei seine

Zeit gekommen, und rief Paulsen zu, der Kapitän sei ein weiser Mann, der nicht seine Mannschaft und sein Schiff gefährden wolle. Die Männer lachten ihn nur aus, was ihn rasend vor Wut machte. Jetzt verlegte er sich darauf, von Nickelsen zu fordern, dass man ihm sofort die Eisen, Ketten und Fußfesseln abnehme. Der Asantehene würde jeden Übergriff an ihm schrecklich rächen. Nickelsen nickte ernst, als würde er über dieses Argument nachdenken, dann winkte er nach hinten. Von dort aus der Tür der Kombüse erschienen Knud Erken, Jule Röden und Mats, der Küchenjunge, den er angesichts des Mangels bei der Mannschaft nicht ewig untätig und in seinem Hungerstreik verharrend unter Verschluss halten konnte. Für einen Moment mochte Yao noch siegessicher an seine Freilassung geglaubt haben, denn er gab sich größte Mühe, trotz der Fesselung möglichst würdevoll zu sitzen und Haltung zu bewahren. Dann jedoch entdeckte er das glühende Brandeisen, das Erken jetzt dem Kapitän übergab. Der schwarze Sklavenhändler wusste, was das bedeutete, und begann zu schreien und sich wie wild zu gebärden. Doch Jule mit seinen Pranken, Mats mit allem Hass und jeder Leidenschaft, zu der er fähig war, und Erken packten ihn und zwangen ihn auf den Boden. Nickelsen selbst machte einen Schritt auf ihn zu, holte tief Luft und setzte das im Feuer der Kombüse glühend erhitzte Eisen auf seine rechte Schulter. Es zischte, qualmte, stank nach verbranntem Menschenfleisch, wie es Nickelsen schon hundertfach gerochen hatte. Schon packten sie den nächsten Schwarzen und noch einmal führte er das Eisen, hörte das Zischen, als die Haut aufplatzte und sich das Zeichen für immer einbrannte. Dann übergab er das Eisen wieder Erken, er solle es noch einmal erhitzen, setzte Yao seinen Stiefel auf die Brust und zog ihm den letzten Fetzen eines Lendenschurzes von seiner Hüfte.

»Du wirst einen furchtbaren Tod und tausend Qualen erleiden, ich verfluche dich!«, schrie Yao und die Begleiter stimmten ein.

Die Mannschaft der *Vesuvius*, soweit sie an Deck war, zeigte sich beeindruckt von dem Schauspiel, denn es war keineswegs üblich, dass der Kapitän selbst zum Brandeisen griff. Und die Kälte und Selbstverständlichkeit, mit der er das getan hatte, mochte manchen frösteln lassen. »Das mag schon alles sein, wenngleich ich auf offener See, wo wir uns längst befinden, wohl eher zu Hause bin als dein Asantehene. Aber ihr drei werdet einen ausgezeichneten Preis auf dem Sklavenmarkt von St. Thomas erzielen. Und dann, mein Lieber, werdet ihr erfahren, was es heißt zu arbeiten. Diese Weissagung, mein Lieber, ist so sicher wie der Aufgang und der Untergang der Sonne.« Er wandte sich ab, machte dann jedoch noch einmal kehrt, ließ sich von einem Seemann seine kurze Peitsche geben, die sie zur Züchtigung und zum Durchsetzen der Befehle bei den Sklaven bekommen hatten, ging noch einmal auf Yao zu und schlug ihn ansatzlos, aber kräftig quer über die Brust und über die rechte Wange ins Gesicht. Der Schwarze krümmte sich vor Schmerzen und sah furchtbar aus. Dazu erklärte ihm der Kapitän: »Wenn du Sklave es noch einmal wagst, mich direkt anzusprechen, zu duzen oder mir gar zu drohen, verspreche ich dir, dass du dir wünschen wirst, nicht geboren worden zu sein. Du bist ein schwarzer Sklave – weniger wert als jede schwarze Frau hier an Bord, denn für dich hat niemand etwas gezahlt und niemand wird dich vermissen.« Nitschke wollte sich um die Verletzungen kümmern, während das Brandeisen von Erken dem dritten Schwarzen aufgepresst wurde, der bewusstlos vom Schmerz und der vorangegangenen Aufregung zusammenbrach. Der Kapitän befahl: »Nitschke, keiner hat sich um diese Elemente zu kümmern! Sie kommen mit mir, es gibt andere, wichtigere Dinge zu klären.« Wie gewohnt beobachtete Nickelsen, wie Nitschke zögerte. »Nitschke, ich wiederhole mich nicht gern. Da gibt es nichts zu deuteln! Mitkommen! Schafft die drei zu den anderen. Die werden sie mögen. Achtet nur darauf, dass sie – falls möglich – nicht umgebracht werden.«

Der Kapitän ging nicht unter Deck; in dieser wichtigen Phase seiner Reise ging es ihm darum, Stärke und Entschlossenheit zu beweisen und vor allem wachsam zu bleiben gegenüber allen denkbaren unliebsamen Zwischenfällen. Er versammelte seine

Offiziere und wichtigsten Personen an Bord im Ruderhaus, wo sie, ziemlich dicht gedrängt, sich nicht aus dem Weg gehen konnten. Genau dies beabsichtigte Nickelsen, denn wer hier das Maul unüberlegt zu laut aufriss, musste damit rechnen, es gestopft zu bekommen. Seinem Zweiten Barbier, der inzwischen völlig überarbeitet aussah, verordnete der Kapitän als Erstes nach dem für heute Mittag vorgesehenen Freigang der Sklaven an Deck inklusive Sichtung und Waschung zwei Freiwachen zum Ausschlafen. »Bis dahin muss sich die Mannschaft selbst kurieren oder halt zum Haifischfutter verkommen. Es kommen noch harte Zeiten, Nitschke. Schlafen Sie!«

Schon lobte sogar Paulsen den Barbier wegen seiner Fähigkeiten, er sei fast wieder der Alte. Wo er gerade so richtig in Schwung war, machte er sogleich beim Kapitän weiter und erklärte: »Ein beeindruckender Auftritt, Herr Kapitän! Bei allem Respekt, aber es ist doch recht so: Ein Neger bleibt ein Neger. Da kann er zum Sklavenhändler aufsteigen oder gar zum König der Hottentotten, in der weißen Welt bleibt er ein Neger. Er ist letzten Endes, gleich wie er sich verkleidet, nichts als nur sein Körper, der dazu bestimmt ist zu dienen, sich zu unterwerfen und zu arbeiten. Wir, wir allein, mit unserem Wissen, unserer Begabung zur Vernunft und zum rechten Glauben, geben ihm überhaupt einen Wert, um zu existieren. Man muss sie zur Vernunft bringen, sie vor sich selbst schützen. Sie sollten dankbar sein, diese gottverdammten Neger, dass sie unseren Stempel aufgedrückt bekommen und damit ihre Bestimmung leben dürfen. Diese Seelen gehen jedenfalls nicht mehr verloren. Selten, wenn ich das so sagen darf, habe ich einen großen Mann so klar, so deutlich sprechen und handeln erleben können, Herr Kapitän.«

»Paulsen, ich hoffe doch sehr, Sie haben kein Fieber mehr. Es sind mir zu viele der Worte«, entgegnete Nickelsen.

Röden schwoll dagegen so richtig der Kamm: »Selten so einen Unsinn gehört, Herr Paulsen. In den Adern eines Schwarzen fließt ebenfalls rotes Blut. Warum sollte der Herrgott sie als Menschen zweiter Klasse zu unserem Vergnügen gemacht haben? Damit wir uns nicht missverstehen, diese Ratte von Sklavenhändler hätte noch ganz anderes verdient. Da stimme ich Ihnen sogar zu. Aber das hat letzten Endes nichts damit zu tun, dass er schwarz ist.«

Paulsen lachte verächtlich: »Warum sollte unser Herrgott Unterschiede machen? Ganz einfach, weil die Schwarzen stinken. Stecken Sie doch mal Ihre Knollennase nicht in die Knoblauchsuppe, sondern in die Räumlichkeiten des Zwischendecks. Dort hausen – was sage ich, hausen? – dort vegetieren Viecher, die stinken gen Himmel. Sie sind uns von Natur aus untertan. Wie könnte es anders sein?«

Nickelsen beendete die Streiterei, indem er erklärte: »Mein Verhalten fiele bei einem Weißen, der sich meines Schiffes gewaltsam bemächtigen und meine Mannschaft und Waren angehen und Schaden verursachen würde, ähnlich aus. Obwohl ich Sie selten so redegewandt erlebt habe, lieber Paulsen, ganz so einfach lässt sich meine Welt nicht schwarz-weiß malen.«

»Ich darf doch sehr bitten!«, protestierte Paulsen scharf. »Es bleibt dabei, der Schwarze ist allenfalls ein begnadeter Diener Gottes zu unserer Verfügung. Sein Leben ergibt nur Sinn, wenn er uns dienen kann.« Er schwieg beleidigt.

»Eine solch klare, eindeutige Auffassung ist gut für unsere Arbeit«, erklärte Nickelsen seine Haltung. »Allein, sie fällt mir schwer, wo ich mit den Menschen ein Stück gemeinsame Geschichte habe und sie beim Namen rufe.« Auch Hansen meinte, er fühle sich für die Familie von Kofi und Lucy verantwortlich und könne in ihnen nichts sehen, was sie gottgewollt zu Sklaven mache. Er gab die Tagesbefehle von Kapitän Cornelissen aus und verteilte die Aufgaben.

Keinesfalls wollte jeder der Runde den Gedanken des Ersten Offiziers folgen, der wie immer auf der Seite des Kapitäns stand. Paulsen behielt das letzte Wort mit einem aggressiven Schlusspunkt: »Sie beißen wie die Tiere und stinken wie ein auszumistender Schweinestall nach schwarzer Haut. Punktum!« Er erkundigte sich noch danach, ob der Kapitän tatsächlich das kleine Mädchen an Bord behalten wolle und ob er es schon in die Sklavenliste eingetragen habe. »Zusammen mit den drei schwarzen Sklavenjägern, die wir nun zu Sklaven gemacht haben, ohne dafür zahlen zu müssen, kommt doch für den weiteren Handel ein hübsches Sümmchen zusammen, das alle Verluste auszugleichen geeignet ist und uns gut dastehen lässt«, rechnete Paulsen der Runde vor.

Doch Nickelsen widersprach sofort in aller Deutlichkeit. »Meine Herren, eines will ich unverzüglich klarstellen. Die drei ins Netz gegangenen Sklaven werden uns tatsächlich die nächsten Tage bei den Verhandlungen mehr Spielräume belassen. Aber Kofis Famile bleibt frei. Sie werden in keiner Liste erfasst und nirgends auf dem Sklavenmarkt angeboten werden. Ich erwarte Ihre Zusicherung, dass Sie meinen ausdrücklichen Wunsch verstehen, ihn wie einen Befehl respektieren und persönlich unterstützen. Meine Absicht ist es, Lucy, die Hausdame und Kofi auf St. Thomas oder St. Croix in ähnlicher Stellung wie bisher zu vermitteln. Möge Gott uns bei diesen Bemühungen zur Seite stehen.«

»Amen, so sei es«, antworteten die Versammelten laut und am vernehmlichsten von allen Paulsen. Doch als alle wieder auf ihre Posten gingen, ihr Tagewerk zu verrichten, stand in der sogenannten *Hütte*, der Großen Kajüte, die den Offizieren zweiten Ranges als Speise- und Besprechungsraum diente, inmitten des dort noch ausgestellten Warenangebotes für die Sklavenhändler Paulsen mit Fran Willem, John Hull, dem Bootsmann, dem Schiffszimmerer Svalesen und seinem Gehilfen und dem dänischen Kalfatermeister Barenbom sowie zwei weiteren Vollmatrosen zusammen und hielt Mannschaftsrat. »Und ich sage Euch, das stinkt zum Himmel, die Sache mit dieser schwarzen Familie an Bord«, wetterte Paulsen.

»Wieder mal so 'ne Eigenmächtigkeit des Alten, die uns nur Ärger bringen wird, sobald sie uns zu packen kriegen oder wir mal wieder aufkreuzen«, beschwerte sich Hull. »Die schwarzen Könige haben ein Elefantengedächtnis, und das vererben sie noch an ihre Nachfahren!«

»Er kann ja meinetwegen machen, was er will, solange er uns, die wir den Kopf ebenso dafür hinhalten müssen, angemessen beteiligt. Da sind sieben Schwarze nicht registriert an Bord – was er noch machen wird, muss sich erst erweisen – und ich sage euch ...«. Barenbom geriet in Fahrt.

»... da sind gewiss noch mehr nicht erfasst. Die Flussfahrt und manche schwarze Seele, die so an Deck gehuscht ist. Unser Kapitän macht Kasse, jedenfalls verhält er sich auffällig wie noch nie. Meine Herren, wenn das so ist, erkläre ich für mich schon einmal, dass ich nicht mit Löchern in den leeren Hosentaschen zu Hause erscheinen werde. Dieser Cornelissen ist ein Menschenschinder, eiskalt, habt ihr das heute mit dem Sklavenhändler gesehen? Das hätte sich mal einer von uns erlauben sollen!« Paulsen war mal wieder einer der Wortführer und stand breitbeinig mitten im Raum.

»Wir sind nicht seine billigen Sklaven!«, empörte sich Svalesen.

»Wenn irgendetwas nicht mit rechten Dingen zugeht, wird man uns in Kopenhagen ebenso zur Rechenschaft ziehen«, zog Barenbom Bilanz. »Wir müssen sicher sein und ebenfalls handeln, bevor nur wir den Schaden davontragen.«

Paulsen lächelte verbindlich, stemmte die Fäuste in die Hüften: »Ich sehe, meine Herren, wir alle denken ähnlich! Ist was dran an meiner Vermutung und sind die Listen bis St. Thomas noch unvollständig, entführen wir ihm die nicht erfasste Familie und verkaufen sie unter der Hand privat. Niemand wird uns was anhaben können, denn diese vier Schwarzen gibt es offiziell überhaupt nicht ...«

»Genial! Genau so machen wir es! Er wird sich noch nicht einmal wehren können!«, begeisterten sich Sörensen und Fran Willem. Andresen begann, die möglichen Einnahmen zu schätzen, und deren Höhe, die sie unter sich privat aufteilen würden, ließ ihm vor Vorfreude geradezu schwindlig werden. Loyalität zum Kapitän, der unter seemännischen Gesichtspunkten keineswegs der Schlechteste sei, bis Westindien, keine Meile weiter! Der Schlag der Stundenglocke beendete das Treffen.

*

Die Männer an Bord der Schaluppe sprachen nicht mehr viel, sparten ihre Kräfte oder ließen sich niedergeschlagen und hilflos dem Ende entgegentreiben. Die Übrigen, welche die Stadien der Fantasien und Wahnvorstellungen bereits das erste oder zweite Mal hinter sich gelassen hatten, belauerten einander, bereit, Beute zu machen und um des Überlebens willen jedem an Bord an die Gurgel zu gehen. Tade Rickerts und Ole Jessen gaben nicht auf. Im Wechsel saß einer von ihnen selbst auf der Ruderbank und pullte, während der andere, seine Waffe griffbereit neben sich liegend, das Boot überblickte und Kurs hielt. Dennoch fühlten sie sich längst gottverlassen und Zweifel nagte an ihnen, ob sie sich nicht geirrt hätten bei der Positionsbestimmung, bei ihrem Kurs, ob sie nicht längst Todgeweihte wären. Am späten Abend vor Sonnenuntergang stritten sie sich mit letzter Kraft und Rickerts lenkte ein, ließ sich, um des Friedens willen, zu einer Kurskorrektur überreden. Es wurde kühler, und bis in die Finsternis hinein griffen sie alle noch einmal zu den Riemen. Aber eine bitterkalte Nacht brach über sie herein, ohne dass sie irgendwo angekommen wären.

Der nächste Morgen begann mit einer absoluten Flaute inmitten eines dichten, kalten Nebels. Irgendwo über ihnen musste die Sonne scheinen, aber sie konnten sie nicht sehen. Ole Jessen und Tade Rickerts blickten sich an und brauchten keine Worte, um zu wissen, dass dies ihr letzter friedlicher Tag sein würde. Mohr verteilte ein Schlafpulver, das er für Verletzungen in seinem Medizintäschchen mit sich führte. Mit diesem Pulver betäubte er jene, die ihm am aggressivsten schienen. Aber am Ende dieses Tages, der ohne Orientierung und ohne Hoffnung im Nebel begann, würde es nur noch ums nackte Überleben gehen. Rickerts kroch zur Mitte der Schaluppe, zog sich am Mast hoch, verschnaufte dort eine Weile, dann begann er, ein Kirchenlied zu singen: »Großer Gott, wir loben dich ...!« So laut es ging und aus voller Brust sang er. Tatsächlich stimmten einige von der

Mannschaft ein. Die Schwarzen suchten einen Rhythmus in den Versen, zu dem sie hätten klatschen können, fanden aber keinen und schauten mit großen Augen zum Mast hin, als hätten sie eine Erscheinung. Rickerts spürte, dass seine Beine wackelten, er wusste nicht, wie lange er noch dort am Mast stehen könnte, aber er sang und betete weiter und weiter. Niemand hinderte ihn daran, und seine Stimme wurde über die gekräuselten Wellen des Meeres in die Nebelwand hineingetragen. Während er so stand, sang und betete, funktionierte plötzlich sein Verstand wieder, es kamen und gingen sonderbare Gedanken, die er nicht gerufen hatte. *Der Weg auf dem Land ist fest und der Wasserweg ist wandelbar. Der Weg auf dem Land ist starr und unser Weg auf dem Wasser beweglich. Die Landwege sind genau bezeichnet, aber der Wasserweg auf dem Meer bleibt ewig unbekannt.*[68] Er erinnerte sich an seine Unterrichtsstunde in Navigation und Schifffahrtskunde bei einem alten ehemaligen Kapitän in Föhr, wie dieser aus dem Handbuch der Schifffahrtskunst zitiert hatte. Er hatte sein Leben auf eine Illusion begründet, auf dem Wasser sein Haus gebaut! Er blieb ein von Gott verlassener Narr! Dann sank er zusammen und kauerte mit dem Rücken am Mast. Seine Gedanken arbeiteten an einer Liste, was er alles zu erledigen hätte, wenn er nach Amrum zurückkäme … Der Tag, hoffnungslos wie der vergangene.

Doch plötzlich kam eine frische Brise auf, war dort in der Ruhe ein Aufziehen des Wetters zu spüren, die Wellen schlugen an der Bootswand hoch. Ole Jessen und Mohr kamen herüber, um Segel zu setzen. Rickerts blieb vor dem Mast sitzen und schaute ihnen zu. Wie lange konnte man seine eigene Pisse noch trinken, wenn man überhaupt nichts mehr zu sich nahm? Vergiftete man sich irgendwann an sich selbst? Dieser Gedanke beschäftigte ihn jetzt, seit er Mohr ein Erfrischungsgetränk solcher Art hatte zu sich nehmen sehen. Vor ihm, Steuerbord voraus, war für einen kurzen Augenblick der Schein von Lichtern zu sehen gewesen. Ganz deutlich, als der Wind die Ne-

68 nach Martin Cortés

belwand aufriss. Dieser Lichterschein war sehr rasch wieder verschwunden und schon unwirklich geworden, als Rickerts blinzelnd genauer hinsah. Jetzt starrte er aufgewühlt weiter in diese Richtung. Vielleicht waren es Hütten? Er dachte nach. Oder es konnte ein Schiff gewesen sein. Denn es gab mehrere Arten von Lichtern in einer Nebelwand, aber bei denen, die er gesehen hatte, handelte es sich um größere Laternen. Bei einem Schiff mit solchen Laternen handelte es sich um kein Fischerboot. Je länger Rickerts darüber nachdachte, kam er zu dem Schluss, dass es dann ein Kriegs- oder Handelsschiff sein müsse, welches in Küstennähe fahre. Waren es also die freundlichen Lichter einer Küstenlinie gewesen oder die mörderischen eines Schiffsriesen, der vielleicht in diesem Moment schon geradewegs auf sie zuhielt, um sie bei einer Kollision zu zermalmen? Wie irre begann er plötzlich zu schreien. »Licht! Ich habe verdammte Lichter gesehen! Schiffslaternen! Steuerbord voraus!«

Einige lachten wie blöde vor sich hin und meinten, es handele sich um einen schlechten Scherz. Manche hielten Rickerts schon seit Längerem für durchgedreht. Die Soldaten griffen zu den Gewehren und schossen jetzt in die Richtung, in die er gedeutet hatte. Der Nebel schien die Schussgeräusche zu dämpfen und schließlich zu schlucken. Mohr und Jessen krochen zu ihm hin: »Wo, Tade? Lichter? Sag schon!« Er deutete etwas vage nach vorn, irgendwo ins Ungewisse. Dann sahen auch sie die Lichter für wenige Augenblicke. Keine Frage, es musste sich um ein Schiff handeln, und es war näher gekommen, als Rickerts es angedeutet hatte. Ein Schiff, ein richtiger Brocken von einem Schiff, das wie sie in Küstennähe unterwegs war, bereit, ihnen den Garaus zu machen. Ein halbes Dutzend, wenn nicht gar mehr mörderische Lichter!

»Was meinst du, Ole?«, keuchte Rickerts.

»Ich habe sie gesehen! Ganz deutlich! Ein großes Schiff! Was hat das zu bedeuten?« Die Bedrohung, die Mohr jetzt spürte, schien in ihm neue Kräfte freizusetzen.

»Ein verdammt großes Schiff wird uns in weniger als fünf Minuten auf den Grund des Meeres befördern,« antwortete Jessen und wurde kreidebleich dabei. »Das könnte es bedeuten.«

Rickerts hielt seinen Zeigefinger in den Wind, schätzte so Windrichtung und Windstärke. Ihre Schaluppe machte Fahrt. »Der Wind hat auf achtern angedreht«, hörte Mohr jetzt den Jessen sagen. »Ein Handelsschiff, nehme ich an. Ganz sicher wird der Kapitän die Stagsegel streichen lassen, wenn er sie geführt hat. Er wird nicht zu viel Fahrt machen wollen, bei dem Nebel und in Küstennähe.«

»Bestimmt hat er die Segel am Großmast eingezogen, damit das große Gaffelsegel nicht auf das Ruder drückt und nicht den Wind aus dem Vortop und dem Focksegel nimmt«, mutmaßte Rickerts und Ole Jessen ergänzte: »Ich denke, er hat nur das Gaffelsegel eingezogen und die Marssegel beigesetzt gelassen. Er hätte sich auch für das Losmachen des vorderen und hinteren Leesegels entscheiden können, wovon ich allerdings so früh am Morgen bei dieser undurchsichtigen Nebelsuppe nicht ausgehe.«

Windböen pfiffen über die Schaluppe und knallten jetzt in ihr eigenes Segel. Der Nebel wurde weiter Richtung Land getrieben und riss in weiten Strecken auf. Jetzt sahen sie alle den übermächtig hohen Bug mit der Galionsfigur vorweg auf sich zusteuern, schon konnten sie die Masten zählen, die himmelhoch über ihnen emporwuchsen, und vernahmen, wie das Schiff das Meer zerschnitt und die Wellen rauschend zur Seite nach hinten warf. »Sieh an, so schlecht haben wir gar nicht gelegen bei der Einschätzung der Besegelung.« Rickerts lächelte schwach. »Der Kapitän hat seinen Kahn so besegelt, dass er möglichst viel Fahrt macht und er dennoch im Nebel und in Küstennähe navigieren und loten kann. Gut, der Mann!«

Mohr sprang auf, riss die Arme in die Höhe: »Verdammter Dreck! Hört doch mal auf, über die Segel zu philosophieren! Wen interessiert jetzt eure Schifffahrtskunde? Unternehmt etwas! Ich glaube, die sehen uns nicht!«

»Das ist sogar ziemlich sicher«, stimmte ihm Rickerts mit stoischer Gelassenheit zu. Jetzt reagierten auch die letzten Männer an Bord auf das Schiff. Jessen stammelte als Erster: »Großer Gott, das ist unsere *Vesuvius*!«

Ausgerechnet ihr eigenes Schiff! Die meisten begannen jetzt ihre Arme in die Höhe zu reißen mit letzter Kraft zu schreien und zu gestikulieren. Die Soldaten feuerten Richtung Luftraum über das Deck des Schiffes. Rickerts kroch erneut zum Ruder und setzte zu einem waghalsigen Ausweichmanöver an. Dies würde sie zwar direkt aus dem Wind nehmen und das Segel vielleicht in den kräftigen Böen zum Teil in Fetzen schlagen, aber es blieb ihre einzige Chance, denn ein Schiff von der Größe der *Vesuvius* ließ sich nicht wie ein Ochsenkarren zum Stehen bringen oder rasch auf die Backbord- oder Steuerbordseite zwingen.

Mohr kroch heran. »Werden wir es schaffen?«

Ohne das Ruder loszulassen, bereit, bis zum letzten Atemzug zu kämpfen, antwortete Rickerts: »Wahrscheinlich nicht. Unser größtes Problem besteht darin, dass die *Vesuvius*, die uns nicht sieht, auf der Landseite fährt. Das wahrscheinlichste Ausweichmanöver wird für sie darin bestehen, auf das offene Meer zuzuhalten, um nicht zu nah auf die Küste zuzusteuern und Landberührung zu bekommen …«

»Bei diesem Kurs werden sie aber auf uns treffen. Wir sind nicht schnell genug, ihr zu entkommen«, führte Mohr den Gedanken zu Ende.

»Sie wird uns in weniger als drei Minuten über den Weg fahren. Und wenn wir Pech haben, einfach über uns hinweg.« Jessen winkte und schrie um sein Leben.

»Teufel noch eins! Die müssen uns bemerken!«, fluchte Mohr. Er fand neben Jessen sogar noch die Kraft zu springen, während er seine Arme in die Höhe riss. Sie sahen die große Bugwelle mit der weißen Schaumkrone des rasch dahinfahrenden Handelsschiffes auf sich zurollen. Dann entdeckten sie schemenhaft Matrosen an der Deckseite, die zu ihnen hinüberstarrten. Sie hörten die langgezogenen Schreie des Ausgucks vom Hauptmast. Die weißen Kronen der Bugwelle rauschten mächtig heran, während die *Vesuvius* in buchstäblich letzter Minute Richtung Steuerbord beidrehte und majestätisch an ihnen vorbeiglitt. Ihre Schaluppe tanzte wie ein verrücktes Zirkuspferd auf den Wellen und drohte zu kentern. Atemlos von der Schreierei waren sie jetzt und als die Wellen gegen die Bordwand steil emporschlugen, stürzten sie schwer, starrten an dem riesigen Schiff empor, das ihr gesamtes Blickfeld wie ein Berg einnahm. Die Männer in der Schaluppe verletzten sich bei ihren Stürzen, blieben zerschlagen, müde und stöhnend liegen. Aber sie waren nicht zermalmt worden! Es gab sie noch! Und wenn man sie an Bord der *Vesuvius* bemerkt hatte, würde man die Segel einholen, das Schiff treiben lassen und mit der zweiten Schaluppe zu ihnen rausfahren, um sie zu bergen. Mit viel Glück waren sie jetzt gerettet! Rickerts wurde schwarz vor Augen und er ergab sich einer tiefschwarzen Leere und Müdigkeit. Ihm war gleichgültig, ob er jemals wieder aufwachen würde, und er fiel auf der Stelle in einen Schlafzustand, der einer Ohnmacht ähnelte. Mohr und Jessen hockten beim Ruder, rissen ihre Augen weit auf und versuchten, solange es ging, das Heck der *Vesuvius* nicht aus den Augen zu lassen. Sie verließen ihren Kurs und segelten dem Handelsschiff hinterher. Dabei nahmen sie das Risiko in Kauf, dass man sie vielleicht nicht erkannt oder nicht wirklich bemerkt hätte und weitergesegelt wäre. Dies hätte dann wirklich ihr Ende bedeutet. Harte Stunden bis zur Bergung und zur Gewissheit lagen noch vor ihnen …

VIERTES BUCH

ST. THOMAS UND ST. CROIX, IN DER ZEIT VOM MÄRZ BIS APRIL 1749, ANKUNFT IN KOPENHAGEN AM 18. JUNI 1749, AMRUM, IM MAI 1770

Wie der Reichtum mit dem hundertfachen Tod von Sklaven, Seeleuten und der Schuld an jenen, die Nickelsen am nächsten standen, teuer erworben wurde, wo doch auf Erden alles eitel ist und wenig mehr bleibt als ein behauener nackter Stein im Gedenken

Der Mensch ist frei geschaffen, ist frei,
Und würd er in Ketten geboren!

Friedrich von Schiller
(Gedicht: Die Worte des Glaubens, 1797)

Ich denke, dass man sich dieser Menschenköpfe, dieser Ohrenernten, dieser verbrannten Häuser ..., dieses rauchenden Blutes, dieser Städte, die unter der Schneide des Schwertes verdampften, nicht so billig entledigt.

Aimé Césaire
(Rede über den Kolonialismus)

1. Wo der Wind schweigt, beginnt das Sterben

Der Kapitän stand im Ruderhaus und diktierte. Vor ihm hockte auf einem Schemel Mats, der Schiffsjunge, mit einem vor Konzentration und Anstrengung hochroten Kopf. Er schrieb langsam und sorgfältig, denn es war das Logbuch der *Vesuvius*, in das er die Sätze Cornelissens übertrug. Dabei mahnte der Kapitän ihn zur Sorgfalt, wiederholte von Zeit zu Zeit einzelne Formulierungen und schaute ihm über die Schulter, um die gröbsten Fehler zu korrigieren. Nickelsen hatte Paulsen das Ruder übergeben und kontrollierte den Kurs, die Windverhältnisse, die mögliche Abdrift und die Positionsbestimmung. Auch wenn er Hansen, dem Ersten Offizier, in dessen Zuständigkeit dies fiel, sicherlich persönlich vertraute, entsprach seine Anwesenheit im Ruderhaus fast so etwas wie einer Tradition vor jeder Atlantiküberquerung. Dies hatte seinen guten Grund, wie Mats in dem gleichzeitig stattfindenden Navigationsunterricht lernte, den sie wieder aufgenommen hatten. Eine Abweichung von nur ein oder zwei Grad bei Beginn ihrer Reise konnte sie am Ende ihr Ziel nicht nur um Hunderte von Meilen verfehlen, sondern, weil ihnen Wasser und Verpflegung ausgehen würden, elend scheitern lassen. Mats zeigte sich beeindruckt und nutzte das Fachgespräch zwischen Hansen und dem Kapitän und das Auftauchen des Bootsmannes Hull, der Befehle für das Segelsetzen wegen der stärker werdenden Windverhältnisse empfing, um rasch die Lücken im Text seiner Logbuchvermerke auszufüllen.

Mats spürte, dass da aufseiten seines Kapitäns mehr war als nur das gewöhnliche dienstliche Interesse eines Schiffers an einem begabten jungen Mann, der ihn vielleicht an seine eigene Jugend erinnerte. Mats, der als Kind schon früh seine Eltern verloren hatte, wusste mit dieser Zuneigung und seinen eigenen Gefühlen nicht richtig umzugehen. Das Einzige, was ihn im Moment wirklich umtrieb, war der Umstand, dass sie Lucy und ihre Familie nach wie vor an Bord hatten und dass er allein auf das Wort seines Kapitäns setzen musste, man würde diese

Familie nicht als Sklaven verkaufen. In diesem Zusammenhang traute er allerdings Paulsen nicht über den Weg. Paulsen, den er jetzt wieder über den Rand des Logbuches vorsichtig von der Seite anschielte und der dort am Ruder so dienstbeflissen tat. Aber Mats hatte mitbekommen, dass Paulsen, Willem und andere öfter heimlich die Köpfe zusammensteckten. Er fürchtete, dass dies bis St. Thomas nichts Gutes verheißen könnte. Natürlich bezog er jede Verschwörung wieder auf seine Lucy. Nur je häufiger er versuchte, Hansen oder den Kapitän darauf anzusprechen, desto weniger Gehör schenkten sie ihm. Sie hielten ihn einfach nur für liebeskrank. Dabei sollten sie vorsichtig sein. Vorsichtig wie bei der Festlegung des Kurses für die Überquerung des Atlantiks.

Hull stapfte gerade davon, da richtete Nickelsen eine weitere Frage aus dem Unterricht an seinen einzigen Schüler an Bord: »Um nach Westindien zu gelangen, muss ein Schiff unter Ausnutzung des Portugalstroms weit nach Süden segeln, ganz bis auf 300 bis 400 Seemeilen oberhalb der Höhe von Guinea an der afrikanischen Küste, um von dort, die Strömung des Nordäquatorialstroms ausnutzend, weiter nach Westen zu gelangen und sich dann die Segel vom sogenannten Nordostpassat füllen zu lassen, der Schiff, Mann und Maus über den Äquator bläst. Worauf ist aber zu achten, wenn man, wie wir, weiter südlich von der afrikanischen Küste aus den Atlantik überqueren will?«

Mats brauchte nicht lange zu überlegen, darüber hatten sie zu Beginn der Stunde bereits gesprochen: »Wir müssen dem günstigen Guineastrom ein Stück weiter Richtung Süden folgen, bis uns der Strom und ablandige Winde etwas unter Äquatorhöhe stärker vom schwarzen Kontinent aufs Meer befördern, damit wir mit genügend Fahrt den Bereich draußen im Meer erreichen, wo uns der Südaquatorialstrom und der Südostpassat den Weg auf den Atlantik weisen, um den Ort zu erreichen, wo der Nordostpassat beständig weht. Dabei sollten wir darauf achten, nicht in einer Flaute zwischen den Windströmungen und in eine bedrohliche Situation zu geraten.«

Nickelsen lächelte zufrieden, Mats war ein Schüler nach seinem Geschmack. Lucy mochte seine Gefühle durcheinanderbringen, aber nicht seinen hellen Kopf. Er könnte es noch weit bringen. »Na, Paulsen, was sagen Sie zu unserem Steuermann in spe?«

»Wirklich nicht schlecht, Herr Cornelissen. Lernt schnell.«

»Will ich wohl meinen.« Nickelsen klopfte seinem Schiffszwieback auf die linke Schulter. »Und nun zum Abschluss, bevor ich eine Überraschung für dich habe: Welche andere Möglichkeit hätte man denn noch, um von Europa nach Westindien zu segeln?«

Diese Frage war schon schwieriger zu beantworten, konnte Mats doch nicht auf eigene Erfahrungen zurückgreifen. Er hoffte, dass der Kapitän nicht nachfragen würde. »Die andere Schifffahrtsroute verläuft ganz hoch in den Norden, bis in die Region, wo es Eisberge gibt. Eine gefährliche Route. Aber erst dort ganz oben im Norden kann man auf beständigen Wind nach Westen rechnen.«

»Ausgezeichnet!«, lobte Nickelsen. »Pack Feder, Tintenfass und Logbuch bitte vorsichtig ein, denn ich habe eine Überraschung für dich.« Auf dem Weg zur Kapitänskajüte begegneten sie Rickerts, dem es drei Tage, nachdem man sie fast verhungert und verdurstet aus der Schaluppe geborgen hatte, bereits wieder viel besser ging.

»Gud'n maaren, dü lokelk koptein[69]«, grüßte Nickelsen ihn jovial.

Rickerts legte lässig die Hand zum Gruß an die Stirn und antwortete gut gelaunt und grinsend: »Ales bi a rä, en fualagen aapel as no loong ei röödag, Hark.«[70]

»Ja, at hed ringer wees küden, man nü wel wi sä, dat wi mä üsens skap tüs kem. Diar wel wi meekelk uun dörnsk sat bi teepuns an halagknerken.«[71] Der Kapitän griff in seine Westenta-

69 Guten Tag auch, du glücklicher Kapitän
70 Alles in Ordnung, Kapitän. Ein runzliger Apfel ist noch lange nicht faul.
71 Ja, es hätte schlimmer kommen können, aber jetzt wollen wir sehen, dass wir mit unserem Schiff nach Haus kommen. Dort wollen wir gemütlich in der Stube sitzen bei Teepunsch und Halliggebäck.

sche und drückte ihm eine Gewehrkugel in die Hand. Die Kugel war von einem Gewehr aus der Schaluppe blind in den Nebel Richtung *Vesuvius* abgefeuert worden und quer in die Seitenverstrebung der Decke des Ruderhauses eingeschlagen. Dieser Schuss hatte Rudergänger und Nickelsen, der zufällig zugegen war, alarmiert und überhaupt erst das frühzeitige Ausweichmanöver möglich gemacht. Dankbar dafür, seinen friesischen Freund Tade wieder zurück an Bord zu haben, hatte Nickelsen die Kugel mit einem Fischmesser aus dem Holz gepult. Tade Rickerts grinste, bedankte sich für die Aufmerksamkeit und Mats erlebte es das erste und einzige Mal, dass sich beide Männer für Minuten schweigend umarmten, bis sie ohne ein weiteres Wort, ein wenig verlegen vielleicht, wieder ihren Aufgaben nachgingen.

An der Seite des Kapitäns betrat Mats die Kapitänskajüte, wo auf dem Besprechungstisch mehrere teuer eingebundene Bücher aufgeschlagen lagen, teilweise übereinander. In viele hatte Mats bereits seine Nase schon einmal stecken können. Langsam begannen sie, für ihn ihre Geheimnisse zu enthüllen. Mats trat näher an den Tisch, blickte müde noch einmal über die Zahlenspalten auf den Seiten des Buches obenauf, in denen die Neigung der Sonne vorausgesagt wurde. Weiter hinten im nächsten Kapitel fanden sich die Tafeln, in denen Beobachtungen der Planetenlaufbahn festgehalten waren und die vielen logarithmischen Summen, die in den Weiten des Meeres über Leben und Tod entscheiden sollten. Mats seufzte; bis er dies alles beherrschen würde, konnten noch Jahre vergehen. Dennoch, er machte Fortschritte, beispielsweise dabei, sich die wissenschaftliche Methode der Berechnung der von einem Schiff zurückgelegten Strecke mithilfe der Doppelwinkelmessung anzueignen. Darauf konnte er stolz sein. Dieses Wissen besaßen nicht einmal die meisten Bootsmänner und er, Mats Petersen aus Hamburg, war nichts weiter als ein Schiffsjunge.

Nickelsen beobachtete seinen Schüler. Ihm gefiel, mit welcher Ehrfurcht er mit den Büchern umging. Er würde ihm jetzt einen persönlichen Schatz zeigen, von dem an Bord nur Hansen und Ole Jessen wussten, dass er existierte. Aber Nickelsen war überzeugt davon, dass Mats den Wert und die Bedeutung dieses Geheimnisses richtig einschätzen konnte. Ein wenig spekulierte Nickelsen darauf, dass der Junge Feuer für den Beruf des Seemannes fangen und so davor bewahrt werden könnte, wegen Lucy und seiner Liebelei sich seine Zukunft zu verbauen. Nickelsen entnahm einer Schublade unter dem Tisch einen Schlüssel, öffnete einen Schrank und benutzte den Schlüssel, um im Schrank einen recht großen Holzkasten zu entriegeln. Dann hielt er ein großes, in Leder eingebundenes und mit Metallschließe versehenes Buch in Händen, das er wie eine Kostbarkeit auf alle anderen Bücher legte. Es war eine alte gebundene Sammlung von Spezialkarten mit einer Vielzahl von Einzelnachrichten zu den Küsten der Nordsee und der Ostsee. »Das große Seebuch« stand auf dem Einband, und auf der ersten Umschlagseite befand sich der Originaltitel: »Spiegel der Zeevaerdt«, verfasst vom Niederländer Lucas Janszoon Waghenaer aus Enkhuizen, und Mats konnte sich nicht erinnern, jemals Karten von solcher Größe, Schönheit und Ausführlichkeit in der Darstellung gesehen zu haben. Nickelsen erläuterte ihm, was es mit seinem Schatz auf sich hatte: »Das ist sicherlich das bedeutendste Seebuch unserer Zeit. Es erschien 1584 in Leyden und wurde schon in vielen Auflagen nachgedruckt. Dieses Exemplar stammt aus der ersten Auflage und enthält 46 Karten mit Vermerken zu den Wassertiefen und Seezeichen. Neben den Karten, siehst du, hat er die Küsten beschrieben mit ihren Formen und Landmarken, die Häfen, Ortschaften und Bewohner, ja sogar Vermerke für Kaufleute zur wirtschaftlichen Bedeutung und Handelswaren gibt es.«

»Eine unglaubliche Fleißarbeit! Da hat dieser Herr Waghenaer ein Leben dran gearbeitet«, staunte Mats. »Das Buch ist wohl sehr alt?«

»Ja, ich habe inzwischen überall Blätter mit eigenen Notizen dazugelegt, aber es ist nach wie vor einzigartig und hilfreich. Vor allem ist es eine absolute Rarität, eine Kostbarkeit inzwischen, verstehst du?«

Mats schaute seinen Kapitän fragend an.

»Nun, sagen wir mal so, es gibt Leute, die würden für das Geld, das dieses Buch kostet, auf dem Land ein Haus bauen und einen Gemüsegarten fürs Altenteil dazu erwerben können.«

Als Nickelsen am späten Abend beim Licht seiner Öllampe allein an seinem Tisch saß und gedankenverloren auf die Unterlagen für die Kompanie, die Abrechnungen und Berichte, die noch unfertige Waren- und Sklavenliste und die begonnenen Eintragungen ins Logbuch starrte, hatte er das gute Gefühl, dem Jungen den Wert eines Seefahrerlebens nahegebracht zu haben. Vielleicht war es ihm mithilfe des Buches gelungen, eine Flamme der Leidenschaft für ein solches Leben in ihm zu entzünden. Aus Anlass der Rettung der Kameraden und deren glücklicher Genesung würde er morgen einen Dankgottesdienst abhalten. Das war gut für Moral und Gewissen im Umgang mit den Sklaven. Jetzt nahm er sich das Logbuch vor.

Einträge ins Logbuch der *Vesuvius* am 21. November 1748:

Am 6. November 1748 gegen Abend begann der Wind leicht nach Südwest zu drehen, sodass wir, nachdem wir zwei Tage bereits, dem Guineastrom folgend, die Küste entlang Richtung Äquator gesegelt waren, am nächsten Tag unter Segel gingen. Auf einen starken Südostpassat vertrauend, der uns draußen auf dem Atlantik erwarten würde, nahmen wir unsere Fahrt nach Ascension auf, das wir nördlich passierten, und segeln jetzt zweitausend Meilen westwärts Richtung Westindien. Den Kurs südlich der sogenannten Portugal-Route habe ich gewählt, um aus dem Bereich von Schiffen zu kommen, die üblicherweise diese Route nach Westindien nehmen. Die Vesuvius ist knapp an Mannschaft und hatte in der letzten Woche ihres Afrikaaufenthaltes neben den Abgängen in Todesfällen einige Verluste wegen unerlaubten Entfernens vertragsbrüchiger Seeleute, die bei Beginn der Atlantiküberquerung abgängig blieben, zusätzlich waren neun

Verletzte oder erkrankte Seeleute zu ersetzen. Die Verluste an Mannschaft konnten mit sechs Seeleuten von einem englischen Kriegsschiff in Fort Christiansborg nur zum Teil ausgeglichen werden. Dennoch war es angezeigt, ohne Begleitschutz segelnd, mit Bedacht jeglichen Schwierigkeiten und Überfällen, insbesondere Begegnungen mit Piratenschiffen auf den stark befahrenen Routen aus dem Weg zu gehen. Die Windverhältnisse gelten um diese Jahreszeit auf der Südroute als stabil und zuverlässig. Dennoch kommen wir seit heute früh bei Schönwetter und mit lauer Topsegelkühlte nur wenig voran. Für die nächsten Tage zeichnet sich eine zunehmende Flaute ab. Ich hoffe aber, über das Christfest und den Jahreswechsel den Nordäquatorialstrom zu erreichen und mit einem starken Nordostpassatwind glücklich und ohne größere Verluste nach Westindien zu gelangen.

Die Vesuvius hat trotz aufkommender Unruhen bei den Eingeborenenstämmen und trotz eintreffender Sklavenschiffe aus England, den Niederlanden und Portugal in der letzten Woche ihres Aufenthaltes an der Goldküste und nordwärts an der Sklavenküste des schwarzen Kontinents den Lagerbestand an Sklaven zu guten Bedingungen gefüllt. Wir haben nunmehr über dreihundert Sklaven an Bord, davon allein 81 aus Fort Christiansborg und 12 Sklaven, über die ein Leihvertrag mit Mister Hopkins unter Vermittlung des dänischen Gouverneurs abgeschlossen wurde.

Die Stimmung an Bord ist nach verschiedenen Vorkommnissen, an denen der ehemalige Zweite Steuermann Paulsen und Teile der Mannschaft um den Holländer Fran Willem beteiligt waren, als gespannt zu bezeichnen. Strafmaßnahmen mussten in den letzten Tagen auch die Bereiche des Kalfatermeisters und des Schiffszimmerers treffen. Sorgen bereiten allen seit gestern aufgetretene Erkrankungen bei den Sklaven und bei Teilen der Mannschaft mit Fieber, zum Teil Durchfällen und Knotenbildungen unter der Haut, die nach Auffassung der Barbiere ernst zu nehmen sind. Das Jammern unter den Sklaven, von denen viele über Bauchschmerzen klagen, hat inzwischen beängstigende

Ausmaße angenommen. Es lässt sich nicht mittels der Schiffspeitsche und angezeigter Härte eindämmen. Der Erste Barbier Mohr, vor dem drohenden Verdursten aus der Schaluppe gerettet und in seiner Arbeitskraft noch nicht gänzlich wiederhergestellt, behandelt zusammen mit dem Zweiten Barbier Nitschke, dessen medizinische Fachkenntnisse uns große Dienste leisten, die Kranken ohne Unterschied, ob zur Mannschaft oder zu den Sklaven gehörig, mit Ipecacuana, einem Brechmittel, nebst Lene Laxantia, einer Rhabarbertinktur, einem Sud aus Pfefferminze und dem Schlafmittel Laudanum Liquidum. Fieberschübe behandelt er zusätzlich mit kleineren Portionen von Schießpulver und viel Flüssigkeit, in zwei Fällen auch mit Aderlass. Zwei Sklavinnen, die Anzeichen der Schlafsucht aufwiesen, ließ er ein Extrakt aus Limonen zu Zucker und Zwieback trinken, machte regelmäßig Mundspülungen und brachte sie mit Extraportionen von rotem Wein und Branntwein auf den Weg der Genesung. Ich will in aller Strenge auf die äußerste Reinlichkeit im Schiff achten, den Sklaven häufiger an Deck bei Licht Bewegung verschaffen und so meinen Beitrag zum Gelingen der Fahrt und glücklichen Geschäftsausgang in Westindien leisten. Für den Nachmittag habe ich angeordnet, das Zwischendeck, wo die Sklaven gelagert werden, auszuscheuern, mit Kräutern und Weihrauch zu räuchern und mit Weinessig zu besprenkeln, den ich zusätzlich im Zwischendeck auf zwei heiß gemachten Kanonenkugeln verdampfen lasse, um einen gesunden Geruch zu verbreiten.

Gott möge uns den Wind für ein baldiges Ende dieser gefahrvollen Reise schicken, so ist unser aller Wunsch zum bevorstehenden Christfest.

Cornelissen, Kapitän

Im Zwischendeck hatte man die schwarzen Frauen und die Kinder in der Nähe der Schiffsback weggesperrt und die männlichen Sklaven zwischen dem Fock- und dem Großmast angekettet. Die Bereiche waren durch zwei Zoll dickes, widerstandsfähiges Eichenplankenwerk voneinander abgetrennt, sodass sich Männer und Frauen zwar hören, aber nicht sehen und zueinander gelangen konnten. Seit Ausbruch der Krankheiten war es den Sklaven jedoch tagsüber gestattet, abwechselnd in Gruppen die meiste Zeit in Freiluft auf dem Deck zu verweilen. Dazu behielten die Männer allerdings ihre Fesseln an Hand und Fuß, und man schloss sie paarweise zusammen, indem man durch einen in der Mitte jeder Kette befindlichen Ring einen fußlangen eisernen Bolzen steckte und fest vernietete. Dies schränkte ihre Bewegungsfreiheit ein, machte sie berechenbarer, wenn sie aggressiv wurden, und verhinderte zudem, dass sie aus Verzweiflung die Dummheit begingen, unbesehen über Bord zu springen. Die Frauen und Kinder wurden von ähnlichem Schmuckwerk der Fesselung verschont. Die Deckaufenthalte machten einen erhöhten Einsatz an Männern für die Bewachung und Anleitung der Gruppen erforderlich – Männer, die für den regelmäßig anfallenden Schiffsdienst fehlten und überall an Bord durch eine Umverteilung der Mehrarbeit wettgemacht werden mussten. Keine einfache Aufgabe, die vor allem in ihrer Umsetzung immer wieder den vom Kapitän jetzt eingesetzten Bootsleuten John Hull und Ole Jessen zufiel. Allein an Deck wurden nun zehn Mann der Besatzung benötigt, um Aufsicht und Sicherheit zu garantieren. Eine weitere Gruppe von Seeleuten musste während dieser Zeit noch bei den Sklaven im Zwischendeck ihre unliebsame Arbeit verrichten. Das Kommando über diese Bereiche teilten sich der inzwischen wieder genesene Knud Erken und der Schiffszimmerer Leif Svalesen, die insbesondere wegen der aus den Reihen der Sklaven zu bestimmenden Bombaes, die als Aufseher und Dolmetscher unter den Sklaven eine herausgehobene Stellung erhielten, direkt zu Beginn der Reise mächtig aneinandergerieten. Die meisten Sklaven sprachen nur Akan, einen Kongodialekt oder den Dialekt ihres Stammes aus dem Hinterland. Einige wenige unter den männlichen Sklaven beherrschten jedoch auch Dänisch, Portugiesisch und Spanisch oder Englisch. Diese waren in besonderer Weise für die herausgehobene Stellung einer Art Sklavenführer und Dolmetscher geeignet. Nach ihrer Bestimmung erhielten sie vor den Augen ihrer Mitsklaven zum Zeichen ihrer Stellung eine Hose, manchmal sogar ein Hemd. Diese Rangabzeichen erregten unter den anderen Sklaven in hohem Maß Neid. Sie wurden außerdem mit einem etwa eine Elle langen Taustück oder einer Art Rohrstock ausgestattet, von dem sie zur Bestrafung freigiebig Gebrauch machten. Mannschaft und Kommandanten brauchten ihnen nur zu sagen, was sie erledigt haben wollten oder wonach ihnen der Sinn stand, und sie sorgten ohne Skrupel für eine Erledigung. Besonders unten in der Enge des Zwischendecks, die alle Schwarzen aggressiv machte, wo sich jeder Kapitän eines Sklavenschiffs gezwungen sah, besondere Vorsichtsmaßnahmen zu ergreifen, führten die Bombaes ein schlagkräftiges Regiment. Dennoch, unter Deck ließ Nickelsen den männlichen Sklaven nicht nur eiserne Bügel, die mit Ringen versehen waren, um die Füße anlegen, sondern diese wurden mit Eisenstangen und einer Kette verbunden, die im vorderen und hinteren Teil des Schiffes befestigt worden war, sodass die Sklaven auch hier, wo sie soeben aufrecht sitzen konnten, nicht mehr als zwei Schrittlängen Bewegungsradius besaßen. Das war nicht zuletzt Ausdruck der Angst vor Gewaltausbrüchen. Es hatte in den letzten Jahren mehrere Fälle gegeben, in denen Schwarze ganze Schiffe in ihre Gewalt hatten bringen können. Kein Mannschaftsmitglied hatte diese Aufstände überlebt. Es galt, sich selbst und diese wertvolle Fracht zu schützen. Knud Erken waren die verborgenen Gewaltexzesse der Bombaes unter Deck ein Gräuel, während Leif Svalesen jene unter den infrage kommenden Sklaven bevorzugte, die besonders skrupellos Angst und Schrecken verbreiteten. Seine Auffassung bestand darin, dass die Sklaven ihren Hass so auf Sklaven lenken und sie als weiße Herren von Zeit zu Zeit durch Gnadenerweise oder Erleichterungen die Masse der Sklaven für sich einnehmen und fügsamer machen würden. Während einer seiner ersten Schichten war es ihm durch Unterstützung von Bootsmann Hull und Paulsen gelungen, dem ohne Frage sprachbegabten und hochintelligenten ehemaligen Sklavenhändler Yao einen Posten als Bombae zu verschaffen. Vom ersten Tag an durchzog eine Blutspur die Reihen der Sklaven, vor der sich nicht nur Erken zu fürchten begann. Der Schwarze verstand es, im richtigen Moment unterwürfig wie ein Hund um sein Essen oder seine Stellung zu betteln, blieb aber zugleich auf unheimliche Art unberechenbar und brutal, dass sogar von der Mannschaft ihm niemand allein begegnen wollte und jeder bemüht war, nicht in dem Bereich zum Dienst eingeteilt zu werden, wo das Taustück Yaos ein grausames Eigenleben entwickelte. Der Streit zwischen Erken und Svalesen eskalierte, doch Bootsmann Hull als deren unmittelbarer Vorgesetzter blieb auf Svalesens Seite, als die Angelegenheit Kapitän Cornelissen vorgetragen wurde. Der war zuvor schon von Jule Röden und Mats Petersen angegangen worden. Jule berichtete von Unregelmäßigkeiten bei der Essensausgabe. Über die Zuteilung von Portionen und Zulagen hätte Yao seinen Einfluss ausgebaut und es wie ein Stammesfürst zu einer Gefolgschaft unter den Schwarzen gebracht. Mats berichtete von Schikanen der Familie Kofis und Lucys gegenüber und dass Yao sich während eines Aufenthaltes im Freien Lucy genähert, sie beleidigt, bedroht und sogar angefasst habe. Nickelsen ging der Sache nach. Tatsächlich wurde über ein Wortgefecht zwischen den beiden berichtet und darüber, dass Yao ihr lachend auf den Hintern geschlagen habe, bevor er gegangen sei. Das war aber das Einzige. Es war unüblich, einmal eingesetzte Bombaes ohne schwerwiegende Gründe wieder ihres Amtes zu entheben. Zudem auch gefährlich, denn nicht selten nutzten dann die anderen Sklaven die Situation, um Rache an dem Rückkehrer zu üben. Was wiederum dann bei Tod oder ernsthaften Verletzungen des Schwarzen zu einem Gewinnausfall am Ende der Reise führte. Nickelsen hätte sich zwar anders entschieden bei der Auswahl der Bombaes und konnte Erkens Vorbehalte ebenso verstehen wie Jules und Mats' Sorgen. Aber er unterließ es einzugreifen, trug stattdessen beiden Bootsleuten auf, des Öfteren ein Auge auf die Arbeit der Bombaes zu werfen und Yao anzuhalten, Kofis Familie, insbesondere Lucy unbehelligt zu lassen, da er, der Kapitän, in dieser Frage keinen Spaß verstehe. Er musste Mats, der Sturm gegen diese Entscheidung lief, schließlich verbieten, weiter darüber zu sprechen, was nur zur Folge hatte, dass der Schiffsjunge jedem Frühstück, das er Nickelsen brachte, einen Zettel beifügte, auf dem er die Vorkommnisse des Vortages vermerkte. Nickelsen fragte sich, wie der Schiffsjunge in der Kombüse an so viel Schreibpapier kam, ärgerte sich ein wenig über dessen Hartnäckigkeit und ließ Röden durch Hansen die Frage stellen, ob man in der Kombüse nicht ausgelastet sei, dass die dort beschäftigten Hilfskräfte seitenlange Papiere vollkritzeln könnten und den Kapitän von seiner Arbeit abhielten. Der Schiffsjunge bekam eine Stunde Extraschicht bei den Mastgasten aufgebrummt.

Was die gesamte Angelegenheit nicht besser machte, da nunmehr das Gerücht die Runde machte, dass Yao sich regelmäßig an zwei der Sklavinnen vergehe. Doch Nitschke und Mohr stellten bei den Sklavinnen keine Auffälligkeiten fest und es gab keine handfesten Beweise. Zusätzliche Männer für die Aufsicht im Bereich der Sklaven konnte der Kapitän nicht mehr abstellen und schon gar nicht für die Beaufsichtigung der Bombaes. Er beriet sich mit Hansen und ordnete an, dass der Tätigkeitsbereich von Yao, soweit dies die Arbeitsverteilung ermöglichte, auf Deck und nicht in den Zwischendecks konzentriert würde. Über den Bootsmann Svalesen ließ er ihm ausrichten, dass er eine öffentliche Auspeitschung durch den Kapitän zu erwarten habe, wenn man ihn bei Unzucht mit einer Sklavin antreffen würde. Nickelsen wurde berichtet, der Bombae Yao habe nach Übermittlung dieser Nachricht besonders gute Laune gehabt. Inzwischen sei es zu Streitigkeiten mit einigen Männern der Mannschaft gekommen, denen nachgesagt werde, besonders empfänglich für Gunstbezeugungen der Sklavinnen und der Schönheit nackter junger Sklavenmädchen zu sein. Sie neideten dem jungen Schwarzen seine erotischen Abenteuer, vielleicht auch nur die Dinge, die in ihrer schmutzigen Fantasie angesichts so viel nackten schwarzen Frauenfleisches stattfanden, und führten Kämpfe wie Hähne auf dem Hof auf, die nur durch die Gegenwart von Ole Jessen und Svalesen bislang rechtzeitig beigelegt werden konnten.

Doch Nickelsen drückten andere Sorgen. Der Wind ließ beständig nach und der Kapitän befürchtete, mit seinem drangvollen Sklavenschiff in eine Flaute zu geraten, während ihn auf der anderen Seite immer mehr Nachrichten seiner Barbiere Mohr und Nitschke über Erkrankungen an Bord erreichten. Die selbst gemachten Probleme würden nichts sein im Vergleich zu dem, was sie erst erwarten würde, wenn sie bei einer Flaute mit einer Epidemie, Seuche oder sogar einem Massensterben an Bord konfrontiert werden würden. Nickelsen hatte in dieser Hinsicht bereits genügend leidvolle Erfahrungen sammeln müssen und versuchte, mit immer neuen Maßnahmen den Erkrankungen zu begegnen, die Stimmung an Bord hochzuhalten und Vorkehrungen für den schlimmsten Fall zu treffen.

Der Tag an Bord der *Vesuvius* begann für alle ohne Ausnahme mit der Essensausgabe zwischen halb zehn und zehn Uhr morgens. In zehn großen hölzernen Eimern servierte Jule Röden mit seinen Helfern an diesem Morgen anstelle der sonst üblichen Millie eine sättigende Gerstengraupen-Grütze. Die Stelle, an der sich eine der jeweiligen Sklavengruppen einzufinden hatte, wurde durch einen eingeschlagenen großen eisernen Nagel mit breitem Kopf genau bezeichnet. Sehr rasch nahmen die Gruppen in ihrem Kreis Platz, um das Gefäß mit Grütze, das jetzt von Röden oder Mats selbst noch einmal mit Salz, Pfeffer und etwas Palmöl durchgerührt wurde, schon fest im Blick zu haben. Die Matrosen mit ihren kurzen Peitschen und die Bombaes mit den Tauenden achteten darauf, dass keiner einen Augenblick früher zugriff, bis durch ein Schlag auf ein Holzbrett Zeichen dazu gegeben wurde. Zu jedem Schlag wurde laut ausgerufen: »Schuckla! Schuckla! Lecker Schmecker!« Der dritte Ruf wurde durch die Sklaven mit einem lauten »Hurra!« beantwortet. Dann ging es in einer Ordnung, die sie selbst festgelegt hatten, nacheinander vom Ersten bis zum Letzten zur Essensausgabe. Dabei verlief anfangs stets alles still und friedlich. Dies änderte sich jedoch jedesmal sofort, wenn sich der Vorrat an Grütze im Gefäß allmählich dem Ende zuneigte. Dann entstand zwischen den verbliebenen hungrigen Mäulern Zwietracht, die regelmäßig in Handgreiflichkeiten endete. Ein jeder versuchte dann, seinem Nachbarn so gut es ging dessen Vorteil und dessen Speise streitig zu machen. Das ging so weit, dass sogar der Versuch unternommen wurde, dem Nächsten die Speise aus dem Mund zu klauben. Lärm und Spektakel ohne Ende, jeden Morgen. Peitschenhiebe, Schreierei und brutal entschlossenes Vorgehen waren jedesmal notwendig. Die Mannschaft wusch die leeren Holzbottiche sorgfältig mit Seewasser aus und übergoss die Sklaven, die sich inzwischen in einer Reihe aufgestellt hatten, mehrfach mit dem Seewasser. Vor allem Brust, Hände und Unterleib mussten dabei richtig nass werden. Zum Abtrocknen gab man ihnen ein an den Enden aufgedröseltes Stück Tauwerk (auch *Schwabber* genannt), das sie paarweise benutzten. Am Ende der Prozedur standen die Sklaven zum Gesundheitsappell erneut in einer Reihe und erhielten, während Nitschke und Mohr sie begutachteten, alle einen Becher mit Süßwasser.

Die vom Kapitän für den Tag zusätzlich angeordnete Säuberungsaktion nahm nach der beendeten Mahlzeit ihren Anfang, indem man zunächst das gesamte Zwischendeck mit Seewasser überschwemmte, die Sklaven sich reihenweise dicht nebeneinander niederknien ließ. Einem jedem von ihnen wurde dann befohlen, das Verdeck mit einem Scheuerstein in der Hand nach dem Takt des Aufsehers von vorn nach hinten auf den Knien rutschend zu scheuern. Sie mussten sich, schon wegen ihrer Verkettungen, alle zugleich wenden, und, indem sie vorwärts und bald wieder rückwärts arbeiteten, gossen die Seeleute und Bombaes unaufhörlich Seewasser über ihre Köpfe auf das Verdeck. Das Zwischendeck wurde ausgespült, von den gröbsten Fäkalien gereinigt und erneut mit Sand und Stroh ausgelegt. Dann wiederholte sich die Szene auf dem Oberdeck. Am Ende der gesamten Prozedur ließ Kapitän Cornelissen die Sklaven dicht nebeneinander antreten und sie paarweise mit einem halben Eimer, der mit frischem Wasser angefüllt und in das etwas Zitronensaft, Branntwein und Palmöl eingerührt worden war, übergießen und befahl den Schwarzen, sich zu waschen. Diese Erfrischung bereitete ihnen große Freude und sie jauchzten dabei, denn die vom scharfen Salzwasser gereizte und aufgeriebene Haut erfuhr durch diese Behandlung eine Reinigung und angenehme Kühle.

Von Achterdeck aus beobachtete der Kapitän die gesamte Prozedur. Es sollte ein heißer, windstiller Tag werden, und Nickelsen ließ sich von Jens Hansen, der die Nachtwache kommandiert hatte, über Kurs und Wetter, von den Bootsleuten über Belange der Mannschaft und vom Ersten Barbier Mohr zur Gesundheit der Sklaven und zum Krankenstand in der eigenen Mannschaft informieren. Paulsen, der als dritter Offizier an Bord für die Hundewache[72] auf dem Achterdeck eingeteilt gewesen war und jetzt frei und bereits nach wenigen Stunden ausgeschlafen hatte, kletterte am Großmast zur Mars und überblickte von dort oben das Treiben auf dem Schiff unter ihm und die Weite des ruhenden Meeres vor ihm. An Deck begannen einige Sklaven vor Freude über die paradiesische Gnade einer Süßwasserwaschung soeben zu singen, die Sklavinnen klatschten dazu und summten. Es klang geradezu fröhlich und in den tieferen Stimmlagen des Liedes von einer Art Kehrreim mit einem Hauch Sehnsucht durchsetzt.

Nickelsen musste an diesem Morgen vor allem schlechte Nachrichten verdauen, so beispielsweise Hansens Beobachtung, dass sein für die Reise angeschafftes neuartiges Barometer zur Messung des Luftdrucks entweder nicht richtig funktioniere oder sie sich tatsächlich in einem Bereich zwischen Strömungen und Wetterverhältnissen befänden. Dann jedoch sei, so Hansen, wohl in den nächsten Tagen mit einer absoluten Flaute zu rechnen. Zu diesen Ausführungen blickte er noch einmal an Nickelsen vorbei zum Horizont, nickte wie zur Bestätigung. »Danke, Jens! Vermute, das Ergebnis des Barometers wird schon seine Richtigkeit haben.« Er seufzte. »Kommen wir zum Krankenstand. Weitere Fälle bei den Sklaven?«

72 Ungeliebteste Wache von Mitternacht bis vier Uhr. Auf einem Drei-Wachen-Schiff ging der Dritte Offizier die Hundewache, der Erste Offizier die Wache von vier bis acht Uhr und der Zweite Offizier von acht bis zwölf Uhr. Der Kapitän ging keine Wache. Auf Zwei-Wachen-Schiffen dauerte die Wache sechs Stunden. Die beiden Wachen wurden die Backbord- und Steuerbordwache genannt. Abweichungen für die heutige Zeit sind möglich, siehe beispielhaft Wikipedia-Ausführungen.

»Leider ja, Herr Cornelissen,« erklärte Mohr müde und überarbeitet. »Fünf ernsthafte Erkrankungen und drei zur Schwermut neigende Fälle bei den Frauen und Kindern. Aber andererseits gibt es Anzeichen von Gesundung bei zehn bisher erkrankten Sklaven.« Er und Nitschke wurden seit Wochen an allen Ecken und Enden des Schiffes gebraucht. Ob ihre bescheidenen Vorräte an Pflanzen und Pülverchen für die Behandlungen während der ganzen Reise reichen würden, vor allem aber, ob ihr Fachwissen bei der Behandlung der ihnen im Zusammenhang auftretenden gänzlich unbekannten Symptome und ihre Kraft ausreichen würden, erschien ihm inzwischen immer fraglicher. »Aber, Herr Kapitän, ich bedaure außerordentlich ...«

»So kenne ich Sie nicht, Mohr. Sie sind kein Umstandskrämer. Grad heraus mit der Wahrheit, deswegen habe ich Sie damals vom Fleck weg verpflichtet. Also?«

»Ist schon recht, Herr Cornelissen! Wir haben inzwischen zwei Todesfälle zu verzeichnen. Ein männlicher Sklave verstarb in der Nacht in tiefer Düsternis verfangen und war seit zwei Tagen nicht mehr recht bei Sinnen. Vor zwei Tagen ist einer der Sklavenjungen von Durchfall und Fieber befallen worden. Ich verordnete ihm Brechmittel und reichlich Wasser zu trinken, dann Schießpulver mit einem Getränk aus Limette, Rhabarberextrakt und einem Aufguss von Minze und versuchte seinen Bauch mit leichten Gaben von Laudanum zu beruhigen, jedoch musste ich vor zwei Stunden seinen Tod feststellen. Leider sind bei den Sklaven zwanzig ähnliche Fälle an Krankheitssymptomen aufgetreten, zum Teil noch im Anfangsstadium, von denen auch die Mannschaft nicht verschont geblieben ist. Fünf Seeleute sowie der Gehilfe des Schiffszimmerers Sörensen und der Zweite Barbier, mein Kollege Nitschke, zeigen unterschiedlich stark ausgeprägt Symptome der Krankheit.«

»Mohr! Wissen Sie, von was Sie da sprechen? Und Nitschke ist ebenfalls betroffen?« Nickelsen war entsetzt und bemerkte erst jetzt, dass Nitschke kraftlos auf den aufgerollten Tauenden vor dem Hauptmast hockte.

»Jawohl, Herr Kapitän!« Mohr dämpfte seine Stimme. »Das könnte sich zu einer Seuche auswachsen, von der das ganze Schiff bedroht wäre. Für diesen Fall hätten wir nicht genügend Mittel an Bord, um Hilfe zu leisten und die Ausbreitung der Krankheit und die tödlichen Folgen einzudämmen. Ich versuche wirklich mein Bestes ...«

»Was können wir noch unternehmen, Mohr? Machen Sie Vorschläge, wir werden Ihnen folgen, soweit es möglich ist.«

»Herr Cornelissen, mit Verlaub: Sorgen Sie dafür, dass wir schnellstmöglich unser Ziel erreichen, oder steuern Sie irgendein Festland an, damit wir die Kranken von den Gesunden separieren können«, schlug Mohr ernst dreinblickend vor.

Nickelsen wurde blass und nachdenklich, jedoch Hansen ging dazwischen: »Ich fürchte, Mohr, diesen Gefallen wird Ihnen der Kapitän nicht tun, ich selbst auch nicht. Denn man würde uns mit einer Seuche höchstens auf einem einsamen Eiland von Bord lassen. Verkäuflich wäre kein einziger der Sklaven, obgleich er im Einzelfall noch gesund sein könnte. Unsere ganze Reise wäre verloren und vergeblich.«

Nickelsen ergänzte: »So ist es! Wenn Sie, Mohr, immer noch beabsichtigen, in Westindien von Bord gehen zu wollen, um die Neue Welt zu entdecken, müssen Sie sich an den Gedanken gewöhnen, dass wir auf diesem und auf keinem anderen Kurs mit dem vorgegebenen und keinem anderen Ziel weiter unterwegs sein werden. Wir müssen den Teufel dieser Krankheit von unserem Schiff vertreiben.«

»Die Fratze des Teufels mag ich nicht auf die Wände des Ruderhauses malen, aber wenn nichts mehr hilft, müssten wir uns zum Schutz der Gesunden von den Kranken trennen ...« Mohr führte den ungeheuerlichen Gedanken nicht weiter aus.

»Lassen wir das, wir haben zu tun.« Nickelsen wischte diese Grausamkeit mit einer Handbewegung erst einmal fort und ordnete weitere Maßnahmen an.

Auf der Marsplattform hatten sich inzwischen unbemerkt, einer nach dem anderen, Fran Willem, Barenbom, der Kalfatermeister und der Vollmatrose Hein Schmidt aus Hamburg zu Paulsen gesellt und hielten dort oben eines ihrer Treffen ab. »Seht euch dieses Schauspiel an!«, empörte sich Paulsen. »Wie sich diese Negerlein freuen und vergnügt mit unseren Wasserrationen planschen! Dazu verschwendet der Kapitän noch wertvolle Salze, Essig und Limonen. Am Ende gibt er ihnen Whisky, damit sie guter Stimmung sind!«

»Ja, ja! Unsereinem fehlt hinterher jeder Schluck, wenn wir erst einmal eine Woche in der Hitze bei Flaute rumgedümpelt sind und arbeiten sollen. Dann heißt es mal wieder: Das konnte ja keiner vorhersehen!« Fran Willem stieß ins gleiche Horn wie Paulsen.

»Man kann es mit den Schwarzen auch übertreiben«, wusste der Vollmatrose Schmidt zu krakeelen. »Wer nicht überlebt, ist sein Geld doch nicht wert. Warum auf unsere Kosten so ein Aufhebens machen!« Er genoss einiges Ansehen in dieser Runde, hatte er doch die Route auf verschiedenen Sklavenschiffen bereits sechsmal gemacht.

»Ich sage euch, der Cornelissen hat die Sache nicht im Griff.« Paulsen wurde leidenschaftlich. »Der segelt sogar den falschen Kurs. Warum, frage ich euch, warum sind wir nicht auf der nördlichen Portugalroute unterwegs, die alle nehmen? Stattdessen dümpeln wir in der schönsten Flaute, bis man uns mausetot an die Haifische verfüttert hat. Wir haben inzwischen so viele Kranke an Bord, dass ich froh sein werde, diesen Kahn irgendwann lebend verlassen zu dürfen. Vor allem, wenn ich sehe, wie Mohr, dieser Freund aller Schwarzen und Revoluzzer, großzügig mit den paar wenigen Medikamenten umspringt und sie den Negern in ihren gefräßigen Rachen wirft. Wir sollten uns nicht alles bieten lassen!«

Was niemand aus der Gruppe bedacht hatte, während sie auf der Marsplattform ihre Reden schwangen, war, dass über ihnen auf den Rahen zum Groß-Bramsegel noch sieben Mastgasten arbeiteten. Unter denen befand sich Mats Petersen, der seine Straf-Zusatzschicht zur Kombüsenarbeit ableistete und jetzt die

Ohren spitzte. »Den letzten Überlebenden fressen die Ratten«, tönte Fran Willem.

Die alarmierend ansteigende Anzahl von Erkrankungen nahm Nickelsen zum Anlass, weitere Maßnahmen zur Reinlichkeit und Vorsorge anzuordnen. Erneut wurden Eimer mit Essig und Salzwasser gefüllt und die Mannschaft angeleitet, darauf zu achten, dass die Sklaven ihren Mund damit ausspülten und ihre Zähne abrieben. Nach Auffassung von Mohr war vor allem der Mund im Falle der Unreinheit der Sklaven ein Herd für Entzündungen und Krankheiten, wie man zuletzt an den Entzündungs- und Fieberfolgen des Bisses bei Paulsen hätte sehen können. Die Prozedur der Mundreinigung war keineswegs erfreulich, da der Sinn und Zweck des Ganzen den Sklaven nicht so einfach zu vermitteln war. Selbst die Dolmetscherarbeit der Bombaes konnte nicht zur Überzeugung der Sklaven beitragen, sodass die Mannschaft nach einer guten Viertelstunde Mühe und Plage wieder einmal zum Gebrauch von Peitschen überging. Es war Nickelsens Eingebung, die Männer der Freiwache aus den Hängematten zu trommeln und ihnen zu befehlen, bei der Zahn- und Mundpflege mit gutem Beispiel voranzugehen. Zur Vorbeugung gegen Krankheiten und gegen die Seuchengefahr bestehe jeden Morgen und jeden Abend auch für die gesamte Mannschaft die Pflicht, öffentlich an Deck unter Aufsicht der Bootsleute der Mundpflege nachzugehen. Die Sklaven ihrerseits beobachteten staunend, wie die Weißen nunmehr die Tätigkeit vorführten, die ihnen soeben abgefordert worden war, und fügten sich in die Prozedur.

Zusammen mit Ole Jessen, dem ehemaligen Proviantmeister, Jule Röden, der am besten den Bestand an Lebensmitteln an Bord überblickte, Hansen, Nettersheim und Rickerts beriet der Kapitän nunmehr, was im Speisenplan zur Eindämmung der Seuche verändert werden könnte. Nitschke verwies auf die desinfizierende und stärkende Wirkung von Alkohol. Er schlug vor, die Bestände an Bord dosiert zur Bekämpfung einer Seuche und zur Stärkung der Abwehrkräfte einzusetzen. Da die außerplanmäßige Vergabe von Alkohol selbst bei der Mannschaft immer etwas Besonderes darstellte und häufig entweder an besondere Leistungen oder an hohe Feiertage geknüpft war, konnte der Kapitän nicht umhin, neben den Sklaven der Mannschaft ebenfalls eine entsprechende Menge zuzusprechen. Man begann damit, den Sklaven erstmalig am späten Vormittag eine Portion Branntwein zu verabreichen, den man mit Wasser gestreckt hatte. Dazu gab man Zwieback. Die Wirkung dieser neuen Speise kam außerordentlich gut an, stillte den Hunger der Sklaven, hob die Stimmung und dämpfte ihre Aggressivität.

Paulsen auf der Marsplattform kam sich inzwischen vor, als wäre er ein Wahrsager. Tatsächlich beobachteten sie jetzt von oben, wie unten an die Sklaven der Alkohol verabreicht wurde, von dem sie gerade noch gesprochen hatten. Der Kapitän schreckte wahrlich vor nichts zurück. Dass er so weit gehen würde, hatte selbst Paulsen nicht für möglich gehalten. Da blieb doch nicht genug für die Mannschaft übrig, und mit volltrunkenen Sklaven ließ sich noch schwerer umgehen. Die Empörung in der Gruppe war groß, vor allem, weil niemand oben wusste, dass der Kapitän auch für die Mannschaft ein entsprechendes Quantum an Alkohol bereits vorgesehen hatte. Sie fühlten sich übergangen und zurückgesetzt.

»Der Kerl hat nur seinen Verdienst im Auge. Es geht ihm allein um das Überleben der Sklaven. Was aus uns wird, ist ihm völlig egal! Ich bin schon auf manchen Schiffen gefahren, aber das geht nicht gut, das sag ich euch aus Erfahrung.« Schmidt wusste düster zu orakeln.

»Wir müssen beizeiten allen Offizieren zeigen, dass sie auf dem Holzweg sind«, schlug Paulsen vor. »Kleine Nadelstiche, damit wir nicht auffallen und sie hinterher meinen, sie selbst hätten den Stein der Weisen entdeckt.«

Fran Willem war sofort auf seiner Seite. »Eine Meuterei bringt gar nichts. Wir müssen deutlich machen, dass der Kapitän auf dem falschen Weg ist. Wir können nicht erst handeln, wenn die Not an uns ist.«

»Ich sage euch: Nadelstiche! Was meint ihr, was für eine Freude die Schwarzen haben werden, wenn wir bei einigen von ihnen das Angebot an Branntwein erhöhen. Ich habe da so meine Möglichkeiten, das eine oder andere Fass anzapfen zu lassen. Zudem ist es ja ein Segen, dass wir unter den Bombaes einen so verlässlichen Mittelsmann wie Yao haben. Hat wer ein Papier?« Paulsen war ganz in seinem Element, zog einen Stift aus seiner Jackentasche, nahm von Barenbom einen Fetzen Papier entgegen, und schon waren sie dabei, sich auf ein paar Namen zu verständigen, die sie wegen ihrer Loyalität zum Kapitän als Erste aus dem Weg geräumt gesehen haben wollten.

Oben auf der Rahe war zwar nicht jedes Wort zu verstehen, aber das, was Mats mitbekam, lehrte ihn das Fürchten. Ihm war sofort klar, wenn man ihn entdecken würde, wäre es um ihn geschehen. Er gab seinen Kameraden ein Zeichen, dass er noch ein wenig oben verbleiben wolle, als diese langsam wieder nach unten kletterten, und verkroch sich in den Sonnenschatten des Mastes. Dort verharrte er bewegungslos und hoffte, dass ihn niemand vermissen würde. Auf diese Art bekam Mats Petersen mit, dass die Namen Jessen, Rickerts, Hansen, einige der Vollmatrosen, aber vor allem auch der Name Kofi unter den Bombaes auf der schwarzen Liste von Paulsen auftauchten. Sie waren sich nicht ganz einig, da sie offen darüber diskutierten, dass sie mit dem Verkauf von Kofi und seiner Familie doch eine erhebliche Summe zu erwarten hätten und diese auf eigene Rechnung einzustreichen gedächten, im Falle seiner Beseitigung jedoch nur Einbußen blieben. Andererseits gaben Fran Willem und Barenbom zu bedenken, dass einer wie Kofi unter Deck über einen großen Einfluss als Gegenspieler Yaos, ihres Bombaes, verfüge. Als schließlich Paulsen mit der Neuigkeit rausrückte, er habe entdeckt, dass insgesamt an die zwanzig Sklaven, Männlein wie Weiblein, nicht in den offiziellen Handelslisten des Schiffes verzeichnet seien, was erneut beweisen würde, wie recht er habe mit seiner Vermutung, dass hier etwas nicht stimme, einigten sie sich sehr rasch darauf, etwas gegen Kofi zu unternehmen. Der

Gedanke, dass sie sich an den Sklaven ohnehin selbst schadlos halten könnten, reichte aus, letzte Skrupel zu überwinden. Einzelheiten des Planes konnte Mats nicht mehr verstehen, da er sich vorsichtshalber in den Ausguck verkroch.

Auch am nächsten Tag erkrankten auf der *Vesuvius* viele weitere Sklaven und weitere Mannschaftsmitglieder und das Sterben nahm seinen Fortgang. Nicht im großen Umfang, aber stetig Stunde für Stunde, Tag und Nacht. Auf dem Zwischendeck bei den Sklaven war es vor allem die Ruhr, eine Durchfallerkrankung, die um sich griff und die Mohr wegen der unter den in der Gefangenschaft durch die Sicherungsmaßnahmen eingeschränkten Möglichkeiten, dort für Sauberkeit zu sorgen, nicht richtig bekämpfen konnte. Das Schiff selbst dümpelte weiter in der Flaute, wurde von den Meeresströmungen sogar noch weiter südlich getrieben und schien von Gott und der Welt vergessen und verlassen. Offiziere und Mannschaft standen immer häufiger an der Bordwand, hingen in den Wanten, starrten auf das Meer und hofften auf eine Aussicht, die Wetterveränderung verhieß. Ein leichtes Kräuseln der Meeresoberfläche vielleicht, als striche eine Katzenpfote über das Wasser, hätte sie schon glücklich gemacht. Es gab keine Vorzeichen, die auf irgendeine stetige Brise deuten würden. Allerlei abergläubische Rituale wurden an Bord aufgeführt. Man spuckte gegen die Windrichtung und beschimpfte Poseidon. Nichts half. Sklaven und Mannschaft hockten tagsüber unter dem Sonnensegel, dessen Ränder sich kaum noch bewegten. Nach zwei Tagen in dieser Flaute hatten tiefe Niedergeschlagenheit und Hoffnungslosigkeit von Schiff und Mannschaft Besitz ergriffen. Nickelsen kletterte hinauf zur Marsplattform und sah von dort die Haifische in Rudeln das Schiff belauern. Diese Gesellen durften sich ihrer Mahlzeiten sicher sein, denn sie wurden mit den Leichen der täglich verstorbenen Sklaven und Mannschaftsmitglieder gefüttert. Schwitzend, müde, aber immer noch voller Lebenswillen stapfte Nickelsen zurück auf die Kommandobrücke. Natürlich hörte er in seinem Rücken die Männer murren. Natürlich hörte er sie nachts flüstern, trug man ihm

Gerüchte zu. Solche Situationen rochen immer nach Meuterei und Untergang. Er ordnete an, dass die Offiziere künftig an Bord ständig Waffen zu tragen hatten. Er selbst führte seinen Degen mit sich und eine Pistole steckte in seinem Hosenbund.

2. Wohl dem, der in höchster Not und im Angesicht des Todes noch auf Freunde und Vertraute bauen kann

Die Bootsleute Hull und Jessen wurden angewiesen, für Bewegung und Belustigung an Deck zu sorgen. Gleichzeitig achtete der Kapitän auf besondere Sicherheit, für die ihm Nettersheim mit seinen Soldaten garantieren musste. Es ging vor allem darum, das, was nicht zu ändern war, erträglich zu gestalten und von den Grausamkeiten der Gegenwart abzulenken. Am Morgen nach der Speisung und Reinigung bekamen die männlichen Sklaven Tabakblätter ausgeteilt, die sie in kleine Fetzen zerrissen und als Spielmarken einsetzten, während sie sich mit ihren Spielen und Wetten die Zeit vertrieben. Die Sklavinnen bekamen zu diesem Zweck kleine Korallen, Zwirnfäden oder bunte Bändchen. Einige von ihnen begannen, zu den Spielen auf ihre Art Lieder anzustimmen und zu klatschen.

Nach dem Mittagessen fand sich die Schiffsmannschaft zusammen, da nunmehr mit Trommel, Pfeife und einem Schifferklavier zu einem lustigen Tanz aufgespielt werden sollte. Mohr hatte Bewegung empfohlen, sie bringe Herz und Blut in Wallung und die natürliche Hitze des Körpers führe dazu, dass über den Schweiß die ungesunden Säfte ausgeschieden würden. Dies gelte gleichermaßen für Sklaven wie für die Mannschaft. Man begann damit, bei zusammengeketteten männlichen Sklaven die Vernietungen zu lösen, sodass sie, an Fuß- und Handketten gesichert, sich einzeln zur Musik bewegen sollten. Doch sie hockten dumpf brütend an Deck, nur wenige klatschten zum Rhythmus. Ob es an der in ihren Ohren fremdartigen Musik lag oder einfach daran, dass ihnen jede Bewegung mit den schweren Eisenfesseln und Ketten in der Hitze und in ihrem Zustand eine überflüssige Qual erschien, sie ließen sich einfach nicht bewegen. Doch die noch gesunden Seeleute ließen sich nicht zweimal bitten und zerrten die kreischenden Sklavinnen auf die Schiffsplanken. Sie griffen nach dem fast nackten schwarzen Fleisch, pressten ihren erregten Leib an den sich windenden Frauenkörper und begannen mit ein paar raschen Drehungen. Dazu lachten sie ausgelassen, griffen schon mal in einem Moment, wo sie sich unbeobachtet wähnten, grob dorthin, wo es ihnen sonst nicht gestattet war, und geizten nicht mit kleinen Geschenken, die ihre einnehmende Wirkung auf die meisten der Sklavinnen nicht verfehlten. Jene Sklavin wusste nach einer Tanzrunde mit einer Trophäe wie schönen Korallen, einem Kamm oder einer Münze in ihren Fäusten hüftschwingend auf ihre Geschlechtsgenossinnen zuzuschreiten und sich wie eine Königin zu gebärden. Die Matrosen stachelten sich immer weiter an und forderten eine wildere Musikauswahl und einen rascheren Wechsel der Stücke, damit jeder drankam. Dabei blieben Reibereien nicht aus, denn ältere Sklavinnen versuchten, die Mädchen zurückzuhalten, die jedoch geradezu gewaltsam aus den Reihen gerissen wurden. Es kam zu vereinzeltem Handgemenge und lautstarken Streitereien, an denen sich auch männliche Sklaven beteiligten. Sofort ließen Yao und ein weiterer Bombae Tauenden und scharfe Befehlsstimmen sprechen. Nach wenigen Minuten hemmte niemand mehr das tolle Treiben der Matrosen.

Mats hockte grübelnd wie schon seit Tagen am Bug des Schiffes. Er war überzeugt davon, dass heute etwas geschehen würde. Er fürchtete, dass die Gruppe um Paulsen diese Art von Ausgelassenheit und kopflosem Rausch benutzen würde, zumindest einen Teil ihres Planes umzusetzen. Wen würde es treffen und wie hart? Mit dem Kapitän zu reden, hatte Mats verworfen, denn das hatte ihm zuletzt nur den Strafdienst eingebracht. Er war um Lucy herumgeschlichen, aber ihre Mutter hatte ihm klargemacht, dass er unerwünscht sei und sie keine Art von Annäherung dulde. Wozu, hatte sie ihn gefragt, sollte das zwischen einem Weißen und einer Schwarzen gut sein? Es sei sogar schlimmer, da sich Lucy immer noch einbilde, wie eine Weiße leben zu können. Dann hatte die Hausdame verächtlich auf die Planken vor sich gespuckt: Dabei sei es in Wirklichkeit sogar eine Katastrophe, weil Lucy nicht schwarz wie alle Schwarzen und schon gar nicht weiß wie alle Weißen sei. Die Welt, in der sie in Frieden leben könnte, müsse noch erst geschaffen werden. Eine wie sie gehöre nirgends hin. Mats musste darüber nachdenken, kam aber wieder, stand erneut vor der Hausdame, bemerkte die Blicke Lucys und Kofis, die zwei Schritte entfernt von ihr hockten und mit dem kleinen Mädchen spielten, und erklärte selbstbewusst: »Dass Lucy weder schwarz noch weiß ist, kann man eher ihrer Mutter als ihr selbst vorwerfen. Sie kann nichts dafür. Und es stimmt nicht, meine Dame, dass sie nirgends hingehört. Ich bin der Auffassung, dass sie zu mir gehört, und irgendwann wird die Welt das auch so sehen. Vorerst erbitte ich aber nur die Gelegenheit, Ihre Tochter von dieser Tatsache, dass sie zu mir gehört, überzeugen zu dürfen.« Er hatte sie tatsächlich mit Dame und in einer Art angesprochen, als rede er nicht als Weißer mit einer Schwarzen auf einem Sklavenschiff. Einige Schwarze und Vollmatrosen, die in der Nähe gewesen waren, lachten und verspotteten ihn. Aber zwei Dinge hatten Mats darin bestärkt, dass er das Richtige getan und kluge Worte gewählt hatte: Die Mutter starrte ihn nur sprachlos an und ihr fehlten die Worte für eine Antwort. Vor allem aber das Lächeln, mit dem Lucy ihn, nur ihn, Mats, angeblickt und die Melodie, die sie ganz zart dazu gesummt hatte, verliehen ihm den Rest des Tages Flügel und machten aus ihm eine Art schwereloses Wesen. Seit jenem Tag drohten ihm der Bombae Yao oder einer seiner Helfershelfer Prügel an, wenn er in Lucys Nähe kam. Ihm, einem Weißen! So weit war es schon gekommen an Bord der *Vesuvius*! Ein paar geflüsterte Worte, ein paar Gesten, ein, zwei versteckte, zärtliche Berührungen anlässlich der Essensausgabe, mehr war Mats seitdem nicht geglückt. Es blieb zum Verzweifeln.

Also hatte er dem Smutje gegenüber vage Andeutungen gemacht, er habe etwas Ungeheuerliches bei seiner Arbeit auf dem Großmast aufgeschnappt. Aber ob Jule hingehört hatte, schien eher unwahrscheinlich. Dem Smutje war inzwischen die Position des Proviantmeisters ebenfalls zugefallen und er musste angesichts der Begehrlichkeiten von ewig hungrigen und durstigen Seeleuten und den Sklaven, denen ohnehin jedes Mittel recht wäre, selbst an die Vorräte zu gelangen, ständige Kontrollgänge unternehmen und sich mit jedem Anliegen auseinandersetzen. Sein Privileg, als Smutje nicht an den vierstündigen Wachtörn gebunden zu sein und nachts durchschlafen zu dürfen, war deshalb wenig wert, denn es war vor allem diese freie Zeit, die er dazu verwenden musste, jenen auf die Spur zu kommen, die sich klammheimlich an den Obstfässern, dem Branntwein oder Fleisch bedienten. Kein Morgen brach seit einer Woche an, an dem Jule nicht laut den Tag verfluchte, an dem er seine saubere, kühle Küche und die geordneten Verhältnisse seiner Räuberhöhle von Gaststube in Kopenhagen gegen dieses Jüngste Gericht auf Erden eingetauscht hatte. Die Flaute sorgte zuletzt auch noch für ungünstige Abzugsverhältnisse: Hitze, Dampf, Qualm und Ruß des Herdfeuers machten die Arbeit an den Töpfen und Pfannen schier unerträglich. Selbst Mats glich nach jeder Schicht im Küchendienst einem der Jungen, die man in den Städten auf die Dächer schickte, die Schornsteine zu reinigen. Der erste Matrose, der nach einer solchen Höllenschicht dem Smutje über den Weg gelaufen war und ihn und seinen Gehilfen Mats scherzhaft mit schwatter Smerlapp[73] angelabert hatte, fand sich in Sekundenbruchteilen ohne ein Wort mit einem knallharten geschwungenen rechten Haken auf die Schiffsplanken gestreckt, dass er für den Rest des Tages nicht mehr arbeitsfähig war. Einen derartig aufgelegten rußgeschwärzten Kesselkommandanten machte man am besten nicht mit Verschwörungsgeschichten hitzig.

Also hockte Mats abseits und trug schwer an seinem Wissen und Schweigen, denn nichts tun und dem Unheil seinen

73 schwarzer Schmierlappen

Lauf lassen konnte er nicht. Kaum packte ihn diese Erkenntnis beim Kragen, sprang schon Paulsen mitten unter die sich auf Deck aneinanderdrängenden Pärchen und riss, jeglichen Protest missachtend, die ihm am nächsten befindlichen Sklavinnen, eine Schwarze mittleren Alters mit ausladenden Hüften und das junge Mädchen, das seinerzeit als Erste nackt an Bord gekommen und gebrandmarkt worden war, von den sie umgarnenden Seeleuten weg. Er hielt das junge Mädchen wie eine Beute mit seinem linken Arm fest umschlungen, seine Hand reichte vorn bis auf ihren Bauch. Der Frau klatschte er mit der offenen Rechten auf ihre beiden Pobacken und scheuchte sie unter johlendem Applaus der aufgegeilten Männermeute zurück zu den Frauen ihres Stammes. Das Mädchen an seiner Seite schwitzte, bewegte sich aber mit keinem Muskel. Es stand angstvoll, wie erstarrt, und seine Augen suchten die Planken zu ihren Füßen ab. »Herrgott, hör doch mal endlich auf, rumzukrakeelen wie ein notgeiles friesisches Walross, das einem durchgebrannten alten Seekalb hinterherjammert, Boy Ketelsen!« Lässig wich er dessen ernst gemeintem Faustschlag aus. »Lass man gut sein, oller Friese, oder ich muss dir deine Stoßzähnchen ziehen.« Von der anderen Seite wurde er von einem jungen Mastgasten angegangen, der seine letzten roten Korallen für den Tanz mit dem schwarzen Mädchen hergegeben hatte und sich nicht geschlagen geben wollte. »Hör auf, rat ich dir! Kühl dir dein heißgelaufenes Gestänge woanders! Das Bühnenbild in diesem Etablissement wechselt, oder meint ihr, diese Art von dreibeinigem Seemannstanz sei eine Kunstform, die ihr bis St. Thomas noch zur Vollendung bringen könnt? Doch wohl nur, wenn die angedrohte Peitsche unseres hochgeschätzten Kapitäns euch den richtigen Takt dazu gibt.« Nettersheim ging jetzt mit seinen Soldaten auf der Tanzfläche dazwischen und beendete das Gefummel von zwei Seeleuten, die selbst ohne Musik nicht von ihren Eroberungen lassen wollten.

»Es ist heiß, Leute!«, tönte John Hull. »Also trinkt mal lieber einen zur Kühlung auf unseren ehrenwerten Kapitän, der für diese Festivitäten gesorgt hat. Es wäre doch eine verflucht unangenehme Geschichte, wenn wir als gebildete und gesittete weiße Gastgeber uns derartig schuftig aufführen und uns vor den Augen schwarzer primitiver Sklaven so erniedrigen würden.« Er machte eine bedeutungsschwere Pause und stellte befriedigt fest, dass es selbst der letzte Depp unter den Seeleuten gemerkt hatte: In ihren Bechern fand sich eine zusätzliche Portion unverdünnten Branntweines vor.

Paulsen hob die Hand zum Zeichen, dass er noch etwas mitzuteilen hatte, und es wurde stiller: »Ja, so erniedrigen, dass wir jede Gastfreundschaft missachtend die Tanzfläche nicht doch ein wenig unseren schwarzen Freunden überließen, die es drängt, uns mit ihren Künsten vertraut zu machen.« Wieder hob Paulsen, jetzt zusammen mit Hull, die Arme. Sie ernteten donnernden Applaus und Hochrufe. Die Musik versuchte sich mit einem Tusch und einem Shanty und man zerrte die erste Gruppe von zwölf Sklaven in die Mitte, flößte ihnen aus den Bechern vom Branntwein ein, bildete einen Kreis, begann zu klatschen und befahl ihnen, mit ihren Ketten zu tanzen. Doch Yao hatte zwei Schwarze zur Hand, die er mit einer Art Bongos und einer Zimbel in die Mitte des Geschehens platzierte, und Paulsen rief gut gelaunt: »Mit dem eigenen Rhythmus tanzt es sich leichter. Fehlt nur noch die passende Begleitmusik!« Es war Nitschke, der Zweite Barbier, der, von Krankheit gezeichnet und nur noch ein Schatten seiner selbst, ausgerechnet dieser Bande in die Hände spielte und Lucy aus dem schützenden Kreis der Frauen weg und fort von ihrer Mutter zog. Als sie sich sträubte, bettelte er geradezu, einmal noch in seinem Leben wolle er sie singen hören. Da gab sie ihren Widerstand auf und hörte nicht mehr auf ihre Mutter, die noch rief, ihre Musik würde sie allesamt ins Unglück stürzen.

Mats, der gerade aufgestanden war, um jetzt doch Hilfe zu holen, blieb wie gelähmt vor Schreck stehen. Es geschahen mehrere Dinge gleichzeitig und nichts konnte mehr von ihm verhindert werden. Während Lucy noch meinte, ihre künstlerische Darbietung von der Bedingung abhängig machen zu können, dass die Sklaven zu ihrem Gesang nicht mit ihren Ketten tanzen müssten, umfasste Paulsen sie schon fest mit beiden Händen und herrschte sie an, sie solle sich mal nicht so haben, schließlich würde sie für eine gute Sache singen. Mats sah seine Hände auf ihrer nackten Haut und hätte ihn am liebsten auf der Stelle erdolcht. Nitschke hing kraftlos im Pulk der aufgeregten Seeleute fest und kam nicht mehr an Lucy heran. Er rief etwas, wollte schlichten, wurde aber niedergebrüllt. Gleichzeitig wurde im hinteren Teil des Schiffes Kofi von einem Bombae und zwei Matrosen ergriffen und unter Deck geschleift, wo man ihn fesselte und schlug. Yao und Fran Willem hatten sich in der Zwischenzeit der Hausdame genähert, die Sklavinnen rechts und links von ihr zur Seite gedrängt und sie in die Mitte genommen, um ihr reichlich vom Branntwein einzuflößen und sie betrunken zu machen. Sie scherzten laut und ausgelassen und taten so, als handele es sich um ein Spiel, das sie mit ihrem Einverständnis spielten. Sogar Nettersheim ging darauf ein, meinte, sie habe doch ebenfalls ihren Spaß beim Gouverneur gehabt, wenn die Herren zum Empfang betrunken erschienen seien. Man flößte ihr mit Gewalt eine gute Bouteille Branntwein ein, bis sie nur noch lallend am Boden lag. Inzwischen bekam Lucy mit, was da vor sich ging, und wollte ihrer Mutter zu Hilfe eilen. Doch da stand ihr Paulsen im Weg, der dem Trommler auf ein Zeichen befahl, mit seiner Musik zu beginnen. Zum wilden Rhythmus fingen die Matrosen im engen Kreis um sie herum zu klatschen an. Einige wenige der Sklaven bewegten sich zaghaft und vorsichtig. Lucy begann zu weinen und zu schreien. Da griff Paulsen zur Peitsche, schlug ihr nach den Beinen, dass sie springen musste, und zwang sie, bis sie schließlich ihr Lied zum Besten gab. Ihre Stimme stieg in den hellblauen Himmel empor; sie klang trotz allem voll und traurig zugleich. Ohne Frage, unter anderen Umständen, an anderem Ort, wäre aus Lucy eine große Künstlerin geworden. So sang sie aus Verzweiflung und sprang dabei um ihr Leben. Sie legte eine solche Kraft in ihre Stimme, dass selbst die Matrosen zu klatschen vergaßen und ihr andächtig zuhörten. Dann jedoch erinnerte man sich an die Sklaven und erneut garantierten die Peitschen den gewünschten Erfolg. Sie sorgten dafür, dass die Sklaven mit ihren Ketten im Rhythmus der Schläge hüpften, sprangen und schrien. Alle fünf Minuten tauschten sie die Gruppen aus und ließen die Erschöpften auf den Planken liegend zurück, um ihnen erneut Branntwein einzuflößen.

Mats gab vor, zum Dienst in der Kombüse erscheinen zu müssen, und versuchte, seine Empörung zu verbergen. Aber er kam nicht weit, denn schon nötigte ihn der Hamburger Schmidt unter Androhung von Prügeln, mit ihm als Hamburger Landsmann einen Becher Branntwein zu trinken. Mats trat den Rückzug an, nahm den Becher und trank langsam, um in einem unbemerkten Moment den Rest des Alkohols hinter sich über die Bordwand zu schütten. Er wollte einen klaren Kopf behalten. Jetzt beobachtete er, wie man Ole Jessen seine Bootsmannspfeife und sein Sprachrohr abnahm, es diesem jedoch gelang, sich von seinen Widersachern zu befreien und auf das Achterdeck durchzuschlagen, wo er auf Hansen und Rickerts traf, die vom Ruderhaus kamen, um wegen des Radaus nach dem Rechten zu sehen. Ein Großteil der Mannschaft schien inzwischen sturzbetrunken und gebärdete sich wie toll, die meisten Sklaven lagen erschöpft und betrunken auf den Planken, übergaben sich oder wälzten sich halb besinnungslos in ihren Ausscheidungen. Es war ein Bild des Jammers, und das Treiben wurde immer toller und zügelloser. Lucy strauchelte nach ihrem dritten Lied, die Peitsche fuhr ihr über die Hüfte und hinterließ einen blutigen Striemen auf ihrer Haut, als sie unter Tränen zusammensank. Wenigstens beachtete Paulsen sie nicht weiter, der inzwischen mit Nettersheim Freundschaft trank und über alte Zeiten schwadronierte. Dessen Soldaten hatten sich eins gemacht mit der saufenden Mannschaft. Niemanden mehr kümmerte das Chaos und keiner fragte, wie man es beenden könnte.

Der Albtraum nahm für Mats seinen Fortgang, denn jetzt sah er, wie die Gewehre und die Munition der Soldaten klammheimlich ihre Besitzer wechselten und von den Männern um Paulsen entwendet und untereinander verteilt wurden. Man machte Stimmung, es wurde laut darüber diskutiert, ob man überhaupt noch auf dem richtigen Kurs sei, jemand schlug vor, das ganze schwarze Pack über Bord zu werfen, damit man noch genug zu leben hätte, falls die Flaute noch längere Zeit anhielte. Paulsen rief dazwischen: »Der Kompanie, liebe Freunde, ist es einerlei, ist doch die Fracht mit allen Waren versichert. Vielleicht wird man es uns danken, wenn wir dafür sorgen, dass die gesamte Fracht von einer Versicherung ersetzt wird, statt ein paar jämmerliche Gestalten von Sklaven in St. Thomas für ein Trinkgeld zu verscherbeln.«

»Wenn wir bis dahin nicht selbst verhungert und verdurstet sind«, rief Schmidt. »Ich sage euch: Aufrechte weiße Seeleute zuerst! Prost darauf!« Ein vielstimmiges zustimmendes Gegröle folgte. Nettersheim erschrak, wurde jetzt von Paulsen zurückgehalten, der auf ihn einredete. Mats entwischte endlich seinem Landsmann Schmidt und gelangte auf das Achterdeck. Er stürmte dort Richtung Ruderhaus und lief auf diesem Weg zunächst in die starken Arme des Smutjes, der ihn mit zwei Ohrfeigen für seine Teilnahme an den Festivitäten auf die Planken schickte. In knappen Worten konnte Mats anschließend berichten, was in den letzten Tagen auf seiner Seele gelegen hatte.

Nickelsen sorgte dafür, dass das Achterdeck zu einer Festung ausgebaut wurde. Zwei leere Fässer, Tischplatten und Stühle bildeten hinter der Brüstung des erhöhten Decks ein zusätzliches Hindernis und einen Feuerschutz. Der Kapitän und sein Erster Offizier waren entschlossen, an dieser Linie den Zugriff auf das Ruderhaus und damit auf das Kommando des Schiffes zu verhindern. Aus dem Geschützständer, der sich im Verbindungsgang hinter der Kapitänskajüte befand, hatten sie fast sämtliche Gewehre nach vorn geschafft, geladen und griffbereit gelegt. Auf dem Achterdeck befanden sich neben dem Kapitän und Hansen, Rickerts, Jessen, Röden, Mohr, Erken und dem Rudergänger noch vier loyale Seeleute aus der Mannschaft und – welch

Wunder – die sechs Engländer, die sie zuletzt vom Kriegsschiff verpflichtet hatten. Natürlich war es Nickelsen klar, dass er mit dieser Rumpftruppe kaum das Schiff unbeschadet nach St. Thomas würde führen können. Er war auf die Mannschaft angewiesen. Andererseits besaßen sie auf dem Achterdeck genügend Kampf- und Feuerkraft, um eine Meuterei niederzuschlagen. Gegen den Rat seiner engsten Vertrauten ging Nickelsen bis an die Balustrade des Achterdecks, verschaffte sich mit einem Sprachrohr Gehör. Vor dem Hauptmast stand eine geballte Anzahl von Seeleuten, die wild durcheinanderschrien und ihn keineswegs freundlich empfingen. Es fielen sogar zwei Schüsse, die jedoch nicht gezielt in seine Richtung, sondern nur ungefähr Richtung Achterdeck abgegeben worden waren. Eine Drohgebärde, mehr nicht. Der Kapitän war entschlossen, sich nicht beeindrucken zu lassen. Er stellte seine Mannschaft zur Rede und forderte die Herausgabe der Waffen und dass Paulsen, Nettersheim, Hull und Yao einzeln und unbewaffnet zu ihm auf das Achterdeck steigen sollten. Nettersheim trat kreidebleich vor, fand seine Soldaten inzwischen unbewaffnet, forderte die Gewehre heraus und rief dem Kapitän zu, er sei unschuldig. Paulsen schob ihn, selbstbewusst wie immer, zur Seite, rief, als die Schüsse fielen: »Wer wird denn gleich, Kameraden! Jetzt ist es genug! Hull, Yao und Willem, sorgt dafür, dass die Gewehre eingesammelt werden und keiner Unsinn macht!« Dann verbeugte er sich vor dem Kapitän, zog seinen Hut: »Herr Cornelissen, verehrter Kapitän, stets zu Diensten, gern werde ich Ihrer Aufforderung Folge leisten.« Drehte sich zur überrascht dreinblickenden Mannschaft und den Sklaven um und empfahl sich diesen mit den Worten: »Ein Hoch auf unseren Kapitän, der uns so großzügig bewirtet hat! Jetzt gebt Ruhe, schlaft euren Rausch aus und schafft Ordnung! Die Sklaven unter Deck!«

Nickelsen wurde das einfach zu viel. »Paulsen! Sie geben hier keine Befehle, verstanden! Sie kommen jetzt rauf, machen keine weiteren Anstalten mehr, mir irgendetwas vorzumachen.« In der Zwischenzeit wurden die Gewehre nach vorn gereicht und Paulsen kletterte über die erste Balustrade an die Seite des Kapitäns. Bevor er noch zu einer weiteren öffentlichen Unverschämtheit ansetzen konnte, wurde er von Jule einfach mit zwei brutalen Faustschlägen empfangen. Der Smutje setzte ihm wie einem Verbrecher sein Knie ins Genick und fesselte ihn an Händen und Beinen. Dann schleifte er ihn, gut sichtbar für die Mannschaft an Deck, hinter die zweite Linie. Nettersheim kam schwankend über die Balustrade geklettert.

Unten war es vorbei mit der Feier, es wurde totenstill. In diese Stille drangen bis zum Achterdeck hinauf seltsame Geräusche, die in zwei lang gezogenen, furchterregenden Schreien gipfelten, denen ein kurzes Aufklatschen an Steuerbord folgte. Mats ließ sich nicht zurückhalten, sprang vor die Verteidigungslinie an die Seite des Kapitäns. Beide sahen sich an und wussten sofort, dass etwas Schlimmes geschehen war. Sie liefen zur Steuerbordseite und schauten an der Längsseite des Schiffes nach unten ins brackige, stinkende Meerwasser. Keine zwei Meter von der Bordwand entfernt entdeckten sie die Hausdame, wie sie aus dem Wasser auftauchte und strampelnd versuchte, die rettende Bordwand zu erreichen. Der Kapitän schrie zur Mannschaft, man solle das Fallreep hinunterlassen, doch noch bevor es zur Ausführung des Befehls kam, sahen sie die arme Frau bereits von zwei gefürchteten Haien umkreist, bis diese nach ihrer Gewohnheit die unglückliche Beute ergriffen und sie mit sich zogen. Hansen und zwei der englischen Seeleute versuchten noch, mit Gewehrschüssen die Haie zu verjagen. Doch dieser Versuch erwies sich als untauglich, denn schon jagten zwei, drei weitere der Raubfische heran und gerieten mit ihren Artgenossen in einen Blutrausch. Bald ragten von der armen Frau nur noch der Kopf, dann noch einmal Hand und Fuß aus den Wellen empor, die sich rot färbten, dann verschwand sie ganz aus dem Blickfeld der Mannschaft, die wie Mats und Nickelsen Zeugen des grässlichen Schauspiels hatte sein müssen, ohne sie retten zu können. Später war ein Gerücht aus der Mannschaft zu hören, man habe einer Wette Folge geleistet, dass die Haie keine lebendigen Neger fräßen. Es hieß, schwarzes Fleisch würde von Haien nicht gefressen. So etwas konnte wohl nur in dem von Branntwein völlig vernebelten erbsengroßen Hirn eines Seemannes auf fruchtbaren Boden fallen. Wer das Preisgeld ausgesetzt und damit für den Tod der Hausdame und Mutter sowie eines weiteren Sklaven gesorgt hatte, ließ sich auch im Nachhinein nicht mehr aufklären. Was blieb noch übrig von dem Versprechen des Kapitäns, diese Familie als freie Menschen in Westindien ein neues Leben beginnen zu lassen?

Als Nächster kletterte Yao über die Brüstung und ergab sich dem Kapitän. Mats befürchtete sofort, dass man diesem nichts würde nachweisen können. Entsprechend angewidert schaute er in Yaos ewig lächelndes Gesicht. Die grausame Szene von eben noch vor Augen, sprintete Mats plötzlich los, hatte von irgendwoher das scharfe Messer eines Mastgasten in der Hand, mit dem Tauwerk geschnitten werden konnte, sprang nach vorn und rammte es in einer raschen, verdeckten Bewegung dem verhassten ehemaligen Sklavenhändler mit aller Kraft, die er besaß, mit allem Hass, der ihn trieb, in den Rücken. Yao brach vor den Füßen des Kapitäns zusammen und spuckte Blut, begann zu röcheln. Unten vor dem Hauptmast begann unter den Schwarzen und der Mannschaft erneut ein Aufruhr, sodass jetzt Hansen, Rickerts und Jessen nach vorn sprangen und auf die Menge schießen mussten, um wieder Ruhe herzustellen. Es gab drei weitere Verletzte unter den Seeleuten und einen Verletzten unter den Sklaven. Nickelsen packte sich den Schiffsjungen, schlug ihn zu Boden, ließ ihm Fesseln anlegen und sperrte ihn unter Deck. Dabei achtete er jedoch darauf, ihn von den Übrigen, die er ebenfalls mit Paulsen wegsperrte, getrennt zu halten. Auch erwähnte er ihnen gegenüber nichts von den Beobachtungen des Schiffsjungen, denn er fürchtete, der könnte am Ende noch aus Rache sein Leben darüber verlieren.

An diesem Abend und in der darauffolgenden Nacht kehrte keine Ruhe ein. Der Kapitän verließ mit seinen Vertrauten den Bereich des Achterdecks nicht und verschanzte sich, während es in der Mannschaft unten weiter rumorte und einige ihren

Rausch ausschliefen. Der Einzige, der ungehindert zwischen beiden Fronten hin und her gehen konnte und seine Arbeit verrichtete, war Mohr. Ihm war es letztendlich zu verdanken, dass von der Mannschaft nicht noch weitere Sklaven über Bord geworfen wurden.

Am nächsten Morgen wuchs zu greller Sonne und unveränderter Flaute auf beiden Seiten die schmerzhafte Erkenntnis, dass etwas geschehen war, was nicht hätte geschehen dürfen. Aufseiten der Mannschaft verfügte man zwar über Trinkwasser, aber es gab kein Essen. Noch bevor sie sich den Vorratskammern zuwandten, erschien in aller Frühe der Kapitän mit seinen schwer bewaffneten Begleitern und ließ Paulsen, Fran Willem sowie Hull an die Gräting binden. Statt einer Ansprache feuerte er aus seiner Pistole einen Warnschuss, griff selbst nach Rohrstock und einem Tauende und schlug auf die Gebundenen mit der ganzen Kraft ein, die ihm zur Verfügung stand. Er hörte erst auf, als er zu erschöpft war, um weiterzumachen. Seine Mannschaft vom Achterdeck hielt ihre Gewehre schussbereit und schüchterte die Seeleute ein, die dem Schauspiel beiwohnten. Dann krächzte er mit heiserer Stimme: »Wer denkt, er könne mit Unregelmäßigkeiten noch einen draufsetzen, darf sich gleich zu diesen Herrschaften hier legen! Ich bin noch lange nicht fertig mit dem, was geschehen ist. Jedem einzelnen, der nicht mehr befehlsgemäß seiner Arbeit nachkommt, werde ich den Prozess machen lassen und dafür sorgen, dass man ihn hängt oder dass er zumindest sein Leben lang ins Gefängnis geht. So wahr ich euer Kapitän bin!«

Mohr, der sich bereits bei der Gräting um die Verletzungen der Delinquenten kümmerte, erklärte ungefragt mit fester Stimme: »Wenn das nicht aufhört, dieses Murren und Aufbegehren, werde ich keinen Finger mehr rühren. Ihr könnt krepieren! Nehmt Vernunft an, und ihr dürft auch in Zukunft auf mich zählen.«

Nickelsen gab den Befehl, die Delinquenten zu binden und ihm aus den Augen zu schaffen, bevor er noch zur Peitsche greife und sich vollends vergesse. Sie wurden wieder in Haft verbracht. Er überhörte das Murren, hörte nicht hin, wie die Männer ihn für zu hart hielten, wie einige bemerkten, Paulsen werde ihm die öffentliche Demütigung nie verzeihen oder er solle sich vor dem Messer von Fran Willem in Acht nehmen. Jens Hansen schaute auf die Mannschaft und sagte zu Nickelsen, als er in gedrückter Stimmung an ihm vorbeiging: »Das wird eine schwierige Zeit, Hark.« Er hätte etwas anderes sagen können, aber er schloss sich keiner Kritik an dem Kapitän an. In solch einer Situation schon gar nicht, das verbat sich von selbst.

Dass man in ihren Reihen Nitschke entdeckte, der mit fiebrig glänzenden Augen an der Bordwand lag und nach Essen und Trinken verlangte, führte bei den Männern zum Umdenken. Man rief nach Mohr, dieser untersuchte seinen Kollegen und stellte fest, dass Nitschke nicht nur an der Ruhr erkrankt, sondern zusätzlich vom Skorbut befallen war. Er schob ihm die Hosenbeine hoch und erschrak, denn die dunklen Stellen dort waren bereits zu eitrigen Wunden aufgebrochen. Nitschke atmete schwer, litt unter Fieber und Schmerzen. Zusammen mit einem Matrosen fasste Mohr ihn vorsichtig und versuchte, ihn auf die Beine zu stellen, um ihn in seine Kajüte zum Achterdeck zu bringen. Er lebte noch, versuchte einen Scherz, aber die Worte blieben ihm im Hals stecken. Er lächelte Mohr an, wünschte allen noch eine gute Reise, machte zwei Schritte an der Seite seiner zwei Helfer, stöhnte laut auf und fiel tot auf das Deck. Der Tod des Zweiten Barbiers verbreitete mehr Schrecken als jede öffentliche Auspeitschung. Eine Stunde danach war Ruhe an Bord. Der Kapitän ließ Nitschke in ein Segeltuch einnähen, um ihn mit einem Zeremoniell und einem andächtigen Gebet dem Meer zu übergeben. Er gedachte dieses gelehrten, fleißigen Menschen in aufrechter Trauer und trank am Abend mit Hansen von dem Whisky, den er eigentlich auf eigene Rechnung in Westindien verkaufen wollte. Die Angst und die Toten machten ihn im Übrigen schlaflos.

Mohr war gewissenhaft und ging den aufgetretenen Skorbutfällen nach. Die Situation übertraf seine Befürchtungen. Die Ruhr und andere Erkrankungen hatten ihn so beschäftigt, dass ihm offensichtliche Anzeichen entgangen waren. Mohr gestand sich zum wiederholten Mal ein, völlig überfordert zu sein, aber das half niemandem. Er vermisste wie wohl kein Zweiter an Bord Nitschke an seiner Seite. Achtzig Prozent des Branntweinbestandes war gestohlen und verschwendet worden. Der Kapitän strich die wöchentlichen Zuteilungen an Mannschaft und Sklaven, um den kümmerlichen Rest für Mohrs Behandlungen zu reservieren. Röden klagte als Proviantmeister über Plünderungen bei den Obst- und Gemüsetonnen. Es gab kaum noch frische Lebensmittel. Auch hier griffen strenge Rationierungsmaßnahmen, die den Skorbut-Erkrankungen in die Hände spielten. Die Proviantkammern und Lagerbestände wurden mit doppelten Wachen gesichert, denn die Mangelerscheinungen ließen bei den Skorbutkranken ein unbändiges Hungergefühl aufkommen, das sie zu Diebstahl und Gewalt antrieb.

Die nächsten zwei Tage sollten zu den furchtbarsten überhaupt werden, und der schlimmste Tyrann auf der *Vesuvius* war kein Mensch, keine Peitsche, keine Kette, nicht der Hunger und der Durst, sondern allein die Sonne. Sie stand fast senkrecht am Himmel, war gleißend und heiß immer und überall da. An Bord wurde kaum noch gesprochen. Die Sklaven, die meiste Zeit an Deck zusammengepfercht, hielten ihre Köpfe gebeugt und brüteten dumpf vor sich hin. Die lautesten Geräusche kamen vom Gerassel ihrer Ketten und vom Stöhnen der Kranken. Die Sonnenstrahlen hatten eine solche Kraft, dass sich selbst unter den Hemden der Offiziere die Haut in rosa Streifen schälte. Schon im Laufe des Morgens schwand die Fähigkeit, noch einen klaren Gedanken zu haben, von Minute zu Minute, bis sich schließlich alles Leben und Denken einem völligen Stillstand hinzugeben schien. Der Kapitän ließ den Ausguck am Hauptmast jetzt alle halbe Stunde ablösen. Der Tod hielt auf dem in der Hitze stinkenden Schiff besonders in der Zeit von Mittag bis zum frühen Nachmittag reiche Beute. Vor allem die Mannschaft dezimierte sich in zwei Tagen allein um zehn Mann, die verstarben. Nitschke war vorausgegangen; ihm schienen jetzt in kürzeren Abständen immer weitere folgen zu wollen. Als schließlich selbst die höheren Ränge der Mannschaft vom Skorbut dahingerafft wurden und Mohr mit seiner Kunst am Ende schien, musste Nickelsen an einem Tag passende Worte finden für Eric Sörensen, den Gehilfen des Zimmerers, für den Gehilfen des Kalfatermeisters, für Lars Andresen und den Waffenmeister an Bord, Nettersheim, den es unter Deck in Haft fast unbemerkt dahingerafft hatte. Vor allem, dass Nettersheim so plötzlich gestorben war, beschäftigte den Kapitän, der sich Vorwürfe machte, zu wenig auf die Gesundheit der Inhaftierten geachtet zu haben.

Am Abend desselben Tages meldete Mohr seinem Kapitän, Rickerts und Jessen würden unter heftigem Fieber leiden, aber noch keine Anzeichen von Skorbut aufweisen, wohingegen bei dem auf den Kanaren verpflichteten Joaos nach einer anfänglich überstandenen Ruhrerkrankung jetzt Anzeichen vom gefürchteten Skorbut nicht auszuschließen seien. Die Meldung nach einem schweren Tag voller Niederlagen und Sorgen traf Nickelsen schwer. Er sank auf seinem Stuhl hinter dem Besprechungstisch in der Kapitänskajüte zusammen. »Nein, nicht Tade, nicht Ole …« Er schien das Ausmaß nicht mehr fassen zu können. Erst jetzt fiel Mohr das halbvolle Whiskyglas auf, das mitten auf dem Tisch stand. Unüblich für den Kapitän, dass er am Tag und während des Dienstes trank. Mohr nahm Haltung an und erwartete ein Donnerwetter, als er fragte: »Herr Kapitän, wie geht es Ihnen? Ich meine, einmal von den Katastrophenmeldungen abgesehen. Sind Sie gesund? Kann ich Ihnen helfen?«

Nickelsen lachte und lallte fast mit schwerer Zunge: »Sie sind gut. Einmal von den Katastrophen abgesehen? Ja, wie geht es einem da? Sie, gute Seele Mohr, meinen, so ganz persönlich, privat? Meinen Sie, wie daheim in meinem Pesel?« Er lachte und griff zum Whisky, um das Glas zu leeren. Der Schweiß rann ihm über das Gesicht. »So ganz privat, lieber Mohr, verrate ich Ihnen, geht es mir dreckig.« Mohr eilte um den Tisch herum, fasste dem widerstrebenden Kapitän an die Stirn, tastete nach seinem Puls.

»Sie haben hohes Fieber!«, stellte er mit erstickter Stimme fest.

»Höllenhitze! Mohr, gehen Sie raus! Sofort! Machen Sie Wind!« Nickelsen lachte wieder wie irre. »Können Sie nicht, wie? Der Paulsen, dieser Drecksack, der kann das – ich meine, Wind machen. Wo der sich aufbläst, gibt es bald einen Orkan. Aber den musste ich unter Deck wegsperren. Ich bin ein dummer Kapitän, sperre ausgerechnet diejenigen unter Deck, die Wind machen könnten, und schwitze hier oben im Fieber.« Dann schüttelte er sich, schien sich zu besinnen, wieder zu sich zu kommen. Ging in eine hintere Ecke des Zimmers, wo eine Waschschüssel stand, krempelte sich die Hemdsärmel bis zu den Oberarmen auf, warf sich Wasser ins Gesicht und kühlte seine Pulsschlagadern. Hansen betrat den Raum. Sein Blick fiel auf den bis ins Mark erschütterten Mohr, wanderte dann zu Cornelissen und brauchte keine Erklärungen, um zu verstehen, was los war. »Kommst gerade recht, mein Freund Jens! Natürlich singt unser Paulsen mit seinen Kumpanen das hohe Lied der Unschuld, wie immer. Nur wir wissen es besser. Aber, wenn unser Mats aus irgendwelchen Gründen nicht zu seinen Beobachtungen oberhalb der Mars vor einem Gericht oder der Kompanie aussagen kann, was ist am Ende dann unser Wissen noch wert?« Wieder lachte Nickelsen irre, ging wieder an das Whiskyfass, um sich ein Glas abzufüllen.

»Herr Cornelissen, Sie sollten jetzt wirklich nicht ...«, setzten Mohr und Hansen fast im Chor an.

»Wie recht ihr alle habt! Sogar dieser verfluchte Paulsen hat so verdammt recht. Ich bin ratlos, weiß nicht mehr, wie lange wir durchhalten und ob wir unser Ziel noch erreichen. Er hat verdammt recht damit, dass uns vielleicht sogar die Kompanie angesichts der Versicherungssumme, die auf unsere Fracht abgeschlossen wurde, in Ehren empfangen und sogar mit einer Prämie entlohnen würde, wenn wir uns hier auf offener See auf der Backbordseite von unseren schwarzen Freunden verabschieden würden.« Hansen wollte einschreiten, ihm in den Arm fallen, aber Nickelsen stürzte auch dieses Glas hinunter und warf es voller Verachtung zu Boden, dass es krachend zersplitterte. »Und weil ihr alle so recht habt und ich mich andauernd frage, in was für einer Welt wir eigentlich leben müssen, Mohr, mein lieber, guter Jens, macht ihr für den Rest des Tages diese meine Aufgabe doch mal selbst. Ich lege mich schlafen.« Jens Hansen half ihm aus dem Hemd, legte ihn hin und zog ihm seine Schuhe aus. Mohr suchte nach einer passenden Medizin und untersuchte ihn weiter. Fieber hatte der Kapitän, aber keine Anzeichen von Skorbut. Das teilte er Hansen mit und äußerte den Verdacht, es könne sich um eine Erkrankung handeln, die Nickelsen seit dem Rio Volta in sich trage. Jessen und Rickerts wiesen ebenfalls diese Symptome auf. Vielleicht ein Fieber, das von Mückenstichen herrühre. Nickelsen bat Mohr, aus seiner Kartentruhe ein Ledersäckchen mit Medizin zu holen, in dem sich Pflanzen und Rinden gegen derartige Erkrankungen befänden. »Der Medizinmann, Jens, du erinnerst dich? Ich habe dir doch von Wolfsons wundersamer Heilung erzählt. Tot, jetzt ..., alle schon tot ...« Mohr legte Nickelsen noch kühlende Umschläge auf, ließ ihn zur Ader, rief nach Röden, der frisches Trinkwasser brachte, und griff schließlich noch zum bewährten Schießpulver.

Als er sich schließlich aufmachte, nach Joaos, Rickerts und Jessen zu sehen, bevor er sich dann erneut der Mannschaft und den Sklaven widmen konnte, hielt Nickelsen seinen Vertrauten Hansen noch einmal zurück und winkte ihn an sein Bett: »Hör zu Jens, du musst die Männer aus den Verschlägen rauslassen. Es macht keinen Sinn, irgendwen eingesperrt zu halten. Wir brauchen jede Hand, um wieder nach Hause zu kommen.« Nach Hause, wie das klang! »Und lass mir den Mats in Ruhe, wenn der sich um Lucy kümmert. Das wird die beste Medizin sein, das Mädchen vom Trübsinn der Trauer zu befreien. Mats wird auf sie achtgeben.« Den letzten Satz wiederholte er, dann fiel er in einen tiefen Schlaf.

Natürlich spielten Paulsen und Willem ihre Rollen als Unschuldslämmer, denen furchtbares Unrecht widerfahren sei, bis zum Erbrechen. Hansen ertrug es kaum und schnauzte sie an.

Man wisse mehr über sie, als ihnen recht sein dürfe, ungeschoren komme keiner von ihnen davon.

Paulsen lachte ihn frech an. »Auf mich angewiesen seid ihr, dein schöner Kapitän und du eingebildeter Möchtegernschiffer! Was wisst ihr schon? So viel wie damals, als Johan Bjorn besoffen von Bord gegangen ist? Oder doch so viel wie in der Angelegenheit des Katers Fritz? Sie finden mich gelassen, Herr Erster Offizier! Empfehle mich!«

So sehr es ihm widerstrebte, Hansen brauchte Paulsen auf der Kommandobrücke. Daher fand sich der Kopf der Bande mal wieder in leitender Position als Untersteuermann auf der *Vesuvius* wieder. Der Einzige, den es danach drängte, Abbitte zu leisten, war John Hull. Wegen der Erkrankung von Ole Jessen übertrug ihm Hansen sofort das Amt des Bootsmanns wieder und sparte dabei nicht mit mahnenden Worten. Allerdings, aussagen würde Hull gegen seine Kameraden nicht. Der Preis war ihm zu hoch oder es war die nackte Angst, die ihn schweigen ließ.

Einträge ins Logbuch der *Vesuvius* zum 14. Dezember 1748:

Am 14. Dezember 1748 zur ersten Tagwache meldete der Ausguck vom Hauptmast achteraus Segel. Ich stieg selbst hinauf, um mich mit dem Fernrohr zu überzeugen, denn seit dem 22. November setzten uns widriger Wind, Gegenströmung und schließlich eine über Wochen andauernde Flaute mit all ihren furchtbaren Plagen zu, sodass wir erheblich an Zeit und sogar an Strecke verloren und schon ziemlich verzweifelt waren wegen der Witterungslage. Es blieb nicht aus, dass mancher – ähnlich einer Fata Morgana in der Wüste – mitten in dem endlosen Blau des Meeres, das sich regungslos und ungewohnt still vor uns ausdehnte, plötzlich Erscheinungen wie Schiffe, Inseln, ja sogar ganze Hafenanlagen erblickte. Während der ganzen Zeit war uns nicht ein Schiff auf unserem Kurs begegnet. Doch der Mann im Ausguck sollte mit seinen scharfen Augen recht behalten und seine verdiente Belohnung erhalten, denn ich erblickte durch das Fernrohr eine spanische Galeone mit drei Masten. Sie machte zwar bei voller Besegelung wenig Fahrt, aber sie schien im Unterschied zu uns ihr Segeltuch vom Wind bereits gefüllt zu bekommen und nahm wahrscheinlich Kurs auf die Kanarischen Inseln. Wir schöpften nun ebenfalls Hoffnung auf baldigen Wind und Fortsetzung unserer Fahrt. Ich ließ alle Vorbereitungen treffen, selbst das leiseste Lüftchen einzufangen, um uns in den Bereich der Windströmung zu bringen, wo ich selbst soeben jene Galeone hatte beobachten können. Als der Wind noch den ganzen Vormittag ausblieb, ließ ich den auf den Kapverdischen Inseln eingelagerten Stockfisch lüften, Verdorbenes aussortieren, die Fässer und Behältnisse mit Essig auswaschen und den Restbestand an Fisch neu lagern.

Am Abend hatten wir bei andauernder Flaute und Gegenströmung den Tod von zwei jungen Menschen an Bord zu beklagen. Joaos Vizinho von den Kapverden, der mir als Dolmetscher wertvolle Dienste geleistet hat, verstarb nach wenigen Tagen an Ruhr und Fieberkrankheit. Die letzte Tote, der wir während dieser furchtbaren Flaute Worte des Gedenkens mit auf den Weg geben mussten, war die erst fünfjährige Tochter des freien Schwarzen Nogave Kofi Kumballa, dessen Frau vor wenigen Tagen tragisch ums Leben gekommen ist. Der Erste Barbier Mohr diagnostizierte eine überfallartige Erkrankung des Mädchens mit der Schlafsucht und mit einer tiefen Traurigkeit, die es sprachlos werden ließ. Seine Behandlung mit Brechmittel und Purgantia nebst verschiedenen Beruhigungsmitteln und schließlich einiger geringster Gaben Laudanum konnte sie ebenso wenig retten wie die ständige Anwesenheit ihrer älteren Schwester Lucy Kumballa. Sie verstarb, ohne noch einmal die Regung einer Anteilnahme an der sie umgebenden Welt zu zeigen, und wurde von mir der See übergeben.

Noch in der Zeit der zweiten Nachtwache besserte sich das Wetter und es kam leichter, veränderlicher Wind von Osten auf. In den Nachtstunden übernahm ich voller Hoffnung das Kommando und ließ die Vesuvius zunächst leicht kreuzen, um den veränderlichen Wind am vorteilhaftesten dafür zu nutzen, an

Fahrt zu gewinnen. Am Morgen zur ersten Wache hatten wir redlich klares Wetter mit lockerer Bewölkung, die uns den ersten Schatten seit Wochen spendete, und einen guten, beständigen Wind aus Ostsüdost. Obwohl wir schwere Verluste selbst unter der Mannschaft zu beklagen haben und noch immer viele geschwächt und krank ihren Dienst verrichten, atmen wir alle auf. Ein jeder findet sich seitdem mit Eifer auf seinem Posten, voller Hoffnung, die Fahrt mit Gottes Segen noch lebend zu Ende bringen zu dürfen. Ich ließ an die Mannschaft eine Extraration Brot, Reis, Fisch und Trinkwasser und an die Offiziere ein Viertel vom Branntwein ausschenken und für den nächsten Tag einen Gottesdienst anberaumen. Ein hoffnungsvolles Zeichen ist die vom Ersten Barbier gemeldete Genesung des Steuermanns Rickerts und des Bootsmanns Jessen.

Cornelissen, Kapitän

Bald füllten sich ihre Lungen mit der reinen Seeluft einer frischen Brise. Es begleiteten sie Schwärme von fliegenden Fischen, die für Tage die Haifischrudel vergessen machten, und kaum gewannen sie richtig an Fahrt, beobachteten sie Schweinswale in den Wellen ihres Kielwassers. Die *Vesuvius* stürzte sich jetzt förmlich mit dem Bug in die atlantische Dünung, sie strebte Richtung Westen wie ein feuriger Hengst, der einen langen Winter im Stall zugebracht hat und jetzt Frühlingsluft und Weide wittert. Das Heck hob sich unter den immer höher anrollenden Brechern, der Bugspriet tauchte in die Wellen und warf zu beiden Seiten in hohem Bogen die spritzende Gischt auf. Nickelsen lauschte dem Klang der Schiffsglocke, die immer leicht anschlug, wenn das Schiff rollte, war auf seinem Schiff wieder zu Hause und bereit, nach Westindien zu fliegen. Jessen stand am Besanmast und ließ das Kreuzmarssegel setzen. Sie hatten es wirklich eilig, den Ort ihres Leidens hinter sich zu lassen. Nickelsen sprach ihn an.

»Alles im Lot«, antwortete Jessen und pfiff nach den Mastgasten, die ihm oben auf der Rahe nicht gleichmäßig genug arbeiteten. »Dichter als eine Jacke nach einem Becher Schnaps und einem Segeltörn um Amrum im Winter. So im Lot bin ich, Kapitän!« Nickelsen lachte erfreut und musterte die Männer von Jessens Wache. Wie ein Beutel voller Schiffsnägel, dachte er, manche grade und stark, andere wiederum krumm, noch ehe sie mit einem Hammer in Berührung kommen. Nickelsen fühlte sich selbst noch schwach und ging rasch weiter, bevor jemand ihm etwas anmerkte. Bei der kleinsten Anstrengung schwitzte er unmäßig und litt merklich.

Es war so eingetreten, wie Nickelsen es vorhergesehen hatte. Mats und Lucy wurden an Bord unzertrennlich. Der Teufelsbraten hatte schließlich sogar durchgesetzt, dass Lucy und ihr Vater, der wegen seiner Verletzungen und seiner Trauer nicht arbeiten konnte und Mohrs Sorgenkind war, einen Schlafplatz in der Kombüse bekamen, den sie allerdings des Tags zu räumen hatten. Kofi ging dem Smutje zur Hand. Mats und Lucy suchten sich, sobald Mats Freischicht hatte, in jedem verschwiegenen Winkel des Schiffes unsichtbar zu machen, was selbst auf einem Schiff von der Größe der *Vesuvius* nicht einfach war. Es dauerte daher keine zwei Tage, bis die Mannschaft mit dem Hamburger Schmidt und dem Bootsmann auf Abruf Hull zwei Sprecher bestimmte und mit einer Beschwerde zum Kapitän schickte. Es sei nicht rechtens, dass mit zweierlei Maß gemessen werde. Niemand aus der Mannschaft dürfe sich den schwarzen Frauen nähern und der Zwieback habe einen Freifahrtschein beim Kapitän. Sie verlangten gleiches Recht für alle.

»So?«, fragte Nickelsen scheinheilig. »Ist das so? Auf was für einer Art Freifahrt soll denn unser Mats da unterwegs sein?«

Hull fühlte sich von dem Gang der Unterhaltung und von der Unbotmäßigkeit der Forderung, die Schmidt sofort vorgetragen hatte, unangenehm berührt. Aber Schmidt, keineswegs so zart besaitet, sprudelte schon mit seiner Empörung heraus. Er sei erwischt worden, wie er die Schwarze Lucy geküsst habe. Er selbst habe gesehen, dass er ihr an die Brust gefasst habe.

»War das alles?«, erkundigte sich Nickelsen seelenruhig. Natürlich nicht, denn Schmidt behauptete nun, Lucy habe in der

Dunkelheit vorn beim Fockmast im Schatten der Apfeltonne auf seinem Schoß gesessen und sich auffällig bewegt.

»Waren sie angezogen?«

Schmidt wurde unsicher, hatte Empörung oder irgendetwas, aber keine Befragung dieser Art erwartet. »Ja. Vielleicht. Weiß nicht.«

»So, meine Herren, dann wäre das ja geklärt. Jetzt zu Ihrem Anliegen, Herr Matrose Schmidt. Welche der Sklavinnen gedenken Sie zu ehelichen? Und wie regeln wir das Finanzielle für die Kompanie?«

»Wieso heiraten? Ich?« Schmidt war fassungslos.

»Ach, Hull, Sie sind der Glückliche?«, setzte der Kapitän nach. »Ich dachte, Sie seien verlobt. Oder zielte Ihr Vorschlag darauf ab, mein Schiff zu einem Bordell zu machen?«

Hull entschuldigte die Störung und trat den Rückzug an, den begriffsstutzigen Schmidt mit sich ziehend. »Noch eins, meine Herren. Die beiden jungen Leute wollen heiraten. Lucy ist keine Sklavin. Lasst sie in Frieden.«

Den Vorfall nahm der Kapitän jedoch zum Anlass, das junge Pärchen zu einem vertrauten Gespräch einzubestellen. Da standen sie nun ihm gegenüber, schüchtern, verlegen. Er hatte kurz zuvor noch über den Karten gebrütet. Sie erwarteten wohl ein Donnerwetter. Stattdessen stellte Nickelsen an Mats die Aufgabe, die geografische Länge zur Bestimmung ihrer genauen Position zu benennen.

Mats schaute ihn entgeistert an, erklärte aber sogleich: »Die geografische Länge, Herr Kapitän? Ich kenne kein Verfahren dafür; soviel ich weiß, gibt es noch keines.«

Nickelsen nickte: »Sehr zutreffend. Doch Seefahrer sollten keine Mühe scheuen, denn wenn wir die Längengrade beherrschen, werden weniger Schiffe auf den Felsen zerschellen und weniger Männer überflüssigerweise ihr Leben verlieren.« Jetzt war es an Mats, Einverständnis zu signalisieren und zustimmend zu nicken. Dennoch kreuzten sich Lucys und seine Blicke und sie wussten nicht so recht, warum der Kapitän sie ausgerechnet zusammen zu einer Navigationsstunde einbestellt hatte.

»Ihr fragt euch, was das soll? Nun, genauso wenig, wie wir es heute verstehen, die Welt sowohl in ihrer Breite als auch in ihrer Länge zu betrachten, genauso wenig erkennt die Menschheit der Zeit, in der wir leben, den Menschen in seiner Ganzheit mit schwarzer und weißer Hautfarbe. Er meint vielmehr, es reiche aus, die Welt mit weißer Hautfarbe zu betrachten, alles andere würde sich schon ergeben. Das schafft Ungerechtigkeiten und führt, um im Bild zu bleiben, zu Schiffbrüchen, ja sogar zu Todesfällen.«

Kaum hatte Nickelsen offen ausgesprochen, was er dachte, flossen bei Lucy schon die Tränen. Natürlich rührte er damit an jüngste Ereignisse und ihre tiefe Trauer. Unbeirrt redet er weiter: »Ich bin Kapitän des Schiffes, aber nicht in der Lage, den Längengrad zu bestimmen, auch wird es mir auf dieser Fahrt nicht gelingen, eine Methode zu diesem Zweck zu entwickeln. Genauso wenig kann ich die weiße Welt mit ihrer einseitigen Sichtweise farbiger erscheinen lassen ... Ich sage euch, niemand wird verstehen, dass ihr euch füreinander entscheiden wollt. Wahrscheinlich werdet ihr sogar auf Hass und Verfolgung stoßen. Ihr müsst stärker füreinander einstehen als andere junge Leute und ihr müsst vorsichtig sein. Dazu mahne ich euch. Damit Ruhe ist, habe ich erklärt, dass ihr heiraten werdet.«

Für einen Moment vergaßen Lucy und Mats, wo sie sich befanden, und fielen sich in die Arme. Dann sparten sie nicht mit Dankbezeigungen an den Kapitän und versprachen, einander ewig zu lieben. Nickelsen wollte nichts davon hören, wünschte nur, sie sollten kein weiteres Aufsehen erregen und aufeinander aufpassen. Wenn es irgendwie möglich sein sollte, würde er versuchen, den Todesfall von Yao nicht mehr öffentlich werden zu lassen. Nickelsen war bewusst, auf welch schmalem Grat er wandelte. Wenn er Mats schützte, wurde er auf der anderen Seite gegenüber Paulsen und Willem angreifbarer. Aber er war entschlossen, dieses Risiko einzugehen.

Mats hatte seine Schicht bei den Mastgasten zu absolvieren. Noch einmal umarmten Lucy und er sich, dann schickte er sie zu Jule in die Kombüse. Dem Smutje vertraute er am meisten. Ihm war jetzt leichter ums Herz und das erste Mal seit Wochen schaute er wieder hoffnungsfroh in die Zukunft. Der Wind blies ihm kräftig durch die Haare. Es begann, leicht zu regnen. Vor dem Wind segelnd, machte das Schiff inzwischen mächtig Fahrt. Mats schaute gedankenverloren auf die Spur des Kielwassers, die sie auf dem graugrünen Meer hinter sich her zogen. Ihm kam das erste Mal ernsthaft der Gedanke, dass er das Leben als Seemann wegen Lucy vielleicht aufgeben müsste. Der Kapitän hatte etwas in ihm wachgerufen, in ihm Fähigkeiten zum Leben erweckt, die er sich nie zugetraut hätte.

Schon kam der Befehl: »Aufentern, auf!« Wie der Blitz lief er mit den Mastgasten zu den Wanten unter der Mars, zog sich in die Webeleinen[74] hinauf und kletterte behände wie eine Katze nach oben. Er schwang sich über die Stage[75], dann weiter die Wanten Richtung Krähennest hinauf. An der Stelle, an der die Marsstenge[76] in die Bramstenge[77], den dritten Teil des vom Kiel aus gemessen an die siebzig Meter hohen Hauptmastes, überging, gab es eine kleinere Plattform als die Mars, auf der gut zwei Mann Platz hatten. Sechs Männer standen bereits draußen auf dem Fußpferd[78] der Rahe und arbeiteten am Segel. Mats reihte sich ein. Man stimmte ein Seemannslied an, das den Arbeitsrhythmus gleichmäßig machte. Das völlig entrollte Segel, wie eine weiße Wolke über Mats, hatte bei den ersten Malen seinen Gleichgewichtssinn irritiert. Jetzt nahm er das weiße Tuch nur noch aus den Augenwinkeln wahr. Gut 15 Meter über ihnen hockte der Ausguck, der mit einem Fernrohr den Horizont absuchte. Gesichert war er wegen des Seegangs mit einer Leine um

74 Stricktaue zwischen den Wanten, die zum Ersteigen der Masten dienen
75 Seil zum Sichern und Stützen von Masten in der Längsrichtung des Schiffes
76 erste Verlängerung des Mastes
77 jüngste Bildung der Bram mit der Takelung (Bramsegel); der oberste Teil eines Mastes
78 die mit Garn bekleideten Drähte unterhalb der Rahen und des Klüverbaums, auf denen der Seemann steht, wenn er dort arbeitet

die Hüfte. Nach der Arbeit kletterte er hoch, um selbst noch einmal einen Blick zu riskieren. Die blaue Weite des Meeres machte süchtig. Süchtig, genauso wie die Liebe zu einer Frau.

Wieder zurück an Deck musterte er mit dem Gedanken an einen baldigen Abschied die Matrosen an Bord, als sähe er sie das erste Mal. Sie waren sehr unterschiedlich gekleidet, trugen nur zum Teil Seemannskluft, teils jedoch Landkleidung, einige hatten blaue Jacken und Hosen, andere ein gestreiftes Wams und ein zerschlissenes Hemd an, manche trugen sogar Lederschuhe, aber viele liefen noch barfuß – die Mastgasten turnten auf den Tauen der Fußpferde ohnehin lieber barfuß herum. Der Älteste der Matrosen hatte bei siebzig Jahren aufgehört zu zählen und keine Zähne mehr im Maul. Der stank streng nach billigem Tabak und Fusel. Mats lauschte den vielsprachigen Unterhaltungen der Mannschaft, soweit er sie verstehen konnte. 20 Mann zählte jede Wache, und der Erste Offizier teilte die neuen Matrosen meistens nach ihrer Muttersprache jeweils der Wache zu, in denen sie auf die meisten ihrer Landsleute trafen. Mats Petersen war stolz, Teil des Ganzen zu sein.

Am Nachmittag kam der Befehl des Kapitäns, den Kurs zu ändern und den Wind von genau achtern dann auf Steuerbordstand zu bringen. Sie machten sich daran, als Erstes das Großbramsegel zu bergen. Die *Vesuvius* vollzog selbst schwierigste Kursänderungen schneidig, als würde sie nur darauf warten, mit neuem Kurs unter Beweis stellen zu können, wie rasant sie jedesmal volle Fahrt aufnehmen und die Wellen vor ihrem Bug zerschneiden konnte.

3. Das Meer hat ein rachsüchtiges Herz

Zum Jahreswechsel schien endlich der Höhepunkt der Krankheiten überwunden zu sein. Mohr durfte sich eine Ruhepause gönnen, die er bitter nötig hatte. Er wirkte ausgezehrt und völlig entkräftet. Seit fünf Tagen hatten sie keine Todesfälle mehr zu beklagen. Trotzdem waren die Sklaven an Bord mittlerweile äußerst geschwächt. Auf Anordnung von Nickelsen brachte man sie weiter regelmäßig an Deck und hielt nach wie vor das Waschzeremoniell ab. Man hatte sogar die Tanzveranstaltungen mit Ketten und Peitschen wieder aufgenommen, diesmal jedoch ohne Alkohol und unter bewaffneter Aufsicht des Kapitäns oder seiner Vertrauten.

Der Kapitän blickte auf die Zeit der Ankunft in Westindien und wollte zum Jahreswechsel alle Dinge geordnet wissen. Er war sich nicht mehr sicher, ob er seiner Gesundheit trauen durfte, oder ob jemand anderes dann die Geschäfte in seinem Namen tätigen müsste. Mohr saß in der Kapitänskajüte und pflegte die vernachlässigten Eintragungen in die Kranken- und Sterberegister. Nickelsen plante ein Treffen seiner kleinen geheimen eigenen Handelsgesellschaft für den nächsten Tag. Da erwischte sie am 3. Januar 1749 völlig überraschend ein Sturm mit einem harten Wind aus Südost, später aus Ost, verbunden mit heftigen Regengüssen und Gewitter. Der Kapitän ließ sofort bei der Mars die Segel einholen, kurz danach sogar die Fock streichen und die Segel beisetzen. Die Zahl der Rudergänger wurde verdoppelt, die Freiwache mit der Schiffsglocke eilends an Deck geholt. Dann musste alles sehr schnell gehen, die Sklaven waren unter Deck zu schaffen, die Luken über den Sklavenquartieren zu schließen, das Schiff zu sichern. Die Pfeifen der Bootsmänner Jessen und Hull schrillten gegen das Brüllen der entfesselten Elemente. Die *Vesuvius* taumelte bereits unter dem Aufprall einer riesigen See, die sich von allen Seiten aufzubauen schien. Binnen kurzer Zeit war klar, dass es sich nicht nur um einen gewöhnlichen Gewittersturm handelte, sondern dass sie mitten in einen Tornado hineingeraten waren, der nun das Schiff mit furchtbarer Gewalt in seinen Griff bekam. Als Vorsichtsmaßnahme wurden sämtliche Feuer an Bord gelöscht. Der Smutje und Kofi torkelten rußgeschwärzt aus ihrer Kombüse nach draußen, um mit anzupacken. Breitbeinig bezog der Kapitän vor dem Großmast Position und dirigierte von dort die Bootsmänner und die Mannschaft;

Hansen achtete auf dem Achterdeck und im Ruderhaus darauf, dass die Befehle umgesetzt wurden.

Die Männer an Deck zogen mit aller Kraft an den Tauenden, um die störrisch knatternden Segel aufzuholen. Halsbrecherisch und atemlos schaukelten die Mastgasten im Sturm auf den Rahen bei ihrem Versuch, die Top-Bramsegel zu bändigen. Sie arbeiteten mit hoher Disziplin, und es gelang ihnen tatsächlich erstaunlich schnell, das Schiff unter gerefften Topsegeln beizudrehen. Keine halbe Stunde später machte sich der Tornado erneut daran, die Windrichtung zu ändern. Gegen Morgen, das Unwetter tobte noch immer, stemmten sich inzwischen drei Männer gegen das Ruder, um bei dem Druck der Wassermassen auf das Schiff noch Kurs halten zu können. Der Kapitän befahl, bei dem Sturm, der inzwischen beständig aus Süd heranbrauste, einen scharfen Kurs nach Westsüdwest aufzunehmen. Alle Marssegel waren inzwischen längst niedergeholt, jetzt befahl er zu guter Letzt, auch noch die erneut gesetzte Fock am vorderen Mast wieder einzuholen. Er vertraute darauf, dass die vordersten Segel, die Blinde und Oberblinde, das Schiff manövrierfähig hielten. Die Männer folgten jedem seiner Befehle, doch langsam erreichten sie eine körperliche Belastungsgrenze, wo selbst die Angst um ihr eigenes Leben die durch die absolute Erschöpfung hervorgerufene Gleichgültigkeit nicht mehr besiegen konnte. Zwei Männer gingen bei der nächsten Sturzwelle, die über Deck brach, über Bord. Der Rest der Mannschaft klammerte sich an irgendwelche festen Teile des Schiffes. Einzelne banden sich sogar fest, um einen Moment zu Atem zu kommen. Sie bekamen mit diesem letzten Manöver bereits westwärts gefährlich Schlagseite und binnen einer Viertelstunde vier Würfe Wasser ins Schiff, sodass das Oberdeck halb volllief. Die Schreie der Sklaven aus dem Zwischendeck, die nun fürchteten, ertrinken zu müssen, bildeten eine infernalische Begleitmusik zum Donnern der Wellen und Brausen und Heulen des Sturms. Knud Erken kämpfte sich mit Kofi und Jule Röden an seiner Seite bis zum Kapitän vor, sie schrien: »Wir haben gerade eine

Bugpforte offen vorgefunden. Es dringt Wasser ein! Wir müssen alle Pforten kontrollieren!«

Nickelsen übertrug das Kommando an Deck sofort Hansen und lief mit Paulsen und den dreien schleunigst nach vorn. Doch sie fanden zu ihrer Erleichterung alle anderen Bugpforten des Schiffs fest verschlossen. Nickelsen schrie aus Leibeskräften: »Beruhigt euch, Männer! Das ist ein gutes Schiff! Wir haben keine Not! Wir werden nicht sinken!«

Kofi sank auf die Knie, übergab sich und erklärte dem Kapitän, nachdem ihm Jule wieder auf die Beine geholfen hatte: »Die Fischer an der Goldküste sagen: Das Meer hat ein rachsüchtiges Herz – das Meer bestraft jene mit seinem langen Atem und eisigen Wasserarmen, die es für böse Zwecke missbrauchen. Herr Kapitän, ganz sicher sind wir verloren!« Dabei verdrehte er vor Angst seine Augen, dass nur das Weiße im schwarzen Gesicht noch sichtbar war.

Der Kapitän packte ihn bei den Schultern und schüttelte ihn: »Kofi, keine Angst. Das Meer bestraft nur jene, die es nicht verstehen, mit jeder Faser ihres Lebens um ihr Schiff zu kämpfen. Wir werden es schaffen!« Dann schickte er Paulsen mit zwei Männern nach unten in den Schiffsraum, um nachsehen zu lassen, wie viel Wasser sie dort bereits aufgenommen hatten, und um die Lenzpumpen zu bedienen. Dem Rest der Truppe befahl er, mit Ledereimern am Oberdeck das Wasser auszuschöpfen, sich zuvor aber zur Sicherung mit Tauen festzubinden. Denn durch das beständige Schlingern des Schiffes, das durch unkontrollierte Rollbewegungen verstärkt wurde, konnte sich kaum jemand auf den Beinen halten. Nickelsen eilte zum Ruderhaus und traf dort gerade ein, als die *Vesuvius* sich westwärts überzulegen begann. Er sprang mit Hansen hinzu und zu fünft ließ sich das Ruder wieder auf Kurs bringen. Ganz langsam richtete sich das Schiff wieder auf. Der Regen strömte unaufhörlich in einem so dichten Schleier von dicken Tropfen vom Himmel, dass Nickelsen meinte, Himmel und See wären zu einem einzigen Wasserelement zusammengeflossen und die Welt wäre dabei, in einem riesigen Kombüsentopf überzukochen. Das Schiff gierte und bockte. Wieder bekam die *Vesuvius* einen mächtigen Wurf Wasser ins Schiff. Kam der Wind jetzt von Westen? Von Norden?

»Bleibt auf Kurs, Männer!«, tobte der Kapitän. »Verdammt noch mal, Kurs halten!« Er ließ sich nicht mehr beirren. Die Blinde vorn am Fockmast riss in Stücke und flatterte nur noch. Nickelsen ignorierte das, ließ weiter Wasser schöpfen. Hansen rief den Bootsmann Jessen zu Hilfe, um sich gegen das Ruder zu stemmen. Dann das Kommando des Kapitäns: »Drei Strich ab!« Doch die Rudergänger waren geradezu panisch froh, überhaupt den alten Kurs halten zu können. Ihre Augen traten hervor, Furcht stand ihnen ins Gesicht geschrieben. Hansens Blick ging zwischen dem Kapitän und den Rudergängern hin und her. »Haltet sie jetzt vor dem Wind!«, kläffte der Kapitän. Vor ihnen klarte es auf. Das Unwetter hatte noch längst kein Ende gefunden, aber mit etwas Glück hatten sie das Zentrum des Tornados hinter sich gelassen. Nickelsen trat neben das Ruderhaus und versuchte, das Schiff zu überblicken. Er hielt sich mit beiden Händen am Holzdach fest. Seine Fingerknöchel staken weiß durch die Haut, so krampfhaft hielt er sich, denn das Schiff rollte und gierte nach wie vor. Obwohl er sich nichts anmerken ließ, seine Einsamkeit und Angst als Seemann fraßen ihn auf. In seinen Gesichtszügen hatten sich über die Jahre tiefe, breite Furchen gegraben. Aber er war stets verbissen und zäh genug, im Leben und auf seinem Schiff nicht über Bord zu gehen. Er funktionierte, während alle seine Wahrnehmungen nur auf das Ende des Wahnsinns dieser tosenden Elemente hin ausgerichtet und gebündelt zu sein schienen. Rickerts und Hansen traten neben ihn. Ihre Stimmen bellten gegen den Sturm an, als sie ihn über den Stand an Bord in ihren Bereichen informierten. Paulsen meldete, der Wasserstand im Schiff sei nicht mehr besorgniserregend, die Lenzpumpen würden noch immer einwandfrei arbeiten. Der Himmel vor ihnen wechselte von Tiefschwarz in ein undurchdringliches Grau und trug immer noch schwer an Regen. Der Wind blies so kräftig, dass er die Gischt über die Bordwand peitschte und in weißen Schaumkronen übers Deck jagte. Doch sie versuchten nun mittels des Großsegels dem Unwetter davonzujagen. Nickelsen wollte nur noch raus aus dem Inferno, und das Schiff bestand die Zerreißprobe während der nächsten zwei Stunden tatsächlich mit Bravour. Doch dann wurde der Sturm erneut stärker, von heftigen Windböen begleitet. Bei dem Druck, der ohnehin auf dem Großsegel lastete, musste Nickelsen nun fürchten, dass am Ende der Großmast Schaden nehmen könnte.

Er schickte Paulsen und Hansen nach vorn, Männer zusammenzustellen, um das Großsegel aufzugeien. Sie mussten ihre Auswahl mit Hochdruck, aber sorgfältig treffen, denn längst nicht mehr alle Matrosen waren überhaupt noch einsatzfähig. Der Kapitän griff nach dem Sprachrohr und schrie ihnen zu: »Seid vorsichtig, Männer. Und seid mutig, wir haben es bald geschafft!« Auf beiden Seiten zogen die Geitaue die Ecken des Segels hoch und verkleinerten so die Segelfläche. Dann war es an den Mastgasten, raus auf die Rahe zu klettern und das Festmachen des Segeltuchs vorzubereiten. Kaum hatte der Letzte seinen Fuß auf das Fußpferd gesetzt, zerrte auch schon eine schwere Sturmböe an der gesamten Takelage und schüttelte das Segel. Die anschließende Schiffsbewegung fiel so heftig aus, dass der Mann das Gleichgewicht verlor. Der Kapitän schrie zu den Rudergängern hinüber, sie sollten verdammt noch mal das Schiff ruhig halten. Die Männer in den Wanten brauchten einen guten Steuermann. Der Mann oben fing sich wieder, die Gruppe rückte zusammen. Die Ersten schoben sich auf der Rahe nach außen, bis sie das Ende des Spriets erreichten, wo sie mit beiden Händen das schwere, nasse Segeltuch einzuholen begannen. Paulsen kommandierte die Männer unten an Deck, die damit beschäftigt waren, die Taue an den Belegnägeln zu entwirren. Sie hatten keine Augen für die Arbeit, die sich hoch über ihnen am Hauptmast abspielte. Das Segel war bereits geborgen, da schlug Fran Willem auf das Deck, ohne einen Schrei von sich zu geben. Er fiel Paulsen, der erschrocken zur Seite sprang, vor die Füße und war sofort tot. Nickelsen und Mohr eilten herbei. Als sie an der Unglücksstelle eintrafen, kniete Paulsen bereits neben seinem Kumpan. Alle starrten sie schreckensstarr auf die glücklose Gestalt des Holländers. Schwere See schwappte von achtern über, durchnässte sie und brachte ihnen zu Bewusstsein, dass sie einen Toten zu beklagen, aber selbst noch nicht sicher überlebt hatten. Nickelsen musste erneut an Kofis Worte von dem rachsüchtigen Herzen des Meeres denken.

Danach setzten ihnen noch fünfzehn Tage fast ohne Unterbrechung Sturmböen und Schlechtwetterfronten mit Gewitter und schwerer See zu. Es schien paradox, aber Nickelsen spürte unter der extremen Belastung, wie nach und nach sein Körper wieder gesundete. Sein größtes Problem bestand jetzt darin, dass er während der stürmischen Fahrt die Sklaven nicht an Deck bringen konnte. Sie mussten darüber hinaus auch alle Luken zu den Zwischendecks geschlossen halten. Auf diese Art wurden über zweihundert wie die Heringe zusammengepferchte und in Ketten und Eisenfesseln zur Unbeweglichkeit verdammte Sklaven ihrem Schicksal überlassen und in ihrem Lager von jeder Luftzufuhr abgeschnitten. Waren es zunächst die Verletzungen, die diese armen Wesen erlitten, wenn sie mit ihren eisernen Fesseln im Laderaum beim Rollen des Schiffes und bei schwerer See hin und her geworfen wurden, so kamen schon bald die Hitze in dem abgeschotteten Raum und der unerträgliche Gestank nach Exkrementen, Erbrochenem und Schweiß hinzu. Tag und Nacht waren ihre Hilferufe und zuletzt nur noch ihr Jammern und Stöhnen bis nach oben aufs Achterdeck zu vernehmen. Eine dicke Schicht von Exkrementen, Blut und Schleim machte die Planken auf dem niedrigen Zwischendeck so rutschig, dass man den Sklaven ohnehin nur noch Essen zukommen lassen konnte, wenn es das Wetter halbwegs zuließ. Dann ging Mohr selbst, begleitet von drei bis vier Männern, mit Lampe und Schlagstöcken ausgestattet, damit sie Abstand halten und sicherstellen konnten, nicht von den verzweifelten Sklaven gebissen zu werden, unter Deck. Sie warfen ihnen in Wasser eingeweichtes Brot zu und schafften es hin und wieder auch, einen Eimer mit Frischwasser unter ihnen zu platzieren. Spätestens nach fünfzehn Minuten mussten sie ihre Arbeit unterbrechen und an Deck, um nicht wegen des Gestanks und des infernalischen Elends selbst ins Wanken zu geraten. Mohr befürchtete im Hinblick auf die überwunden geglaubten Erkrankungen inzwischen das Schlimmste. Er war überzeugt, dass er diese Bilder, diesen Geruch und diese um Hilfe flehenden Stimmen sein Leben lang nicht mehr loswerden würde. Die Abende, an denen ihm der Kapitän von den Restbeständen des Whiskys so lange nachschenkte, bis er mit seinem Kopf auf dem Kartentisch liegend besinnungslos einschlief, mehrten sich.

Irgendwann war der Sturm zu Ende. Der Ausguck meldete: »Land in Sicht!«, und Hansen verkündete, man passiere soeben die Insel Sao Paulo. Seiner Empfehlung folgend, nutzte man die günstigen Windverhältnisse aus, folgte die nächsten Wochen einem Nordnordwestkurs, um vom Nordostpassat mit dem mächtigen Nordäquatorialstrom Richtung Westindien getrieben zu werden. Dieser so wunderbare, mächtige Passat! Die *Vesuvius* segelte ganz von selbst. Sie benötigte kein Heißen und Holen[79] von Leinen und Schoten mehr, kein Umlegen der Topsegel. Es gab Erholungsphasen, kaum noch eine andere Arbeit als zu steuern, die Sklaven zu versorgen und das Schiff reinlich zu halten. Immer weiter auf Westindien und die dänischen Inseln zu und immer weiter weg von der afrikanischen Küste. Für die Mannschaft wurde es mit jedem Tag spürbar wärmer. Tage und Nächte verwandelten sich wie ein Wunder. Gegenüber dem, was sie in den vergangenen Wochen erlebt hatten, erwies sich jede anfallende Arbeit wie ein Kinderspiel. Von seiner Kommandobrücke aus konnte Nickelsen jetzt täglich Mats und Lucy beobachten, wie sie eng beieinander weit vorn im Bug des Schiffes hockten, wo sie eine weite Sicht nach vorn hatten.

79 heißen, hissen: hochziehen; holen: einholen (der Segel)

4. Wie sich in Westindien Glück und Unglück die Hände reichen

Ende Februar passierte die *Vesuvius* bei beständigem Wind und bei klarem, sonnigen Wetter die Insel Antigua und nahm Kurs auf St. Thomas. Anfang März kam die Inselgruppe mit den dänischen Kolonien in Sicht, doch Nickelsen ließ sich Zeit, obwohl er die Ungeduld seiner Mannschaft spürte, die es weg vom stinkenden Sklavenschiff und zurück ins Leben drängte. Es ging jetzt darum, dass Schiff und Sklaven einen guten Eindruck und Kapitän, Kompanie und Mannschaft Kasse machten. Noch einmal trieb er alle an, noch einmal wurden die Sklaven an Deck gebracht, gründlich gewaschen, zwei Tage aufgepäppelt, rasiert und eingeölt. Noch einmal ging Mohr daran, all ihre Wunden zu versorgen. Man suchte aus den verbliebenen Warenbeständen die letzten bunten Tücher zusammen, um insbesondere die Frauen und Kinder für den Sklavenmarkt auszustaffieren. Anschließend inspizierten Nickelsen, Rickerts und Hansen das Schiff. Sie kamen rasch zu dem Ergebnis, dass all diese Arbeiten letztendlich nicht darüber hinwegtäuschen konnten, dass die Sklaven und die Mannschaft höllisch gelitten hatten. Die Bestandsaufnahme ergab, dass von den über 300 Sklaven jetzt noch 254, darunter 127 Männer, 68 Frauen, 45 Jungen und 14 Mädchen zwischen 12 und 18 Jahren an Bord waren. Darüberhinaus hatten auch 5 Kinder unter acht Jahren überlebt, die laut Order überhaupt nicht hätten aufgenommen werden sollen. Jedenfalls waren dies die Zahlen laut der offiziellen Listen, daneben hatten von den heimlich für die Gruppe an Bord geschafften und nicht verzeichneten Sklaven neun Männer und drei Frauen und Kofi und Lucy überlebt, die ohnehin nicht unter die Sklaven fielen. An die 70 Sklaven und 12 Seeleute hatten ihr Leben auf der Fahrt gelassen. Alles in allem hätte es schlimmer kommen können. Dennoch: Ein Problem bestand darin, dass sie nach wie vor zwei schwerkranke Sklavinnen an Bord hatten, die unter starkem Durchfall und Fieber litten. Nickelsen und seine Offiziere wussten sehr wohl, dass vor dem Verkauf auf dem Sklavenmarkt die Buchhalter der Kompanie in Begleitung eines Arztes die Sklaven und die Schiffsladung in Augenschein nehmen würden. Zum Verkauf benötigten sie dieses Gesundheitsattest. Würde man auf St. Thomas oder St. Croix Krankheiten feststellen, müsste die *Vesuvius* weitersegeln. Nickelsen und Hansen beriefen den Schiffsrat mit den Offizieren ein und berieten sich mit Mohr. Dieser erklärte, dass er nicht für die Gesundung der beiden Frauen garantieren könne, und bat für die Behandlung um fünf Tage Aufschub. Fünf Tage weiter auf See kreuzen! Nickelsen hob die Beratung auf und gab bekannt, er werde die Angelegenheit überschlafen.

In der Nacht polterten auf Deck Ketten, und rasche Schritte von mehreren Männern waren zu hören. Dann ein kurzes Aufklatschen auf der Steuerbordseite. Als die Offiziere hinzusprangen und über die Bordwand blickten, konnten sie noch einen der Frauenkörper leblos im Wasser treiben sehen. Die Ketten hatte man ihnen vorher abgenommen und auf Deck zurückgelassen. Das Eisen war wertvoll und konnte auf der nächsten Fahrt Verwendung finden. Die Mannschaft hatte sich dafür entschieden, keine fünf Tage länger auf See zu bleiben. Nickelsen regte sich zwar auf, überging den Vorfall jedoch. Am 5. März 1749 passierte die *Vesuvius* die hügelige Insel Hassel Island und ging in der geschützten und von Bergen umgebenen Hafenbucht von Charlotte Amalie in der Nähe zu den Hafengebäuden der Westindien-Guinea-Kompanie vor Anker. Es herrschte ausgelassene Stimmung an Bord. Sehnsuchtsvoll blickten die Matrosen auf die weiß leuchtenden Häuser, die sich die Berghänge emporzogen. Sie zählten die Stunden bis zum Freigang. Nickelsen ließ seine Schaluppen zu Wasser und die Matrosen im Begleitboot stellten nach alter Tradition die Riemen hoch[80], als der Kapitän hinunterstieg, um nach Charlotte Amalie überzusetzen. Er blickte auf das auf der Anhöhe über dem Hafen thronende Gouverneursgebäude Fort Christian mit seinen roten Festungsmauern und hoffte auf gute Geschäfte. Er hielt sich nicht lange auf, eilte mit

80 eine Grußform, mit der dem Kapitän die Ehre erwiesen wird

Hansen schnurstracks zum Hauptgebäude der Kompanie und meldete die Ankunft des Schiffes und der Fracht dem allmächtigen Buchhalter Reimert Haagensen, der in Vertretung seines erkrankten Kollegen von St. Croix auch hier seines Amtes waltete. Anschließend wollten sie direkt zum Fort Christian aufsteigen, um dort ebenfalls Meldungen, Postübergabe und Sonstiges zu erledigen. Der Kapitän und sein Erster Offizier bekamen die alten Geschichten von den bösen Negern, deren schwarze Haut schon von Boshaftigkeit zeuge und die nur zur Knechtschaft taugten, von Haagensen zu hören, gleichermaßen die Geschichten von der Angst vor Aufständen und von Todesfällen. Man hatte auf den Inseln mit dem weiteren Ausbau der Zuckerrohrplantagen und den jüngsten Todesfällen einen erhöhten Bedarf an Sklaven, der von den bislang anlaufenden Sklavenschiffen kaum hatte gedeckt werden können. Es bedurfte keiner großen Überredungskünste, Haagensen von der Inspektion des Schiffes abzuhalten. Er meinte, es werde ohnehin Zeit, die Verwaltung und Regierung ins aufstrebende Hafenstädtchen Christiansted nach St. Croix zu verlegen. Sie würden sehen, dass sie dort schon jetzt die besseren Geschäfte machen würden. Er sah die Krankenlisten und die sorgfältig nachgetragenen Aufzeichnungen von Mohr durch und sicherte zu, die Sklaven vor der Versteigerung an Land zusammen mit dem Arzt der Kompanie und Mohr in Augenschein zu nehmen. Er habe vollstes Vertrauen zu Kapitän Cornelissen. Die Not musste groß sein, dass sich der sonst so allmächtige Buchhalter so entgegenkommend zeigte.

Nickelsen hörte von Todesfällen während der Haft. Die Gefängnisse hierzulande waren die Hölle, wenngleich die Arbeit auf den Plantagen bei der Hitze und den tropischen Bedingungen auf den Inseln auch nicht als paradiesisch beschrieben werden konnte und viele Sklaven die Schufterei kaum länger als fünf bis acht Jahre durchhielten.

Um die eigenen Geschäfte besorgt, holte Nickelsen, bevor er sich verabschiedete, noch Informationen über die Plantagen und die Lebensverhältnisse dort ein. In Gedanken entstand bereits eine Liste der Plantagenbesitzer, denen er unter der Hand Sklaven verkaufen könnte und die er auf Kofi, Lucy und Mats ansprechen wollte. Insgeheim hoffte er immer noch darauf, dass Mats an Bord bleiben würde. Auf der Rückfahrt zur *Vesuvius* beglückwünschten sich Hansen und Nickelsen dazu, dass ihr Schiff von der Kompanie unbehelligt bleiben würde, denn so würden die nicht in den Listen verzeichneten Sklaven und Waren an Bord nicht weiter auffallen. Davon jedenfalls gingen sie aus und setzten dabei voraus, dass sie ihre Geschäfte vor der übrigen Mannschaft ebenfalls geheim halten könnten.

In aller Frühe fand noch einmal eine Wäsche und Einölung der Sklaven statt, von denen die meisten jetzt einfach nur froh waren, dass die Schiffsreise ihr Ende gefunden hatte. Mit beiden Schaluppen und dem Beiboot sowie zwei weiteren Ruderbooten und einem kleinen Lastensegler, den die Kompanie gestellt hatte, schiffte die Mannschaft der *Vesuvius* die Sklaven aus, die an Land von den Aufsehern der Kompanie und der örtlichen Garnison übernommen und in Begleitung von Mohr und den beiden Dänen an Bord, Leif Svalesen und Rörd Barenbom, zum Gebäude der Kompanie in Charlotte Amalie geschafft wurden. Für die Ausschiffung und die anschließende Untersuchung vor dem Verwaltungsgebäude benötigten sie den gesamten Vormittag. Inzwischen waren bereits bei größter Hitze in der Hafenanlage und in der Nähe des Verwaltungsgebäudes viele Schaulustige und interessierte Käufer zusammengelaufen. Die Sklaven wurden hügelan zum Innenhof von Fort Christian getrieben, dem Sitz des Gouverneurs, der auf einem Hügel dreihundert Meter über der Bucht mit malerischer Aussicht lag. Die Straßen von Charlotte Amalie waren von Droschken und Menschen verstopft. Wegen des Löschens eines Teils der übrigen Fracht hatte Nickelsen seinem Landsmann Tade Rickerts das Kommando auf dem Schiff übertragen und Jessen, Röden und Paulsen beauftragt, die Arbeiten zu überwachen und anzuleiten. Hansen und er bahnten sich gegen Mittag ihren Weg durch den Trubel, fanden ein gutes Hafenrestaurant und begaben sich anschließend zu dem bereits für den Nachmittag angesetzten ersten Versteigerungstermin für die Sklaven in den Hof von Fort Christian. Dort herrschte ein reges Treiben. Mohr kam ihnen entgegen und signalisierte, alle Sklaven stünden zur Versteigerung an. Er führte sie zum Tisch des Buchhalters Reimert Haagensen, der als Auktionator im Moment damit beschäftigt war, die Listen der zum Verkauf stehenden Sklaven zu vervollständigen. Sie wischten sich den Schweiß von der Stirn, als sie vor seinen Tisch traten, den man zum Schutz vor der Sonne unter das Vordach des Gebäudes gerückt hatte. Haagensen nahm die tropfende Feder vom Papier und sah sie mit gespannter Miene an. »Da sind Sie ja, Herr Kapitän! Alles bestens, wie auch sonst. Die Liste ist so gut wie komplett. Geht gleich los.« Seine Geste umschloss den Innenhof, wo die Sklaven mit gebeugten Köpfen in einem großen Kreis nebeneinander aufgereiht standen. Die Sonne brannte. »Wie sie so dastehen, so schwarz glänzend und gänzlich nackt, sind sie doch am ansehnlichsten anzuschauen, finden Sie nicht?« Nickelsens Blick traf auf zwei nackte junge Mädchen, die versuchten, ihr Geschlecht unter ihren Handflächen zu verbergen, und Schutz suchend in die Nähe einer älteren Sklavin drängten, die zwischen ihnen stand. Die bunten Tücher lagen vor ihnen auf dem Boden, sozusagen als Mitgift. Haagensen räusperte sich: »Nackt sind sie am ansehnlichsten, glauben Sie mir, das hebt den Preis. Zudem schafft es Vertrauen, denn so kann ein jeder sehen, ob der Schwarze einen Fehler hat.«

Es herrschte bald eine angespannte, erwartungsfrohe Atmosphäre, in der sich die Kaufinteressenten zunehmend belauerten. Der Lärm der Gespräche erstarb allmählich. Hin und wieder war das Rasseln von Ketten zu hören. Plantagenbesitzer, Pflanzer, Vorarbeiter und betuchte Bürger nahmen die Sklavenware näher in Augenschein. Die Kaufinteressenten tasteten die Bäuche, Brüste und Schenkel der Sklaven ab, untersuchten ihre Zähne, manche kosteten sogar deren Schweiß, denn sie schworen darauf, aus dem Geschmack des Schweißes auf den Gesundheitszustand schließen zu können. Die weitaus meisten Sklaven waren für die Zuckerplantagen bestimmt. Haagensen stand jetzt auf einem Podest, neben ihm ein junger Diener mit einer Liste auf dem Klemmbrett, bereit, Gebote und Käufe auf Anweisung zu vermerken. Eine Glocke ertönte. Der Auktionator wischte sich mit einem Taschentuch den Schweiß von der Stirn, warf noch einmal einen Blick zur Seite in die Liste, dann schob er mit dem Zeigefinger der rechten Hand die Brille auf seiner Nase in die richtige Position und eröffnete die Stunde für Gebote.

»Aus der dänischen Kolonie Afrikas von einem dänischen Schiff unter dem Kommando des ehrenwerten Kapitäns Cornelissen und seines Ersten Offiziers Hansen.« Mit großer Geste bat er beide vorzutreten. Sie erfüllten ihm den Wunsch, blickten streng und deuteten eine Verbeugung an, die mit beifälligem Gemurmel und gelegentlichem Schütteln von Händen begleitet wurde. »Was ich sagen wollte: dänische Sklaven für unsere dänischen Plantagen. Eine Gelegenheit, die sich nicht jeden Tag ergibt, auch wenn die Kompanie manches dafür leistet, unsere Situation mit einer größeren Anzahl von Schiffen zu verbessern.« Er wartete wieder einen Moment ab, beobachtete die Plantagenbesitzer, die jetzt rascher zwischen den Schwarzen umhergingen. Die meisten hatten offenbar schon ihre Favoriten gefunden. Einer der Pflanzer stand zwischen zwei Männern vom Stamm der Fante. Er machte eine kleine Kopfbewegung zum Auktionator, dem nichts entging. Reimert Haagensen kniff die Augen zusammen und rief: »Prachtvolle Schenkel, kräftige Oberarme und starke Schulterpartien! Eine gute Wahl, Herr Piepersberg. Vorzugspreis und Anfangsgebot: 900 spanische Piaster für beide zusammen? Bietet jemand mehr?« Der Auktionator drängte nicht, ließ den Interessenten schmoren, pries die Vorzüge seiner Ware: »Schwarze aus dänisch Christiansborg, schauen Sie hin, meine Herren, meine Damen. Männer, geradezu geschaffen, um Knechte zu sein, unermüdliche Arbeiter. Diese Männer kennen nichts anderes als Knechtschaft und Arbeit, sind folgsam, wollen angeleitet werden. Sie können bei größter Hitze beständig arbeiten. Sie tun das singend und guten Mutes, als wären sie dabei die glücklichsten Menschen auf Gottes Erde.« Ein Blick zur Seite, ein kurzes Nicken: »Bedaure, werter Herr Piepersberg, wir müssen die beiden getrennt versteigern. Was halten Sie von 500 für den rechten? Der Pflanzer Feddersen bietet 600 für den linken Schwarzen, notiert. Ein guter Preis, glauben Sie mir.« Wieder wischte er sich mit dem Taschentuch den Schweiß von der Stirn, rückte die Brille zurecht, tat so, als interessiere ihn die Veranstaltung recht wenig, dabei hatte er jeden seiner Käufer im Blick. »Höre ich 300 spanische Piaster für das rassige schwarze Frauenzimmer? Bietet da der Pflanzer Overbrook? Eine Zierde für jeden Haushalt, willig, schön, gute Wahl, Herr Overbrook.« Nach kurzem Handel mit einem weiteren Bieter blieb es dann bei 400 Piastern.

Als zwei Aufseher die Sklavin losketteten und dem Pflanzer übergeben wollten, fing sie an zu weinen und sich zu sträuben. Es stellte sich heraus, dass eines der kleinen Kinder unter den Sklaven zu ihr gehörte und in Ketten zurückgelassen werden sollte. Es gab schließlich sogar Geschrei, die Versteigerung geriet ins Stocken. »Nein, das geht nicht«, entschied Haagensen knapp und routiniert. »Overbrook, der Knabe, klein, wie er ist, kostet extra. Ihm mangelt es an nichts. Sehen Sie eine Investition in die Zukunft in ihm, denn er wird einen ausgezeichneten Sklaven abgeben, der sich, bis er zum Mann herangereift ist, in diesem Klima bereits bestens eingewöhnt hat. Ich will kein Unmensch sein und sehe die Umstände dieses Falles: Legen Sie 250 drauf und nehmen Sie den Jungen dazu.«

Overbrook hatte offenbar Gefallen an der Frau gefunden und seine finanziellen Möglichkeiten ausgereizt. Der Junge wurde dem deutschen Aufseher Sanderus von der Großplantage Godet Fortuyn für 300 zugeschlagen. Zum herzzerreißenden Geschrei von Mutter und Sohn, die in getrennte Richtungen weggezerrt wurden, fand Haagensen überbrückende Worte von der Undankbarkeit der Schwarzen, die aus dem Elend ihrer primitiven Heimat errettet, mit anständiger Nahrung versorgt und mit christlichen Werten zu wertvolleren Wesen erzogen würden. Es gab einzelne, die zu solchen Worten beifällig applaudierten. Nickelsen wäre gern gegangen, aber seine Anwesenheit bürgte für die Qualität der dargebotenen Ware. Die Teilnahme gehörte zu seiner Pflicht als Repräsentant der Kompanie. Er versuchte jetzt, sich auf das Auftreten des Auktionators zu konzentrieren. Konnte er etwas von dessen kaufmännischem Geschick für die eigenen heimlichen Verkäufe nutzen? Reimert Haagensen stammte aus Kopenhagen und war hier längst so etwas wie eine Legende. Vor knapp zehn Jahren hatte es ihn nach St. Croix verschlagen, dann hatte sein Bericht über die Inseln, der zum Engagement von dänischer Krone und Kompanie in diesem Teil der Welt geführt hatte, ihn schlagartig bekannt und bedeutend gemacht. Bereits nach kurzer Zeit gab Nickelsen seine Beobachtungen auf, denn er unterschied sich einfach zu sehr vom Buchhalter. Hansen flüsterte ihm Zwischenergebnisse über die erzielten Versteigerungserlöse zu, die einen respektablen Gewinn erwarten ließen.

Es wurde spät, als eine der letzten Sklavinnen dem Kaufmann Kaaks zugeschlagen wurde, der sie, während man ihr die Ketten abnahm, noch einmal in aller Öffentlichkeit an Stellen betatschte, die man in Dänemark zweifelsohne für unzüchtig gehalten hätte. Nickelsen beobachtete die Szene, sah, wie die Sklavin sie über sich ergehen ließ, ja sogar gequält lächelte und um etwas zu trinken bat. Haagensens Stimme riss ihn aus seinen Gedanken: »Da sieht man es wieder, Herr Kapitän. Ich sage Ihnen ja nichts Neues, aber diese schwarzen Weiber sind falsch und voller Lügen, und sie sind arg der Lust des Fleisches verfallen. Für einen kleinen Vorteil tun sie alles. Was soll's, gut fürs Geschäft …«

Nickelsen nickte und blickte dem Kaufmann mit seiner Beute hinterher. Es gab nicht viel, das darauf hindeutete, dass sich die Weißen von den Schwarzen in diesem Punkt unterschieden, außer, dass sie die Bedingungen und Anlässe für die Lusterfüllung diktierten. »Es soll inzwischen viele Weiße geben, die mit farbigen Frauen zusammenwohnen«, bemerkte Hansen und fügte an, »ohne verheiratet zu sein.« Haagensen sprach über die harten Lebensbedingungen für die Weißen und bemühte die Moral nicht weiter.

Am nächsten Tag legte Haagensen dem Kapitän eine erste Abrechnung zur Zeichnung vor. Nach dem Ergebnis der ersten Versteigerung und nach bisheriger Löschung und Erfassung der Waren von der *Vesuvius* wurden dem Kapitalkonto des zirkulierenden Fonds der Kompanie 25.824 Reichstaler gutgeschrieben. Nickelsen erklärte sich mit der Überführung der noch nicht zugeschlagenen Sklaven an das Gouvernement einverstanden, wo man sich für die weitere Verwertung und Verwendung einsetzen würde. Der Empfang bei Gouverneur Christian Suhm erwies sich als eine Pflichtübung, auf die Nickelsen, den es zu Taten drängte, gern verzichtet hätte. Bereits am 7. März lichtete die *Vesuvius* noch einmal die Anker, um in Christiansted auf St. Croix die verbliebenen hundert Sklaven mit zwei Tonnen Palmöl für den dortigen Bedarf zur Versteigerung zu bringen. Der Wert der Sklaven war zuvor von Haagensen dem dortigen Gouverneur mit 10.094 Reichstaler veranschlagt worden, eine ziemliche Summe, wenn man bedachte, dass Nickelsen für den Einkauf eines teuren männlichen Sklaven höchstens 96 Reichstaler hatte ausgeben dürfen. Als Einkaufswert war vielleicht, berücksichtigte man Einsparungen und Abschläge für Frauen und Kinder und andererseits Aufwendungen für die Händler als Zuschläge, ein Betrag von 600 Reichstalern für die nach St. Croix gelieferten Sklaven aufgewendet worden. Nickelsen, Hansen und Jessen gingen zur Verkaufsveranstaltung in das Verwaltungsgebäude der Kompanie in Fort Christiansvaern, der neu entstandenen beeindruckenden Festungsanlage auf St. Croix, und sie erlebten, wie zutreffend Haagensens Einschätzung gewesen war. Trotz des Verlustes eines männlichen Sklaven, der überraschend auf der Reise verstarb, wurden ihnen alle 99 Sklaven förmlich aus den Händen gerissen und für 14.843 Reichstaler versteigert – allein für diese Sklaven ein Gewinn von 4.750 Reichstalern über dem vom Gouvernement veranschlagten Wert. Brachte man den Einkaufswert in Abzug, ergab sich eine Gewinnsumme von

14.243 Reichstalern. Trotz der Ausgaben für das Schiff, die Unterhaltung der Mannschaft und die Verpflegung der Sklaven wurde Nickelsen und Hansen regelmäßig bei der Höhe der zu erzielenden Gewinne schwindelig. Wie im Goldrausch machten sie sich daran, nach der ersten Versteigerung auf St. Thomas und am Rande der Verkaufsveranstaltung auf St. Croix Kontakte zu den größten Plantagenbesitzern zu suchen, die ihnen als solvent beschrieben worden waren, um unter der Hand zum Gelegenheitspreis ihre eigenen Sklaven und Waren anzubieten. Zwar wurden solche Geschäfte vom Gouvernement bekämpft und polizeilich geahndet, aber außerhalb vom Ort des Regierungssitzes und der Zentrale der Kompanieverwaltung war niemand von den Pflanzern gut auf »die da in Kopenhagen und Europa« zu sprechen. Die Pflanzer klagten über Preisdiktate und Monopole der Kompanie, die ihre Einkäufe künstlich verteuerten, und über Zwangsabgaben, denen auf der anderen Seite keine ausreichende Unterstützung durch das Mutterland und die Kompanie entgegenstünden. Ihre Unzufriedenheit ließ sie auf Geschäfte und kleine persönliche Vorteile jenseits der Legalität spekulieren. Während auf der Reede in Fort Christiansvaern weiter Waren gelöscht, von Haagensen verbucht und der Kompanie gutgeschrieben wurden, stellte Nickelsen bereits den Kern der Mannschaft zusammen, der für die ordnungsgemäße Ausführung der Reparaturen und die Herrichtung des Laderaums für die Waren, die sie von hier aus für die Rückreise nach Kopenhagen laden würden, zuständig war. Weitere Leute mussten sich um die Verpflichtung von Seeleuten als Ersatz für die inzwischen fehlenden und um die Proviantbeschaffung kümmern. Zuletzt wurde die Fracht, die unten im Schiff als Ballast gedient hatte, in die Lagerhalle der Kompanie geschafft. Danach wurde die Mannschaft ausbezahlt, durfte – so sie nicht zum Kern gehörte – von Bord oder sogar gänzlich abmustern. Schweren Herzens verabschiedeten sie sich von Mohr, dem württembergischen Freigeist, der ein neues Leben in diesem Teil der Welt beginnen wollte. Der Kapitän, die Offiziere und die Mannschaft waren allesamt besonders bewegt. Kaum einer, der ihm nicht etwas Gutes zu verdanken hatte. Es würde sehr schwer werden, für die Rückreise die Lücke zu schließen. Jule Röden bot an, bis zum Ablegen der *Vesuvius* weiter zu Diensten zu sein. Ihm waren vor allem Kofi, Lucy und Mats ans Herz gewachsen. Vielleicht hoffte er sogar darauf, noch Trauzeuge zu werden.

Nickelsen, Hansen, Rickerts und Jessen schwärmten aus, um sich auf den Plantagen umzusehen und ins Geschäft zu kommen, wenngleich der Hauptanteil der einzukaufenden Waren aus den Lagern der Kompanie stammen würde, die natürlich die Abnahme zu ihren Festpreisen diktierte. Jetzt, wo nur noch wenige Leute an Bord waren, galt es, rasch und besonnen zu handeln und die verbliebenen Sklaven unterzubringen. Sie konnten das Versteckspiel mit den Schwarzen an Bord nicht ewig treiben.

Wie Nickelsen vorhergesehen hatte, nutzte Paulsen jetzt die geheime Anwesenheit der letzten Schwarzen an Bord und den Umstand, dass Nickelsen den Todesfall von Yao nicht von den Behörden untersuchen ließ und damit Mats vom Vorwurf einer Schuld freistellte, dafür aus, vom Kapitän die Zusicherung seiner eigenen Straffreiheit zu erpressen. Er forderte unverhohlen, ungeachtet der Anwesenheit von Hansen, dass jede Meldung wegen irgendwelcher angeblicher Vergehen an Bord bei den Behörden oder der Kompanie unterbleiben sollte. Paulsen drohte zuletzt noch damit, den Fall der zwei kranken Frauen an Bord, die vor der Küste von Westindien umgebracht worden waren, den Behörden zu melden und dem Kapitän anzulasten. Dieser Mensch kannte weder Skrupel noch Moral. Als er grußlos, aber siegessicher die Tür der Kapitänskajüte hinter sich schloss, um als freier Mann seinen Landgang anzutreten, meinte Nickelsen zu Hansen: »Dieser Paulsen ist wie geboren für ein Sklavenschiff. Glaube mir, so einer wäre die beste Besetzung für die Position eines Kapitäns, die sich die Kompanie nur wünschen kann.«

»Unter dessen Kommando werde ich aber nicht segeln, niemals!«, rief Hansen entsetzt aus.

»Ich hoffe ja, dass der Menschheit diese Art von Schurke als Schiffer erspart bleibt«, schloss Nickelsen. »Ist aber wohl eher ein frommer Wunsch.«

Von den geheimen Treffpunkten der Pflanzer, die ihnen auf den Inseln St. Thomas und St. Croix bekannt geworden waren, standen zuletzt drei auf ihrer Liste für das illegale Sklavengeschäft, das sie auf eigene Rechnung tätigen wollten. Wegen der Nähe des Regierungssitzes mit seiner Truppenkonzentration auf St. Thomas verwarfen sie den Treffpunkt auf der Plantage *Die Hoffnung* der Herrnhuter. Sie beschränkten sich auf die beiden geheimen Treffpunkte auf den Plantagen Estate La Grange und Godet Fortuyn auf St. Croix. Den Verwalter Mollers und den deutschen Aufseher Sanderus von Godet Fortuyn hatte Nickelsen bereits auf der ersten Sklavenversteigerung kennengelernt. Sie vertraten eine Großplantage, auf der sie sich bei ihren illegalen Geschäften relativ sicher fühlen konnten. Außerdem stand dort die zeitlich nächste Veranstaltung an. Sie mieteten eine Droschke, mit der Nickelsen, Hansen und Rickerts die schnurgrade Straße von Christiansted hinaus zur Plantage fuhren, die drei Meilen außerhalb der Stadt lag und selbst mit einer kleinen Gruppe Sklaven sicherlich unbemerkt zu erreichen war.

Der Aufseher Sanderus genoss jedoch den Ruf, sehr streng mit seinen Sklaven umzuspringen und den Gebrauch der Peitsche entsprechend seinem Temperament nicht zu zügeln. Verwalter und Aufseher vermittelten ein Treffen an einem Sonntag, als auf der Plantage ein Fest bei den Sklaven anstand. Sie sahen die Plantage an einem Hügel liegen und durchfuhren eine Talsenke von beeindruckender Größe, bis sie die eigentlichen Hauptgebäude der Plantage erreichten. Der Eigentümer der Plantage, Karl Bülow, hieß sie in Begleitung seiner Frau Charlotte willkommen und führte sie zusammen mit dem Verwalter und dem Aufseher über das Gelände. Rechts die Gebäude mit den Lagerhallen und der Brennerei, in der Mitte die große Mühle für das Zuckerrohr, wo man ihnen im Schatten der sich romantisch drehenden Windmühlenflügel Erfrischungen reichte. Nickelsen blickte zurück und sah, dass sie bereits eine ganze Strecke gegangen waren. Weiter hinten auf dem Hügel in der Mitte des Anwesens stand ihre Droschke vor dem wahrlich herrschaftlichen Haus des Plantagenbesitzers, in dem außerdem der Gutsverwalter und der Vorarbeiter mit ihren Familien lebten.

Sanderus deutete nach links und erklärte Nickelsen: »Sehen Sie die Mauer dort unweit vom Haus? Wir gehen gleich fünfhundert Meter bis auf die andere Seite. In der Talsenke dahinter befindet sich das Dorf der Sklaven, wo heute das Fest stattfinden wird.«

»Sie sollen schon erleben, wie sich unsere Sklaven lustig zu machen verstehen. Ein Erlebnis, von dem sie sicherlich gern zu Hause berichten werden!«, tönte Mollers. Bülow selbst blieb dem Geschäftlichen verpflichtet. Auf dem Weg besprachen Nickelsen und er bereits den Zeitpunkt und den Ort für die Anlieferung der Sklaven und die heimliche Verkaufsveranstaltung, die in einem speziellen Haus im Sklavendorf stattfinden würde.

Der aus Zuckerrohr gebrannte Rum, jenes Getränk, das in Europa Furore machte und dessen Rohstoff sie in Fässern für die Flensburger an Bord nehmen sollten, war hierzulande nicht nur zu einem Erfolg geworden, sondern in gleichem Maß zu einer Plage. Aufseher und Verwalter sorgten dafür, dass alle Sklaven ihren großen Krug mit Rum erhielten, damit sie recht lustig wurden. Dann begannen die Festivitäten, indem die Schwarzen mit einem Stock im Takt auf eine leere Tonne schlugen und tanzten. Die Sklavenmädchen hatten sich mit buntem Tuch, Bändern und Schürzen auf afrikanische Art geschmückt. Alle wurden sie recht ausgelassen. Der Plantageneigentümer und seine Gäste hielten sich etwas abseits der Feier und sahen der Veranstaltung zu. Nicht weit von ihnen stand ein gut gekleideter Mulattensklave von einer benachbarten Plantage, der wie ein Hausdiener wirkte. Auch Sanderus und Mollers sprachen inzwischen dem Rum zu. Als der Mulattensklave mit einem der jungen Mädchen von der hiesigen Plantage anzubändeln schien, ging Sanderus dazwischen, hielt plötzlich eine Peitsche in der Hand und schrie ihn an: »Was will ein Fremder hier? Was hat er hier zu suchen?« Der Sklave entschuldigte sich, trat zur Seite und wollte aus dem Weg gehen. Doch Sanderus fragte ihn nach seinem Erlaubnisschein von seinem Herrn, dass er Ausgang habe und sich auf dieser Plantage aufhalten dürfe. Der Sklave schaute zu Boden und erklärte mit fester Stimme, dass er keinen Erlaubnisschein besitze und sich nur diese Belustigung anschauen wollte. Die Auseinandersetzung ging hin und her. Nickelsen bemerkte, dass Plantageneigentümer Bülow seine Frau mit ihrem Sklavenmädchen zurück ins Haupthaus schickte. Sie hatten sich noch keine drei Schritte von dem Platz des Geschehens entfernt, da schlug Sanderus zu und ordnete an, den fremden Neger im Plantagengefängnis festsetzen zu lassen und am folgenden Tag nach Christiansted zu verbringen, damit er dort zur Strafe öffentlich ausgepeitscht werde. Schon warf man den armen Menschen zu Boden, fesselte ihm Arme und Beine und wollte ihn davonschleifen. Da trat Nickelsen dazwischen und machte sich für den Schwarzen stark, indem er erklärte, dieser habe nichts verbrochen. Es handele sich doch um keinen desertierten Neger, der eine solch harte Behandlung verdient hätte. Aber Aufseher und Verwalter bestanden auf der Strafe, wahrscheinlich, weil sie ihr Gesicht nicht verlieren wollten. Nach und nach zerstreute sich die Festgesellschaft. Niemand von den Schwarzen wollte Zeuge der Auseinandersetzung werden. Sie fürchteten, später zur Rechenschaft gezogen zu werden. Doch Nickelsen blieb hart. Hansen sprang ihm zur Seite. Er bedrängte den Eigentümer der Plantage, aber der blieb fest und sagte, dies seien die Sitten hierzulande und es habe schon seine Richtigkeit. Daraufhin machte Nickelsen auf dem Absatz kehrt und erklärte, in Gesellschaft solch herzloser und böser Menschen könne er nicht sein, wolle er nicht bleiben und auch keine Geschäfte tätigen. Er ging vom Platz und ließ den am Boden gefesselten Schwarzen mit Aufseher und Verwalter zurück, die ihm sprachlos hinterherblickten.

Bülow, der Eigentümer der Plantage, dem das Zerwürfnis alles andere als recht war, eilte hinter ihm her und bat die Herren, doch zu bleiben. Nickelsen blieb hart und erklärte, wenn sie den Gefangenen freiließen, würde er bleiben und den Vorfall nicht mehr erwähnen wollen. Aufseher und Verwalter sahen sich gezwungen, den Gefangenen loszubinden. Dieser kam auf Nickelsen zugelaufen, warf sich in den Staub, wollte unbedingt seine Füße küssen, um sich zu bedanken. Dies ließ Nickelsen aber keinesfalls zu, ermahnte ihn stattdessen, künftig nicht ohne Erlaubnisschein wegzugehen. Ihm war klar, dass der Vorfall für die Geschäftsbeziehungen nicht gut war, aber er war sicher, das Richtige getan zu haben. Der verabredete Zeitpunkt für die Übergabe der Sklaven zum Verkauf war in zwei Tagen. Kofi und Lucy würde er nicht in den Einflussbereich dieser Menschen auf diese Plantage geben. Nickelsen beschloss, für Kofi und Lucy zu einem späteren Zeitpunkt eigens noch einmal nach St. Thomas hinauszufahren, um den Kontakt zur Herrnhuter Plantage *Die Hoffnung* aufzunehmen, von der er in dieser Hinsicht Besseres gehört hatte.

5. Wie der Reichtum mit bitterem Herzen erkauft wird

Als sie am Abend mit ihrer Droschke nach Fort Christiansvaern zurückkehrten, suchten sie am Hafen die Kapitänsschaluppe mit der Besatzung, die sie zur *Vesuvius* bringen sollte, vergebens. Rickerts entdeckte das Boot längsseits vertäut an ihrem Schiff, aber niemanden von der Besatzung. In böser Vorahnung organisierten sie von der Kompanie einen kleinen Lastensegler und trafen dort auf John Hull, den Bootsmann und Segelmacher, der auf sie gewartet hatte. Er machte einen ziemlich mitgenommenen Eindruck und war von Faustschlägen und Tritten übel zugerichtet worden, aber er hielt sich aufrecht und es drängte ihn, seine Geschichte endlich loszuwerden. Paulsen sei mit Barenbom, dem Kalfatermeister, und dem Hamburger Schmidt sowie vier weiteren – zum Teil abgemusterten – Matrosen mit einem Lastensegler zur *Vesuvius* rüber, habe dort die Wache und die Restmannschaft überwältigt und die noch an Bord befindlichen Schwarzen mitgenommen. Er, Hull, habe sich geweigert mitzumachen und könne froh sein, dass sie ihn am Leben gelassen hätten. Sofort prasselten Fragen von den drei geschockten Offizieren des Schiffs auf Hull ein, die erste und wichtigste jedoch stellte Nickelsen, der schlicht wissen wollte: »Hat er wirklich alle mitgenommen? Ich meine, er wird doch nicht ...« Er wagte kaum, es auszusprechen.

Aber Hull wusste sofort, um was es ging. »Alle, auch Lucy und Kofi Kumballa.« Einen Moment herrschte vollkommene Stille, dann beeilten sie sich, mit dem Lastensegler zum Schiff zu kommen. Auf der Fahrt bedrängten sie Hull, die ganze Geschichte zu erzählen. »Aye, Kapitän! Yes, Sir! Sorry, Officer!« Unter Schmerzen und in Begleitung seiner knappen Floskeln, mit denen er in dieser Situation seine Loyalität bezeugen wollte, zogen sich seine Erklärungen umständlich in die Länge. Der Überfall hatte am Nachmittag stattgefunden und konnte gelingen, weil man die an Bord Verbliebenen mit einer Flüssigkeit in einem Getränk betäubt und schläfrig gemacht hatte. Der Lastensegler war unter ganz normalen Bedingungen von Paulsen für zwei Tage von der Kompanie mit hiesigem Steuermann und Gehilfen gemietet worden. Sie waren ostwärts aus dem Hafen Richtung Frederiksberg Point gesegelt. Aber niemand wusste über Paulsens endgültiges Ziel Bescheid. Selbst eine spätere Kurskorrektur und Überfahrt zur vierzig Meilen entfernten Insel St. Thomas konnten sie nicht ausschließen. Es war einfach unglaublich, dass Paulsen auch noch zu dieser Schurkerei fähig war! Wo aber beginnen mit der Suche und der Verfolgung? Mit den Matrosen, die sie an Bord vorfanden, ließ sich nicht viel anfangen. Verletzt oder betäubt waren sie kaum in der Lage, sich auf den Beinen zu halten. Eine Vierergruppe mussten sie aus dem Zwischendeck befreien, die Paulsen dort in den Ketten des Sklavenquartiers zurückgelassen hatte. Unter diesen den Smutje Röden, der außer sich vor Wut war. Sie suchten das Schiff ab, stellten fest, dass die Truppe um Paulsen die Kajüten des Kapitäns und des Ersten Offiziers durchwühlt hatte. Ob etwas gestohlen worden war, interessierte sie weniger, denn sie suchten Anhaltspunkte, wohin Paulsen mit den Sklaven unterwegs sein könnte, und sie vermissten Mats Petersen. Nach Auskunft von Jule Röden hatte der ihn zuletzt im Ausguck auf dem Hauptmast gesehen. Vielleicht war er dem Überfall entkommen. Dann bestand jedoch die Gefahr, dass er auf eigene Faust die Verfolgung aufgenommen hatte. An Bord der *Vesuvius* kamen sie mit ihrer Suche nicht weiter. Nickelsen, Hull, Rickerts, Jessen und Röden versuchten nun, in Fort Christiansvaern und in Christiansted etwas über die Pläne von Paulsen und den Kurs des Lastenseglers in Erfahrung zu bringen. Als sie sich bei hereinbrechender Dunkelheit wieder im Hafen trafen, meinte Hansen, dass Paulsen wahrscheinlich dieselben geheimen Treffpunkte für den Verkauf von Sklaven ansteuere, die sie ausfindig gemacht hätten. Eine solch große Gruppe von Schwarzen müsse er rasch losschlagen.

Nickelsen stimmte ihm zu. »Er kann sie nicht durchfüttern und tagelang mit ihnen unbemerkt über die Insel ziehen, um hier und da ein oder zwei zu verkaufen. Andererseits ist er viel zu gierig, als dass er sie völlig unter Wert verramscht.«

»Er wird zeitig eine Gelegenheit suchen, an einem geheimen Treffpunkt der Pflanzer möglichst alle an viele Interessierte gewinnbringend zu verkaufen«, führte Rickerts den Gedanken fort.

»Dann hätten wir ihm ja auf der Strecke zur Plantage Godet Fortuyn begegnen müssen«, folgerte Hansen. »Sind wir aber nicht.«

Nickelsen widersprach: »Ihr vergesst, dass er ein Schiff genommen hat, irgendwo in einer Bucht anlanden und einen Weg von dort aus einschlagen könnte. Querfeldein, mitten durch die Plantagen. Wenn er dort bereits Helfer hat, warum nicht? Hansen und ich fahren noch einmal nach Godet Fortuyn. Aber es ist auch nicht ausgeschlossen, dass Paulsen auf Abstand sinnt und St. Thomas ansteuert. Dieser Möglichkeit geht ihr nach, Ole und Tade. Jule hält hier Ausschau nach dem Lastensegler.«

Nickelsen und Hansen hingen am nächsten Morgen düsteren Gedanken nach, als sie erneut auf der schnurgraden Straße zur

Plantage unterwegs waren. Sie mochten mittlerweile nicht mehr ausschließen, dass man dort schon gestern Verabredungen mit Paulsen getroffen hatte und einige Verantwortliche ein doppeltes Spiel trieben. Am ehesten traute Nickelsen dies Sanderus zu. Vorsichtshalber trugen sie verborgen unter ihrer Kleidung Dolch und Pistole. Hansen hatte sich noch ein Gewehr mit Munition von der *Vesuvius* bringen lassen. Er war es, der aussprach, was Nickelsen quälte: »Wir hätten den Paulsen und seinesgleichen schon in Kopenhagen nicht mehr an Bord belassen sollen. Verbrecher bleibt Verbrecher!«

Nickelsen blickte seinen Vertrauten von der Seite an und korrigierte ihn: »Lieber Jens, allein ich hätte dafür sorgen müssen, dass wir von solchem Gesindel verschont geblieben wären. Alles, was geschehen ist, laste ich mir an.« Hansen versuchte zu widersprechen, aber Nickelsen unterbrach ihn: »Sag nichts, Jens. Ich weiß, du meinst es gut mit mir. Aber das ist die bittere Wahrheit! Jetzt lass uns retten, was noch zu retten ist.«

Als sie gegen elf Uhr die Plantage erreichten, begrüßte sie Verwalter Mollers gut gelaunt im blauen langschößigen Anzug, den er trotz Hitze bis oben fest zugeknöpft trug, und mit schwarzem Filzhut und knielangen Lederstiefeln bekleidet. Er schien viel Wert auf Äußeres zu legen und bereit zu sein, für seine elegante Erscheinung zu leiden, was man sogleich an der großen Anzahl von Schweißtropfen auf der geröteten Stirn ablesen konnte. Nickelsen hielt es für ratsam, nicht sofort etwas über die entführten Sklaven verlauten zu lassen. Zum Verwalter gesellte sich ein kleiner Mann im verschlissenen Hemd und grüner Weste, der laut zu fluchen verstand und als Mister Rogers, der Vorarbeiter einer Nachbarplantage, vorgestellt wurde. Rogers, offenbar beseelt von großem Temperament, besaß ein Lieblingsthema, das ihn befeuerte. Er sorgte dafür, dass sehr bald Verwalter und Vorarbeiter gemeinsam in fürchterlich gebrochenem Englisch auf Gott und die Welt, vornehmlich aber auf das Gouvernement und die Kompanie schimpften, die allen hier den letzten Taler aus der Tasche zögen.

»Kapitän, haben Sie Briefe für mich mitgebracht?«, fragte Verwalter Mollers jetzt in dem Bestreben, seinen Nachbarn in dessen feurigem Plädoyer zu unterbrechen. Nickelsen verneinte, entschuldigte sich, überhaupt nicht an diese Möglichkeit gedacht zu haben. Der Verwalter meinte nur, wenn jemand aus der Stadt komme, könne er es sich nicht vorstellen, wie weit weg von der Welt man hier draußen auf einer Zuckerrohrplantage doch lebe.

»Ich habe die in Christiansted sowieso in Verdacht, dass sie uns nicht alles zu lesen geben, besonders die von der Kompanie«, fluchte der Vorarbeiter.

Hansen scherzend: »Nun mal halblang, junger Mann, nicht so hitzig wie ein Franzose! Immer nur Feuer unterm Kessel und dann schon am frühen Tag! Da kann schon mal was explodieren. Bei dieser Hitze tut ein kühler Kopf manchmal gut.« Davon wollte Rogers aber nichts hören, der jetzt die naiven Seeleute in seine Schimpfkanonaden einbezog, die stets dächten, sie wüssten, wie es überall in der Welt zuging, und doch nirgends richtig zu Hause seien. Hansen nahm es nicht persönlich, denn sie hatten ja anderes im Sinn. Dann gingen sie gemeinsam zum Plantageneigentümer Bülow. Doch auf halber Strecke verabschiedete sich Rogers plötzlich und meinte, er müsse noch im Dorf nach dem Rechten sehen. Er habe dort eine Verabredung mit Sanderus, lief die Mauer entlang und verschwand auf der gegenüberliegenden Seite Richtung Sklavendorf. Nickelsen und Hansen blickten ihm nach.

Jedenfalls seltsam erschien ihnen die Beendigung des Treffens auf diese Art, seltsam auch, wie der Verwalter am Montag im Sonntagsstaat herumlief, als wolle er nicht zur Arbeit, sondern irgendwelche Gäste zu anderen Geschäften begrüßen. Bülow trat ihnen im makellosen weißen Anzug entgegen und schien sich soeben im Aufbruch befunden zu haben. Nickelsen schützte Interesse an der Rumproduktion und der Feldbewirtschaftung vor. Mollers wurde ein wenig unruhig und antwortete, man solle die Gegend des Sklavendorfes meiden, denn die Schwarzen wollten dort lieber unter sich bleiben. Zugleich solle man auf den Feldern darauf achten, nicht zu sehr Aufsehen zu erregen, weil das einen negativen Einfluss auf die Arbeit nehme. Nickelsen äußerte sich enttäuscht, Hansen meinte, da hätten sie auch schon anderes erlebt, und Bülow sah beide nachdenklich an: »Es ist schon ungewöhnlich, dass Sie heute wieder hier sind. Hat das etwas damit zu tun, dass uns ein Offizier Ihres Schiffes ebenfalls eine Anzahl von Sklaven für unsere Pflanzer angeboten hat? Wissen Sie davon? Beeinflusst das die verabredete Lieferung von Sklaven?«

»Paulsen ist mit Sklaven hier?«, horchte Hansen auf. »Findet ein Verkauf statt?«

»Das sind sehr viele Fragen auf einmal«, lächelte Bülow, ohne wirklich zu antworten.

Der Verwalter Mollers, sichtlich nervös, beeilte sich zu erklären: »Die Pflanzer hierzulande können unter dem Diktat der Kompanie nicht existieren, Sklaven, Saatgut und Waren – die Preise werden überall diktiert. Da muss man sich selbst helfen! Die Pflanzer wissen, was sie an uns haben.«

Nickelsen nickte dem Verwalter zu: »Verstehe, was Sie sagen wollen. Wir sollen uns nicht einmischen, sondern Waren anbieten und unserer Wege gehen. Sehen Sie, so ähnlich halten wir es auf dem Schiff. Wie die Geschäfte abgewickelt werden, hat nach außen irgendwie immer seine Richtigkeit. Geliefert wird, was wir zugesagt haben. Aber wie die Pflanzer müssen wir auch an Bord unseres Schiffes für die Ordnung in den eigenen Reihen sorgen.«

Bülow knöpfte sich an seinem weißen Anzug die Jacke auf und schaute auf seine Taschenuhr, die er aus der Westentasche nahm, dann fragte er skeptisch: »Dann ist es in Ordnung, dass Herr Paulsen ebenfalls mit Sklaven handelt?«

Nickelsens Mienenspiel verriet nicht, was er dachte. »Selbstverständlich, Herr Bülow, wie kann es anders sein, als dass die Pflanzer auf den Bestand von Geschäften mit uns vertrauen dürfen. Alles andere ist allein unsere Sache.«

»Verstehe.« Für einen Moment wirkte der Plantageneigentümer Bülow unentschlossen, dann wies er jedoch Mollers an, die Gäste zu der bereits seit zwei Stunden im Sklavendorf stattfindenden Veranstaltung zu führen. Er verabschiedete sich mit Handschlag: »Was soll's. Jetzt weihen wir Sie etwas früher in unser kleines Geheimnis ein. Ich bitte Sie nur um Verschwiegenheit.«

Auf dem Weg um die Mauer herum ins Sklavendorf, der nur fünf Minuten dauerte, aber Nickelsen wie eine Ewigkeit vorkam, erklärte ihnen Mollers, dass Bülow nie persönlich an diesen Geschäften teilnehme und es dem Verwalter und dem Vorarbeiter sowie einigen herausgehobenen Sklaven aus dem Dorf überlasse, alles Notwendige zu organisieren. Sie seien am Gewinn beteiligt und könnten sich nicht über diesen Zuverdienst beschweren. Er wisse natürlich, dass Leute wie er das Risiko, sich deswegen eines Tages einmal verantworten zu müssen, allein zu tragen hätten. Einzelne Palmen und Buschwerk säumten den Weg, der ins Dorf führte. Der Passatwind rauschte durch das Grün. Mollers ertrug kein Schweigen. Er deutete auf die Hügelkette in der Ferne: »Der Maroon-Berg, wo der Regenwald mit seiner Faust die Regenwolken abfängt. Die ganze Westseite ist dicht bewaldet mit Regenwald und Mahagoni. Dorthin flüchten sich die Maroons, die meinen, sie hätten es auf den Bäumen besser als bei uns auf den Plantagen.«

Der Verwalter holte ein Klappmesser aus seiner Tasche, schüttelte den Kopf und lachte, dann begann er sich mit der Messerspitze in den Zähnen zu stochern, schnalzte mit der Zunge und schwadronierte weiter: »Manchmal hört man von diesen irren Schwarzen ihre Trommelrhythmen und ihr Muschelgeheul tagelang. Dann müssen unsere Mitarbeiter und Vorarbeiter auf ihre Sklaven aufpassen. Sie haben so 'ne Art Lockruf. Aber wir wissen, denen diese Art von Freiheitsdrang schon auszutreiben. Glücklich derjenige, der zurückkommt und dem wir nur den Arm abhacken. Regelmäßig hängen wir sie zur Abschreckung vor den Sklavendörfern oder am Eingang der Plantage auf. Leider Gottes ist es in letzter Zeit Mode geworden, dass man ihnen den Prozess macht. Viele überleben schon die Gefängnisse nicht.

Sind nicht gerade gemütlich. Kann wohl nicht anders sein, wenn man mit Schurken umzuspringen hat – von Gesetzes wegen, meine ich. Bringt die einen jedoch ums Vergnügen und die anderen um eine tiefere Erkenntnis zum eigenen Wohl.«

»Ich hörte davon«, entgegnete Nickelsen knapp. Er wollte etwas sagen, aber ihm fielen keine passenden Worte ein. Keine noch so aufwendige Verkleidung vermochte die innere Gesinnung eines Menschen wie Mollers dauerhaft zu verbergen. Ihn schauderte. Sie erreichten das Dorf mit seinen traditionellen karibischen Hütten, die aus einem Flechtwerk aus biegsamen Zweigen errichtet wurden. Anschließend warf man Lehm darüber, der in der Sonne getrocknet wurde, bevor man schließlich ein Strohdach daraufsetzte. Eine Bauweise, die für bemerkenswert kühle Innenräume sorgte.

Hansen dachte an die langen Tage in der sengenden Hitze in den Zuckerrohrfeldern, an die Arbeit im Akkord und die Bestrafung derjenigen, die am Ende des Tages mit den schlechtesten Zahlen aufwarteten, versuchte sich vorzustellen, wie die Kinder und Frauen das Eisen des Zuckerkessels zu heben versuchten, spürte in seiner Vorstellung die brennende Hitze des Kessels und die Angst vor dem kochenden Saft, den sie in Flensburg umso mehr schätzten. Nickelsen und er wussten im Umgang mit den Schwarzen, wie schwer es war, ihnen Befehle zu übermitteln, verstanden sie doch häufig die Sprache nicht. Hier standen sie sicherlich vor dem heiß brodelnden Zuckerkessel und versuchten, in panischer Angst die Befehle zu verstehen. Nickelsen dachte daran, wie sich die Schwarzen in der Nacht zwangen, dem Drang nach Freiheit und dem Ruf der Trommeln und Muschelhörner zu widerstehen. Das war die andere Realität. Hansen griff mit seiner rechten Faust nach seinem Gewehr und schritt rasch aus.

Da hörten sie für einen Moment den erstickten Gesang eines Mädchens. Erschrocken sahen sie sich an: »Das ist Lucy. Ohne Frage!« Der Gesang brach wieder ab. Noch vereinzelte Trommelschläge, dann wurde es still, bevor das Grölen von Männern zu hören war. Es kam aus der Richtung des Hauses, auf das sie jetzt zuschritten.

Mollers drehte sich zu ihnen um: »Herr Kapitän, Sie sind nicht hier, um Ärger zu machen?« Dann blickte er auf Hansens Gewehr: »Das Gewehr muss draußen bleiben. Wir wollen keine Schießerei auf der Plantage. Verstanden?«

Hansen setzte zum Widerspruch an, doch der Kapitän entschied, er möge mit Gewehr draußen auf ihn warten. Als sie sich dem Haus näherten, flog die Tür auf und der Schiffsjunge Mats rannte an ihnen vorbei. Der Vorarbeiter Sanderus auf seinen Fersen, einen Knüppel schwingend, schrie, dass er seine Chance gehabt habe. »Verloren ist verloren! Jetzt Radau machen! Sieh zu, Kleiner, dass du heil davonkommst!« Schließlich warf ihm Sanderus den Knüppel ins Kreuz, der ihn ins Straucheln brachte, aber er fing sich wieder und lief weiter, ohne dass er erkennbar von Nickelsen oder Hansen Notiz genommen hätte. Lief einfach die Straße hinunter, auf die Felder zu und schlug sich querfeldein dann in die Zuckerrohrplantagen. Der Aufseher trat vor Nickelsen und grinste ihn an: »Erfreut, Sie zu sehen, Herr Kapitän. Dachte mir schon, dass Sie vorbeikommen werden. Einen der Höhepunkte haben Sie leider schon verpasst. Es gibt keine Lose mehr zu kaufen. Die Hauptattraktion ist zugeschlagen.«

Nickelsen war verwirrt. »Was soll das heißen?«

»Grandios!« Sanderus bezog breitbeinig Position. »Ganz einfach grandios! Das heißt, dass man sich zweimal sieht im Leben und dass Sie dieses Mal zu spät gekommen sind, Kapitän. Man kann halt nicht immer Glück haben. Aber treten Sie näher, wir machen gute Geschäfte heute!«

Mollers versuchte, die etwas aufgeheizte Stimmung zu entschärfen, indem er Nickelsen erklärte, sie würden zur Unterhaltung der Pflanzer besondere Talente in einem Losverfahren versteigern. Das mache neugierig, lockere die Runde ein wenig auf und bringe vor allem mehr ein. Sie betraten den Raum. Die Hütte, ein wenig oberhalb des kleinen Dorfes gelegen, bestand aus nicht viel mehr als einem großen, nach der Straße zu offenen

Zimmer, in dessen Rückseite ein langer Schanktisch aus solidem Holz die gesamte Wandfläche einnahm. Zwei Schwarze versahen dort den Thekendienst. Hinter der Bar befanden sich zwei Fässer mit plantageneigenem Rum, mehrere verkorkte Fläschchen und fein geschliffene Karaffen mit anderen hochprozentigen Flüssigkeiten wie zum Beispiel Whiskys und Likören. Auch Weine und verschiedene Biere hatte man im Angebot. Im Hintergrund stand ein kleiner Tisch mit Orangen und Zitronen, zum Teil geschnitten und aufgeschichtet, und eine große Schüssel mit kaltem Quellwasser, von dem kleine Portionen zur Erfrischung in die Gläser gegossen wurden. Die beiden schwarzen Thekenkräfte in weißleinenen Jacken und schwarzen Hosen hantierten geschickt, blieben aber wortkarg. Man war sehr bemüht, die anreisenden Pflanzer in Geberlaune zu versetzen. Jeder Treffpunkt setzte alles daran, einen anderen Treffpunkt auf einer der Nachbarplantagen auszustechen und die Pflanzer an sich zu binden. Tüchtige Geschäftsleute halt ...

Sanderus, sogleich zur Stelle, bot Nickelsen einen *Painkiller* oder einen *Kill Devil*, Rum von der eigenen Plantage, zur Wahl an, orderte einen für sich und Mollers, rief einem der Schwarzen zu: »He Mann, mach zu, dieser Mann ist ein Kapitän. Hat viel Salzluft in den Lungen. Der ist durstig, also mach ihm mal gleich zwei ordentliche Gläser! Mir aber kein Wasser rein, hörst du, ich mag's heiß wie die Hölle! Nun ziehen Sie nicht so ein Gesicht, Kapitän, entspannen Sie sich!« Dann griff er, als sich Nickelsen verweigerte, selbst nach zwei Gläsern, öffnete den Spund und ließ einen dicken Strahl in die beiden Gläser schießen. Er reichte sie dem Kapitän mit den Worten: »Eine Gottesgabe, die schon so manchen Dämon totgeschlagen hat. Sie wollen davon kaufen? Dann müssen Sie probieren! Dieser Rum macht zuerst sanft und verständnisvoll. Man fühlt sich leicht, kann tanzen, singen, wird begehrenswerter als jemals zuvor in seinem Leben, glauben Sie mir, das funktioniert. Aber wenn du zu viel trinkst und weinst, werden deine Tränen Blutstropfen. Ist doch so, Mollers, nicht?« Sanderus prostete Mollers zu und Nickelsen gewann zum wiederholten Male den Eindruck, dass der Verwalter nichts zu bestellen hatte.

Nickelsen nahm einen Schluck, kostete, wie der Hochprozentige auf seiner Zunge brannte. Er blickte sich um, tatsächlich schien man hier gern diesen Getränken zuzusprechen. Die Lose, die verloren hatten, lagen auf der Erde. Die Männer hatten den Rum offenbar schon den ganzen Morgen verkostet und grölten und johlten. Manche haderten noch mit ihrem Schicksal, leer ausgegangen zu sein. Auf einem Tisch ganz rechts in der Ecke, vom Eingang aus gesehen, entdeckte Nickelsen jetzt die in sich zusammengekauerte Gestalt von Lucy. Sanderus, ganz in seinem Element, erklärte: »Sehen Sie, unser Preis. Diese wunderschöne junge Schwarze ist eine wahre Künstlerin, wenngleich sie uns ihre Fähigkeiten nur im Ansatz hat erahnen lassen. Aber Sie kennen sie ja von Ihrem Schiff. Sie ist heute die einzige Sklavin im Angebot. Singen kann sie jedenfalls wie ein Engel, muss nur ein wenig dazu getrieben und gekitzelt werden.« Es war, wie Nickelsen an der Anzahl der Losscheine am Boden ersehen konnte, reichlich geboten worden. Sanderus trank vom Rum und lachte dreckig: »Aber, wie gesagt, Sie kommen zu spät, der Zuschlag ist erfolgt.« Lucy hielt den Blick gesenkt.

Jetzt entdeckte Nickelsen auch Paulsen, der ihn schon längst ins Visier genommen hatte. Der Kapitän ließ sein Getränk fallen und das Glas zersprang auf dem Hüttenboden. Die Männer verstummten, gerade so, als ob ein Schlussakkord von einem Orchester verklungen wäre. Alle Augen wandten sich ihm zu. Nickelsen machte einige rasche Schritte auf Paulsen zu, doch Sanderus packte ihn grob und riss ihn zurück. »Hören Sie, das Spiel von gestern werden wir heute nicht wiederholen!«

Auf ein Zeichen trat Mollers hinter den Kapitän, durchsuchte seine Taschen, griff gezielt nach Pistole und Messer. »Wir wollen keinen Ärger hier. Den können Sie gern mit Ihresgleichen woanders machen. Der junge Mann eben wollte schon Ärger machen. Hat Glück gehabt, dass er so flink auf den Beinen war.«

Nickelsen blieb mitten im Raum stehen, befreite sich vom Zugriff und ging jetzt auf Sanderus und Mollers los: »Wer hat sie denn ersteigert?«

Mit großer Geste winkte Sanderus einen älteren Herrn heran: »Komm her, Gottfried, altes Haus, Glückspilz! Zwei Lose hat der Geizhals nur gekauft und hatte schon den Hauptgewinn!« Aus den Reihen der anderen Männer wurden Protestrufe laut.

Nickelsen übertönte sie mit barscher Stimme: »Ersteigert? Es tut mir sehr leid, Herr Gottfried, diese junge Dame ist nicht zu versteigern, da sie keine Sklavin, sondern eine freie Schwarze ist, die man von Bord meines Schiffes entführt hat. Bei dem jungen Mann, Herr Sanderus, von dem Sie gerade sprachen, handelte es sich um Mats Petersen, ihren Verlobten. Sie beabsichtigten zu heiraten. Ich verwende mich für die beiden.«

Von Paulsen ertönte lautes Gelächter: »Der Herr Kapitän verwendet sich für die beiden!«

Sanderus verstellte dem Kapitän den Weg und gab hochmütig zurück: »Was reden Sie da? Die Schwarze hat ein Brandmal, frisch eingebrannt auf der Schulter. Die, eine freie Schwarze? Wo bitteschön, sind ihre Papiere? Geschäft ist Geschäft, Zuschlag ist Zuschlag!« Zwischen dem Kapitän und dem Aufseher kam es zum Handgemenge.

Mollers rief währenddessen: »Gottfried, komm her, kümmere dich um deinen Gewinn. Sieh zu, dass du das Fährschiff nach St. Thomas erwischst.« Sie machten ernst und der alte Gottfried den Eindruck, als könne er sein Glück nicht fassen und wolle seine Beute in Sicherheit schaffen. Zwei Schwarze ergriffen Lucy, banden sie draußen auf einem Pferd fest. Gottfried bestieg ein zweites Pferd und ritt an Hansen vorbei, dem sein Gewehr wenig nützte.

Nickelsen tobte: »Das geht nicht! Hören Sie, das geht nicht! Wenn Sie das zulassen, begehen Sie großes Unrecht.«

Sanderus, von oben herab: »Wenn dem so wäre, Herr Kapitän, könnten Sie das untersuchen lassen. Bitteschön. Sollte sich das Losverfahren als Unrecht herausstellen, machen wir das Ganze rückgängig. Bis dahin glaube ich aber nicht, dass sich jemand für Ihre Behauptungen interessiert.«

Mollers setzte sogar seinen Hut ab, als er es sich nicht nehmen ließ, gleichfalls zu krakeelen: »Haben Sie nicht eben noch dem Eigentümer Bülow versichert, dass Ihre Geschäfte Bestand haben sollen? Gilt Ihr Wort nicht mehr?«

Nickelsen hielt nichts mehr. Er ging direkt auf Paulsen los, packte ihn. Paulsen wehrte sich mit Faustschlägen heftig und der Kapitän musste einige Treffer einstecken. Er taumelte, stieß aber erneut wie ein Stier auf seinen Gegner los, täuschte seine Faustschläge an, drehte sich in letzter Sekunde nach rechts weg und trat Paulsen mit seinen schweren Lederschuhen in den Unterleib. Paulsen gab ein pfeifendes und aufjaulendes Geräusch von sich. Der Schmerz durchfuhr so plötzlich Paulsens Körper, dass er nicht mehr aufschreien und nach dem ersten Schmerzschock nur noch hechelnd nach Atem ringen konnte. Doch jetzt wurde der Kapitän von Paulsens Männern in die Zange genommen, die ihn kampfunfähig machten. Mühsam kam Paulsen wieder auf die Beine und tönte etwas gequält: »Herr Kapitän, Ihre Lieferung ist erst für morgen vereinbart, wenn ich mich nicht täusche!« Dann schaute er aus dem Fenster und entdeckte Hansen mit dem Gewehr. »Ein Gewehr? Jetzt habe ich aber Angst!« Zu Sanderus gewandt: »Wir sollten weitermachen, einverstanden?« Doch Nickelsen forderte das Ende der Veranstaltung. Keiner der Sklaven, die Paulsen angeschleppt habe, trüge ein Brandzeichen. Es handele sich nachweislich allesamt um Schwarze, die nicht für den Sklavenmarkt vorgesehen gewesen wären. Kein Schwarzer sei hier, über den sein ehemaliger Offizier frei verfügen dürfe.

Paulsen frohlockte: »Ehemalig? Wusste nicht, Kapitän, dass ich abgemustert hätte.«

Nickelsen schrie: »Paulsen! Wenn Sie noch einmal das Schiff betreten, sind Sie ein toter Mann! Wie Sie nach Hause kommen, ist Ihre Sache. Ich stehe zu meinem Wort und lasse Ihnen nicht den Prozess machen, aber aufs Schiff kommen Sie nicht mehr!«

»Darüber, Herr Kapitän, werden wir noch zu reden haben.« Paulsen war die Unverfrorenheit in Person. Die Pflanzer wurden unruhig. Sie wollten auf keinen Fall Ärger mit den Behörden oder der Kompanie. Die ersten verließen das Haus. Nickelsen gelang es, sich von den Männern zu befreien, die ihn im Auftrag von Paulsen kaltgestellt hatten. Er ließ nicht nach, heftig und laut zu streiten. Sanderus sah in ihm zunächst noch den Unterlegenen und genoss seine Position, dann erkannte er, dass sich tatsächlich unter diesen Bedingungen kaum noch ein Verkauf bewerkstelligen ließ.

Er lief los, Bülow zu holen. Bis dahin gab es freie Getränke für die noch anwesenden Pflanzer, die jetzt allein wegen des hochprozentigen Angebotes blieben. Die Gespräche zwischen Mollers, Sanderus und Bülow auf der einen und Paulsen, Hansen und Nickelsen auf der anderen Seite zogen sich in die Länge. Keiner wollte, dass es wegen der Sache mit den Sklaven zur offiziellen Untersuchung käme. Außerdem ging es Nickelsen vor allem darum, Sklaven zu verkaufen. Er gab schließlich nach, weil er hoffte, noch irgendwie die Fähre nach St. Thomas erreichen zu können, um Lucy befreien zu können. Die Lösung des Konflikts bestand nach zähen Verhandlungen darin, dass die Sklaven sofort verkauft werden sollten und der Erlös von Bülow so lange treuhänderisch verwaltet würde, bis der Beweis über die Eigentumsverhältnisse an den Sklaven erbracht wäre. Hierbei oblag es Paulsen, seine Eigentumsrechte zu belegen, da nach Auffassung von Bülow der Anschein für die Eigentumsposition des Kapitäns spreche. Er legte schriftlich fest, dass das Geld binnen Wochenfrist ausgezahlt werde, wenn Paulsen seiner Verpflichtung nicht nachkomme. Doch der gab seine Hoffnung auf das Geld nicht auf und lachte: »Da wird mir schon was einfallen!« Dann zog er mit seinen Leuten ab. Nickelsen hoffte, Bülow werde sich tatsächlich an die Absprache halten.

Was aus Kofi geworden war, konnten Nickelsen und Hansen nicht recht in Erfahrung bringen. Ein Mann aus Paulsens Gruppe hatte etwas in der Art verlauten lassen, man sei ihn in Christiansted losgeworden. Dieser Spur müssten sie ebenfalls nachgehen. Als sie sich geeinigt hatten, trieben Nickelsen und Hansen ihre Pferde im Galopp den Weg zurück, den Kopf voller Hoffnung, dass das Schlimmste noch zu verhüten sei. Doch sie täuschten sich.

Die Fähre sollte längst von Fort Christiansvaern abgelegt haben, aber als sie eintrafen, wurden gerade erst die Taue vom Poller gezogen, und der Kapitän riskierte einen riesigen Sprung vom Hafenkai an Deck. Mit der ganzen Autorität eines Kapitäns der Westindien-Guinea-Kompanie versuchte Nickelsen, das Auslaufen der Fähre zu verhindern, um Lucy wieder von Bord oder zumindest Hansen an Bord zu bekommen. Für einige Minuten ruhten die Arbeiten am Segel und an den Riemen, aber das Fährboot trieb bereits vom Kai weg. Nickelsen wurde gegenüber dem Schiffer der Fähre laut. Hansen verschaffte sich vom Kai aus Gehör, aber der Schiffer wollte keine weitere Verspätung mehr und fürchtete wegen des ungewöhnlichen Kollegen einerseits und des murrenden, ihm wohlbekannten Pflanzers Gottfried andererseits, der als betagter Herr nach einem aufregenden Tag keinesfalls noch einmal ein Anlegen in St. Croix dulden wollte, nichts als Ärger. Passagiere auf dem Schiff und Schaulustige auf den im Hafen liegenden Schiffen sowie auf den Kaianlagen liefen zusammen und gafften. Einige kommentierten bereits ungebeten, was sie sahen. Der Fährschiffer hatte genug und entschied sich dafür, Kurs auf St. Thomas zu nehmen. »Wenn ich an Bord meines Schiffes wäre, das schwöre ich Ihnen, ließe ich die Kanonen klarmachen, um zu zeigen, wie ernst mein Anliegen ist ...«, brummte der Kapitän der *Vesuvius* verärgert.

»Sind Sie aber nicht«, knurrte der Schiffer zurück und winkte zwei Matrosen heran. »Bringt den Mann in Gewahrsam.« Zum Steuermann: »Sie bezeugen, dass er uns mit seinen Bordkanonen versenken wollte. Außerdem hat er kein gültiges Fährticket.«

»He, was soll das! Die Überfahrt zahle ich natürlich. Und ist doch völlig aus der Luft gegriffen, dass ich Ihre Fähre versenken will! Lassen Sie mich los!« Nickelsen wehrte sich, aber die beiden Matrosen hatten einen stahlharten Griff. Schließlich wollte er sich nicht noch bewusstlos schlagen lassen. »Hören Sie, das werden Sie bereuen. Hier geschieht ein Unrecht, eine Katastrophe. Helfen Sie mir, lassen Sie uns zusammenarbeiten!« Dann bekam Nickelsen, den man aus dem Ruderhaus heraus und am Unterstand für die Fährgäste vorbeischleifte, mit, wie Jule Röden am Hafenkai auftauchte und mit Hansen redete. Dort war gleichfalls etwas geschehen. Gut, dass Hansen jetzt nicht mit auf dem Schiff war.

Nickelsen wurde unter Deck verbracht. Auf dem Weg hatte er Lucy und diesen Gottfried vor dem Schiffsmast ausmachen können und ... Für einen Moment hatte er geglaubt, seinen Augen nicht trauen zu dürfen – doch dann war er sicher, dass er Mats inmitten der Fährgäste auf der Steuerbordseite gesehen hatte. Mein Gott, was hatte der Junge nur vor? Dann fiel die Tür unter Deck ins Schloss und es wurde dunkel. Nickelsens Herz schlug wild vor Aufregung und sein Kopf arbeitete fieberhaft. Aber ihm fiel nichts Gescheites ein. Er wartete ab, bis sich seine Augen an die Dunkelheit gewöhnt hatten, dann untersuchte er den Raum und diesen Teil des Schiffs. Er wollte und konnte es nicht akzeptieren, zur Untätigkeit verdammt zu sein. Im Hinterkopf regte sich noch der Gedanke an Jule. Hatte er Kofi gefunden oder was war in Fort Christiansvaern vorgefallen? Aber es gab niemanden mehr, der jetzt eine Antwort auf seine Fragen bereithielt, und niemanden, der ihm aus seiner Situation heraushalf.

Einer der Vorarbeiter von einer Plantage auf St. Croix mit Namen Rogers, der für einen Freund in Charlotte Amalie zwei Sklaven mit sich führte, und ein Bekannter, der als Feldwebel bei den Festungstruppen des Gouverneurs auf St. Thomas arbeitete, saßen Pfeife schmauchend mit Gottfried zusammen und gratulierten ihm zu seinem Losglück mit der jungen und schönen Sklavin. Der Pflanzer erzählte vom jungen Mann von der *Vesuvius*, der mitgesteigert hatte und angeblich der Verlobte der Sklavin gewesen sein sollte. »Was noch seltsamer anmutet, meine Herren, die Sklavin soll nach Auskunft des später eingetroffenen Kapitäns Cornelissen überhaupt keine Sklavin, sondern eine freie Schwarze gewesen sein, die ein Offizier des Schiffs entführt haben soll. Haarsträubend! Dabei besitzt sie keinerlei Papiere und ist als Sklavin gebrandmarkt. Komm mal her, Lucy!« Gottfried winkte sie heran. Dann riss er ihr den bunten Stoff von der linken Schulter, um ihr Brandmal zu zeigen; fast hätte sie entblößt dagestanden. Lucy schämte sich augenscheinlich. Die Herren schauten gerne hin und wären ohne Frage bereit gewesen, die Ware für den älteren Herrn sozusagen in Stellvertretung näher in Augenschein zu nehmen.

Da ertönte mehrfach der Schrei eines Käuzchens. »Seltsam«, horchte Rogers auf.

»Was ist denn so seltsam?«, wollte der Feldwebel wissen, der versuchte, seine linke Hand verdeckt auf Lucys Oberschenkel zu platzieren. Aber Lucy schaute ihn böse an und machte stillschweigend einen Schritt zur Seite. Eine Bewegung, die Herr Gottfried als Fluchtbewegung missdeutete, weshalb er das Mädchen ruckartig wieder zu sich her riss, wo es mit gesenktem Kopf im Bereich der Zudringlichkeiten des Feldwebels verharrte.

Der Schrei des Käuzchens wiederholte sich. Lucy hob den Blick ein wenig und lauschte.

»Da! Haben Sie gehört?«

»Ein Vogel. Selten vielleicht, aber ein Vogel, na und?«, wunderte sich Herr Gottfried und hielt Lucy fest am Arm.

»Ja sicher, ein Vogel. Aber ich bin mir ganz sicher, dass das der Ruf eines Käuzchens ist. So einen Vogel gibt es hier nicht, schon gar nicht auf dem Meer!«, antwortete Rogers. Zum Kapitän des Fährschiffs, der sich zwischen den Passagieren die Zeit vertrieb, meinte er: »Seltsame Vögel habe Sie an Bord, Kapitän.«

»Sind Sie Vogelkundler, Mann?« Der Kapitän schob die Mütze in den Nacken, um sich die Stirn zu wischen, aber er hörte hin. »Verdammt, Sie haben recht. Wenn mich meine Erinnerung nicht täuscht, ist das ein Käuzchen. Da könnte man direkt Heimweh kriegen.«

Lucy war inzwischen ebenfalls aufmerksam geworden, ihr neuer Eigentümer mit den Gedanken jedoch ganz woanders. Wahrscheinlich fragte er sich, wie er seiner Frau beibringen sollte, dass er ohne einen kräftigen Haussklaven und stattdessen mit einer zwitschernden Nachtigall ankam. Lucy blieb einen Augenblick unbeobachtet, entfernte sich erneut eine Schrittlänge und entdeckte Mats, der die Käuzchenrufe imitiert hatte, jetzt auf der Steuerbordseite, folgte mit ihren Blicken vorsichtig seinen Zeichen. Dann ahnte sie, was er vorhatte. Was hatte sie noch zu verlieren außer ihr bisschen Leben? Lieber wäre sie tot als Sklavin und rechtlos ausgeliefert.

Der Kapitän des Fährschiffs seufzte: »Aber, meine Herren, was wollen wir noch dort drüben jenseits des Ozeans? Ich weiß ganz sicher, da gibt es noch immer eine Menge schräger Vögel, die noch viel verrückter sind als diejenigen, die sich hierzulande als Käuzchen ausgeben.«

»Wahr gesprochen!«, lobte der kleine Vorarbeiter Rogers, der jetzt seine Weste auszog, um sich hinzulegen und auf das gute Stück seinen Kopf zu betten.

»Trotzdem komisch«, meinte jetzt Gottfried und schaute sich misstrauisch nach Lucy um, aber die stand ganz still, ihren Blick auf ihre Füße gerichtet. So war das Leben, kaum glaubte man, etwas Schönes zu besitzen, schon litt man unter Verlustängsten und Verfolgungswahn, dachte sich Gottfried.

»Geben Sie es schon zu«, brummte der kleine Rogers in seinem verschlissenen Hemd den Kapitän an. »Diese Pfeiftöne sind Ihre jämmerliche Bordmusik, für die Sie künftig im Auftrag der Kompanie einen Zuschlag zum Fahrpreis verlangen werden.«

Dann grinste er sich eins, als der Kapitän des Fährschiffes davonstapfte und grummelte: »Lumpengesindel und Habenichtse den lieben langen Tag! Nicht zu vergessen die Eingebildeten und Aufschneider. Mein Gott, mit was ich mich alles rumschlagen muss.«

Währenddessen hatte Mats im Heckbereich auf der Backbordseite das kleinste Rettungsboot ausfindig gemacht. Er studierte die Aufhängung und Befestigung. Einen misstrauischen Matrosen befragte er zur Geschichte der Fährschifffahrt auf den Inseln und zu den Konstruktionen der Rettungsboote und gab sich als Kollege zu erkennen. Als der Matrose, dessen Wissen und Repertoire rasch ausgeschöpft waren, vom Kapitän an die Segel abkommandiert wurde, brauchte Mats vier unbeobachtete Minuten, um das Boot klar fürs Wassern zu machen. Er organisierte noch einen Rettungsring für alle Fälle, den er ins Boot warf. Dann wieder der Schrei des Käuzchens und er konnte beobachten, wie Lucy mit diesem Gottfried redete und ihn langsam in seine Richtung dirigierte. Er schaute auf die Küstenlinie und zog die Stirn kraus, denn sie waren inzwischen verdammt weit weg vom rettenden Ufer. Das Fährschiff müsste ein Wendemanöver fahren, um die Verfolgung aufzunehmen. Das würde dauern, da könnte er sich in die Riemen legen und einen Vorsprung herausholen. Aber dann würde es eng werden. Wenn das Schiff Fahrt aufnahm, blieb ihm wahrscheinlich nicht mehr genügend Zeit für das Anlanden und Abhauen. Mats war aufgeregt und Realist genug, zu erkennen, dass sie nur eine winzige Chance besaßen, wenn an Bord des Fährschiffes nicht alles planmäßig lief. Für Lucy müsste er es riskieren. Er war entschlossen, alles aufs Spiel zu setzen.

Nickelsen hatte das Schloss untersucht. Es stellte nicht wirklich ein Problem dar. Dann hatte er sich lauschend und mit halblautem Rufen versichert, dass sie keine Wachen postiert hatten. Die Matrosen und ihr Kapitän waren fahrlässig, denn er besaß noch Pistole und Messer, die Waffen, die ihm beim Abschied von Godet Fortuyn wieder ausgehändigt worden waren. Er zielte mit der Pistole auf das Schloss, musste zweimal schießen, denn der erste Schuss prallte nur als gefährlicher Querschläger ab und hätte ihn treffen können. Das Messer erledigte den Rest, zerstörte den Schließmechanismus der Tür. Ein Matrose kam ihm auf der Treppe entgegen, um nachzuschauen, was für Geräusche unter Deck zu hören gewesen waren. Nickelsen trat in den Halbschatten, der Matrose stutzte. Da rief Nickelsen: »Der Gefangene da unten macht Probleme, da qualmt was. Wann sind wir denn da?« Der Matrose erkannte ihn nicht sofort: »Was sagen Sie, Qualm? Aber, Sie sind doch ...« Weiter kam er nicht, denn da zerrte ihn Nickelsen die Stufen hinunter und versetzte ihm mit dem Griff der Pistole einen gezielten Schlag auf den Hinterkopf, sodass er das Bewusstsein verlor.

Ein Matrose trat neben Mats und fuhr ihn an: »Was zum Teufel machen Sie da?« Mats lächelte freundlich, verbindlich: »Sehen Sie, ich schätze, Ihr Ruderboot ist eigentlich zu klein für dieses Schiff. Ist doch so, oder?«

»Was geht Sie das an! Sie können doch nicht einfach die Taue losbinden und ...«

Doch Mats ließ ihn nicht ausreden: »Sehen Sie, ich hätte da eine Lösung für Ihr Problem. Ich kaufe Ihnen das Boot ab, weil ich nämlich ein kleines Fischerboot geerbt habe und darauf just so ein Boot gebrauchen kann. Dafür bekommen Sie meinen größeren, fast neuen Segler. Aber ohne dass ich mir das Boot mal näher ansehe, geht es wirklich nicht.«

Mats dirigierte das Boot weiter Richtung Reling, hakte es in zwei Schwenkarme ein und bewegte diese gegen den Widerstand des Matrosen ein Stück über die Bordwand hinaus. »Sind Sie verrückt? Junge, gleich gibt es richtig was hinter die Löffel!«, schrie ihn der Matrose an. Mats sah, dass jetzt auch Herr Gottfried mit Lucy näher herangetreten war, um zu sehen, was sich dort abspielte. Der sagte verwundert zu sich selbst: »Ist das nicht ...? Das könnte doch der junge Mann sein.« Aber der Matrose machte jetzt eindeutig zu viele Schwierigkeiten. Wendig und geschickt stellte sich Mats an der Reling zum Kampf gegen den viel größeren und stärkeren Mann, wich ihm aus, griff ihm anschließend, noch im Schwung der Bewegung, in die Kleider und beförderte ihn ins Meer. Dann schrie er: »Mann über Bord, zu Hilfe!«, und fand sogar Helfer, die das Ruderboot zu Wasser ließen. Als sich schließlich der Kapitän seinen Weg durch die gedrängt stehenden Schaulustigen bahnte, stieß er mit Nickelsen zusammen und beide beschäftigten sich zunächst einmal miteinander. Mats entriss dem verdutzten alten Gottfried jetzt Lucy und sie sprangen todesmutig in das treibende Ruderboot. Lucy schlug sich dabei Schulter und Kopf an, er knickte um und bekam einen dicken Fußknöchel, aber was er begonnen hatte, musste jetzt zum Ende gebracht werden. Der Matrose im Wasser versuchte, sich ins Boot zu ziehen. Mats schlug ihm mit einem Riemen auf die Finger. Die Verzögerung hatte ausgereicht, dass es Gottfried gelang, mit einem Bootshaken, der an einem langen Stock befestigt war und zum Heranziehen des Schiffs oder von Gegenständen gebraucht wurde, auf dem Bauch liegend nach dem Ruderboot zu angeln. Er erwischte es tatsächlich und zog es im Schlepptau immer näher ans Schiff heran. Dabei schrie er: »Die Schwarze gehört mir. Ich habe sie rechtmäßig erworben! Du kriegst sie nicht!«

Mats wurde panisch. Das Boot schaukelte bedenklich. Lucy versuchte, sich mit Armen und Beinen möglichst breitzumachen, um die Balance wieder herzustellen. Mats schwenkte stehend mit dem Riemen in den Händen herum und schlug mit voller Kraft gegen den Stock mit Haken. Der zweite Schlag saß krachend. Gottfried, der versucht hatte, dem Stock nachzugreifen, legte sich etwas weit über die Bordwand, verlor bei dem Wellengang den Halt und stürzte ins Meer. Auf dem Schiff, das jetzt ein Wendemanöver fuhr, herrschte heller Aufruhr. Man schrie und drohte. Mats legte sich in die Riemen, was seine Arme und Lungen hergaben. Er gab alles, um Abstand zu gewinnen. Nickelsen stand in einem dichten Menschenpulk und versuchte, beruhigend den Sachverhalt zu erklären. Aber ihm hörte niemand zu, stattdessen musste er sich mit dem Feldwebel auseinandersetzen, der argwöhnte, dass er sich nur als Kapitän aufspiele, in jedem Fall jedoch nicht auf dem Pfad der Tugend und Rechtmäßigkeit wandele. Tatsächlich gelang es Mats mit seiner Lucy, einen ziemlichen Vorsprung Richtung Küste herauszuholen, denn nicht nur das Wendemanöver hielt seine Verfolger auf, sondern vor allem der Umstand, dass man sich gezwungen sah, zunächst einmal die beiden Männer aus dem Meer zu fischen. Immer wieder sprachen sich die beiden Verliebten Mut zu und gestanden sich unter Tränen der Verzweiflung ihre Liebe. Für zwei, drei Schläge setzte Mats aus, blickte sich um, rang nach Luft. Sie hatten jetzt bereits etwas mehr als die Hälfte der Strecke zurückgelegt. Wenn er ehrlich mit sich selbst war, hatte er es nicht für möglich gehalten, dass sie überhaupt so weit kommen würden.

»Lucy, es wird alles gut«, keuchte er und griff wieder nach den Riemen. »Wir müssen nur zusammenhalten ...«

»Ich liebe dich, Mats, weißt du das? Wir schaffen das, ich glaube fest daran!«, antwortete sie und versuchte, mit den bloßen Händen im Wasser schaufelnd, ihm zu helfen.

Da schrie ein Mann vom Schiff herüber. Mats verstand ihn nicht. Was er danach hörte, war die Stimme seines Kapitäns und dessen lang gezogenes: »Nein, um Himmels willen!« Dann krachte ein Gewehrschuss, den der Vorarbeiter Rogers abfeuerte. Der Schuss traf Mats Petersen mitten in die Stirn. Er war auf der Stelle tot. Nur mit Mühe konnte man Rogers, den man als aufbrausend kannte, davon abhalten, auch noch auf das Mädchen und Kapitän Cornelissen zu schießen. Binnen kurzer Frist herrschte an Bord der Fähre absolute Stille. Alle liefen sie zur Bugseite, als das Schiff auf das Ruderboot zuhielt. Lucy hatte sich über den toten Körper ihres Geliebten geworfen, um dann, bevor das Schiff sie erreichte, mit blutverschmiertem Gesicht und Kleidern ins Meer zu springen. Immer wieder rief sie, als man sie ergreifen und an Bord ziehen wollte, sie wolle ertrinken, man solle sie ertrinken lassen oder erschießen.

Sie holten das Boot mit dem toten Mats an Bord der Fähre. Nickelsen, halb wahnsinnig vor Schmerz um den Schiffsjungen, hörte und sah nichts mehr, was um ihn herum geschah, kletterte in das Boot, um Mats, all das Blut und die ihn entstellende Gesichtswunde missachtend, auf den Schoß zu ziehen, zu halten und zu wiegen. Er reagierte auf keinen Zuspruch mehr und wehrte jeden ab, der ihm zu nahe kam. Man hielt ihn schon für wahnsinnig, aber als die Fähre in Charlotte Amalie am Hafenkai festmachte, blickte sich der Kapitän wie von selbst um, als wäre er aus einem tiefen Schlaf erwacht, stand auf, taumelte ein wenig und fragte den Kapitän des Fährschiffes nach Lucy. »Die Schwarze wurde dem rechtmäßigen Eigentümer zurückgegeben«, erhielt er zur Antwort und sah, wie der alte Gottfried mit Lucy eine Droschke bestieg und zu seiner Plantage fuhr. Noch einmal stellte sich ihm der Feldwebel beim Verlassen der Fähre in den Weg. Da zog er finster entschlossen seine Pistole, aber es war wohl sein Blick, der dafür sorgte, dass sich ihm niemand mehr in den Weg stellte. Nickelsen ging Richtung Stadt, seine Füße kannten ihr Ziel allein, denn sein Kopf war leer. Er ging bergauf, in St. Thomas ging man meistens bergauf. Es war still zwischen vornehmen Villen, die sich den Hang hinauf zogen. Sein Herz schlug schneller, als er die Treppe mit ihren einhundert Stufen nahm. Auf halber Strecke blieb er stehen, blickte zurück auf den Hafen und die Fähre. Er ging und ob ihm jemand folgte, kümmerte ihn nicht. Die Straßen hier waren nicht mit Lineal in die Landschaft gezogen wie auf St. Croix. Häuser und Gärten schlängelten sich mit Wegen den Berg hinauf bis zum Gouverneurssitz. Nickelsen konnte sich nicht mehr erinnern, wann er zu weinen angefangen und nicht mehr aufgehört hatte.

Blutverschmiert und unter Tränen trug er im Fort Christian den Fall dem Gouverneur Christian Suhm vor und die Tragik des Sachverhalts ergriff selbst die Vertreter der Staatsmacht. Als der Gouverneur darauf verwies, dass es sehr schwer werden würde, dem alten Gottfried seinen Besitz an Lucy wieder streitig zu machen, rechnete er nicht damit, dass der Kapitän bittend vor ihm auf die Knie fallen würde. Erschrocken versprach der Gouverneur, mit dem Mann zu reden. Doch mit der Art und Weise dieses Entgegenkommens verfing sich in Nickelsen das Gefühl, dass man ihm etwas verheimlichte. Tatsächlich hatte man den Gouverneur darüber informiert, dass ein Mann, den der Erste Offizier Hansen der *Vesuvius* als Nogave Kofi Kumballa, einen freien Schwarzen, identifiziert hatte, unter tragischen Umständen im Gefängnis von St. Croix ums Leben gekommen war. Der Kapitän fand seine laute Kommandostimme wieder, wollte alles wissen, vor allem das, was man dem Gouverneur üblicherweise verschwieg, wollte nicht eher gehen, bis sich alle Beteiligten der Gerichtsbarkeit gestellt hätten. Als ob es jemals irgendwo auf der Erde eine Gerechtigkeit gegeben hätte, die einen tödlichen Irrtum wieder ungeschehen werden ließe! Ein hilfloser Zorn ergriff von Nickelsen Besitz. Sie mussten einen Arzt zu Hilfe holen, um den Kapitän wie ein gefährliches Raubtier so weit zu betäuben, dass man ihn auf sein Schiff verbringen konnte.

Als Hansen und Jule ihm am nächsten Morgen von dem Gefängnis in Christiansted berichteten, saß er neben dem Ruderhaus auf dem Achterdeck der *Vesuvius* wie ein alter, von Krankheit gezeichneter Mann. Tiefe Furchen hatten sich auf seine Stirn und in seine Gesichtszüge eingegraben und er war praktisch über Nacht fast vollständig ergraut. Seine Stimme war leise, fast ein Zischen nur, aber in seinem Blick, der gestern pure Verzweiflung und Trauer ausgedrückt hatte, lag etwas von einem brennenden Hass. Er ließ erahnen, dass seine Nerven wie ein dünnes Metallseil gefährlich bis aufs Zerreißen angespannt waren und es nur noch eines winzigen Zuges oder Gewichtes bedurfte, um das Gewalttätige in ihm zum Ausbruch zu bringen. Jule redete, und das Gefängnis als Ort des Schreckens wurde greifbar, mochten die Orte auf den Inseln noch so friedlich scheinen. Sie hatten Kofi, der Paulsen entwischt war, wieder eingefangen. Paulsens Männer erstatteten Anzeige, dass er ein entlaufener Neger sei. Damit wollten sie die entführten Sklaven einschüchtern und gefügig machen. Die Wachen brauchten keine Stunde, um sich beim Verhör dieses Schwarzen ohne Papiere der Folter zuzuwenden. Der Wachhabende hatte erklärt, der Neger habe noch Glück gehabt, dass er nicht den hiesigen Pflanzern davongelaufen wäre, sie schnitten ihm nach zweimaliger leichter Folter nur die Ohren ab. Er hätte es unter normalen Umständen bei stabiler Gesundheit überleben können, rechtfertigte sich der Oberbefehlshabende der Wachen von Fort Christiansvaern. Doch der hinzugerufene Arzt hatte etwas von entzündlichem Vorgang, hohem Blutverlust und schlechter Konstitution geredet. Der Sachverhalt der irrtümlichen Inhaftierung wurde noch am selben Abend auf Intervention des Gouverneurs anerkannt und sofort eine Entschädigungssumme für den Schwarzen ausgezahlt. Bevor sie gingen, gab Jule vor, etwas vergessen zu haben, kehrte noch einmal zurück in die Amtsstube des Wachhabenden, den er allein antraf, und brach ihm gezielt den Nasenknochen. Von dem am Boden Liegenden verabschiedete er sich mit den Worten, er habe noch richtig Glück gehabt.

Zwei Tage später erschien der Pflanzer Gottfried in Begleitung seiner jungen Sklavin in den Büros der Kompanie im *Danish Warehouse* und bat darum, jene Schwarze wieder auf der *Vesuvius* ihrer ursprünglichen Verwendung zuzuführen. Mit ihr sei nichts anzufangen, sie spreche nicht, lasse sich mit nichts beeindrucken und sei von einer Trauerkrankheit befallen. Er habe sie beobachtet, wie sie auf Art der Neger damit begonnen habe, Erde zu essen. Sie werde sich vergiften und mit ihrer Krankheit die anderen Sklaven der Plantage anstecken. Nickelsen sorgte sich sofort um Lucy, ordnete ihre Unterbringung in der an seiner Kajüte angrenzenden des Ersten Offiziers an, verpflichtete einen Heilkundigen nur für sie und kam mit Hansen darin überein, dass sie gemeinsam versuchen würden, Lucy ein Leben in Freiheit in Kopenhagen zu ermöglichen. Beide versprachen sie ihr, sich um sie zu kümmern, sie solle nur an Leib und Seele gesunden und wieder Vertrauen ins Leben fassen. Sie nahm jede Wohltat, die man ihr angedeihen ließ, mit Gleichgültigkeit hin, verließ das Schiff erst wieder in Kopenhagen und war nur selten an Deck zu sehen. Sie sprach kaum noch, erwähnte dann weder Mats noch ihre Familie, sondern allenfalls lebenspraktische Dinge. Auf dem Weg der Besserung begann sie an der Seite des Heilkundigen, etwas über Heilpflanzen und die Zubereitung von Salben, Tees und Aufgüssen zu lernen. Ihr Schweigen und der Umstand, dass sie auch der Musik und dem Tanz entsagte, stimmte alle traurig, die sie früher gekannt hatten. Doch jeder Tag, an dem Nickelsen ihr helfen konnte, ließ ihn selbst den erlittenen Schmerz und die Schuld besser ertragen. Nickelsen war mit dem Tod von Mats und Kofi gealtert und sein Herz verbittert.

Auf der anderen Seite sollten jetzt bis zur Abreise alle Geschäfte glatt und erfolgreich gelingen wie nie. Reimert Haagensen von der Kompanie vermittelte zu außerordentlich guten Bedingungen die Großmengen an Rohrzucker, Melasse, Baumwolle und ein Fass Indigo. Binnen zwei Wochen schaffte man die Waren an Bord, ersetzte fehlende Ausrüstung und sorgte für Proviant. Inzwischen zahlte selbst Bülow von der Plantage Godet Fortuyn dem Kapitän den Erlös an den illegalen Sklavenverkäufen aus. Paulsen, der immer noch damit gedroht hatte, die Nebengeschäfte des Kapitäns und seiner Verschworenen auffliegen zu lassen, erkannte schnell, dass die Ereignisse Nickelsen zu einem gewissenloseren Menschen gemacht hatten, dem es nichts mehr bedeutete, ihn auf dieselbe kaltblütige Art umzubringen, wie er seine Opfer beseitigt hatte. Paulsen bekam Angst, ging bei seinen Erpressungsversuchen dem Kapitän aus dem Weg und tauchte schließlich als Einzelgänger unter. Wenigstens ein einzigartiges Buch von Wert in einer schönen Holzschatulle war ihm aus dem Diebstahl von der *Vesuvius* verblieben. Der Gedanke daran, wie viel dieses *Große Seebuch* des Niederländers Waghenaer wert war und wie sehr es Cornelissen schmerzen würde, wenn er es zu Geld machen würde, verschaffte ihm ein Gefühl der Befriedigung. Er war überzeugt von sich und sicher, noch als Kapitän zur See zu fahren, wenn es einen Cornelissen nicht mehr geben würde.

Anfang April 1749 nahm die *Vesuvius* auf St. Thomas noch einmal Frischwasser und Lebensmittel an Bord und an Waren vor allem die letzten Fässer braunen Zucker, ein Fass Kakao, fünf Säcke Kaffeebohnen und für die Bestellungen der Kaufleute aus Flensburg und Hamburg auch mehrere Fässer Rum der Art, wie er hier auf den Plantagen gebrannt wurde. Bei günstigem Wind lichtete man die Anker für die Heimreise. Mit an Bord war der Smutje Jule Röden, der es nun, nachdem ihn die Gruppe um Nickelsen zum Teilhaber gemacht hatte, vorzog, seinen Anteil an den verdeckten

Zusatzgeschäften in die Neugründung einer feinen Hafenspelunke in Kopenhagen zu stecken. Als sie zur Atlantiküberquerung die Segel setzten, meinte er zum Kapitän: »Warum hätte ich abmustern sollen, wo ich doch auf der Hinreise den schlimmsten Teil bereits hinter mich gebracht habe?« Mit dieser Bemerkung hatte er zweifelsohne recht. Am 18. Juni 1749 traf die *Vesuvius* in Kopenhagen ein. Kapitän und Offiziere hatten als verbuchten eigenen Anteil an der Ladung zusammen 28.701 Pfund braunen Zucker an Bord, die Mannschaft 10.809 Pfund. Auf Rechnung der Kompanie lieferte Kapitän Cornelissen 316.719 Pfund Zucker an. Die Kompanie verbuchte allein für Kapitän und Offiziere eine Auszahlung für deren eigene Anteile in Höhe von 1.435 Reichstalern. Es erwies sich, dass Nickelsen und seine Verschworenen gut geplant hatten, denn auch die Abwicklung der privaten Geschäfte erbrachte die zusätzlich erhofften Gewinne. Nickelsen bewährte sich als Geschäftsmann mit einem Sinn für Chancen und Risiken. Recht bald verzeichnete ihn die Steuerliste des Königreichs als den mit Abstand reichsten Mann auf der Insel Amrum.

Wie geplant, reichte Hark Nickelsen alias Kapitän Cornelissen am 29. Juli 1749 das Abschiedsbegehren bei der Kompanie ein und begründete seinen Wunsch um Entlassung mit dem Hinweis, er sei krank und müsse sich einer ärztlichen Behandlung unterziehen. Gegen die Möglichkeit einer ernsthaften Erkrankung mochte niemand etwas einwenden, starben doch viele Kapitäne auf ihren Reisen. Wer würde zudem das Risiko tragen wollen, Schiff und Mannschaft einem kranken Kapitän anzuvertrauen? Er gab vor, im Frühjahr wieder als Kapitän antreten zu wollen. In Wahrheit handelte es sich um einen endgültigen Abschied von der Arbeit als Kapitän, die ihm durch die Sklavenfahrt verleidet und vergoldet worden war. Er entzog sich der Kontrolle der Kompanie und lebte in Süddorf auf der Insel Amrum. Im eigentlichen Sinn begann er erst jetzt, ein Leben als Ehemann von Marret Harken zu führen. Alt war er geworden darüber, grau, von bösen Träumen verfolgt. Als er seine Seekiste verladen ließ und die Kutsche nach Amrum bestieg, nahm er sich vor, sein Bestes zu geben. Dort wollte er auf

Menschen, die ihm etwas bedeuteten, besser Acht geben als bisher. Er wünschte sich sehr, mit Marret ein anderes Leben zu beginnen. Er würde ihr als Erstes von Mats und Lucy erzählen müssen, wenn er den Mut dazu finden und sich seiner Tränen nicht mehr schämen würde. Vielleicht bei einem Spaziergang am Kniepsand – da würde es weniger auffallen.

6. Das Vermächtnis des Hark Nickelsen zu Amrum

Der alte Kapitän war 63 Jahre und sieben Monate, als er starb. Ungewöhnlich genug, im Frühling, am 24. Mai, bei schönstem Sonnenschein im Bett. Sicherlich, Fieberschübe quälten ihn schon seit Dezember, und nach Weihnachten ging es bergab mit ihm. Da half ihm auch sein Geld nicht. Die herbeigerufenen Medizinalräte machten nur kluge Gesichter und beeilten sich, beizeiten von der Insel zu kommen. So einer wie den Nickelsen würde vielleicht ein heftiger Nordwest im Winter über die Bettkante bis an den Grabesrand wehen, aber doch nicht der Frühling mit seinem schönsten Loblied auf die Lebenslust.

»Die Wege unseres Herrn sind unergründlich«, seufzte Pastor Friedrich Marstand Mechlenburg in breitem Friesisch der Witwe und dem Neffen zum Trost und schwieg über seine weiteren Gedanken. Dann fügte er mit fester Stimme hinzu: »Wir vermögen es kaum fassen, aber der Tag seines Hinscheidens war ihm wohl bestimmt. Ein Segen, dass einer wie unser alter Kapitän stets sein Haus bestellt und geordnet hielt. Möge sich der Herr seiner Seele annehmen.«

»Amen«, unterbrach ihn frech Lorenz Harken, der Neffe des Verstorbenen. Mit einem missbilligenden Blick strafte der Pastor den jungen Mann ab, der das gelassen ignorierte und sich auf die wächsernen und starren Gesichtszüge seines Onkels konzentrierte. Wollte er etwas in ihnen lesen? Was ging in ihm vor? Ein seltsamer Bursche. Pastor Mechlenburg riss sich zusammen. Jedes Wort würde zu einem Widerwort führen und die Sache noch unerträglicher für ihn machen. So waren sie eben, die Friesen, hockten hier auf einem Eiland und ein jeder bildete sich ein zu wissen, wie es in der Welt zuging. Stolz, aufsässig und widerspenstig waren sie allesamt von Kindesbeinen an. Dieser Lorenz gehörte zu den Schlimmsten. Mechlenburg versuchte, sich zu beruhigen. Nicht einmal einen Kirchturm durfte er hier sein Eigen nennen; sein bescheidenes Gotteshaus, nah am Wattenmeer gelegen, hatte den Winterstürmen zu trotzen und bekam alle Jahre nasse Füße. Er seufzte. Seine Eitelkeit blieb doch seine schwerste Sünde. Mechlenburg übertrieb stets, wenn er mit sich haderte. Natürlich fristete er sein Dasein nicht unter Hottentotten und Menschenfressern! Wahrlich, einer wie der Nickelsen hatte Intelligenz und Kultur bewiesen und ihm, dem Pastor, mehr als einmal geholfen. Er versprach Witwe und Neffen, dem bußwilligen Verstorbenen zum teuren Grabstein eine schöne Trauerrede zu liefern, die sein Andenken ehre.

Als er dann die letzten Worte für Nickelsen an seine Gemeinde richtete, war sich Mechlenburg sicher, dass diese dem Verstorbenen gefallen hätten:

(...) Es kann demnach denkenden Christen nicht gleichgültig sein, ob er wisse oder nicht, welcher Nachlass für ihn und für die seinigen der Beste sei. Ohne Zweifel ist es ein guter Name, und es wäre daher zu wünschen, dass die Menschen so sorgfältig sein möchten, nach ihrem Tode einen guten Namen zu hinterlassen, als sie sich Mühe geben, ihren Nachkommen Reichtümer zu hinterlassen, denn das Gerücht ist köstlicher denn großer Reichtum. Dieser, in den Händen unserer Nachkommen, wird oft für sie verderblich, der Genuss eines solchen Reichtums ist vergänglich und schmeckt schal, ist er nicht auf Gottes Segen und Wohlwollen begründet. Hark Nickelsen war am Ende seines Lebens ein Mensch, bereit und fähig, Buße zu tun, und er vertraute auf Gottes Segen, der ihn jetzt auf ewig begleiten möge. Amen.

Eine schwarze, etwas füllige Hausdame von Ende dreißig öffnete die Haustür und nahm seine Karte entgegen. Lorenz hatte sich Karten drucken lassen. Niemand sollte behaupten, er wäre ein Bauerntrampel und wüsste nicht, wie es in den besseren und gelehrten Kreisen von Kopenhagen zuging. Die Schwarze entschwand mit seiner Karte und Lorenz wartete im Flur. Ob sie überhaupt wusste, was sie da in Händen hielt? Sie hatte es jedenfalls nicht erkennen lassen. Vielleicht sprach sie noch nicht einmal die Landessprache? Seltsam für den Haushalt eines Kapitäns. Doch schon beendete eine laute Stimme den Gedankengang: »Herr Harken aus Amrum! Seien Sie willkommen! Auch wenn der Anlass ein trauriger ist, aber ich habe Sie erwartet und freue mich.« Kapitän Jens Hansen kam mit offenen Armen auf Lorenz zugelaufen, griff mit beiden Händen nach seiner Hand. »Ihr Onkel hat häufig von Ihnen gesprochen. Sie wollen zur See fahren?«

Lorenz wurde immer verlegener nach dieser sehr persönlichen Begrüßung durch einen Mann, den er eigentlich nur aus den Erzählungen seines Onkels kannte. »Ja, danke der Nachfrage. Mein Onkel hat mir schon empfohlen, wegen einer Anstellung an einem Schiff anzufragen. Es ist meine Absicht, das Kapitänspatent für Handelsschifffahrten zu erwerben.«

»Famos! Sicherlich haben Sie eine der Navigationsschulen auf Amrum oder Föhr besucht? Fast jeder Mann in Ihrer Familie, vom Vater bis zum entfernteren Verwandten, gibt ja einen berühmten Seefahrer ab. Das liegt Ihnen im Blut.« Hansen machte keine Umstände und Lorenz wurde bereits als Teil der Schiffsmannschaft für die nächste Handelsreise verpflichtet. Es ging ihm fast ein wenig zu schnell. Skeptisch musterte Lorenz den alten, weit gereisten Kapitän, der im Unterschied zu seinem Onkel auch noch im hohen Alter seinen Dienst versah.

Doch jetzt kamen sie auf seinen eigentlichen Anlass zu sprechen und Lorenz überreichte Kapitän Hansen den Briefumschlag, den ihm Nickelsen vor ein paar Monaten für den Fall seines Todes anvertraut hatte. Hansen legte großen Wert darauf, dass Lorenz bei der Öffnung dieses Briefes zugegen war. »Es geht um die Erfüllung des Vermächtnisses Ihres Onkels«, gab Hansen dem jungen Mann zu bedenken. »Wie könnte ich Sie da ausschließen wollen! Bleiben Sie hier!« Dann rief er seine schwarze Hausdame hinzu und stellte sie kurz vor. Seltsamerweise hatte es Lorenz bei der Begrüßung nicht einmal in Betracht gezogen, dass es sich bei dieser Frau um jene Lucy handeln könnte, von der Nickelsen erzählt hatte. Für ihn war Lucy das 18-jährige Mädchen an Bord der *Vesuvius* geblieben.

Nachdem Nickelsen und Hansen sie von Bord nach Kopenhagen gebracht hatten, bekam sie all die Jahre von Nickelsen einen festen monatlichen Beitrag zum Leben zur Verfügung gestellt, der sie von der Arbeit befreite. Hansen gewährte ihr eine dauerhafte Unterbringung im Familienhaushalt und damit eine Bleibe und Schutz. So lebte sie jetzt schon seit gut zwanzig Jahren in Kopenhagen und machte sich im Haushalt der Familie Hansen nützlich. Hansen legte jedoch großen Wert darauf, stets zu betonen, dass sie nicht seine Hausangestellte sei. Sie könne stets ihrem freien Wunsch entsprechend entscheiden, zu bleiben oder zu gehen, wohin sie wolle. So sehr Hansen und seine Frau mit ihren gemeinsamen Kindern Lucy inzwischen schon ins Herz geschlossen hatten und sie sich mit ihrem heilkundigen Wissen mehr als einmal um die Familie verdient gemacht hatte – sie lebte in einer fremden Umgebung allein und ohne Familie. Man sah Lucy ihrer schwarzen Hautfarbe wegen auf der Straße hinterher, sie wurde angepöbelt und wusste, dass sie für den Rest ihres Lebens gebrandmarkt und fremd bleiben würde. Sie sang nie mehr und tanzte auch nicht mehr. Sie mied jede Veranstaltung, auf der gesungen und getanzt wurde, besuchte allerdings die Kirche und ließ sich taufen. Dieser Frau stand Lorenz jetzt gegenüber. Er schaute ihr neugierig ins Gesicht, sah ihre von Trauer und Leid verhärmten Gesichtszüge, nahm aber gleichzeitig doch etwas von ihrer einstigen Schönheit und Anmut wahr.

Nickelsen hatte verfügt, das Kapital des Geldes, das auf einem Konto eines Kommerzialhauses in Kopenhagen verbucht war, Lucy in Gänze zur freien Verfügung zu stellen. Er schrieb in einem Begleitbrief an Lucy, wie wichtig Familienbande seien, wie er sehr verstehen könne, dass sie in einem fremden Land ohne

Familie unter Einsamkeit leiden müsse. Er hoffe, das Richtige zu tun, wenn er ihr die Adresse ihres leiblichen Vaters gebe. Dann die Bitte an seinen Freund Jens Hansen, dieses Treffen zu vermitteln. Lorenz gestand sich ein, dass er überrascht war. Schon am nächsten Tag machte er sich mit Hansen und Lucy auf, den Steuermann Frieder Erichsen unter der von Nickelsen recherchierten Adresse aufzusuchen. Als der alte Mann nach über zwanzig Jahren das erste Mal hörte, dass er eine Tochter hatte, konnte er seine Freude kaum verbergen. Nach all den Jahrzehnten waren seine Erinnerungen an Lucys Mutter noch frisch. Er musste sie tatsächlich geliebt haben. Frieder war alt und gebrechlich geworden, lebte allein, seit seine Frau vor drei Jahren gestorben war. Lorenz und Hansen sahen sich in seiner armseligen Wohnung um und stellten rasch fest: Hier war nicht gerade Frohsinn zu Hause. Frieder Erichsen war vereinsamt und auf Hilfe angewiesen. Niemand hatte es vorhersehen können, aber Frieder und Lucy verstanden sich auf Anhieb. Als Hansen und Lorenz am späten Nachmittag seine Wohnung verließen, saßen die beiden immer noch zusammen, scherzten und machten Pläne für die Zukunft. Einige Tage später zog Lucy zu ihrem Vater, um sich um ihn zu kümmern. Nickelsen hatte die Zusammenführung mit Zuversicht geplant und dabei den richtigen Kurs angelegt.

Einen Monat später begrüßte Hansen den Neffen seines Freundes an Bord seines Schiffes. Er nahm sich vor: Wenn es das Letzte wäre, was ich auf dieser Erde als Kapitän noch zu leisten imstande bin, ich werde aus diesem Neffen meines Freundes einen ausgezeichneten Kapitän machen. Er wusste schon, was er Lorenz zur bestandenen Kapitänsprüfung schenken würde: das Buch des Niederländers Waghenaer, *Spiegel der Seefahrt*, das ihm vor einem Monat von einem Buchhändler zufälligerweise angeboten worden war. Er hatte auf die handschriftliche Eintragung auf der ersten Seite geschaut und sofort gewusst, dass es sich um das gestohlene Exemplar seines Freundes Nickelsen handelte. Jetzt freute er sich über die zukünftige Verwendung des Schatzes.

Lorenz erzählte auf Amrum von seiner Begegnung mit Lucy Kumballa, davon, wie sie ihn immer wieder beeindruckt hatte. Auf dem Weg zu ihrem Vater, dem Steuermann Erichsen, hatten Passanten sie häufig angestarrt. Er hatte Lucy gefragt, wie sie damit zurechtkomme. Sie antwortete ihm, sie habe in den vielen Jahren in der Fremde gelernt, ihren Verfolgern mit verträumten Augen ins Gesicht zu schauen, weil ihr als Schwarze in einer weißen Welt die Hände gebunden seien.

Lorenz Harken beendete die Arbeit an den Aufzeichnungen über das Leben von Hark Nickelsen, um sich seinem eigenen Leben zu widmen. Nie hatte er es für möglich gehalten, dass er so viel schreiben müsste. Gelernt hatte er vor allem dabei, dass das Leben manchmal Geschichten schreibt, in denen die Wahrheit auf eine Art eine Lüge und die Lüge eine Wahrheit ist, gerade so, dass man seinen Kopf mit dem Herzen zu verlieren imstande sein kann.

Anmerkungen des Autors zum Roman

Hark Nickelsens Grabstein auf dem Friedhof der Kirche St. Clemens in Nebel auf Amrum erzählt von einem unglaublichen Lebensweg, der ihn vom Sklaven in Algier bis zum Kapitän auf Sklavenschiffen führte und zu dem damals wohl reichsten Mann der Insel werden ließ. Die Gegensätze in diesem Leben haben mich vom ersten Moment an derart in den Bann geschlagen, dass ich unbedingt wissen wollte, wer der Mann war. Vor allem war Nickelsen ein schweigsamer Zeitgenosse. Anders als bei seinem Schwager Hark Olufs gibt es von ihm keine schriftlichen Lebenserinnerungen. Wie bei so vielen, die auf Sklavenschiffen gefahren sind, fehlte es zudem im Nachhinein an der Bereitschaft, sich über diese Zeit mitzuteilen.

Ohne Frage handelt es sich bei Hark Nickelsen um eine der schillerndsten Persönlichkeiten der Insel, an dessen Leben keiner vorbeikommt, der sich mit der Inselgeschichte oder der Geschichte der Seefahrt dort befasst. Wer sich auf die Spurensuche begibt, ist gut beraten, sich zunächst einmal der Fachkenntnis des Historikers Prof. Martin Rheinheimer anzuvertrauen. Ohne dessen Bücher *Unter Sklaven und Piraten / Die abenteuerliche Geschichte des Amrumer Kapitäns Hark Nickelsen* und *Der fremde Sohn / Hark Olufs' Wiederkehr aus der Sklaverei* und dem darin zusammengetragenen Faktenwissen wäre mein Roman nicht möglich gewesen. Die Arbeit von Catharina Lüden, *Sklavenfahrt mit Seeleuten aus Schleswig-Holstein, Hamburg und Lübeck im 18. Jahrhundert* mit einer Darstellung von Zusammenhängen, Originaldokumenten und statistischem Material zählte ebenfalls zu meinen wertvollen Quellen. Natürlich helfen Recherchen und Gespräche vor Ort und in Museen weiter, dort, wo Geschichten aus dieser Zeit überliefert oder Material für Ausstellungen zur Person, zum Sklavenhandel oder zu Seemannsbiografien der Zeit zusammengetragen wurden. Im Zusammenhang mit den persönlichen Kontakten möchte ich ausdrücklich Herrn Jens Quedens, Norddorf / Amrum danken.

Doch auch nach Abschluss der Recherche gaben große Unwägbarkeiten und Lücken im Faktengerüst zum Leben des Hark Nickelsen reichlich Anlass zu Spekulationen. Natürlich finden sich Orte, Schiffsnamen und Beschaffenheit der Schiffe, Ladungen und Passagiere, Abreise- und Ankunftsdaten sowie auch die Vorgaben für den Dreieckshandel und zahlenmäßige Ergebnisse in Quellen und Drittdokumenten, Schiffspapieren usw. Zur Frage, was ihn tatsächlich zu dieser oder jener Entscheidung trieb und wie er sich letztendlich zum Sklavenhandel stellte, lässt sich jedoch manches nur aus seinen Handlungen heraus interpretieren und Konkretes zu Geschehnissen und deren Hintergründen teilweise auch nur vermuten. Dort, wo der Historiker mangels Fakten keinen historisch exakten Abriss der Geschichte mehr anzubieten hat, bleibt mir als Erzähler, die Lücken mit Fantasie zu füllen, dabei um Korrektheit und Detailtreue bemüht.

Leider weiß ich am Ende der Arbeit am vorliegenden Roman immer noch nicht, wie es damals genau gewesen ist. Doch gestatten Sie mir, eines in Anspruch zu nehmen: unter Auswertung aller verfügbarer Quellen von zeitgenössischen Überlieferungen und Dokumenten alles zumindest so geschildert zu haben, wie es gewesen sein könnte.

In diesem Zusammenhang verdanke ich zahlreichen Lebensberichten von zeitgenössischen Seefahrern viel und möchte hier vor allem auf folgende Bücher und Autoren hinweisen, die ich immer wieder zu Rate gezogen habe: Willem Ysbrantsz, Bontekoe van Hoorn, *Die gefahrvolle Reise des Kapitän Bontekoe – und andere Logbücher und Schiffsjournale holländischer Seefahrer des 17. Jahrhunderts* u.a.; Johann Michael Kühn u.a., *Gefangen unter Korsaren, Deutsche Seeleute in der Gefangenschaft algerischer Seeräuber*, beide in der Edition Erdmann, Stuttgart, erschienen; das Buch Schicksal und Abenteuer bescherte mir ein Zeitgenosse Nickelsens, der über seine Erlebnisse und Abenteuer geschrieben hat; Joachim Nettelbeck (1738–1824), *Ein Mann, Des Seefahrers und aufrechten Bürgers Joachim Nettelbeck wundersame Lebensgeschichte von ihm selbst erzählt*, Wilhelm Langewiesche-Brandt Verlag, München, 1910 (u.a. berichtet er über mehrere Fahrten zur Goldküste Afrikas und nach Westindien im Zusammenhang mit dem Sklavenhandel). Unbedingt erwähnen möchte ich als Grundlage und Bezug für meinen Roman noch Jennifer Steinberg, *Die letzte Fahrt des Sklavenschiffs Henrietta Marie* (um 1700), National Geographic Deutschland, August 2002, Seite 122 bis Seite 134, und natürlich die beiden großen Romane zum Thema, vor denen ich mich in Anerkennung und Ehrfurcht verbeuge: Alex Haley, *Wurzeln* (Originaltitel: *Roots: The Saga of an American Family*), Fischer Verlag, Frankfurt am Main, 1997 und Barry Unsworth, *Das Sklavenschiff*, Roman, Scherz Verlag, Bern, 1994.

Bei meiner Recherche bin ich auf einige interessante Zeitungsartikel aus der Hochzeit des Sklavenhandels gestoßen. Ein Artikel hat wegen seiner detailgetreuen, aber auch distanzierten Schilderung der Verhältnisse aus der Sicht eines Seemannes während der Arbeit am Roman meinen Schreibtisch nicht verlassen: *Das Ausland / Eine Wochenschrift für Kunde des geistigen und sittlichen Lebens der Völker*, Nr. 28, Augsburg, 8. Julius 1860, *Erlebnisse an Bord eines Sklavenschiffs*, Seiten 649 bis 653 (Aus Chamber's Journal). Wer sich für den Originalartikel interessiert: Ich werde ihn mit weiteren Literaturhinweisen, die für das Buch und dessen historischen Hintergrund von Bedeutung waren, auf meiner Homepage www.weinboerner.de einstellen.

Es bleibt mir, vor allem meiner Frau Anne Weinbörner zu danken, die bei der Recherche, beim ersten kritischen Lesen wie auch beim unermüdlichen Zuhören und als Ratgeberin einen großen Anteil am Gelingen dieses Buches hatte – und es bleibt mir die Versicherung, dass Sie bei den meisten Stellen im Roman, die Ihnen am unwahrscheinlichsten erscheinen, getrost davon ausgehen können, dass sie sich bei Nickelsen oder seinen Zeitgenossen genau so zugetragen haben. Für den großen Sprung über die Jahrhunderte zurück wünsche ich dem geneigten Leser die Fantasie und die Lesefreude, die ihn an der Seite von Hark Nickelsen Verrat und Meuterei, Kanonendonner und Strafgerichte bestehen lassen. Wer dann immer noch nicht genug davon hat, dem verrate ich auf meiner Homepage in einem eigenen Kapitel zusätzlich (wenigstens teilweise), welche von den Personen, Piraten, skrupellosen Sklavenhändlern, kriegerischen Eingeborenen, Gouverneuren, Mannschaftsmitgliedern und Plantagenbesitzern wirklich gelebt haben, und gewähre ein paar Einblicke in meine Schreibwerkstatt.